四川省社科规划项目成果（SC18WY024）
五粮液酒文化国际传播项目成果（HX2019209）

中国白酒文化传播研究丛书

（四川省宜宾五粮液集团有限公司资助）

《中国白酒文化传播研究丛书》编委会

编委会主任（总主编）
云 虹

编委会委员
（排名不分先后）
王洪渊
廖国强
吕军录
黄 燕
田学梅

中国白酒文化传播研究丛书

中国白酒
老字号

廖国强　王　余 / 主　编
彭　宇　艾湘华　李树民　朱文军 / 副主编

四川大学出版社

项目策划：刘　畅
责任编辑：刘　畅
责任校对：王小碧
封面设计：墨创文化
责任印制：王　炜

图书在版编目（CIP）数据

中国白酒老字号 / 廖国强，王余主编 . — 成都：四川大学出版社，2021.10（2023.4重印）
　ISBN 978-7-5690-4486-7

　Ⅰ . ①中… Ⅱ . ①廖… ②王… Ⅲ . ①白酒－老字号－介绍－中国－高等学校－教材 Ⅳ . ① F721.8

中国版本图书馆 CIP 数据核字（2021）第 013739 号

书　名	中国白酒老字号
主　编	廖国强　王　余
出　版	四川大学出版社
地　址	成都市一环路南一段24号（610065）
发　行	四川大学出版社
书　号	ISBN 978-7-5690-4486-7
印前制作	四川胜翔数码印务设计有限公司
印　刷	成都金阳印务有限责任公司
成品尺寸	185mm×260mm
印　张	30.5
字　数	738 千字
版　次	2021 年 10 月第 1 版
印　次	2023 年 4 月第 2 次印刷
定　价	98.00 元

版权所有　◆　侵权必究

◆ 读者邮购本书，请与本社发行科联系。
　电话：（028）85408408/（028）85401670/（028）86408023　邮政编码：610065
◆ 本社图书如有印装质量问题，请寄回出版社调换。
◆ 网址：http://press.scu.edu.cn

四川大学出版社
微信公众号

前　言

醒而复醉是苏轼。"小舟从此逝，江海寄余生。"一壶酒、一溪云，浮沉一世，晚年哀歌怎能不动人！

怡情淡酌是陶潜。"问君何能尔？心远地自偏。"五柳先生采菊不在东篱，在那片开荒守拙的世外田园。

嗜酒如痴还属李白。"而浮生若梦，为欢几何？"道不完别离惆怅，那就写尽尘世繁华。

……

千百年来，文人墨客融情于酒，借酒言志，留下佳作无数。纵观历史长河，我们不难发现，古之圣贤者，大多钟情于酒，或慷慨激昂，或踌躇满志，或嘲讽百态，或百无聊赖……他们放得下官吏仕途，戒不掉的是酒醉后的酣畅淋漓；他们经得住雪雨寒冬，离不开的还是诗酒相随。"一曲新词酒一杯"，诗人们道出了对酒的喜爱与赞美，也推演出了几千年精深而博大的经典——中国白酒文化。

酒文化在中国拥有五千余年的悠久历史。据文献记载，夏商时期就已开启了饮酒的习俗——夏代洛阳盛行陶盉，"盉"字的部首"禾"与"皿"象征着粮食与容器；商朝末年，商纣王生活荒淫腐化，这便有了"酒池肉林"的传说。到了西周，周公担心大臣酗酒成性，荒于政事，于是颁布了《酒诰》，以正酒风。

盛唐则是酿酒业发展的鼎盛时期，在唐朝众多文献里，"烧酒"的说法时有出现。例如，李肇的《国史补》有言："酒则有剑南之烧春。"诗人雍陶写道："自到成都烧酒熟，不思身更入长安。"可见唐代的烧酒已在民间广为流传。

元明时期，蒸馏法酿酒已较为成熟。李时珍的《本草纲目》有记载："烧酒非古法也，自元时始创其法。用浓酒和糟入甑，蒸令气上，用器承取滴露。""凡酸坏之酒，皆可蒸烧。"

……

总之，中国酒史绵延悠长，犹如酒香浓烈，耐人寻味。

书中有天地，酒里是乾坤。白酒业作为当今中国支柱产业之一，已然形成了"百家争鸣"的繁华格局。

西南蜀地有佳话，"天府之国多佳酿，蜀都自古飘酒香"。存续千年的四川白酒早已孕育出朵朵金花，白酒江湖里，人人可见川酒云烟。川黔二省建构着人人熟知的"白酒金三角"——五粮液、泸州老窖和茅台，宜宾、泸州、遵义已然形成三足鼎立之势。但与其说三大品牌互不相让，倒不如讲它们遥相呼应，各放异彩，香飘海内外，共同扛起了中华名酒的大旗。

华东地区，苏徽之争由来已久。江苏省的白酒布局可以概括为"三沟一河"，即双沟、高沟、汤沟以及洋河，后来洋河并购了双沟，强强联手。虽是邻居，但同样作为白酒大省的安徽岂能示弱。凭借系统渗透和渠道精耕，徽酒以"古井贡、口子窖、迎驾贡"三驾马车齐驱之势，与苏酒三雄分庭抗礼，好不热闹。

华北地区得天独厚的区位优势，催生了北方的名酒之都。老白干被誉为酒领袖，内蒙古河套称王，二锅头仍是熟悉的京城味道。还有陕西西凤酒，山西杏花村，等等。

......

中华大地，名酒众多，百花齐放，不胜枚举。新时代下，中国白酒面临的机遇与挑战并存；经济转型、消费升级，新的生活方式催促着各大酒业进行价值重构和产业调整；国际化、全球化的加速进程也给中国白酒业的跨越发展提供了无限的可能。积极推进中国白酒国际化、时尚化、健康化，在"一带一路"倡议的引领下，积极探索国际市场，带领中国白酒走向国际，培育中国白酒"国家新名片"，需要我们共同的努力。

四川轻化工大学（中国白酒文化国际传播研究中心）在五粮液集团的大力支持下，秉承中国白酒文化外宣的理念，以教授、学者为团队核心，开创性地推出了白酒系列著作。其中，《中国白酒老字号》一书，结合"中华老字号"与"中国白酒"两大文化，创造性地提出了"中华白酒老字号"的编撰理念与思路，旨在为中国白酒的国际化提供文化支撑，为白酒文化走向世界奠定浓厚的文献基础。

"中华白酒老字号"是指历史悠久，拥有世代传承的酿造技艺，具有鲜明的中华民族传统文化背景和深厚的文化底蕴，取得社会广泛认同，并形成良好信誉的白酒品牌。《中国白酒老字号》一书构思严密、框架清晰、内容丰富，是若干学者的诚心协力之作。该书涵盖了相关老字号白酒的品牌历史、文化底蕴、酿造工艺、品质特点、发展历程和战略目标等。由于篇幅限制，本书只涵盖了白酒老字号的一部分，主要按地区分布排列，希望此书能够让国内外白酒品评爱好者、白酒文化爱好者较为系统、全面地了解中华老字号白酒品牌，为中国白酒的文化传承发展助力。

由于资料不足，加上水平所限，我们虽然尽力完成了此书，但仍然怀着忐忑之心，因为难免挂一漏万，有负于老字号白酒文化国际传播的大任，但有研究中心和出版社编辑的无限信任与鼓励，我们还是推出了此书，以期抛砖引玉。若有不妥，敬请广大读者和同仁大度谅解。

本书在资料收集和整理过程中，得到了研究中心管理人员朱文军的大力帮助；在编写过程中，参考或采用了许多相关文献、图片等，以便更好地宣传中国的白酒品牌，在此我们向原作者一并表示深深的谢意。另外，由于编者资料有限，有些新的发展状况可能未及时更新，只能等再版时加入，希望各酒企谅解。

最后，本书能顺利付梓，要特别感谢四川宜宾五粮液集团有限公司提供的经费资助及其在酒文化传播研究与实践方面的支持。相信在五粮液等名酒企业和白酒文化传播者的共同努力下，中国白酒文化及其产品会享誉全球，香飘世界。

编者

2020 年 3 月 16 日

目　　录

第一章　五粮液 …………………………………………………………… (001)
一、五粮液酒 ……………………………………………………………… (001)
二、五粮液酒的特点 ……………………………………………………… (009)
三、五粮液酒企的发展历程 ……………………………………………… (021)
四、五粮液集团的发展理念 ……………………………………………… (036)
五、五粮液集团特色景点介绍 …………………………………………… (036)

第二章　泸州老窖 ………………………………………………………… (045)
一、泸州老窖 ……………………………………………………………… (045)
二、泸州老窖老字号酒的特点 …………………………………………… (056)
三、泸州老窖老字号酒的发展历程 ……………………………………… (060)
四、泸州老窖老字号酒的发展战略 ……………………………………… (062)

第三章　剑南春 …………………………………………………………… (065)
一、剑南春老字号酒 ……………………………………………………… (065)
二、剑南春老字号酒的特点 ……………………………………………… (068)
三、剑南春老字号的发展历程 …………………………………………… (072)
四、剑南春的发展战略 …………………………………………………… (078)

第四章　全兴酒 …………………………………………………………… (080)
一、全兴老字号酒 ………………………………………………………… (080)
二、全兴老字号酒的特点 ………………………………………………… (081)
三、全兴酒的发展历程 …………………………………………………… (082)
四、全兴酒的发展战略 …………………………………………………… (083)

第五章　郎酒 ……………………………………………………………… (085)
一、古蔺郎酒老字号 ……………………………………………………… (085)
二、古蔺郎酒老字号的特点 ……………………………………………… (089)
三、古蔺郎酒老字号的发展历程 ………………………………………… (093)
四、古蔺郎酒老字号的发展战略 ………………………………………… (094)

第六章　沱牌酒 …………………………………………………………… (096)
一、沱牌酒概述 …………………………………………………………… (096)
二、沱牌酒的特点 ………………………………………………………… (104)

三、沱牌酒的发展历程 (115)
四、沱牌酒的发展战略 (118)

第七章 文君酒 (121)
一、文君酒 (121)
二、文君酒的特点 (124)
三、文君酒企业的发展历程 (128)

第八章 江口醇 (131)
一、江口醇酒 (131)
二、江口醇酒的特点 (133)
三、江口醇酒的发展历程 (137)

第九章 丰谷酒 (141)
一、丰谷酒概述 (141)
二、丰谷酒的特点 (149)
三、丰谷酒业的发展战略 (155)

第十章 八百寿酒 (157)
一、四川"彭祖"酒概述 (157)
二、四川"彭祖"酒的特点 (160)
三、四川"彭祖"酒的企业文化与荣誉 (162)

第十一章 水井坊 (164)
一、四川水井坊酒 (164)
二、水井坊酒的特点 (172)
三、水井坊酒业有限公司的发展历程 (173)
四、水井坊博物馆 (175)

第十二章 茅台 (177)
一、贵州茅台老字号酒 (177)
二、贵州茅台老字号酒的特点 (181)
三、贵州茅台老字号酒的发展历程 (183)
四、贵州茅台老字号酒的发展战略 (188)

第十三章 董酒 (191)
一、贵州董酒老字号 (191)
二、贵州董酒老字号的特点 (193)
三、贵州董酒老字号的发展历程 (195)
四、贵州董酒老字号的发展战略 (197)

第十四章 牛栏山二锅头 (198)
一、牛栏山二锅头老字号酒 (198)

二、牛栏山二锅头老字号酒的特点 ………………………………………… (199)
　　三、牛栏山二锅头老字号酒的发展历程 …………………………………… (201)
　　四、牛栏山二锅头老字号酒的发展战略 …………………………………… (205)

第十五章　红星二锅头 …………………………………………………………… (206)
　　一、红星二锅头老字号酒 …………………………………………………… (206)
　　二、红星二锅头老字号酒的特点 …………………………………………… (207)
　　三、红星二锅头酒老字号的发展历程 ……………………………………… (210)
　　四、红星二锅头酒老字号的发展战略 ……………………………………… (211)

第十六章　津酒 …………………………………………………………………… (213)
　　一、天津津酒老字号 ………………………………………………………… (213)
　　二、天津津酒老字号的发展历程 …………………………………………… (214)
　　三、天津津酒老字号的发展战略 …………………………………………… (215)

第十七章　衡水老白干 …………………………………………………………… (216)
　　一、衡水老白干老字号酒 …………………………………………………… (216)
　　二、衡水老白干老字号酒的特点 …………………………………………… (218)
　　三、衡水老白干老字号酒的发展历程 ……………………………………… (219)
　　四、衡水老白干老字号酒的发展战略 ……………………………………… (220)

第十八章　曹雪芹酒 ……………………………………………………………… (222)
　　一、曹雪芹老字号酒 ………………………………………………………… (222)
　　二、曹雪芹老字号酒的特点 ………………………………………………… (223)
　　三、曹雪芹老字号酒的发展历程 …………………………………………… (225)

第十九章　张弓酒 ………………………………………………………………… (227)
　　一、张弓酒老字号 …………………………………………………………… (227)
　　二、张弓酒老字号的特点 …………………………………………………… (228)
　　三、张弓老字号酒的发展历程 ……………………………………………… (231)
　　四、张弓老字号酒的发展战略 ……………………………………………… (232)

第二十章　宝丰酒 ………………………………………………………………… (233)
　　一、宝丰酒 …………………………………………………………………… (233)
　　二、宝丰酒的特点 …………………………………………………………… (237)
　　三、宝丰酒业有限公司的发展历程 ………………………………………… (239)
　　四、宝丰酒业有限公司的发展战略 ………………………………………… (240)

第二十一章　稻花香 ……………………………………………………………… (242)
　　一、稻花香简介 ……………………………………………………………… (242)
　　二、稻花香酒特点 …………………………………………………………… (243)
　　三、稻花香发展历程 ………………………………………………………… (246)

四、稻花香发展战略 ………………………………………………(247)

第二十二章　黄鹤楼酒 …………………………………………(250)
　　一、黄鹤楼老字号酒 ………………………………………………(250)
　　二、黄鹤楼老字号酒的特点 ………………………………………(252)
　　三、黄鹤楼老字号酒的发展历程 …………………………………(254)
　　四、黄鹤楼酒的发展战略 …………………………………………(255)

第二十三章　老龙口酒 …………………………………………(256)
　　一、老龙口老字号酒 ………………………………………………(256)
　　二、老龙口老字号酒的工艺特点 …………………………………(258)
　　三、老龙口老字号酒的发展历程 …………………………………(260)
　　四、老龙口老字号酒的发展战略 …………………………………(263)

第二十四章　大泉源酒 …………………………………………(264)
　　一、大泉源老字号酒 ………………………………………………(264)
　　二、大泉源老字号酒的特点 ………………………………………(265)
　　三、大泉源老字号酒的发展历程 …………………………………(268)
　　四、大泉源老字号酒的发展战略 …………………………………(272)

第二十五章　桂花酒 ……………………………………………(273)
　　一、桂花酒的发展史 ………………………………………………(273)
　　二、桂花酒的特点 …………………………………………………(274)
　　三、桂花酒企业的发展历程 ………………………………………(275)

第二十六章　堆花酒 ……………………………………………(279)
　　一、堆花酒的发展史 ………………………………………………(279)
　　二、堆花酒的特点 …………………………………………………(279)
　　三、堆花酒的发展历程 ……………………………………………(280)

第二十七章　洋河酒 ……………………………………………(283)
　　一、洋河酒的发展史 ………………………………………………(283)
　　二、洋河酒的特点 …………………………………………………(283)
　　三、洋河酒企业的发展历程 ………………………………………(284)

第二十八章　双沟酒 ……………………………………………(288)
　　一、双沟酒的发展史 ………………………………………………(288)
　　二、双沟酒的特点 …………………………………………………(288)
　　三、双沟酒企业的发展历程 ………………………………………(289)

第二十九章　高沟酒 ……………………………………………(291)
　　一、高沟酒的历史文化 ……………………………………………(291)
　　二、高沟酒的特点 …………………………………………………(292)

三、高沟酒企业的发展历程 …………………………………………………… (292)

第三十章　汤沟酒 …………………………………………………………………… (295)
　　一、汤沟酒的历史文化 ………………………………………………………… (295)
　　二、汤沟酒的特点 ……………………………………………………………… (296)
　　三、汤沟酒企业的发展历程 …………………………………………………… (296)

第三十一章　口子酒 ………………………………………………………………… (299)
　　一、口子酒 ……………………………………………………………………… (299)
　　二、口子酒的特点 ……………………………………………………………… (300)
　　三、安徽口子酒业股份有限公司的发展历程 ………………………………… (302)
　　四、口子酒业股份有限公司的发展战略 ……………………………………… (304)

第三十二章　迎驾贡酒 ……………………………………………………………… (307)
　　一、迎驾贡酒 …………………………………………………………………… (307)
　　二、迎驾贡酒的特点 …………………………………………………………… (308)
　　三、安徽迎驾贡酒股份有限公司的发展历程 ………………………………… (312)
　　四、安徽迎驾贡酒有限公司的发展战略 ……………………………………… (314)

第三十三章　古井贡酒 ……………………………………………………………… (317)
　　一、古井贡酒 …………………………………………………………………… (317)
　　二、古井贡酒的特点 …………………………………………………………… (318)
　　三、古井贡酒品牌发展 ………………………………………………………… (319)
　　四、古井集团有限责任公司的发展战略 ……………………………………… (319)

第三十四章　扳倒井酒 ……………………………………………………………… (321)
　　一、山东扳倒井酒概述 ………………………………………………………… (321)
　　二、山东扳倒井酒的特点 ……………………………………………………… (323)
　　三、山东扳倒井酒的行业地位与荣誉 ………………………………………… (326)

第三十五章　杏花村汾酒 …………………………………………………………… (328)
　　一、杏花村汾酒概述 …………………………………………………………… (328)
　　二、杏花村汾酒的特点 ………………………………………………………… (338)
　　三、杏花村汾酒的发展历程 …………………………………………………… (343)
　　四、杏花村汾酒的价值 ………………………………………………………… (348)

第三十六章　陈太吉酒 ……………………………………………………………… (351)
　　一、广东陈太吉酒概述 ………………………………………………………… (351)
　　二、广东陈太吉酒的特点 ……………………………………………………… (356)
　　三、广东陈太吉酒的发展历程 ………………………………………………… (360)
　　四、广东陈太吉酒的企业文化与荣誉 ………………………………………… (361)
　　五、广东陈太吉酒的发展战略 ………………………………………………… (363)

第三十七章 湘山酒 ··· (365)
　　一、桂林湘山酒概述 ·· (365)
　　二、桂林湘山酒的特点 ·· (371)
　　三、桂林湘山酒的企业文化与荣誉 ·· (376)
　　四、桂林湘山酒的发展战略 ·· (378)

第三十八章 西凤酒 ··· (379)
　　一、陕西西凤酒概述 ·· (379)
　　二、陕西西凤酒的特点 ·· (386)
　　三、陕西西凤酒的企业文化和荣誉 ·· (392)
　　四、陕西西凤酒的发展战略 ·· (393)

第三十九章 杜康酒 ··· (394)
　　一、陕西白水杜康酒概述 ··· (394)
　　二、陕西白水杜康酒的特点 ·· (398)
　　三、陕西白水杜康酒的荣耀 ·· (401)

第四十章 红川酒 ·· (402)
　　一、甘肃红川酒概述 ·· (402)
　　二、甘肃红川酒的特点 ·· (404)
　　三、红川酒业有限公司的发展及荣誉 ·· (408)
　　四、红川酒业有限公司的发展战略 ·· (409)

第四十一章 几江酒 ··· (410)
　　一、重庆"几江牌"酒概述 ·· (410)
　　二、重庆"几江牌"酒的特点 ·· (411)
　　三、重庆"几江牌"酒的发展历程与荣誉 ··· (412)
　　四、重庆"几江牌"酒的发展战略 ··· (414)

第四十二章 青稞酒 ··· (415)
　　一、青海互助青稞酒概述 ··· (415)
　　二、青海互助青稞酒的特点 ·· (418)
　　三、青海互助青稞酒企业文化与荣誉 ·· (423)
　　四、互助青稞酒有限公司的发展战略 ·· (424)

第四十三章 河套酒 ··· (425)
　　一、内蒙古河套酒概述 ·· (425)
　　二、内蒙古河套酒业的特点 ·· (427)
　　三、河套酒业的发展历程——河套酒业大事记 ··· (430)
　　四、河套酒业集团有限公司的发展战略 ··· (431)

第四十四章 开鲁酒 ··· (432)

  一、内蒙古开鲁酒概述 …………………………………………………… (432)
  二、内蒙古开鲁酒的特点 ………………………………………………… (436)
  三、内蒙古开鲁酒的企业文化与荣誉 …………………………………… (438)
  四、内蒙古百年酒业有限责任公司的发展战略 ………………………… (439)

第四十五章　丰年酒 …………………………………………………………… (440)
  一、"丰年牌"酒概述 …………………………………………………… (440)
  二、"丰年牌"酒的特点 ………………………………………………… (442)
  三、"丰年牌"酒的企业文化与荣誉 …………………………………… (446)
  四、玉田县鸿源酒业有限公司的发展战略 ……………………………… (447)

第四十六章　宋河粮液酒 ……………………………………………………… (449)
  一、宋河粮液酒的概况 …………………………………………………… (449)
  二、宋河粮液系列酒的品牌特点 ………………………………………… (452)
  三、宋河酒业公司的发展历程 …………………………………………… (454)
  四、宋河酒业公司的发展战略 …………………………………………… (456)

第四十七章　古城酒 …………………………………………………………… (457)
  一、古城酒 ………………………………………………………………… (457)
  二、古城酒的特点 ………………………………………………………… (459)
  三、新疆第一窖古城酒业有限公司的发展历程 ………………………… (461)
  四、古城酒业有限公司的发展战略 ……………………………………… (463)

第四十八章　武陵酒 …………………………………………………………… (466)
  一、武陵酒 ………………………………………………………………… (466)
  二、武陵酒的特点 ………………………………………………………… (467)
  三、武陵酒企业的发展历程 ……………………………………………… (468)
  四、武陵酒有限公司的发展战略 ………………………………………… (468)

网页参考文献 …………………………………………………………………… (470)

第一章 五粮液

一、五粮液酒

(一) 五粮液酒的发展史

1. 五粮液酒的历史典故

四川宜宾的五粮液酒，世界闻名。五粮液酒生产历史悠久，文化典故众多。其中，"重碧酒"的故事，为人津津乐道。

大唐盛世，物阜民丰。在长江源头戎州（今宜宾）的一个山湾处，有个村庄名为牛口庄。这里水质醇甜清冽，盛产粮食蒸酿的美酒。最初在这里酿制出重碧酒的陈家，有段佳话盛传于世。

牛口庄有位读书人叫杨秀寅，考中秀才后家道中落，适值婚龄却鲜有媒人上门。村东陈家酿得好粮食酒，看秀才饱读诗书、明德知礼，就请媒人说合，将杨秀才招赘回家，婚配独生女儿嫣兰，期望他能撑起家业。但这杨秀才读书甚笃，一心只想考取功名，读书写字之余以文友相交为乐，常常召集文友置酒论诗、吟风诵月。时间久了，老陈家生意没起色，好酒被给他们喝去不少。陈老板背地里给嫣兰大倒苦水，让她劝劝杨秀才参与蒸酿经营之事。但杨秀才对嫣兰的苦口婆心没放在心上，依旧我行我素。

一天，杨秀才又请来几位好友，在院子里饮着好酒，对湾前碧水修竹高声吟哦。老陈头忙累了半天，浑身酸痛，饭还没吃呢，穷乡僻壤，酒的销路又不好，令他愁上心头。回头看这败家小子摇头挥手在那逍遥，气就不打一处来。但女婿毕竟是外人，还是得给他留点面子。老陈头摇头走进后院，找到嫣兰，让她再劝劝杨秀才，话没说完，就晕乎乎坐倒在地。嫣兰见父亲年岁已大仍劳累不堪，便扶他躺下，喂了些粥，父亲脸色才缓和过来。她怒气冲冲地来到外头，双手往腰间一叉："杨秀寅，还过不过日子了？父亲都累倒了，你还净整这没用的，这能当饭吃还是能当茶喝啊？"杨秀才一愣，脸一下子红到脖颈，环视一圈文友，小心翼翼地走过来给嫣兰赔不是："娘子，何须动怒，有辱斯文。吟诗乃读书人本分也。"嫣兰这下更生气了："你，你，你——简直不可理喻！我让你斯文，让你斯文……"冲过来就将杨秀才的酒杯抢来砸在地上。

几位文友见平日温和的嫣兰大发脾气，问明情况后劝慰两人坐下，出起主意来。张书生说："酿酒是体力活，秀才非宜。"王秀才说："咱是读书人，得找出解决之道啊。"

李秀才说:"这酒是好酒,可惜没一个好听的名儿。杜工部曾吟'素丝挈长鱼,碧酒随玉粒',薛曜又吟'此中碧酒恒参圣,浪道昆山别有仙',令'碧酒'传名。咱有这一湾碧水,遂得好泉,又酿得好酒,犹胜碧酒一筹。为陈家粮食酒取名'重碧'如何?"张书生附和道:"此酒醇香浓郁,飘香几里,当得'重碧'之名。几日不饮此酒,馋虫就在喉咙里招手了,哈哈,小弟今日确为畅饮而来。"杨秀寅点点头道:"好名,好名,再有,酒瓶亦可雅致一些。"

陈家重碧酒在几位读书人的筹谋下焕然一新,加上他们的宣传,酒卖到了戎州城里。唐代宗永泰元年(765年)六月,杜甫率家人离开草堂南下经过戎州,正值此地荔枝成熟,红遍山野。戎州刺史杨使君听闻杜甫来了,喜出望外,在戎州东楼设宴款待杜甫。宴会上,杯盛重碧酒,盘装红荔枝。重碧美酒令杜甫诗兴大发,即席赋诗一首,这就是《宴戎州杨使君东楼》。重碧酒得此诗传载,声名远播。牛口庄许多乡亲见陈家酿酒成功了,也家家酿起粮食酒,重碧酒却仍以口味醇厚独尊,盛行于巴蜀。杜甫离开后,重碧酒被州官府定为"郡酿",成为戎州官酿酒,专门用来招待过往戎州的官员与贵宾,经历代传承发展,现为中国名酒五粮液。

2. 五粮液酒的历史文化

五粮液的生产历史,可以追溯到隋唐时期。该酒在盛唐时期被称为"重碧酒",宋代被称"碧香酒",亦称"姚子雪酒"。黄庭坚谪居戎州之时,曾写下诗句"大农部丞送新酒,碧香窃比主家酿"的优美诗句;亦作《安乐泉赋》,将五粮液前身命名为"姚子雪曲",写下"姚子雪曲,杯色争玉。得汤郁郁,白云生谷。清而不薄,厚而不浊",将此酒的特色颇为具体地呈现出来。

明初,重碧酒的传承人"温德丰"陈老板,以家中世代相传的粮食酒酿制技法,写出原料配比及酿造方法的"陈氏秘方"。为防止秘方泄露,规定只能在家族内传承,传男不传女。但陈家第六代传人陈三后继无人,他怕此方失传,遂传给了爱徒赵师傅。赵家后人赵铭盛又将其发扬光大。民国初年,他被宜宾酿酒界公推为各酒作坊酿造总技师。在赵铭盛的苦心经营下,"温德丰"声名远扬。赵铭盛也膝下无子,他又将秘方传给了门下技艺精湛的酿酒师邓子均。因此酒由当地五种土产粮食配比酿制,芬芳浓郁,前清举人杨惠泉得此酒后将其更名为"五粮液"。1915年,五粮液参展美国巴拿马万国博览会,荣获酒类金奖。1949年,宜宾"长发升""利川永""张万和""钟三和""刘鼎兴""万利源长""听月楼""全恒昌"八家酿酒作坊组建为"宜宾市大曲酒酿造工业联营社"(即宜宾五粮液集团前身)。邓子均献出"陈氏秘方"并出任酒厂技术顾问,指导五粮液的酿造生产。

图1-1 宜宾五粮液集团有限公司

1952年,联营社联合组建为"川南行署区专卖事业公司宜宾专区专卖事业处国营二十四酒厂"。1959年,企业更名为"四川省地方国营宜宾五粮液酒厂"后正式命名为"宜宾五粮液酒厂"。从那时之后的40多年间,五粮液酒厂经历了5次大的扩建。1998年,改制为四川省宜宾五粮液集团有限公司（见图1-1）。

（二）五粮液酒的民间传说

有关五粮液的民间传说很多，此处姑举一二。

1. 仙绢化碧水

美酒需美水，酿造五粮液的萃河碧水，非同一般的清泉。

相传，宜宾万岭山是女娲娘娘补天时遗落的赤石。天宫中有位金鸾仙子，见天南的万岭山还是一片荒凉，便私自下凡想给此山编翠织绿，不料因触犯天条被抓回天宫治罪。

看守金鸾的是南极天官的女儿瑶箐仙子。她心地善良，得知金鸾触犯天规的详情之后，便更加同情和敬佩金鸾。于是，她偷走父亲的放行牌，私自放出金鸾，助其逃出南天门。不料二人被天门神将发现，双双被捉。金鸾被打入天牢，瑶箐本该遭受严惩，但由于南极天官平日办事勤恳，加之人缘又好，因此众神替瑶箐求情，玉帝也乐得做个人情，便将瑶箐贬到凡间，要她在万岭山编织绿波，只有将绿波接上九天，才可以返回天庭与父亲团聚。

瑶箐喜出望外，乐意受此惩罚。可怜的南极天官不舍爱女，却又天命难违，无奈之下，只来得及将自己的七星蚊帚送给爱女。众仙姑也纷纷赶来含泪相送，大家不约而同地摘下头上佩戴的各种翡翠玉器送给瑶箐做编翠织绿的种子，织女还送了她一条可以化云变雨的白丝绢。

瑶箐自天南而下，落脚于万岭山的荒野之中，日复一日地播撒翡翠、挥蚊扫帚、舞白丝绢。不久，一颗颗的嫩笋便破土而出，一排排青翠的新竹便长成，一片片碧绿的波浪向着九天延伸。贫瘠的万岭山，终于变成了一块美丽的碧玉，这块碧玉就是今天的蜀南竹海。牛口庄前的碧水萃河，则是织女赠予瑶箐仙子的那条白丝绢所化。天庭之宝，自然灵异，五粮液的纯美和上天的馈赠分不开吧？

2. 爱在牛口庄

相传北宋嘉祐年间，苏轼经乐山犍为到宜宾，天色已晚，便夜宿牛口庄（今喜捷镇萃河村），品尝着此地特产的重碧酒，忽而抬头一望，不禁感慨万千。只见对岸山崖赤红如火，而崖下清澈的岷江在月光之下却碧色似玉。苏翁醉眼蒙眬下，便挥笔写下了"丹山碧水"四个字。

时至今日，萃河村那"丹山碧水"的绮丽美景依然如昔。而与它一村之隔的，还有一条风景如画的萃河。萃河发源于宜宾境内的老君山，老君山主峰海拔2008米，是川南地区最高峰，因当地民间传说太上老君在此修道成仙而得名。萃河流经屏山县、宜宾县两县，蜿蜒绵长，芦苇丛生，下游竹林茂盛，最后在恋溪口汇入碧绿清澈的岷江。

每到夏末秋初的时节，成群的鸳鸯栖息在萃河之上，形成一道独特的风景线，故而萃河又名鸳溪。萃河之畔，有一株千年的古荔枝树，虽然已被损毁，却能在风中显现出它的古老与苍凉，见证着岁月的沧桑。

传闻在很久以前，萃河本不叫此名。这里虽然犹如世外桃源，却因为地势原因鲜有人居住。到了唐朝，安史之乱（755—763年）爆发，社会动荡，饿殍遍地。很多难民为了逃避灾难和寻找食物，来到了萃河。他们发现这里资源丰富、气候宜人，便在此定居,开垦荒地、种植荔枝、酿制美酒。

这里的原住民是彝族,族里有位名叫翠翠的姑娘,十分美丽。有一日,她在河边汲水,对岸的一个长得十分清秀的小伙向她唱歌,歌里饱含款款深情。翠翠脸一红,水都未来得及提便跑回了家中。那小伙子叫阿和,是当地一烤酒作坊的伙计,为人忠厚老实,善察言观色,喜欢逗乐。没过多久,那小伙竟来敲了翠翠家的门,还为她提了两大桶水来。翠翠知道对方心意,便也欣然接受,两人就这样好上了,成了村里人人羡慕的恋人。

阿和家里一贫如洗,但两人经常在河边嬉戏,一起泛舟。当地盛产荔枝,阿和爬上树去摘荔枝给翠翠吃。他们俩过着十分惬意的田园生活。

没过多久,叙州城里发生了大规模动乱,官府征兵的消息传到了村里,凡是成年壮丁皆要入伍。阿和无奈,只得与翠翠含泪分离。临行之前,二人指天为证,约为夫妻。只待阿和归来,便举行婚礼,白头不离。

但是乐少忧多,好事多磨。族长的儿子名叫为宝,仗着自己的父亲是族长,平日里便尽干些欺压族人的恶事。因为族长用钱收买了征兵的官兵,为宝便免除兵役,由族里其他人员替代。为宝向来贪恋翠翠美色,以前因为忌惮阿和的武力,一直对翠翠只有色心没有色胆。而现今阿和一走,他终于可以肆无忌惮地调戏翠翠。

除了这个儿子,族长还有一个女儿,名叫美枝,算是秀外慧中,可比起翠翠,仍是差了少许。她从小便对阿和心生爱慕,却不料自己的意中人竟然早已爱上了其他的女子。故一气之下,她便与自己的哥哥结为同盟,计划着要将这恩爱的两人活活拆散。

一日,族长带领族人出外砍柴取薪。为宝趁着这个时机,带了几个家丁,冲破翠翠家的屋门,企图对纯洁善良的翠翠不轨。翠翠爹拼命阻拦,甚至下跪求饶。然而心狠手辣的为宝色心一起,哪里还顾得其他,竟命人将翠翠爹活活打死。翠翠见父亲已死,不堪受辱,挣开为宝跑到岷江边上,投江而死。一缕香魂,便随着岷江之水南流而去。

为宝见翠翠宁死也不肯相从,满怀嫉恨。他当即对天发誓,你既愿葬身江海,我便要一辈子在江边看着你。故而便化作了一座山崖,伫立于岷江之畔,让翠翠生生世世都要在自己的眼皮底下过活。

阿和知道了这个消息后连夜赶回族中,却已经无缘再与自己的爱人见面。他悲痛欲绝,不知不觉走到了向翠翠求爱的河水旁边,纵身而下,跳河殉情。美枝本只是想与阿和在一起,却没想到自己的私心竟造成了他们四人的悲剧。她懊悔不已,站在阿和纵身跳下的河水旁,望着他逝去的方向,再也未曾动过。

兴许是爱情的力量,这里的两条河流——龙溪与凤溪,竟然汇合到了一起。从那以后,每至秋冬时节,便有成群的鸳鸯在萃河栖息,仿佛是在昭示着阿和翠翠二人的爱与忠贞。而美枝便化作了河畔的荔枝树,日日夜夜守护着她所爱之人。

相传清代乾隆年间宜宾一举人听闻这个故事之后写了一首诗,如今流传下来的,便只有情真意切的最后两句:"肯将心意付流水,莫叹世间不老情。"意思是,二人将彼此的真情都交付给江水,汇入大海,生生世世永不枯竭,直至"海枯石烂",便不用再羡慕人世间那些不老的爱情了。

为了纪念翠翠与阿和至死不渝的爱情,族人便将这条河取名为"翠和",到了清朝乾隆年间河岸上早已长满茂盛的竹林和芦苇。当地一秀才感叹翠翠和阿和的凄美感情故事，便把"翠和"改为了"萃和"，取"出类拔萃"的忠贞爱情之意，堪比梁祝。这个传说在古戎州流传甚广，久而久之，那条融入翠翠和阿和感情的爱情河，便被称为"萃河"。萃河村即古牛口庄，唐代已盛行产粮食酒。有人为之作《江城子·题戎州萃河》：

萃河春晓草含香。

轻风柔，娇艳芳。

鹊桥有情，相见去匆忙。

佳人含泪付东流，遥空碧，月昏黄。

生死相许恰似梦，苦离别，江水长。

絮雨纷飞，抚琴饮琼浆。

散作岷江靴纹细，观星汉，夜未央。

（三）名人与五粮液

1. 杜甫与五粮液

杜甫（712—770年）（见图1-2），字子美，自号少陵野老。后世称其为杜拾遗、杜工部、杜少陵。他在中国古典诗歌中的影响非常深远，被后人称为"诗圣"，他的诗亦被称为"诗史"。乾元二年（759年）秋，杜甫几经辗转，来到成都，在严武等人的帮助下，在城西浣花溪畔，建成了一座草堂，世称"杜甫草堂"，也称"浣花草堂"。依故人严武，生活很苦。后严武去世，杜甫便离开成都。

唐代宗永泰元年（765年）六月，杜甫率家人沿江东下，途经戎州。此地江风浩荡、碧竹绿波，适值戎州特产的荔枝成熟，漫山遍野红星点点，煞是好看。戎州刺史杨使君听闻杜甫来了，欣喜万分，特意遣人送去请帖，请杜甫前往戎州东楼赴宴。宴会上丽影婆娑、笛声悠悠。水晶杯中盛满重碧酒，香味盘旋于周遭。水晶盘内装满红荔枝，剥开来如珠似玉。面对此情此景，杜甫忘却平生坎坷，尽情畅饮重碧酒。醺醺然间诗兴大发，即席赋诗一首，即《宴戎州杨使君东楼》：

胜绝惊身老，情忘发兴奇。

座从歌妓密，乐任主人为。

重碧拈春酒，轻红擘荔枝。

楼高欲愁思，横笛未休吹。

杜甫其后还留有"素丝挈长鱼，碧酒随玉粒"的诗句，足见清冽醇浓的重碧酒一直为他所不能忘怀，饮之以为酣畅。杜甫这首《宴戎州杨使君东楼》流传甚广，重碧酒也声名远播，销路越来越好。后代文人也以畅饮戎州重碧酒为乐事，并为之作诗作词。如宋代方千里有《蝶恋花》词："整整斜斜，高下笼窗牖，万斛深倾重碧酒。"宋代黄庭坚有诗："试倾一杯重碧色，快剥千颗轻红肌。"宋代杨万里有诗："硬黄字里真添瘦，重碧杯中且避愁。"宋代王迈有诗："莲灯看烂红，柏酒浮重碧。"宋代叶梦鼎

图1-2 杜甫

有诗："酒拈重碧酣诗思，柳曳轻黄入笑颜。"元代凌云翰有言："酒效少陵拈重碧，花怜惟演进姚黄。"明代欧大任有诗："月中重碧酒，灯下艳红枝。"明代黄佐有诗："轻红重碧酝初开，稚子喧呼洗旧罍。"明代胡应麟有诗："尊前重碧香仍艳，席上轻红态未除。"清末方仁渊有诗："重碧轻红泛酒卮，江乡幽景胜花时。"文人之于重碧酒的赞赏与品鉴数不胜数，见证了重碧酒的世代传承，为今日的五粮液留下宝贵的文化资产。

２．黄庭坚与五粮液

黄庭坚（见图1-3），字鲁直，号山谷道人，是北宋"江西诗派"的代表诗人。哲宗亲政，以修实录不实的罪名，将黄庭坚贬任涪州（今重庆涪陵）别驾、黔州（今重庆彭水）安置。绍圣四年（1097年）移戎州（今四川宜宾）。黄庭坚寓居戎州3年，遍尝戎州特产的佳酿，写下了17篇与酒有关的诗文，其中的《安乐泉颂》是与宜宾五粮液酒相关的珍贵的文献资料。

《安乐泉颂》

姚子雪麹，杯色争玉。

得汤郁郁，白云生谷。

清而不薄，厚而不浊。

甘而不哕，辛而不螫。

老夫手风，须此晨药。

眼花作颂，颠倒淡墨。

戎州人姚君玉善酿酒，以当地泉水及五种粮谷——粟米、大米、高粱、糯米、荞子酿制出的酒质浓香醇厚。此酒如冰似玉，酒名"姚子雪曲"，即后来的"五粮液"。

图1-3 黄庭坚雕塑

黄庭坚谪居宜宾，尝此酒以为美，并认为每天早上饮用它可以祛风湿，有服药之效。据说酿酒的水来自戎州古城旧州塔下的安乐泉，优质的水源为酒香增色不少，饮之口感甘美纯净，是酿酒的上佳水源。于是黄庭坚作此《安乐泉颂》，实为诗体的白酒品鉴评论。诗中言，五粮液前身姚子雪曲酒"杯色争玉""白云生谷""清而不薄，厚而不浊。甘而不哕，辛而不螫"，浓缩了古人对五粮液酒美妙的客观感受。

距离黄庭坚在戎州住地不远处有座催科山，山下有块鬼斧神工的天然巨石，中部断裂而别有洞天。置身裂隙，顿觉神秘幽静。黄庭坚在此凿九曲流杯池，仿效王羲之的"曲水流觞"。石匠们依照黄庭坚的想法，在谷底打造一个长5.2米，宽0.2米，深

0.55米的池子,池子两边安上4个石墩。清澈的山泉水潺潺流淌,再浮杯其上,酒香四溢。

清明、谷雨、端午、中秋,流杯池成了山谷和文人雅士相约聚会赋诗酬唱的地方。黄庭坚把随身携带的酒壶打开,往酒杯里倒上姚子雪曲,放进九曲池,任其缓缓漂流,一时空气里弥漫着浓烈纯净的酒香。酒漂流至哪位文人面前,这位文人就要作诗一首。辗转之间,历经千年,流杯池周围留下无数石刻题记,有的已逐渐风化,有的字迹依然可见。自宋代以来,宜宾人为纪念黄庭坚,相继在流杯池周围修建了涪翁楼、涪翁亭、山谷祠、吊黄楼等,始终不忘黄庭坚为五粮液酒历史文化传承所做出的贡献。

宋代进士廖致平,名琮,戎州人(现宜宾县普安乡),在牛口庄另有别墅。于嘉祐二年(1057年)与东坡兄弟同科高中进士,官至朝议大夫,未五十而致仕归。其父廖瀚是位传奇人物即旧州塔的实际捐建者、黄庭坚所作《南园遁翁廖君墓志铭》中的"遁翁"。其人仁爱有道,有赈济饥民、不忍杀牛、资助学子的善举。廖致平蒙祖上余荫,承继家学,有所成就。黄庭坚谪戎期间,廖致平正好"丁父忧"在家守孝。于是,作为黄庭坚的师友,廖致平便常与山谷游宴品酒。黄庭坚曾写下《廖致平送绿荔支为戎州第一王公权荔支绿酒亦为戎州第一》,盛赞廖致平家产得一等绿荔枝,王公权家酿得好酒。其诗如下:

> 王公权家荔支绿,廖致平家绿荔支。
> 试倾一杯重碧色,快剥千颗轻红肌。
> 拨醅蒲萄未足数,堆盘马乳不同时。
> 谁能同此胜绝味,唯有老杜东楼诗。

黄庭坚另有《便枭王丞送碧香酒用子瞻韵戏赠郑彦能》一诗,道品酒之趣:

> 食贫好酒尝自嘲,日给上尊无骨相。
> 大农部丞送新酒,碧香窃比主家酿。
> 应怜坐客竟无毡,更遭官长颇讥谤。
> 银杯同色试一倾,排遣春寒出帷帐。
> 浮蛆翁翁杯底滑,坐想康成论泛盎。
> 重门着关不为君,但备恶客来仇饷。

3. 苏轼与五粮液

嘉祐元年(1056年),苏轼(见图1-4)随父亲乘船从眉山经戎州(今宜宾)进京赶考。船到戎州岷江的时候,太阳西沉,江雾弥漫,景致迷人,于是他们停泊在江边一个名叫牛口(今宜宾县萃和村)的地方夜宿。停泊以后,苏轼打量四周,看见沿江竹木掩映下稀疏的人家,写下了《夜泊牛口》:

> 日落红雾生,系舟宿牛口。
> 居民偶相聚,三四依古柳。
> 负薪出深谷,见客喜且售。
> 煮蔬为夜飧,安识肉与酒。

> 朔风吹茅屋，破壁见星斗。
> 儿女自咿嘎，亦足乐且久。
> 人生本无事，苦为世味诱。
> 富贵耀吾前，贫贱独难守。
> 谁知深山子，甘与麋鹿友。
> 置身落蛮荒，生意不自陋。
> 今予独何者，汲汲强奔走。

图1-4 苏轼

苏轼品尝着戎州美酒，抬头远望丹山岩下的岷江碧水，感慨万千，在醉眼蒙眬之下，提笔挥毫"丹山碧水"四个字，后人将此字镌刻在与萃和村一江之隔的丹山岩下。

苏轼与黄庭坚因文采意趣相投而惺惺相惜，后来黄庭坚在戎州（宜宾）任职期间，两人时有往来。黄庭坚常以戎州特产碧香酒招待苏轼，此酒即唐时重碧酒，亦即后世佳酿——宜宾所产五粮液。其间两人唱和诗词达几十首，为后世留下佳话。黄应坚有诗《子瞻继和复答二首》其一：

> 置酒未容虚左，论诗时要指南。
> 迎笑天香满袖，喜公新赴朝参。

苏轼亦有诗《再和二首》其一：

> 置酒未逢休沐，便同越北燕南。
> 且复歌呼相和，隔墙知是曹参。
> 丹青已自前世，竹石时窥一斑。
> 王字当还靖节，数行谁似高闲。

现在宜宾还留有两人的一些传说。苏轼不仅为文学大家，在美食上也常有创新。除了广为人知的东坡肉外，苏学士还擅长烧鱼，堪称一绝。有一次，苏轼雅兴大发，亲自下厨做鱼，刚刚烧好，隔着窗户看见黄庭坚进来了，就想与他开个玩笑，把鱼藏到了碗橱顶部。黄庭坚进门就道："今天向子瞻兄请教，敢问苏（蘇）轼的苏（蘇）怎么写？"苏轼回应："苏（蘇）者，上草，下左鱼右禾。"黄庭坚又道："那这个鱼放到右边行吗？"苏轼道："也可。"黄庭坚接着道："那这个鱼放上面行吗？"苏轼道："哪有鱼放上面的道理？"黄庭坚指着碗橱顶，笑道："既然子瞻兄也知晓这个道理，为何还把鱼放在上面？"苏轼道："鲁直，你眼睛还挺尖呢，藏那上面你都能看到。"黄庭坚拿出碧香酒：

"哈哈哈，适闻其味而知也。今以好酒配好鱼，实乃人生一大幸事啊。"

4. 魏了翁与五粮液

魏了翁（1178—1237年）（见图1-5），字华父，号鹤山，邛州蒲江（今属四川）人，南宋著名理学家。魏了翁庆元五年（1199年）中进士，授签书剑南西川节度判官，历任国子正、武学博士、试学士院，以阻开边之议忤韩侂胄，改秘书省正字，出知嘉定府，史弥远当国，力辞召命，历知汉州、眉州；嘉定四年（1211年），擢潼川路提点刑狱，历知遂宁府、泸州府、潼川府；嘉定十五年（1222年），召为兵部郎中，累迁秘书监、起居舍人；宝庆元年（1225年），遭诬陷后黜至靖州居住；绍定五年（1232年），起为潼川路安抚使、知泸州；端平元年（1234年），召权礼部尚书兼直学士院，以端明殿学士、同签书枢密院事之职督视江淮京湖军马。

图1-5 魏了翁

魏了翁数次经过叙州（今宜宾），席间畅饮重碧酒，与文人墨客唱酬。诗人对南宋山河的破碎又有一些担忧之情。其间留下《满江红（次韵黄叙州）》这首饮宴词：

风引舟来，恰趁得、东楼嘉集。
正满眼、轻红重碧，照筵浮席。
更是姓黄人作守，重新墨妙亭遗迹。
对暮天、疏雨话乡情，更筹急。
嗟世眼，迷朱碧。
矜气势，才呼吸。彼蔡章安在，千年黄笔。
腐鼠那能鹓凤吓，怒蜩未信冥鹏翼。
与史君、酌酒酹兴亡，浇今昔。

二、五粮液酒的特点

（一）五粮液酒的工艺酿造特点

1. 五粮液酒传统酿制技艺概述

五粮液酒传统酿造技艺是国家级非物质文化遗产，非常独特。

公元1900年，宜宾有一陈氏家族的作坊叫"温德丰"。陈氏家族第10代子孙陈三，继承祖业，在原有酿造基础上，进一步总结提炼出小麦、大米、糯米、高粱、玉米5种粮食作为酿制五粮液的原料，其配方全文如下："大米糯米各两成，小麦半成黍半成，川南红粮凑足数，地窖发酵天锅蒸，此方传男不传女。"这就是五粮液历史上的"陈氏秘方"。五粮液一直沿用"陈氏秘方"的特殊工艺，采用五种粮食作为酿酒的原料，从而规避了其他白酒用单一的红粮或两三种粮食为原料，酿酒风味单一、口感欠佳的不足，所以味觉比其他白酒丰富得多。

说到酿制五粮液的"陈氏秘方"，就不得不提到一个人。他就是献出"陈氏秘方"，并用一生智慧与心血，奠基五粮液这座大厦的邓子均。他被称为"五粮液的传人"。百年来，五粮液所有的宣传，都有关于邓子均的记述。为纪念他，五粮液人在"酒文化博览馆"专门修建了有功于五粮液的人物塑像和浮雕纪念碑（见图1-6），邓子均理所当然地被排在第一位。在他的雕像下镌刻着"五粮液的传人"6个大字。

图1-6 有功于五粮液的人物塑像和浮雕纪念碑

五粮液酒传统酿造技艺是以大米、玉米、糯米、高粱、小麦5种粮食为原料，遵循古传"陈氏秘方"，通过制曲、复式固态窖池发酵、蒸馏提纯、量质摘酒、分级陈酿、勾兑调味等，以制曲、酿酒、勾兑三大工艺为主要工序，使含淀粉或糖质的原料在微生物活性状态过程中发生酶作用，从而产出香气悠久、味道醇厚、入口甘美、入喉净爽、各味谐调、恰到好处、酒味全面、具有中庸和谐完美品质的五粮液美酒的传统技艺。它是世世代代五粮液人对我国西南自然环境认知并与其在互动过程中，以生产、生活实践活动形成的非凡创造力得以体现的独特文化表现形式，是千百年来历代酿酒技师智慧的结晶，是中国蒸馏酒传统酿造技艺的杰出创造。

五粮液酒在"陈氏秘方"的基础上不断创新，如开创了"跑窖循环""固态续糟"等发酵技术，使发酵后的酒味导入醇和、醇厚、醇正、醇甜的绝妙境界。拥有了"陈氏秘方"，包包曲制曲工艺，跑窖循环、续糟配料，分层起糟、分层入窖，分甑分级量质摘酒、按质并坛等酿酒工艺，原酒陈酿工艺，勾兑工艺以及相关的特殊技艺，五粮液的酿造工艺达到了令人叫绝的境界，所以获得了中国非物质文化遗产这一至高无上的荣誉。

酒的历史也是一部恢宏的中国文化巨制。五粮液错综复杂的工艺依赖四川宜宾得天独厚的地理气候和人文氛围，独有的五种粮食配方只是其一。五粮液生产过程有100多道工序,以制曲、酿酒、勾兑三大工艺为主要工序。制曲是在638年建成的明代古窖中进行,几百年来窖泥中的微生物不断发酵繁衍,依托窖泥中的微生物,与宜宾水土风气交融互合,五粮液酿造技艺中的"包天包地包包曲"才如此藏风聚气,造就出无法复制的芬芳口感,体现出五粮液酿造技艺的价值所在。

五粮液酿造技艺的独特配方历来秘不示人,其勾兑技巧至今尚不能细说,其古窖池的微生物数量也让科学家们众说纷纭。这更说明了五粮液酿造技艺的科学价值非常重大。它是上千年丰富实践的总结,是酿造工人的智慧结晶,是考证和研究中国酿酒历史的重要依据。其老窖池群见证了五粮液的悠久历史,成为中国酿酒业的实物遗存,因此有极其特殊的历史价值。五粮液传统酿造技艺还有较高的人文价值。"天人合一"贯穿其间,"止于至善",不断追求,民族融合亦影映其中。

2. "五粮液酒传统酿制技艺"发展的基本情况

四川宜宾五粮液集团有限公司位于金沙江和岷江交汇处、万里长江第一城——"酒都"宜宾,是以五粮液系列酒生产为主业,塑胶加工、药业、印务、包装、外贸、果酒、伏特加酒、矿泉水、运输、饲料、养殖等产业相配套的、多元化的现代公司制企业集团。五粮液得名于百年前,起步于新中国成立之初,创业于20世纪中期,如火如荼地腾飞发展于改革开放的今天。

五粮液的工艺技术是独有的,采用独有的"包包曲"(见图1-7)作为空气和泥土中的微生物结合的载体,非常适合用于酿造五粮液的150多种微生物的均匀生长和繁殖,而其他白酒只利用了空气中的微生物,所以酒味不全面。"包包曲"作为糖化发酵剂,在不同温度中发酵,形成不同的菌系、酶系,有利于酯化、生香和香味物质的累积,构成产品的独特风味。而五种粮食的配方,更将不同粮食的香气和产酒的特点融合在一起,形成了"香气悠久,滋味醇厚,入口甘美,入喉净爽,各味谐调,恰到好处,尤以酒味全面而著称"的风格特点,在浓香型白酒中独占鳌头。

图1-7 包包曲

五粮液独有的传统工艺,包括"跑窖循环""固态续糟""双轮底发酵"等发酵技术,以及"分层起糟""分层蒸馏""按质并坛"等国内酒行业中独特的酿造工艺。

"陈酿勾兑"是按照一定的配置,利用物理、化学、心理学原理,根据原酒的不同风格,有针对性地实施组合和调味。其独特之处是可以实现对分级入库、陈酿、优选、组合、勾兑、调味的精细化控制。现在,五粮液在传统工艺上又扬起高科技风帆,形成了以计算机勾兑专家系统和人工尝评相结合的独具特色的"勾兑双绝"模式。

为了保证产品质量，五粮液集团将现代分析技术和现代分析仪器用于五粮液生产的全过程检测，对原材料采购、原酒分级、陈酿、勾兑操作等生产过程和产品质量进行全面的质量控制。

3. 酿造五粮液酒的地质条件与农作物

宜宾属南亚热带到暖湿带的立体气候，山水交错，地跨北纬27°50′—29°16′，东经130°36′—105°20′，年平均气温在15℃～18.3℃，全年平均降雨量高达1200毫米，年平均相对湿度为81%～85%，年平均日照达950～1180小时，常年温差和昼夜温差小，湿度大，土壤品种丰富，有水稻土、新积土、紫色土等6大类优质土壤，非常适合种植糯米、水稻、玉米、小麦、高粱等作物。这些正是酿造五粮液的主要原料。

宜宾紫色土上种植的高粱，属糯高粱种，所含淀粉大多为支链淀粉，是五粮液独有的酿酒原料。而五粮液筑窖和喷窖用的弱酸性黄黏土，黏性强，富含磷、铁、镍、钴等多种矿物质，尤其是镍、钴这两种矿物质，只在五粮液培养泥中才存在微弱量，这个生态环境非常有利于酿酒微生物的生存。五粮液的生产需要150多种空气和土壤中的微生物参与发酵，因此，必须要有能使150多种微生物共生共存的自然生态环境（见图1-8），而这样的环境只有在万里长江第一城的宜宾才能找到。如果缺了这些条件，五粮液的酒味就没有这么全面。可以说，自然的天成给予了五粮液独一无二的天时地利之美，这使得五粮液更具独有性。

图1-8 能适应多种微生物共生共存的自然生态环境

4. 酿造五粮液酒的明初古窖

五粮液的酿酒历史已经有3000多年。五粮液现存明代地穴式曲酒发酵窖（见图1-9），其历史已达600多年之久。正是这些窖池，奠定了五粮液辉煌史的基础。

图1-9 五粮液现存明代地穴式曲酒发酵窖

走进酒都宜宾的一条悠然老街,醉人的芳香扑面而来。循香望去,古色古香、历史悠久的一处明代风貌的古典式五粮液糟坊映入眼帘。进入糟房,便能看见那历经风雨沧桑后,气质依然高贵的古窖。20世纪60年代,国家文物部门的考古专家从古窖中出土的碎墙砖分析,这些窖池属明朝初年,至今已有600多年的历史。这16口明代古窖池经几百年的连续使用和不断维护,现已成为我国现存最早的地穴式曲酒发酵窖池,五粮液一直使用至今。

越是老窖,就越能提高对人体有利物质的含量,降低酒精给人体带来的损害。故评判酒质的高下,很大程度上取决于窖池的时间,一般窖龄越长,酿出的酒就越好。酒业谚语曰:"千年老窖万年糟,酒好须得窖池老。"五粮液明代古窖的美名,就像它酿出的美酒,香了一条大江,香得山高水远,香得地久天长,香醉了人间600多年时光。

(二) 五粮液系列酒的现代酿造工艺

1. 五粮液酒的产地

五粮液出自千年酒城——四川宜宾。宜宾古称戎州、叙州。宜宾东靠长江,西接大小凉山,南接云南,北连川中腹地,素为川南形胜。自古以来,宜宾就是川南、滇东北一带重要的物资集散地和交通要冲。宜宾境内水系属外流水系,以长江为主脉,河流多、密度大、水量丰富。金沙江、岷江汇合成为长江,横贯市境北部,三江支流共有大小溪河600多条。南部支流多发源于崇山峻岭,故滩多水急;北部支流多发源于丘陵,故水势平缓、岸势开阔。酿造五粮液的糯米、大米、小麦、玉米、高粱均是宜宾的本地特产。

(1) 水

五粮液使用的水来自古河道。深藏于古河道80米深处的安乐泉,将最优质的天然矿泉水会同人体需要的20多种微量元素"注"入了五粮液。

(2) 五种粮食丰富的微量元素

根据中国疾病控制中心营养与食品安全研究的定量检测,宜宾的小麦、玉米、大米、高粱、糯米5种粮食所含微量元素及营养成分如下:

小麦含有谷甾醇、卵磷脂、尿囊素、精氨酸、淀粉酶、麦芽糖酶、蛋白酶及微量维生素B、维生素E等,铜、锰、锌元素含量较高。每100克小麦中含有0.4毫克硫胺素,0.10毫克核黄素,4.0毫克烟酸,1.80毫克维生素E,34毫克钙,325毫克磷,289毫克钾,5.1毫克铁,2.33毫克锌,4.05微克硒。小麦胚芽含有人体必需的8种氨基酸,其含量占氨基酸总量的35%,特别是赖氨酸的含量很高,比鸡蛋高两倍,麦胚有促进婴幼儿生长发育、保护大脑、抗衰老、抗氧化及抗动脉粥样硬化等作用。

玉米含有胡萝卜素、叶红素、谷固醇、皂角甙、VB1、VB6、VPP以及硒等营养物质,还有丰富的赖氨酸、木质素、谷胱甘肽。每100克玉米中含0.21毫克硫胺素,0.13毫克核黄素,17微克RE维生素A,100微克胡萝卜素,2.5毫克烟酸,3.89毫克维生素E,14毫克钙,218毫克磷,300毫克钾,2.4毫克铁,1.70毫克锌,3.52微克硒。玉米中含有被称为治癌化学物"手铐"的谷胱甘肽,这是一种十分理想的抗癌食物,尤其能减少结肠癌和直肠癌的发病率。玉米脂肪中还含有丰富的维生素E,它是生育酚,可以促进生长发育,也可以防止皮肤色素沉积和皱纹的产生,具有极强的延缓衰老和增强机体活力的作用。玉米的氨基酸中含有丰富的谷氨酸，它能促进脑细胞的活动，有利于脑组织里氨的排除，具有很好的健脑和增强记忆力的功效。

大米富含人体所需的多种氨基酸及不饱和脂肪酸、B族维生素、钙、磷、镁、硒、铁等众多矿物质。大米除了富含淀粉外，还含有蛋白质、脂肪、维生素及11种矿物质。每100克大米含0.11毫克硫胺素，0.05毫克核黄素，1448千焦能量，1.9毫克烟酸，0.46毫克维生素E，13毫克钙，110毫克磷，103毫克钾，2.3毫克铁，1.70毫克锌，2.23微克硒。

高粱味甘性温，主要功效是补气、健脾、养胃。每100克高粱含0.29毫克硫胺素，0.10毫克核黄素，1469千焦能量，1.6毫克烟酸，1.88毫克维生素E，20毫克钙，329毫克磷，281毫克钾，6.3毫克铁，1.64毫克锌，2.83微克硒。高粱中含有的烟酸容易为人体所吸收，高粱米糠内含有大量的鞣酸及鞣酸蛋白。

糯米不仅是人们日常生活的食粮，也是优质补品。每100克糯米中含有0.11毫克硫胺素，0.04毫克核黄素，2.3毫克烟酸，1.29毫克维生素E，26毫克钙，113毫克磷，137毫克钾，1.4毫克铁，1.54毫克锌，2.71微克硒。糯米味甘、性温，能够补养人体正气，吃了后周身发热，还能够缓解气虚所导致的盗汗以及劳动损伤后气短、乏力等症状。

（3）酿制配比

宜宾五粮液的前身"杂粮酒"酿制始于元末明初，并形成了各自的生产配方。当时宜宾较有名的"陈氏秘方"是由"温德丰"糟坊的第一代老板陈氏所创。秘方从明代经陈家六代嫡传到清代陈三，后又传给徒弟赵铭盛，赵铭盛又将"陈氏秘方"传给爱徒邓子均。其间，"陈氏秘方"几经调整，1952年，邓子均献出了"陈氏秘方"。

五粮液酒厂从建厂之日到1960年，都采用了邓子均所改进的"陈氏秘方"，采用荞麦、玉米、大米、糯米、高粱5种粮食来酿造五粮液酒，使其保持了传统的品质和风味。此间，五粮液酒厂在原有的基础上，对"陈氏秘方"中5种粮食的配比做了适当的调整，使五粮液的风味更加适合现代人的审美需要。

那么，"陈氏秘方"中这5种粮食的基本配比是多少？这其中也有一个演变过程：

"陈氏秘方"中的5种粮食及百分比例为：高粱40%，大米20%，糯米20%，荞麦15%，玉米5%。

1960年以前五粮液采用的配方，对"陈氏秘方"中5种粮食的配比做了适当的调整：高粱24%，大米28%，糯米7%，荞麦31%，玉米10%。

1960年以后的优化配方用小麦取代了荞麦，并对5种粮食的配比进行了更为精细的调整：高粱36%，大米22%，糯米18%，小麦16%，玉米8%。

2. 五粮液酒的酿制工艺

（1）五粮液酿酒工艺流程（见图1-10）

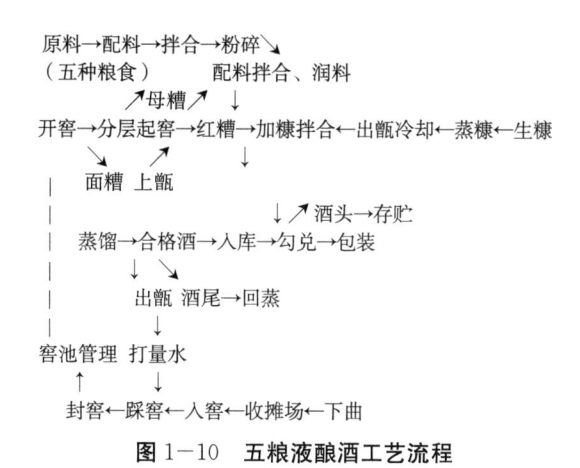

```
原料→配料→拌合→粉碎↘
（五种粮食）    配料拌合、润料
              ↗母糟↗            ↓
开窖→分层起窖→红糟→加糠拌合←出甑冷却←蒸糠←生糠
    ↑        ↓
    |      面糟 上甑
    |        ↓       ↓酒头→存贮
    |      蒸馏→合格酒→入库→勾兑→包装
    |        ↓
    |      出甑 酒尾→回蒸
    ↑        ↓
窖池管理 打量水
    ↑        ↓
    封窖←踩窖←入窖←收摊场←下曲
```

图 1-10 五粮液酿酒工艺流程

（2）原料配比

酿制五粮液的原料配比见表 1-1。

表 1-1 酿制五粮液的原料配比

品名	高粱	大米	糯米	小麦	玉米
配比	36%	22%	18%	16%	8%

（3）粉碎

五种粮食按比例准确配料后经充分粉碎拌匀。粉碎的技术要求是：高粱、大米、糯米、小麦的粉碎度为 4、6、8 瓣，无整粒混入。玉米颗粒粉碎后大小同前四种。

（4）蒸糠

糠壳是酿酒过程中采用的优良填充剂，也是调整酸度、水分和淀粉含量的最佳材料，但糠壳中含有果胶质（0.4%）和多缩戊糖（16.9%）等，在发酵和蒸煮过程中能生成甲醇和糠醛等物质。蒸糠可去除糠壳中异杂味及生糠味。所以，酿酒工艺规定蒸糠的时间不得低于 30 分钟，并且提前蒸糠，拌料时必须使用冷却后的熟糠。

（5）开窖

发酵期满的窖应去掉封泥，取糟蒸酒。粮糟窖的发酵期为 70 天；回沙（丢糟）窖的发酵期为 15 天。

取糟时，应严格区分开面糟和母糟，将起出的面糟运至堆糟场，堆成圆堆，尽量拍光、拍紧，并在其表面撒上一层冷却后的熟糠，窖池上搭盖塑料膜，减少酒精挥发损失。

当起糟至有黄水时，停止起糟，并拍打黄水坑进行滴窖。滴窖时间为 24 小时，前 12 小时每 2 小时舀一次黄水，做到滴窖勤舀。黄水可入锅底串蒸。滴窖完毕后，继续起糟，整口窖池起糟完毕后，及时清扫窖池。拍打黄水坑、舀黄水及起底糟前，应将窖内二氧化碳排出。

（6）配料、拌和、润粮

配料前，必须根据母糟、黄水鉴定情况准确配料。例如，上层母糟干要打入润粮水；金黄色母糟是由于糠多水多造成的，就要减糠减水；母糟残存淀粉过高就要减少投粮；母糟残糖过高就要注意打量水操作；等等。

上甑前1小时将粮粉倒入母糟进行拌和润料；拌匀后堆成堆并立即拍光拍紧，撒上一层冷熟糠，以减少挥发损失。工艺上成为合理润料，时间为60~75分钟。上甑前5~10分钟将冷熟糠（按粮粉比的23%~27%）计量倒于粮糟堆上同粮粉进行拌和。

操作要点：三准确、两均匀。

配粮要准确。根据冷热季投粮标准和母糟含残淀粉量配粮，冷季为20%~22%，热季为18%~22%。

配糟要准确。根据甑的大小、起母糟量每甑应基本一致，出入控制在3%以内。

配糠要准确。按工艺标准，粮糠比为23%~27%，配料时加入冷却的熟糠，使粮糟疏松不糙。

拌粮要均匀。拌和粮粉时，必须做到无"灰包""疙瘩""白杆"出现，充分拌和均匀。

拌糠要均匀。同拌粮标准，不能使用生糠、热糠拌料。红糟、面糟用糠量视糟醅情况确定，尽量少用。粮粉与糠不能同时倒入。拌和时要快翻快拌，翻动次数不可过多，时间不可过长。

（7）上甑

上甑前先检查底锅水是否清洁及底锅水量是否符合要求；检查活动甑是否安稳安平。若需要回蒸黄水、酒尾，则先将黄水、酒尾倒入锅中。随即撒薄薄一层糠壳于甑底，再上3~5厘米厚的糟醅，再开启蒸汽加热，压力为0.03~0.05兆帕。继续探汽上甑，即将满甑时关小气阀，满甑后用木刮将甑内糟醅刮成中低边高的糟堆（中间略低4~5厘米），刮后穿汽盖盘（上甑至穿汽盖盘的操作时间大于35分钟）。

上甑操作要点：上甑要平，穿汽要匀；探汽上甑，不准跑气；轻撒匀铺，切忌重倒；甑内穿汽一致，严禁起堆塌汽。上甑未满或剩余糟醅不得少于或超过15千克。

（8）蒸馏摘酒

蒸馏时要掌握缓火（汽）馏酒、大火（汽）蒸粮的原则。馏酒时，入甑的蒸汽压力小于或等于0.03兆帕；蒸粮时，入甑蒸汽压力控制在0.03~0.05兆帕；盖盘至出甑时间要求大于或等于45分钟，使粮粉达到内无生心，熟而不黏的标准。

摘酒时，以感官品尝判断酒质，切实做到边尝边摘（流酒速度：2~2.5kg/分钟，流酒温：20℃~30℃）。先摘取酒头0.5千克，然后根据酒质情况量质摘酒，凡符合调味酒的摘为调味酒，符合优级酒的摘为优级酒，依此类推，将酒按级入库。

（9）出甑摊晾

出甑前先关汽阀，取下弯管，揭开甑盖，将糟醅运至晾糟床附近，随即进行以下操作。

①收堆：将出甑的糟醅收堆。

②打量水：量水的温度必须在80℃以上；量水用量（水粮比）为75%~90%；量水必须泼洒均匀，严禁打"竹筒水"。打量水完毕后经堆闷的糟醅用铁锨均匀地铺到晾床上，开启风扇，勤翻勤划2~3次，打散疙瘩，测温后摊晾结束。

③撒曲、拌和：大曲用量（曲粮比）20%。散曲时要做到低撒匀铺，减少飞扬的损

失；将大曲粉均匀翻划入糟醅中。

④收摊场：将曲拌匀后的糟醅运入窖池，将晾糟床及周围的糟醅清扫干净。

（10）入窖

糟醅入窖前先将窖池清扫干净，撒上1~1.5千克的曲粉。糟醅入窖后要踩窖，然后找5个测温点（四角和中间），插上温度计，检查后做好记录。入窖温度的标准是：地温在20℃以下时，为16℃~20℃；地温为20℃以上时，与地温持平。窖池按规定装满粮糟后必须踩紧拍光，放上竹篾，再做一甑红糟覆盖在粮糟上并踩紧拍光，最后将粮糟封盖好。

（11）封窖管理

入窖后的糟要在密封隔气隔热条件下进行发酵，应按要求做好以下操作。

①封窖。封窖泥的质量：老窖泥应加新黄泥，做到干稀适度，黏性好，密度良好。用铁锹将封窖泥铲在窖池糟醅上压实拍光，厚度在12~15厘米，厚薄要均匀。

②窖池管理。封窖后15天内必须每天清窖，15天后1~2天清窖一次，保持窖帽表面清洁、无杂物、避免裂口。窖帽上出现裂口必须及时清理、避免透气、跑香、烂糟。

（12）窖内酒醅温度、含酒量变化

①窖内品温最高点：热季需5~8天，每天以0.5℃~4℃的速度升至36℃~40℃达到最高点；冷季需要7~9天，每天以0.5℃~3℃的速度上升至32℃~36℃达到最高点。实际生产中每当发酵1‰的淀粉升温为1.3℃~1.5℃。

②升温幅度：热季8℃~12℃（多数为10℃），冷季为10℃~16℃（多数为13℃~14℃）。

③窖内最高温度稳定期：一般为4天左右。

④窖内降温情况：稳定期后，每天以0.25℃~1℃之间缓慢下降。下降期间随时又出现稳定期，但长短不一，根据情况一般为2~8天。发酵期到30~40天，已经降至最低温；冷季22℃~25℃，热季27℃~30℃，就不会再降了，一直稳定到70天开窖。发酵规律可以用"前缓、中挺、后缓落"概括。

⑤酒精含量：酒精含量在窖池中随升温上升，一般在稳定期后，酒精含量达到最高点，随着发酵期延长，窖内酸、酯等物质的增加，酒精含量略有下降。

（三）五粮液系列酒的特点

今所知最早评价五粮液的人是宋代著名的诗人黄庭坚。他称赞早期的五粮液（姚子雪曲）时说"杯色争玉，白云生谷""清而不浊，甘而不哕，辛而不螫"，浓缩了古人对五粮液美酒的审美感受。早在1963年第二届全国评酒会上，严谨认真的评酒专家们就给予了五粮液"香气悠久、滋味醇厚、入口甘美、入喉净爽、各味谐调、恰到好处、酒味全面"的高度评价。专家的评语恰与900多年前黄庭坚的评价惊人的相似，不仅说明了专家评语的真实可靠，从侧面映射出五粮液长期稳定的卓越品质，还反映了五粮液所蕴涵中国的传统中庸文化。

集高粱、大米、糯米、小麦、玉米5种粮食之精华的五粮液是纯天然绿色饮品，味觉层次全面而丰富，协调地调动了人的视觉、嗅觉、味觉三种感观的最佳享受，体现了中国"中庸"文化的极高境界，因此五粮液酒深受中外消费者的喜爱。

1. 五粮液系列

五粮液系列酒目前有四十余个品种，包装精美，酒精度不一，口味各有特色。

（1）五粮液·老酒

规格：500毫升，酒精度：56度。

鼓形瓶五粮液，因为承载了诸多荣耀，故成为五粮液历史沿革中当之无愧的一款超经典之作。2005年，伴随着五粮液产品发展"返璞归真，成就经典"的核心理念，这款名为"五粮液·老酒"的传世之作重现在世人面前。该款水晶鼓瓶型"老酒"由五粮液总裁王国春先生亲自创意策划，其设计灵感源自五粮液早期的传统造型，既继承了传统五粮液酒的质朴纯然之气，又凭借着意大利的先进制作工艺凸显其无法抵挡的高贵与精细，起笔收刀之处，处处焕彩。五粮液·老酒，是五粮液人对世人的礼赠，更是一部千百年来华夏酒文化的演变史。它脱俗出尘、返璞归真，融合了五千年中华灿烂文明。它是一瓶酒，也是一部历史，更是一种精神。

（2）金玉满堂

规格：500毫升，酒精度：52度。

宜宾五粮液股份有限公司隆重出品的"金玉满堂"酒以其金石的光辉照映四方，满堂富贵。

（3）仰天长啸

规格：500毫升，酒精度：52度。

时尚与古典相结合的单瓶装豪华五粮液，尽显豪华身份背后的一份成熟。融五粮液的精品酒质与成功者的心境于一体，实为宴请佳品。

（4）五粮液王凤年百年诞辰纪念酒

规格：500毫升，酒精度：60度。

"五粮液王凤年百年诞辰纪念酒"是一款专门为高端精英人士量身定制的集名酒、名瓷、名画于一体的60度浓香型顶级典藏白酒。

产品基酒源于宜宾五粮液股份公司最古老的国宝级古窖池群，由五粮液公司知名大师勾兑。酒色纯净、香气幽雅、滋味醇厚，入口甘美、落喉净爽、回味悠长，各味谐调，绵、柔、纯恰到好处，产量极少。

（5）五粮液·酒王酒

规格：500毫升，酒精度：60度。

1995年，五粮液集团被国际统计大会授予"中国酒业大王"称号。为纪念这一历史殊荣，"五粮液·酒王酒"应运而生。"五粮液·酒王酒"精选五谷精华，秉承数百年传统工艺，精心酿造，品质卓越。五粮液·酒王酒，成就典范之作。

（6）巴拿马金奖纪念酒

规格：500毫升，酒精度：60度。

2005年，时值五粮液首获巴拿马万国博览会金奖90周年。为纪念这一殊荣，五粮液股份有限公司特别推出巴拿马金奖纪念酒。本款纪念酒集五粮液600多年明初古窖酿造之精粹，经90多年陈酿，再由国家级评委、五粮液首席调酒大师精心勾兑而成，堪称五粮液的精品之作。纪念酒瓶体采用经典酒坛造型，底部镶嵌莲花宝座，盖头全部采用 24K 纯金制作，极具收藏价值。2005 年，西藏自治区成立 40 周年大庆之际，巴拿马金奖纪念酒被西藏大昭寺甄选为吉祥圣母殿永久护法酒，庄严地供奉在大昭寺神圣的殿堂内。

(7) 珍品艺术品五粮液

规格：3000 毫升，酒精度：54 度。

珍品艺术品五粮液诞生于 20 世纪 90 年代，因其首创 3000 毫升水晶艺术瓶包装、内装 600 多年明初古窖所酿顶级五粮液酒而备受世人瞩目。美轮美奂的水晶瓶体为五粮液经典鼓形瓶造型，经繁复工艺手工打造而成，商标图案以红白两色水晶玻璃烧制成型，经手工雕刻、磨花而成，起笔收刀处卓尔不凡，犹如一件巧夺天工的艺术珍品。自问世以来，珍品艺术品五粮液价格一路飙升，作为五粮液专卖店的镇店之宝，珍品艺术品五粮液堪称中国最具收藏价值的白酒。

(8) 五粮液礼鉴藏品铂金版

规格：450 毫升，酒精度：52 度。

五粮液礼鉴藏品铂金版用中国传统美学完美演绎了中华白酒文化精髓。其瓶身以清新素雅白瓷质感梅瓶配以富贵吉祥的金色缠枝莲纹，与中国红瓶盖搭配，传递出喜庆与吉祥；口感舒适，刚柔并济，层次丰富，甘洌醇厚。

2. 系列品牌（部分）

五粮液开发有一百余种系列酒，以满足不同客户群体需求。比较有特色的系列有以下几种。

(1) 人民大会堂国宴酒（见图 1-11）

图 1-11　人民大会堂国宴酒

规格：500 毫升，酒精度：52 度。

人民大会堂国宴酒是由五粮液股份有限精选优质高粱、大米、糯米、小麦、玉米 5 种粮食，采用"五粮液"独特配方和传统工艺与现代技术相结合而推出的新世纪国宴酒品牌，具有开瓶喷香、入口甘爽、味醇绵长、诸味谐调的特性。

(2) 五粮国宾酒·套酒（见图 1-12）

图 1-12　五粮国宾酒·套酒

规格：500 毫升，酒精度：52 度。

五粮国宾酒·套酒是为纪念"感知中国"15 周年隆重推出的套装纪念版，可馈赠国际友人，亦可供爱酒人士品鉴、收藏。其酒质醇香，品质卓越，韵味悠长。堪称时光与智慧共酿的杰作，艺术与美酒融合的典范。

六瓶套酒，洋洋大观，风格独特。樽顶五粮徽记，冠戴鎏金折光瓶盖，白瓷质感瓶身古朴典雅。橄榄枝环绕国宝熊猫和各洲版图的金属浮雕铭牌，寓意"和平五洲，和谐美酒"。金线勾勒五色描绘的各洲标志建筑轮廓，古典祥云穿梭其间，生动再现"感知中国"15 年历程。瓶底一方"感知中国"钤印，盖印美酒，更具专属性和珍藏性。

（3）五粮头曲淡雅系列（见图 1-13）

图 1-13　五粮头曲淡雅系列

规格：500 毫升，酒精度：52 度、42 度、39 度、35 度。

五粮头曲淡雅系列由国家级酿酒大师和包装大师联袂打造。此系列酒窖香淳雅、酒味绵甜、入口舒适、入喉顺畅，具有醇甜淡雅的特点，包装融合时尚之美和实力气质，从容不迫升华头曲品位。

（4）福满盛世豪华酒（见图 1-14）

图 1-14　福满盛世豪华酒

规格：500毫升，酒精度：52度。

福满盛世豪华酒外包装晶莹透亮，瓶形高端大气，白色陶瓷瓶上勾勒的金色五谷图案，代表吉祥、丰收。红色观音莲花座底，有福泽绵长之意。

(5) 大展宏图酒（见图1-15）

图1-15　大展宏图酒

规格：500毫升，酒精度：52度。

纵观古今，论成败功过，十分谋略十分志；人生先有大愿力，后有大建树。心有多大，舞台就有多大；具有远大抱负与志向者，眼光长邃、不蔽短利，以勤为径，以苦作舟，磨心砺志，奋勇争先，追求未来，创造宏伟事业，达到巅峰。具有远大志向和抱负者可大展宏图，此酒正有此寓意。

(6) 五粮窖龄酒（见图1-16）

图1-16　五粮窖龄酒

规格：500毫升，酒精度：52度。

五粮窖龄酒由五粮液股份有限公司精选5种粮食，采用"五粮液"大明古窖池，结合独特配方和传统工艺酿造；历时20年，红黄贵胄，麒鹤献瑞，大师作品。

三、五粮液酒企的发展历程

(一) 五粮液集团公司简介

四川省宜宾五粮液集团有限公司是以酒业为核心主业，大机械、大金融、大物流、大包装、大健康多元发展的特大型国有企业集团，拥有从明初使用至今从未停止发酵的老窖池群以及一大批现代化、规模化的酿酒车间，有"中国酒王"之称。截至2020年，现有职工近5万人。公司拥有窖池3.2万余口，其中最老的明代古窖池群从1368年连续使用至今，已达652年，具有珍贵的历史价值、文化价值和社会价值。公司有4万吨级的特大型单体酿酒车间，具有年产白酒20万吨的生产能力和60万吨原酒的储存能力。五粮液产业园区占地面积18平方千米，既是大型的蒸馏酒生产基地，也是国家AAAA级旅游景区。2018年，集团公司实现销售收入931亿元，同比增长16%；实现利税323亿元，同比增长45%；资产总额1213亿元，同比增长18%。令人振奋的是，2019年，五粮液集团公司销售收入历史性跨越千亿台阶，各项主要经济指标均实现明显增长。

五粮液作为中国白酒的典型代表，从盛唐时期的重碧酒到宋代的姚子雪曲、明初的杂粮酒，再到1909年正式得名五粮液，已传承逾千载。五粮液酒厂前后经历了5次大规模的扩建：

第一次是1958年，国家拨款60万元，建成了金沙江南岸的"跃进区"，完成了第一次扩建，使全厂年产酒能力达到1141吨，构成了五粮液酒厂的最初规模。

第二次是1979年，五粮液酒厂投资1800万元在岷江北岸修建了新的生产区，占地9.96万平方米，年产酒能力达到4440吨。

第三次是1986年，五粮液酒厂投资2500万元在江北主厂区新建了占地22.8万平方米的3000个车间，全厂总产量达到1万吨。

第四次是1992年至1994年。五粮液酒厂投资8亿元，完成了厂房8项建设，建设面积达20万平方米。建成了横卧酒圣山下的两幢排列着6000口窖池的世界最大酿酒车间，使全厂年产酒能力达到9万吨。

第五次是1995年至2002年，这是集团公司高速、跨越式发展时期。

1984年担任厂长的王国春赴日本、北美考察后提出："总目标是在尽可能短的时间内，把五粮液酒厂建成中国第一流的现代化企业，使五粮液人成为无愧于新中国第一流的现代职工。"1995年，五粮液又投资1.5亿元进行配套工程建设；1997年，完成了年包装能力为8万吨的中国第一的勾兑中心；1999年1月又建成具有世界先进水平，占地1.5万平方米的现代大型塑胶包装车间；2000年投入巨资建成了一个产量4万吨的酿酒车间。同时，在孜岩山下荡平数座小山，建起了经营果酒、塑胶制品、模具制造、电子元件、精美印务等业务公司。至此，五粮液集团成为占地7平方千米的"十里酒城"，也成为"千年酒都"宜宾的标志。

五粮液集团在20世纪80年代初的生产能力只有3000多吨。到2003年扩展到40余万吨；并由一个不到千人的小厂嬗变为拥有19个子公司、5万多名职工的现代化大型企业集团。目前，公司拥有全国最大的窖房和世界最大的酿酒车间、行业内最先进的全自动包装生产线、比国家专业检测部门更先进的质量分析检测仪器。这些先进的硬件设施有力地保障了公司产品质量的稳定提升，保证了不同批次产品质量的稳定。现在，公司年产能力已达45万吨，是其他白酒厂家的几倍，甚至几十倍，已成为世界最大的酿酒生产基地。

目前，五粮液集团公司的经济效益已相当于1986年的160倍，连续14年稳坐全国酒类行业的头把交椅，其 2009 年品牌价值跃升至 472.06 亿元，持续保持中国食品行业领跑地位。2019 年（第 25 届）中国品牌价值 100 强研究报告在爱尔兰第十一届欧洲论坛揭晓，其中，五粮液品牌价值已经达到 1638.12 亿元，实现了质的飞跃，始终保持中国浓香型白酒的龙头地位和白酒领军品牌的优势。

2017 年，五粮液集团公司实现销售收入 802.2 亿元，同比增长 14.1%；利税 222 亿元，同比增长 41%；资产总额 1085.49 亿元，同比增长 14.0%。

2018 年，五粮液集团公司实现销售收入 931 亿元，同比增长 16%；实现利税 323 亿元，同比增长 45%；资产总额 1213 亿元，同比增长 18%。

2019 年，五粮液集团公司提前跨越千亿目标，实现销售收入 1080 亿元，同比增长 16%。

（二）五粮液酒品牌发展

在"酒都"宜宾，酒文化的历史源远流长。从古老的僰人的"蒟酱酒"，到唐宋时代的"重碧酒"、御用"姚子雪曲""荔枝绿""杂粮酒"，到现在的五粮液，宜宾酒文化已走过 3000 多年。

明末清初，宜宾共有 4 家糟坊，12 个发酵地窖。

五粮液由晚清举人杨惠泉所命名，此前它被老百姓叫作"杂粮酒"。1909 年，"利川永"烤酒作坊老板邓子均，又采用红高粱、大米、糯米、麦子、玉米 5 种粮食为原料，酿造出了香味纯浓的"杂粮酒"，送给晚清举人杨惠泉品尝。当时宜宾众多社会名流、文人墨客汇聚一堂。席间，"杂粮酒"一开，顿时满屋喷香，令人陶醉。这时杨惠泉忽然问道："这酒叫什么名字？"邓子均回答："杂粮酒。"杨惠泉又问："为何取此名？"邓子均说："因为它是由大米、糯米、小麦、玉米、高粱 5 种粮食之精华酿造的。"杨惠泉胸有成竹地说："如此佳酿，名为杂粮酒，似嫌似俗。此酒既然集五粮之精华而成玉液，何不更名为五粮液？""好，这个名字取得好。"众人纷纷拍案叫绝，"五粮液"的名字就此诞生。此酒色、香、味均佳，又是用五种粮食酿造而成，使人闻名领味。因为使用原料品种之多，发酵窖池之老，形成了五粮液的喜人特色。它沿用和发展了"重碧酒"的特殊酿制工艺，还兼备"重碧酒""清而不薄、厚而不蚀、甘而不哕、辛而不螫"的优点。从此，这种杂粮酒便以"五粮液"之名享于世人，流芳至今。

到 1949 年，五粮液已有德胜福、听月楼、利川永等 14 家酿酒糟坊，酿酒窖池增至 125 口。

五粮液经过 5 次大的扩建后，2006 年获得了商务部颁布的第一批"中华老字号"企业的殊荣。2015 年，五粮液受邀参展米兰世博会，一举荣获"百年世博，百年金奖""世博金奖产品""最受海外华人喜爱白酒品牌"等大奖，铸造了五粮液百年金牌不倒的辉煌。为了纪念这份荣耀，五粮液公司推出"百年世博，世纪荣耀"收藏酒（见图 1-17），并开展"耀世之旅"全球文化巡展活动。

蜚声中外、誉满神州的四川宜宾五粮液集团有限公司所产的交杯牌、五粮液牌五粮液（由"荔枝绿"——宜宾元曲而来），

图 1-17 "百年世博，世纪荣耀"收藏酒

在中国浓香型酒中独树一帜，为四川省白酒品牌的"六朵金花"之一。它以"香气悠久，滋味醇厚，进口甘美，入喉净爽，各味谐调，恰到好处"的风格享名世界。

（三）经营模式

五粮液集团有限公司已发展成为一家以五粮液及其系列酒的生产经营为主，现代制造业、现代工业包装、光电玻璃、现代物流、橡胶制品、现代制药等产业多元发展，具有深厚企业文化的特大型现代企业集团。公司不仅已经成为全球规模最大、生态环境最佳、品质最优、5种粮食发酵、古老与现代完美结合的酿酒圣地，而且在成套小汽车模具、大中小高精尖注射和冲压模具、精密塑胶制品、循环经济、电子等诸多领域，占领科技高端，形成了突出优势。公司下属5个子集团公司、12个子公司，占地面积18平方千米，现有职工5万余人。

五粮液集团有限公司的成名产品"五粮液酒"是浓香型白酒的杰出代表。它以5种粮食为原料，以"包包曲"为动力，经陈年老窖发酵，长年陈酿，精心勾兑而成。它以"香气悠久、滋味醇厚、入口甘美、入喉净爽、各味谐调、恰到好处、酒味全面"的独特风格闻名于世，以独有的自然生态环境、600多年明代古窖、五种粮食配方、古传秘方工艺、和谐品质、"十里酒城"宏大规模等6大优势，成为当今酒类产品中出类拔萃的珍品。

五粮液能够成为中国白酒业界最富有影响力的品牌，原因是多方面的。

第一，对古传"陈氏秘方"的传承，并在实践中不断改进升华的五粮液酿造技艺，是一个十分重要的原因。不同的酿酒技艺决定了不同的酒品品质。五粮液精选五种粮食作为酿酒原料，形成了酿酒物质基础上的先发优势。相对于单一粮食原料，多种粮食具有更加丰富的味觉物质基础和营养基础，为"酒味全面"提供了保障。

第二，五粮液独创的跑窖循环等工艺，使古谚"千年老窖万年糟"中的"万年糟"成为现实。专家认为，这为酿酒有益微生物的连续繁衍创造了十分有利的条件，为优良酒质奠定了基础。五粮液独有的600多年老窖池，自明代洪武年间始，便从未间断过发酵生产。古窖泥中的微生物种群达到数百种，这些微生物参与发酵酿造而成的五粮液，其品质和口感不言而喻。五粮液独有的"包包曲"，集高温曲、中温曲的优势于一身，为酿出好酒提供了重要保证。五粮液独有的十里酒城、世界最大的产能规模，以丰富的基酒形成了五粮液的品质和安全保证。

第三，长期以来，五粮液坚持运用现代科技改造传统酒业，做到该传统的坚持传统，能现代的一定现代，在诸多方面形成了领先全国的突出优势。例如，从20世纪80年代在业界率先开发的微机勾兑专家系统，到引进的国际先进检验检测设备、世界一流国内领先的现代化包装流水线；从20世纪80年代业界最早的企业科研所，到成立省级和国家级技术中心、行业第一个博士后工作站；从污染严重的传统小作坊，到引领行业清洁生产、节能减排、循环经济，成为科学发展的现代企业。

（四）产业链

五粮液集团是以酒业为核心主业，大机械、大包装、大物流、大金融、大健康五大产业多元发展的特大型国有企业集团，有"中国酒王"之称。五粮液酒在制作过程中对于每一步都要求严格，五粮液原酒采用"跑窖循环""固态续糟""双轮底发酵"及"人工窖泥快速老熟"等发酵技术；通过"分层起糟""混蒸蒸馏""分段摘酒"等操作；按照"量质摘酒，按质并坛"进行生产。

五粮液集团除以白酒为主业外，另有如下产业：

第一，四川省宜宾普什集团有限公司（以下称普什集团）是五粮液集团下属子集团公司，其前身是五粮液酒厂615车间。在五粮液集团强大的综合实力与品牌价值支持下，公司积极探索发展，快速延伸完善产业链，不断提升科技创新水平，现已发展为一家现代化、多元化、国际化的高科技企业集团。目前，普什集团拥有员工近万人，各类专业技术人员1000多人，资产总值逾百亿元，下属多个子（合资）公司。普什集团目前由"机械制造"和"高分子材料及深加工"两大产业构成。"机械制造"是普什集团重点投入发展的产业之一，主要产品有：精密注塑模具、汽车覆盖件模具、精密铸件、精密工具、变量泵、汽车发动机、汽车零部件、大型柴油机、数控机床、工程机械等，已逐步形成独立完善的产业结构。依托国家级精密模具制造基地，"机械制造"产业充分发挥产业链优势，不断提升研发、设计、工艺、制造、检测水平。公司自行研制的各类产品已广泛应用于汽车、高铁、航空、航天领域以及新能源、环保装置和国家重点项目等。"高分子材料及深加工"是普什集团最早发展的产业，涉及化工原料、塑料包装、建材、医疗器械、生物医用材料、防伪标、RFID信息防伪技术、溯源物联网技术等领域。主要产品有：醋酸纤维素、聚酯切片、各类瓶盖、瓶坯、透明包装盒、光栅材料、立体显示终端、3D防伪包装盒、RFID电子防伪标签、塑胶管材、管件等。其中，RFID信息防伪技术应用列入了国家"863计划"，RFID防伪溯源技术在五粮液酒包装上的成功应用，被国家列入食品安全溯源示范企业。普什集团引入世界一流的尖端设备，以全球的视角推动自身管理水平的提升，先后通过了ISO9001，TS16949O，HSAS18000，ISO14000和ISO10012体系认证，并成功通过了可口可乐供应商社会责任认证、FDA认证、EU认证等，已全面实现了对资源和产品的标准化和科学化管理。公司通过全球配置人力资源以及多种培训方式，精铸现代员工。同时，通过设立技术产品研发院，与国内外知名企业及科研院所合作，积极开发国内领先地位的高新产品，掌握核心技术，不断升级创新，已获得国家、省、市等科技进步奖50多项，获授权专利和实用新型专利330项，取得授权商标76件，参与、主持制定行业标准20多项，拥有多个国家级和省级技术中心，并研发出多项国家重点新产品。公司已拥有独立进出口经营权，是海关实施AA类管理企业、海关总署"红名单"企业。普什集团的产品与服务不仅遍布全国市场，还远销欧美及东南亚60多个国家与地区。

第二，四川省宜宾丽彩集团有限公司（以下简称丽彩集团）是五粮液集团公司下属以印刷为主，集包装设计、物资贸易为一体的集团公司。目前，丽彩集团拥有1200余名技术过硬的高素质员工，固定资产4.5亿元，厂房面积达8万平方米，800余台/套国内外领先设备，年生产能力达25亿印。丽彩集团秉承"创新求进，永争第一"的企业精神，不断开拓创新、努力奋进，在经济效益高速发展的同时，荣获"全国百强印刷企业""全国用户满意企业""A级诚信纳税人信用等级证""全国AAA级客户满意单位""质量承诺和质量信誉'双信'单位"等多项荣誉称号。

第三，四川省宜宾环球集团有限公司（以下简称环球集团）是五粮液集团多元化发展战略产业链的延伸，是五粮液集团新的经济增长点。环球集团由环球光电玻璃制造有限公司、华夏玻璃股份有限公司、美格包装有限公司、神州玻璃有限公司、天沃商贸有限公司、技术研发中心及产品检测中心组成。环球集团引进了德国、捷克、英国等国际先进玻璃生产设备，采用国内最先进的自动生产线及检测设备。环球集团的玻璃制品质量已达到国际水平，现已面向市场，推出晶质料、高白料、普通料类玻璃酒瓶、轻量瓶、玻璃包装制品、光学玻璃制品，使用玻瓶刻花、烤花、磨砂、蒙砂、激光内雕等工艺制作。

第四，安吉物流集团公司（以下简称安吉物流）占地面积20万平方米，固定资产2.8亿元，现有员工1300余人。安吉物流拥有各型运输车辆、起重、装载及工程作业等机械1000余台，80TEU多用途集装箱标准船10艘，各型标准车用集装箱350个，货物仓储面积5万平方米。安吉物流五粮液集团曾获得"中国企业诚信建设示范单位""服务质量、信誉双保障实施业"等称号。近期，安吉物流获得了中国质量认证中心的授牌认证，成为中国物流行业首家通过ISO9001、ISO4001、OHSAS18001三个国际管理标准认证的企业。同时，该安吉物流加快信息化建设步伐，已成为四川省GPS全球卫星定位系统容量最大、入网车辆最多的物流企业。

第五，五粮液集团进出口有限公司成立于1999年3月28日，是五粮液集团公司的全资子公司，专业从事经营和代理各类商品及技术的进出口业务（国家限定公司经营或禁止进出口的商品及技术除外）。五粮液集团进出口有限公司充分发挥"五粮液"的品牌优势，努力开拓国际市场，其出口的五粮液系列白酒、青梅果酒、纺织品、鞋类、化工、机电等产品，已远销中国港澳地区，以及美、英、法、德、南非等60多个国家。

第六，四川川橡集团有限公司，是国家大型二档企业，是全国59家轮胎定点生产企业之一，是四川省唯一的轮胎生产大型骨干企业、四川省新体制试点企业。现有固定资产近1.2亿元，主要生产斜交、子午线轮胎等八大系列83个品种产品，主导产品被评为"四川省品牌产品"，公司被评为企业管理先进单位和质量效益型企业。其主要产品包括：氯丁橡胶胶黏剂（普通型）、轮胎、轮胎外胎、普通载重汽车大客车及挂车轮胎外胎（斜交）、轻型载重汽车中小客车及其挂车轮胎外胎（斜交）、拖拉机导向轮胎普通断面斜交外胎、力车胎外胎、橡胶杂品。

第七，四川圣山白玉兰制衣有限公司（以下简称圣山白玉兰）是五粮液集团旗下宜宾圣山服装家纺有限公司投资成立的全资子公司，地处高新企业云集的成都龙泉国家级经济技术开发区。公司主要以服装品牌开发、行业服装制作、贴牌加工、纺织品进出口贸易为主，项目总投入资金4.8亿元，注册资金5000万元，建设用地约200余亩，总建筑面积约160000平方米。圣山白玉兰拥有国内外先进设备2500多台，采用了德国百福和杜克普、日本重机、上海富山等国内外先进电脑平缝机和各类高档专机设备，包括仿人工缝珠边机、牵带机、电脑自动上袖机、垫肩棉机、附衬机、撬袖里底机、多功能曲折机、花样机、多功能电脑钉扣机、电脑开袋机等先进设备，自动化电脑设备达90%以上。有德国艾斯特CAD绘图打板系统，德国埃斯奔马PROUTXL7501全自动裁床、COMACTD600摇篮式自动铺床机、8.4高版本CAD绘图打板系统，先进自动运输与仓储吊挂线，日本重机LK-1900ASS/MC596高速电子自动套结机、APW895S10SM6K

开袋机、LK-1903ASS-303高速电子钉扣机、780平头锁眼机、MO6704D-OE4-40H3线包缝机和MO6716D-FF6-40H5线包缝机,德国杜克普580-123高速圆头锁眼机、745-34-2A/TJ开袋机、697-24155/E103上垫肩机、579圆眼机,德国百福1183-8/31-900/24-909/14-911/37BS平缝机,上海富山H8800-7C平缝机等国际一流的加工设备,并配备了美国格柏公司电脑自动设计、打版系统和现代化的生产流水线14条、辅助生产线2条;同时安装了上海三禾公司全球领先的服装智能制作管理系统,拥有360套工位;并配备全套意大利迈牌电脑整烫设备和仓储20万套的吊挂输送管理系统;具有年产各类服装产品390万件套的生产能力。公司于2009年初进入试运营,正式投产后,将逐步实现年生产能力350万件(套)以上,销售收入10亿元以上,可实现利税近1亿多元,容纳就业人员2000余名。

第八,四川省宜宾五粮液集团保健酒有限责任公司(以下简称保健酒公司)创建于2001年3月,是五粮液集团下属全资子公司,主要从事功能白酒的研发、制造和销售。保健酒公司以传统白酒为载体,通过现代高科技手段,将传统养生文化精髓与优质酒体进行有机融合,研发制造功能型白酒产品,不断满足消费者的健康需求。保健酒公司现有职工400余人,拥有各类专业技术人员70余名。4个灌装生产区、2个洁净度达十万级保健食品GMP生产车间,16条高性能全自动生产线,固定资产过亿元。保健酒公司坚持企业使命与企业愿景,锐意创新,在保健酒的研发方面不断取得佳绩,形成了成熟、全面的产品线。保健酒公司主打产品类型有蛹虫草系列酒、参杞系列酒、绿豆系列酒、竹荪系列酒、玛卡系列酒、黄金系列酒等。其中,"雄酒"是企业近期推出的力作,选料精、口感好;国产保健食品"黄金牌万圣酒"市场知名度、美誉度俱佳;养生小酒"牛气十足"贴近消费者,活力无限。公司建立了规范的职业健康安全、环保质量管理体系,获得了国家ISO9001质量管理体系认证、GB/T28001-2011职业健康安全体系认证、ISO14001环境管理体系认证、保健食品GMP认证。目前,公司已经与四川大学、西南财经大学、四川师范大学、成都中医药大学、西华师范大学、景德镇陶瓷学院等高等院校建立人才培训基地,不定期招收公司发展所需人才;与四川中医科学院等相关科研机构建立科研合作关系,持续开展新产品配方研发合作。公司检验中心占地面积共计800平方米,拥有先进的专业检测化验设备,如气质联用仪、原子吸收仪、原子荧光仪、高效液相色谱仪、气相色谱仪、紫外分光光度计等。此外,公司还配备了食品工程、生物技术、发酵工程、药理分析等方面的专业人才。

第九,宜宾五粮液生态酿酒有限公司(以下简称生态酿酒公司)创建于2013年3月。公司位于享有"花园公司"美名、拥有十里酒城庞大生产规模和良好自然生态环境、全国闻名园林式工厂的五粮液园区之中,是五粮液集团的全资子公司。生态酿酒公司现有职工400余名,4个灌装生产区、16条高性能全自动生产线,固定资产超过亿元,拥有各类专业技术人员70余名,实力雄厚。生态酿酒公司建立了规范的职业健康安全、环保、质量管理体系,获得国家ISO9001质量管理体系、GB/T28001-2011职业健康安全体系、ISO14001环境管理体系认证。生态酿酒公司拥有各类先进的检测、化验设备及通过国家CNAS认证的检测中心,配备有食品工程、生物技术、发酵工程、药理分析等方面的专业人才,确保从原料、中间产品、成品等生产各环节严格按照食品安全指标检测，全方位控制产品质量安全。生态酿酒公司使用五粮液集团浓香型白酒作为基酒，在五粮液浓香型风格的白酒基础上，将原料与浓香型白酒巧妙融合，既保持了五粮液浓香型白酒的酒体风格和口感，又保留了原料的有效成分。生态酿酒公司生产不同酒度、不同风格的高中低端产品，能够满足不同层次、不同需求的消费者。其中，"龙虎酒"以蛹虫草、葛根为功能性配料，酒体晶莹剔透、色泽淡黄诱人、浓香风格中略带有药材药香，醇厚甘美，诸味协调，堪称功能和口感完美结合的典型代表；"国鼎"系列酒将蛹虫草和葛根的有效成分最大保留，更好地呵护了消费者的健康；"歪嘴酒""华彩人生"更是公司各具特色的明星产品。

（五）五粮液集团的科技创新

"宜宾五粮液股份有限公司技术中心"（以下简称技术中心）的前身是五粮液酒厂科研所，成立于1988年。1999年3月五粮液酒厂科研所更名为"宜宾五粮液股份有限公司技术中心"，1999年经四川省政府批准成立省级企业技术中心，2009年经国家发改委等部门批准为国家级企业技术中心，2000年11月经国家人事部批准设立了博士后科研工作站。技术中心设立有技术创新委员会、专家委员会，在专家指导下，对科技项目研究方向予以评审；技术中心下设酒体设计中心、酿酒工程研究中心、防伪技术研究中心等。技术中心技术力量雄厚，现有博士8名，中国酿酒大师5名，教授级高级工程师9名，高级工程师24名，工程师、高级技师数百名，拥有来自美国、德国、日本等国的酿酒行业最先进的科研设备仪器。技术中心2011年被中国食品工业协会评为全国唯一的"食品工业科技进步优秀企业八连冠"荣誉称号；2012年被中国酒业协会授予"中国白酒169计划"科研中心。技术中心有较强的自主创新开发能力，在实施技术开发和课题项目研究方面，主要采取自主开发为主，协作开发为辅，引进先进技术为补充的指导思想，创立自己的核心技术。不断利用新技术、新工艺、新材料、新设备，结合企业实际进行研究开发，先后获得了数十项科研成果，为五粮液集团的高速发展提供了强有力的技术支撑。截至2017年，科研项目共获得国家级奖项7项次、省部级奖项10项次、市级奖项3项次。

五粮液集团博士后科研工作站，于2000年获得国家人事部（人发［2000］112号）批准建设。建站至今，已形成了一批以教授级高级工程师、酿酒大师、白酒大师等为主的专家学术团队，具备很好的科研工作所需的硬件条件，先后招收博士后若干名进站工作，并在企业指导老师的指导下，顺利完成相关课题研究，为高层次人才的引进、培养做出了积极贡献。为了进一步促进企业自主创新、产学研合作，搭建科技成果转化新平台，加快高层次人才队伍建设，五粮液博士后科研工作站已建立并完善了博士后管理工作的组织机构、学科负责人、后勤保障等工作，为在站博士后的工作、学习、生活提供了良好的环境和科研条件。

浓香型白酒固态发酵重点实验室，是五粮液股份有限公司联合江南大学和四川大学共同建设的高层次研究平台。实验室于2016年7月获中国轻工业联合会首批认定。实验室现有面积7980平方米、主要实验仪器80台（套），拥有酿酒行业内领先的科研仪器设备，主要来自美国、德国、日本等国，设备总价值4000余万元。实验室现有固定研究人员37人。其中，高级职称27人，中级职称10人，获得国家杰出青年科学基金资助的人才 1 人,省部级学术带头人 12 人。浓香型白酒固态发酵重点实验室立足于我国浓香型白酒固态发酵领域,围绕浓香型白酒固态发酵开展微生物(基因)资源研究,功能风味物质和废弃物资源的收集、开发、产业化利用,酒类食品风险评估,酿酒智能化技术,酒类分析技术研究与应用,致力于浓香型白酒固态发酵微生物资源研究及应用、浓香型白酒固态发酵废弃物资源化利用、酿酒智能化技术研究及应用 7 个方向的研究,并根据产业、实验室的发展不断拓展研究领域。同时,实验室还拥有智能化酿酒中试基地和酿酒技术成果转化试验基地各一个。实验室主持省、市级项目 22 项,其他项目 37 项;获省部级以上成果奖 7 项;获发明专利 10 项;发表科研论文 30 篇,项目总经费达 321607 万元以上。这些研究项目的开展提高了重点实验室的基础研究能力,促进了同国内外科研机构的学术交流,培养了科研队伍,增强了实验室为行业提供技术支持的能力。同时,也形成了实验室从事高技术研究的学术氛围,并为中国轻工业联合会设立重点实验室奠定了良好的基础。

固态发酵实验室,有固定研究人员 56 名,主要包含了微生物、发酵工程、天然产物、药物分析、细胞工程、农学、化学工程等专业领域的研究人员。

酿酒生物工程研究室,研究酿酒微生物与酒质之间的关系,旨在从理论上弄清酿酒微生物的代谢、发酵机理,酿酒生态的组成与演变;在实践上研究怎样通过工艺条件的完善,为酿酒微生物创造适宜的条件,减低消耗,从而生产出高品质的基础酒。以下为酿酒生物工程研究室取得的成果和获奖情况:获得国家新型实用专利 1 项,发表论文 20 余篇,获得各种等级的优秀论文奖 6 项,先后参与 10 余项各种级别的项目研究,其中"生物技术在丢糟高质化利用中的应用研究"获得中国酒业协会科技进步二等奖,"320 改进项目的应用研究"获得公司内部科技成果三等奖。

包装原材料管理室,围绕白酒包装原材料开展相关研究工作,主要进行白酒包装原材料食品安全方面的研究工作,同时也进行白酒包装原材料相关的政策法规、标准、前沿性信息的研究工作。2014 年,其《塑料制品迁移物对酿酒生产的影响》项目荣获中国食品工业协会科技技术一等奖;2014 年,其《塑料制品迁移物对酿酒质量影响的评估方法》论文荣获中国酒业协会进步优秀论文奖。

风险评估研究室,成立于 2015 年,主要开展公司的食品安全风险分析、风险评估、项目研究等相关工作;科室现有碳同位素质谱、三重四级杆气质联用仪、全二维质谱仪、ICP-MS、气质联用仪等高端检测仪器。

环境与资源废弃物研究室,成立于 2010 年,旨在加强环保新形势下公司环保及循环经济领域的技术研发实力。通过先进的现代科学技术与传统的酿酒生产工艺相结合的方式,将传统纯粮固态酿酒生产过程中产生的酿酒资源废弃物转化为清洁再生能源,以解决长久以来造成的环境污染和资源浪费及能源消耗等问题,使酿酒废弃物资源得到充分利用,形成一条安全、可靠、节能、环保的循环经济产业链。

酿酒技术及装备研究所,主要进行酿酒新技术、新装备的开发和应用。科室目前有恒温恒湿培养箱、超低温冰箱、超高倍连续变焦显微镜、厌氧工作站、超低温冻干机、低温高速离心机等大批先进科研设备,以及在生产线应用的自动摊晾机和智能无线温控及管理系统等。酿酒所负责的技术研究中心中试基地是科研项目扩大试验的重要场所,有近千平方米的试验场地，建有中试小窖、无菌室、发酵房、培养室等，并配有酒甑、冷凝器、发酵罐、粉碎机、卧式灭菌锅等中型设备。酿酒所近几年完成的《传统固态法浓香型优质白酒生产工艺的研究与传承》《复糟酒机械化（自动化）生产线及配套工艺研究与应用》等科研项目，先后获得了多个省、市以及行业协会的科技进步奖。酿酒所是 2004 年至 2015 年五粮液青年文明号，也是 2015 年宜宾市青年文明号。

分析研究室，成立于 1988 年，主要负责公司酿酒生产过程和产品质量检验分析技术的研究，以及在酿酒副产物利用方面的研究等工作，围绕主业进行着酿酒检验分析技术基础研究和开发应用工作。《利用酿酒副产物提取酒用香源》和《利用超临界二氧化碳从酿酒资源中提取酒用呈香呈味物质》项目分获中国食品工业协会科学技术奖一等奖和四川省科技进步奖一等奖，《近红外光谱技术控制固态法酿酒生产入窖条件的应用研究》项目获 2011—2013 年度中国食品工业协会科学技术奖一等奖，并获得 2014 年宜宾市科技进步奖特等奖。《酿酒废弃物尾水的资源化利用的研究》项目获得五粮液科技进步奖二等奖。发表的《酒醅中微量成分分析方法的比较及确定》《傅立叶变换近红外光谱仪在酒醅分析中的应用研究》获首届和第二届中国白酒科学技术大会优秀学术论文二等奖。

新产品开发研究室，根据公司战略规划及市场动态，组织编制新产品开发规划（年度、中期），积极开展相关新品市场调研，掌握有关产品开发动态，完成公司下达的新品开发任务，制定相关生产工艺流程、参数、产品鉴定、质量标准等。重点开展新品酒类（非传统）的研发，包括果露酒、预调酒、功能性酒类等，以及承担开展一部分基础性研究项目。团队正通过创新原创技术，不断加快新产品研发节奏，为消费者提供多元化和多层次的产品选择，针对新兴市场开发个性、天然、健康，又接地气的时尚高品质新酒品。

《320 改进项目的应用研究》形成了一套生产优质调味酒的创新、安全、环保、可靠的新技术、新工艺、新装备，其自主创新研发的整套工艺、装备及应用技术属国内领先水平。利用新型催化剂生产的优质调味酒，感官指标大大优于以往工艺生产的产品，理化指标也符合公司要求。在系列酒中应用后，满足现今市场消费者对白酒品质的内在需求，经济价值非常可观，并且彻底解决了公司 20 多年来使用老工艺对人的安全问题以及对设备装置的严重腐蚀等一系列问题；彻底解决了老工艺一旦泄漏出去，会给公司的声誉和品牌形象带来不可承受的损失问题；从源头上根治了以往老工艺造成严重污染空气的问题；而且还使"窖泥液"中的有效成分得到充分回收，具有非常显著的经济、安全、社会、环保效益，符合公司提出的"创新驱动、转型升级"的可持续发展的理念。该项目在 2015 年获公司科技成果三等奖。

2014 年《塑料制品迁移物对酿酒生产的影响》项目荣获中国食品工业协会科技技术一等奖。本项目研究的是塑料制品对酿酒生产的影响，研究成果应用于酿酒企业，可防止不正确使用塑料制品带来的食品安全风险。项目属食品安全，不是提高产品质量，也不是降低生产成本，而是解决酿酒企业的生存和发展的问题。

"复糟酒机械化（自动化）生产线及配套工艺研究与应用"项目主要研究现代酿酒装备在复糟酒生产中的应用，该生产线在车间应用一年多的时间内为公司带来了显著的经济效益，同时对减轻工人劳动量、提升公司社会效益等方面具有显著作用。该生产线目前在复糟车间成功推广，并获得中食协科技进步特等奖。

《一种用CO_2防治曲虫的方法》是科研项目基础上的成果转化项目，利用二氧化碳窒息原理来达到防治曲虫的目的。该方法具有效果显著、无负面影响、经济效益好等特点，总投入经费为510.00万元。到目前为止，改造后的曲库已投入使用，2010至2012年共处理3000吨曲药，直接经济效益达132.93万元；由于曲药在酿酒过程中仅充当了半成品的角色，用该法处理后的曲药投入酿酒生产，间接经济效益更为巨大。

为了保证产品质量，五粮液集团将现代分析技术和现代分析仪器用于五粮液生产的全过程检测。采用了惠谱、岛津、PE等气相色谱仪，原子吸收及色谱质谱联用仪等现代分析仪器，对原材料采购、原酒分级、陈酿、勾兑操作等生产过程和产品质量进行全面的质量控制。

五粮液和包装是塑造外观形象、保真防伪的重要环节。为了保护消费者的利益，五粮液集团从普通玻璃瓶，到水晶瓶，再到PET瓶；从塑胶瓶盖，到三防瓶盖，到激光防伪盖，再到3M回归反射胶膜防伪……进行了多次包装材料改革。

6. 五粮液集团的企业荣誉

从1915年荣获巴拿马万国博览会金奖至今，五粮液已先后获得国家名酒、国家质量管理奖、中国最佳诚信企业、百年世博·百年金奖等上百项国内国际荣誉。1985年、1988年五粮液荣获商业部优质产品称号及金爵奖；1963年、1979年、1984年、1988年五粮液荣获全国第二、三、四、五届评酒会上国家名酒称号及金质奖；1988年五粮液荣获香港第六届国际食品展览会金龙奖；1989年五粮液荣获日本大孤第三届89关西国际仪器展金质奖；1990年五粮液荣获泰国国际酒类博览会金奖；1991年五粮液荣获保加利亚普罗夫迪夫国际展览会金奖及德国莱比锡国际博览会金奖；1992年五粮液荣获美国国际名酒博览会金奖；1993年五粮液荣获俄罗斯圣彼得堡国际博览会特别金奖。2008年，五粮液传统酿造技艺被列入国家级非物质文化遗产。2017年，五粮液品牌位居"亚洲品牌500强"第60位、"世界最具价值品牌500强"第100位、"世界品牌500强"第338位。

除此之外，五粮液还获得多项企业荣誉。

1956年：五粮液荣获中国食品工业部各大名酒尝评第一名。

1963年：五粮液获国家名酒称号。

1988年：五粮液系列酒在香港荣获第六届国际食品展企业金龙奖、产品金龙奖，五粮液60度、52度、39度在中国荣获大曲浓香国家金质奖，五粮液被中国酒文化节组织委员会评为"中国文化名酒"。

1989年：五粮液系列酒在日本荣获关西国际食品展酒类金质奖。

1990年：五粮液系列酒在泰国荣获国际酒类博览会金质奖，五粮液酒厂荣获国家质量管理奖。

1991年：五粮液系列酒在保加利亚荣获普罗夫迪夫国际博览会金奖，五粮液在德国荣获莱比锡国际博览会金奖。

1992年：五粮液在美国荣获纽约国际白酒与饮料博览会金奖，在意大利荣获波伦亚国际博览会金奖，在法国荣获巴黎第十五届国际食品博览会金奖，五粮液·尖庄在俄罗斯荣获圣彼得堡国际日用消费品博览会金奖。

1993年：五粮液·尖庄在德国荣获汉堡春季博览会特别金奖，五粮液·尖庄在英国荣获伦敦首届国际世贸中心评酒会金奖和特别金奖，五粮液·尖庄在德国荣获柏林国际酒类与饮料博览会金奖、特别金奖，五粮液酒厂被国家环境保护局评为"全国环境保护先进企业"，五粮液酒厂获中华全国总工会"五·一劳动奖状"。

1994年：五粮液·尖庄在美国荣获纽约国际白酒、葡萄酒、啤酒及饮品博览会金质奖，五粮液·尖庄在中国荣获北京第五届亚太国际贸易博览会金奖，五粮液、尖庄在法国荣获巴黎第三届国际饮料酒和饮料及仪器博览会特别金奖，在美国荣获华盛顿巴拿马国际名酒饮料及食品博览会特别金奖，五粮液·尖庄在日本荣获东京国际名酒博览会特别金奖。

1995年：五粮液在巴拿马荣获第十三届国际贸易博览会金奖，在美国荣获纽约国际食品交易博览会金奖，在香港国际统计大会上被评为"中国酒业大王"，在美国荣获休斯敦国际白酒与饮料博览会金奖。

1996年：五粮液在美国荣获休斯敦国际白酒与饮料博览会金奖。

五粮液股份有限公司1998年4月27日在深圳A股上市，代码为000858，1月25日总市值189.79亿元，流通市值53.46亿元。20世纪末的10多年时间里，五粮液集团迈开了向现代化大型企业发展的步伐，先后实施了"质量效益型、质量规模效益型、质量规模效益多元化"发展战略，使企业得到了长足的发展。自1994年以来，公司始终稳居中国酒类企业规模效益之冠。1995—2005年，在整个制酒饮料行业中，五粮液股份有限公司资产规模连续保持第一，生产规模在全球蒸馏酒企业中也处于领先地位。

1999年：五粮液集团公司在中国荣获第二十届世界建筑师大会"当代中国建筑艺术创作成就奖"；五粮液在智利荣获国际食品博览会特别金奖，在智利荣获国际食品博览会金奖，青梅酒在智利荣获国际食品博览会金奖。

2000年：五粮液在法国荣获巴黎名酒名茶博览会最高荣誉奖，五粮液集团公司继续保持全国模范职工之家荣誉称号。

2001年：五粮液在巴拿马荣获工商农商会商业展览会金牌，五粮液股份公司荣获中国"2001中国最具发展潜力上市公司五十强"，五粮液集团公司党委被中央组织部评为"全国先进基层党组织"。

2002年：五粮液荣获巴拿马第二十届国际商展白酒类唯一金奖，五粮液集团公司被国家工商管理总局评为"2001首批全国重合同守信用企业"，被中国企业研究会评为"全国百行万家双优示范企业"，被中质协和全国用户委评为"2002年全国用户满意企业"。

2003年：五粮液股份公司荣获中国"全国质量管理奖"；经北京名牌资产评估有限公司评比："五粮液"品牌在"2003中国最有价值品牌"评估中，品牌价值269.00亿元，居白酒制造业第一；经北京名牌资产评估有限公司评比："五粮春"品牌在"2003中国最有价值品牌"评估中，品牌价值22.20亿元。

2004年：五粮液荣获中华环境保护基金会绿色产品奖；"五粮液"品牌在"2004中

国最有价值品牌"评估中，品牌价值 306.82 亿元，继续位居白酒制造业第一。

2005 年：2004 年度全国市场同类产品销量第一，五粮液集团公司荣获全国食品工业科技进步优秀企业五连冠，五粮液荣获中国食品工业协会科学技术奖 2003—2004 年度特别奖，五粮液荣获中国食品工业协会科学技术奖 2003—2004 年度一等奖，五粮液集团公司荣获 2003—2004 年度全国食品工业科技进步优秀企业五连冠特别荣誉奖，五粮液通过"纯粮固态发酵白酒"验证，五粮液被定为 2005 年日内瓦中国迎宾团"国宾专用酒"，五粮液荣获 2005 年 CCTV 观众最喜爱的中国第一品牌。

2006 年：五粮液集团荣获"1996—2005 年荣列全国市场同类产品销售额第一名"，五粮液集团荣获"2006 年度中国制造业 500 强"之列，五粮液被认定为"中国白酒浓香型代表"，五粮液荣获中国首届"中华老字号"称号，五粮液集团公司被评为"全国名优产品售后服务先进单位"称号，五粮液荣获"中国白酒十佳""最佳商务宴请及送礼用品""最佳口感用酒"三项殊荣，五粮液集团公司在"中国食品工业协会第二届科技成果大会"上获得食品科学技术奖特等奖，五粮液集团公司荣获"全国工业旅游示范点"，五粮液集团公司荣获"2005—2006 年度中国食品工业质量效益卓越奖"，五粮液集团公司被评为"2006 年度中国酒文化百强企业"，五粮液荣获"2006 年度世界市场中国（食品）十大年度品牌"殊荣，五粮液荣获白酒行业 2006 年"中国品牌年度大奖"。

2007 年：五粮液集团公司被评为"中国保护消费者权益信用单位"，五粮液荣获"全国质量先进集体奖"，五粮液集团公司荣获"全国食品工业科技进步优秀企业六连冠"，五粮液集团公司荣获"2005—2006 年度食品工业科技进步优秀企业奖""2005—2006 年度中国食品工业协会科学技术奖"一等奖，五粮液集团公司荣获"全国实施卓越绩效模式先进企业"，五粮液集团公司被评为"企业信用评价 AAA 级信用企业"。

2008 年：五粮液集团公司"五粮春"荣获"中国驰名商标"；"五粮液酒传统酿造技艺"入选国家级非物质文化遗产名录；五粮液集团公司荣获"中国十大最受尊敬企业"；五粮液集团公司荣获"全国食品行业创新型企业"称号；五粮液集团公司再度被评为"全国安全生产月"活动优秀单位；五粮液荣获"2007 年度中国 A 股上市公司最佳投资者关系管理百强"奖项；五粮液股份有限公司被评为"改革开放 30 年，中国营销杰出企业"；五粮液股份公司评为全国"奥运承诺践诺先进单位"；五粮液集团公司荣获"2008 年度中国最佳诚信企业"，位居行业第一；五粮液集团公司荣获"2008 年度中国慈善企业奖"；五粮液集团公司荣获"中国改革开放 30 年优秀集体""国有企业杰出发展"；五粮液集团公司荣获"2008 年度中国食品工业重点行业十强企业"。

2009 年：五粮液荣获"2008 年度第六届中国财经风云榜——最佳投资者关系上市公司"殊荣，五粮液集团公司被中央文明委授予了"全国文明单位"荣誉称号，五粮液集团被评为"2008 年度最具影响力企业"，五粮液集团公司荣获"2008 年度中国食品工业百强企业"，五粮液集团公司荣获"2009 年四川省质量管理特别奖"，五粮液荣获"2008 年中国商标注册百强单位"，五粮液荣获"2008 年中国最具影响力驰名商标"，五粮液集团公司荣获"2007—2008 年度食品工业科技进步优秀企业七连冠特别荣誉奖"，成为国内唯一获此殊荣的食品企业，五粮液荣获"2008 年中国最佳地理标志产品"，五粮液集团公司荣获"2009 年全国实施卓越绩效模式先进企业特别奖"，五粮液集团公司荣获"2008年度中国食品工业重点行业十强企业",五粮液集团以品牌价值472.06亿元再度蝉联中国白酒制造业的榜首,五粮液集团公司被评为"第二届全国文明单位",五粮液集团公司被评为"计量诚信优秀单位",五粮液集团公司荣获"2007—2008年度中国食品工业质量效益卓越奖",五粮液集团公司荣获"栋梁工程突出贡献单位"荣誉称号,五粮液集团公司被评为全国"五五"普法中期先进集体,五粮液集团公司荣获"全国实施卓越绩效模式先进企业称号",五粮液集团公司被评为"国家认定企业技术中心",五粮液集团公司荣获"中华慈善突出贡献单位奖",五粮液集团公司荣获2009年中国企业效益200佳第91名,五粮液股份有限公司被评为"全国推行全面质量管理30周年优秀企业"。

2010年:五粮液集团公司被评为"全国企事业知识产权试点单位";五粮液集团公司荣获"全国实施卓越绩效模式先进企业"称号和"卓越组织奖";五粮液集团公司荣获"2009年度全国资源综合利用十佳企业"荣誉称号;五粮液白酒荣列2009年全国市场同类产品销售额第一名;五粮液集团公司荣获"中国轻工业联合会科学技术进步奖二等奖";五粮液集团公司荣获"2009年度最具影响力企业"荣誉称号;五粮液集团公司荣获"2009年度中国轻工业酿酒行业十强企业"荣誉称号;五粮液集团公司荣获中国酒业"仪狄奖"社会责任奖;五粮液集团公司荣获"中国食品工业实施卓越绩效模式先进企业"荣誉称号;五粮液集团公司荣获"2009年度中国白酒制造业十强企业"荣誉称号;五粮液集团公司荣获"2009年度中国食品工业百强企业"荣誉称号;五粮液荣获全国顾客最佳满意十大品牌;五粮液集团公司被评为"国家商标战略实施示范企业";五粮液集团公司在第三届世界环保大会上荣登百强榜单——世界低碳环境中国推动力100强;五粮液品牌在2010中国最有价值品牌评价中,品牌价值526.16亿元,居全国白酒制造业第一位;五粮液集团公司荣获"亚洲品牌500强大奖";五粮液集团公司被评为"2010年全国安全生产月活动优秀单位";五粮液集团公司被评为"2010年全国企业党建文化建设试点先进单位";五粮液股份有限公司荣获"2010年度中国食品安全十强企业";五粮液集团公司荣获"国家新型工业化产业示范基地"奖牌;五粮液集团公司荣获"中国标准创新贡献奖二等奖"。

2011年:五粮液集团公司荣获"2010年度最具影响力企业"荣誉称号,五粮液集团公司被评为"2010年度全国文明诚信示范单位",五粮液集团公司荣获"全国五一巾帼标兵岗"称号,五粮液集团公司被评为"四川省浓香型大曲酒标准化生产示范企业",五粮液集团公司被评为"爱国敬业诚实守信副会长单位",五粮液集团公司荣获"2010生态中国合作奖",五粮液集团公司被评为"全国售后服务十佳单位",五粮液集团公司被评为"全国安全文化建设示范企业",五粮液集团公司被评为"2010年度中国食品工业出口百强企业",五粮液集团公司成为中国消防协会单位会员,五粮液集团公司被评为"2006—2010年全国法制宣传教育先进单位",五粮液集团公司荣获"2011中国企业社会责任特别大奖",五粮液集团公司被评为"建党90周年全国党建创新十大杰出贡献单位",五粮液集团公司荣获"2010年度中国轻工业酿酒行业十强企业"荣誉称号,五粮液集团公司荣获"2010—2011年度管理体系运行优秀单位"荣誉称号,五粮液集团公司荣获"全省先进基层党组织"称号,五粮液集团公司荣获"全国模范劳动关系和谐企业"称号，五粮液集团公司荣获"中国商标金奖"，"五粮液"品牌荣获"第 6 届亚洲品牌盛典中国品牌价值冠军"，"五粮液"品牌荣获"全国顾客最佳满意十大品牌"，五粮液集团公司被评为"2011 年全国安全生产月活动优秀单位"，五粮液集团公司荣获"2009—2010 年度食品工业科技进步优秀企业八连冠特别荣誉奖"，五粮液集团公司被评为"全国质量工作先进单位"，五粮液集团公司荣获"2010 年度白酒制造行业效益十强企业（第一名）"，五粮液集团公司荣获"2010 年度白酒制造行业销售十强企业（第一名）"，五粮液集团公司荣获"第十一届全国质量奖"，五粮液集团公司被评为"2011 年度优秀食品工业出口企业"，"五粮液"品牌在 2011 中国最有价值品牌评价中，品牌价值 586.26 亿元，居全国白酒制造业第一位，五粮液集团公司蝉联"全国文明单位"荣誉称号。

2012 年：五粮液荣获 2012"社会责任特别金奖"；五粮液品牌荣获"2012 亚洲品牌成长 100 强"；五粮液入选 2012 中国企业信用 100 强。

2013 年：五粮液荣获"2013 年度中国最具成长潜力商标"。

2014 年：五粮液股份有限公司出品的"52 度五粮特曲（精品）"获得年度最佳新品奖，公司顺利通过全国质量奖每三年一次的复审，通过"全国质量奖"获奖三年后确认，公司荣获"全国实施卓越绩效模式先进企业"称号，荣获"2014 白酒制造行业排头兵企业"称号，五粮液获 2014"金箸奖"中国食品标杆企业殊荣。

2015 年：五粮液荣获多项 2015 米兰世博会大奖，荣获 2015 年度中国制造十佳品质评选"杰出贡献奖"。

2016 年：五粮液荣膺第十届中国品牌节"华谱奖"，五粮液荣获"中国最受尊敬企业"称号，五粮液股份公司获 2016 年度中国上市公司金牛奖。

2017 年：五粮液股份公司获评 2017 年最受投资者尊重的上市公司，五粮液荣膺 2017"世界品牌 500 强"，五粮液集团入选"2017 年度中国最具影响力企业"，五粮液获"2017 年度金牛最具投资价值奖"。

2018 年：五粮液荣获"改革开放 40 年 40 品牌"称号，五粮液荣获 2018 年度社会责任贡献奖，五粮液荣获"2018 中国财经智库年会"多项殊荣，入选"2018 年中国 500 最具价值品牌"。

2019 年：五粮液获 2019 年度匠心品牌奖，五粮液荣获"2019 年度杰出责任报告"奖，五粮液股份公司荣获 2019 第九届中国上市公司口碑榜"最佳董事会奖"，五粮液集团公司荣获 2018—2019 年度全国企业文化优秀成果特等奖，五粮液荣获"2019 年度大中华区 A 股上市公司最具品牌价值奖"，五粮液品牌位居"2019 中国 500 最具价值品牌"第 19 位，"亚洲品牌 500 强"第 40 位，"2019 全球最有价值的 50 大烈酒品牌"第 2 位，五粮液获"2019 中国酒业年度影响力 TOP 品牌奖"，五粮液荣获"2019 四川年度公益企业"称号，五粮液荣获 2019 中国品牌节"华谱奖"和"建国 70 周年 70 品牌"称号，五粮液集团公司荣获"四川省第一届节能环保品牌奖"。

四、五粮液集团的发展理念

为了企业的良好发展，五粮液集团制定了长远发展战略。立足于新发展理念，五粮液集团从以下各方面保证企业的可持续发展。

五粮液集团的企业使命：弘扬历史承传的精髓，用我们的智慧、勇气和勤劳来造福社会。

五粮液集团的企业愿景：科学发展，构建和谐，员工富、企业强、社会贡献大的世界名牌公司。

五粮液集团的核心价值观：为消费者而生而长。

五粮液集团的企业精神：创新求进，永争第一。

五粮液集团的理念企业作风：老老实实、一丝不苟、吃苦耐劳、艰苦奋斗、坚韧不拔、持之以恒。

五粮液集团立足新发展理念，以满足人民日益增长的美好生活需要为最大目标，始终不忘"弘扬历史传承，共酿和美生活"的使命，坚守"为员工创造幸福，为消费者创造美好，为投资者创造良好回报"的核心价值理念。荣获"2019十大经济年度人物"荣誉的五粮液集团党委书记、董事长李曙光在《五粮液集团2019年度工作报告》中提出，"2020年五粮液集团将做好五个'全力以赴'：全力以赴推进高质量发展，持续提升核心竞争力；全力以赴深化企业改革，持续激发内生活力；全力以赴推进开放合作，持续推进企业扩张发展；全力以赴推进重大项目建设，持续增强发展后劲；全力以赴加强党的建设，持续筑牢国有企业的根和魂。"李曙光表示，"2020年，五粮液集团将紧紧围绕'做强主业、做优多元、做大平台'的发展战略，认真落实高质量发展要求，进一步深化'补短板、拉长板、升级新动能'的长期方针，抢抓结构性机遇，推动企业发展再上新台阶，打造健康、创新、领先的世界一流企业。全年预期集团和股份公司销售收入均保持不低于两位数的增长。"李曙光鼓励五粮液全体干部职工，围绕新目标，抢抓新机遇，迎难而上，砥砺前行，开拓创新，以优异成绩确保"十三五"的圆满收官，实现"十四五"的良好开局。

五、五粮液集团特色景点介绍

五粮液酒文化博览馆（见图1—18）位于四川省宜宾市翠屏区岷江西路150号，是五粮液集团有限公司自建的博览馆。博览馆建于1988年，是目前国内建得最早，规模较大，馆藏丰富的酒文化博览馆。该馆占地2060平方米，以收藏、研究、陈列中国酒文化之瑰宝——五粮液酒文化、酒史文化为主要任务。博览馆拥有约5000件文物、文献、模型、图片、雕塑、绘画等实物，馆藏文物有彩陶罐（新石器时代）、酒具（夏商）、提灌（汉代）、酒碗（明代）、龙壶（清代）、清花酒壶（清代）等。博览馆向人们展示了中国五千年酒文化的历史画卷，是一部浓缩了的中国酿酒历史。

五粮液酒文化博览馆景区由金杯林、书法长廊、博览馆展厅等景点等组成，共有五个展厅（东大门有两个展厅），具阔廊、雅轩、小桥、喷泉，廊厅满挂东方民族文化所独具有珍物"书法吊屏"。馆内四合院式的走道两旁，挂有近百幅古今中外文人骚客的书法吊屏，主要有屈原、曹孟德、杜甫、苏东坡、李白、辛弃疾、陆游、黄庭坚、聂夷中、杜牧、李清照等的诗词佳句，以及当代著名的作家、诗人和各界名人的书画作品等。

图1-18 五粮液酒文化博览馆

酿酒车间（见图1-19）：在壮美神奇的酒圣山下，有一片宽阔浩大的厂房。这里的厂房采用现代连跨式建筑，最长达300多米，共有窖池6000多口，是当今中国乃至世界最大的酿酒车间。这就是五粮液集团现代化的513和507酿酒车间，该车间用先进的设备、精密的仪器酿造出最优质的美酒。

图1-19 酿酒车间

在酿酒车间，传统的酿酒技术得到了现代化改造，酒糟、原料和黄水起运全部采用行车，大部分工序采用了机械化操作。1998年，江泽民同志视察五粮液集团时，亲自深入过车间考察，而今该车间已成为中外游客参观的重要景点（见图1-20）。

图1-20 江泽民同志曾视察过的车间

总部大楼（见图1-21）：这座半圆柱形的办公楼是集团决策者和高层管理者发布指令的地方。它高78米，怀抱表现顽强生命力的大仙人球和生长在球体上的5个小仙人球。大仙人球喻示集团主业，5个小仙人球则喻示依主业而生存的其他产业。这正是五粮液集团一业为主，多元发展战略的奇妙体现。楼体背面青藤密布，盛开的三叶梅和金银花构成了巨大的花柱，堪称人与自然和谐统一的奇观。

图1-21 五粮液集团总部大楼

观沧海（不锈钢雕塑群）（见图1-22）：三国时代的一代枭雄曹操，写下了"东临碣石，以观沧海"的名篇。五粮液人受到曹操豪气的影响，把世界装在了心中，将这座艺术雕塑取名为"观沧海"。坐落于广场中心的这座由地球版块组成的艺术雕塑，是五粮液人多重意识的组合。在这个象征"四海"的水面上，一条硕大的、用不锈钢制作的勇猛大鱼正跃出海面，口中紧咬着一条挣扎的小鱼，寓意着"大鱼吃小鱼，强鱼吃弱鱼"的经济世界化的全球观与危机观，以及冲出国门、放眼世界的开放观。"不进则退，不强则亡"是这个市场经济的普遍规律，时刻警醒着五粮液人。企业要生存、要发展，就得"创新、开拓、竞争、拼搏、奋进"。艺术群雕折射出的是"五粮液人精神"。"观沧海"的点睛之处是由15个人物头像组成的"智慧群雕"不锈钢大型雕塑。雕塑左侧刻有"打开智慧的脑袋"的字样，右侧刻有"发现无穷的奥秘"的字样，背面刻有"内外同心集杂成醇寰球玉宇任我独行"的字样，寓意五粮液集团公司长江后浪推前浪，五粮液人一代更比一代强，同时也告诉人们，21世纪是知识经济的时代，知识经济要靠科技，科技的关键是人才。打开智慧的脑袋，同心协力、快速反应，方能集杂成醇，再创辉煌。

图1-22 观沧海（不锈钢雕塑群）

奋飞门（见图1-23）：世纪广场以别致的围栏与五粮液大道相隔，进出大门的门槛用不锈钢制成，其W状的造型犹如一只正振翅飞翔、搏击蓝天的雄鹰，因而得名"奋飞门"。

图1-23 奋飞门

世纪碑（见图1-24）：世纪碑位于总部大楼左前方约100米，是一座高7米、宽18米、厚3米的卧式长方体丰碑。世纪钟碑由钟体和碑文两大部分组成。钟体正面是直径约3米、走时准确的时钟面板，上方分3个方向，共装有7只直径约300毫米的硕大扬声器。在钟体的右边，洁白的大理石面碑体正面镶嵌着两段富含深意、令人回味无穷的警句文字，一段是："只有奔驰在时间的前面，才有资格生存和发展。我们懂吗？"另一段是，"今天做明天的，想后天的，我们行吗？"

图1-24 世纪碑

诚信碑（见图1-25）："诚信"二字赫然刻于碑座上，它是五粮液集团经营理念的结晶。在"诚信"之上，碑面镶有七块金砖，寓意以诚信为基础，事业才可能蓬勃发展；财富只有在诚信的道德平台上，才能够产生和积累。同时，在碑体顶端五粮液标徽下共设有七级台阶。它所表达的，是五粮液人的一种雄心壮志、崇高理想和美好愿景。诚信碑左右两侧镌刻着五粮液人的诚信宣言，左为："保护诚信资源；培养诚实守信品德；努力建设公司诚信体系"；右为："形式主义、假冒伪劣、欺骗欺诈、邪门歪道、滥用权力"，诚信宣言有破有立，先破后立，旗帜鲜明，态度坚决，既是五粮液人今天的态度表达，也是今后发展的方向指引。

图1-25 诚信碑

五粮液东大门（见图1-26）：五粮液的东大门高32.6米，宽51米，门内宽18米，门上五粮液巨型不锈钢厂徽直径18.5米，造型长36米，重约300吨，被称作"国内企业第一门"。大门建筑与雕塑融为一体，左右由两组五级花岗岩阶梯作基座，其上的那个"V"字，是英文"VICTORY"（胜利）的缩写，意为法国有"凯旋门"，中国五粮液有"胜利门"。"V"字与五粮液标志构成的雕塑似雄鹰展翅、旭日东升。整个大门意喻企业"内外同心，集杂成醇，有容乃大，酒奉天下"的文化理念。从门前看基座略高，五粮液雄鹰已腾空而起；从门后看基座略低，五粮液雄鹰展翅欲飞，令人叹为观止。大门基座下面，左侧为五粮液产品陈列厅。厅内有幅"班禅用五粮液祭神"的汉白玉浮雕，长13.25米，高9米，总面积近120平方米，总重量108吨，是五粮液号称"酒神"的形象解释。厅内藏有文人墨客、中外友人的16幅赞颂五粮液的书法精品，其中，《重碧色生荔枝绿源远流长酒中王》词，记录了五粮液的发展史。这里展出的是历朝历代酒具和五粮液系列酒，五光十色，琳琅满目。右侧模型厅内展出了"五粮液酒厂全貌"模型，按1：350的比例，有大小厂房建筑500余幢，雕塑艺术品点缀其间，形象地展示了企业的地形地貌，是国内目前最大的工厂模型。厅内四周是32幅反映五粮液厂容厂貌、先进生产线的巨型图片，从各个不同侧面展示出了五粮液现代化企业形象。南面墙上这幅"百鸟朝凤"汉白玉浮雕，材质细腻乳白，工艺精湛，重约108吨。

图1-26 五粮液东大门

镜碑——以此为镜（不锈钢雕塑）（见图1-27）：东大门广场南面是"镜碑"。它用不锈钢架、椭圆形红色花岗岩铸建。镜碑铭文曰：敬业奉公，精艺克靡，我们为消费者而生，先天下消费者之忧而忧，后消费者之乐而乐，如此而已，别无他求。它显示了五粮液宏大的气魄与胆略，是五粮液崇高的服务宗旨与精神境界之"镜"。

图1-27 镜碑——以此为镜（不锈钢雕塑）

第一展厅（中国酒文化展厅）（见图1-28）：该厅以翔实的史料、大量的实物，展示了中国酒发展5000年的悠久历史。第一部分介绍了酒的起源，第二部分介绍了酒与人类社会，第三部分介绍了酒文化的有关知识。更为有趣的是，中国名优白酒企业半数以上集中在川、黔两省，在地图上将这些企业依次连接起来，竟是一个酒杯，更神奇的是五粮液不偏不倚的处于酒杯正中央（见图1-29）。五粮液的确是天造地设的神州神酒，大自然鬼斧神工的杰作，上天恩赐的玉液琼浆。

图1-28 中国酒文化展厅　　图1-29 神奇的酒杯

第二展厅（五粮液酒史厅）（见图1-30），该厅主要介绍五粮液在古代的形成过程和五粮液酒厂的发展史。我们从展厅中得知五粮液源于南北朝时期的咂酒，经唐代的春酒、重碧酒，发展到宋代的荔枝绿、姚子雪曲，演变到明代的杂粮液酒，直到清代得名五粮液，历经一千多年的发展历程。我们还可以从中看到，五粮液酒厂从1959年诞生起，发展成为今天这个"以一业为主、多元发展的现代公司体制"大型企业，可谓突飞猛进，一路高歌。

图 1-30　五粮液酒史厅

第三展厅（展望厅）（见图 1-31）。该厅展出的内容分为三个部分：第一部分是党中央、省、市各级领导对五粮液的关怀，第二部分是五粮液与中外名人，这两部分均以照片和图片资料的形式展出。第三部分为五粮液风采，通过五粮液及其系列酒的样品，五粮液酒厂所获得的奖杯、奖牌、奖状等实物形式展出。它告诉人们，五粮液集团有党中央、省、市各级政府的关心帮助，拥有这样傲人的成就，一定能在此基础上稳步前进，赢得更大的辉煌。

图 1-31　展望厅

五粮液包装车间（见图 1-32）：五粮液包装车间有着绿瓦、黄檐的八层仿古塔楼式建筑。车间由主塔楼、副楼、小塔楼构建而成，主楼高耸于主塔楼之上，与位于副楼上的三个小塔楼相映生趣，别具风格。同时五粮液包装车间也是一栋集现代化生产功能与古典艺术风格于一体的特殊建筑，之所以在主建筑物上修建塔楼，原为流水线包装需要大量的水，而酒也必须高位储存，副楼顶上塔楼，实则是经装饰过的高位水箱，构思奇妙，气派壮观。

图1-32 包装车间

五粮液瓶楼（见图1-33）：五粮液人把自己的每一栋建筑都当作艺术品来"雕塑"，把自己对文化艺术的理解深深地熔铸进建筑物中，建筑个个造型鲜明、风格独特，瓶楼不失为这其中的代表之作。五粮液瓶楼在彭城广场东边的高台上巍然屹立，居高临下，形成一个巨大的五粮液酒瓶，它与酒圣山相对，代表着中国酒王的形象。瓶楼高66.8米，底部直径26米，是目前世界上最大的瓶型建筑物。两旁有两幢小瓶楼，与主楼呈"品"字形摆布，意为五粮液要高品质地奉献给社会和消费者。此外，瓶楼也可谓五粮液集团的心脏，瓶楼底层是一个抽水站和化验中心；顶层是一个高位水塔；中部是五粮液集团的配电总站，设有计算机全自动化配电监控中心，集团公司十里酒城的24个无人配电站都由这里总控制。由于它高大醒目，所以还是宜宾机场导航的重要标志之一。

图1-33 五粮液瓶楼

奋进雕塑（见图1-34）：登临酒圣山顶，纵目远眺，东可观滔滔岷江，南可见巍巍孝崖，西可望西山白塔，北可看宜宾城区；回眸脚下，十里酒城，鳞次栉比，建筑尽收眼底。山顶中央有四组蘑菇造型，共15朵，均为不锈钢材质，大的高约2米，小的高约1米，晴天可遮阳，雨天可挡雨。平台北面，有一组寓意深刻的奋进雕塑，五组人字形钢板，顶着一个斜面。斜面上，滚动着一个呈上升趋势的五粮液厂徽。象征五粮液如逆水行舟不进则退，只有齐心协力、拼搏奋进才能使五粮液不断上进，到达更加辉煌的高度。

图1-34　奋进雕塑

中国白酒学院（见图1-35）：随着白酒酿造新技术的不断发展进步，如何培养技术素质过硬、适应酿酒产业创新转型发展的新一代酿酒人才，成为酿酒产业亟待推进的工作。2017年12月19日，中国酒业协会经过对政、产、学、研创新合作模式的长期实践，探索出一套切实可行、科学高效的合作方法，在人才培养、酿酒科研、知识产权转化等方面有丰富的经验。为了更好地发展酿酒教育事业，有效整合酿酒教育、科研优势资源，中国酒业协会经认真研究，决定同四川省宜宾五粮液集团有限公司、四川理工学院（已经更名为四川轻化工大学）五粮液白酒学院共建成立中国白酒学院。

图1-35　中国白酒学院

第二章 泸州老窖

一、泸州老窖

（一）泸州老窖老字号的发展史

位于川南的泸州市自古就有"酒城"的美誉，其酿酒历史自秦汉以来已有近2000年。今天的泸州老窖股份有限公司是在明清36家古老酿酒作坊群的基础上发展起来的国有大型骨干酿酒企业。

泸州老窖酒的酿造技艺，发源于古江阳，在秦汉以来的川南酒业发展这一特定历史时空氛围下逐渐孕育，兴于唐宋，并在元、明、清三代得以创制、雏形、定型及成熟。2000年来，泸州老窖酒的酿造技艺世代相传，形成了独特的、举世无双的酒文化。

据泸州出土文物考察，泸州酒史可追溯到秦汉时期，这可从泸州出土的汉代陶角酒杯、汉代饮酒陶俑以及汉代画像石棺上的巫术祈祷图上得到证明。

宋代，泸州以盛产糯米、高粱、玉米著称于世，酿酒原料十分丰富。据《宋史食货志》记载，宋代也出现了"大酒""小酒"之分。这种酒，当年酿制，无须（也不便）贮存。所谓"大酒"，就是一种蒸馏酒。从《酒史》的记载可以知道，大酒是经过腊月下料，采取蒸馏工艺，从糊化后的高粱酒糟中烤制出来的酒。而且，经过"酿""蒸"出来的白酒，还要储存半年，待其自然醇化老熟，方可出售，即史称的"侯夏而出"。这种施曲蒸酿、储存醇化的"大酒"在原料的选用、工艺的操作、发酵方式以及酒的品质方面都已与泸州浓香型曲酒非常接近，可以说是今日泸州老窖大曲酒的前身。

宋代的泸州设了6个收税的"商务"机关，其中一个即是征收酒税的"酒务"。元、明时期泸州大曲酒已正式成型，据清《阅微堂杂记》记载，元代泰定元年（1324年）泸州也酿制出了第一代泸州老窖大曲酒。明代洪熙元年（1425年）的施进章研究了窖藏酿酒。现在唯有可考究的为明代万历年间的舒聚源作坊窖池，距今亦有400多年的历史。它前期以酒培植窖泥，后期以窖泥养酒，使微生物通过酒糟层层窜入酒体中而酿造出净爽、甘甜、醇厚、丰满的泸州老窖酒。该糟房留传下来的窖池即现在仍在使用的泸州老窖明代老窖池。

（二）泸州老窖老字号酒的相关故事

1. 大夫第作坊的故事

坐落于江阳区三星街营沟头的大夫第作坊，是一座拥有百年历史的老作坊。其始建于清同治年间，坐西南向东北，面朝温永盛，背靠凤凰山。坊前几级古朴的宽石梯，两边各立一头石狮，形容威严。

大夫第作坊保存至今，仍在持续酿酒的完整窖池共有113口，其中92口合并为46对"鸳鸯窖"。最大窖池长4.75米，宽3.20米，占地15.20平方米；113口老窖的内窖池总面积达928.12平方米，颇具规模。然须知"九层之台，起于垒土"，如今具此规模的大夫第作坊在始建之初，却也不过区区5口窖池而已。

始建之时，大夫第作坊也并不叫作大夫第。

大夫是古代位于卿之下、士之上的官职，大夫的住宅大院才叫作大夫第。一个酿酒作坊缘何命名为大夫第，说起这一点来，便不得不提起清光绪年间以办案铁面无私而著称的"铁笔御史"高楠一家。

高楠的祖父名叫高耀，家住营沟头。高耀没读过什么书，靠摆小摊卖日杂供养一家老小。由于高耀做买卖从不缺斤少两、以次充好，买卖也算兴隆。可卖日杂毕竟不是多么有赚头的营生，所以高家的日子也就过得清苦，不过是勉强维持生计罢了。

高耀后来娶妻王氏，经年后，生一子取名高通奉——正是高楠的父亲。穷人家的孩子早当家，高通奉12岁起便跟随父亲四处进货。后来高耀患急病去世，留下一双孤儿寡母。为了养家糊口，年仅16岁的高通奉既进货又顾摊，毅然挑起生活的重担。

一次高通奉去石洞进货，回来的路上赤脚挑担行走，不注意脚掌被路上一物刺得鲜血直流。他急忙在路边扯些草药来揉碎了敷伤止血，转头查看刺伤自己的东西，却惊喜地发现原来那是一枚精美的大金戒指。高通奉十分高兴，忍着剧痛挑货回家。母亲王氏看见儿子带回的金戒指，却认为这是不义之财，一边哭诉高家从来老实本分怎么自己就生出来这么个鸡鸣狗盗的孽子，一边抬高了戒尺要对高通奉施行家法。这着实是天大的委屈，高通奉赶紧跪下来将路上踩到金戒指被刺伤的经过说与老母听。恐母亲不信，他又找了一同进货的下营沟18号邻居尚银山的祖父证明，风波这才算过去。

邻居们知道这件事情之后，认为高家厚道，捡到金戒指是上天降福，劝王氏不要辜负了苍天的好意。王氏再三思量，才终相信是上天垂怜，于是便变卖了这枚戒指，将得来的银钱全数交给儿子，嘱托他扩大自家杂货铺的生意。

高通奉虽然也没怎么读过书，但自小接触买卖行，肚子里也颇有些生意经。当时，营沟头已有舒聚源（温永盛）、洪兴和、秫香村、永兴成、鼎丰恒等好几处酿酒作坊，前店后厂的经营模式——坊前沽酒坊后酿酒，让几家的掌柜在生意场里淘了一桶又一桶金。高通奉自觉自家的小买卖再怎么做也抵不过酿酒的营生，再三思量之后，便盘了杂货铺并添了卖金戒指换来的钱，雇了人，在自家大院里挖了第一口窖池。

高通奉的确很有先见之明，这窖池里酿出的酒清冽甘爽，吸引了好些好酒之人。渐渐地，高家的生意开始做得风生水起。

此时，高通奉的原配韩氏已过世，留下两个儿子高棠、高泽。之后，高通奉续娶王氏，又生了3个儿子高楠、高树、高楷。

王氏的父亲是个秀才，书香门第出来的女子，很是知书识礼，孝顺仁慈，对韩氏留下的两个儿子视若己出。一家人母贤子孝、兄友弟恭、婆媳和睦，深得众邻里夸奖。

王氏十分重视对5个儿子的培养，将其送读私塾，5个孩子也都聪慧好学，深得私塾先生喜爱。王氏过门15年后，婆婆和丈夫都先后去世，为了让孩子们安心读书，性格温顺、长年深居的王氏毅然走进家里的酿酒作坊，当起了女掌柜。

十年寒窗，5个孩子也终是没有辜负的母亲的一番苦心，家里频频传来登科之喜，高泽举秀才，高棠、高楷中举人，高树、高楠进士及第。

时人皆道高家五子的功名就离不开高王氏苦心经营的酿酒作坊，便为当时的高家酒坊命名为"大夫第"，一时传为佳话。高家之后，大夫第作坊一代接一代传承下去。百年沧桑间，高家后人又陆续在原窖池的周围挖掘了很多新的窖池。至今，风吹过"大夫第"，仍自带一股酒香。

2. 状元窖

金榜题名，美酒畅饮。状元窖，沿用至今已有200多年了，光阴不断，佳酿飘香，这其间包含着怎样一个故事，让美酒愈发醇香？（见图2-1，绘图：王伟）。

1. 清朝嘉庆年间，在川南永宁道（现四川泸州）一个村子里有一对善良的夫妇，结婚多年却不得一儿半女，于是择日去庙里跪拜，希望上天赐得一子。恰逢此时张果老云游四海经过此处，看到夫妇两人诚意可嘉，便记于心中。

2. 不久后的一天突降大雨，妇人顺利产下一子，张果老化身凡人来其家中说到："此儿命中缺水，但天降大雨，富贵有才之命，我就给你儿取名为汝言。"夫妇两人感激不尽，连忙以自酿的酒热情款待。

3. 临走前张果老留下一个葫芦，倒骑毛驴边走边说道："此处是宝地，好酒盛产之处，多加教养，你儿必将成大器！"说完就哼着小曲不见人影了。

4. 听了老先生的话后，夫妇二人更是辛勤开窖酿酒，严加管教其子，至于那个葫芦则成了家中的宝贝，被挂在家中的酒窖之中保佑夫妇一家人。

图 2-1 "状元窖"图文故事

3. 念子窖

临行酒飘香，归来泣无声。念子窖，一口看似普通的窖池，背后却承载父母对子女的款款深情，思念如同美酒，历久弥香（见图 2-2，绘图：王伟）。

图 2-2 "念子窖"图文故事

4．佑女窖

爱女之心，爱人之情，如佳酿飘香人间满芬芳，似情深意切，岁月更悠长。时光在沉淀，诉说佑女窖里蕴含的款款深情（见图2-3，绘图：王伟）。

◆ 第二章 泸州老窖 ◆

3. 转眼三年过去了，老夫妇的女儿和伙计朝夕相处，日久生情。

4. 老夫妇不愿自己的女儿跟着伙计过苦日子，也为了考验伙计，答应只要伙计能在一年一度的酿酒比擂中成为擂主，就让他们在一起。

5. 伙计虽然在酿酒作坊里做了三年学徒，但想成为擂主还远远不行。在女儿的指点下，伙计拜师学艺。可师傅早已不再收徒，女儿和伙计便长跪求师父收下伙计做徒弟。

6. 最后师傅收下伙计做了徒弟，并安排他守护窖池。

7. 转眼三年过去了，伙计在老夫妇女儿的照料下专心学艺。最终用自己守护三年的那口窖池所酿出来的酒在比擂中成为擂主。

8. 老夫妇也兑现他们的诺言，将女儿许配给伙计。老夫妇为了祝福自己的女儿，便把伙计守护三年的窖池，命名为佑女窖。希望上天能够保佑女儿永远幸福、快乐。

图 2-3　"佑女窖"图文故事

5. 女儿窖和百岁窖

相传于清朝乾隆年间，江阳城营沟头有一间叫"爱仁堂"的酿酒作坊，作坊主刘儒成年逾四十方得一女，因此将其视为掌上明珠，取名为琼醴，希望女儿犹如美酒一般醇美、甘甜。话说琼醴出生之日正是刘儒成的一口新建窖池建成之日，故该窖池取名为"女儿窖"，从此琼醴和女儿窖结下了不解之缘！

琼醴天赋异禀，从小能歌善舞，知书答礼，常常随着父亲到窖池边看看。浓浓的酒香如烟如雾，氤氲在她身旁。她对酒有一种天生的鉴别能力，凡经她品尝过，说"好"的酒总能大卖。爱仁堂的生意越做越大！每当琼醴心情好时，便会在窖池旁翩翩起舞，而这时窖池出的酒总是特别香甜甘冽；当琼醴心情低落时，出的酒便会有些涩味。当时作坊的匠人都可以根据女儿窖出酒情况判断琼醴的心情。女儿窖与琼醴息息相关，琼醴七岁那年，女儿窖突然酿不出好酒来，这时作坊内外都有一种不祥的预感。果然琼醴生病了，高烧不退，请了许多名医都没能找出病因。琼醴越来越虚弱，而女儿窖也危在旦夕。正当刘家准备为女儿准备身后事的时候，来了一位江湖郎中，刘家抱着试试看的心理请郎中医治琼醴。郎中见到奄奄一息的琼醴说道："早已听说过此女与女儿窖的渊源！不妨取窖泥一钱，兑上龙泉井水一升服下，便无性命之忧！"刘家照做。说也奇怪，琼醴一天天好起来，女儿窖产的酒也一天比一天优质。从此坊间便传闻女儿窖有灵性，知晓女儿的心事。刘儒成见女儿与女儿窖如此有缘，在琼醴18岁出嫁的时候，把女儿窖当作嫁妆送给了女儿。

1858年，正是女儿窖和琼醴100岁生日的时候，在距女儿窖20米处，一口新的窖池建成，称为"百岁窖"，是人们为了纪念琼醴及女儿窖而建成。百岁窖继承了女儿窖的传统风格，酿出的酒清洌甘爽，纯甜柔和。百岁窖也一直沿用至今。泸州老窖公司对百年以上的窖池进行统一编号时，女儿窖和百岁窖的编号分别为403030287、403030149。

6. 花好月圆窖

人们常说，相逢是缘。古今多少人、多少事，都离不开"缘份"两字。因为一口窖，因为一株桂花树，因为一杯桂花酒，喜结良缘，百年好合，真可谓花好月圆，人间喜乐（见图2-4，绘图：王伟）。

1. 清朝嘉庆年间，在川南永宁道（现四川泸州）有一户以酿酒、卖酒为生的大户人家。

2. 大户人家的少爷汝言考中状元之后，其父想在原来窖池的周围再挖几口窖池，而周围一棵老桂花树限制了窖池的挖掘。

3. 正在为难之际，老汉突然听到一个女子哭泣的声音。

4. 老汉听了之后，回家再三考虑，还是决定留下这棵桂花树。

5. 于是就只在状元窖的旁边挖了一口窖池，两口窖池隔着桂花树相对面望。

6. 转眼又是一年的金秋，这年的桂花开得特别灿烂。老汉想起姑娘说的用桂花熏酒可以治病。

7. 于是便用这口窖池产出的酒，以新鲜桂花熏制，托人给姑娘家送去。

8. 三个月后，姑娘和她的母亲前来道谢。

图2-4 "花好月圆窖"图文故事

7. 名人故事

明代大诗人杨慎（升庵状元）对泸州酒城一往情深地写道："花骗小市频频过，落日凝光缓缓归"。说的是其在泸州小市饮泸州美酒后归家的情景。杨慎又有诗："玉壶美酒开华宴，团扇熏风坐午凉。"杨慎常常在夏令时节小市半山上的一座小园林中果实成熟之际，枝头红绿相映之时，在此邀集诗友聚。

还有民间传说农民军领袖张献忠饮了泸州老窖大曲，连声赞叹："好酒，好酒！"然后率大军破釜沉舟，兵分三路向成都挺进。

清代著名诗人张问陶在乾隆五十七年（1792年）七月初九乘船到泸州城下，停泊一天，写下了赞颂泸州酒城风貌的诗句，距今虽已有200多年，却仍传颂至今，成为吟诵这座酒城的千古绝唱。"城下人家水上城，酒楼红处一江明。衔杯却爱泸州好，十指寒香给客橙。""滩平山远人潇洒，酒绿灯红水蔚蓝。只少风帆三五叠，更余何处让江南。"临行时，张问陶又买了满满几坛泸州老窖大曲，顺江而下，观景畅饮，欢愉不已。

当他夜泊长江三峡时，又写下了"涪州朱桔夔州柚，乍解筠笼看一船。口腹累人惭过客，山川迎我笑前缘。文章颇拟争千古，饮食何须费万钱。暂贮冰盘开窖酒，衔杯清绝故乡天。"诗人张问陶就着涪州的红桔与夔州的柚子，打开罐中泸州的"窖酒"，衔杯雅酌，乡思如缕。而他那"暂贮冰盘开窖酒，衔杯清绝故乡天"的诗句，却为泸州人留下了一条珍贵的史料。这也证明200多年前，"泸州老窖"已有了"窖酒"之称，而且酒体"清绝"，具有泸州地方志书所称的"清冽甘爽"的特征，令人衔杯喜爱，眷恋不舍。

8. 张之洞与泸州老窖

话说清代，泸州南城营沟头有一条很长的酒巷。酒巷附近有8家手工作坊，据说当时泸州最好的酒就出自这8家。其中，酒巷尽头的那家作坊因为其窖池建造得最早，所以在8家手工酿酒作坊中最为有名。人们为了喝上好酒，都要到巷子最里面的一家去买。

1873年，中国洋务运动的代表人物张之洞出任四川学政。他沿途饮酒作诗来到泸州，刚下船，就闻到扑鼻的酒香，顿觉心旷神怡，于是命仆人给他打酒来。谁知仆人一去就是一上午，时至中午，张之洞等得又饥又渴，才见仆人慌慌张张地抱着一坛酒一阵小跑回来。张之洞正要生气之时，仆人打开酒坛，顿时散发出一阵沁人心脾的酒香。张之洞连说："好酒，好酒。"张之洞猛饮一口，顿觉甘饴清爽，于是气也消了，问道："你是从哪里打来的酒?"仆人忙回答说："小人听说营沟头温永盛作坊里的酒最好，所以小人倒拐拐、转弯弯，穿过长长的酒巷到了最后一家温永盛作坊里买酒。"张之洞于是点头微笑道："真是酒香不怕巷子深啊!"于是，这句名言不胫而走。

现在，那条弯弯的酒巷已改建成宏伟的国窖广场，产好酒的窖池也被国务院命名为"1573国宝窖池群"，并列为全国重点文物予以保护。"酒香不怕巷子深"的故事也伴着泸州老窖的酒香，从这里飞出，香透了整个中国名酒历史。

(三) 与泸州老窖有关文学作品

1. 《泸州老窖赋》——冷为峰

酒以城谓，城以酒兴。拥以千载之久，位以四酒之荣。始于秦汉，盛于明清。兴于唐宋，发于禹城。泸州布乎泉脉，云汉垂乎酒星。撷二仪交泰之气，采五谷糅美之精。下合地纬，上应天经。天地同酿，人间共生。四海赢以鼻祖之誉，九州尊其泰斗之名。

酒史曜曜，酒业皇皇。与天地合其事，与日月合其光。秉一脉之灵质，沐六合之阴阳。四季合乎时序，五谷酿于琼浆。修三绝于精技，融五味于妙方。发酵循环而恒久，酯化蒸馏而耐尝。窖老而曲珍，虽温尤冽；池陈而醅厚，历久弥香。窖藏几年，炼于高质玉液；艺臻数代，酿于绝世沧桑。品种广而活态历历，规模盛而文物煌煌。出乎人工，春耘夏酿；生乎地造，秋收冬藏。怡情颐神以养，开颜顺气则康。其义承伦理，其礼奉纲常。其仁布于八际，其诚达于三江。饮玉液半盏，游天地一堂。地之酒乡，饮者达于四宇；天之美禄，德者泽及八荒。樽容乾坤之大，壶含日月之长。

水者至柔至善，酒者尽礼尽欢。通理者曰圣，善酒者曰仙。耿耿然侠客之雄，宜烈宜爽；落落乎君子之雅，亦醇亦绵。浓香作骨，淡雅为镌。杯有秦汉之韵，酒含唐宋之篇。岁月铺宣，经千祀于有道；春秋作序，历百代而无边。汇商海之人杰，聚业界之俊贤。刘伶再生，亦惊酒城之盛；太白重出，自留鸿文以宣。行践于道，酒契于缘。杯融以月，酒蕴以禅。天下无酒可否？国何以隆盛？民何以解烦？酒之豪情，每摄心魄；酒之风雅，时润笔端。文因酒而隽永，人以酒而圆全。观其酒以文著，文以酒传。天造有绝代之概，地酿有芳华之颜。玉液醉乎万国，醇香贯乎千年。

天之道，亦阴亦阳；酒之明，或仙或圣。万物或可无，一酒亦且永。千酒何及其名，百城何及其盛。老窖携国窖而至尊，酒品合魁品而化境。秉者以精以厚，继者亦远亦正。蝉联金奖，翰墨难书；誉满全球，天地为证。地因酒而繁昌，国因酒而康靖。嗟夫，诗圣缠绵，谪仙酩酊。曲水流长，初心驰骋。樽祈人生之长，酒彰社稷之庆。泸州与天地互荣，老窖与日月相炳。岁在己亥，今逢盛世，仰望酒城，感而咏之。

2.《泸州老窖》——张问陶

涪州朱桔夔州柚，乍解筠笼看一船。口腹累人惭过客，山川迎我笑前缘。文章颇拟争千古，饮食何须费万钱。暂贮冰盘开窖酒，衔杯清绝故乡天。

二、泸州老窖老字号酒的特点

（一）泸州老窖老字号酒的工艺酿造特点

泸州老窖酒是以泥窖为发酵容器，中高温曲为产酒、生香剂，高粱等粮谷为酿酒原料，开放式操作生产，多菌密闭共酵，续糟配料循环，常压固态甑桶蒸馏、精心陈酿勾兑等工艺酿制的白酒，以己酸乙酯为主体香味物质。"泸州老窖酒传统酿造技艺"有大曲制造、原酒酿造、原酒陈酿、勾兑尝评等多方面的技艺。

1. 制曲

公元1324年，制曲之父郭怀玉在泸州发明了"甘醇曲"，并通过技艺的改良，制成了大曲，距今已有近700年历史。

据清《阅微堂杂记》载："元泰定年间，泸州始有脱颖而出者，郭氏怀玉也。十四岁学艺，四十八岁制成酿酒曲药，曰：'甘醇曲'……"故郭怀玉也被誉为泸州老窖"久香"牌天下第一曲的创始人。陈铸《泸县志》载："初麦面一石，高粱面一斗浇水和匀，模制成砖，置于隙地上，以物覆之，数日发酵，再翻之覆如故，昕其霉变，是为曲母……"新中国成立后，单个小作坊逐渐走上了私私联营、公私合并的道路。同时，为了满足生产的需要，制曲生产也逐渐从生产班组里剥离出来，成为单独的制曲班组。随着公司发展的需求和生产技术的进步，20世纪90年代后泸州老窖建起了全国规模最大的楼盘制坯、楼盘培菌、楼盘发酵、楼盘贮曲、楼盘粉碎、年产量上万吨的制曲生态园，并先后开发出系列曲药品种，进而推动了浓香型大曲洒酿酒技术的进步。

2. 酿造

泸州老窖大曲的起源可以追溯到秦汉，而大曲酒的工艺形成和发展则是开始于元代。

据清《阅微堂杂记》记载："'甘醇曲'，用以酿之酒浓香、甘冽优于回味，辅以技艺改进，大曲酒成焉。"这是泸州老窖大曲酒的起源时期。明洪熙年间，泸州施敬章经多年努力研制出了曲药含燥及苦涩味成分之"泥窖"酿酒法，使大曲酒浓香，从而开创了"固态发酵，泥窖生香，甑桶蒸馏"的独特工艺，这是泸型酒的雏形时期。

陈铸《泸县志》载："是为曲母。始用高粱四石磨面，每石和曲母一石，加枯糟六石，浇水和匀，收制地窖（窖在屋内，先以黏土泥和烧酒，筑成长方形，深六尺，宽六尺，长丈许），上覆以泥，俟一月后酝酿成熟，取出以小作法蒸馏之，三日能毕一窖，即市中所售大曲也。"

明万历十三年（1395年），舒氏在泸州营沟头龙泉井附近建造泥窖10个（其中6个于清初合并为4个），正式成为泸州第一家生产泸州老窖大曲的作坊，取名"舒聚源"。创始人舒承宗是泸州大曲工艺发展史上继郭怀玉、施敬章之后的第三代窖酿大曲的创始人。他继承舒氏酒业，直接从事生产经营和酿造工艺研究，总结了"配糟入窖、固态发酵、酯化老熟、泥窖生香"的一整套大曲老窖酿酒的工艺技术，使浓香型大曲酒的酿造进入"大成"阶段，为以后全国浓香型白酒酿造工艺的形成和发展奠定了坚实的基础，从而推动泸州酒业进入了空前兴旺发达的时期。1955年后，其对传统操作法进行了恢复，并采取了很多有效的措施，这是我国白酒行业真正获得巨大变化和发展的时期。特别是改革开放以来，在不断挖掘总结传统工艺的基础上，运用现代科学技术和分析手段，剖析了影响白酒风格特征差异性的物质基础及其机理，创新了一系列操作工艺。

3. 勾兑

20世纪50年代初，在酿酒生产过程中，将同一发酵窖中不同母糟的酒进行组合，即将糟酒进行勾兑。这就是早期最原始的勾兑方法，也可认为是勾兑技术的雏形。60年代初期，在泸州曲酒的勾兑工作中，糟酒勾兑进一步发展成酒相互掺兑，俗称"扯兑"，即将不同品种的酒以一定的百分比混合在一个坛中，然后包装出厂。60年代中期，开始使用5吨铝桶进行勾兑组合，然后进行加浆降度，包装出厂。70年代，勾兑作为一门技术被提出，并运用于生产实践。根据鉴酒师感官鉴定，在若干坛酒之间按各种味觉反应，以鉴酒师的经验和酒的量比例关系进行组合，酒质又有提高。通过不断实践发现，选用口感好的酒做调味酒，并使用仪器为调味工具，先勾兑小样，然后按小样的比例用在大规模生产上，可以使酒质得到进一步稳定和提高。为了使酒的风味更为幽雅、细腻、丰满、醇厚，首先要组合基酒，同时还需要有各种调味酒，采用特殊的、科学的酿制工艺，生产出各具特色、品种的调味酒。这项工作由泸州曲酒厂赖商淮高级工程师做出了积极推广，并举办了勾兑技术培训班，大大地推动了勾兑技术的普及、应用和发展。

20世纪80年代以后，勾兑技术采用了现代化的技术。改变了过去只凭感官逐坛鉴定的方法，采用感官、色谱和常规分析基础酒的数据来综合验收，从而提高了产品优质率。同时为确保泸型酒的独特风格，缩短各等级和批次之间感官、理化指标的差异，改进了勾兑组合方法，从而初步把握了泸型酒中微量香味成分对酒质的影响，促进了勾兑技术的发展。

(二) 泸州老窖老字号酒的产地环境特点

1. 气候

泸州气候温和，极端最高气温 40.3℃，极端最低气温 -1.1℃，年最大降水量 1614.9mm，年最小降水量 77.8mm，年平均风速 2.5m/s，最大风速 10m/s，主导风向西南风，这种气候必然孕育出泸州地域性独特的农作物品质及微生物类群，对于主要以泸州本地软质小麦作原料的曲药和以泸州本地糯红高粱为原料的泸州老窖酒的生产有着显著的影响。

2. 水源

泸州老窖的酿造用水，历史上取用龙泉井水。经专家化验分析，此水无臭、微甜、呈弱酸性、硬度适宜，能促进酵母的繁殖，有利糖化和发酵。大生产酿酒采用长江水，且经处理后水质更加优异，水中富含钙、镁等元素。水质呈弱酸性，硬度适宜，对霉菌、酵母菌生长繁殖和酶代谢起到了良好的促进作用，特别是能促进酶解反应，是大曲酒酿造的优质水源。

(三) 泸州老窖老字号酒的品质特点

泸州老窖开放式操作的工艺特点铸就了其制曲和酿酒微生物的纷繁复杂以及发酵的多途径香味物质代谢，孕育了泸州老窖酒特有的丰富呈香呈味物质，虽其总量仅占酒体总量的2%左右，但其成分中能够定量或定性的香味成分就已达360余种之多，还有许许多多微量或痕量的呈香呈味物质尚未被揭示和认识。就是这些品类繁多的呈香呈味物质，共同营造出"国窖1573""无色透明、窖香幽雅、绵甜爽净、柔和协调、尾净香长、风格典型"之风格特点和泸州老窖特曲（原泸州大曲酒）"窖香浓郁、饮后尤香、清冽甘爽、回味悠长"之浓香正宗。

泸州老窖作为大曲酒的发源地、中国最古老的四大名白酒、浓香型大曲酒的典型代表，被尊为"酒中泰斗、浓香正宗"。浓香型大曲酒亦称泸型酒，其1573国宝窖池作为行业唯一的"活文物"，于1996年被国务院颁布为"全国重点文物保护单位"，"国窖1573"酒因此成为中国白酒鉴赏标准级酒品。

(四) 泸州老窖老字号酒的系列产品

1. 国窖 1573

图 2-5 国窖 1573

品牌简介：国窖1573源自建造于明朝万历年间（1573年）的"国宝窖池"，采用蒸馏酒酿造工艺，酒质无色透明、窖香优雅、绵甜爽净、柔和协调、尾净香长、风格典型。包装基座以金色五星为装饰，呈现传统玉玺造型，外盒由大面积正红为铺色，酒瓶采用水晶玻璃烧制，瓶身与外盒有五星960颗，"1573"字样以纯金压边。

规格：41.5升、3升、758毫升、750毫升、580毫升、500毫升、485毫升、375毫升、250毫升、160毫升、100毫升、50毫升。

度数：53度、52度、50度、46度、38度。

2. 泸州老窖特曲·老字号

图 2-6 泸州老窖特曲

产品简介：泸州老窖特曲·老字号，传承泸州老窖23代酿制技艺，延续了泸州老窖经典浓香口感，以"醇香浓郁、清洌甘爽、饮后尤香、回味悠长"的独特风格著称于世，被誉为"浓香鼻祖，酒中泰斗"。2006年，泸州老窖特曲·老字号获得国家商务部首批"中华老字号"认证。

规格：500毫升、250毫升。

度数：52度、45度、42度、38度。

3. 泸州老窖老头曲

图 2-7 泸州老窖老头曲

品牌简介：泸州老窖老头曲在1952年成为国内最早被评定的头曲产品，有着深厚的历史底蕴和品牌文化。老头曲是泸州老窖的大牌单品，一直秉承传统经典的浓香鼻祖形象。60年来，泸州老窖老头曲以不断巩固的"市场标杆"地位，持续开创着市场奇迹。

2015版老头曲为迎合挑剔的大众审美，在不影响长期以来统一风格的基础上，对酒瓶形状进行了大幅度调整，令瓶型更立体、手感更细腻、线条更流畅、外观更精致、审美更时尚。

酒品上的升级，让老头曲继续传承经典浓香白酒形象，以"浓香醇和，回味悠长"的口味征服着大众。

规格：500毫升。

度数：52度、42度、38度、33度。

三、泸州老窖老字号酒的发展历程

（一）民国初期走出国门写春秋

1949年12月3日，泸州解放，为了迅速恢复和发展曲酒生产，国家大力扶持泸州酒业。

1950年初，在政府的扶持下，泸州酿酒实业家李华伯先生以其"春和荣"作坊为首，牵头组建了"泸州曲酒联营工业酿造社"，从此迈出了恢复发展泸酒生产的第一步。10月，城里另一些酒商联合成立了"义中曲酒酿造社"。年底，温氏兄弟分别经营的几家"温永盛"酒坊又联合成立了"温永盛曲酒联营社"。

1951年，私营鼎丰恒酒厂更名为"定记酒厂"。至此，"定记酒厂""温永盛曲酒联营社""泸州曲酒联营工业酿造社""义中曲酒酿造社"四家私营酒社又联合了19家曲酒作坊，恢复82口生产性窖池。同年3月，川南人民行政公署在泸州以原"金川酒精厂"为主体，吸收了参加联营的另外17家曲酒作坊，正式成立了"川南区专卖事业公司国营第一曲酒厂"。泸酒的生产得到了很好的恢复，当年全区白酒产量便一举达到了3831吨。

（二）公私合营天地同酿酿美酒

1953年12月，泸州小市、南城、罗汉、蓝田、胡市、福集六个酒厂组成"四川省专卖公司泸州国营酿造厂"，并于1954年5月与四川省国营第一酿酒厂合并，将其命名为"地方国营泸州曲酒厂"。之后，城区四个私营联营"社""厂"经过改造，也于1955年12月走向公私合营道路，成立了"泸州市公私合营曲酒厂"。

1961年1月，"地方国营泸州曲酒厂"与"泸州市公私合营曲酒厂"合并为"泸州市曲酒厂"，1964年更名为"四川省泸州曲酒厂"。这正是泸州老窖的前身。

1983年，新建的省辖泸州市确定将酿酒作为全市三大支柱产业之一，此举推动了泸酒的急速发展。"全民集体个人一起上、工农兵学商、一齐办酒厂"。1985年，正式办理工商企业注册登记的酒厂达1800家，其中绝大多数是新开办的乡镇企业。

1980年，泸州曲酒厂被中商部确定为率先进行扩张试点的企业，这让企业在产供销方面有了一定的自主经营权力；1984年，省、市确定泸州曲酒厂为首批在企业中全面推行厂长负责制的单位。

1985年至1988年，国务院批拨专款2800万元对罗汉二车间进行扩建改造，率先在全国酒类行业中建起了布局合理、配套设施先进、年产万吨的大型酿酒基地。基地内生产、辅助、生活区划分明确，环境优美，被誉为花园式工厂。

1988年，泸州老窖年产量显示出了较大的发展优势，其利税名列前茅。

1990年8月28日，经过泸州市人民政府批准，泸州曲酒厂正式更名为"泸州老窖酒厂"，从而使厂名、品牌名和驰名中外的老窖池群合而为一。

1992年，"泸州"牌注册商标荣获中国首届十大驰名商标。

在2006年和2008年，"国窖牌"商标和"泸州老酒坊"商标分获中国驰名商标称号。

（三）集团运作做大做强铸辉煌

2000年12月21日，泸州老窖集团有限责任公司成立。至此，泸州老窖已成为以酿酒业为主，集生物科技、米业、房地产、宾馆等于一体，跨行业、跨地区、跨所有制、跨国经营的大型现代化企业集团公司。泸州老窖发展进入了新的里程。

集团公司理顺企业法人治理结构，形成了有效的权力制衡机制，构建了核心层、紧密层、半紧密层、协作层的组织体系；公司建立了完善的技术创新体系，保持着强大的产品研发能力，始终站在中国白酒科技的前沿；建立了科学的质量体系，在同行业中率先通过了2000版的换证认证，质量管理达到了国际先进水平。

2005年，公司全面完成了股份分置改革，成为四川省第一家国有控股企业股改成功的先进典型。

（四）企业发展荣誉

1915年，获巴拿马万国博览会金奖（见图2-5）

图2-5　巴拿马万国博览会金奖

1980年，工农牌特曲获国家质量金奖。

1984年，泸州牌泸州老窖特曲获国家质量金奖。

1988年，获香港国际食品博览会金鼎奖。

1990年，泸州老窖特曲获巴黎国际食品博览会金奖。

1992年，获评香港国际食品博览会金奖特曲，头曲获匈牙利布达佩斯特别金奖、美国洛杉矶太平洋博览会金奖，特曲获俄罗斯食品博览会金奖。

1996年11月20日，国务院公布1573国宝窖池群为第四批全国重点文物保护单位。

2005年，泸州老窖被评为全国酒类产品质量安全诚信推荐品牌。

2006年，国窖1573被认定为中国白酒浓香型代表；5月，中国首批非物质文化遗产名录由国务院正式公布，泸州老窖酒传统酿造技艺榜上有名；商务部公示了首批"中华老字号"名单，泸州老窖榜上有名（见图2-6）。

图 2-6 泸州老窖获评"中华老字号"

2010年，泸州老窖被评为农业产业化国家重点龙头企业。

2011年，泸州老窖被评为第七届中国最佳品牌建设案例；汶川地震灾后恢复重建先进集体。

2012年，获第七届中华慈善奖。

2012年，泸州老窖被评为1981—2011中国食品工业卓越贡献企业。

2012年，泸州老窖获食品安全质量特别贡献奖，被评为最佳中国品牌50强。

2013年，泸州老窖获第八届中华慈善奖。

2014年，被评为2014年四川制造业企业100强。

2017年，被评为四川省质量奖2016年度金牛投资价值150强。

四、泸州老窖老字号酒的发展战略

（一）质量

卓越品质，源于坚持。公司致力于酿造有机白酒，提倡健康生活，要"让中国白酒的质量看得见"。在行业内率先打造"有机高粱种植基地"，建立并完善有机、质量、安全、环境、测量、能源六大管理体系，实现从农田到餐桌的可追溯；搭建起国家固态酿造工程技术研究中心、国家酒检中心、国家博士后工作站等八大科研平台，以强大的科技力量支撑和推动产品的持续创新升级；以尝评委员会、酿酒技术专家委员会、消费者尝评委员会为关键机构，确保每一瓶酒的绝佳品质。

（二）品牌

公司实施"双品牌塑造，多品牌运作"的品牌战略，构建起五大战略单品的金字塔品牌结构：国窖1573定位为中国白酒超高端品牌，是金字塔的塔尖；百年泸州老窖窖龄酒、泸州老窖特曲定位为商务与宴会用酒第一品牌，组成金字塔的塔身；泸州老窖头曲和二曲为大众市场覆盖的第一品牌，构筑金字塔的塔基；同时，公司积极拓展养生酒产品和预调酒产品，开展以消费者需求为主导的定制酒业务。

（三）人才

公司的人才理念是"人才是资本，有为必有位"，长期坚持技术人才、营销人才、管理人才的培养，建立"泸州老窖博士后工作站""泸州老窖商学院"等白酒人才培育高地，培养中国白酒高端人才，构筑公司"人才乐园"。目前已拥有国家级非物质文化遗产代表性传承人3名、中国酿酒大师3名、中国白酒大师2名、正高级工程师6名、享受国务院特殊津贴专家8名、四川省学术和技术带头人3名、博士后15名、硕士100余名，还有中国白酒工艺大师、评酒大师、国家级白酒评委、酿酒高级技师、技师在内的技能型人才数百名。

（四）愿景

"天地同酿，人间共生"是泸州老窖的企业哲学。公司坚持以"全心全意酿酒、一心一意奉献"为宗旨，敬人敬业，创新卓越，努力实现市场占有领先、公司治理领先、品牌文化领先、质量技术领先、人才资源领先，酿造世界最好的白酒，为客户提供最优质的服务，把泸州老窖建成全球酒类市场中的"航空母舰"，形成融入经济全球化的大型现代企业，追求"在中国灿烂名酒文化熏陶中，全人类共享幸福美满的生活"。

（五）管理维度

公司管理原则：人本化管理与数字化管理相结合。

人力资源管理观：人才是资本，有为必有位。

营销管理观：客户中心论。

研发管理观：以市场为导向，构建四个一流，塑造四种力量，实现一个转变。

生产管理观：传承祖法酿酒大家。

质量管理观：让中国白酒的质量看得见。

环保管理观：幸福生活源于绿色生产。

安全管理观：安全健康快乐。

社会责任观：文化创造价值，和谐促进发展。

（六）经营维度

泸州老窖"三三四五"营销文化。"三不动摇"：竞争型营销战略不动摇、销售为王指导思想不动摇、创造分享基本原则不动摇；"三大稳定"：价盘稳定、团队稳定、政策稳定；"四项要求"：与行业共荣，与客户互赢，与顾客相依，与市场同步；"五个落地"：组织架构建设落地、渠道网络构建落地、品牌聚焦塑造落地、服务文化营造落地、公司效能革命落地。

（七）理念维度

企业哲学：天地同酿人间共生。

企业哲学口号：与社会同行，与环境相依，与人类共存。

企业精神：敬人敬业创新卓越。

企业使命：凡华人之所到，品味泸州老窖。

企业愿景：做中华酒业巨子，成中华酒文化旗手。

核心价值观：传承文化，持续创新，专注客户，创造财富。

参考文献：

［1］陈寿宏．中华食材［M］．合肥：合肥工业大学出版社，2016.

［2］石春燕．中国酒文化［M］．北京：外文出版社，2013.

第三章 剑南春

一、剑南春老字号酒

（一）剑南春的发展史

四川的绵竹县素有"酒乡"之称，绵竹县因产竹、产酒而得名。早在唐代就名闻遐迩的名酒——"剑南烧春"，为皇族贡品，有"剑南贡酒"之名。因绵竹在唐代属剑南道，故称"剑南春"。相传李白为喝此美酒，曾在这里竟把皮袄卖掉，买酒痛饮，留下"士解金貂""解貂赎酒"的佳话。北宋苏轼称赞这种酒"三日开翁香满域""甘露微浊醍醐清"，其酒之闻名可见一斑。

剑南春的前身为绵竹大曲酒，创于1662年的清康熙初年。陕西三原县人朱煜，因见绵竹水好，便移居至此，办起了最早的曲酒作坊"朱天益酢坊"。据《绵竹县志》记载，当时的绵竹大曲达到了"味醇香，色味白，状若清露"的美妙境地。

（二）与剑南春相关的民间传说、风土人情等

1. 唐诗中的"剑南春"

流誉华夏的名酒"剑南之烧春"，产生于政治长期稳定、经济十分繁荣、文化空前昌盛的盛唐时代。唐代，绵竹属剑南道，唐宪宗后期，李唐王朝的中书舍人李肇，在撰写《唐国史补》（见图3-1）的时候，就津津有味地把"剑南春之烧春"列入当时天下名酒之列。据旧史记载，唐大历十四年（公元779年），皇帝李适曾郑重其事地面谕朝臣，命其把剑南烧春是否上贡的问题，当作一桩国家大事来讨论。另黄葆真《事类统编》载曰："为生春，《德宗本纪》剑南贡生春酒。"

图3-1 《唐国史补》

2. 宋词中的"剑南春"

北宋大文学家苏轼与绵竹道士杨世昌之间一段关于蜜酒的趣闻，在中国酒文化史上

留下了千古美谈。据记载，宋元丰三年（公元 1080 年），苏轼因乌台诗案被贬黄州（今湖北黄冈）。元丰五年，绵竹武都山道士杨世昌到黄州看望苏轼，与苏轼同游赤壁，饮酒赋诗。杨世昌将蜜酒的酿造法送与苏轼，苏轼十分高兴，作了《蜜酒歌》回赠，并在诗前小序中写道："西蜀道人杨世昌善作蜜酒，绝醇酽。余既得方，作此歌以遗之。"苏轼在《蜜酒歌》中赞美了蜜酒的香醇，也抒发了诗人愤世之情。

鹅黄酒，汉州美酒专称。《方舆胜览》载："鹅黄乃汉州酒名，蜀中无能及者。"隋初，汉州即绵竹，宋代的汉州包括了绵竹、什邡、德阳、广汉。南宋大诗人陆游曾写道："叹息风流今未泯，两川名酝避鹅黄……"他的一部《剑南诗稿》，将与酒有关的著名诗词蕴于其中。

在宋代，酒的影响和作用还透过政治、军事、经济充分显示出来。"酒税丞"的设置，张浚的"隔糟酒法"的实施，在当时社会经济和军事中无疑起到了重要作用。

3. 明清志中的"剑南春"

明代徐炬《酒谱》在历代酿酒名家中记载有："道士杨世昌造蜜酒。"

清代康熙年间（1662—1722），《绵竹县志》详细记载绵竹大曲的酿造方法，并出现了朱、杨、白、赵较大规模酿酒作坊。据《绵竹县志》记载："大曲酒，邑特产，味醇香，色洁白，状若清露。"乾隆年间太史李调元，人称"李太史"（四川省德阳市罗江县人），其宦游足迹遍及大半年中国，自谓"一笑市人谁知我，醉来高卧酒家楼"，并夸口尝尽天下名酒，是个十足的饮酒行家，却对绵竹大曲有一种特殊感情。在他的《函海》一书中记有"绵竹清露大曲酒是也，夏清暑，冬御寒，能止呕泻，除湿及山岚瘴气"，又说自己"天下名酒皆尝尽，却爱绵竹大曲醇"。还有诗人李德杨诗云："代仪充土物，却病比人参。"

（三）古老的天益老号

剑南春"天益老号"酿酒作坊（见图 3-2）是位于绵竹市棋盘街 33 号的古代酿酒作坊原址，是剑南春酒坊遗址中的活文物，为剑南春酒厂传统作坊区所在。据资料研究表明，清代康熙初年，朱煜在此开办大曲作坊。此后相继有杨、白、赵三家大曲坊开业，形成城西酿酒作坊集中地带。二十世纪八十年代中叶，曾在此地下发掘出南齐"永明五年"的纪年砖和同时期的酒具实物。这些距今 1500 多年的遗物，对于绵竹酒文化的考证具有极其重要的作用。

图 3-2 "天益老号"酿酒作坊石碑

清乾隆太史李调元《函海》载："绵竹清露大曲是也。"足以证明乾隆时期绵竹大曲

◆ 第三章 剑南春 ◆

在当时的质量已经很好，名扬巴蜀。自清康熙年间，朱煜在绵竹城西所建的大曲作坊便开始生产绵竹大曲酒。至光绪年间，朱氏酿酒作坊（见图3-3）已传至其后代朱天益经营，因此更名为"天益老号"。300余年来，其生产所用窖池一直进行着不间断发酵。1911年，朱天益的"绵竹大曲"在四川省第七次劝业会上获得头等奖（见图3-4）。1928年又获得四川省国货展览会奖章和奖状。

图3-3 朱氏酿酒作坊原址

图3-4 "绵竹大曲"获四川省劝业会头等奖

天益老号作为剑南春传统酿酒技法的核心区域，其重要性不言而喻。同时，在天益老号里发掘出的各时代文物也让其披上了历史的神秘外衣。

1985年6月6日，天益老号出土了一块砖，考古学家称之为"南齐纪年砖"（见图3-5）。同时出土的还有南北朝、唐、宋时期的碎瓷片若干。

南齐纪年砖长31厘米，宽19厘米，厚5.5厘米。砖的一侧烧制有环带状莲花纹，纹样中部有竖行铭文"永明五年"字样，书体介于隶楷之间，其形制为典型的南北朝风格。永明五年为公元487年，即南齐武帝肖赜的年号。因此，这次出土的纪年砖为距今1500余年的遗物，它对于绵竹酒坊建造历史的考证有着一定的借鉴作用，而天益老号因为岁月的沉淀，愈加显得厚重而神秘。

图3-5 南齐纪年砖

67

在天益老号发掘的遗迹包括晾房1座、水井1口、酒窖7组共26口、炉灶5座、晾堂2座、水沟2条、池子2个、盛酒坑1个以及路基、柱础和墙基等。

天益老号酿酒作坊是我省唯一保存最为完整且仍在生产的传统酿酒作坊，已被认定为全国重点文物保护单位，入围世界文化遗产预备名单。

传延下来的天益老号里的酿酒作业还是纯粹的手工操作，这里的酿酒师傅们用着古老而传统的生产工具——酒甄、云盘、鸡公车、晒笆、黄桶……还有清代酿酒用水井一处，明代水缸一件，清代大曲坊木质吊牌、木匾等。这些保存完好的传统酿造工具，有些仍然运用在现代剑南春的酿造过程中。可以说，天益老号的完整性是国内众多所谓的古窖池都无法比拟的。

二、剑南春老字号酒的特点

（一）工艺酿造特点

1. 酿酒原料

（1）水——名泉涅槃，甘润飘逸

剑南春酿酒用水全部取自城西的中国名泉——玉妃泉，该泉经国家地矿专家鉴定，低钠无杂质，富含硅、锶等有益人体的微量元素和矿物质，可与崂山矿泉水媲美，故一致认定其为"中国名泉"。冰晶沁谧的玉妃泉水，涅槃成香浓清灵的剑南春酒，陈香幽雅，饮之如玉露在喉；甘润飘逸，闻之似香思刻骨，青出于蓝，自然历久弥新。水乃酒之血，酒之品质高下，结穴在水。

（2）粮——纯粮精华，四时造化

剑南春以高粱、大米、糯米、小麦、玉米"五粮"为原料，产自川西千里沃野，饮山泉，沐霜雪，上得四时造化之美，下汲神景地府之精。千年酿酒秘技精工锤炼，荟萃五粮精华，玉液澜波，香思刻骨。

①高粱：糯高粱中含支链淀粉较多，黏性较大、吸水性强，是历史悠久的优质酿酒原料。

②大米：大米中淀粉含量在70%以上，蛋白质含量在7%－8%左右。由于大米质地纯净、结构疏松、蛋白质、脂肪和纤维含量少，利于糊化，用大米作原料酿出来的酒具有爽净的特点。

③糯米：是酿酒的优质原料，经发酵，能使酒体优美甜香、味浓醇厚。

④小麦：有较高的蛋白质含量，黏着力强、营养丰富、易糊化，且出酒率高，发酵中产生的热量大，常作配料使用。

⑤玉米：营养丰富，是酿酒的理想原料。

（3）曲——醇香美酒浑然天成

曲药，古称"酵"，乃酒之魂。《说文解字》段注："此酵亦训酒母。则今之酵也。"剑南春使用的曲，是采用千百年积累的传统工艺，并结合现代科学手段制成的独特品种，依靠这种天然微生物接种制作的大曲药，不仅能保证产量，更重要的是保证酿制过程中各种复杂香味物质的生化合成。在用曲之道上，剑南春融汇众长，反复锤炼，其酿制之酒，得曲之神韵。

2. 传统酿造工艺

（1）窖

"窖"，就是酿酒的发酵池。酒之精髓，在于窖。一般来说，窖池总是越老越好。窖龄越长，其香越幽，其味越正，其品越高。现代科学研究发现，窖池之优劣，直接影响酒的质量和品味。"天益老号"窖池中的微生物，千百年来生生不息，形成了别具一格、自成体系的微观生态环境，对剑南春基础酒的品质起着关键的作用。

（2）酿

剑南春酒传统酿造技艺是中国浓香型白酒的典型代表。它传承了绵竹几千年酿酒历史中沉淀的技艺精华，是巴蜀文化的重要组成部分。剑南春酒用小麦制曲，泥窖固态低温发酵，采用续糟配料、混蒸混烧、量质摘酒、原度贮存、精心勾兑调味等工艺成型，具有芳香浓郁、纯正典雅、醇厚绵柔、甘洌净爽、余香悠长、香味谐调、酒体丰满圆润等典型独特的风格。

剑南春酒传统酿造技艺因承载具有"活文物"特性的剑南春"天益老号"酒坊及酒坊遗址而具有唯一性。它更是对大曲酒酿造技艺精华的沉淀与发扬，是绵竹酒业在不断吸收与锻炼之后凝结成的代表作品。

（3）藏

贮藏是白酒传统工艺中一道重要的工序。俗话说，姜是老的辣，酒是陈的香。贮藏也可以说是一种特殊的工艺，是复杂的、缓慢的物化反应过程，是传统白酒生产工艺不可缺少的工序。贮藏期的长短、贮藏容器材质的优良与否，与白酒储存后的质量密切相关。陈酿的酒要放在陶罐中，以棕盖覆之，置于阴凉的房内，经过较长时间缓慢的物化反应，其味更醇、其香更浓。

（4）包装

剑南春引进先进的包装生产线，从洗瓶到灌装、压盖都是自动化生产。在这条先进包装生产线上有许多质检员，专门从事包装质量检验，保证了包装生产质量。

3. 现代酿造技艺

（1）名酒研究中心

科研力量是品质常新、企业长胜的核心动力。30多年来，剑南春积极推进企业科研工作向高层次、前瞻性发展。不断加大科研投入，科研装备投入已达4亿元。目前公司已拥有全自动微生物鉴定仪（美国BIOLOG公司）、原子力显微镜（美国DIEECO公司）、全二维－飞行气质联用检测仪（美国LECO公司）、色谱仪和质谱仪等世界一流的酒类科研设备。公司对传统酿酒业进行了系列科技创新，取得了重大科技进步成果奖共31项。雄厚的技术力量和世界一流的科研设备保证了每一滴剑南春年份酒的精良品质。

（2）精英团队

60多位白酒专家，267道严谨工序。人才是企业之本，高素质、专业化的科研团队是剑南春年份酒品质的坚实基础。多年来，剑南春不断加强科研队伍建设，公司目前有各类技术人员近千人,其中,享受国务院津贴专家 4 名,教授级著名酿酒专家 1 名,中国酿酒大师 2 名,博士后 1 名,国家级评酒委员 5 名,高级技术人员 55 人,中级技术人员 600 多人。他们共同为每一瓶剑南春年份酒提供科学和信誉保障。

(3) 曲药天书

曲药依靠天然微生物接种制作而成,微生物群落的生命活动是形成白酒主体特质和微量滋味成分的关键因素。剑南春科研人员利用"基因组技术"成功获得了不同贮存曲药及不同质量等级曲药微生物群落的结构及变化规律,为酿酒生产及进一步提高产品质量提供了有力保障。

(4) 太空窖泥

2005 年,中国第二十一颗返回式卫星搭载剑南春酒曲、窖泥进行太空试验。从太空返回的酒曲和窖泥中分离、纯化、培养出新型酿酒微生物,采用科学的方法将其应用于剑南春酿酒发酵过程,生成更多的特色物质以及有益于人体健康的生理活性物质,使剑南春的滋味特色更加突出。

剑南春利用"全自动微生物鉴定仪",结合"基因组技术",对剑南春天益老窖中功能菌株进行定性研究,发现剑南春老窖中存在特殊的功能菌株,被该设备定性为"耳蜗形梭菌"。这是中国酒类史上首次发现并命名的浓香型酒主体香味物质的功能菌株,为剑南春独特风味特征的形成奠定了基础。该成果荣获中国食品工业协会科学技术进步一等奖。

(5) 智能评价

世界酒类行业判断产品质量通用的传统方法是感官检测。感官鉴定具有主观性,从而造成酒质的不稳定。剑南春以现代计算机网络为依托,研究制订了"名优白酒质量评价体系":将专家的感官鉴定与酒中微量香味成分的科学测定有机结合,转化成高智能的评价体系。鉴定快速、方便、准确,确保了剑南春酒质的精确性和一致性。

(二) 剑南春的品质特点

1. 三大"国宝"

一是"中国十大考古新发现""全国重点文物保护单位",并入选"中国世界文化遗产预备名录"的"天益老号"活窖群,其规模之宏大、生产要素之齐全、保存之完整,并且是仍在使用的活文物原址,举世罕见,是中国近代工业考古的重大发现。在"天益老号"古酒坊周围,启用于明清、至今仍继续使用的古窖池有 695 条。

二是作为我国浓香型白酒的典型代表,入选国家级非物质文化遗产名录的"剑南春酒传统酿造技艺"。

三是入选首批"中华老字号"(见图 3-6)的"剑南春"品牌。

图 3-6 "剑南春"品牌入选"中华老字号"

2. 六大特点

世界顶级名酒属于世界级奢侈品范畴，其最核心的两大特征是稀缺性和国际性。中国白酒要成为世界顶级名酒，必须要用国际标准来衡量，在体现自身个性的同时，兼顾国际认知度。站在世界蒸馏酒文化的角度审视剑南春，我们可以发现剑南春的六大特点。

第一，阳刚——源自青藏高原之雄浑。

绵竹的高山为剑南春孕育着一种阳刚之气，为剑南春酿酒微生物的生长繁衍、剑南春美酒的发酵、储藏，孕育着得天独厚的气韵。

第二，圣洁——源自千年冰川之圣水。

剑南春酒的原产地绵竹，地处四川盆地西北部，北纬30°09′—31°42′，东经103°54′—104°20′，位于神秘的北纬30度世界文明带。北接龙门山脉，南连成都平原，处于青藏高原向四川盆地的过渡地带。自然资源和农业资源的丰饶，使当地酿酒历史连绵兴旺三千多年。剑南春酿酒用水即取自于绵竹西北部的珍稀取水层。这里的地下矿泉水不受任何外来细菌和地表水的影响，得以安静从容地和源于几百万年前冰川时代古老岩层、沙砾进行矿物质的交换，并最终被矿化，形成品质卓绝的天然弱碱性矿泉水。剑南春酿酒用水富含钙、锶、钠、钾等多种天然矿物精华和微量元素，与法国人阿尔卑斯山脉的"依云"水一样，属世界顶级矿泉水，珍稀无比。

第三，富贵——源自绵竹特产之酒米。

绵竹位于成都平原的北端平坝区，因接近高原和具备特殊的冰川水资源，这里出产的酒米（糯米）、大米等粮食作物历来以颗粒饱满、滋味醇厚而闻名于世，为剑南春生产提供了特殊原料。

第四，幽香——源自1500年之古窖。

中国白酒向来尊崇"窖为酒之本"，讲求发酵容器对于白酒酿造的至关重要性。中国人是在世界上最早懂得使用酵母菌等有益菌进行生产和生活的，而利用泥窖作为发酵容器酿酒是中国浓香型白酒合理利用自然的再创造。浓香型泥窖经过长期不间断地培养，再加上特殊的地质、土壤、气候等苛刻的条件，形成了世界上最丰富、最独特的酿酒微生物菌群。1985年6月6日，剑南春在加固"天益老号"酒坊墙体，拆除旧墙重挖基槽时，于地下2.5米深处发现三合土砌筑物及南齐纪年砖，同时出土大量青瓷器物及碎瓷片，南齐纪年砖上有"永明五年"四字铭文。经专家综合考察认定，"天益老号"酒坊的地下窖池建造年代不晚于南北朝时期的南齐永明五年，即公元487年。南齐地下古窖池的发现，证明中国利用地下窖池酿酒的历史超过1500年。

在剑南春"天益老号"古酒坊周围，明清遗存至今连续使用的古窖池有695条，面积达6万平方米，构成规模宏大的"天益老号"古窖池群。它们的历史或追溯至南齐，或兴起于明清，均经历了民国和新中国成立初期两次改造与完善，至今从未间断过酿酒生产。从现代微生物的角度看，"天益老号"古窖池群已不是简单的泥池酒窖，而是集发酵容器、微生物生命载体和孕育摇篮于一身。在漫长的酿酒过程中，每一轮窖藏投入酿酒的粮食，都是窖内微生物新鲜的养料。微生物吸收养料，得以不断生长繁殖并进行酿酒代谢，不仅形成了超出一般窖池400多种的酿酒微生物环境，而且规模宏大的古窖池群在集群效应下，形成了剑南春古窖车间特有的酿酒微生物环境，帮助剑南春酒形成了特殊的香味物质。

第五，匠心——源自传承创新之技艺。

剑南春酒传统酿造技艺承传"泥窖固态发酵"古法，全部采用陶坛贮存。在科技创新方面，剑南春一直走在行业最前沿，是四川名酒中首家获"国家认定企业技术中心"授牌的企业。公司总工程师徐占成被誉为"中国酒体风味设计学之父""中国酒体形态学之父"，他发现了每种中国名酒的纳米级形态特征，绘制出白酒的"基因图谱"。

2009年，由剑南春独立研发的具有国际先进水平的"挥发系数判定法"，获得国家发明专利，解决了蒸馏酒年份鉴别这一世界性难题。随着白酒贮存时间的延长，酒体中微量香味物质挥发系数随贮存时间的延长而减小。通过测定相同规格、不同陈酿年份酒中不同微量香味成分的挥发系数，剑南春科研人员建立起相应的数据库，然后根据挥发系数值与贮存时间的标准曲线图谱，即可准确地鉴别出酒的贮存年份。

第六，优雅——源自御酒尊贵之品格。

剑南春酒是唯一载入中国正史的中国名酒，也是中国至今唯一尚存的唐代宫廷御酒。剑南春酒被选为唐代宫廷御酒长期入贡的历史，已被载入正史《旧唐书·德宗本纪》，书中记载了德宗皇帝亲与朝臣商讨"剑南烧春"进贡的事宜。皇室宫廷的长期御用奠定了剑南春"大唐国酒"的历史地位，也深深烙下了盛唐文明的印迹。绝佳美酒才能成为贡酒，这就要求精工细作，剑南春不惜一切代价追求极致品质。高昂的成本、复杂的工艺、低微的产出，方换得贡酒的生成。历经千余年的发展，剑南春在采用糯米等原料、深层冰川用水、优中选优工艺上，至今坚持着贡酒的"极品酿造原则"，其严谨而苛刻，一如过往。作为最早载入正史的"皇室御酒"，剑南春代表了中国白酒文化的里程碑，也彰显著中国白酒在国际的尊贵气质。

三、剑南春老字号的发展历程

(一) 历史渊源

1. 蜀酒探源

巴山钟灵，蜀水毓秀。在巴蜀大地上，有一条成"U"字形的名酒带，勤劳智慧的巴蜀先民在这里创造了辉煌灿烂的巴蜀文化。坐落在这条名酒带的绵竹，酿酒历史已有四千余年，广汉三星堆蜀文化遗址出土的陶酒具和绵竹金土村出土的战国时期的铜罍、提梁壶等精美酒器，东汉时期的酿酒画像砖等文物考证以及《华阳国志·蜀志》《晋书》等史书记载都可证实，绵竹产酒不晚于战国时期。

2. 盛唐华彩

剑南春传统酿造技艺在漫长的人类发展史中，始终得到继承和发展。在唐朝，百业兴旺，绵竹成熟酿酒技艺下诞生的"剑南烧春"（唐代，绵竹属剑南道而得名）名动朝野。唐人李肇的《唐·国史补》对天下名酒记载道："酒则有……乌程之若下，剑南之烧春……"剑南烧春更作为宫廷御酒而被载于《后唐书·德宗本记》。这是唯一载入正史的四川名酒，也是中国至今唯一尚存的唐代名酒，是绵竹酒文化史上一个了不起的成就。另据黄葆真《事类统编》载曰："为生春，《德宗本记》剑南贡生春酒。"因此，剑南春一直以"唐时宫廷酒，盛世剑南春"为传承宗旨。

3. 宋业为继

时至宋代，绵竹酿酒技艺在传承前代的基础上又有了新的发展，酿制出"鹅黄""蜜酒"，其中"蜜酒"作为独特的酿酒法收于李保的《续北山酒经》，被宋伯仁《酒小史》列为名酒。明代徐炬《酒谱》中记载："西蜀道士杨世昌造蜜酒。"蜜酒、鹅黄的出现，不仅形成了一个名酒系列，而且为中国酒文化史和中国文学史留下了千古美谈。北宋大文学家苏轼与绵竹道士杨士昌的趣闻、南宋大诗人陆游的剑南诗稿等许多文坛佳话蕴于其中。

在宋代，剑南春酒传统酿造技艺的影响和作用不仅表现在社会经济发展上，同时还为南宋抗金做出了重要贡献。据《宋会要》记载：南宋初年，为了筹集军费抗击金兵，时任川陕巡抚处置使的绵竹人张浚从绵竹兴旺发达的酿酒业和大额的酒税上得到启发，于建炎三年（1129）实施"隔槽酒法"，鼓励民间纳钱酿酒，次年便使四川酒税由过去的140万缗猛增至690万缗。此法前后施行了70余年。这笔庞大的酒税收入大大缓解了南宋王朝军需困难，在抗金战争中发挥了重要作用。以绵竹酿酒业为代表的四川酒业在这段历史中显示出了巨大的力量。

4. 明清中兴

明末清初，由于战乱不断，绵竹人口锐减，农业荒芜，经济萧条。依附于农业发达而产生的剑南春传统酿造技艺受到巨大威胁，直到清康熙年间（1662—1722）才逐渐恢复，并出现了朱、杨、白、赵等较大规模酿酒作坊。剑南春酒传统酿造技艺得到进一步的发展。《绵竹县志》记载："大曲酒，邑特产，味醇厚，色洁白，状若清露。"乾隆年间太史李调元，宦游足迹遍及大半个中国，自谓"一笑市人谁知我，醉来高卧酒家楼"，并夸口尝尽天下名酒，是个十足的饮酒行家。他说自己"天下名酒皆尝尽，却爱绵竹大曲醇。"

清末，绵竹酿酒作坊已有上百家，著名大曲坊已增到18家，绵竹商贸因此更为昌盛，出现了"山程水陆货争呼，坐贾行商日夜图。济济直如绵竹茂，芳名不愧小成都"（清诗人李锡命，《咏绵竹》）的繁荣景象。

（二）发展历程

中华民族历史文化的长河，悠远而辉煌。跟它那"天地涵容百川入"的伟大气象相比，中国的酒文化只是细流涓涓。然而，在漫长的岁月里，中国酒文化却不曾枯竭过。因为有像绵竹"剑南春"这样的分子，组成它那令人惊羡的系列，在永恒的时间和空间发展、生存。

绵竹酿酒历史悠久，源远流长，酒文化特别丰富。从绵竹的史料和收藏的文物可以看出，延续二千四百年的剑南春酒不仅是四川酒史的重要组成部分，也是我国珍贵的文化遗产，值得挖掘研究。

1. 天下知名

20世纪初，绵竹大曲在多次四川国货展览会上，获得奖章和奖状。1911年，绵竹大曲首获四川省劝业会头等奖；自1913年开始，绵竹相继有50余家酒店、酒行、酒庄出现在成都西市，绵竹大曲成为成都"酒坛一霸"。1922年，绵竹大曲获四川省劝业会一等奖；1928年再度获四川省国货展览会奖；1929年"乾元泰""大道生""瑞昌新""义全和"等十二家大曲酒，获四川省优秀酒类奖凭；1932年四川省举办第一次名产展览会，绵竹县提供多种产品参展，其中"垣丰泰"大曲坊酿造的大曲酒，首次被批准使用注册商标，以崭新的时代风貌引起了一番轰动（摘自《剑南春史话》）。当时一诗人曾为绵竹的酿酒家题词："百里闻香绵竹酒，天下何人不识君。"据《绵竹县酒类调查表》记载：至1941年，全县酿酒作坊已多达200余家，产酒200余万公斤。20世纪40年代初，绵竹酒业进入了一个历史高峰，大曲酒作坊增至38家，老窖200多个，年产350多吨，并远销重庆、南京、上海等地。《四川经济志》称："四川大曲酒，首推绵竹。"

2. 黄金时代

20世纪50年代，剑南春人利用得天独厚的自然条件和独特的酿酒工艺，生产出了声誉卓著的中国名酒剑南春。1951年5月，国营绵竹县酒厂宣告成立，这个厂就是今天"四川省绵竹剑南春酒厂"的前身。1958年3月，酒厂从改变酿酒原料入手，进行科技攻关，试验出一种绵竹酿酒史上从未有过的新原料，用这种原料酿出了"芳、洌、甘、醇"、恰到好处、风味更为独特完善的酒，这就是今天声誉卓著的中国名酒"剑南春"。（摘自《剑南春史话》）

20世纪60年代，剑南春生产工艺完全成熟。酒厂采用"双轮底发酵"工艺，完善"勾兑调味"技术，找出"剑南春"基础酒的最佳储存老熟期。至此，"剑南春"生产工艺完全成熟。1963年，剑南春酒被评为四川省名酒，获金质奖；1964年，"双沙醒色酒"被评为四川省优质产品，获银质奖。（摘自《剑南春史话》）

20世纪70年代，剑南春开始出口，远销日本、港、澳，并荣登全国八大名酒金榜。1974年，"剑南春"开始出口，远销日本、香港、澳门等地；1979年第三届全国评酒会上，"剑南春"被评为全国名酒。"剑南春""绵竹大曲"等产品声誉日高，销售量大增，特别是党的十一届三中全会后，工厂进入了大发展时期。（摘自《有效管理的智慧》）

20世纪80年代，剑南春一期工程扩建，通过现代科技的应用和一系列的技术改革，系列产品实现了全优。从此，剑南春进入了万紫千红的黄金时代。酒厂在实现系列产品全优目标的基础上，剑南春酒又连续荣获第四届、第五届国家名酒称号和国家质量金奖。1988年还在香港举行的第六届国际食品博览会上，获国家金花奖。1984年，为了发展名酒生产，提高名酒产量，中商部决定拨款1430万元，扩建剑南春酒厂。1985年10月扩建工程破土动工。1986年8月1日试产出酒，中商部同意再拨款3500万元，扩建年产4000吨剑南春的第二新区。至此，"剑南春"进入了前所未有的黄金时代。（摘自《剑南春史话》）

20世纪90年代，剑南春人认真研究市场规律，针对市场制订的营销策略、"科学投放"等措施，使他们在市场竞争中立于不败之地。社会的发展，促进了剑南春的进步；改革开放，极大地丰富了剑南春酒文化的内涵。剑南春人抓住历史机遇加快发展。1990年起，投资近亿元，年产曲酒6500吨，占地近400亩的剑南春二期、三期扩建工程相继上马投产。1994年，三星级大酒店也建成使用……剑南春以最新"史话"开始了宏伟的构思。

（三）企业文化

（1）企业精神：团结、高质、开拓、创新、敬业、奉献。

（2）价值观：为国家作贡献，为企业创效益，为自己创造美好的生活。

（3）经营理念：高质创新作先导，顾客需求为中心。

（四）企业荣誉

- 2008年，剑南春酒传统酿造技艺入选国家级非物质文化遗产。
- 2007年，剑南春集团公司首家获得"四川省环境友好企业"称号。
- 2006年，剑南春"天益老号"酒坊遗址入选《中国世界文化遗产预备名录》。
- 2006年，剑南春集团有限责任公司被认定为中国大型工业企业。
- 2006年，剑南春品牌被国家商务部认定为"中华老字号"。
- 2006年，剑南春"天益老号"酒坊被国务院认定为"全国重点文物保护单位"。
- 2005年，剑南春酒首家通过中国食品工业协会白酒专业委员会"纯粮固态发酵白酒标志"认证。
- 2004年，剑南春酒坊遗址入选2004年度中国十大考古新发现。。
- 2003年，获中国商业联合会"全国名优产品售后服务先进单位"称号。
- 2003年，获国家工商局总颁发"全国守合同重信用企业"证书。
- 2003年，获国家统计局颁发"2003年中国白酒工业经济效益十佳企业"证书。
- 2003年，获国家质量管理协会"全国质量效益型先进企业（2002）"证书。
- 2002年，获中国质量管理协会颁发"ISO14001认证"证书。
- 2002年，剑南春牌剑南春酒，绵竹牌绵竹大曲酒取得国家级原产地标记注册。
- 2002年，剑南春佳酿被中国历史博物馆正式收藏，这是历史博物馆继国酒茅台后收藏的唯一历史名酒，并宣布收藏剑南春后将不再收藏任何白酒。
- 2002年，国家工商局总、授予剑南春"消费者喜爱的十大名牌"，这是中国白酒唯一获此殊荣的品牌。
- 2001年，获中宣部、司法部联合颁发"1996－2000年全国法制宣传教育先进单位"证书。
- 2001年9月，剑南春被评为"中国十大文化名酒"。
- 2001年，获中国食品工业协会颁发"1981－2001年中国食品工业突出贡献企业"奖牌。
- 2001年，获国家统计局颁发"2000年中国最大1000家大企业（集团）第647名"证书。
- 2000年，获国家质量技术监督局颁发"2000年全国质量管理先进企业"称号。
- 1999年，获国家质量管理协会颁发"全国质量效益型先进企业特别奖"奖杯。

- 1999年，获中央精神文明委员会颁发"全国精神文明建设工作先进单位"证书。
- 1999年，获中国食品工业协会颁发"全国食品行业质量效益型先进企业"证书。
- 1998年，向抗洪抢险部队捐赠价值603万的系列酒。
- 1997年12月，剑南春荣获国内贸易部科学技术进步奖。
- 1997年2月，剑南春荣获中国酒行业装潢大赛金爵奖。
- 1996年，获中华全国中工会颁发"全国五一劳动奖状"证书。
- 1996年，获中国质量管理协会颁发"1995年全国质量效益型先进企业"证书。
- 1995年10月，剑南春荣获"1995年度全国市场认可名酒"荣誉称号。
- 1995年8月，剑南春牌剑南春荣获"世界名牌消费品"荣誉称号。
- 1994年12月，剑南春牌剑南春荣获第五届国家名酒称号。
- 1993年，获世界贸易中心评委会颁发"英国伦敦国际评酒会特别奖"证书。
- 1992年2月，剑南春牌52°剑南春荣获首届中华酒文化精品金奖。
- 1991年10月，剑南春牌28°/48°剑南春荣获国家质量金质奖章。
- 1989年10月，剑南春荣获国家第五届中国名酒荣誉称号。
- 1988年8月，剑南春牌52°剑南春荣获商业部系统优质产品。
- 1986年8月，剑南春牌38°剑南春荣获商业部系统优质产品。
- 1984年8月，剑南春荣获国家第四届中国名酒荣誉称号。
- 1979年9月，剑南春荣获第三届中国名酒称号。

(五）精选产品示例

1. 珍藏级剑南春

规格：500毫升×6

香型：浓香型

原料：水、高粱、大米、糯米、小麦、玉米

酒精度：52度，46度，42度，38度

产品介绍：

珍藏级剑南春，由距今1500年的"天益老号"活文物窖池群特酿。老窖中千种活菌孕育的原浆，经过多达270道工序的层层甄选和全流程的品质追踪，仅有10%近乎完美的精华，最终成为珍藏级剑南春。珍藏级剑南春，创领酿酒基于的极致，登陆白酒品质的巅峰，树立中国名酒的里程碑！

2. 东方红

规格：500毫升×6,100毫升×24

香型：浓香型

原料：水、高粱、大米、糯米、小麦、玉米

产品标准号：GB/T10781.1（优级）

酒精度：46度

产品介绍：

作为剑南春旗下一款高端产品，东方红将传统工艺与现代酿艺相结合，产品为国际流行的46度，不仅将剑南春传承千年的古老技法发扬光大，更是凭借在酒界极负盛名的剑南春酒体设计中心的精心勾兑，保障了其符合现代消费者的口感与审美品位。其酒体陈香优雅、丰满圆润、醇厚绵甜，是为浓香型白酒中的经典之作。

3. 30年典藏剑南春（蓝宝石）

规格：750毫升×4,50毫升×24

香型：浓香型

原料：水、高粱、大米、糯米、小麦、玉米

产品标准号：D/X510600-001（优级）

酒精度：52度，46度

产品介绍：

典藏剑南春2006年年底上市，典藏剑南春实际为100% 30年年份酒，但是当时"挥发系数鉴定年份型白酒方法"没有诞生，所以没有以年份命名。自从"挥发系数鉴定法"公布以后，典藏剑南春已正式更名"30年典藏剑南春"。

4. 原浆酒（纯粮）

规格：500毫升×6

香型：浓香型

原料：高粱、大米、糯米、小麦、玉米

酒精度：52度，42度 38度

产品介绍：

唯有原生之地，纯粮入窖，方保酒味纯正爽净，醇美悠长，以地道原料酿制地道好酒。

5. 御供酒

规格：500毫升×6
香型：浓香型
原料：水、高粱、大米、糯米、玉米、小麦
产品标准号：GB/T10781.1（优级）
酒精度：52度，38度
产品介绍：
剑南春御供酒为传承盛唐贡酒精髓的传世杰作，在传统贡酒制作工艺基础上，结合现代人的品鉴习惯，以陈年老酒为基酒，勾兑研发出来的浓香型高端白酒。其酒芳香浓郁、醇厚绵柔，酒体丰满圆润，纯正典雅，是成功人士的最佳选择。

6. 汉唐雄风（礼盒装）

规格：500毫升×6
香型：浓香型
原料：水、高粱、大米、糯米、小麦、玉米
产品标准号：GB/T10781.1（优级）
净含量：500
酒精度：52度，46度，38度
产品介绍：
汉唐雄风，文化源自汉，盛于唐，汉唐文化乃中华文明之代表。汉唐雄风酒，正是源于此种民族自豪感而面世。

四、剑南春的发展战略

剑南春是古代史书有记载的中国名酒，具有悠远的历史和厚重的文化底蕴。在经历了现代市场经济的考验与磨砺之后，剑南春以更加蓬勃的姿态，扎根于华夏大地，企业也因此焕发出无限生机。随着"与世界接轨"的时代大潮，市场资源将得到重新整合，并向优势、良性的品牌及企业集中。这对剑南春人来说，是机遇，更是前所未有的挑战。剑南春人将依托今天的成绩，更加充分地发挥名牌效应，不断扩大生产经营规模、拓展经营领域，不断深化企业改革，加强内部管理，以市场为导向调整产品结构和营销策略，增强企业活力，在激烈的市场竞争中，再铸新的辉煌！

剑南春及其系列品牌30年典藏剑南春、剑南春15年年份酒、剑南春10年年份酒、东方红、剑南老窖、绵竹大曲等30多个品牌，上百个品种，多次获得国家级、部级、省级质量奖，产品知名度、美誉度节节攀升，市场占有份额不断扩大，始终保持了畅销的强劲势头。

剑南春以"诚信高质、利人利己"为经营理念，以"继承民族传统文化，发展中华国酒文明"为使命，以"坚忍不拔、自强不息、敢想敢拼、勇争一流"为剑南春精神，创造着剑南春人卓越的经济效益、环境效益和社会效益。

参考文献：

[1] 阿春. 剑南春的度数之谜，为什么偏偏是52度？[J]. 中国酒，2018（07）：70.

第四章 全兴酒

一、全兴老字号酒

(一) 全兴老字号酒的发展史

成都全兴大曲（图4-1）的前身是成都府大曲。据史料记载，全兴烧坊始建于清代乾隆五十一年（1786），距今已有200多年的历史。当时就以酒香醇甜、爽口味净而远近传闻，畅销各地。全兴老字号作坊正式建于清道光四年（1824），迄今已有160多年的历史。

图4-1 全兴大曲

全兴牌全兴大曲酒是四川省成都全兴酒厂的产品。1959年被评为"四川省名酒"；1958年、1989年获商业部"优质产品"称号及金爵奖；1963年、1984年、1988年在全国第二、四、五届评酒会上荣获"国家名酒"称号及金质奖；1988年获香港第六届国际食品展金钟奖。该酒选用优质高粱为原料，以小麦制成中温大曲，采用传统老窖分层堆糟法工艺，经陈年老窖发酵，窖熟糟香，酯化充分，续糟润粮，翻砂发酵，混蒸混入，掐头去尾，中温流酒，量质摘酒，分坛贮存，精心勾兑等工序酿成。全兴大曲，酒质无色透明，清澈晶莹，窖香浓郁，醇和协调，绵甜甘洌，落口爽净，系浓香型大曲酒。酒度分38度、52度、60度3种。

(二) 与全兴酒相关的民间传说、风土人情等

时间追溯到200多年前，一户王姓人家，三代人经营酿酒，于乾隆五十一年（1786）选中成都锦江河畔大佛寺所在的水井街开始创业。相传大佛寺地下有个海眼，

挑动海眼，成都就会变成汪洋大海。为了免除水灾，人们集资建寺，并塑造了一座全身大佛，镇于海眼之上。这座佛像，比成都其他寺院供奉的佛像更受信徒们敬仰，因此香火很盛。富贵之家常常在望江楼设宴欢歌，一般平民也要在冷香酒店随意小饮一番，这里确实是酿酒沽卖的"风水宝地"。王氏兄弟便在此建号，倒用"全身佛"三字谐音，取名"福升全"（佛身全）。

随着"福升全"老号的不断发展壮大，因街坊狭窄，老址已不适应扩大经营的需求。1824年，老板在城内暑袜街寻得地址，建立了新号。为求吉祥，光大老号传统，决定采用老号的尾字作新号的首字，更名为"全兴成"，用以象征其事业延绵不断，兴旺发达。建号后，"全兴成"继承"福升全"的优良传统，普采名酒之长，始终坚持"窖池是前提，母糟是基础，操作是关键"的宗旨，对原来的薛涛酒进行加工，创出的新酿统称"全兴酒"。这酒窖香浓郁，雅倩隽永，加之暑袜街市场环境更好，全兴酒的销量和名气一下子远远超过以前的薛涛酒。数年之间，全兴酒名噪川内川外，"全兴成"门前熙熙攘攘的场面，达到令市内同行眼红的地步，更有许多有关"全兴成"和全兴酒的奇闻轶事在蓉城广为流传。

成都酒业之兴旺、酒文化之发达，受益于得天独厚的山水风物、人杰才荟的天地灵气和物阜民安的商贾旺市。据史料记载，唐、宋、元、明、清以至近代，成都酿酒业为全国之冠。北宋中期当朝政府已在成都设立28处"酒务"，统制酿酒，实行专卖。每年征收酒税高达40余万贯，位居全国之首；南宋时代的1129年，以成都为主的四川酒税已高达690余万贯。

根据酒业专家对中国白酒酿造工艺发展史的研究，占主导地位的观点认为，中国蒸馏白酒及其酿造技术是由古代都市起源、随着汉文化传播向边远地区扩散的，蜀都美酒先于各类"村烧"以及夜郎人之酿早有定论。杜甫诗句"蜀酒浓无敌，江鱼美可求"，正是对蜀都这种浓香型蒸馏白酒的礼赞，其晶莹透明、窖香浓郁、纯味绵甜、适口爽净、回味悠长的特点，正是全兴名酒秉承的风格；其以"火、水、曲、人"为核心的精酿技艺，已成为全兴酒业兴盛不衰的秘诀。

二、全兴老字号酒的特点

（一）全兴酒的工艺酿造特点

全兴大曲以高粱为原料，用以小麦制的高温大曲为糖化发酵剂。该酒选用优质高粱为原料，以小麦制成高温大曲，采用传统老窖分层堆糟法工艺，经陈年老窖发酵，窖熟糟香，酯化充分，续糟润粮，翻砂发酵，混蒸混入，掐头去尾，中温流酒，量质摘酒，分坛贮存，精心勾兑等工序酿成。发酵期60天，面醅部分所蒸馏之酒，因质差另作处理，用作填充料的谷壳，也要充分进行清蒸。蒸酒要掐头去尾，中流酒也要经鉴定、验质、贮存、勾兑后，才包装出厂。

全兴公司的酒艺是在古蜀国时酿酒传统的基础上不断发展而来的，其传统酿造技艺可总结为4个字,"火、水、曲、人"。"火"为酒之髓,即酿造发酵要掌握适当火候。全兴公司的一套百年相传的火候口诀,现在看来仍十分符合科学规律。"水"为酒之精,须恰当掌握酿酒用水的水质、水温和水量。全兴烧坊专设"水谱",并将酿酒用水细分为五类,即量水、黄水、冷却水、底锅水、加浆水。"曲"是酒之神,全兴酒曲皮薄心实、香味扑鼻,有"无全兴曲就无全兴酒"之说。"人"为酒之魂,全兴烧坊的操作人员以自己独到的体会和技艺掌握配料工序。"稳、准、细、净"四字生动地表达了全兴人对酒质的特殊感受能力和酿酒技巧。

(二) 全兴系列酒的特点

全兴大曲入口清香醇柔,爽净回甜。其酒香醇和,味净尤为突出,既有浓香型的风味,又有独特的风格。酒质无色透明,清澈晶莹,窖香浓郁,醇和协调,绵甜甘洌,落口爽净。酒度分38度、52度、60度三种。

三、全兴酒的发展历程

(一) 发展历程

1. 发展简史

1786年,"福升全"酒坊创立。

1786年,即"康乾盛世"的乾隆五十一年,福升全的主人将酒坊设在了香火极盛的大佛寺附近,一是看中了大佛寺的风水宝地,二是看中了附近的薛涛井。自打福升全的"薛涛酒"面世,酒坊就门庭若市。有位叫冯家吉的文人将此写成诗篇《薛涛酒》,诗中写道:"枇杷深处旧藏春,井水留香不染尘。到底美人颜色好,造成佳酿最熏人。"

1824年,扩建新号全兴成。"全兴成"继承"福升全"的优良传统,对薛涛酒进行了改良加工,创出的新酿统称"全兴酒"。销售量远远超过了从前的薛涛酒。

1951年,得名"全兴大曲"。1950年,当时的川西专卖局赎买了"全兴老号"等酒坊,并沿用其传统技术酿酒,故仍称"全兴大曲"。

1963年,获"中国名酒"称号。

20世纪80年代,更名"四川成都全兴酒厂"。

1997年,更名"四川成都全兴集团有限公司"。自此,全兴酒业以品牌为过硬的平台,以资本为后盾,以市场为导向,以四平八稳的姿态屹立于中国十大强势酒类品牌之列。

1999年,"兴"文化打响名牌战略。1998和1999年的两年时间里,除五粮液清醒地创新出"买断经营"和"OEM"营销模式并规模成功导入外,大多数白酒企业则在困惑中花样翻新地搞着广告延伸、包装革命和概念炒作,但大都没有获得战略意义上的成功。正是在这种混乱的竞争环境中,全兴股份借助"全兴大曲"品牌的强大和坚强的资本后盾,通过上市企业规范的市场操作,将"品全兴万事兴"的名酒"兴"文化叫响了大江南北,也给全兴股份带来了强势的牛市业绩:接下来的3年,不仅销量年年突破

12亿大关，而且也是利税最高的3年。

2006年，全兴酒业展开国际化合作。2006年，全兴与世界五百强企业、全球最大的烈性酒集团帝亚吉欧合作。

2010年，全兴大曲·润藏年份酒隆重面世。

2011年，上海光明集团控股全兴集团。

2. 股份制改革

四川成都全兴集团有限公司所属四川省成都全兴酒业有限公司（原国有大型企业四川省成都全兴酒厂）的整体资产注入了四川制药股份有限公司，1999年7月公司名称由原"四川制药股份有限公司"变更为"四川全兴股份有限公司"。2005年公司控股股东四川成都全兴集团有限公司的公司性质变更为非国有法人公司。2006年1月，公司根据中国证券监督管理委员会规定实施了股权分置改革。2006年10月，经本公司股东大会批准，公司名称变更为"四川水井坊股份有限公司"。

（二）企业荣誉

全兴牌全兴大曲酒是四川省成都全兴酒厂的产品。

1959年被命名为四川省名酒。

1950年，当时的川西专卖局赎买了"全兴老号"等酒坊，并沿用其传统技术酿酒，故仍称"全兴大曲"。

1963年，在全国第二届评酒会上，全兴大曲被评为全国八大名酒之一。

1984年第四届全国评酒会上，全兴大曲再次被评为国家名酒，荣获国家金质奖章。该厂生产的"全兴牌"全兴大曲，被评为1985年四川省优质产品。

1958年，1988年获商业部"优质产品"称号及金爵奖。

1963年、1984年、1988年在全国第二、四、五届评酒会上荣获"国家名酒"称号及金质奖。

1985年，全兴大曲获"四川省优质产品"称号。

1988年，获香港第六届国际食品展金钟奖。

全兴酒业公司的"水井街酒坊遗址"是全国重点文物保护单位，素有"中国白酒第一坊"的美誉，并获得国家市场监督管理总局颁布的"国家原产地域保护产品"称号，是我国第一个获得"国际身份证"的浓香型白酒类产品。

四、全兴酒的发展战略

四川全兴酒业有限公司以优良的酒质，窖香浓郁，绵甜醇厚的风格，深受消费者的喜爱，全兴广告"品全兴、万事兴"更是家喻户晓，深入民心，市场基础较好。

2016年10月26日，全兴酒业举行发展战略研讨会，与会者提出了几条发展思路：

(1) 借势上糖，强化酒商资源互补。

(2) 明确全兴"三商定位"。全兴作为品牌，就是要建立一个平台，这个平台与经销商就是一个上下游的关系，从而成为一个产品的供应商。第二，要聚焦全兴名酒形象，塑造成为有特色的全兴品牌运营商。第三经过深耕核心样板市场，成为以大数据为基础的精准营销服务商。通过这三商定位，把全兴品牌做大做强，推进企业发展。

（3）名酒复兴，专家支招。

参考文献：

[1] 全兴. 溯说中国名酒全兴大曲 [J]. 今日四川，1996（01）：14-15.

[2] 全兴. 一颗酒业之星——概述全兴 [J]. 中国商办工业，1999（10）：17-18.

[3] 谢志成，谢丹. 蜀酒与全兴酒文化 [J]. 四川文物，2001（06）：39-43.

第五章　郎酒

一、古蔺郎酒老字号

（一）古蔺郎酒老字号的发展史

古蔺郎酒的正宗产地是古蔺县二郎滩镇，此镇地处赤水河中游，四周崇山峻岭。就在这高山深谷之中有一清泉流出，泉水清澈，味甜，人们称它为"郎泉"。因取郎泉之水酿酒，故名"郎酒"。古蔺郎酒已有100多年的酿造历史。据有关资料记载，清朝末年，当地百姓发现郎泉水适宜酿酒，于是开始以小曲酿制出小曲酒和香花酒，供当地居民饮用。1932年，由小曲改用大曲酿酒，取名"四沙郎酒"，酒质尤佳。从此，郎酒的名声越来越大，声誉也越来越高。其酒液清澈透明，酱香浓郁，醇厚净爽，入口舒适，甜香满口，回味悠长。

郎酒酿造历史悠久，自西汉的"枸酱"以来已有千年，现代工厂是在清末的"絮志酒厂"酿酒作坊的基础上发展起来的。新中国成立后，郎酒于1957年恢复生产，壮大为大型骨干酿酒企业。郎酒文化源远流长，与南方古丝绸之路文化、赤水河盐运文化、长征红色文化息息相关。1963年被评为四川省名酒；1979年在第三届全国评酒会上，被评为全国优质酒；1984年在第四届全国评酒会上，被评为国家名酒，并荣获金质奖。

（二）古蔺郎酒老字号的相关故事

1. 开仓分盐美酒劳军

红军长征四渡赤水时的第二渡和第四渡都是在二郎滩渡口抢渡进入贵州，并在此进行二郎背水战，以及在二郎滩街上"开仓分盐"救济贫苦百姓，二郎滩由此成为革命圣地。

赤水河从川黔滇三省交界处而来，经过茅台和赤水河有"上滩之王"之称的蜈蚣岩，流入到二郎滩，然后流经岔角滩、九溪口、太平渡折而北转，绕土城等地最后汇入长江，二郎滩也就成了赤水河中游的物资集散地。二郎滩（二郎镇）历来是四川自贡井盐经赤水河运往云南、贵州的唯一码头，由于这里连着怪石嶙峋的蜈蚣岩，四面峰峦重叠，山高坡陡，悬崖峭壁，河床狭窄，水流湍急，形成上下60余处险滩，有20公里水路不能通航，到此的盐船必须靠岸，然后靠人工将船上货物背过此滩送到上游，然后再装船运往茅台，因此川黔两岸靠背"过山盐"为生的穷人确实不少，听当地人说最多的时候每日有 2000 多人往返在这条路上。由于二郎滩山高坡陡、土地贫瘠，这里的干人（穷人）靠背"过山盐"为生，过着"斗米换斤盐，糠菜半年粮"的悲惨生活，"好个二郎滩，四面都是山，天天背盐巴，顿顿汤菜淡"的歌谣，就是当年穷人的真实生活写照。红军先头部队占领二郎滩渡口后，在组织工兵搭浮桥的同时，打开了二郎镇上贵州军阀侯之旦开办的"四益公"盐号的 4 个盐仓，召开群众大会，将 60 万石盐巴分给穷人。听说红军要来了，街上不少搬运工、船工和百姓手里拿着鞭炮和旗帜迎接，而盐号掌柜股东纷纷"脚底抹油"逃进了大山里。听闻当时的情景十分壮观，红军在盐号内召开群众大会，百姓挤满了盐号的大院，纷纷揭发恶霸的罪行。红军连长曾胜向大家宣布通知附近的穷人都来分盐。第二天一大早，红军开仓分盐，赤水河两岸的百姓纷纷涌向二郎滩，并分到了盐。红军开仓分盐的消息，像长了翅膀飞快传开了，二郎滩附近的干人，从四面八方涌来，一位红军战士得知 70 多岁的朱幺婆，孤身一人，体弱多病，不能来分盐，于是报告连长，连长亲自将 20 多斤盐巴送到朱幺婆家，朱幺婆活了一辈子，从来没有见过这么多盐巴，感动得热泪纵横。她找来了一个瓦盆，盛满清水，放在堂屋桌上，对着瓦盆连声称颂红军是"青天"。红军开仓分盐进行了三天三夜。"红军到，干人笑，绅粮叫；白军到，干人叫，绅粮笑……"的革命歌谣传遍赤水河两岸。在那个年代，郎酒就是一种远近闻名的好酒，所以当红军长征四渡赤水来到二郎滩时，赤水河边的二郎滩人自然捧出了这种美酒劳军，为挥师北上的将士壮行。在那艰难困苦、物质条件十分匮乏的情况下，红军指战员得到郎酒，往往舍不得饮用，大多用来给伤员擦洗伤口，现在还有当年流传下的歌谣："郎泉之水清呵，可以濯我脚；郎泉之酒香呵，可以作我药。"所以，老一辈无产阶级革命家对郎酒的感情极为深刻。

2. 盐与酒文化

众所周知，赤水河是一条美酒之河，上游是茅台，下游是郎酒，两大名酒厂隔河遥望，两岸酒厂更是星罗棋布，以数百家计，形成了赤水河上一道独特的风景线，蜈蚣崖上世界最大的摩崖石刻——"美酒河"三字，更成为赤水河上丰富厚重的酒文化的一个见证。然而，大家并不熟悉的是，赤水河还是一条盐运之河。为什么这里赤水河两岸的岩石都是盐白色的呢？当看到这块石碑——"古盐渡"，大家就明白了。不错，赤水河在历史上很长一段时间内都是"川盐入黔"的重要航道，而二郎滩就是这条航道上的一个重要渡口。川盐入黔，成为赤水河上几百年来最为壮阔的画面。盐运推进了当年赤水河两岸的繁荣与进步，两岸的民俗文化、酒文化、生态文化、长征文化等都与盐运有着密切联系。可以说，没有盐就没有酒。清乾隆元年（1736），四川在贵州边境开设四大口岸，专门运销川盐，川盐入黔由此起始。贵州不产盐，故黔地长期缺盐，自古以来食盐供应主要来自四川井盐。贵州人称食盐为"盐巴"，其由来即与巴蜀井盐有关。过去边远地区居民常受淡食之苦，云贵人常用绳子拴住块状的盐巴放入汤中搅一搅，略有咸味即提起，称为吃"涮涮盐""洗澡盐""吊吊盐"。川黔两省接壤山高地险，江河阻障。黔北古盐道分水、陆两道运盐，川盐大多是从四川合江运至赤水，转船逆赤水河而上，船陆结合运到集散地茅台，再由茅台陆运到黔北、黔中和黔西北各地。为什么要船运陆运结合呢？赤水河自上游赤水河场附近的天鼓岩到下游猿猴岩（今赤水市元厚场），全长 540 公里，其间险滩六七十个，历来不便行船。清乾隆十年（1745），贵州总督张广泗，为了扩大食盐运输的通道，方便川盐入黔，报准清廷拨银 38000 多两，疏凿赤水河道。经疏通后，除二郎滩口上溯至马桑坪间 30 多里的河段未凿通外，其余河段均可通航。从此，由四川入黔的自贡井盐船便可从长江经泸州、合江、太平渡溯流直上，到达二郎滩后，再由背夫负盐下船，翻过蜈蚣岩，至马桑坪，装船上运，直达黔西。二郎滩成为川盐入黔的一个重要渡口和转运站。据说，当时每日挑负"过山盐"的"背夫"不下两千人，盐运也成为当地百姓的主要生计。据史料记载，当时二郎滩周围二三十公里内的人，大多数以背盐为生，不论男女，从七八岁起就背盐，直到不能行动才停止。现在，在赤水河边和二郎镇的石阶上，还能看到许多盐工背盐时留下的杵拐印，这些印记也记载了当年二郎镇的繁华以及背盐人的艰辛。人工背盐的历史一直持续到民国末年，新中国成立后，随着陆运交通的发达，赤水河沿岸的渡口与码头逐渐成为历史。赤水河盐白色的河岸、二郎镇街道上的古盐号与古老石街，成为赤水河航运史和盐运史的见证。频繁的盐业运输，不仅促进了赤水河两岸经济的繁荣，更带来当地酿酒业的发展与兴旺。早在西汉时期，汉武帝便把二郎滩一带的"枸酱酒"钦定为宫廷贡酒；北宋年间，二郎生产的"凤曲法酒"便名传四方。清代起，随着川盐入黔，由于经营盐业的商贾生活豪奢，不惜重金沽饮好酒；也由于背盐过山的背夫负盐劳累，需有烈酒松筋解乏；加以当地居民自古以来的酿酒传统，二郎滩一带的酿酒业迎来前所未有的繁荣。史料记载，当年二郎镇上，大小酒坊、糟房已有二十余家，来自古蔺石宝、丹桂的酒师、酒工数以百计。除二郎滩著名的"凤曲法酒"外，市场上还到处有二郎人酿制的各种曲酒、白酒、果酒和杂粮酒等。1903 年，贩卖布、酒的荣昌商人邓惠川携家来到二郎镇，开办絮志酒厂，运用"凤曲法酒"的"回沙工艺"，生产起与近邻茅台酒相媲美的回沙郎酒。这便是"郎酒"前身。1933 年，惠川糟房正式把回沙郎酒更名为"郎酒"。

（三）名人字画

1. 启功（见图 5-1）

图 5-1　启功字画

2. 秦含章（见图5-2）

图5-2　秦含章字画

3. 春方毅（见图5-3）

图5-3　春方毅字画

4. 阿沛·阿旺晋美（见图5-4）

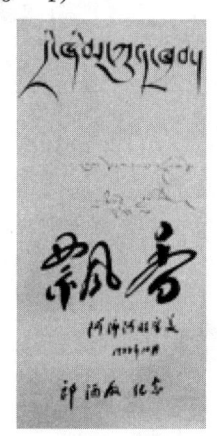

图5-4　阿沛·阿旺晋美字画

（四）古蔺郎酒老字号的相关传说

美酒必有成因，关于郎酒的来历、成名还有一段动人的传说。相传古时候，在川黔交界的赤水河畔，有一个聪明能干的男青年李二郎，爱上了美丽灵巧的姑娘赤妹子。赤妹子从小失去父母，在她舅舅家长大，而舅舅是个图利贪财的人，见李二郎孤苦一人，家境贫寒，靠帮主家牧羊为生，便不同意将赤妹子嫁给李二郎，但又不便于干涉拒绝。于是，他想出一条妙计："谁要娶赤妹子，必须拿出一百坛美酒作为订婚之礼。"李二郎明知是刁难自己，但由于爱之心切，便私下对赤妹子说："你只要真心爱我，就耐心等待着，我一定要找一百坛美酒来接你成亲！"

从此，李二郎放下牧羊鞭，不分昼夜地在赤水河边挖呀、刨呀，寻找泉眼。他挖断99把铁锹、99把锄头，撬断99根木棒，挑断99根扁担……真诚的心意，艰辛的劳动，终于感动了龙王三太子，乱石滩中冒出了清澈透明的泉水。李二郎用此泉水酿酒，但酒的香味不浓。一天，龙王三太子为了进一步考验李二郎，就变成一个年老体弱的老头来到李二郎的酒坊，向其讨酒御寒。李二郎爽朗地说："我酿酒是为了娶赤妹子成亲，既然老人要喝，只要不嫌，尽管喝够。"老人见他心地善良，对赤妹子忠心不二，便装醉倒地把喝下的酒吐于泉中。李二郎赶快扶起老人回屋休息，老人似醉非醉地说："你那泉水犹如酒泉，再刨尺把深，酿出来的酒就更美了。"李二郎听了老人的话，扛锄来到水泉，铡刨几锄，只闻泉水香味扑鼻，李二郎大喜，立刻回去想问问老人何故，然而老人已不知去向。

从此，李二郎用这甘醇芬芳酒泉水酿出了琼浆美酒，送到赤妹子舅舅家，娶回了赤妹子，有情人终成眷属。成婚后，赤妹子帮其夫李二郎精心酿酒，使美酒名扬四方。后来人们为了纪念李二郎，把他挖泉酿酒的地方，取名"二郎滩"，把这酒泉取名"郎泉"，把他酿造的酒取名"郎酒"。优美的神话传说，更为名酒添光增色，吸引着中外饮客。但郎酒到底是什么原因成名，人们还得寻究其源！

二、古蔺郎酒老字号的特点

（一）酿造工艺

1. 端午制曲

酒曲又被形象地称作"酒母"，是米红粱发酵的引子和关键。郎酒根据自身的工艺特点，选取的是川南亚热带湿润气候特有的小麦品种。农历四月是郎酒酒曲原粮小麦成熟的时节。到了农历五月，新鲜小麦已完成收割并充分晒干。新收割的小麦进行润粮、磨碎后，放进湿热的制曲厂房内，工人们一边谈笑风生，一边用灵巧的双脚在木框上踩着酒曲，不到两分钟的时间，一块呈龟背状的酒曲坯就踩好了。经过40天的高温入仓发酵和3个月以上的贮存、制曲，才能作为"酒母"进入酿造程序。从端午到重阳，郎酒人每年用近6个月的时间进行制曲。从重阳节开始，过中秋一直到来年初夏，整整8个月的时间，每一次的酒醅蒸煮、堆积和发酵，酒曲都参与其中，并发挥着至关重要的作用。

2. 米红粱成熟

原粮与水源的质量，是郎酒酿造的最重要基础。郎酒酿造原粮的选用非常讲究，一定要用本地产的高粱。这种高粱粒小、皮薄、淀粉含量高，经得起多次蒸煮。8—9月，二郎镇漫山遍野的米红粱到了成熟、收割的季节。赤水河地处北半球，每年6—8月气温最高，也是赤水河的雨季，大量降雨致河水浑浊赤红（赤水河因此而得名），不利酿酒。9月开始，赤水河河水再一次变得清澈透亮。大自然用它自己的方式昭示我们，最佳的酿酒时节已经来临。

3. 重阳投粮

重阳投粮，又叫重阳"下沙"。因为本地产的米红粱细小而呈红色，所以称为"沙"。一年一度的重阳投粮，是郎酒新一季酿酒盛事的开始。将经过挑选后颗粒最为饱满，颜色最为纯正的米红粱作为原料，与沸水充分拌匀后上甑蒸熟，并按照一定比例投入曲母。只有当水分、曲母达到了酿酒规定的时候，才算真正完成了投粮。郎酒纯手工的酿造技艺，意味着水温的控制、曲母的比例无法靠现代工业精确的称量。第一次加曲搅拌后还要进行凉堂堆积发酵，即将酒糟堆成一个两米多高的圆锥。一般外层温度达到五六十摄氏度才结束这一环节。第一次发酵完成后，把酒曲铲入石块砌成的窖坑进行封存，进入近一个月的"窖期"。

4. 二次投粮

二次投粮，也称"插沙"。"下沙"与"插沙"，是郎酒酿造工艺中两次连续性集中式的投粮。在重阳投粮并封存发酵一月后开始"二次投粮"，按照1∶1的比例，加入新的高粱，继续上甑蒸煮。摊凉后加入曲药，收堆发酵，然后重新下窖。新粮的加入，增加了糟醅淀粉含量，降低了糟醅酸度，还有助于提高糟醅疏松度，也为高温堆积过程中微生物生长繁殖创造了良好的条件。

二次投粮所需的米红粱也特别讲究。9月，二郎镇当地的米红粱开始成熟，但由于赤水河流域的海拔落差较大，海拔低的高粱先成熟，海拔低的高粱后成熟，其间隔刚好为一个月左右。使用新鲜米红粱酿酒，不仅可以减少粮食陈化危害，提高酒质，还与郎酒两次投粮的特殊工艺完美契合。两次投粮蒸煮原料后都不取酒，只为增加发酵时间，裹挟更多微生物。

5. 第一、二次取酒

一次酒略有生粮味、涩味、微酸，后味微苦；二次酒味甜、略有酸涩味，对基酒的贡献较小。

在二郎镇当地最为寒冷的时节取第一、二次酒，出酒率较小。这样的安排既可以利用低温时节微生物生长繁殖缓慢的特点来降低第一、二次酒的产量，养护糟醅，同时又提取粮食中的生沙味和酸涩味，为酱香突出、酒体醇厚的3~6次酒的产量和质量奠定了基础。

虽然一、二次酒口味酸涩辛辣，对基酒的贡献较小，但每一次的出酒都有用处。根据调酒师以"酱味""醇甜""窖底"三种酒体来归纳和区别不同批次的酒，酱香味的丰富必须经过不同批次酒之间的勾兑方能完美呈现。这也是郎酒最著名的"回沙"工艺。

6. 第三至六次取酒

第三、四、五次酒均具有酱香味突出、醇和的特点，只是第四次和第五次酒分别增加了后味长和略有焦香味的特点。第六次酒已开始略有焦煳味。

在多达 7 次的取酒过程中，第 3~5 次出的酒是最好的，称为"大回酒"，对酱香型基酒的作用最大。第六次得到的酒也较好，称为"小回酒"。

总的来说，2 月到 7 月的天气是逐渐转暖的状态，气温适中、微生物生长较好，可以使高温堆积的温度达到 45℃~50℃，适宜"低温入窖，缓慢发酵"，有利于酱香香味物质的形成，从而保证了第 3~6 次酒的质量。

7. 第七次取酒

第 7 次酒酱香味明显，后味长，有焦煳味，被称为"追糟酒"。虽然第 7 次酒口感已经发焦发苦，但根据郎酒著名的"回沙工艺"所说，该酒体也是属于勾兑酱香酒体所必不可少的。随着气温的升高，微生物生长旺盛，此时生产第 7 次酒，可以促进其焦香、糊香的生成，还能利用微生物生长旺盛的条件将糟醅中的残余淀粉尽可能转化，减少淀粉损失。

8. 丢糟

从 10 月重阳下沙开始，经 9 次蒸煮，每月一次，8 轮加曲发酵，7 次蒸馏取酒，时令又来到来年端午以后，一批沙的生产接近尾声了，开始丢糟。整个酿造过程有效避开了对酿造极为不利的炎热夏季，体现出郎酒酿造工艺的科学性。

9. 盘勾勾兑

郎酒的盘勾勾兑遵循的是以酒勾酒，即不加水勾兑，通常是将不同轮次的基酒、不同典型体的酒和不同年份的基酒进行勾兑。

酱酒的盘勾勾兑细分为小盘勾和大盘勾。小盘勾就是在一年的生产周期之后，将 7 次分别取出的酒按照酱香、醇甜和香型三种典型体的酒，以同典型体的进行合并。大盘勾是指小盘勾后储存 3 年后再进行勾兑。此次勾兑是用几种基酒甚至是几十种基酒，把不同典型体、不同轮次、不同酒精浓度、不同时期的酒体按照不同的比例勾兑出符合酱香口味、口感和香气效果的酒。盘勾勾兑是郎酒酿造工艺中极为神秘的工序，勾酒师凭借自己的味觉进行搭配，把不同轮次的酒调在一起，寻找味道之间的平衡与层次感。

10. 宝洞洞藏

天宝洞、地宝洞是典型的喀斯特溶洞（见图 5-5），总面积达 1.42 万平方米。郎酒利用如此庞大的天然溶洞进行储酒，在国内乃至世界均具有唯一性，景观效果和洞藏效果皆令人震撼。

图 5-5 天宝洞洞藏

新酿郎酒将在天宝洞、地宝洞储存 3 年时间。通过采用天宝洞、地宝洞贮存，除去燥辣感，使酒体柔和、醇厚、细腻幽雅。历经数十年，洞内石壁上已形成厚达 10 余厘米的酒苔,其常年19℃左右的恒温、湿度、微生物群落为储酒创造了良好环境,尤其对郎酒的有机醇化、生香起到特殊的稳定老熟作用——这堪称自然界鬼斧神工与人类天才创造相结合的典型范例,是传统酿酒文化的创造性发明。

11. 调味与出厂

经过天宝洞、地宝洞三年的贮藏之后,还需添加少量调味酒进行勾调。对组合勾兑好的基础酒进行精加工——调味,能起到画龙点睛的作用。这项工作对调酒师的要求非常高:必须在调味前对可使用的上千坛调味酒的风格特点熟悉掌握,准备选择恰当的调味酒来调味。

勾调完成后的酒,还需继续存放半年到一年才能进行灌装出厂。

(二)郎酒系列酒

1. 红花郎

红花郎被国家标准委员会认定为酱香型白酒代表,是名副其实的"酱香典范"。红花郎(10年)陶瓷瓶经105道工艺精心打磨,瓶型线条流畅柔美,张弛有度,纯正红色,亦含蓄亦奔放,完美表现了红花郎非凡品味。(如图5-5)

图5-5 "红花郎"酒

2. 青花郎

青花郎瓶型设计源于唐代胆瓶和明代天球瓶的融合,直口、细颈、圆腹,线条圆润浑厚又流畅柔美,张弛有度,自然天成。纯正宝蓝色釉色上,牡丹穿枝图案结合宝相花,以24K沙金烧花,24K真金压边,象征尊贵祥瑞和对饮者的护佑。瓶体共经105道工艺,完美呈现青花郎的非凡品位。青花郎的诞生,是与大自然的沟通互动,暗藏玄机。生在赤水河,长在天宝峰,养在陶坛库,藏在天宝洞,顺天应时,方得美酒。(如图5-6)

图5-6 "青花郎"酒

3. 奢香藏品

郎酒集团超高端白酒首款限量收藏酒"连年有鱼"的外观设计独具匠心,从头到尾,由里到外,无处不彰显着中国传统文化的辐射与影响力。瓶盖九龙戏珠,九条形态各异的龙共同缠绕在瓶盖周围。龙是华夏文明里最为神圣,吉祥的图腾。九龙戏珠,龙举云兴,既有王者之气,又载祥福之兆,打开瓶盖就是华夏儿女开启龙年的福祉与好运。(如图5-7)

连年有鱼1.5L
连年有鱼3L 连年有鱼4.5L

图5-7 "连年有鱼"酒

4. 年份纪念酒

"狗旺福年·戊戌狗年特别纪念酒"是四川郎酒股份有限公司出品的奢香藏品系列高端限量典藏酱香型白酒,产在四川省古蔺县二郎镇。郎酒生在赤水河、长在天宝峰、养在陶坛库、藏在天宝洞。产品整体充满浓郁的中国风元素,更兼新锐潮流,寓意狗年兴旺、福运连绵!"狗旺福年·戊戌狗年特别纪念酒"具有高品质和收藏价值。(如图5-8)

戊戌狗年特别纪念酒 狗旺福年纪念酒
750 ml 1.5 L

图5-8 "年份纪念"酒

5. 专卖店专销产品

首款青花郎专卖店专销产品首批 375 毫升小批量勾调产品"青花郎｜赤水明珠礼盒"。(如图 5-9)

图 5-9 青花郎｜赤水明珠礼盒

三、古蔺郎酒老字号的发展历程

(一) 公司简介

四川郎酒集团有限责任公司，是一个以生产销售中国名酒——郎酒为主业的大型现代企业。2017 年是四川郎酒股份公司制度化规范化运行的开局之年。2016 年，郎酒集团对郎酒股份公司管理及组织构架进行了战略调整。郎酒股份公司是白酒产业发展的独立平台，负责全面开展白酒产业经营工作，以及白酒生产、销售及相关配套产业的经营。股份公司按照现代企业制度要求规范管理，实现销售体系一体化建设和统筹协调，提升管理效率和市场竞争力。四川古蔺郎酒厂有限公司是四川郎酒股份有限公司的全资子公司，厂区位于四川古蔺县二郎镇。郎酒因产地在四川省古蔺县二郎镇得名。二郎地处赤水河中游国家级原产地保护区，为中国白酒金三角核心区域。郎酒始于 1898 年，绵延百年，历经"絮志酒厂""惠川糟房""集义糟房"，其辉煌历史可追溯到西汉，《史记》对"枸酱酒"即有明确记载。新中国成立后，郎酒于 1956 年恢复生产。得天独厚的郎酒，因"四宝"——自然美境、优质水源、千年工艺、天宝洞藏而家喻户晓，先后荣获国家产品质量金质奖章、金爵奖等奖项及中华老字号等称号，"古蔺郎酒传统酿制工艺"入选国家级非物质文化遗产名录。志存高远的郎酒，自 2002 年改制以来，便树立了将郎酒打造成为白酒行业的旗帜品牌的宏伟目标，实施了团结协作的群狼战略，打造了勇于拼搏的狼性团队。郎酒始终坚持品质第一，坚持品牌升空营销落地，坚持消费者为核心的营销战略。十多年来，郎酒品牌价值和市场销量大幅增长，已稳健步入百亿白酒集团行列。百年郎酒生生不息，千年工艺代代传承。目前，郎酒已拥有国家级酿酒大师、国家级品酒大师、国家级白酒评委、四川省级白酒评委近 30 名。强大的酿造白酒技术团队，在中国白酒行业实属凤毛麟角，卓然高标。当前，郎酒二郎、泸州"两翼齐飞"生产布局顺利推进，二郎酱香基地已达到优质酱酒年产能 3 万吨，优质酱酒储存量已达 12 万吨。天然酱香原酒储存库区天宝峰全部建成后，郎酒酱酒储量将突破 25 万吨。郎酒泸州浓香基地已部分投产，全部建成后年产原酒 5 万吨，储存量 25 万吨。

（二）发展历史

1898年，絮志酒厂开始酿造"回沙郎酒"。

1933年，"惠川槽房"把"回沙郎酒"更名为"郎酒"。

1963年，郎酒获首届四川省名酒评比金奖。

1979年，郎酒获国家质量优质奖。

1979年，郎酒获国家质量优质奖。

1984年，"郎"牌郎酒被评为国家名酒，获国家产品质量金质奖章，荣获"中国名酒"称号。

1985年，郎酒获中华人民共和国商业部"金爵奖"。

1989年，53°郎酒蝉联"中国名酒"称号；39°郎酒被确认为"中国名酒"并获国家金质奖。

1994年，郎酒在全国名酒行业中率先通过国际质量认证。

1996年，郎酒在全国名酒厂中首家获得绿色食品标志使用权。

1999年，国家质量监督局、标准样品委员会将39°酱香型郎酒作为中华人民共和国国家酱香型低度白酒标准样酒。

2000年，"郎牌"12年特醇郎酒被列为中国名酒极品。

2004年，红花郎酒被中国食品工业协会白酒专业委员会授予"首届中国白酒科学技术大会指定荣誉产品"称号。

2005年，在伦敦国际品酒会上，红花郎酒获白酒类唯一的"特别金奖"。新郎酒荣获中国十大最具增长潜力白酒品牌。

2011年，郎酒连续第三年冠名"春晚"提升品牌形象。郎酒销售突破100亿元，跨入白酒百亿俱乐部。

2012年，郎酒打造中国最大的酱酒生产基地。红花郎被认定为"中国驰名商标"。

2013年7月，郎酒独家特约CCTV-1《黄金档剧场》，并冠名央视中秋晚会。郎酒集团还向芦山地震灾区捐助2500万元。

2014年，兼香贵宾郎酒（小郎酒）被中国食品工业协会白酒专业委员会授予年会最高奖项"中国白酒酒体设计奖"。

2015年，郎酒品牌价值达405.66亿元，位居"中国500最具价值品牌"排行榜第51位，连续7年稳居白酒行业前三名。

2018年，郎酒品牌价值达687.28亿元。

2019年，郎酒品牌价值达790.37亿元；新郎酒被认定为中国驰名商标。

四、古蔺郎酒老字号的发展战略

（一）团队使命

依托市场，继承传统，科学创新，致力为消费者提供优美舒适、品质卓越的郎酒产品。

（二）团队精神

团结务实，立足严谨高效；传承创新，追求卓越品质。

第六章 沱牌酒

一、沱牌酒概述

(一)沱牌酒的发展史

1. 沱牌的历史典故

清光绪年间,邑人李吉安在射洪城南柳树沱开一酒肆,名"金泰祥"。金泰祥前开酒肆,后设作坊,自产自销。

李氏得"射洪春酒"真传,并汲当地青龙山麓沱泉之水,酿出之酒味浓厚,甘爽醇美,深得饮者喜爱,取名"金泰祥大曲酒"。于是金泰坊生意日盛,每天酒客盈门,座无虚席。更有沽酒回家自饮或馈送亲朋者。一时,金泰祥名声大噪,方圆百里,妇幼尽知。前来沽酒者络绎不绝,门前大排长龙。由于金泰祥大曲酒用料考究,工艺复杂,产量有限,每天皆有部分酒客慕名而来却因酒已售完抱憾而归,翌日再来还须重新排队。店主李氏见此心中不忍,遂制小木牌若干,上书"沱"字,并编上序号,发给当天排队但未能购到酒者,来日凭"沱"字号牌可优先沽酒。此举深受酒客欢迎。

从此,凭"沱"字号牌而优先买酒成为金泰祥一大特色,当地酒客乡民皆直呼"金泰祥大曲酒"为"沱牌曲酒"。民国初年,清代举人马天衢回乡养老,小饮此酒顿觉甘美无比。又见沱字号牌,惊叹曰:"沱乃大江之正源也!金泰祥以沱为牌,有润泽天地之意!此酒将来必成大器!"遂乘兴写下"沱牌曲酒"四字,吩咐李氏以此为酒名,以顺酒客乡民之心,寓"沱泉酿美酒,牌名誉千秋"之意。并预言沱牌曲酒将来必饮誉华夏,造福桑梓!店主李吉安欣然允诺。从此将"金泰祥大曲酒"正式更名为"沱牌曲酒",沿用至今。

2. 沱牌曲酒历史文化

射洪县是唐代著名诗人、文章家陈子昂的故乡。县境内山川秀丽,气候温和,物产丰富,盛产美酒,素称"名酒之乡",历代名酒迭出。

唐时"射洪春酒"以"寒绿"著称,名驰"剑南"。诗圣杜甫到此驻足,留下赞美诗章。宋代,"射洪春酒"以纯净、透明、甘、醇、甜诸味调匀而知名。明代,县人酿"谢酒",清冽馨香,名噪蜀中。清代,"射洪春酒美",谢酒称"佳酿"。民国年间,县南柳树镇太安酢坊在继承唐代"春酒"、明朝"谢酒"的传统酿造技术的基础上,采用新的配置方法和制作方法，酿出具有"春酒寒绿、谢酒醇、浓香清冽"的曲酒。

1946年新春，酒坊邀请地方名人雅士品酒，当地名人取"沱泉酿美酒，牌名誉千秋"之意，提议将此佳酿命名为"沱牌曲酒"，得到众人支持，并以石印商标为记。从唐时"春酒"、明代"谢酒"到今天的"沱牌曲酒"，经过数百年经验积累，经历了几个不同历史阶段，一脉相承，形成了今天的中国名酒——沱牌曲酒。

（二）沱牌酒之民间传说

1. 柳树镇的传说——佛祖的眼泪

很久很久以前，川中大地遭遇了一场前所未有的连年大旱，河水干涸，土地龟裂，庄稼颗粒无收，所有花草树木都枯死了。糟糕的是，瘟疫也来凑热闹，肆虐着每一个村落。到处都是饿死、病死的百姓。

一日，佛祖云游至此，见此情形，掩面流下一滴眼泪。泪水入土而化，润泽了一颗杨柳树的种子。借助这股神奇的力量，种子破土而出，转瞬间便长成一棵参天大树。树枝最高处，悬挂着一颗晶莹的泪珠。

佛祖说："你们可用树根充饥，以树皮治病。"言毕，飘然离去。

从此，百姓们不再挨饿，他们每天吃树根、啃树皮。次日，柳树又会长出新的根、新的皮。被瘟疫感染之人，只要吃了树皮，就能不治而愈。然而，上天始终不降甘霖，旱情依旧严重。

佛祖回到西天，赐给观音一个玉净瓶，让其前去救百姓于危难。佛祖说，要彻底化解这番劫难，还需众生的自省和觉悟，你就去点化他们吧。

观音驾青龙腾云而来，所到之处，微风轻扬。她来到长出参天柳树的地方，轻轻摘下垂泪的柳枝，插入净瓶中，泪珠顺着柳枝滑入瓶底。柳树叶黄根枯，瞬间坍塌。

百姓们眼见观音菩萨从天而降，纷纷奔跑过来，又是跪拜，又是祈求。

"菩萨施些雨下来吧！"

"菩萨可怜可怜我们吧！"

观音菩萨从玉净瓶中取出柳枝，在地上轻轻点了一下。干涸的土地，顿时出现一眼泉井，汩汩涌出清凉的泉水。

干渴已久的百姓一拥而上，争先恐后地扑向泉井。大家你争我夺，现场一片混乱。没抢到水的人开始恶毒地咒骂，抢到水的人迫不及待喝上一口，又忙不迭地吐了出来——这水又苦又涩，根本不能喝！

混乱的场面持续了很长时间才平息下来。

百姓们跪拜下来，质问菩萨："既为我们开井，为何又让这井中之水不能饮用？"

眼见这些满脸疑惑，满心怨愤的众生，观音菩萨轻蹙眉头，声音由远及近在空中飘荡："我佛慈悲，这井水是我佛如来的眼泪，泪水本是苦涩，你们内心充满自私、贪婪、嫉妒、仇恨，这水自然也就充满了自私、贪婪、嫉妒、仇恨之味啊！"

菩萨的教诲令大家顿时面红耳赤，恍然大悟，纷纷痛悔于自己当初的行为。他们互相道歉，然后你谦我让，开始有条有序地取水。神奇的泉水，转眼变得甘甜可口。

看到这友好和睦的场面，观音菩萨欣然点头，乘龙归去。青龙腾空，大雨倾盆而下。青龙所过之处，地上形成一条蜿蜒曲折的江河。这一年，百姓们迎来了大丰收。

为了感谢佛祖的恩德，百姓们拿出自家上好的粮食，以泉水酿成美酒，虔诚地奉献给神灵。并且遍种杨柳，以表达对观音菩萨的感恩之情。从此，这里每年都会酿酒，每年都会栽种柳树。习俗代代相传，一直延续至今。

这口由佛祖眼泪点化而成的泉井，就是人称的沱泉；佛祖走过的路，就是现在的大佛路；这悠悠江河，就是后人所说的涪江；对岸那座青龙山，据说就是青龙幻化而成；更有人惊喜地发现，那山，竟是一尊仰卧水边的睡观音，人称"水月观音"。

2. 沱泉的传说——沱郎造酒

相传，天府之国四川有个射洪县，县城的南面涪江蜿蜒流过，并绕成一个巨大的弯沱，弯沱的阳面是一片稻香果红的平原沃畴，临江处则是一个硕大的村镇，由于沿江垂柳成行，该村镇就叫"柳树沱"。

涪江弯沱的草地上，常有一位少年赶着两头牛来放牧。在牛吃草或浸泡在清清河水中的时候，少年便在柳树下看书或吹着柳笛，有时他还帮着乡亲们干农活。镇上人很喜欢他，都叫他"沱郎"。

不知从哪天开始，柳荫下便常走来一位眉清目秀的姑娘来洗衣裳，沱郎见了心里很喜欢，却不知怎么上前搭话，只知道举着柳笛拣最好听的曲子使劲吹。那姑娘洗着衣裳，听着曲儿，不时抬起头来冲着沱郎笑，好看极了。

这天，沱郎吹了一支曲之后，便鼓起勇气问姑娘："你叫什么名字？"姑娘歪着头逗他说："你猜。"沱郎猜不着，却见垂柳下姑娘好看的样子，便说："是叫'柳妹'吧？"

姑娘咯咯一阵笑，说："那就叫'柳妹'吧。"说完，起身挎着衣篮走了，沱郎望着姑娘的背影呆住了。

沱郎打听到姑娘的名字果然叫"柳妹"，是柳家酒坊掌柜的独生女。从此，他便常常把柳笛吹到柳家酒坊的窗下。

柳家酒坊不显山露水，酿的白酒也不是上乘，却也芳香可口，加上掌柜柳伯和气生财，小本生意也就长年不断，日子过得舒心惬意。

当柳家的窗下经常响起柳笛声，柳伯便留了心，知道女儿大了，又出落得标致出众，免不了会招来倾慕。这天，柳笛声一响，柳伯就叫来帮工，吩咐道："去，把那个吹笛子的小子找来。"

沱郎被带来了，柳伯沉下脸来："天天到我家窗下闹喳喳的，成何体统？"

沱郎大着胆子说："贵府上的千金，美丽淑娴，小人借笛声表达对她的爱慕。"

柳伯见他谈吐文雅，心下欢喜，沉吟片刻说道："天下没有轻易将女儿许人的道理，既是如此，我将让你做三件事，倘若你能做到，就算你下过聘礼了。这第一件，就是限你在三日之内，做一件诚实的事，然后回来见我。"

沱郎高兴得几乎不相信自己的耳朵，可是当他寻思做件诚实的事时却犯了难：帮人干活吧，不叫诚实的事；拣个东西还人吧，又可遇不可求。

三天过去了，沱郎什么诚实的事也没有做成。他又难过又沮丧，只得硬着头皮去回复柳伯。

柳伯听了沱郎的一番话，哈哈大笑："诚实是故意做不来的，你这来向我坦白不就是诚实吗？"柳伯又说："这次我要考考你的智慧了。我家的酒想卖到远些的地方，限你十天时间，好好想个法子。"

沱郎又一次动足了脑筋，办法想了不少，但总是不够简便可行。到了第十天，沱郎放着牛，来到涪江畔的柳林下，一边动着脑筋，一边怔怔地看着远处江面上的帆影。

突然，他心里一动：远处的船只看不见，挂上船帆就容易看见了，那么，柳家的酒远处的人们不知道，如果在交通要道口挂上一个酒幌，不就名气远播了吗？

听沱郎把挂酒幌的主意一说，柳伯笑眯眯地不住点头："好，这关算你过了。剩下最后一件事，你得好好花点力气了。你要知道，好水才能出好酒，我们家酿酒的水质还不够好，可我年纪大了，没有力气去找水。这事就交给你吧，你什么时候找到好水，就来见我。"

这以后，沱郎就开始四处找水。他走东村，上西山，尝井水，品山泉。方圆几十里，没有哪处土地没有留下他的足迹，没有哪处清泉他没有品尝过，但总是没有理想的好水。

时间很快地过去了，春天、夏天、秋天，转眼冬天又过去了一大半。沱郎冒着严寒仍然在四处找水。

直到有一天，雪花满天，沱郎赶着牛去江边饮水，边在想去哪里找水。突然，一个声音在他前面响起："你这痴迷的沱郎，赶牛怎么也不看路，把我老头子都挤到路边去了。"

沱郎定神一看，原来是镇上一位有学问的教书先生，正从教馆回家。便不好意思地说："真是对不起，因为想着找水，连路都顾不上看了。"老先生感慨地叹道："这哪儿成！想找水也得看路啊。俗话说，找水看水脉，好水隔田埂啊。"

听了先生的话，沱郎牵着牛信步来到牛平时饮水的江畔，看着牛贪婪地饮着水，他心里不禁一动，牛为什么总爱喝这里的水？把牛牵到其他地方，它好像胃口就不开？

沱郎忙蹲下来仔细查看，发现江岸的石缝里隐隐地渗出水来。他一阵狂喜，顾不得天寒地冻，忙用双手将石头搬开。

石缝渐渐有点深了，水便形成一股涓涓细流。沱郎掬起一捧水，品尝了一口，甘甜清醇，真是好水啊！

沱郎忙去告诉柳伯，好水就在江边。于是，柳伯带着酿酒师来到江边，他们一品尝那股清泉，眼睛不禁冒出了泪花，"合该出好酒，合该出好酒，这是少有的好水啊！"

柳伯要沱郎做的三件事，分别考的是沱郎的诚实、智慧和意志，沱郎都圆满地完成了。柳伯决定让沱郎和柳妹成亲。

成亲这天，柳树沱的人们几乎全赶来贺喜，向沱郎、柳妹这对新人祝福。而用江边好水酿造出的第一窖好酒，柳伯便全用来招待众乡亲。一时间，摆喜宴的院子里，全都飘荡着芳香醉人的酒香。

沱郎和柳妹成亲之后，柳伯便将酒坊交给他们去经营。沱郎先将江边那股出好水的清泉挖成了一口井，让人们共享，这口井就被人们称为"沱泉"。

沱郎还按原来的主意，在镇上的要道口挂上了一个写着"酒"的大招牌，这个招牌被人们称为"沱牌"。渐渐地，沱郎夫妇用沱泉酿造的好酒便被称作"沱牌酒"，其名气也越传越远。

(三) 名人与沱酒

1. 陈子昂与沱酒

射洪春酒能够香溢四海，名驰古今，有赖于得天独厚的自然条件，也与射洪良好的文化环境分不开。坐落在射洪北部的涪江边上的金华山是射洪文化的象征之一。唐代大诗人陈子昂曾在山上读书。

陈子昂，字伯玉，生于唐高宗显庆四年（659），家住武东山下，与金华山隔涪江相望。据说陈子昂少时"始以豪家子，驰侠使气。至年十七八未知书"。到金华山乡校读书是十八九岁之事。他开始发愤苦读是缘于习武击剑伤人的悔恨，也是由于其父及时的点拨启发。入学后，"谢绝门客，专精坟典。数年之间，经史百家，罔不该览。"

陈子昂 21 岁学有所成，始入长安。永淳元年（682）得中进士。上书言事，武则天见陈子昂才华出众，召见金华殿，任命为麟台正字。是时，陈子昂崭露头角，诗文为人争相抄传，人们赞叹司马相如、扬雄复现于岷峨之间。突厥侵边，陈子昂毅然投笔随乔知之北征，到达西北居延海、张掖一带。不逾年，得胜回朝。永昌元年（689）麟台正字任满，迁右卫胄曹参军。天授二年（691），"继母忧解官返里"，守制期满，擢右拾遗。万岁通天元年（696）又随建安郡王武攸宜讨伐契丹，奉敕参谋帷幕。他要求分兵万人为前驱，一再进言，为主帅所恶，被革职降为军曹。

陈子昂满怀悲愤，登上幽州台，仰天长叹："前不见古人，后不见来者，念天地之悠悠，独怆然而涕下。"

圣历元年（698），以父老多病为由，挂冠归里，结束了 15 年的宦海生涯。陈子昂回乡后，计划"自汉孝武之后以迄于唐"写一部《后史记》。可惜"纲纪初立，笔削未终"，被射洪县令段简罗织罪名，"附会文法"，逮捕下狱，于武周久视元年（700）忧愤而死，年仅 42 岁。

陈子昂不但是一位参政、从戎的政治家和军事家，而且是唐初有名的诗人。他开有唐一代诗风，在历史上也以诗传。

陈子昂在《修竹篇》序中，谴责六朝时齐、梁间诗歌崇尚绮丽的形式主义文风。他认为"兴寄都绝"的"采丽竞繁"，"风雅不作"的"逶迤颓靡"，皆创作之弊。他怀念"汉魏风骨""正始之音"，希望出现"骨气端详，音情顿挫，光英朗练，有金石声"那样的内容和形式完全统一的诗歌。这种诗歌既要有从现实激发出来的寄托和理想，即要有"兴寄"；也要有蕴蓄充实的思想内容的明朗刚健的风格，即要有"风骨"。他的《感遇》诗、《蓟丘览古》和《登幽州台歌》，正是对这种理论主张的实践。

承前启后，陈子昂是唐代诗歌的开创者。他受到后人的重视和肯定就是自然的。

诗仙李白把陈子昂和南朝时期著名诗人鲍照并称为人间罕有的麒麟与凤凰（《赠僧行融》）。

诗圣杜甫专程到射洪，写出了《陈拾遗故宅》《冬到金华山观因得故拾遗陈公学堂遗迹》《送梓州李使君之任》《野望》等诗作。他称陈子昂是可与日月齐辉的圣贤：

> 拾遗平昔居，大屋尚修橼。
> 悠扬荒山日，惨澹故园烟。
> 位下曷足伤，所贵者圣贤。

> 有才继骚雅，哲匠不比肩。
> 公生扬马后，名与日月悬。
> 同游英俊人，多秉辅佐权。
> 彦昭超玉价，郭振起通泉。
> 到今素壁滑，洒翰银钩连。
> 盛事会一时，此堂岂千年。
> 终古立忠义，感遇有遗编。

古文运动的领袖韩愈在《荐士》诗中则说：

> 国朝文章盛，子昂始高蹈。
> 勃兴得李杜，万类困陵暴。

新乐府运动的领袖、现实主义大诗人白居易将陈子昂与杜甫并题："杜甫陈子昂，才名括天下。"（《初唐拾遗诗》）

同时得到唐代四位大文人李白、杜甫、韩愈、白居易如此高的评价，陈子昂在文学史上的显赫位置可见一斑。500年以后，金代诗人元好问（号遗山）更有如下之赞誉：

> 沈宋横驰翰墨场，
> 风流初不废齐梁。
> 论功若准平吴例，
> 合著黄金铸子昂。

他说，陈子昂像越王勾践、宰相范蠡那样，有兴邦立国的功勋，应该为他铸金像，永远纪念，永远崇拜。

陈子昂为人上的高风亮节，世钦仰止；文学上的冠世才华，更是代代敬慕。万历六年（771），东川节度使李淑明为"永昭文雄"，立"故拾遗陈公建德之碑"于读书处。之后宋、元、明、清各代，不断修亭立像。名称也由读书堂、陈公学堂改为读书台。

清道光十年（1830）读书台移到后山。光绪六年（1880）又进一步修建，使读书台初具规模。现在的读书台，古木参天，墙垣环绕。拾级而上，步入上有碎磁镶嵌"古读书台"四个大字的正门，穿甬道便是感遇厅。厅内正中立青年陈子昂的汉白玉全身像，像后壁上刻陈子昂《感通》诗38首，壁的背面刻有唐代卢藏用撰写的《陈伯玉先生别传》。接感遇厅的为拾遗亭，出亭是庭园，左建厅堂，右设船房，庭园尽头为六角四柱的明远亭。此亭立于山的最高处，凭栏远眺，涪江胜景尽收眼底，人们会从心底涌出，这里真是好山好水好地方。

陈子昂与酒有关的事实还有一次记于《太平广记》卷第一百七十九中。陈子昂第一次去长安，居十年仍不为人知。长安东市有一个卖胡琴的，要价百万。每天都有大批人围观，却没有人买。陈子昂挤进入群，吩咐左右用车载千贯钱买下。周围的人大惊，子昂回答"余善此乐"。有好事者想去听一听，陈子昂便指给他们住处，并讲好明日准备酒席恭候。第二天早晨，百余名当时颇有声望的人来到陈宅。子昂大摆酒宴。食毕，陈子昂捧起胡琴对众人说："我西蜀陈子昂，有文百轴，来到国都，但不为人所知。这件乐器，乃贱工之役，何必器重。"便举起胡琴摔得粉碎，并将自己的诗文遍赠来者。于是，一日之内，声华溢都。

2. 杜甫与沱酒

称沱牌曲酒为老牌名酒，并将其历史追溯至唐代的春酒不是没有根据的。沱牌曲酒与唐代春酒虽相隔千余年，但它们同产一地，同用一地之水，同受一地自然环境与人文环境的影响。而且在技术上，沱牌曲酒确也是继承了春酒的传统工艺。它与唐代春酒同属于射洪酒文化，是这一文化中的两颗硕果。

射洪酿酒源于何时？据说很古的时候，这里的先民就曾以黍自然发酵制成"滥觞"，其后又制成"醙酒"。从现在能见到的文字上看，射洪春酒在唐代就已小有名气。由此推断，在唐之前射洪有一个漫长的酿酒历史是不会错的。可惜的是，笔者缺少有关这一段酒史的文献，不能多述，便还是说说唐代的春酒吧。

在有关射洪春酒的文献中，最著名的是杜甫的《野望》一诗，诗中直接写到了射洪春酒。这首诗曾刻石于金华山上，但早已被毁。我们现在所见的立于金华山上纯阳阁前的碑刻系据拓本复制而成。据考证，墨迹确是出自诗圣之手，为杜甫的手书刻石，弥足珍贵。

杜甫到射洪是宝应元年（762）的仲冬，他是为凭吊前辈诗人陈子昂而来的。是时陈子昂蒙冤去世已62年。杜甫对这位前辈甚为景仰，认为他"有才继骚雅，哲匠不比肩"；而且他们俩又同官拾遗，对陈子昂不幸的身世遭遇更是同情。前在绵阳时，杜甫就曾作诗嘱去梓州（今四川三台）上任的李使君代为凭吊陈子昂："君行射洪县，为我一潸然。"现在他又亲自到射洪，可见感情之深。

杜甫这次到射洪，瞻仰了金华山陈子昂学堂的遗迹与武东山下的故宅，写下了《冬到金华山观因得故拾遗陈公学堂遗迹》与《陈拾遗故宅》，也写下了著名诗篇《野望》，全诗如下：

> 金华山北涪水西，
> 仲冬风日始凄凄。
> 山连越巂蟠三蜀，
> 水散巴渝下五溪。
> 独鹤不知何事舞，
> 饥乌似欲向人啼。
> 射洪春酒寒仍绿，
> 目极伤神谁为携。

诗人在这里抒写的是羁栖之悲苦。诗中写到射洪春酒，其本意当然不是赞誉，然而其中暗含着对春酒的喜爱还是不说自明的。

杜甫在射洪稍作勾留之后，又到了通泉。杜甫在通泉凭吊郭元振的故宅并观赏薛稷的书画真迹，还遇到了在长安的旧相识王侍御。侍御在当时掌纠举百僚之职。玉侍御到通泉是位贵宾，自然少不了华美的酒筵，杜甫也常常出席作陪。因此，杜甫创作于通泉的诗作中多了些《陪王侍御宴通泉东山野亭》和《陪侍御同登东山最高顶宴姚通泉晚携酒泛江》等与酒有关的篇什。《陪王侍御宴通泉东山野亭》一诗是这样的：

> 江水东流去，清樽日复斜。
> 异方同宴赏，何处是京华。
> 亭景临山水，村烟对浦沙。
> 狂歌遇形胜，得醉即为家。

通泉东山野亭即现今沱牌曲酒厂附近。诗人所饮虽没有写明是射洪春酒，但从当时的情况看也非它莫属。

3. 谢东山与沱酒

谢东山，字阳升，号高泉。射洪太和镇南郊谢家坝（今属城南王爷庙村）人。嘉靖二十年（1541）进士。授兵部主事，累官至右佥都御史，曾巡抚山东。编撰有《近警轩集》40卷，《诗抄》40卷，《诗话》3卷，《中庸集说启集》1卷，《贵阳图考》26卷，《明近体诗钞》29卷，删正《嘉靖·贵州通志》12卷。宦游中，又曾深入产老酒的即墨等地，巡察酒技，搜录工艺，学得酿酒技术——易酒法。

告老还乡后，利用其家附近涌泉山"山林茂密，涵濡水源，有泉甚旺，注入涪江"的良好自然条件，自设作坊，躬身实验，将易酒法应用于春酒传统酿造工艺中，固态发酵，固态蒸馏。以射洪粒大色匀的高粱、糯米、小麦为原料，以涌泉山水为酿酒用水，在中伏用高粱、糯米、小麦混合于恒温室内踩曲，并投放一年选用，酿成之酒再经过封缸贮藏经年而用，终于生产出了兼传统春酒风味又独具特色的新酒。

其酒浓香馥郁，沁人心脾，"一酌饮来甘若醴，浑然仿若酒中仙"，世称"秘得仙酒"。此酒问世后名驰遐迩，蜀人称为"谢酒"。"谢酒"在酿造工艺与质量上，都比以前更进了一步，春酒的优点得到了进一步的发扬，使"美酒之乡"的声誉扬播全川。

四川抚军饶景晖饮此酒后，拍案叫绝，写诗赞颂曰：

> 射洪春酿今仍在，
> 一语当年重品题。
> 向使少陵知此味，
> 也应随酒入新诗。

谢酒可谓是当年的春酒之再造，相信诗圣杜甫品了此酒之后一定也会写出新诗。诗中的"少陵"即杜甫。因为杜甫在长安时一度住在城南少陵附近，自称"少陵野老"，后世称他为"少陵"或"杜少陵"。

到了清代，射洪酒业大兴，谢酒流行，然民间仍俗称"春酒"。乾隆年间，县内酿造谢酒的作坊达一百余家，县粮大半耗于酿酒。民饮谢酒成俗，逢年过节，吉日良宵，莫不饮之，而文人雅士相会更是少不了谢酒助兴。一年初夏，嘉靖举人赵燮元与冯宣猷、聂浑庵、张莹塘、张远峰、万峨邱、杨松岩等人，聚于吴春圃家中。时冯宣猷、吴春圃年皆八十，万峨邱年八十五。几位老人饮射洪佳酿共庆寿辰，主人并赋诗志贺曰：

> 绿水名园绮丽川，
> 金华秀气蔼江烟。

> 主人悬榻藏佳酿,
> 待客看花似旧缘。
> 官到退休清是福,
> 吟耽风月乐为天。
> 寿星此日应重见,
> 入秩三人共引年。

道光年间拔贡夏绍庸也曾用射洪美酒宴饮友人,并题赠《广寒书院招饮胡若卿别驾》一诗,诗云:

> 春风吹绿上庭梧,
> 桦烛光中倒玉壶。
> 清咏欲联何水部,
> 夜游不惮李金吾。
> 倘逢北苑名流笔,
> 须写西园雅集图。
> 从此广寒添故事,
> 月宫谈宴有仙凫。

谢酒在清末仍为民众喜爱之佳酿,民国初年后,因白酒流行,谢酒逐渐失去地位,仅柳树沱一二家作坊沿袭此工艺。

二、沱牌酒的特点

(一) 沱牌酒的工艺酿造特点

1. "沱牌曲酒传统酿制技艺"概述

传承于唐代春酒的"沱牌曲酒传统酿造技艺",历经了古通泉县(现射洪县)自然发酵之"滥觞""酯"酒、西汉醴坛、南北朝之醪糟酒、唐时"春酒",以及宋元大小酒、蒸馏白酒和明代谢酒、民国李氏泰安酢坊曲酒等发展过程,至今已1300余年。沱牌曲酒传统技艺大致分为筑窖、制曲、酿造、储存四大环节,全过程均属手工技艺,依靠川中特有的地理、人文环境,凭着酿酒师"看、闻、摸、捏、尝"鉴别产品品质,通过言传身教,口耳相授,将技艺延续至今。用窖池作发酵容器是沱牌曲酒的工艺特点,窖池的窖龄长短是基酒质量好坏的关键所在。

沱牌曲酒股份有限集团作为该技艺的保护单位,尤其注重对"沱牌曲酒传统酿造技艺"的生产性保护。他们在"泰安酢坊"基础上,建成了具有唐、明、清及民国时期风格的"沱牌曲酒传统酿造技艺"传承基地和以"沱牌曲酒传统酿造技艺"为主题的酒文化博物馆,培育出四川省著名工业旅游景区——"沱牌酿酒工业生态园"。

"沱牌曲酒传统酿造技艺"是中国传统蒸馏浓香型白酒的典型代表之一,拥有极高的历史价值、文化价值、学术价值和经济价值，它反映了四川白酒产业发展的重要历史进程，是我国酿酒业一笔宝贵的历史文化遗产，对于研究我国的酿酒历史、诗酒文化以及传统生物发酵工业等具有极高的价值。泰安酿坊现存的古窖池两处和古井一口被国家文物局认定为"中国食品文化遗产"，该技艺于 2008 年 6 月 7 日被国务院（国发［2008］19 号）列入国家级非物质文化遗产名录（见图 6-1）。

图 6-1　泰安酿坊古窖池和古井被认定为"中国食品文化遗产"

2. "沱牌曲酒传统酿制技艺"发展的基本情况

射洪酿酒历史悠久。根据《华阳国志》及《射洪县志》记载，射洪酿酒始于西汉，兴于唐宋，盛于明清。"沱牌曲酒传统酿制技艺"是在传承唐代"射洪春酒"、元代蒸馏白酒和明清"谢酒"酿造工艺精髓基础之上，经清末民初李氏家族泰安酢坊的发扬和创新，并依靠川中特有的地理、人文环境，于 1945、1946 年初步成型。新中国成立后，政府通过对泰安酢坊的公有制改造，续聘李氏族人为曲酒生产技师，并经杨戟兵、岳光荣、李家顺等传承代表人的不懈努力，终使"沱牌曲酒传统酿制技艺"得以不断的改进、完善并日臻成熟。其具体历史渊源主要为：

相传古代射洪县、通泉县境先民，以黍自然发酵制成"滥觞"，其后又制成"酯酒"，用以"祭祀"、自饮。

西汉时射洪、通泉县境（古属郪、广汉二县地）居民，采用制曲发酵方法，用黍煮酿成醴坛。

西晋、南北朝时（古属广汉、伍城二县地），民间始用药曲拌粱米蒸煮酿成醪糟酒，味甜、浓绿。

隋唐时期（古属射洪、通泉二县地），酿酒工艺改进，以"稻、粱、黍为料，药曲发酵，小缸封酿"，冬酿春成，寒香醇美，遂以"春"名美酒，称"春酒"。唐文明元年（684）陈子昂赴东都（洛阳）诣阙上书，设春酒宴故老，咏《春夜别友人》。之后，"射洪春酒"名入京华。代宗宝应元年（762），诗圣杜甫凭吊陈子昂读书台遗迹时，挥毫写下诗句"射洪春酒寒仍绿"盛赞射洪春酒。

宋代，射洪、通泉二县春酒酿制业兴旺，酢坊达二百余家。北宋太平兴国年间（977—984），春酒酢坊改进传统工艺，用多种谷物混合酿酒，采取"腊酿蒸鬻，倾夏而出"和"自春至秋，酿成即鬻"工艺，酿成大、小酒，以清、醇、甘色味调匀闻名于世。文人雅士"高咏难穷"，著名学者王灼以"射洪春酒旧知名"加以赞誉。宋末，射洪县境濒遭战乱，酒业凋零，春酒酿造技术仍流传民间，绵延于世。

元初，射洪县境兵后地荒。至元二十年（1283）通泉县并入射洪县后，农业生产逐渐恢复，春酒酿造复苏。随之蒸馏技术传入，一些酢坊将春酒传统工艺与蒸馏酒技术融合，用初酿之"浓酒和糟入甑，蒸令气上，用器承露滴"，酿成具有传统"春酒"风味的白酒。

明代，射洪酿酒业因县内农业生产的发展，在元末衰落之后又复兴盛。"春酒"酿造改用稻、粱、麦等多种谷物为原料，酿酒工艺因之改进。明嘉靖四十至四十一年（1562—1563），县人谢东山任山东巡抚时，深入民间各地，巡查酒技，搜寻工艺，学得酿酒技术"易酒法"。谢东山告老还乡后，将"易酒法"应用于"春酒"的酿造，形成固态发酵、固态蒸馏的独特"谢酒"酿造工艺。其酒浓香馥郁，沁人心脾。万历末，四川抚军绕景晖诗赞："射洪春酿今仍在，一语当年重品题，向使少陵知此味，也应随酒入新诗。"

清康熙年间，县内"谢酒"兴盛，质优味美，民间仍称"春酒"。康熙四十九年（1710），江苏进士唐麟翔赴射洪任知县时，称"射洪春酒美"。谢东山之后，谢酒的酿制工艺在柳树镇流传开来，柳树镇民多学得酿酒之法，且一直使用该工艺酿酒直至清朝末年。

清末民初，军阀据境，战事连年，酒业凋敝。其后，时尚白酒，酿酒业复苏。清末柳树镇酿酒世家李明方着人将原古建筑拆除重新修建后，将古酒坊易名为"泰安酢坊"酿制谢酒，作坊内古窖池两口，古井一口。李明方谢世后，其子李吉安继业，于1945年7月，聘请蜀中曲酒知名技师郭炳林，创建曲酒酢坊，汲沱泉深井之水为酿造用水，继承"谢酒"传统蒸馏工艺，保持春酒特点，制成佳酿。1946年，李吉安设春宴，请地方士绅品尝新酿曲酒，由前清举人马天衢根据柳树镇之地名、万载奔流不息的沱水和店前牌坊赋诗"沱泉酿美酒，牌名誉千秋"，并据其寓意而命名为"沱牌曲酒"。

传承了"射洪春酒""谢酒"工艺精华的"沱牌曲酒传统酿制技艺"具有重要的文化价值。"射洪春酒"随唐代文章家陈子昂"前不见古人，后不见来者"的千古绝唱和诗圣杜甫的题咏而载入史册。到宋代著名学者王灼以"射洪春酒旧知名"加以赞誉，明万历中四川抚军绕景晖也用诗句"射洪春酿今仍在，一语当年重品题，向使少陵知此味，也应随酒入新诗"来称赞"谢酒"工艺。从清康熙四十九年，射洪知县唐麟翔的"射洪春酒美"，到当代著名诗人贺敬之诗赞沱牌曲酒"射洪佳酿万里香，子昂诗思千年长。天公多情还兼美，安排诗酒是同乡"，无数文人骚客围绕继承了春酒、谢酒工艺的"沱牌曲酒"写下了无数佳句名篇，使其成为诗酒文化结合的典型代表之一，积淀了浓厚的酒文化底蕴。加之"沱牌曲酒"取自当地前清举人马天衢"沱泉酿美酒，牌名誉千秋"的诗句，该传统技艺的传承载体"泰安作坊"（见图6-2）又被国家文物局授予"中国食品文化遗产"，赋予其极高的文化价值。

图6-2 "泰安作坊"

因此，拥有1300余年悠久历史的"沱牌曲酒传统酿制技艺"，是中国传统蒸馏白酒的典型代表之一，具有深厚的历史底蕴、极高的文化价值，对研究我国的酿酒历史、诗酒文化以及传统生物发酵工业等具有极高的学术价值，是我国传统手工技艺中一笔宝贵的历史文化遗产。

3. 泰安作坊

射洪酒传承有序，源远流长。从杜甫赞美的射洪春酒，到谢东山"易酒法"酿出的谢酒；从李吉安泰安作坊初创"沱牌"，到今日富含人生智慧的"舍得"。欧阳中石赞誉有加："古酿射洪沱，千年代有歌；唐代称酒绿，宋句赞春波。"贺敬之感慨系之："我饮射洪酒，恍登幽州台。诗与子昂对，举杯歌未来。"

沱牌曲酒产于县南沱牌镇，古通泉县南郊，涪江右岸，一江曲绕潆聚，两岸诸峰相环，蔚然深秀，苍翠相属，"有泉甚旺"，盛产美酒，为名酒"故乡"。清末，镇上酿酒业随商贸繁荣兴盛。民国初年，军阀据境，战事连年，酒业凋敝。其后，时尚白酒，酿酒业开始慢慢复苏。

1940年，镇上有小商李明方，初以售零酒为业，后于店后开凿井泉，兴办泰安作坊，用"谢酒"工艺，酿造白酒，因其酒清香味正，名噪镇内。后其子李吉安继业，为继承传统名酒工艺酿制新酒，遂萌发创制曲酒之念，乃于1945年7月，重金礼聘蜀中名曲酒师郭炳林来镇，用龙池、青龙山脉结合部的沱泉水，继承"谢酒"传统蒸馏工艺，运用引进曲酒生产技术，经六次试验，酿成兼具春酒寒绿，谢酒醇甘，浓香清冽，风味独特的曲酒。1946年新春，李吉安设春宴，邀请地方士绅品酒命名。前清名士、举人马天衢取"沱泉酿美酒，牌名誉千秋"之意，命名"沱牌曲酒"。其后，李吉安之子李受之以拓墨绘制垂柳图案，石印单色商标，投产应市，远销遂宁、南充等地，名噪涪江中游一带。饮者交相赞美，有"沱酒上船满舱香，沱酒进屋香满堂，行路带上沱牌酒，沿途千里尽飘香"之誉。但发展缓慢，最高年产量仅万余斤。

中华人民共和国成立后，1951年12月，县酒类专卖处投资租用泰安作坊厂房，建立射洪县实验曲酒厂，恢复生产，沱牌曲酒从此得到新生。作为首批"中国食品文化遗产"，李氏泰安作坊是"中国酒文化的活文物"，经过百年传承，完整地留存着沱牌曲酒传统酿制技艺的全过程，犹如一个活生生的酿酒博物馆，从中可以窥见中国传统蒸馏白酒的前世与今生，是中国白酒工业发展的一个典范。其技艺被国务院公布为"中国非物质文化遗产"。今天，泰安作坊已经衍生为"沱牌舍得生态酒城"，"沱牌舍得"也早已成为"中国名酒"。进入沱牌舍得十里生态酒城,若不是闻到扑鼻而来的酒香,你不会意识到自己已置身于一个现代化的工厂内。这是一个"春有花、夏有荫、秋有果、冬有青",随处可见"人来鸟不惊"的如画境界,厚重的历史和现代的工业文明自然的交织在一起。沱牌舍得用人与自然和谐相处的最大"实景",演绎了"天人合一、道法自然、回归自然"的中华文化精髓。不可复制的、得天独厚的自然生态环境,已经实现了酿酒由农耕文明到生态文明的历史性跨越。

(二) 沱牌系列酒的特点

沱牌曲酒以优质高粱、糯米为原料,以优质小麦、大麦制成大曲为糖化发酵剂,老窖作发酵池,采用高、中温曲,续糟混蒸混烧,贮存勾兑等工艺酿制而成。

沱牌曲酒具有窖香浓郁、清洌甘爽、绵软醇厚、味净余长,尤以甜净著称的独特风格,属浓香型大曲酒。酒度为38度、54度。

1. 沱牌系列

(1) 沱牌天曲、特曲、优曲

中国名酒企业沱牌舍得依托万亩生态酿酒工业园,于山清水秀的世外桃源之地,精心培育出"天曲一号"黄金酒曲。全新打造的天曲、特曲、优曲三大战略产品,系沱牌舍得数十年生态酿酒的智慧结晶,品质更纯更爽更自然(如图6-3)。

香型:浓香型

原料:水、高粱、大米、糯米、小麦、玉米、大麦

图6-3 沱牌天曲

(2) 沱牌大曲

国家大型一档企业四川沱牌舍得酒业股份有限公司生产的沱牌大曲,产于唐代诗人陈子昂的故乡。射洪盛产美酒,诗圣杜甫曾写有"射洪春酒寒仍绿"的赞美诗句。

沱牌大曲以水、优级食用酒精、高粱、大米、糯米、小麦、玉米、食用香料为原料,其特点酒体柔顺、醇甜、爽净。

香型:浓香型

原料:水、高粱、大米、糯米、小麦、玉米、大麦

(3) 柳浪春

柳浪春以优质白酒为酒基,取鲜荷叶之清香汁液配以冰糖调味精制而成,其特点醇甜柔顺、香味协调、清爽尾净。

香型:浓香型

原料与辅料：水、白酒、鲜荷叶、冰糖

（4）沱小九

沱小九秉承舍得酒业独创的六粮浓香工艺，与传统的五粮酿造相比，原料中增加了大麦。大麦含有被誉为"血管守护神"的原花青素，可促进酿酒功能菌生长及酶的活性，有利于产生更多的白酒芳香成分，酿出的酒，口感更佳。

汲高粱、小麦之精得酒之醇香，取大米、玉米之髓得酒之甜净，融糯米、大麦之华得酒之绵爽。贮两年显柔，贮三年得醇和。六粮酿造，三年陈酿。以足够好的原料，用足够长的时间，沉淀气质。

清爽淡雅，回味绵长，酿就品质小酒。

香型：浓香型

原料：水、高粱、大米、糯米、小麦、玉米、大麦

2．舍得系列

（1）品味舍得（舍得酒）

舍得酒一诞生，就具有其他高档白酒不具备的文化品位和贵族气质。"舍得"二字，取自佛经精髓，与中国传统文化的儒释道的核心思想一脉相承，是深具哲学思想的入世箴言，蕴含了博大的中华文化内涵。舍得酒在具备超越性的品质同时，被赋予了中华文化精髓的品牌，具有与生俱来的文化和高贵，被誉为"中国第一文化酒"（如图6-4）。

图6-4 舍得酒

舍得酒，凝聚东方智慧，传承千载诗酒文化，引领中国生态酿酒潮流，完美诠释智者的取舍之道，堪为高尚智慧人士的上佳犒赏。

品味舍得酒以优质高粱、大米、糯米、小麦、玉米、大麦六种粮食为原料精酿，其特点醇厚绵柔、细腻圆润、甘洌净爽、回味悠长。

香型：浓香型

原料：水、高粱、大米、糯米、小麦、玉米、大麦

（2）水晶·舍得

生态酿造，滴滴璀璨，东方智慧，饮之上品。中国国家质量奖纪念酒——水晶·舍得酒是公司继品味舍得酒之后推出的又一战略产品，为中国高端浓香型白酒新标杆。

百斤好酒仅得二斤舍得精华，这是舍得独有的酿造技艺，更是一种追求至善至美的智慧彰显。以水晶般纯粹自然、稀有华贵的卓越品质，成就高尚智慧人士的上佳犒赏！水晶·舍得，不仅是一瓶酒。更是一份智慧，一份成就非凡的领袖情怀！

水晶·舍得酒以优质高粱、大米、糯米、小麦、玉米、大麦六种粮食为原料精酿，其特点醇厚绵柔、细腻圆润、甘冽净爽、回味悠长。

香型：浓香型

原料：水、高粱、大米、糯米、小麦、玉米、大麦

3. 陶醉系列

（1）精品窖藏 3/6/9·陶醉酒

天地百象，日月轮转。陶醉酒严格遵循自然季节的变迁，选六粮，引活水，秉承古法酿造工艺，纯粮制曲，地缸发酵，木甑蒸馏，陶坛封藏，一切顺其自然。酒质纯净透明，酒香纯正协调，酒性更趋柔和淡雅，体味心安而静，悠然自得的人生妙感（如图6－5）。

图6-5 陶醉酒

陶醉酒打破了白酒传统香型的束缚，确定"以浓香为主，多香结合，因味制宜，与时俱进适应客户需求"的工艺技术路线，实现对传统白酒工艺史无前例的变革和调整。

陶醉酒精选生态六粮，结合米香型酒特有"大米"酿造，使酒体清爽怡畅；结合清香型酒的"粮食浸洗"，体现原酒绵甜爽净；以高温和中高温曲为糖化发酵剂，结合酱香型酒的"原料堆积发酵"，轮轮双轮底，超临界二氧化碳萃取香味成分生产调味酒，具备酱香型酒的幽雅醇厚，不同香型工艺兼容互补，形成独特的复合酿酒工艺，成功酿制幽雅风格浓香白酒，并历经十年努力，陶醉酒终成为幽雅风格浓香白酒的奠基者和领航者。

香型：浓香型

原料：水、高粱、大米、糯米、大麦、小麦、玉米

4. 酱香型系列

（1）吞之乎

沱牌舍得酒业秉承"精中选精，优中选优"的酿造传统，集多项国家发明专利及"全国质量奖"之大成，将生态酿酒技法融入传统酱香型白酒的酿造，开创全生态健康酱香白酒新纪元（如图6－6）。

图 6-6 吞之乎酒

吞之乎，是一种豪迈英雄气度。曹操曰："夫英雄者，胸怀大志，腹有良谋，有包藏宇宙之机，吞吐天地之志者也。"讲的即是一种气吞山河的霸气与胸怀。

吞之乎，古为将相饮，年产品仅有数万樽。作为超高端酱香白酒，在酒质、包装及市场定位都给人以震撼：内涵深邃才敢裸呈！吞之乎用极简的包装向世人宣示了中国白酒低调的奢与华，杯盏之间，更显领袖情怀。

吞之乎，创新"全生态酿酒"绿色理念，重新定义超高端酱香型白酒，以神秘之作坊，运神奇之技法，酿神妙之酒品。酱香圣品，至为稀有，唯非常之人方可尊享。

香型：酱香型

原料：水、高粱、大米、糯米、大麦、小麦、玉米

(2) 天子呼

沱牌舍得酒业秉承"精中选精，优中选优"的酿造传统，集多项国家发明专利及"全国质量奖"之大成，将生态酿酒技法融入传统酱香型白酒的酿造，开创全生态健康酱香白酒新纪元。

超高端酱香型白酒天子呼得名自杜甫诗句"天子呼来不上船，自称臣是酒中仙。"此句描述的是诗仙李白，天子召见他，他因为酒醉不肯上船，说自己是酒中之仙，谁召见都不去。天子呼，名字自带三分霸气，寓意没有天生的王者，只有敢于超越的挑战者。

天子呼，古为帝王饮，年产量仅有数千樽。创新全生态酿酒绿色理念，重新定义超高端酱香型白酒，以神秘之作坊，运神奇之技法，酿神妙之酒品。奉天承酿，酱香神品，至为稀有，唯非常之人方可尊享！

香型：酱香型

原料：水、高粱、大米、糯米、大麦、小麦、玉米

(三) 沱牌酒业的品质工艺

1. 水

水为酒之血，只有好水才能出好酒。沱牌舍得酿酒所用之水源于流经射洪境内的涪江。涪江发源于雪山，自西而东从高山地带注入四川盆地，经渗透形成丰富的地下水资源，其水质清冽甘醇，天然绿色，极适合酿造高品质白酒。

沱牌舍得酒业斥资 2000 万元，引进了国际一流的活性水处理设备，从地下百米深处汲取深层雪山矿物质泉水，经管道过滤、机械过滤、锰砂过滤、活性炭处理、反渗透

处理、电渗析处理，有效除去了水中的有害成分，保留水中生物活性成分，从而成为酿造高品质白酒的生物活性矿化水。

2. 粮

五谷酿美酒。粮食是酿酒最主要的原料，粮食质量的优劣直接关系到酒的质量。为确保沱牌系列产品优异的内在品质，沱牌公司从源头做起，通过建立绿色原料基地和购进现代化的储粮设备，狠抓酿酒原料——粮食的质量控制。

沱牌舍得酒业酿酒主要原料高粱、小麦、玉米等均在我国粮食主产区东北建立绿色无污染粮食基地，要求农作物在生长过程中不施用农药和化学肥料。由于土质肥沃、光照适中、生长期长，因此粮食颗粒饱满、均匀，各种营养成分丰富，是酿酒的理想原料。粮食通过专用运输车辆运回公司后，还要严格按国家标准进行系统的检验和试验，检验项目包括容重、杂质、水分、不完善粒、纯粮率、感观鉴定等。尽管粮食直接从绿色无污染基地供给，不存在陈化，也不存在农药残量超标和化学污染，但在粮食入厂检验中仍要进行新陈、黄曲霉素、农药残量等卫生指标的检测，确保粮食的优质、安全。

3. 曲

白酒的酿造过程在很大程度上是有机质的自然发酵过程和酿酒有益微生物的自然生长过程。作为发酵催化剂，曲药在酿酒生产中发挥着重要作用，曲药的质量也直接影响到酒的质量。沱牌舍得酒业为了确保曲药质量，进而确保沱牌系列酒的质量，投资建成了全国最大的制曲工业生态园区——沱牌舍得制曲工业生态园。我国知名酿酒专家周恒刚老先生实地考察沱牌舍得制曲工业生态园后，对其科学的生产工艺、完善的质量保障体系、先进的设施设备及近乎完美的自然生态环境非常赞赏，称赞沱牌舍得酒业的制曲生产代表了同行业最高水平。

沱牌舍得制曲大楼总建筑面积10万平方米，其中曲房使用面积4万平方米，库房使用面积2万平方米，具有年产4万吨系列大曲等生物制品的生产能力。制曲生态园区植被面积2平方公里，种植了大量楠木、香樟、银杏等珍贵林木，环境清幽，年平均气温17.3℃，相对湿度为78.5%，四季鸟语花香，气候温和湿润，极大地改善了微生物的自然生存环境，有利于制曲有益微生物的富集和微生物区系的稳定和优化，为沱牌系列高品质生态曲提供了有力保障。

（1）曲料

沱牌舍得酒业制曲原料主要为小麦、大麦，均从东北绿色粮食基地定点采购，从源头上避免遭受农残污染的粮食进厂。进厂质检合格的粮食，采用自美国GSI公司引进的粮食低温贮存系统——10万吨金属粮仓，经自动除尘、除杂、控温、除湿，并把粮食恒定在低温状态，避免原料自热，发生物理、化学变化消耗营养物质，同时避免在粮食贮存中使用除虫剂，引起二次污染，从而确保了原料的品质和纯度，为生产出高质量的沱牌舍得生态系列大曲提供了保障。

（2）制曲

沱牌舍得酒业（如图6-7）在制曲生产中已率先在同行业中实现了工业化、自动化改造，彻底淘汰了强体力劳动的人工踩曲。在设备的运用上引进瑞士先进的气压式制曲碎料系统、动力系统与国内先进的机械制曲设备配套，从原辅料的处理到曲坯成型实现了全线的自动化、封闭式，从而使曲药生产过程中配料更精确、拌料更均匀、各种技术参数控制更科学，在曲块压制过程中受力更均匀、平衡，能够确保曲块松紧度一致，曲坯成型规范、统一。发酵房设计也合理、科学，根据制曲工艺需要采用进口的意大利威林斯环保涂料及"实德型材"塑钢门窗装饰厂房、培菌房，空气自然流通状况良好。

图 6-7　沱牌舍得酒业商标

由于自动化程度高，沱牌舍得制曲生产现仅需职工 200 余人，其中技术人员就达 60 余人，技术力量雄厚。制曲生产过程中严格按照沱牌大曲生产工艺规范进行控制，对培菌这个关键环节实施三班巡查 24 小时监控，适时调整温、湿度，始终使大曲处于最佳状态。成立专门的检测室，引进国外一流的检测设备，重点对半成品曲药质量进行跟踪检查，以适时指导生产配合和工艺措施的调整，确保大曲质量的稳定。组织技术力量编制了大曲生产工艺标准，分季节以大曲香味及断面质量进行检验和控制，同时兼顾理化指标，得到了同行业的广泛认可和效仿。

（3）曲品

现在沱牌舍得制曲中心主要生产有中高温大曲、高温大曲、中温大曲、强化大曲、酯化红曲等，出曲率 85% 以上。由于严格、规范、科学的工艺控制及先进生产设备的成功应用，所有成品大曲断面菌丝丰满粗壮、曲体泡气、曲皮薄，具有曲香浓郁纯正、生化指标协调、糖化发酵均衡、生香功能强等显著特点。

其中，高温大曲是在广泛研究传统大曲香味特征及微生物生长繁殖和酶代谢基础上，调整生产配合及工艺生产的曲香味较普通大曲浓郁的大曲品种。其原料为小麦、大麦，曲香浓郁纯正，甜香突出，与传统大曲相比，其出酒率、优质率分别提高 10% 和 20%，酿出的酒酒体微量成分比例更协调，清洌甘爽，味净余长，香气正，醇厚绵柔。不仅适宜多粮酿酒，而且适宜单粮酿酒。中国名酒——沱牌曲酒即用此大曲精心酿制而成。

高温大曲采用高温大曲制曲工艺生产，原料为纯小麦，曲体棕黄，酱香、曲香气味好，适用于酱香型酒生产及浓香型陈味系列调味酒生产。而酯化红曲是以红曲霉为主，多种产酯功能菌混合培养生成的复合酶系，产品成棕红色，菌株酶活力高，稳定性强，有较强的耐酸、耐酒能力，可迅速加快酯化速度，缩短白酒发酵周期，增加己酸乙酯等酯类合成能力，提高白酒优质品率。沱牌舍得曲药质量优异、稳定，得到了同行业的一致认同。

4．储酒

众所周知，白酒是一个特殊的行业，独特的工艺决定了其产品生产周期较长，刚酿造出的白酒实际上只是半成品，要经过相当长一段时间储存，以使酒体自然老熟。所谓"酒是陈的香"，即指以正确的方式对酒进行储存，时间越长则酒体越醇厚、香味越悠长、口感越舒适。一般情况下，大型白酒生产企业均建有大型储酒基地，对酒进行分批储存。名优白酒生产企业上市流通的酒，其酿造时间是在出厂前一年或更长一段时间，因此，白酒企业的储酒能力是衡量其实力的重要标志，也是其产品质量是否有保障的重要标志。特殊的生产周期决定了白酒业的门槛并不低，一般企业不具备这种资金实力，而在一些小型白酒生产企业，则普遍存在着"半成品上市"的现象，省略了白酒生产重要的中间储存环节。

（1）储酒器

酒的储存老熟过程也是酒体内微生物交换、进化的过程，由于陶坛壁特有的毛细孔隙有过气不过液的特点，对酒体有吸附、氧化的净化作用，而酒的异杂味在酒的储存过程中通过毛细孔隙溢出，有效地促进了酒的自然老熟。因此，陶坛是储存白酒的最佳容器，沱牌舍得酒业储存基地以陶瓷坛储酒为主，不锈钢罐储酒为辅，所有陶坛全部由素有"紫砂壶"之称的江苏宜兴购进。新建成的五幢陶瓷坛酒库可储酒近10万吨，现在沱牌舍得酒业已拥有各种型号陶坛近20万个，总储酒量近30万吨，是全国白酒行业最大的储酒基地之一。

在陶坛库的结构设计上，沱牌经过科学论证，通过建筑结构的变化，使库内空气自然流通，冬暖夏凉，温度常年恒定在一个较小波动范围内，再加上沱牌舍得酿酒工业生态园区得天独厚的自然生态环境，为酒的自然老熟提供了良好的外部环境。同时，库内墙壁采用进口环保防霉涂料，并定时清洁，墙壁、坛壁一尘不染，有效地避免了时间过长墙壁滋生青霉菌、黑霉菌，以及其他杂菌，破坏酿酒有益微生物群并渗入酒体，科学地保证了酒体的自然老熟。

在陶坛库内，沱牌舍得酒业为每坛酒建立了身份档案，每批酒进库时将其酒类、酒质、风味、口感、入库时间等基本情况标注于坛卡上，并在储存过程中定期监控、尝评，及时掌握酒体变化规律，为勾调不同风味、口感的系列酒提供基础依据。档案将一直伴随着酒体，直至消费市场。也就是说，市场上的每一瓶沱牌系列酒均可追溯至由哪个班组生产、哪个陶坛储存，进而强化了生产各环节技术人员的责任意识，从另一个角度确保了产品质量。

除陶坛外，沱牌舍得酒业还拥有近400个容量小至1吨、大至3000吨的不锈钢储酒罐群，彻底避免了传统的铝罐、铁罐因长时间受到酒体的浸蚀而形成铝离子、铁离子，影响消费者身体健康的问题。同时，不锈钢储酒罐采用"水密封"的方式进行封存，用空气净化站输送的洁净空气对酒体进行搅拌，也有利于酒体微生物的自然呼吸，杜绝了无益微生物随空气搅拌器具进入酒体并对酒造成污染的情况发生。所有的不锈钢储酒罐均以不锈钢管道联通，通过专用的酒泵和阀门控制流向。露天的大型不锈钢储酒罐在其顶部还装设有自动化温控系统，夏天温度超出设定值则自动喷水喷淋罐体以降温。大型不锈钢罐群也非常有利于酒体有益微生物的富集并在酒体之间的自由交换，还能够确保同一批次的产品质量、口感、风味的稳定。

（2）沱牌世纪酒库

沱牌舍得酒业在数年前即建成了"沱牌世纪酒库"，分批筛选出部分特别精华酒，用陶坛长期储存，规划储存期长达50年之久，最短也可达20年。也就是说，这部分精华酒将至少在20年后方能出坛进行调味、降度并上市。显然，这是沱牌舍得酒业注重品牌质量的一个有力见证，也为沱牌人努力打造"百年沱牌"奠定了坚实的基础。全国质量奖是我国质量领域的最高奖项，由中国质量协会依据《卓越绩效评价准则》国家标准，对实施卓越绩效管理并在质量、经济和社会责任等方面都取得显著成绩的企业进行评选的一项与国际接轨的重大奖项，是有全国影响力的五项质量大奖之一。"全国质量奖"自2001年评选至今，仅有海尔、联想、香港地铁等72家企业获奖，沱牌舍得酒业是近6年来唯一问鼎"全国质量奖"的酒类企业，也是继"茅台""五粮液"后第三家摘取质量奖桂冠的白酒企业。

2012年9月26日由中国酒类流通协会、中华品牌战略研究院主办的"华樽杯"第四届中国酒类品牌价值评议成果发布会在国家会议中心揭晓，经"华樽杯"第四届中国酒类品牌价值评议组委会评测，沱牌酒代理商湖南恒和商务发展有限公司，其品牌价值为18.46亿元，位于中国酒类流通商第七位，并荣获安徽省酒类流通商第一品牌。

三、沱牌酒的发展历程

（一）沱牌酒企业概述

四川沱牌集团有限公司位于"观音故里、诗酒之乡"——四川省遂宁市射洪县沱牌镇，源于明清时期的泰安作坊，是"中国名酒"企业和川酒"六朵金花"之一。公司是全国首批100户现代企业制度试点企业，其控股公司四川沱牌舍得股份有限公司于1996年在上海证交所挂牌上市。现已发展为占地5.6平方公里，年产能30万吨，高端陈年老酒贮量全国第一的中国最大规模优质白酒制造企业；形成了以酒业为支柱，集科技、工业、贸易为一体，跨地区、跨行业、多元化的大型企业集团，拥有玻瓶、制药、热电等子（分）公司20个，总资产38亿元，沱牌品牌价值达90.88亿元，舍得品牌价值达20.77亿元，员工7000多人。

悠悠岁月酒，滴滴沱牌情。从"唐代春酒"到"明代谢酒"，再到"清代沱酒"，沱牌曲酒、舍得酒一脉相承。唐代宗宝应元年（762年）11月，诗圣杜甫到射洪凭吊先贤、开唐朝诗风的"一代文宗"陈子昂时，曾赞誉"射洪春酒寒仍绿，极目伤神谁为携。"宋代绍兴年间，著名学者王灼曾赞誉"射洪春酒旧知名，更得新诗意已倾。"明代万历中，四川抚军饶景晖曾赞誉"射洪春酒今仍在，一语当年重品题。"清代康熙四十九年（1710），浙西词人吴陈琰曾赞誉"射洪春酒美，曾记少陵诗。"1946年正月，举人马天衢根据店前牌坊"沱泉酿美酒，牌名誉千秋"之寓意而命名为"沱牌曲酒"。

公司以生产中国名酒——沱牌曲酒及其系列产品为主，年产销量逾12万吨。沱牌曲酒作为公司的拳头产品，以优质高粱、大米、糯米、小麦、玉米五种粮食为原料精酿，具有"窖香浓郁、绵软醇厚、甘洌清爽、味净余长"的独特风格，加之其精美包装，国际一流的防伪技术，深受广大消费者的青睐，曾先后获得中国名酒金质奖、联合国包装组织"世界之星"金奖、伦敦国际评酒会特别金奖、布鲁塞尔国际博览会金奖等。1995年在国家统计局组织的全国性调查中，沱牌曲酒被誉为"口感最好"的白酒，沱牌系列酒也被评为中国优质白酒精品。

沱牌酒业旗下有舍得、沱牌曲酒、珍藏沱牌、金沱牌、沱牌春等系列名酒，拥有中国首座十里生态酿酒工业城，经中国食品工业协会及权威专家认定，其真正开创了中国生态酿酒之先河。

（二）沱牌曲酒品牌发展

新中国成立后，沱牌曲酒有了新的发展，在继承传统工艺的基础上，经过发展、创新、运用现代科学技术，提高了沱牌曲酒的质量，今之沱牌曲酒既保持了"射洪春酒""谢酒"寒绿醇香的传统特色，又具有"窖香浓郁、清洌甘爽、绵软醇厚，味净余长"的独特风格。

1972年以来，沱牌曲酒系列产品先后被评为省优3次，部优5次，国家名酒2次；获商业部金爵奖3个，银金爵奖1个；四川省名优酒等奖48次；获香港第六届国际食品展金瓶奖；1989年全国第五届白酒评比中，沱牌54度、38度曲酒双获国家金奖，跨入国家名酒行列，成为四川省酒林中第六朵"金花"。

"上品如今出射洪，子昂故里沱牌香。"沱牌曲酒股份有限公司前身，沱牌曲酒厂于1951年12月租赁太安作坊兴办，年产曲酒仅10.33吨。1976年李家顺同志调入公司主持全面工作后，始终坚持走"继承、发展、创新"的路子，在生产中继承和发展了"射洪春酒""谢酒"的传统酿造工艺，引进新技术、新设备、新工艺，并分步实施了第一、二、三、四期技改工程。

目前第四期技改工程已近尾声。公司现已发展成为拥有员工5000余人，占地4.5平方公里，总资产20亿元，子（分）公司24个，已形成以酒业为支柱，集机械电子仪器、制药、汽车运输、建筑建材、包装印刷、塑胶制品、科技开发、商贸服务等融科、工、贸为一体的跨地区、跨行业、多层次、多元化的大型企业集团。2000年白酒总产量达14.6354万吨，居全国白酒行业第一位，实现销售收入10319万元，利税24507万元，占整个射洪县财政收入的54%，遂宁市财政收入的1/3，是地方大型支柱企业。

1991年至1993年沱牌公司连续被评为中国500家最大规模和最佳经济效益企业之一；1994年被国家批准为100户现代企业制度试点企业之一；1995年被评为全国质量效益型先进企业；1996年沱牌以其上乘的质量、知名度及良好的经营业绩，成为100家全国现代企业制度试点企业的第一家上市公司。1997年公司被确定为四川省37家扩张型企业之一；1998年被列为四川省利税总额增长的20家优势企业，位居第六。

园区建设取得了巨大的成效。办公区、生产区、生活区规划合理，并以柳树、桃树、楠木、香樟、银杏等高大经济林木形成的绿色屏障加以分隔，使具有沱牌质量特色的自然界的有益酿酒微生物得以在园区内充分的富集和繁殖。土质肥沃，气候四季温和湿润的外部环境，与园区内的自然小气候形成创建酿酒工业生态园得天独厚的天时地利环境。园区内公路宽敞，沱牌广场气势恢宏，草坪丛茂，亚热带植物点缀其间。大型楼顶花园，垂直绿化与平面绿化相结合。

园区占地500余亩，其中绿化总面积已达100余亩。园中新建了新世纪花园小区、乡村别墅、实验小学。整个园区白天掩映在绿荫丛中，俯视夜晚园区，以表"回旋天地，润泽人间"沱牌理念的大型霓虹灯标识尽收眼底。一座欣欣向荣的现代化酒城，为员工的生产、生活、办公创造了一个优美舒适的自然生态环境。

建厂50多年来，沱牌公司发展了，进步了。回顾过去，成绩辉煌了，展望未来，任重道远。沱牌5000名员工正以坚韧不拔的沱牌精神，勇于创新，拼搏奋进，为振兴民族工业作出更大的贡献。

（三）经营模式

沱牌酿酒工业生态园通过模拟生态系统的功能，按照"减量化、再循环、再利用"原则，导入生态化经营模式，建起了系统内"生产者、消费者、还原者"的产业生态链，把工业生产对自然环境的影响降低到最低程度，最终实现节能、环保、低碳、低耗、低（无）污染的目标，工业发展与生态环境协调发展并相得益彰，良性循环。

沱牌于2003年投资2亿元，建起了生态环保标准达到欧洲标准的沱牌热电厂，统一供热，热源稳定，清洁卫生，而且整个生产过程的废渣全部回收利用，真正实现了热电联产，综合利用，环保生态。公司与马来西亚玻璃产品私人有限公司建立了合作关系。该玻璃厂引进国外先进技术，收集沱牌生产、储存过程中产生的玻璃碴并对外回收玻璃瓶，经清理后实现循环再造。

沱牌非常重视产后生态化控制，狠抓资源节约，提高资源利用效率，从末端治污染向源头预防转变，走出一条资源消耗低，环境污染少，经济和环境协调发展有机统一的资源节约型循环经济之路，基本做到了所有酿酒副产物回收利用。通过一系列资源再利用的产业链，实现循环经济效益与生态环保双赢格局。2005年底，沱牌已被四川省列为首批"循环经济试点企业"。

（四）产业链

沱牌通过生态化经营，成功建立起了系统内的"生产者、消费者、还原者"的生态产业链，整个生产过程实现了无废水、废渣污染的闭路循环，生产附属物全部回收利用，生产与生态环境协调发展。

沱牌以对消费者健康安全高度负责的社会责任感，将产品质量和安全卫生视为沱牌·舍得的生命，坚持质量经营与生态经营相结合，为社会奉献高品质卫生安全生态环保的绿色饮品。公司自上而下高度重视食品安全质量工作，集团董事长李家顺前瞻性地提出了生态化经营战略，企业依托地处川中优越的酿酒生态圈得天独厚的自然条件，致力于净化、美化、绿化、香化厂区环境，先后投资6亿多元，打造了国内第一个酿酒工业生态园，为酿造高品质白酒创造了一流的生态小环境。

公司严格执行国家有关质量和食品卫生政策法规，实施全面、全员、全过程质量管理，让员工牢固树立食品安全质量观念，从"产前、产中、产后"各个环节，贯彻"生态、绿色、健康、低碳"的酿酒理念，确保产品安全卫生，生态健康。在产前，要求原辅料、用水达到生态化标准；投资4000万元，在国内酿酒企业中首家引进具有世界先进水平的十万吨自动化金属贮粮系统；在生产中，沱牌依靠科技改造传统酿酒工艺，使优质酒出酒率更高、更卫生、更安全、更生态；在产后，有效利用各种废弃资源发展医药用品、动物饲料等其他产业。在整个生产过程中，运用生物工程技术，研究掌握酿酒微生物的类型分布和生化特性、代谢机理，对有益酿酒的微生物菌种加以培育，并抑制有害微生物的生长，有效清除酒体有害成分，提高饮品的安全可靠性。

（五）科技创新

沱牌自主创新发明 30 多项酿酒专利技术，是国内酿酒行业的"专利冠军"。其中，"沱牌曲酒生产新工艺"在瑞士举行的第十六届日内瓦国际新发明展览会上获得铜奖，这是我国白酒业在国际新发明博览会上首次获奖。"轮轮双轮发酵新工艺"和"人工窖泥培养工艺研究"获国家发明专利。"舍得酒工艺开发研究及其应用"获四川省科技进步一等奖。

"超浓缩生态活性因子在酿酒生产中的应用研究""沱牌曲酒'优质、高产、低耗'技术研究及运用""轮轮双轮发酵新工艺""模糊勾兑技术的研究与应用技术"等工艺和技术引入生态化理念，坚持精细化、规范化、标准化、科学化操作。在产后酒品的贮存、灌装等环节，严格执行国家及行业的技术标准，其主打产品舍得酒和沱牌曲酒系列产品的生态环保品质为国内同类产品最佳，质量标准优于欧洲名牌蒸馏酒。

沱牌通过一系列技术创新，提高了企业的核心竞争力，成功实现了高新技术与传统工艺的嫁接，在短时间内把一个小作坊工厂变成国内技术领先、达到国际先进水平的生态环保、优质、低耗、良性循环的新型工业化明星企业，成为中国白酒业发展的榜样。

（六）企业荣誉

沱牌酒 1980 年被评为四川省名酒；1981 年、1987 年被评为四川省优质产品；1981 年、1985 年、1988 年获商业部优质产品称号及金爵奖；1988 年在全国第五届评酒会上荣获国家名酒称号及金质奖；1988 年在瑞士日内瓦第 16 届国际博览会获新发明铜牌奖，同年获香港第六届国际食品展览会金瓶奖。

四川沱牌舍得股份有限公司先后被评为"全国文明单位""全国环保先进单位"，被授予全国"五一劳动奖""中华慈善事业突出贡献奖"，获"中华老字号""中国食品文化遗产""国家级非物质文化遗产"等称号。

四、沱牌酒的发展战略

沱牌坚持科学发展观，将"生态文明""以人为本"与"和谐发展"有机结合，提出"天地人和，润泽人间"的主题理念和"质量求真，为人求善，生活求美"的价值取向，构建生态化企业文化体系。沱牌长期以来一直致力于环境保护，建设环境友好型企业，坚持企业可持续发展战略。推行环保生产，科学治污。该集团投资近亿元，对生产物再利用后尚存的附属物，再行处理，确保水、气、声治理全面达标。

（一）大力实施生态经营和循环经济战略

现四川沱牌集团有限公司董事长兼总经理、党委书记李家顺同志率先在行业内提出了"生态化经营"观念，创建了全国第一个酿酒工业生态园，围绕农副产品精深加工、区域特色产业发展、资源高效综合开发利用与环境改善等方面进行了一系列研究，按照"减量化、无害化、资源化"原则，构建了沱牌循环经济产业链。《沱牌酿酒工业生态园》项目于2002年获省金桥工程一等奖，2004年被列为国家"星火计划"项目，获20万元资助。《沱牌生态产业链的构建及促进县域经济的研究及应用》项目于2004年同时被国家科技部和省科技厅列为全国100个、全省24个科技示范县重点项目，并分别得到450万、10万元的财政支持。这为全国酿酒行业的可持续发展提供了全新思路，积极响应了循环经济和节约型社会的建设。沱牌因此被商务部等评为"全国三绿工程畅销品牌"。

（二）大力实施科技兴企、人才强企战略

沱牌集团在长期的发展过程中，始终坚持自主创新、坚持以高新技术提升传统产业。李家顺率领技术人员探索出了"高温制曲，中低温发酵""熟糠拌料""分层蒸馏""质量摘酒""色谱分析""微机勾兑"等一整套新工艺，并根据市场需求形成了高、中、低档兼有，高、中、低度结合的产品结构格局。尤其是李家顺和技术人员一道创造的"大曲酒生产工艺"获得了国家星火计划成果博览会金奖。到目前为止，公司共承担国家级星火项目3项，国家级新产品开发项目3项，省级星火科技项目5项，获国家专利35项，商标注册268个，主研了30余项国家、省级重点科研项目，并有"人工窖泥培养方法""轮轮双轮发酵新工艺"等10项授权和在审发明专利，多次获国家和省部级成果奖励，其中多项成果填补了国内空白。2004年，公司技术中心被认定为国家星火计划龙头企业技术创新中心。

（三）大力实施名牌战略

在获得国内外众多奖项肯定后，李家顺没有止步，而是以此为契机，实施了大规模的技术改造。在着力发展中、高档沱牌曲酒的同时，把发展重点放在开发生产中、低档优质白酒，大规模占领农村市场；并以"省部优"为基础，努力提升产品内在品质，争创国家名酒。1989年，沱牌成功跻身中国十七大名酒之列，成为川酒"六朵金花"之一。2005年"沱牌曲酒"产品通过现场审定，获纯粮固态发酵白酒标志。1989年全国第五届白酒评比中，沱牌曲酒获国家金奖，跨入国家名酒行列，成为全国十七大名酒之一、四川省酒林中第六朵"金花"。2001年公司成功开发生产融"儒""佛""道""舍得文化"于一体的高档白酒——舍得酒。2006年公司荣获"中国驰名商标"。品牌价值达50亿元。

（四）大力实施质量战略

以优良质量保证效益。公司以让沱牌以成为消费者心中的金牌为目标，坚持以质量求生存，以质量求效益，以质量求发展，树立全员质量意识，不断创新质量管理机制。公司是ISO2000质量管理体系、ISO14001环境管理体系、OHSAS18001职业健康安全管理体系认证的企业。公司建立了稳定的技改投入机制，以先进技术提高产品品质。公司1998年以来，先后投入技改资金4亿余元，加速企业的现代化进程，使产品质量稳步提升，企业效业不断上升。

（五）大力实施资本经营战略

20世纪90年代初，当"股份制"还是一个新鲜概念的时候，李家顺已在深思熟虑、深入调研，并决定对沱牌实施股份制改造。经过一番紧张而艰苦的努力，1993年3月，四川沱牌实业股份有限公司成立。当年定向募集资金3873万元，"沱牌曲酒"股票于1996年5月在上海证券交易所公开上市发行。迄今为止，已共募集资金近10亿元，全部投入到企业的技术改造项目中，为沱牌的高速发展提供了充足的资金支持。

参考文献：

[1] 李家民，邹永芳，王海英，等．DGGE法初步解析沱牌酒厂窖底泥微生物群落结构［J］．酿酒科技，2013（03）：36－39.

[2] 李蕾．射洪沱牌酒工艺特点与发展战略［J］．北方文学 2017（07）．

[3] 曾庆双．中国白酒文化［M］．重庆：重庆大学出版社，2013.

第七章 文君酒

一、文君酒

（一）文君酒的历史典故

文君酒（见图7-1）产自四川邛崃（古称临邛），是卓文君的故里，也是古往今来盛产美酒的地方。据考证，邛崃酿酒史始于3000年前，文君酒历史渊源可追溯至2000多年前的西汉时期，史书上也有"临邛酒""瓮头春""卓女烧春"等佳酿入选宫廷贡酒的记载。

据众多典籍记载，2000多年前，西汉大文豪司马相如青年时，仪表堂堂，才华横溢，其赋作字字珠玑，动人心弦。一次偶然的机会，他到成都巨富卓王孙家做客，和卓王孙之女卓文君一见钟情，遂弹奏一曲大胆表露爱意的《凤求凰》表达爱慕之意。卓文君是个美貌聪明，知诗画、善音律的女子，对司马相如敬爱不已。不料，卓王孙见司马相如当时是一介书生，一贫如洗，对这桩婚事强加阻挠。文君不顾家庭的压力，竟离家私奔，追随司马相如而去。

图7-1 文君酒

文君与司马相如来到邛崃县城，变卖了所有财物，开了一个小小的酒铺度日。文君心灵手巧，取店后的井水酿酒，相如赤背短衫洗涤酒器。一对佳人才子肆中卖酒，成为当地一大美谈。因他们酿造的酒醇正芳香，入口甘美，开业伊始便宾客满座，生意兴隆。从此，俩人白天酿酒卖酒，晚上鼓琴作赋，生活风雅而甘甜。文君亦成为中国历史名人中，有据可查最早的卖酒人。

不久，司马相如以一篇文采飞扬的《上林赋》得汉武帝重用。离开临邛时，当地大小官员、黎民百姓夹道欢送。此后，相如辞别文君赴长安供职，在长安春风得意，离家五载后方致书文君，暗表已然变心，意欲纳茂陵女为妾。卓文君闻听这个消息，不愿忍受爱人的背叛，悲情中写下流传于世的《白头吟》：

皑如山上雪，皎如云间月。
闻君有两意，故来相决绝。
今日斗酒会，明旦沟水头。
躞蹀御沟上，沟水东西流。
凄凄复凄凄，嫁娶不须啼。
愿得一心人，白头不相离。
竹竿何袅袅，鱼尾何簁簁。
男儿重意气，何用钱刀为。

文君还附书："春华竞芳，五色凌素，琴尚在御，而新声代故！锦水有鸳，汉宫有木，彼物而新，嗟世之人兮，瞀于淫而不悟！"又补写两行："朱弦断，明镜缺，朝露晞，芳时歇，白头吟，伤离别，努力加餐勿念妾，锦水汤汤，与君长诀！"

卓文君哀怨的《白头吟》和悲泣的《诀别书》，诗文智巧情真，司马相如看后，为文君的才华与真情感动，羞愧万分，想起昔日两人一起沽酒时的艰苦与恩爱场面，遂打消了纳妾的念头，给文君回了信："诵之嘉吟，而回予故步。当不令负丹青感白头也。"不久相如回归故里，与文君愉快地相依相守。

"文君当垆，相如涤器"的传奇爱情与《凤求凰》的诗酒风流已被千古传颂，文君对才华的鉴赏力、勇为情奔的果敢、当垆卖酒的原创热情、挽回相如的睿智，都超凡脱俗，如同文君酒的陈香底韵，芳飘千载，久而弥笃。

后来，当地百姓将文君店后的井叫作"文君井"，用文君井酿的美酒叫作"文君酒"。从此，世代相传，文君酒就成了名酒。

（二）名人与文君酒

文君酒历史文化丰厚，自汉代司马相如、卓文君当垆卖酒后，历代文人骚客曾为临邛酒屡赋诗词。不同时代、不同环境的文人墨客吟咏了卓文君勇敢追求爱情，不惜以富贵之身实践贫苦生活的珍贵品质，对文君酒都多有褒誉。这些作者并不一定有蜀地生活的经历，却在诗作中对文君酒赞誉不绝。足见文君酒自汉代以来，在人们心目中的崇高地位。

隋末唐初人李百药写了一首诗《少年行》，将饮用文君酒推到品鉴人生的高度。

《少年行》
李百药

少年飞翠盖，上路勒金镳。
始酌文君酒，新吹弄玉箫。
少年不欢乐，何以尽芳朝。

> 千金笑里面，一搦掌中腰。
> 挂缨岂惮宿，落珥不胜娇。
> 寄语少年子，无辞归路遥。

李百药（564—648），字重规，定州安平（今河北深州市）人，唐朝史学家、诗人。其父李德林曾任隋内史令，预修国史，撰有《齐史》。隋文帝时，百药仕太子舍人、东宫学士。隋炀帝时，仕桂州司马职，迁建安郡丞。后归唐，拜中书舍人、礼部侍郎、散骑常侍。人品耿直，曾直言上谏唐太宗取消诸侯，为太宗采纳。曾受命修订五礼、律令。贞观元年（627），李百药奉诏撰《齐书》，据父旧稿，兼采他书，经十年，成五十卷，后宋朝人为区别萧子显的《南齐书》改为《北齐书》。李百药以名臣之子，才行相继，四海名流，莫不宗仰。藻思沈郁，尤长于五言诗。其《少年行》即以文君酒的典故来劝诫少年应具备不辞辛苦，挑战新生活的勇气，活出人生真正的价值。

后代文人墨客借文君酒抒怀的佳句也随着美酒一并流传。唐代伟大的诗人杜甫有《琴台》一诗：

> 茂陵多病后，尚爱卓文君。
> 酒肆人间世，琴台日暮云。
> 野花留宝靥，蔓草见罗裙。
> 归凤求凰意，寥寥不复闻。

其中"茂陵多病后，尚爱卓文君"一句，深受人们喜爱。

晚唐诗人李商隐曾道："君到临邛问酒垆，近来还有长卿无？"

唐代齐己则有《送人入蜀》诗：

> 何必闲吟蜀道难，知君心出嶬峨间。
> 寻常秋泛江陵去，容易春浮锦水还。
> 两面碧悬神女峡，几重青出丈人山。
> 文君酒市逢初雪，满贳新沽洗旅颜。

齐己（863—937），出家前俗名胡德生，晚年自号"衡岳沙弥"，湖南长沙宁乡县塔祖乡人，唐朝晚期著名诗僧。齐己幼时家境贫寒，6岁多就和其他佃户家庭的孩子一起为寺庙放牛，一边放牛时一边学习、作诗，常常用竹枝在牛背上写诗，而且诗句语出天然，同庆寺的和尚们为提高寺庙声誉，便劝说齐己出家为僧，拜荆南宗教领袖仰山大师慧寂为师。齐己出家后，更加热爱写诗。成年后，齐己出外游学，云游期间曾自号"衡岳沙弥"。齐己虽皈依佛门，却钟情吟咏，诗风古雅，格调清和，为唐末著名诗僧，历代诗人和诗评家多有赞誉。曾作五律《登祝融峰》，王夫之评为"南岳诸作，此空其群。"与贯休、皎然、尚颜等齐名，其传世作品数量居四僧之首。《送人入蜀》以文君酒指代了蜀地街市的繁盛，足见一直以来，文君酒在国人心目中都有无可替代的地位。文君酒不仅代表了文化与市井的高度契合，更令人对人生新旅程充满美好的向往。

五代前蜀诗人韦庄的《河传》词有"翠娥争劝临邛酒"之句，可见临邛的酒，早在千年前就享誉巴蜀，风闻中华了。

陆游对成都琴台故径别有感触，他在《文君井》诗中写道：

> 落魄西州泥酒杯，酒酣几度上琴台。
> 青鞋自笑无羁束，又向文君井畔来。

二、文君酒的特点

（一）文君酒的工艺酿造特点

文君酒的酿造始于明代，拥有 400 余年历史。明朝万历年间，文君酒发轫于临邛寇氏烧房，现存明代万历老窖。古"寇氏烧坊"的蒸馏入窖法，"曾氏曲房"独特的全手工制曲法均被秉承沿用。国家级调酒大师吴晓萍，甄选酒中精华，精心调配，使得文君酒的口感独具特色甜润幽雅，蕴含众香。

1. 文君酒的自然酿造环境

文君酒的产地邛崃位于四川成都平原，临邛自古便有"天下南来第一州"的美誉，也因得天独厚的环境极利于微生物繁衍和发酵，孕育出巴蜀悠久灿烂的酒文化。其西南山地为郁郁森林，四季气候宜人，峦翠水清，多雾多雨。其土质黄黏偏酸，细腻丰沃，极具窖藏优势；所形成的沃野良"万石农耕"而五谷丰饶，酿酒资源广博。

2. 文君酒的生产条件

文君酒选用纯净甘洌的通天泉水为酿制水源。文君酒秉持"一曲、二粮、三匠人"的酿制工艺原则。"一曲"即酒曲，是酿酒的发酵剂，选用优质稻谷为原料，用大麦、小麦混合制成的麦曲为糖化发酵剂，采用人工制曲，以人手力度造出曲砖；"二粮"指五种粮食：高粱、大米、糯米、小麦和玉米；"三匠人"指酿酒各环节的工匠。

（1）400 年酿造技艺坚守传统

始于明代、拥有 400 余年历史的文君酒的古法原酿技艺，至今仍在文君庄园内鲜活演绎——古"寇氏烧坊"的蒸馏入窖法，"曾氏曲房"独特的全手工制曲法均被秉承沿用。历代酿酒师对传统和荣耀的坚守铸就了文君酒的精神蕴涵——高尚的是双手，奢华的是年轮。

（2）水源通天

酿造文君酒的水是取"通天泉"（见图 7-2），其水纯净甘洌，为酿酒上佳之选。文君酒的酿造沿用古"寇氏烧坊"蒸馏入窖法。制曲以独特的全手工"曾氏曲房"制曲方法，曲砖色泽金黄、外紧内松，这对于微生物发酵十分有利。再由国家级调酒大师吴晓萍，甄选酒中精华，精心调配出口感甜润幽雅、蕴含众香特色的文君酒。

图 7-2 酿造文君酒的水：通天泉

邛崃的水源地植被保护完好，附近山顶终年冰雪未受污染，形成了千年不枯、纯净甘洌的"通天泉"，由地下沙砾层层渗透过滤，富含钾、钠、锌、镁、硒等十多种有益于人体的微量元素。

（3）五谷纯粮

细选高粱、大米、糯米、小麦、玉米五种粮食入酿的文君酒（见图7-3），让高粱的清香、糯米的浓甜、玉米的冲香、大米的甘醇、小麦的曲香融为一体。五谷生百香，奠定了文君酒浓香型白酒的基础。

图 7-3 高粱、大米、糯米、小麦、玉米五种粮食入酿文君酒

（4）手工制曲，头酒精粹

"曲乃酒之魂。"文君酒的曲（见图7-4），源自传统纯粮工艺，融入现代科技内涵，全部以精选的大麦和小麦制成，全手工打造，确保每一块出品的曲砖外紧内松，色泽金黄，曲香浓郁。以此曲发酵酿酒，保证各种丰富的香味物质生化合成，酒体风味更加醇香甘甜。

五谷原料经过破碎、配料、拌料、蒸煮糊化、低温入窖，其精华物质在古老的窖池中，经过长达两个多月的发酵，做到酯化、生香及香味物质的充分积累，再经滴窖，分层蒸馏、量质摘酒等多道精益工序，令酿制出的原浆酒，达至柔和醇正的境界。

图7-4 文君酒酒曲

头酒作为蒸馏萃取的精华部分，占原酒的比例很小，即便如此，依然要经过酿酒者细心检测，合格部分经3年以上陶坛陈化老熟后，方可作为调配文君酒之用。

（5）陈年老熟

原浆酒的储存过程亦是白酒自然老熟的过程，它能使酒质醇和、香浓、味净。文君酒采用传统的陶坛储存，分级别贮存于陶坛中（见图7-5）。

图7-5 文君酒酒坛

邛崃发达的制陶业也与酿酒业的兴盛息息相关。作为酿酒器具，邛陶在中国陶瓷史级具地位。自南朝到两宋，邛窑历经8个多世纪，堪称四川最具文化价值的古陶瓷窑址。其中出土了丰富的杯、盏、壶、罂、樽等酒具，足以见证邛崃文君酒的深厚底蕴。

坛坛美酒在长期沉寂的过程中，透过坛壁里的微毛细孔，与渗入酒中的氧气融合，酒体在自身的氧化、吸附和陈化作用下，各种成分含量更加协调平衡，变得柔香绵软，更显出完美的气度和成熟韵味，印证了"酒是陈的香"的古训。

3. 文君酒的酿制工艺

文君酒生产工艺流程完整保留了传统古法精髓：制曲车间前身为拥有200多年历史的曾氏曲房，至今坚持全手工制曲法。曲砖色泽金黄、外紧内松，有利于微生物充分发酵，给入窖的粮糟提供更多发酵所需的菌种；酿造车间前身为明代宠氏烧坊，拥有400多年历史的古法原酿至今仍被鲜活演绎。文君酒精选100%纯头酒精粹，仅使用经数年宜兴陶坛储存的高级原酒进行调配，对品质有着极高的要求。工艺采用续糟配料、老窖固态发酵、混蒸混烧、陈贮老熟、精心勾兑、反复检验、合格装瓶等操作方法精酿而成，外加以陈贮的传统酿酒工艺。文君酒由此才得以成功地面世，代代流传至今。从混料、翻料到入窖经90天发酵，再到一个半小时分层蒸馏，每个环节都一丝不苟。不同泥窖层的酒糟蒸馏出来的头酒又被分成A、B、C、D四个等级，D级直接被摒弃不用，A、B、C三个等级的原浆则入陶坛进行陈年窖藏，酒是陈的香，陈年的过程是醇和酒质、去味留香的过程，所有用于调配成酒的原浆酒陈年时间必须达三年以上。

（1）文君酒酿造过程（见图7-6）

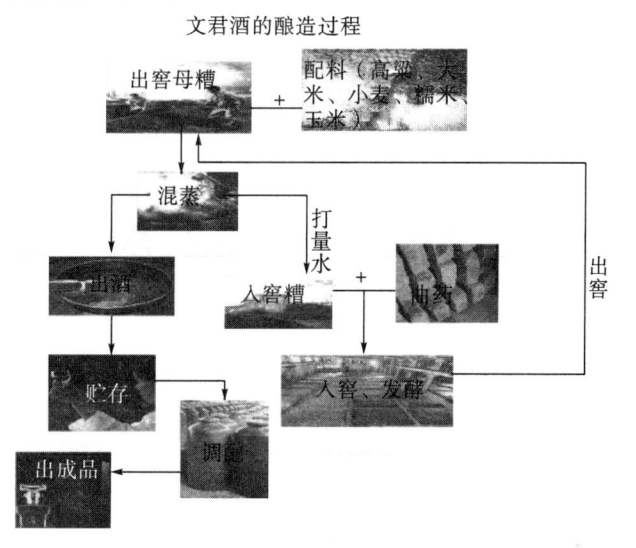

图7-6 文君酒酿造过程

（2）文君酒的品鉴

文君酒清澈透明，浓香甘冽，入口芳香，有清爽舒适感、回味悠长、饮后尤香等特点。具有香、冽、醇、甜的特殊风格，属于浓香型大曲酒。闻之浓厚醇郁，酒香携甘甜扑鼻而来；饮之则如花苞在口中瞬间绽放，芬芳鱼贯而出，席卷味蕾，令每一个细胞随之开合雀跃，充满活力与生机；饮后，酒香又被裹挟成柔顺飘逸的一缕，入喉时只如丝缎。这即是文君酒的风格所在。全国评酒专家高度评价该酒，称其窖香浓郁，浓中带酱，酒体醇厚，绵香爽口，协调尾净，余香长，味丰满。

2. 文君系列酒的特点

文君酒品种甚多，主要有以下几种，各具特色：

（1）文君酒古琴天弦系列酒

此款规格为52度，500毫升。国家级白酒调配大师吴晓萍女士深谙文君精神，虔心调配，将品鉴者带入一段不同寻常的味觉之旅：清芬淡雅的甜香从舌尖开始，在口中丰盈蔓延；甘琼入喉，如花瓣在泉水中流转春暖，不经意间已滑至心底，而回甘舒润清甜，余韵悠长。

（2）文君酒

此款文君酒的酒瓶设计清新脱俗，灵感源于中国古琴。清丽飘逸的花纹，韵味悠长的五根琴丝，华丽大方、简洁高雅。此款文君酒共有100毫升、500毫升、1500毫升三款入樽，品鉴者可按需选择。

(3) 文君凤求凰系列

文君凤求凰系列规格为48度，500毫升。风格甜润优雅、蕴含众香。除了一如既往的承袭文君酒的酒体品质，尤其以特明快口感著称，为消费者奉上"雅""悦""爽"的非凡体验。

(4) 文君头曲系列酒

文君酒头曲规格为48度，20世纪80年代后期为500毫升装，2000年改装为248毫升。风格纯净甘洌，口感醇厚、自然协调、芬芳持久。特点：不刺喉、不尖辣，入口十分舒适，饮后带给饮者飘逸清新的感觉。该酒不仅融会贯通了白酒的传统五香，同时还包含层次丰富的花香与果香，味道丰富。

三、文君酒企业的发展历程

(一) 四川省文君酒厂有限责任公司简介

文君酒产自川酒四大酒乡之一的邛崃（古称临邛），临邛自古繁庶，曾有"天府南来第一州"的美誉。其生产厂家为四川省文君酒厂有限责任公司。文君酒厂的前身是临邛"大全烧房"，有13个老窖是明代所建。清代光绪年间，曾因生产美人牌大曲酒闻名于世，1923年有饮者认为酒质可与贵州茅台媲美，所以一度改用"邛崃茅台"之名，参加四川劝业会时获得奖状和奖章。1950年，邛崃县酒类专卖局组织私营烧坊建成邛崃县酿酒联营社，并以大全烧坊为主，统一了文君酒的生产。1951年，在大全烧房和其他小作坊的基础上，成立了"邛崃国营酿酒厂"，1961年正式组建文君酒生产车间，并生产第一批口感醇香的"文君酒"。1985年，正式更名为"四川省文君酒厂"。

2001年，剑南春集团控股经营四川省文君酒厂有限责任公司，四川省文君酒经营有限责任公司。2007年，四川省文君酒厂有限责任公司被世界第一大奢侈品集团LVMH（酩悦·轩尼诗－路易·威登）集团收购，成为酩悦轩尼诗集团在亚洲投资的第一个生产型企业，也是其在亚洲建设的第一个酒庄。文君酒厂在此凭借国际化管理的营销理念和品牌战略的管理优势，以及文君酒的悠久历史和优质酒品，将文君酒打造成一款全新的中国现代高端白酒。文君酒厂坚守四百余年酿造技艺传统，同时加入国际化、现代化的企业管理运营模式和品牌运作理念，始终保持完美品质。2008年9月，文君酒厂绿色环保锅炉房竣工，率先在行业内采用燃气锅炉产能方式，提高能源使用效率，并为原产地自然环境保护做出了贡献。2008年后，文君酒由调酒大师吴晓萍女士虔心调配，文君酒旗下三款产品——文君、天弦及限量版"大师甄选55"，获得了中国白酒界行业泰斗级专家们给予的"甜润幽雅，蕴含众香"的八字高度赞誉。2009年5月，融合现代时尚与中国古韵的文君庄园成立，吸引来访者在此享受尊贵的品酒体验。文君酒厂凭借国际化管理的营销理念和品牌战略的管理优势，以及文君酒的悠久历史和优质酒品，将文君酒打造成一款全新的中国现代高端白酒。

2016年，文君酒重归剑南春集团旗下，为剑南春集团全资控股公司。

（二）文君曲酒品牌发展

2000多年前的汉代奇女子卓文君，是中国有史记载的第一卖酒名人。文君当垆，相如涤器。由此开启了文君酒的悠久历史。如前所述，有据可考的邛崃酿酒史始于3000年前，文君酒的渊源则可追溯至2000多年前的西汉时期，史书上也有"临邛酒""瓮头春""卓女烧春"等佳酿入选宫廷贡酒的记载。

1962年，注册"文君酒"商标。

1963年，文君酒被评为首届四川名酒，以后历届蝉联。

1966年，文君酒改名为"临邛酒"。

1980年，复用"文君酒"之名。

1981年和1984年，文君酒均被评为商业部优质产品。

1983年，文君酒再次被评为四川省名酒，同年被四川省经委评为优质产品。

1985年，"文君牌"文君酒被评为1985年四川省优质产品。

1986年，文君酒远销港、澳、台及东南亚地区，实现首批出口。

1987年，文君酒获中国出口名特产品87金奖。

1988年，文君酒获中国首届食品博览会金奖、第13届法国巴黎国际食品博览会金奖、第六届香港国际食品展金奖。

1991年，文君酒荣获西班牙第七届商品名誉奖、中华国产精品优质奖，文君酒厂在巴蜀白酒企业200强中上升至第五位。

1992年，文君酒荣获中国优质产品驰名精品奖、保加利亚国际博览会金奖、俄罗斯国际文化基金会荣誉金奖。

1993年至1994年，文君酒先后在多个国家及地区荣获十一枚国际金奖，成就香传四海的美名。

2009年，文君高端新品"天弦"上市。同时，耗资数亿的白酒庄园文君庄园在四川邛崃隆重揭幕，成为文君与其他酒文化交流融汇的平台，中国白酒文化在此精彩演绎。

2010年12月，首款限量版产品"大师甄选55"推出，以致意对大师创作的礼遇与尊重。

2011年，文君酒展开国际策略，逐步进入亚太区包括香港、澳大利亚、日本在内的主要市场。

2012年，文君酒继续拓展国际市场，进驻包括法国、德国、美国在内的欧美国家与地区市场。

（三）文君产业

1. 文君酒庄

2009年5月8日，中国现代高端白酒品牌文君酒，在四川邛崃为新近落成的文君酒庄举行盛大的揭幕典礼暨"天弦"新品上市品鉴会。作为四川省白酒行业较大的外商投资项目之一，世界高档洋酒集团酩悦轩尼诗斥巨资历时两年，打造了全球范围内的白酒庄园，是世界酒文化与中国酒文化相互交流融合的平台。

文君酒庄坐落在"中国较大白酒原酒基地"美誉的酒乡——四川邛崃，由现代感与设计感并存的访客馆、文君会馆、酒厂以及行政办公区等功能区块构成，总占地面积达13万平方米。其中，汉代到清代的18件邛窑藏品更增添了文君酒庄的艺术氛围与尊贵气息。

文酒君庄的落成成为中国白酒开先河之作，无论是访客馆还是文君会馆，都体现出古典与现代完美融合的一面。设计师以简洁的手法隐含复杂精巧的结构造型，强调设计的本源和起点。在空间整合过程中，处处渗透着中国文化的元素，并融入中国西南传统建筑装饰元素，在民间艺术中提取精华，并与现代几何美学、自然美学紧密结合，创造出简约而有文化内涵、尊贵而富有古典美的现代叙事空间。文君酒的悠久酿造历史及深厚的品牌底蕴将在文君酒庄得以充分展现；酒庄将成为文君与其他酒文化交流、融汇博采的平台，让浩荡几千年的中国白酒文化在此丰富演绎，熠熠生辉。

2. 文君庄园

作为白酒文化的先行者，文君庄园以美酒盛情广迎天下宾客，缔造出一个融汇博采、以酒会客的人文平台，不断呈现白酒艺术的卓越成就。

3. 文君会馆

文君会馆提炼尊尚品位，处处渗透着传统中国文化元素与时尚设计相融合的典雅格调，体现酒逢知己的款客之道。三座独特庄园，在简洁中隐含着繁复精巧的结构概念，创造出尊贵而富有古典美的现代叙事空间。

4. 文君酒史馆

文君酒史馆文化荟萃，在此，你能够了解从西汉至今2000多年的文君酒史。文君酒的品牌故事、企业历史，纯手工的古法酿造工艺以及与文君酒合作的艺术家，都在这里一一呈现。

位于二楼的品酒室，最多可同时容纳20人同时品酒。墙壁上铭刻的《凤求凰》，令人想到文君与相如的传奇故事，也使一隅空间雅趣盎然。在这里，来访嘉宾将由中国白酒界著名调酒大师吴晓萍女士引领，品尝到各种文君美酒。

当白酒调配被升华为艺术，品酒之享理所当然就成为艺术鉴赏。除了文君的成品酒，嘉宾还可以品尝到文君的基酒、调味酒等。纵横对比之间，完成感官的饕餮体验。

5. 文君酒专卖店

专卖店秉承了简约典雅的设计风格，在这里，除文君酒的产品以外，还有精心开发的礼品可供选购，如文君酒具、限量版邛窑工艺陶瓷等。

第八章 江口醇

一、江口醇酒

四川江口醇酒业（集团）有限公司生产的江口醇系列酒，是中国白酒百花园中的一朵光彩灼灼的琼花。

（一）江口醇酒的发展史

1. 江口醇曲酒的源流

江口醇酒萌生于四川平昌。平昌始置平州县时，层峦叠嶂，林茂草长，虎狼肆虐，一片蛮荒。为抵御兽害，繁衍生息，平州百姓研制出一种既能舒筋活血、强筋壮胆，又能除疲解乏的饮品米酒，在民间盛行了一千多年。清朝初期，宫廷起视酒为有害之物，故康熙、雍正、乾隆三朝一直严谕禁酒，对烤酒、贩酒者绳之以法。康乾时期，四川酒业尚处起步阶段。自康熙二十六年起，宫廷显贵们公然违背先皇圣训，经常纵酒；皇帝日日饮酒的传闻也不胫而走。四川山高皇帝远，川酒一直在经营，更有直隶、湖广、江浙一带酿酒者移居四川，利用四川得天独厚的条件继续酿酒。乾隆五十一年，一湖北唐姓移民擅长制酒，入川定居江口后，重操旧业，精心酿酒出一种比米酒更香的烧酒，名曰"酊缸酒"。同治年间，一位叫吴德溥的平昌举人荣归故里，他集宫廷酿酒秘方和民间烤酒技艺于一体，从云南请来酿酒师，改进酿酒技艺，取沁心泉水，酿出了香醇可口、品味纯正，品质比"酊缸酒"更上一层楼的"小酢酒"。恩科举人、顺天府房山县令吴道凝，畅饮故乡佳酿后，诗兴大发，一首描绘巴灵台无限风光的《巴灵台赋》如清泉倾泻，跃然纸上。不久《巴灵台赋》传入皇宫，皇帝阅后，盛赞有加，遂降旨县令将江口所酿小酢酒定期送至京城御用。江口美酒从此名噪巴蜀，誉满京华。二吴之后，江苏海州道员廖纶也回到江口镇。廖纶是位风雅名士，饱读诗书，满腹经纶，是当时著名的书法家、诗人。他生性好酒嗜茶，晚年隐居于古朴的江口镇，借灵山秀水伐木凿石，建造酿酒作坊，名曰南台酒坊，不久，他又建起了南台茶坊，真可谓"东边酒坊醇香飘，西边茶坊清芳绕。"廖纶讨来宫廷酿酒秘方，向蜀地酿酒名家虚心求教，综合众家之长，苦心钻研，制作试验，终于造出了比令皇帝青睐的小酢酒更胜一筹的南台酒。1949年10月1日，新中国成立，从此进入社会主义建设时期。平昌江口酒乡商贾云集，尤以廖纶特制酒窖产出的"南台酒"吸引着众多外地客商。南台神泉千年有之，江口南台酒窖百年生辉。昔日的南台酒,如今的江口醇,早已远销欧洲、东南亚各地,誉满全球。

2. 江口醇曲酒历史文化

"千年糟,万年窖",窖池的历史越悠久,其微生物越丰富,酿造的酒越香醇。南台酒坊历经130多年时代变迁,留传至今的窖池仅存8口。这8口连续使用、年代久远的窖池被巴中市政府作为重点文物予以保护,其丰富的微生物区系奠定了江口醇的独特风格,同时也培养了一批新窖。其中独特的窖泥培菌技艺已成为江口醇的"传家之宝"。

(二) 江口醇酒之民间传说

1. 南台神泉

江口醇曲酒产地为平昌,平昌有一名胜南台山。南台山自古充满灵秀之气,远看宛若一块硕大无比、精心雕琢的盆景奇石,坐落于巴河、通河交汇之处。山上古木参天,奇花异草葱茏,涓涓泉水垂帘,汇于龙泉崖口,形成一帘飞瀑。廖纶决定酿酒的灵感,正是被南台飞泉的叮咚声所激发。一日,他醉游南台山,但见一股泉水从青岩石洞中汩汩流出,泠泠如清磬。传说由此腾出青龙,此后泉涌龙口,长年不断,清香弥幽,蔚为神奇,"南台神泉"由此得名。有诗云:"碧水映丹霞,溅溅度浅沙。暗通山下草,流出酒中花。素色和云落,喧声绕石斜。明朝更寻去,应到杜康家。"

2. 南台山神

在巴人文化里,一直就有信奉与崇拜山神的古老传统。江口醇曲酒的前身南台酒酒坊建立之初,酿酒人为感激山神护佑这方水土,便于南台神泉旁塑有山神像一尊,虔诚拜谒,十分灵验。自古以来,巴人在酿酒前都要举行隆重肃穆的祭祀山神仪式。时至今日,江口醇人仍传承着这一古老而又虔诚的仪式。

3. 沁心泉

廖纶创建南台茶酒作坊时,掘井取水,井深数丈,未见泉水。一日,廖纶与好友吴德溥踏青饮酒,酩酊大醉之后,卧石养神。忽一鹤发童颜道人,骑一青鹿飘然而至,赠桃盒一只,并嘱云云。纶正欲展之,道人杳渺无踪,纶回头便拜。徐徐打开桃盒,但见盒内有红绸包裹一物,展开看时,乃一地面草图,上绘南台山下地势,醒目处标有"沁心""角井""挹露"三地,在"沁心"处尚标注三点。中点清晰,左右模糊。正仔细琢磨时,纶被身边顽童惊醒,乃南柯一梦,怅然有悟。于是按梦掘井,不深处,便见三股泉水涌出,中股清澈,左右两股浑浊。清泉冬暖夏凉,甘甜清爽。纶乐不自禁,在泉旁欣然写下"沁心泉"三字,后用此泉酿得享誉盛名的"南台酒"。南台酒清冽丽爽,风味独特,饮后神清畅然,沁人心脾。过往行人知味停车,闻香下马,饮者莫不交口称赞,于是南台酒声誉鹊起,"沁心泉"由此也闻名。

4. 醒酒石

在平昌民间,流传着一个醒酒的故事。某春日,江口醇曲酒首创者廖纶与好友踏青饮酒,约定酩酊大醉之后,卧石养神,谁后醒便罚在乱怪石上题诗一首。结果,廖纶先醒,好友酒醒之后,只好在泉旁廖纶卧石之上题下"子孙尤自问监军,醒籍千年迹已陈。苍骨冷侵酣枕梦,苔痕清逼醉乡春。西风别墅啼山鬼,落日朱崖泣海神。牛李相倾果何得,太湖甲乙更谁人"的诗句。之后,人们便叫这块石头为"醒酒石"。

5. 藏酒洞

相传东汉建安年间，名将严颜因镇守巴郡益州（今巴中市）有功，得赐御酒一坛，隐于故地南台鹰岩洞内深潭，特派人镇守数年。传说青龙于此做功，修成后跨流入海，深潭化作涔涔清泉，守者变为山神，经年累月坐镇石洞的鹰岩石壁之上，呵护着一方热土。正所谓"风月随人意，绿荫入酒家。南台驻山神，播惠腾天涯。"藏酒洞约800平方米，现是江口醇储存酒的主要场所。

（三）名人与江口醇

有关江口醇的文人，最为人盛传的，莫过于江口醇曲酒创始人廖纶。廖纶（1810—1889），字养泉，号橘叟，江口场（今平昌）人，清末书法家、诗人。自幼敏而好学，才华出众，深为当时权臣曾国藩、李鸿章、左宗棠赏识，委以重任，官至海州道员。晚年归隐江口，因生性好酒嗜茶，于南台山下筑"春及山庄"，建酒、茶二坊，掘井汲泉，建窑酿酒，遍访酒师，广采博取，酿制出"质赛九州、怡心延寿"的"南台酒"，常邀友品茗畅饮，醉卧山水之间，赋诗抒怀，颇有五柳风骨。著有《橘叟随笔》《笑山姑存草》《养泉诗抄》等诗文集，其墨迹遍布大江南北，尤为著名的翰墨遗迹，当属太湖的"龟头渚"峭壁上手书的"横云"与"包孕吴越"六个大字，其"江阳十景""沁心泉""魁""寿"等手迹至今还完存于江口醇园区南台山沿。

二、江口醇酒的特点

（一）江口醇酒的工艺酿造特点

1. "江口醇曲酒传统酿制技艺"概述

传统技艺"江口醇酿造技艺"是一种蒸馏酒传统酿造技艺，其传布的核心区域位于平昌县。

江口醇的传统酿造以优质糯米、高粱为原料，谷壳为辅料，小麦制曲，采用混蒸续糟，泥窖固态发酵，边糖化边酒化的复式发酵工艺。其流程主要包括：原料处理、制曲、淀粉糖化、酒精发酵、蒸馏取酒、老熟陈酿、勾兑调校等。

江口醇传统技艺的复式发酵酿酒工艺流程，与其他浓香型白酒酿造工艺有着较大差异，兼具历史文化价值和科学研究价值。发掘、发展和保护江口醇酿造工艺，具有十分重要的现实意义。

2. "江口醇曲酒传统酿制技艺"发展的基本情况

江口醇酿造历史可追溯至周朝。据史料记载，巴中是古代巴人的集聚地之一，后来明末清初"湖广填四川"时，土家族移居于此并逐渐汉化。民族的杂居和交融使土家族的"咂酒"酿造技艺与巴人的"酎缸酒"酿造技艺得到了融合发展。"咂酒"和"酎缸酒"是江口醇传统酿造技艺的先祖。

清朝时，江苏海州道员廖纶晚年告老还乡，居于平昌江口场。他在总结古代巴人和前辈酿酒经验的基础上，博采众长，发明了窖中窖的复式发酵方法，酿造出"南台酒"。

经代代传承和发展，形成了今天江口醇完善的传统酿制技艺。2006年，江口醇酒被国家商务部授予"中华老字号"的称号。

（二）江口醇系列酒的特点

江口醇曲酒以优质高粱、糯米为原料，以优质小麦、大麦制成大曲为糖化发酵剂，老窖作发酵池，采用高、中温曲，续糟混蒸混烧，贮存勾兑等工艺酿制而成。

江口醇曲酒具有窖香浓郁、清冽甘爽、绵软醇厚、味净余长，尤以甜净的独特风格著称，属浓香型大曲酒。酒度为38度、54度。

1．江口醇系列

（1）江口醇典藏乾坤（见图8-1）

图8-1　江口醇典藏乾坤

酒里乾坤大，壶中日月长。

（2）龙酒系列

大酱风度：大酱风度酒最显著的特点在于它的包容性。浓酱兼香、以酱为主、优雅大度、浑然天成，开江口醇酒史先河（见图8-2）。

图8-2　大酱风度

龙行天下：该酒定位高端，传承古方，自然醇化，酒体丰盈饱满，品质优雅绵柔，辅以内敛包装（见图8-3）。

图8-3　龙行天下

盛世龙尊：古往今来，圣贤皆寂，唯有饮者，他们饮酒放歌，豪迈自如，至高境界，为人景仰（见图8-4）。

图8-4 盛世龙尊

(3) 典藏系列

典藏1879：江口醇发端于清光绪五年（1879），为感念先祖，纪念廖纶而开发的一款浓香型白酒——典藏1879，酒度42°，容量500毫升，口感细腻醇和，上市备受好评（见图8-5）。

图8-5 典藏1879

经典款、陶瓷款：清末，江苏海州道员廖纶晚年携酿酒秘方归隐江口，于此建窖酿酒，并于南台山沿镌刻"魁""寿"二字，寄意南台酒"质赛九州以夺魁，饮酒怡心以延寿。"历经百年演绎，经典不衰。

诸葛酿酒：三国时蜀军中川兵喜饮浓香酒，黔军喜饮酱香酒。诸葛亮便与川黔酿酒技师共拟"浓头酱尾"之方，满足士兵的不同喜好。该酒继承传统古方，浓酱兼香，细腻醇和（见图8-6）。出口马来西亚、韩国等地。

图8-6 诸葛酿酒

太阳颂：当年，平昌酒有过为浴血奋战的英勇红军伤员消毒疗伤、胜利庆功的光荣历史。江口醇集团历经多年，精心研发设计出的"太阳颂"作为新中国成立 60 周年的献礼酒品，采用上好陈封老酒为酒基，红釉包装。大气神凝、亮丽纯正的红色，焕发出革命的浪漫主义情怀，也昭示着老区人民与时俱进的拼搏追求，是江口醇的代表性、标志性产品。

马六甲酒："垆邸随棹月，旌樯舞斜阳。"该酒为纪念郑和下西洋 600 周年而研发，品质醇和、绵柔，堪称酒坛佳酿。该酒已出口日本、韩国等国家。

爱立得酒：本酒是江口醇人 20 年蓄势，精心研制的一款有色酒类。该酒系采用大巴山特有的可食性中草药经多年浸泡精心萃取勾调而成，具有明显低糖、低度、营养、滋补的特性。目前该酒已出口日本、新加坡等国家。

（三）江口醇系列酒的品质特点

1. 江口醇系列酒的品质追求

质量是企业的生命，品质是品牌的灵魂，江口醇集团始终把对产品的卓越品质追求作为"名牌战略"的核心，建立起 600 余个各类产品和原辅材料标准、计量管理三级网络和质量激励机制，形成了独具行业特色的质量控制系统，全面推行 ISO9001 国际质量标准，启用微机勾调和 ERP 管理系统，从原料到酿造，从包装到成品，始终坚持传统工艺与现代科技的有机融合，全过程、全方位的质量立体掌控，把千百年来酿酒的神秘技艺演绎得空前精细，让传统酿酒行业闪现出科学、规范和现代的光辉，确保了江口醇的绝对品质。

2. 江口醇系列酒的品质认定

1995 年 10 月 11 日，中国食品发酵工业研究所组织在京酿酒专家，以中国白酒界泰斗秦含章为专家组主任，联合任可达、高景炎等 18 名国家级专家组成员，对江口牌江口醇酒进行了感官品评和技术质量研讨，并一致认为："江口醇低度和高度是具有'浓香略带药香'的优质酒，确实是典型川酒中的名牌货。"（引自《38 度/52 度江口醇酒国家级专家组鉴定结论报告》）

2003 年 5 月，江口醇系列白酒又以其优厚的质量基础和典型的风格特征被中国食品工业协会授予"中国白酒典型风格银杯奖"。

江口醇系列产品以无可挑剔的产品质量先后荣获 80 余项殊荣，在品牌如林的川酒中独树一帜，被誉为川酒"第七朵金花"，赢得了广大消费者的广泛认可和衷心赞誉。

在广州，江口醇·诸葛酿跃居白酒销售前三名；

在江苏，江口醇被确认为"用户满意产品"；

在浙江，江口醇被定为"第六届中国国际服装节指定专用酒"；

在福建，江口醇被定为"第八届中国国际商贸洽谈会专用酒"；

在云南，江口醇被定为"少数民族民俗节庆祝用酒"；

在湖南，江口醇被定为"毛泽东同志诞辰 110 周年纪念活动指定接待饮用酒"；

在西藏，江口醇被定为"西藏和平解放 50 周年大庆指定专用酒"。

三、江口醇酒的发展历程

(一) 江口醇酒企业概述

四川江口醇酒业（集团）有限公司成立于2002年3月，是以酒类产销为主的跨行业集团公司。江口醇酒自晚清江苏无锡知县、海洲道员廖纶晚年所建"南台酒坊"伊始，距今已有130多年历史。

"镜台巴河、泉渊三里、醴香云外"的山水平昌，赋予了江口醇鲜明的个性特点，其地域和原料的不可替代性，酿造、储存和勾调的独到性，传承和创新的统一性，为其奠定了"四川第一醇"的美誉。

江口醇系列酒采用优质红粮和清香弥幽的纯天然山体泉水，辅之大巴山特有的20多种中草药制曲，经独特复式发酵工艺，生态酿制而成。它以"窖香浓郁、醇甜协调、余味净雅、酒体丰盈"的独特风格，赢得了广大消费者的喜爱。产品曾先后荣获"日本东京第三届国际酒饮料博览会质量金奖""四川省名牌产品""中华老字号产品""中国驰名商标""国家地理标志保护产品"等80余项殊荣，成为全国酒类行业知名品牌。特别是依托江口醇文化孕育出的"诸葛酿""马六甲""金复来""太阳颂""爱立得"等品牌产品，不仅畅销东南沿海，而且还大规模出口日本、韩国、泰国、马来西亚、越南等国家，引领着中国白酒的另类风骚，成为公司出口创汇的新锐。

江口醇集团始终秉承"诚信、开明、包容"的经营理念，以市场为导向，坚持"以酒为主、多元发展、协调共进"的发展战略，将产业链条稳健地延伸到房产、酒店、包装印务等多个领域，并在全国28个省、市、自治区建有办事机构和分销网络，拥有主导产品13大系列、200余个品种，年产白酒2.8万吨，总资产近10亿元，荣膺"全国酒类行业优秀企业""全国食品工业优秀龙头企业""四川省重点优势扩张企业""四川省80家农业产业化重点龙头企业""四川省工业企业最大纳税50强""四川白酒8强企业"。

未来，江口醇集团将继续坚定不移地实施"以酒为主、多元发展、协调共进"的发展战略，把江口醇建设成为"管理科学、文化厚重、市场稳定、绩效优异"的全国知名企业集团。

(二) 江口醇曲酒的品牌发展

1879年，清末文化名人廖纶建"南台酒坊"，江口醇由此发端。

1928年，"南台酒坊"正式取名"江口酒厂"。

1953年，国家赎买私办酒厂，南台酢坊被改造为"国营平昌县酒厂"。

1961年，归属县糖酒公司实行酒类专卖，酒厂更名为"中国糖业烟酒公司四川省平昌县公司酿酒厂"，下辖10个区乡分酒厂。

1966年，更名为"四川省平昌酒厂"。

1977年，"四川省平昌酒厂"复名。开始全面恢复生产，自行设计安装液态发酵酒生产设备，实行半机械化作业，年生产能力扩展到1240吨，瓶装酒开始面向市场，"魁曲""江口白酒""高粱白酒"等销往全国各地。

1994年，与县糖酒公司脱钩，自主经营，企业因拳头产品"江口醇"知名而相应更名为"平昌县江口醇酒厂"。

1997年，迎着改革开放之风，江口醇确立了公司长远战略目标——走中高档酒发展之路，由巴中市知名企业向全省知名企业行列迈进。

1999年，江口醇提出"品牌立厂、文化兴企"的名牌战略目标，开始了品牌营销之路。

2000年，企业初步改制，"四川江口醇酒业有限责任公司"成立。首批1300件江口醇酒远销马来西亚，实现了企业出口零的突破。

2001年，企业进一步完善股份制改造，企业更名为"四川省江口醇酒业（集团）有限公司"，开始迈出扩张经营的步伐。

2003年，江口醇开始产业扩张，实现了多元化经营，业务涵盖汽车出租业、酒店、房产、包装印务领域，产品大规模出口更是开创了集团发展的崭新时代，使企业一跃成为全国知名酒业集团。

2005年，江口醇提出"把企业建设成为管理科学、文化厚重、市场稳定、绩效优异、走向世界的知名企业集团;"的宏大构想，"诸葛酿""马六甲""爱立得"在东南亚国家和地区的畅销让江口醇成为川内名酒出口的领跑者。

2006年，"江口"牌江口醇酒被国家商务部首批认定为"中华老字号"产品。

2008年，"江口醇"商标被国家依法认定为"中国驰名商标"。

2009年，企业改制结束，完成了由国营到国有控股再到民营的完全化改制。

2010年，"江口"牌江口醇酒被国家质量监督检验检疫总局批准为"国家地理标志保护产品"。

2011年，总投资2.3亿元的江口醇·酒乡宾馆和江口醇·艺术中心成功投入运营。

2013年，江口醇集团全国销售中心整体迁至成都。

2014年，9月27日，由中国酒类流通协会和中华品牌战略研究院主办、被业内称之为"中国酒业奥运会"的第六届华樽杯中国酒业200强名单在北京国家会议中心发布，江口醇以42.79亿元的品牌价值跻身中国酒业（含白酒、啤酒、葡萄酒、保健酒、黄酒、米酒等）50强，这表明江口醇品牌在严峻的酒类市场形势下，依然具有很强的竞争力和发展潜力。

（三）江口醇酒的企业文化

企业愿景：建成"管理科学、文化厚重、市场稳定、绩效优异"的全国知名企业集团。

发展战略：以酒为主，多元发展，协调共进。

经营理念：诚信、开明、包容。

管理理念：依法治企，依章管企，民主科学，和谐。

服务理念：全心、全过程服务。

市场理念：市场配置资源，优势资源向优秀商家集中。

人才理念：尊重知识，尊重人才，用市场的方法吸收、领导和管理人才。

质量理念：质量是企业的生命，是企业发展永恒的主题。

企业精神：以我为主，爱岗敬业，勇于负责。

（四）江口醇酒企业的科技创新

科研力量是品质常新、企业长胜的核心动力。江口醇集团始终以市场为导向，把不断满足消费者口感需求作为产品研发的核心，与国内众多酒类科研所、专业院校合作，将现代生态酿酒理论与传统技术融合；先后建立了省级企业技术中心和博士后工作站，汇集了国内数十名白酒专家、教授和公司白酒专业工程技术人员，配备国内最先进的酒类科研与检测分析设备，具有较强的自主创新与研发能力。

（五）江口醇酒荣誉

1. 企业荣誉

1989 年，被评为全面质量管理上等企业。

1997 年，被评为四川省优秀企业。

1997 年，被评为全国酒行业优秀企业。

1999 年，被评为四川省"十五"重点扶持企业、四川省重点优势扩张企业。

2000 年，被评为四川省食品工业科技进步优秀企业。

2001 年，被评为四川饮料制造业工业企业最大市场占有份额 30 强、四川工业企业最大纳税 50 强。

2001 年，被评为四川省优秀专利企业。

2002 年，被评为四川省农业产业化经营重点龙头企业。

2002 年，被评为四川省食品工业销售 20 强。

2002 年，通过 ISO9001：2000 质量管理体系认证。

2003 年，被评为全国守合同重信誉企业。

2004 年，被评为中国食品工业优秀龙头食品企业。

2005 年，被评为中国白酒工业百强企业。

2006 年，被评为四川工业最大规模、最佳效益 20 强企业。

2007 年，被评为四川省知识产权试点企业。

2008 年，被评为四川省食品安全生产（首批）示范单位。

2009 年，被评为农业产业化经营省级重点龙头企业。

2011 年，被评为农业产业化国家级重点龙头企业。

2013 年，被评为四川省大企业大集团 100 强培育企业。

2. 产品荣誉

1988 年，魁曲酒荣获"中华人民共和国商业部优质产品奖"。

1988 年，江口醇酒荣获"中华人民共和国商业部优质产品奖"。

1991 年，江口醇荣获"日本东京第三届国际酒饮料博览会质量金奖"。

1997 年，江口醇酒被命名为"四川省名牌产品"。

1999 年，"江口"牌商标被评为"四川省著名商标"。

2001 年，特曲江口醇外观包装设计获"全国食品工业科技进步优秀项目奖"。

2002年，江口醇酒被命名为巴中市"市酒"。

2003年，45°浓香型布衣江口醇酒获"中国白酒典型风格银杯奖"。

2003年，第二代诸葛酿获"深受广州市民欢迎的最佳包装奖""深受广州市民欢迎的十大文化美酒""深受广州市民欢迎的酒类品牌"。

2005年，江口醇酒、诸葛酿酒同时被授予"四川名牌产品"称号。

2006年，江口醇被中华人民共和国商务部首批认定为"中华老字号"。

2008年，"江口醇"商标被国家依法认定为"中国驰名商标"。

2009年，江口醇传统酿制技艺被列入四川非物质文化遗产保护名录。

2010年，"江口"牌江口醇酒被国家质量监督检验检疫总局批准为"国家地理标志保护产品"。

参考文献：

[1] 杨柳. 中国名酒鉴赏 [M]. 上海：上海科学技术出版社，2008.

[2] 张露. 巴中非遗"江口醇酿造技艺"博采众长香飘百年 [N]. 巴中新闻网，2015－04－27.

第九章 丰谷酒

一、丰谷酒概述

(一) 丰谷酒的发展史

1. 历史渊源

(1) 三国

绵州自古盛产美酒,其中有文字记载的历史可追溯到公元212年的富乐烧坊。据《三国志》和《方舆胜览》记载,东汉建安十六年(212),刘备入蜀,益州牧刘璋迎至绵州,二人煮酒百日论天下。刘备畅饮美酒后称赞"富哉,今日之乐乎!"

(2) 清朝

清朝康熙年间(1700),陕西酿酒大师王秉政携其子王发天入川至绵州,合并当地多家酒坊,在传承千年富乐烧坊酿酒工艺的基础上,融合当地多家酒坊,潜心钻研数十年,于绵州丰谷镇创立了"丰谷天佑烧坊"。

(3) 当代

新中国成立后,丰谷天佑烧坊更名为"国营绵阳市酒厂"。2001年改制,丰谷天佑烧坊更名为"四川省绵阳市丰谷酒业有限责任公司"。从东汉富乐烧坊,到清朝丰谷天佑烧坊,直至今天的丰谷酒业,在绵延千年的历史演变中,丰谷人始终遵循"古法酿造,始终如一"的古训,多年来一直专注于生态白酒的酿造。

2. 发展历程

绵阳,古称绵州,自古就是一个人杰地灵、英雄辈出的川西北重镇,其悠久的历史可追溯到2000多年前,现有国家级文物珍品"青铜牵马人俑""汉阙"可以作证。沧海桑田,当年李白醉酒诗百篇,蒋琬苦读凤凰台,刘备和刘璋相会富乐阁……天蓝、地绿、水清、人和的绵州古城,历经千年。

清代康熙年间(1682),先辈王发天定居绵阳丰谷,以富乐烧坊为主体,合并数家作坊,建立了丰谷酒业的前身丰谷天佑烧坊。烧坊一创立,就因其用料考究、工艺精湛、酒味醇美,而享誉古绵州城内外。随着酿酒技术发展,生意日益兴隆,经多年后演变成天佑大曲烧坊。"丰谷酒香千家颂,天佑坛开十里香"就是当时盛景的真实写照。民国期间,天佑大曲烧坊产销两旺,生产的"丰谷老窖大曲"畅销省内外各地。新中国成立70年来，虽然经过国家一系列改革政策和企业的历史演变，公司生产的产品仍然继承了传统工艺生产技术的特点，并结合现代微生物酿酒技术，精选优质高粱、大米、小麦、糯米、玉米酿制而成，具有窖香浓郁、绵柔甘冽、香味谐调、余味爽净，尾净味长的独特风格的"丰谷牌"丰谷系列白酒。

如今的绵阳市丰谷酒业有限责任公司已发展成为一家集生产、销售和科研于一体的综合性酿酒企业，其主要产品有丰谷壹号、丰谷酒王、丰谷特曲、丰谷墨渊、丰谷二曲、丰谷纯酿等20多个系列品种、180余个规格。相关产品以其窖香幽雅，醇厚绵甜，尾味爽净的独特风格，被周恒刚、沈怡方、曾祖训、高月明、高景炎等中国著名白酒专家誉为"丰谷香型"，并深受消费者青睐，畅销国内外。

公司现拥有固定资产6.1亿元，占地1700余亩，各类专业技术人员1200余人。其中，有中国白酒首席品酒师1名、中国白酒工艺大师2名、国家级白酒评委8名、省级白酒专家2名、省级白酒评委17名。先后通过了ISO9001质量管理体系认证、HACCP危害分析与关键控制点管理体系认证、ISO14001环境管理体系认证和OHSAS18001职业健康安全管理体系认证，具有年产优质白酒逾10万吨的生产能力，是四川省规模最大的综合性酿酒企业之一，特别是在2019年度公司已实现工业总产值13.2亿元，实现含税销售收入12.4亿元，同比增长83%。

高起点的基础设施，现代化的生产设备，高科技的监控手段，新技术、新材料、新工艺的研究和推行，使丰谷酒卓越的品质、高雅的品位铸就出驰名的品牌。丰谷先后荣获了全国商办工业百强企业；四川省工业企业饮料制造业效益10强；全国质量效益先进型企业；四川制造好产品企业等称号。丰谷壹号荣获了"'青酌奖'酒类新品TOP10（白酒类）"称号和"世界之星"设计大奖；丰谷特曲荣获了"跨世纪白酒著名品牌""第二届全国体育大会专用产品""四川名牌产品""中国白酒典型风格奖"等荣誉；丰谷酒王荣获了"诚信企业、放心食品""四川名牌产品"称号；丰谷酒王20酒荣获了2019年度中国白酒酒体设计奖。未来，丰谷酒业将坚持供给侧结构性改革，以"做最懂消费者的白酒品牌"为企业愿景，依托低醉酒度技术，形成自身的品牌标签，实现规模发展，创造更加卓越的企业效益和社会效益。

（二）品牌·丰谷井

涪江、安昌江、芙蓉溪汇聚于绵阳城，因此丰谷井便成了三江汇流之地。其中，涪江水源自长江源头雪宝顶，与九寨沟之水同源，是川西高原闻名遐迩的"名酒U型地带"第一道水源，可谓得四川名酒带上风上水。其水富含各种微量元素，硬度低，酸度适中，属甜水，是酿酒的绝佳用水。而今闻名全国的丰谷酒发源地就在这个美丽的地方——丰谷井（今丰谷镇）。

丰谷井聚三江之水，形成独特的酿酒优势，亦因三江合一江。隋朝时涪江水运发达，借助这一便利交通优势，通过水上通道，丰谷美酒自古便畅销于长江中下游流域。

源于东汉，兴于唐宋，精于大清，尊于当今的丰谷酒，凭借其居于"名酒U型地带"的地理优势，1800年来以其世袭秘技酿时代琼浆，以富乐烧坊、天佑烧坊的老窖泥赋予其玉液天香，成为中国低醉白酒的首创者和推广者。

1979年10月前，丰谷酒一直在丰谷井这个美丽而古老的地方生产酿造，因而畅销历朝历代，深得人们的厚爱，并名扬西蜀。迎着改革的春风，丰谷人以丰谷酒酿造窖池"天佑烧坊"所在地丰谷镇向国家工商总局申请注册，并获得"丰谷牌"商标使用权。

2003年，丰谷在业界首次提出了"让友情、更有情"的品牌口号，在确定这一口号前，丰谷人也是经历了渐进式的品牌内核挖掘与提炼，最终才有了定论。

丰谷人最早把丰谷品牌定位朋友圈里的酒——"自己人，喝丰谷，不玩虚的。"定位准确地表达了丰谷产品特点，即价格定位，儒雅含蓄，易传播，但因过于直白，缺乏大气，不利丰谷品牌形象提升。接着又提出了"品味丰谷，品味成熟"的口号。丰谷是成熟的；丰谷美酒，经过长期发酵，也是成熟的。而饮丰谷的人，更是有品位的成熟男人形象。成熟，是一种境界；成熟，是一种品味，其含义既包含了事业的成熟，更包含了心智的成熟。虽然立意高远，内涵丰富，但其品牌内涵过于宽泛，作为一种品牌个性的塑造，有一定的缺陷。

经过长期思考，丰谷提出一个新的口号"让友情，更有情。"我们为什么喝白酒？答案多种多样，要在众多理由中找出最重点，非友情莫属。朋友交往，是白酒消费的重要市场。人生四大喜事中，哪一喜都离不开朋友。结婚，宴请朋友；金榜题名，与朋友饮酒祝贺；久旱逢甘露，与朋友举杯小酌；他乡遇故知，与朋友一醉方休。与朋友一起，总能找到喝酒的理由。以"友情"作为诉求，正是找准了白酒消费的市场。丰谷以"喝一杯，喝一辈子"的理念酿好酒，做好人，做企业，做营销，做市场，让丰谷成为经销商的朋友，成为消费者的朋友，丰谷酒全方位、立体化地打造了"中国友情第一酒"。

丰谷不仅孕育了一代代涪江儿女，也创造了一个个历史佳话。丰谷镇因丰谷井而繁荣昌盛，美丽富饶；丰谷酒亦因丰谷井而闻名四方，浓香天下。这就是一个品牌与一个地方的故事，他们你中有我，我中有你。

（三）丰谷酒的民间传说与故事

1. 丰谷井：一个地方和一个品牌的故事

井为何物？平地凿凹，地下涌泉者也（见图9-1）。唐人孔颖达在为《易经·井》作疏时这样称井："古者穿地取水，以瓶引汲，谓之为井。"明人徐光启《农政全书》中对井的阐释是："井，池穴出水也。"《说文》曰："清也。"故《易》曰："井冽寒泉，食。甃之以石，则洁而不泥。汲之以器，则养而不穷。井之功大矣。"打井汲泉，自古便是中华民族开发利用地下水资源的重要途径。因此，水井自发明以来，也就成了中华民族繁衍生息的重要水源之一。滋养生命的井，灌溉五谷的井，政治的井，军事的井……在悠悠岁月中，流淌出永汲不竭的文化之玉液琼浆。

图9-1 丰谷井

"日出而作，日入而息，凿井而饮，耕田而食。帝何力于我哉？"《击壤歌》这样唱道。中华先民有着数不清的文明创造。其中，凿井技术的发明在中华文明史中占有重要的地位。就水井的发明者而言，亦众说纷纭，有黄帝、炎帝、伯益等充满了神话色彩的造井传说。数千年来，全国各地凿井数以万计，不同的地方在开凿井时，都产生了许多故事，后来这些故事经民间口头传播，也就成了神话故事。其中，今天位于川北绵阳丰谷镇的"丰谷井"的挖掘就流传着神话传奇。

2. 传说·丰谷井

相传很久以前，有一位贩盐的商人，从自流井（以前自贡盐井的称法）出发，沿涪江北上，一路谈生意，做买卖，游山玩水，船来到一处背山面水的地方，也就是今天的丰谷镇。

盐商运来的自流井盐，不几天就变成了白花花的银子。盐商心里想，这地方气候湿润，景色迷人，不如四处游转一盘，也不枉此行。

一天，这位商人吃饭的时候听店家说，出门往北爬坡五里，有座大佛寺，可以一游。于是他就往大佛寺走去。来到坪上，只见青山绿水，景色十分迷人，脚下尽是厚厚的黑土。盐商看到黑土，心中一动，俯身抓起一把，嘿，这不是盐土吗？倘若在这里凿井煮盐，倒是划得来。于是，盐商就举家北迁，在丰谷镇北门的坪上，凿了第一口盐井，建起了第一个盐行。

盐井虽多，淡水井却少。老百姓要吃水，不得不从涪江挑来。家中有青壮劳力还无妨，倘若是鳏寡孤独病残，便有些力不从心了。

镇上有个秀才叫王伯永，自幼饱读诗书，为人正直，深得街坊邻舍的尊敬。他见这么大一个镇子，没有一口淡水井，便写了一张募捐凿井的告示。就在告示贴出的当晚，王伯永做了一个梦。在梦里，一个白发白须的老者拉着他的手来到一棵柳树下，老者对他说："你从这里往下挖，三丈以下必有甘泉，此处为泉眼，此处一开，镇上所有的泉水都会涌入你们过去所凿的井内。"王秀才一觉醒来，已是次日正午，凭着记忆，他找到了梦中的那棵柳树。于是，人们按照他的指示拔去柳树开始挖井，三个月后，井底清泉涌出，清纯甘甜的泉水流进口中，整个小镇都沉浸在一片欢乐之中。紧接着，正如梦中老人所说，镇上昔日挖的苦咸水井，一夜之间也都涌出了清澈的泉水。

镇上有了淡水井，泉眼常年不断流，逢大旱也不干枯。年复一年，始终如一。王伯永认为托梦的那个人是龙王。也有人说，这里泉通大海，是东海龙王敖广的外孙常在此处游玩才使得泉水永不枯竭。为了感谢神人的指点，不让真龙回到大海，永保水源旺盛，百姓在井上盖起了一座庙，取名为"灵宫楼"，庙内塑有"灵宫菩萨"一尊。老百姓把这座井叫作"龙王井"。

据说，"灵宫菩萨"的样子就是王伯永那夜梦中白发老者的形象，因此，"龙王井"落成日，也就成了"龙王井"每年的纪念庙会日，并世世代代相传了下来。

说来也怪，自"龙王井"开凿以后，丰谷镇一带年年风调雨顺，五谷丰登，慢慢地，人们就又将"龙王井"改称为"丰谷井"。

据《元和志》《华阳国志》记载："丰谷镇原名铜牟镇，始于汉代，因盐脉而民聚为市，因盐闻名于涪郡，因酒而繁荣昌盛。"

3. 丰谷井因盐而兴

古绵州素产井盐。秦代就有"盐铁专利二十倍于古"的记载；南北朝就有"卓筒井"吸卤工艺；《隋书·地理志》说隋文帝杨坚开皇五年（585）改西魏所置的潼州为绵州，绵州治地巴西"有盐井"；唐代在魏城、玉河一带设置盐泉县。由于有井盐之利，唐代即已在绵州设官征税，划定销岸，禁海盐入蜀。

绵阳丰谷镇，古称丰谷井。据《绵阳县志》记载，最早的丰谷井开凿于隋朝（公元581年）。"州东南四十里罗汉寺山麓，古井也……"《元和志》记载："丰谷井在州东南四十里罗汉山麓，古井也。口宽七八尺，下石棱凹凸，深四五丈。井临涪江，有莲花石、天然层瓣若镂成，今存。"随着造井技术的诞生，以及开凿水井的技术在中华大地上的普及，古绵州亦开始推广、应用这一技术，并饮用上了干净清澈的井泉水。

清朝康熙二十三年（1684），绵州遭受春旱秋涝之灾，州之东北诸乡俱告歉收，西南乡亦仅保产，唯地处南乡一隅的牟镇诸村却喜获丰收。绵州知州徐彬亲往探看，有献一禾九穗之嘉禾者。询各村，乃知于春旱时掘井灌田，缓解了旱情，且有二井之水长盛不衰，知州长喜而赞曰："真为丰井，谷井乎！"上报省督，铜牟镇乃更名为丰谷井。

清朝康熙三十一年（1692）涪水不归安昌河，突冲城而过，东北二门割为水国，城西南仅存。清朝乾隆三十五年（1770）四川总监督阿尔泰奏请移州治于罗江，嗣奉批准部议云："应如该督所请，绵州附近之罗江县准其紧并绵州管理，知县、训导均行裁汰。绵州知州准其称驻罗江，……准其绵州长分驻丰谷井州判，移驻该州旧治。"并设州判署于丰谷井，代管绵州所辖各地政务。清·同治十一年（1873），绅士染成彦等同丰谷井州判一道，请州牧文灰批准，募本镇士绅会捐，建成丰乐书院，丰谷井亦成绵州的政治、经济、文化中心，闻名于西蜀。

4. 丰谷井因酒而旺

古绵州因盐而兴，因盐商贾云集。有商食宿，有商必吃喝，后来有人利用地方上的丰富物产，"丰谷井"的清泉，开设茶馆酒馆，开始酿造地方美酒。随着时代的变迁，丰谷镇的盐业开始慢慢衰退，而酒业却蒸蒸日上。据传，后来人们就把用丰谷井水酿造出来的美酒称为"丰谷酒"。从今天丰谷酒的历史演变来看，从东汉"富乐烧坊"到清朝"天佑烧坊"，从掘井取水，井水润粮，到井水酿酒，"丰谷井"都是丰谷当地济发展的重要支柱。

据记载，绵州最早有人类活动可追溯到两万多年前，涪江流域自那时就有了盛产谷麦的贵迹。谷麦等是涪江人民最早酿酒的原材料，却无从考证，涪江流域是否在两万年前就有了酿酒的历史。据《三国志》和《方舆胜览》记载：东汉建安十六年（212），刘备入蜀，益州牧刘璋迎至绵州，二人煮酒百日论天下。刘备畅饮富乐烧坊美酒后称赞"富哉，今日之乐乎！"常饮北方烈酒的刘备，入川后偶饮得味醇香、清冽、回甘的烧坊酒，如获至宝，故常以此酒嘉奖获胜将士。将士因此斗志昂扬，战无不胜，很快攻下成都，建立蜀国。无战时，有将士因好此酒，而偷购偷饮过量，刘备曾军令禁酒。但在蜀王筵宴群臣时，总也少不了富乐烧坊美酒。而在随后的一千多年中，富乐烧坊美酒因蜀王至爱，而在唐、宋、元、明时期得以兴盛，酿酒秘技得以传承。这一记载，说明了绵州在东汉时期就已盛产美酒。

康熙十七年（1678），深得杜绍康酿酒之秘的王秉政，耳顺之年移置绵州铜牟镇兴隆沟（今绵阳丰谷镇），在传承千年的"富乐烧坊"酿酒秘籍的基础上，潜心数年，创建了"天佑烧坊"。并将掘窖之技、制曲之术、酿酒之法、配料之方、品调之艺，逐一传授其子王法天，并扶杖亲临现场指导，出酒后又亲口品尝，评定优劣。训之："酒之优劣，入口可判，经营者应严把品评优劣之关，优者价优，劣者价廉，不可混同。此为立信之本，亦为经营者成败之基，应常铭记。"这一"以质论价，诚信酿酒"的世训，使得天佑烧坊美酒的声誉不胫而走。康熙年间，曾以李白的"花间一壶酒"诗意画为商标，用陶瓮盛装应市，在绵州乃至整个川西北地区确立了一席之位。

据考，由南麦、小麦、大麦、稻谷、高粱经窖藏发酵，精工酿成的天佑烧坊美酒，味醇香、清洌、回甘。应市之后，顿为饮者所嗜，除绵州各地均争相定购外，潼川府（今四川三台县）所属各县亦先后竞购，一时间竟难以满足抢购者之需。康熙四十年（1701），王秉政病逝。王法天恪遵父训，对天佑烧房的配料、制曲、酿制、出酒、品味、定级等，都躬身自任，从严把关，使得天佑烧坊美酒依旧在整个川西北地区保持着良好的声誉。王法天还经常告诫其子女"读书乃成才之本，力农乃养家之本，诚信乃处世之本，谦和乃致福之本，汝等不可舍本逐末而趋慕时尚。吾家酿酒始于东汉，其技藏蜀、汾、凤之秘技，要始以质优价廉为取信之基，异存戒心取巧，汝等当自勉之。"民国期间，天佑烧坊人兴财旺，产品更是畅销巴蜀之外的不少地方，遂与邻舍作坊"变陆丰"烧坊、"源鑫"烧坊合并，扩大自身产能，逐渐以瓶装酒热销全国。

（三）丰谷酒的文学与文化

自古至今，大到一个国家，小到一个地方，经济和文化均需相辅相成。丰谷井因盐而兴、因酒而旺的发展历史吸引了历代文人墨客的关注，也让众多名流为"丰谷井"写下了无数经典诗篇，成为而今传颂的佳作。

1. 李调元·戏曲家笔下的丰谷井

李调元，中国清代戏曲理论家，诗人。被誉为清代川菜、川剧之父。李调元与遂宁张问陶（张船山）、眉山的彭端淑合称清代四川三大才子。或因故乡情缘，或因诗人贯有感慨，再或因"丰谷井"实至名归，诞生了李调元对丰谷井的盐和酒的传世大作。

《丰谷井》
千层瓦屋环抱冈，万灶火煮盐泥黄。
白鹭衔渔树上立，乌犍转索引筒长。
谁家少妇汲江水？何人策马方回场？
我乘篮舆竟过去，回头山崦去苍茫。

他在诗中描绘了数百年前丰谷镇的盛况：千层瓦屋环抱，人居鼎盛；万灶煮盐，盐业发达；依山傍水，风景如画，百业兴旺而不失田园的宁静和谐之美。美丽而繁荣的丰谷，令诗人车行渐远还频频回头；更令数百年后的人们心驰神往。

李调元聪明机智，又受家学熏陶，5岁入乡塾，读"四书"、《尔雅》，过目成诵。他7岁时，来客命对："蜘蛛有网难罗雀"。答曰："蚯蚓无鳞欲变龙"。19岁时，才气横溢，擅长文章，尤工书画，受业于涪江书院，"州院试俱第一"。他文笔优美，往来京师与诸名公巨卿唱和,所作诗文脍炙人口,史称"甫脱稿,人即传诵。"乾隆二十八年(1763)会试诗题为"从善如登",李调元诗中有"景行瞻泰岱,学步笑邯郸"之句,为副总裁赏识,列为第一。总裁秦蕙田说:"此卷才气纵横,魁墨,非元墨也",置为第二。他殿试中二甲十一名,入翰林院,为庶吉士入庶常馆,后历任吏部考功司主事兼文选司、翰林院编修、文选司员外郎、广东副考官。

李调元为人耿直,不畏权势。乾隆四十六年(1781),任职期间,因得罪权贵,被流放新疆伊犁效力,旋经袁守侗搭救,从流放途中召回,发回原籍,削职为民。他深感仕途坎坷,吉凶莫测,于是绝意仕途。脱去官服的李调元一身轻松,回到家乡四川罗江县后,在南村买地十亩,建楼一座,名曰"万卷楼"。闲暇时,饮酒吟诗作画,成为他人生的一大快事。尤其对丰谷美酒情有独钟,眷恋不忘。一天,他正喝得兴致高涨时,挥毫疾书《丰谷赋》一首:

《丰谷赋》
五谷精英泉井良,
回甘清冽厚醇香。
轻斟细酌助诗兴,
无限灵思出醉乡。

在字里行间,丰谷美酒给李调元的感观不言而喻,"回甘、清冽、厚醇香。"闲逸、自在时,只有家乡的美酒才能令其诗兴大发,无限灵思。一种寄托,一种感悟,带给李调元对故乡一切的事物的眷恋、热爱。

2. 林愈蕃·医家眼中的丰谷井

林愈蕃,清代医家。字青山,号涧松。四川潼川府中江人。初习儒,后因家贫辍学,改研医药。有医名,尤精医方。著有《医方集要》《医方录验》等。

弃文从医的林愈蕃,救死扶伤,望闻问诊,有生之年,他的行医足迹遍布绵州大地。其中,丰谷井是他常来常往之地。在问诊闲暇之时,他结友游山采药,在劳作中,他对丰谷井的美景陶醉,诗人心情唯挥毫题诗才能表达。

《丰谷井登山有作》
一区湫隘苦羁留,好友相携上岭头。
放眼游观天大地,澄心默悟古今浮。
青烟轻重横盐灶,红树高低映藋洲。
此日临风惟把臂,前途谁与共登楼?

林愈蕃欲乘舟往他处,不料秋冬水枯,无法成行。好友相邀,登上丰谷井的放羊山,放眼一望,天地开阔,于是心胸开阔,神游古今,浮想联翩。往山下看,盐井青烟缭绕;往远望,江岸枫林红叶似火,江心小舟芦苇飞花。睹此美景,林愈蕃把臂致谢友人好意。

《丰谷井留别》
一身别陋庐,寂寞滞行车。
厅矣同宗客,欢然肯顾予。

> 三生缘吾宿，九牧派宁疏。
> 斗酒开家翁，盘飱问市屠。
> 谁能求口实，自可撷园蔬。
> 高迈情无极，殷勤意有余。
> 去乡非我志，还里记君居。
> 下马重携手，笑看壁上书。

这首诗是林愈蕃在丰谷井滞留时，与同宗友人欢聚之情景。友人打开驰名的由丰谷井水酿造的陈年酒瓮，在市场购买新鲜肉品，小园中采摘新鲜蔬菜殷勤款待，酒兴使诗人忘却了滞留他乡之愁。

3. 欧阳修·醉翁家中的那壶酒

北宋杰出的文学家、史学家、政治家欧阳修在其自传中这样写道：

客有问曰："六一，何谓也？"

居士曰："吾家藏书一万卷，集录三代以来金石遗文一千卷，有琴一张，有棋一局，而常置酒一壶。"

客曰："是为五一尔，奈何？"

居士曰："以吾一翁，老于此五物之间，是岂不为六一乎？"

欧阳修1007年出生于绵州之铜牟（今绵阳丰谷镇和经开区，即丰谷酒的发源地），父亲欧阳观曾为绵州军事推官。父在为官时，是一个为人正直、清正廉明、品德高尚、孝顺和善、乐善好施、仁爱厚道的人，生前不积攒财物，喜结四方友人，故家中门庭若市，来访者甚多。父在家中常设宴款待各方文人墨客，用绵州富乐烧坊美酒醉谢挚友。为官越久，家中来客越多。时遇宴到中途，酒已尽的尴尬。其父为让友人酒足诗兴，便在家中常备一壶酒。古人饮酒喜行酒令，每到尽兴时，室内酒香、歌声、酒令声，此起彼伏，好不热闹。

其母郑氏深受其父为官、为人影响，常以美酒慰劳夫君，以德教育子女。父母的嗜酒行为，为人、为友之举使欧阳修耳濡目染，影响其一生。故自号醉翁，又号六一居士。在两个自号中，都没有掩饰其对美酒的独钟。

一天，路人见欧阳修醉眼微睁，面红耳赤，忙上前问道："太守为何醉成这般？"欧阳修哈哈大笑道："我哪是醉了！百姓之情可醉我，山水之美可醉我，这酒如何使我醉？偶有醉时，就是以酒浇悉，自作糊涂罢了。"

欧阳修为官后，常缅怀父母和自己在绵州时的生活，对绵州山川风物，充满了纯真的感情。他一生高风亮节，在文说史说和德行上对世人影响颇大，有"文章道义，百代宗师"之称。但在晚年时，他对美酒更加厚爱，自称家中常置酒一壶，陶醉其间，怡然自乐。可见欧阳修与酒已须臾不离。

4. 众诗人·字里行间的丰谷井

清·道光年间四川乡试主考罗绕典在绵州丰谷井进行乡试时，对丰谷井的人文美景也是感慨万千。

《绿州渡口望庐州》
蜿蜒长堤筑白沙，芦滩秋老竞飞花。
烟浮远浦眠鸥稳，叶战凉风落雁斜。
曲巷轻帘喧酒市，短篱疏网认渔家。
夕阳渡口人如蚁，清景何殊泛若耶。

诗人站在渡口，放眼望去，长堤蜿蜒于白沙岸边，江心小洲满是芦苇，苇花随风飞扬，江畔青烟漂浮，渔鸥眠睡，秋风萧瑟，苇叶战抖，一行大雁斜飞落进芦苇荡。打鱼人家不高的篱笆旁挂满渔网，走过长长小巷，轻挑门帘，进入热闹的酒市，夕阳下渡过口游人如织，如此美景一点也不逊于泛舟于苏杭的若耶上。

清代绵州刺史文启（筱农）在他的诗中，却描写出了丰谷井的另一番景象。

《丰谷道中》
楼阁参差傍石缸，柳阴长系钓鱼艭。
谁家盐灶初添火？匝地烟痕白过江。

诗人笔下的丰谷井已初具规模，道路两边满是楼阁人家，高高低低，错落有致；盐业已盛，盐灶的白烟弥漫在江河之上。丰谷的另一番景象是楼阁人家旁都整齐的摆事实着装满了水的大缸，为消防灭之用，呈现出丰谷井人自古重视"预防为主"的消防理念。

清代绵州本地诗人何人鹤，他这样描写他看到的丰谷井。

《过丰谷井有怀》
平原漠漠晓霜天，远树遥山夹大川。
十里生烟盐客灶，一湾柳系贾人船。
锦城昔引离堆水，绵谷今开陆海田。
事业不殊冰父子，熊君亦应表千年。

诗人写下他乘舟经过丰谷井时的见闻和感慨，平原广阔，青山大江，商业兴旺，贸易发达，码头江边的柳树上系满了来往客商的船，同时诗人还夸赞州民熊绣捐资兴建的惠泽堰的功绩。

二、丰谷酒的特点

（一）丰谷酒的工艺酿造特点

丰谷酒业起源于清朝康熙年间的丰谷天佑烧坊，至今已有300多年的历史。其在不断发展过程中，积累了丰厚的人文、历史底蕴，并形成了独特的酿酒技艺。公司秉承"敬畏自然、遵循传统、尊重科学、开拓创新"的酿酒理念，始终坚持科学传承传统工艺，并注重工艺优化与科技创新，在传承"丰谷天佑烧坊"酿酒秘技的同时，结合现代微生物调控技术，形成了独特的"低醉六艺"：

1. 境——低醉之源

北纬30°，世界名酒带。

绵阳自古素有"美酒摇篮"之美誉，属亚热带山地湿润季风气候，四季分明，环境幽雅，森林覆盖率超过53%，年均气温15~17℃左右，常年空气湿润，孕育出种类数量丰富、自成体系的有益酿造微生物群落。

2. 水——低醉之体

高山雪水，源清流洁，绵软甜净。

岷山主峰雪宝顶，海拔5,588m，中国最东部的8条冰川均分布于此，涓涓细流交错而下汇成涪江，高山雪水经天然过滤，溶入多种矿物质元素，得天独厚的地理位置，造就了丰谷优质的酿酒水源。

3. 粮——低醉之本

四粮独配，粒粒精选，方成低醉。

高粱生醇、小麦生香、大米生甜、糯米生绵。

丰谷酿酒用粮始终遵循优中选优原则，无污染、无虫蛀、无杂质、无霉变，颗粒饱满，富有光泽。

4. 艺——低醉之萃

古法传承，迭代创新。

秉承"敬畏自然、遵循传统、尊重科学、开拓创新"的酿酒理念，传承"丰谷天佑烧坊"古法秘技，融入自创活性窖泥技术，繁衍数百年老窖微生物体系，优循"分层投粮、分层发酵、分层取糟、分层蒸馏、分段摘酒、分质并坛"的"六分法"酿造技艺。

5. 藏——低醉之韵

日月更替，阴阳相生。

吸天地之灵气，汲日月之精华。利用组合储存与储存组合的陈酿专利技术，采用陶坛半地下窖藏与大罐分期储存，酒体中的香味成分和陶坛中的微量元素相互交付，并发生一系列复杂的物理化学变化，香味物质相互转化并日趋平衡，实现酒体从极阳到极阴的陈酿老熟。

新酒香气冲、辛辣刺激，如年轻人，棱角分明、锋芒毕露，亦为极阳；经长时间科学窖藏，酒体变得柔和、细腻、陈香幽雅，如中年人谦和圆润、沉稳儒雅，亦为极阴。

6. 控——低醉之魂

科技赋能，低醉健康。

联合四川大学华西公共卫生学院研发出的"低醉酒度"技术，曾以"四个首次"和"四个里程碑"开启中国白酒健康发展新纪元，先后荣获"四川省科技进步二等奖""2012中国创造力技术"等殊荣。该研究通过科学实验论证，建立了白酒醉酒度评价模型并筛选出了影响白酒醉酒度的五大因子。

传承古法技艺，融合现代微生物发酵调控技术，严控"五大醉酒因子"，终得美酒"醒得快，更自在"的品质特性。

(二）丰谷酒系列酒的特点（部分展示）

1. 丰谷·内壹

图 9-2　丰谷·内壹

低奢真品，稀有尊贵，丰谷酒业高端裸瓶代表产品。

酒体晶莹剔透，自然香陈，醇厚绵甜，细腻柔和，尾净味长，荣获"2016年度'青酌奖'酒类新品 TOP10（白酒类）"称号；酒瓶设计引入笔、墨、纸、印的中国传统元素，金属磨砂黑瓶盖，瓶身精致烤花工艺，完美呈现历史感、立体感，唯一身份编码，独一无二，设计荣获 2016 年"世界之星"设计大奖。

2. 丰谷酒王·20

图 9-3　丰谷酒王·20

时光酿，低醉香，丰谷酒业次高端全新代表产品。

酒体无色透明，窖香幽雅，陈香舒适，醇厚绵甜，香味协调，尾净味长，具有典型"低醉酒度"特征，曾获"2019年度中国白酒酒体设计奖"；包装采用透明外盒，镂空瓶身造型，整体设计圆润，与酒王家族呈系列感，瓶身整体青色，釉色滋润，凸显独特的高贵和典雅感。

3. 丰谷酒王·10

图9-4　丰谷酒王·10

品味舒适，红釉天下。全国低醉酒度浓香型白酒典型代表，丰谷酒业品牌核心产品。

酒体无色透明，陈香舒适，醇和爽净，谐调自然；具有"醒得快、更自在、不上头、不口干、清新自然"的饮后感受；包装整体设计源于天坛，瓶盖金色立体雕花，雍容华贵，瓶身由红釉陶瓷制成，造型丰满圆润；加上方形防皮底座更显质感，同时寓意"天圆地方"，透明外罩包装更能将产品展露无遗，整体简洁而不失大气；曾获国家、省优质产品，四川制造好产品等诸多荣誉。

4. 丰谷生肖·鼠

图9-5　丰谷生肖·鼠

一岁一酒一故事，该产品随年份更新，稀缺、不可复制。

丰谷生肖·鼠包装设计独特，风格时尚，整体以蓝色调为主，蓝色五行属水，水为财运，象征着荣华富贵。原创手绘的翠绿色"玉鼠"嵌于珊瑚蓝中，深邃而静谧，神秘而优雅。玉鼠手拿如意，辅以高山、松树、河流、元宝、星星做衬，苍翠青松，甚有福寿延年，财运亨通之意，"玉鼠临风"主题突出。其酒体无色透明、窖香浓郁、醇厚绵甜、香味谐调、余味净爽、风格典型。

5. 丰谷特曲

图 9-6　丰谷特曲

让友情，更友情。丰谷特曲品牌影响力广泛，市场口碑好，是丰谷最经典的畅销品之一。

酒体无色透明，粮香舒适，入口绵甜，余味净爽；酒瓶选用透明高白料打造，晶莹剔透，瓶身设计采用形为小麦等粮食的几何线条，延续老特曲的基本形象与风格，印刻丰谷的印章风格，造型经典，整体稳重、简约、不失时尚感；先后获得"四川名牌""中国白酒典型风格奖"等荣誉。

6. 丰谷墨渊

图 9-7　丰谷墨渊

平八荒、饮三世，喝墨渊、做上神。高线光瓶为白酒典型代表、丰谷酒业战略核心产品之一。

酒体香气优雅协调，醇厚柔顺，丰满适口、余味舒畅，饮用方式创新，夏天冰镇12℃以后入口更顺滑；包装设计独特、时尚，黑色与银色搭配，配以红色烤花，赋予其极强的视觉冲击，瓶身主体黑色亚光，左边的阶梯式设计形成亮点，红银线条突显神秘而激情，高档大气；手握也能体现良好手感；曾获"2018年全国十大创新产品"的称号。

7. 丰谷二曲

图 9-8　丰谷二曲

和谐大气，喜庆洋洋。丰谷酒业经典裸瓶产品之一。

该产品风格复古喜庆，展示丰收的喜乐与美好，选用鱼、水、牡丹以及抽象化的粮食作物构图，寓意年年有余、好水育好酒、五谷丰登之意，烘托喜庆吉祥的氛围。其酒体浓香舒适、纯甜柔和、余味爽净，深受消费者喜爱。

（三）丰谷酒系列酒的品质特点

1. 独特的感官风格

品质是企业发展的根基。作为四川白酒新秀、川酒新金花，丰谷酒业在不断发展的过程中，始终秉承"用心不计代价、用工不计成本、用时不计岁月"的工匠精神，坚守"敬畏自然、遵循传统、尊重科学、开拓创新"的酿造哲学，坚持以市场为导向，以消费者为中心，不断创新和提高产品质量，形成了鲜明的产品特色。

公司的主要产品有丰谷壹号、丰谷酒王、丰谷特曲、丰谷墨渊、丰谷二曲、丰谷精酿等 20 多个系列品种 180 余个规格。以丰谷酒王、丰谷特曲为代表的丰谷系列产品，继承浓香型大曲酒传统工艺，精选高粱、大米、小麦、糯米为原料，经固态发酵，蒸馏酿制成基酒。基酒经过陶坛储存后，精心选择优质基酒勾兑而成。它以"窖香幽雅、醇厚绵甜、尾味爽净"之独特风格，被全国著名白酒专家周恒刚教授赞以"丰谷香型"的美誉，深受广大消费者喜爱。同时，行业专家还给予了丰谷产品诸多美誉，如："一壶美酒激蜂舞，蜀国浓香撩蝶狂""新时期民酒""香而不艳，甜而不腻"等。

2. 低醉酒度

品质源于创新，科技引领未来。中国白酒是传统产品，丰谷在坚守传统工艺传承的同时，始终不忘创新。近年来，在消费升级和大健康潮流之下，新生消费群体对潮奢、本真、精专、个性化、高品质和健康的消费需求日益强烈，丰谷紧抓消费者"痛点"，因首创"低醉酒度"科技成果而闻名遐迩，其产品"醒的快、更自在，不上头、不口干、清新舒适"的饮后感受深受消费者青睐。

"醉酒度"指同一个个体在相同环境下，饮用等量不同酒品，身体的不适反应程度，是一个关注饮后特征反应的量化概念。通过动物评价模型检测得出：醉酒度越高，醉得越快，醒得越慢，对人体伤害就越大。醉酒度越低，醉得越慢，醒得越快。

"低醉酒度"指同一个个体在相同环境下，饮用等量不同酒品，饮用其中一款后身体不适反应程度低。科学数据表明，低醉酒度代表产品丰谷酒王的醉酒度仅同酒度纯乙醇的 40%，从而既能满足饮者美好的享受，又不至于影响工作，影响健康。从具体表现来讲，要求酒入口时绵柔幽雅，醇和爽净，谐调自然；饮酒过程中"醉得慢，醒得快"；酒后"不口干，不上头，感觉清新舒适。"也就是我们今天总结提出的"醒得快，更自在"。

醉酒因子就是指造成饮酒后醉得快，人体不适反应程度高的微量物质成分的统称。醉酒因子导致饮酒后，酒体成分在人体内代谢慢，耗氧量大，水分损失大，刺激黏膜，还影响到大脑、心脏等器官。为了控制好醉酒因子，丰谷在生产工艺上采取了系统的调整与优化，申请获得专利技术3项。

该科研项目曾获四川省科技进步二等奖、2012中国创造力技术等殊荣，实现了"三个首次"：首次建立了科学的白酒醉酒度评价动物模型；首次找出了影响浓香型白酒醉酒度的5个主要因子；首次形成了低醉酒度白酒生产技术和质量标准。

同时，丰谷和四川大学华西公共卫生学院建立的低醉酒度评价动物模型，是中国白酒行业继理化指标、感官品评标准后，中国白酒醉酒度的"一把尺子"，即第三大评判标准——饮后醉酒体验标准。低醉酒度标准也被业界誉为中国高档白酒的评判新标准。中国白酒"泰斗"、"白酒分析鼻祖"、著名白酒专家、四川省酿酒协会专家组组长曾祖训在品评过丰谷酒后，称赞道，"低醉酒度"科研的成功和应用，开创白酒行业发展新纪元，在行业发展史上，具有重要里程碑意义。

三、丰谷酒业的发展战略

近年来，白酒行业逐步复苏，整体规模保持上升趋势。随着茅台、五粮液两个千亿集团的诞生，白酒市场集中度持续提升。数据显示，2019年白酒行业销售收入和利润集中度分别上升18%和11%。这意味着白酒行业进一步向品牌、名酒、优势产区集聚，高端、次高端白酒品牌逐步趋于稳定，行业正迎来全国化白酒渠道下沉以及优质区域白酒走向全国化布局的阶段，挤压式竞争进一步加剧。

面对错综复杂的宏观经济环境，空前激烈的行业竞争态势，丰谷酒业在姚光华董事长和卢中明总经理的带领下，将坚持新发展理念和供给侧结构性改革，围绕国家、省、市及行业政策部署，立足当前，着眼未来，以质量和效益为导向，以"稳中求进"为工作总基调，以"深耕渠道、搞活终端、全国布局、规模发展，管理重构、流程再造、创新驱动、转型发展，党建引领、文化助力，构建乐园，同心奋进"为指导思想，统筹做好稳增长、调结构、促转型，全面推进企业高质量发展。发展战略的实施以市场为核心，重点产品全国布局、规模发展；以渠道建设和消费者引导为抓手，深耕细作、搞活终端；以规范化管理、品牌化运营为支撑，管理重构、流程再造，创新驱动、转型发展；以团队和文化建设为基础，党建引领、文化助力，构建"员工乐园"、同心奋进。力争重点产品和重点市场的重大突破，恢复市场和销售规模，达到历史最高水平，不断创造更大的社会经济效益。

（一）今日丰谷

今日丰谷，是一家集科研、生产和销售于一体的综合型酿酒企业，是省内二线白酒的领跑者。公司占地1700余亩，拥有1个省级企业技术中心、4个酿酒生产基地和数个成品包装中心，具有年产优质白酒10万吨的生产能力，资产总额逾30亿元，员工总数2200余人，其中各类专业技术人才1200余人，中国白酒首席品酒师1名、中国白酒工艺大师2名、国家级白酒评委8名、省白酒专家2名、省级白酒评委17名。企业先后荣获"中华老字号""中国驰名商标""中国白酒工业百强企业""全国食品工业优秀龙头企业"等400多项荣誉。其主要产品有丰谷壹号、丰谷酒王系列、丰谷特曲系列、丰谷老窖系列、丰谷墨渊、丰谷二曲等百余种产品，以饮中"窖香幽雅，醇厚绵甜，尾味爽净"的独特感官风格和饮后"醒得快、更自在"的低醉感受，深受消费者青睐，畅销国内各地及安哥拉、韩国等地区。

（二）未来丰谷

未来丰谷，将坚持新发展理念和供给侧结构性改革，坚持质量导向和效益导向，围绕"稳增长、调结构、促转型"，坚定不移地走高质量发展之路。将着力打造6+3+N产品矩阵，聚焦6大单品，谋划3大跨界，构建N个系列，同时启动"产品带动品牌战略"，打造丰谷酒王产品矩阵；将以"做懂消费者的白酒品牌"为企业愿景，以"低醉"为品牌核心，以"产品"为载体，以"跨界"为新生动能转化，通过新媒体、自媒体、传统媒体形成品牌传播矩阵，着力构建品牌IP；将秉承"用心不计代价、用工不计成本、用时不计岁月"的工匠精神，坚守"敬畏自然、遵循传统、尊重科学、开拓创新"的酿造哲学，持续深入关注白酒饮后感受，着力构建低醉酿造技艺精髓与人性化的品饮方式，不断提升和差异化打造产品品质，为消费者的美好生活提供"醉美"丰谷；将以市场为导向，消费者为中心，集中力量精耕省内市场，并逐步"征战"布局全国市场，一步步向历史最好业绩问鼎，力争成为消费者满意、股东满意、职工满意的企业；将加强企业文化建设，通过党建带群建，关心、关爱员工，提倡责任与担当，打造"职工乐园"，营造和谐氛围，开启新时代丰谷特色文化，不断提高企业职工的获得感、安全感和幸福感。

总之，未来丰谷将毫不动摇地坚持以高质量发展为主题，以经济效益为中心，以更加坚定的信心、更加昂扬的斗志，更加自觉的行动、更加务实的作风，抢抓新机遇、迎接新挑战，努力开创新局面。

参考文献：

[1] 丰谷. 丰谷酒业. 四川劳动保障［J］.2011（02）.

[2] 王昌富，王远成，郝向荣，等. 丰谷酒业浓香型大曲生产技术及工艺参数［J］.酿酒科技，2006（06）：60-61.

第十章 八百寿酒

一、四川"彭祖"酒概述

(一)"彭祖"酒的企业概况

彭山八百寿酒业公司前身是地方国营彭山区酒厂,由清末年间的6家私人酿酒作坊逐步发展而成,距今已有100多年的历史。其酿酒老窖池一直使用至今,是眉山市文物保护单位。彭祖八百寿酒为四川八百寿酒业有限公司出品的白酒,公司位于我国著名的长寿之乡——四川省彭山区。彭山是中国寿星彭祖的故乡,也是流传千古的《陈情表》"孝"文化的发祥地。彭祖八百寿酒根植于中国彭山"寿""孝"文化,目前主要有"彭祖"和"八百寿"两大品牌,产品有彭祖八百寿庆生祝寿酒、祝您八百寿养身白酒养生酒系列。其中"彭祖"商标2011年被国家商务部认定为"中华老字号","八百寿"于2008年被授予"中国驰名商标"称号,2012年被评为四川名牌产品。

彭祖八百寿酒(见图10-1),专注庆生、祝寿市场,由中华老字号企业四川八百寿酒业有限公司生产,产品有彭祖八百寿浓香白酒系列和祝您八百寿养身白酒系列。彭祖八百寿酒沿用浓香型白酒传统生产工艺,精选长寿之乡红皮糯高粱,采用长寿之乡的天然泉水,运用"非物质文化遗产"传统酿造技艺精心酿制。百年老窖固态发酵,形成了彭祖八百寿浓香型白酒独特的风格。八百寿酒业虽然在20世纪九十年代没落过,但八百寿的窖池一直在投入生产,各种年份酒一直都在储存。现在公司储存的十年以上、二十年以上的陈年酒都很丰富。八百寿酒业的低度白酒生产技术一直在全省白酒行业处于领先地位,这也是彭祖八百寿酒能够一直保持优异的质量、生产高品质酒的原因所在。

图10-1 八百寿特曲

"祝您八百寿"养身白酒系列,传承彭祖养生秘方,以彭祖山药食两用的黄精为主要原料,采用现代科技提取药材活性成分融入优质浓香型白酒而成。产品口感柔和,喝完后醉得慢、醒得快,具有气阴双补、延缓衰老的作用。八百寿养身白酒,是高品质的养身佳酿,也是完美融合健康与祝福,孝敬长辈、给父母祝寿的吉祥礼品。

(二)"彭祖"酒的历史渊源

彭祖与养生术:彭祖是中华第一寿星,为黄帝七世玄孙,历经夏、商、周三朝,长寿"八百多岁"(彭山当地小花甲六十日为一岁,合今一百四十多岁,是文字记载迄今最长寿者)。彭祖一生淡泊名利,后辞官长居于彭山修道养生,创造了三大中华养生秘术——膳食术、导引术、房中术,被后世奉为"养生鼻祖"。彭祖八百寿酒养生古方来源于彭祖三大养生术的膳食术。

彭祖山:好山好水酿好酒。彭祖山是天然立体太极地,有天下第一地之称。傍府河、岷江,北起净皇九股泉。水质纯洁清甜,含有丰富矿物质。

酿酒历史:彭山酿酒历史悠久,早在西汉时期,彭山酿酒业已经初具规模。1973年在彭山县城附近蔡家山出土的东汉时期酿酒画像砖,是彭山酿酒史的最好见证(系国家馆藏一级文物,现存于国家博物馆)。彭祖八百寿酒业现存酿酒老窖池,始建于清朝嘉庆年间,一直使用至今,距今已有二百多年历史,现已被列入市级重点文物保护单位。八百寿酒传统酿造工艺,被评为非物质文化遗产。

(二)"彭祖"酒的民间传说与故事——四川八百寿酒的传奇渊源

千年养生文化酿就四川名酒——八百寿酒。四川八百寿酒业有限公司位于川西平原边缘的彭山区,岷江绕城而过;背靠四川省著名风景区"彭祖山";北距成都市60余公里;南离闻名中外的乐山大佛及峨眉山80余公里,是成都到两地风景名胜区的必经之道,交通十分便利。

1. 八百寿名字觅古

彭山区是"彭祖"出生、成长、养生之地,因"彭祖"而驰名海内外。"彭祖"为古代中华第一寿星、道家始祖。早在殷商时代,彭祖除对养生文化有较深的研究外,还对巫术在震慑和魔幻方面有较深的研究和探索,并成功地将巫术之震慑力量和魔幻作用方面的效能用于军事上;其受命于殷王,领兵攻打徐州,获得全胜。人们尊称他为"彭伯",这就是历史上"彭伯克邳"的典故。据传,彭祖在徐州为官时,喜欢烹调,殷王闻讯后专程前去寻访,彭祖就地取材,弯弓射猎,又亲自下厨为殷王做了一个雉鸡汤(雉鸡,即山鸡,也就是通常我们所说的野鸡)。殷王尝后赞不绝口,当即册封彭祖为商大夫,拟调到皇宫专职负责帝王的一日三餐等事务。尽管彭祖已官至商大夫,但他却不愿追逐名利,不恋官场,一心一意修身养性,探寻人类养生诀窍及长寿之道。一天,彭祖趁夜色弃官出逃至一深山中,就是现在的四川省彭山区境内的彭祖山,终于实现他的梦想。彭祖山是世间罕见的阴阳八卦山,具有天然气场,是练功、健身的绝佳之地。据史料记载,彭祖在世活了八百岁(合现在130多岁,因为古时彭山一带按60天小花甲记岁法记岁)。

千年神奇的养生文化及厚重的历史,以及独特的传统酿造工艺,成就了今天的蜀国名酒——八百寿酒。

2. 八百寿延寿探秘

现代医学证明，人的寿命极限是在170—180岁之间。那么，以高寿著称的彭祖活了130多岁是有可能的。就当今的130岁而言，即便未到人类寿命极限，也可称为世间一奇迹，令人羡慕不已！因此，自古而今，人类一直在探索着健康长寿的灵丹妙方。作为中国历史上的长寿之星，彭祖确实给我们留下了一些很值得探索和研究的养生秘诀，这些秘诀实乃中华民族宝贵的精神财富和文化遗产。

寿星彭祖对后人的最大贡献是四大养生术：1. 气功导入术；2. 膳食养生术；3. 白酒养生术；4. 阴阳养生术。后人受益最大的是白酒养生和阴阳养生。在湖南长沙马王堆出土的文物对彭祖所创立的养生术有完整的大量记载。

彭山区又是我国著名的长寿之乡，据第五次全国人口普查显示，该县的百岁老人比例高出全国百岁老人平均比例的17倍多，在全县32万人口中，常年保持百岁老人有40位以上；全县人口平均寿命已达到76.7岁。最新数据显示：全国人均平均寿命67.9岁，高出全国平均寿命8.8岁，这不能不说与常年饮用八百寿酒有关。

八百寿酒为何具备长寿功能呢？有两条原因：其一，水质特别好；水是酒之骨；要想酒质好首先取决于水。现已探明"八百寿酒"酿酒所用的水质中含有几十种近似人体体液的有益矿物质，目前中科院的权威专家正对其做进一步检测中。其二，在八百寿酒业所在地的彭祖山上，有一种植物叫"紫苏籽"，经现代医学鉴定，"紫苏籽"富含不饱和脂肪酸——亚麻酸，具有活血化瘀，降血压降血脂.保护肝脏.增强智力和强化记忆等功效。适量饮酒本身就有利于健康，加入中草药后的特酿八百寿酒液更有利于养生。

3. 八百寿酿制寻奇

彭祖在养生修炼的同时还自制烧酒。然后再用烧酒炮制中草药酿造，其独特的烧酒方法代代相传，只供族人饮用，从不外传。直到清朝雍正年间，彭氏后裔才在彭山县城开设烧酒坊公开出售彭家烧酒，以供世人享用。1956年实行公私合营，在彭氏烧酒坊的基础上组建了国营彭山县酒厂。1999年企业改制为现在的四川八百寿酒业有限公司，公司现有职工1300余名，年产优质曲酒2万吨；是四川省十大名酒厂之一。

4. 八百寿市场回声

四川八百寿酒业有限公司现有"彭祖""八百寿"两大知名品牌，60余个系列产品，"彭祖"和"八百寿"品牌乃是四川省著名商标、中商部名酒、四川省名酒，这些四川老字号均为四川省人民政府机关事务管理局、四川省政协和眉山市人民政府唯一接待用酒及眉山市市酒等。

2008年6月，"八百寿"品牌又被评为"中国驰名商标"，并被给予了高度评价："八百寿酒品牌酒，是值得推广，值得信赖的名酒！是值得期待，可以共同成长；极具增长潜力的希望品牌！"

另据消费者调查结果表明，八百寿酒有如下市场优势：

一，"八百寿"名字好，通俗易记又吉祥。

二，品牌好卖点好，有利于市场推广。

三，"八百寿"酒的酿造是以优质高粱、糯米和小麦为原料，以小麦制曲，用彭祖世代相传的古老传统工艺结合现代技术精酿而成，具有酒质醇厚，窖香浓郁，回味悠长等特点，是真正的无污染绿色饮品。

二、四川"彭祖"酒的特点

(一)"彭祖"酒的酿造

公司生产的"彭祖""八百寿"牌系列产品以浓香型大曲酒为主，沿用浓香型白酒传统工艺，结合现代酿酒新技术，以优质高粱、大米、小麦、糯米、玉米为原料，续糟配料，混蒸混烧，泥窖固态发酵，量质摘酒、分级贮存，精心调制而成。产品具有"窖香浓郁、陈香幽雅、醇和绵甜，香味谐调，余味净爽，风格突出"的独特风格。公司生产、检测、质保、营销、开发、管理等综合体系完善，技术力量雄厚、检测分析设备先进，配备了能检测分析白酒中微量成分的气相色谱仪，以及国内先进的色谱数据处理等仪器设备，能完全满足白酒理化卫生指标的分析检测和整个生产工艺控制的要求，确保每批出厂产品合格率100%。

1. 酿制工艺

彭祖八百寿酒，充分汲取彭祖长寿养生理论的精髓，精选长寿之乡红皮糯高粱，采用长寿之乡的天然泉水，运用"非物质文化遗产"传统酿造技艺，续糟配料，混蒸混烧，百年老窖固态发酵，量质摘酒、分级贮存，精心调制而成，形成了彭祖八百寿浓香型白酒独特的风格。图10-2为彭祖八百寿酒酿造车间。

图10-2 彭祖八百寿酒酿造车间

2. 酿酒古方

史载彭祖酿酒，将优质高粱、糯米、苦荞与彭祖山特具养生功能药食两用的中草药黄精、茯苓、葛根、山药等十余种入于料中。黄精又被称为太阳之草，是著名的长生益寿之物，同样也是彭祖膳食养生中最常用的食材之一。彭祖山上乘的自然环境，是孕育黄精的天然之所，它不仅可以延缓衰老，增强机体免疫力、抗病原微生物、降血糖、降血脂、抗肿瘤，还可以补肾精。若佐以山药，也可滋阴制阳，气阴双补，补中益气、安五脏、益脾胃、润心肺、强筋骨，有久服轻身、延年益寿作用。以黄精入酒，辅以粗粮、中草药等食材，更使酒香醇美，入口柔滑舒适。

(二)"彭祖"酒系列酒

彭山区八百寿酒业的彭祖酒是浓香型白酒。沿用传统的续糟配料，混蒸混烧，大曲泥窖固态发酵工艺，分级储存，精心勾调而成，产品具有"窖香浓郁，陈香舒适，香味协调，醇和绵爽，尾净味长"的典型风格。

彭祖酒品种很多，有一种"八百寿黄金酒"，是彭山区八百寿酒业公司在西南地区率先研制开发的金箔酒，以优质八百寿浓香型白酒为基础，添加进口的24K食用金箔，用传统工艺结合现代特殊技艺精制而成。食用金箔酒具有"祛风、安神、镇痛、抑菌、抗毒、养颜"之功效。

还有一种酒叫"彭祖养生酒"，其中含有两种食用中药材，运用生物酶解技术，萃取、浸提工艺提取药材的有效成分，精心调制而成。酒色金黄透明，药香、酒香协调，醇和适口，甜净怡畅，风格独特，具有平衡阴阳、补充元气的功效。

1. 彭祖八百寿酒系列

2. 祝您八百寿养身白酒系列

（三）"彭祖"系列酒的品质特点

1. 健康成分

彭祖八百寿酒是在有传承的百年古窖中酿造而成的，这种古窖中含有很多种益生菌，再加当地独特的地理环境和气候，反复发酵，再蒸馏摘酒储藏和调制，最后澄澈透明的酒中仍保留"蛋白质、矿物质、纤维素、维生素、氨基酸及碳水化合物"等七种"营养素"和"皂苷、黄酮、有机酸"等十一类"有效成分"。看似与普通白酒没什么两样，但入口后药香四溢，常喝有振阳除寒、疏肝解郁的作用。

2. 独特的养身白酒

祝您八百寿养身白酒，传承彭祖养生秘方，以彭祖山药食两用的黄精为主要原料，采用现代科技提取药材活性成分，融入优质浓香型白酒而成。产品既保持了传统浓香型白酒的色、香、味、风格，又融入了对人体有益的健康成分。产品口感柔和，醉得慢、醒得快。组方具有气阴双补、延缓衰老的作用。八百寿养身白酒，是高品质的养身佳酿，健康饮酒的理想选择，也是健康与祝福完美融合，孝敬长辈、给父母祝寿的吉祥礼品。

3. 香型特点

彭祖八百寿酒属浓香型白酒，具有"窖香浓郁，陈香舒适，香味协调，醇和绵爽，尾净味长"的独特风格。

三、四川"彭祖"酒的企业文化与荣誉

(一) 企业文化

据《史记》和《华阳国志》记载，彭祖历经夏末、殷商、西周三代，活了八百岁（小花甲六十日为一岁，合今一百三十多岁）。彭祖虽位居士大夫，但一生淡泊名利，喜好闲云野鹤的生活，辞官回乡，长居于彭山修道养生，创造了著名的导引术（气功）、膳食术、房中术，被后世奉为养身鼻祖。

彭祖的长寿和独创的长寿养生术在历史的长河中被凝聚为一种文化，即中华民族的长寿养生文化，成为中国优秀传统文化的重要组成部分。彭祖不仅实现了长寿，而且他科学、系统、完整地创立了人类很早的长寿养生思想和方法。彭祖长寿养生文化以其科学性跨越数千年，福泽至今。彭祖的长寿养生方法，是在坚持长期的养性修炼过程中逐渐形成的，领先世界上的任何国家和民族。

(1) 彭祖山——养生长寿圣地

彭祖山（原名仙女山）位于彭山县江口镇，是中国长寿城的核心景区，距县城6公里，古称彭蒙山、彭王山、彭女山。史载880岁寿星商贤大夫彭祖葬于此山。彭祖山绿树成荫，修竹滴翠，空气清新，绿化面积超过90%，自然生态环境极佳。这里四周群山环抱，中心孤峰耸立，山与山之间构成天然立体太极地貌，彭祖墓就处在太极地的阳鱼鱼眼上。墓周围气场特别强，中外气功爱好者慕名而来采气练功者不计其数。彭祖山西北面依山凿建的齐山双佛一立一坐，造型巧妙。立佛释迦牟尼高28米，名列世界第八位；坐佛多宝如来高24米，始建于公元713年，是乐山大佛的蓝本，且比乐山大佛早100多年，双佛并列之规模乃全国独有，居世界第一。

彭祖山是彭祖养生长寿文化发祥地，景区内至今仍完好保存有彭祖祠、彭祖墓、彭祖炼丹洞、玉女洞、拜碣石、彭祖井、彭女井等历史遗迹；有展示彭祖养生长寿四大秘诀（导引术、炼丹术、美食术、养生房中术）的养生殿；有深受中外气功爱好者喜爱的采气场；有双佛并列（一坐一立）规模居世界第一位的齐山双佛；有险峻奇特的"天下第一洞"的玉女洞；还有香火旺盛的慧光寺、璧山寺等20余处景点。

(2) 彭山——中国长寿之乡

彭山是中国长寿文化的发祥地，具有家庭和睦、孝文化博大的人文背景和独特的自然地理环境，以长寿老人众多而闻名于世，其百岁老人比例高出全国平均水平的17倍以上，是名副其实的中华长寿城。2004年10月，彭山县被四川省人民政府命名为"四川长寿之乡"。2005年4月，又经国家相关机构组织17个学科专家调查、论证，评定为"中国长寿之乡"，并揭示出21世纪人类健康长寿的三大秘诀：环境与生态、科学与养生、人文与心态。

(二) 企业荣誉

公司是四川省白酒行业著名企业，为首批四川十大名酒之一，系列产品曾多次荣获各级政府授予的荣誉称号。其中彭祖头曲、彭祖特曲于1986年和1991年先后两次被四川省人民政府授予第三届和第四届四川名酒；1988年荣获原中商部优质产品金爵奖、四川省优质产品、首届巴蜀食品节金奖、四川省名优特新产品博览会金奖、四川省消费者喜爱产品。企业还先后荣获全国质量管理达标、上等企业，国家二级计量企业，标准化管理国家三级企业，四川省商业厅质量管理奖，四川省质量管理先进单位，四川省首批最具成长型中小企业100强等数十个荣誉称号。企业连续多年荣获原乐山市和眉山市"卫生先进单位""文明单位"称号。

公司自2000年改制和资产重组以来，在各级党委、政府的正确领导和社会各界的关心支持下，取得了较快的发展。2003年，八百寿特醇被国务院政府采购中心确定为政府采购专用酒；八百寿黄金酒、特醇、彭祖老窖等八个产品被中国食品工业协会评定为国家质量卫生安全全面达标食品；2004年5月，"彭祖""八百寿"酒被眉山市政府确定为眉山市酒和政府接待专用酒；2007年，八百寿黄金酒被四川省政府机关事务管理局确定为接待专用酒；2008年10月，眉山市政府接待老挝总理，选定八百寿黄金酒为宴会用酒。

公司的"彭祖""八百寿"两个商标，曾于2001年和2002年分别被认定为四川省著名商标；2006年，"彭祖"品牌被认定为四川老字号；2008年6月，"八百寿"商标被确定为中国驰名商标。

参考文献：

[1] 三个"第一"酿制企业"良心"[N].眉山日报，2010-05-06 (01).

第十一章 水井坊

一、四川水井坊酒

(一) 水井坊酒的发展史：600年酒坊和它生长的城

北纬30°线横穿中国的部分，是中国的"景观大道"，也是一条美酒地带。在这个地带上的"锦城"成都的市中心，有一座传承600年的古酒坊，它和它所深藏的酿酒技艺，不但佐证了蒸馏白酒在中国的悠久历史，也令今人得以体验到古代酒肆温雅的遗风。水井坊酒（见图11-1）的源头为成都本土酒业，源远流长。品名迭经更替：蜀酒、"锦江春""薛涛酒""福升全酒""全兴酒"，最终发展成为今天的"水井坊酒"。

图 11-1 水井坊酒

1. 水井坊白酒的历史渊源

四川有着得天独厚的气候优势，非常适合酿酒微生物的繁育，对白酒的生产发展十分有利。俗语说"川酒云烟甲天下"。中国白酒、苏格兰威士忌、法国白兰地、俄罗斯伏特加并列为世界四大蒸馏酒，但中国白酒的历史最为久远，也有更多传统工艺的积淀，尤其是浓香型白酒，其工艺和窖池尤为讲究。水井坊白酒正是在四川千年酒乡的沃土上孕育而出。

确切地说，水井坊白酒在成都平原的锦城成都孕育而成。"工程学者眼里的成都，是都江堰工程原理、歼20、麻将里的概率论。文人雅士眼里的成都，是美食、唐诗、俏花旦，还有满眼青山绿水。"成都确实是这样一个地方：它尽享地理上的得天独厚——居于秦岭、大巴山和云贵高原环抱的四川盆地中心，地形带来湿润多雾、冬暖夏凉的气候，源自雪山的河水滋养出沃野千里，山明水秀，物产丰饶，两千多年来稳居"天府"榜首，人称锦绣之城。

成都平原独特的自然条件，为蜀酒形成自己的独特风味奠定了基础。成都平原的发展，离不开对岷江的治理和利用，由此形成了深厚的水文化。滔滔岷江水，经过都江堰水利工程温柔地流进成都平原的时候，不仅作为生命的本源，滋养了两岸的生灵，也作为原料，为蜀酒融入了川西大地的精气，形成了自己独特的风味。成都平原适合农耕，物产丰富，粮食产量远远高于其他地区，辉煌的农耕文明自古闪耀在祖国的西南边陲。水文化和农耕文明走到一起的时候，粮食和江水，似乎必然地就会和酒联系在一起。客观来看，成都也确实深受酒神的青睐：独有的弱酸性黄黏土，黏性强、保水性好，含铁、钙等金属离子少，是酿酒筑窖的最佳土壤。地下水和冰川融水形成的优质水源，浸润了美酒的灵魂。盆地中湿润的气候，格外有利于酒窖里微生物的繁衍，为酿酒提供了得天独厚的外部环境。

成都平原古人类的活动，为当地酒文化的萌芽奠定了坚实的基础。

成都平原自然条件优越，是华夏大地上较早出现古人类活动的地区。在成都周边地区，目前已发现了很多古人类活动遗址，三星堆遗址的发现震惊世界，成都平原史前城址包括位于四川省新津县龙马乡的宝墩古城址、位于郫都区古城乡的古城址、位于温江区万春镇的鱼凫古城址、位于都江堰市青城乡的芒城古城址、位于崇州市上元乡的双河古城址及燎原乡的紫竹古城址等，是迄今所知我国西南地区发现年代最早、规模最大、分布最密集的史前城址群，年代距今约4500~4000年左右。十二桥古蜀遗址解释了古蜀国的诸多秘密。这些遗址隐藏着丰富的蜀酒文化的秘密。

在前述那些古人类活动地带，专家发现了大量的陶器，这些陶器很大一部分是酒器。古蜀先民酿酒、饮酒的同时，积淀了丰富的酒文化。水井街酒坊遗址出土的牛眼杯，更让人看到了古蜀酒文化的独特深厚。我们知道，每一项重大发明往往只是惊鸿一瞥，却又意义深远。厚重的历史岩层，堆叠的不仅有酒窖的深、酒糟的浓、酒浆的洌，也是酿酒、沽酒、饮酒之人悠然享受生活的心态，这才使成都的酒，酝酿出至醇的香和韵。古蜀先民不经意的创造竟成就了中国第五大发明，历史和现实在诉说古蜀人的丰功伟绩，也向世人展示了蜀地自古就是佳酿迭出的名酒之乡。

水井坊酒正是在这样的酒文化基础上发展起来的。

2. 水井坊白酒的历史文化

早在唐代，成都就有土贡"生春酒"，一脉相承发展而来的有"锦江春"，唐代张籍有诗云："万里桥边多酒家，游人爱向谁家宿。"宋代汪元量《成都》云："锦城满目是烟花，处处红楼卖酒家。"陆游更有"益州官楼酒如海，我来解旗论日买"之句。

元明清时期，脱胎于"锦江春"的"薛涛酒"盛名远播。

传说中650年前的水井坊元朝窖池，保存在原全兴大曲旧厂房。600余年前的元代，承天府恩泽，俯瞰锦江，水井街酒坊在古成都城中心水井街开窖建坊，利用不远处的薛涛井的井水，前庭当垆、后庭酿酒，是古代酿酒作坊与酒肆的典型实例。尤其是清代，酒坊打造出自己的一片天地。清朝乾隆五十一年（公元1786年），王氏兄弟两人在成都东门外水井街大佛寺旁边开设"福升全"酒坊，继承"薛涛酒"的传统，深受人们欢迎。

为了扩大经营，"福升全"酒坊老板吸取"薛涛酒"的长处，根据粮食、水源、气候等条件，对"薛涛酒"的制作工艺进行加工改造，酿造出几种好酒，统称为"全兴酒"，满足了不同层次"饮"君子的需要。"全兴酒"甘醇、浓香、爽口、绵甜、超过"薛涛酒"。诗人冯家吉作《薛涛酒》咏道："枇杷深处旧藏春，井水留香不染尘。到底美人颜色好，造成佳酿最熏人。"

考古新发现"水井坊"的重新现世，为我国白酒的起源翻开了新的一页。

经国内学者考证，水井坊不仅是中国现存最古老的酿酒作坊，也是中国浓香型白酒酿造工艺的源头，是我国古代酿酒和酒肆的唯一实例。水井坊，作为"中国白酒第一坊"，是历史上最古老的白酒作坊，其史学价值堪与"秦始皇兵马俑"相媲美。水井街酒坊，从古至今600余年来从未间断生产，是同都江堰一样的"活文物"。酒坊所呈现出的"前店后坊"格局，也是我国发现的古代酿酒和酒肆的典型实例。

这里有完备的酿酒设施和独特的酿酒工艺。现代科技表明，窖池是有生命力的，在它的窖泥中生活着数以万计的微生物，窖池越老，酿酒微生物家族也就越庞大，所酿之酒也就越陈越香。水井坊窖池历元明清三代，经无数酿酒师精心培育，代代相传，前后延续使用六百余年，纳天地之灵气，聚日月之精华，由此孕育出独有的生物菌群，赋予水井坊独一无二的极品香型。至今完整保留的古窖池，印证了水井坊600余年不间断生产发展的足迹。加之两河交汇处的独有气候环境，让古窖池中数以万亿计的酿酒古微生物菌群600余年繁衍至今。水井街酒坊历代大酢师恪守坊间养窖古训，悉心养护酒坊。600余年来，古酒坊中数千盏油灯，守护了跨越600余年师徒间口传心授至今的"国家级非物质文化遗产——水井坊酒传统酿造技艺"，酿就了水井坊酒"陈香飘逸，甘润幽雅"的经典风格，传香至今。据专家考证，水井坊从元代相传至今。在全兴大曲拆迁过程中，元朝窖池微生物被激活，在水井坊窑泥中，科研人员分离出水井坊独特的特殊菌群，正是这些特有菌群，赋予水井坊的极品香型，全兴高端水井坊横空出世。

水井街酒坊坚守原产地域，据守锦城繁华，是率先成为"国家地理标志保护产品"的浓香型白酒。中国白酒第一坊生产的水井坊酒，集中体现了川酒醇香隽永的特色，也代表了中国白酒酿造的最高水平，以至于人们这样评价：水井坊，真正的酒！

今天的艺术家从水井坊包含的深厚的中国传统文化，及其流露出来的东方神韵得到灵感，为水井坊设计出具有现代艺术品位，高贵典雅的包装。包装中的瓶形设计简洁，承载传统文化、历史性而又不失个性。内凸的六面表现古井台，好水酿好酒，这即是佳酿的标志，井台上六幅历史文化景点图则再现酒坊历史渊源。精致的木台基座是从古代帝王登基台上得到的启发，展现出中国的高贵与威严。纸盒设计简洁明快，用纸颜色古朴典雅，给人以悠远回味的视觉享受。

在世界艺术家们的眼中，每一瓶水井坊都是一件融合人类智慧与文明的文化艺术精品。因而，他们赋予这瓶酒在艺术界所能享受的至高荣誉——"莫比乌斯"金杯奖。

600年日月造化一瓶美酒，本就是天地最经典的设计，而水井坊再获国内设计最高奖项，更堪称"世界第一设计"。

"中国西部论坛"已成为西部大开发的热点，聚焦了世界的目光，作为西部论坛指定用白酒，水井坊正以自己独特的魅力，以600余年传承，致敬源远流长的中国文化，并向世界展示中国传统酒文化。

水井坊丰富的文化内涵，完整的堆积层面，完备的酿酒工艺设施，以及酒窖中古老神秘的生物群，使水井坊显得弥足珍贵，点点滴滴皆为天地灵气与人类智慧的结晶，散发出香醇的酒香。水井坊集烧酒之凛冽，蕴陈香之幽雅，开烧坊本源，为白酒滥觞。因此，水井坊深厚的文化底蕴与现代艺术表现相融合，承载六百年中华传统文化的精髓，彰显现代艺术美的典范，无论外在和内涵，每一点滴，每一细节皆散发出浓郁的中国文化韵味，呈现高贵典雅气质。

水井坊，浸润酒香，酿得一城风雅，确实堪称"第一坊"。

（二）水井坊酒之民间传说

1. "福升全"的传说——大佛的庇佑

明末清初，陕西凤翔籍王姓客商来到四川成都，决定在此开拓自己的事业。

陕西人善酿酒，刚开始，王姓客商开店卖酒，后来因成都粮食丰富，锦江水清纯，适宜酿酒，便开设作坊经营酿酒。在酿酒过程中，他吸收成都各酒家的传统工艺，苦心创立自己的品牌，不幸英年早逝。王氏兄弟继承祖业，于清乾隆五十一年（1786年），买下水井街老烧坊开创新事业。传说，水井街上有一座大佛寺，地下有个海眼，为免除水灾，人们集资建寺，塑造了一座全身大佛镇于海眼之上。王氏兄弟倒用"全身佛"三字谐音，取名"福升全"（即佛身全）作为烧坊的名号，以求大佛保佑。

王姓客商目光独到，将酒坊选址在集东门胜景、水陆辐辏、酒香诗韵、来往商贾于一身的水井街。

2. "薛涛井"的传说——井水造美酒

水是酒之血，要酿出好酒，所用之水尤为关键。最初，王氏兄弟用厂房背后锦江中的水，因质量不好，酿出的酒并无特色。后来，经过反复实践，福升全取用二里路以外的薛涛井井水酿出了芳香四溢的美酒，王氏兄弟将新酿定名为"薛涛酒"。借助才女的芳名，薛涛酒刚一问世就名声大噪，无数诗人酒仙吟咏不绝，赞誉不止。

3. "全兴成"的传说——美酒遍锦城

为扩大经营和提高知名度，清道光四年（1824），福升全进军繁华的城中心，在暑袜南街设立新号。为求吉祥，王氏后人采用老号福升全的尾字作新号的首字，更名"全兴成"。

全兴成建号后，在继承福升全优秀传统的基础上，博采众家之长，对薛涛酒进行改造，创制出新酿"全兴酒"。由于暑袜街的市场环境优于水井街，全兴酒的销售也远远超过薛涛酒。清末民初时，成都曲酒以暑袜南街全兴成烧坊和提督西街魏家祠永兴敬烧坊两家最为著名，而全兴大曲的质与价又较永兴敬略高。由于全兴大曲久负盛名，民国时期成都有名的餐馆如华兴街颐之时、总府街明湖春，以及陕西街不醉不归小酒家等处所备的白酒都是全兴大曲。

(三) 名人与水井酒

水井坊白酒的源头，可以追溯到唐宋时期的成都烧酒的生产。天府之土，文化兴盛，文人学士，众星荟萃。唐宋以来的文人墨客，留下了不尽的关于成都美酒的风流轶事。

水井坊酒的源头是唐宋时期的成都美酒。唐宋时期是我国诗歌的黄金时代，众多的文人学士曾吟诵过成都美酒。

1. 李白与成都酒

唐人卢求在《成都记》中记载："隋蜀王秀取土筑广此城，因为池。"这就是有名的摩诃池，摩诃池上有散花楼。唐代伟大诗人李白青年时期游成都时，曾作《登锦城散花楼》：

日照锦城头，朝光散花楼。
金窗夹绣户，珠箔悬银钩。
飞梯绿云中，极目散我忧。
暮雨向三峡，春江绕双流。
今来一登望，如上九天游。

当年李白在散花楼上四望的时候，东南角上双江合流的地方，雾气蒸腾，旁边就是后来的水井酒坊所在地。只可惜不知道李白是否去走访那个地方，是否看见那里的酒坊，但他当年曾陶醉在成都的美酒中，这是人所共知的。

2. 杜甫与蜀酒

杜甫对成都美酒也赞誉有加。在《戏题寄上汉中王三首》中，他写道：

西汉亲王子，成都老客星。
百年双白鬓，一别五秋萤。
忍断杯中物，祗看座右铭。
不能随皂盖，自醉逐浮萍。

策杖时能出，王门异昔游。
已知嗟不起，未许醉相留。
蜀酒浓无敌，江鱼美可求。
终思一酩酊，净扫雁池头。

群盗无归路，衰颜会远方。
尚怜诗警策，犹记酒颠狂。
鲁卫弥尊重，徐陈略丧亡。
空馀枚叟在，应念早升堂。

因为"蜀酒浓无敌"，加上锦江的鲜鱼，杜甫"终思一酩酊，净扫雁池头"，这位写过《饮中八仙歌》的诗人，也如同李白一样，沉醉不醒了。

杜甫所谓的"蜀酒"，可能是当时的"剑南之烧春。"据史料记载，唐代剑南盛产美酒。李肇在《国史补》中说："酒则有……剑南之烧春"。"诗圣"杜甫居住于四川的九年里，对烧春系列的蜀酒非常喜爱。杜甫在《草堂即事》中说："蜀酒禁愁得，无钱何处赊？"；《题寄上汉中王三首》更高度赞扬烧春酒："蜀酒浓无敌"。杜甫在成都草堂，运用烧春技术酿造家酒，故《客至》中书："盘飧市远无兼味，樽酒家贫只旧醅"；《朝雨》中也有"草堂樽酒在，幸得过清朝"之佳句。

3. 雍陶与成都烧酒

雍陶，字国钧，成都（今四川成都）人，晚唐诗人。生卒年不详，约公元834年前后在世。作为成都本土的诗人，雍陶对成都美酒也有描绘。他有诗作《到蜀后记途中经历》："剑峰重叠雪云漫，忆昨来时处处难。大散岭头春足雨，褒斜谷里夏犹寒。蜀门去国三千里，巴路登山八十盘。自到成都烧酒熟，不思身更入长安。"成都当年就生产烧酒，酒香浓烈，"自到成都烧酒熟，不思身更入长安"，酒中仙李白曾为之沉醉，就不难想象了。

4. 李商隐与成都烧酒

晚唐著名诗人李商隐曾留寓成都，也有关于成都美酒的诗作。他的《杜工部蜀中离席》流传甚广：

> 人生何处不离群，世路干戈惜暂分。
> 雪岭未归天外使，松州犹驻殿前军。
> 座中醉客延醒客，江上晴云杂雨云。
> 美酒成都堪送老，当垆仍是卓文君。

诗人直夸成都烧酒之美，"美酒成都堪送老"与前述雍陶"自到成都烧酒熟，不思身更入长安"有异曲同工之妙。

5. 王灼与碧鸡坊酒

关于南宋王灼，巴蜀书社《王灼集》（李孝中、侯柯芳辑注，2005年9月1版1印）有小传："王灼（1111—?），字晦叔，号颐堂，南宋小溪（今四川遂宁）人。除绍兴间短期为幕官于夔州外，终身不仕，故正史无传，稗官罕记，事迹不详。"

王灼有《碧鸡漫志》，为我国第一部词学专著。其自序称："乙丑冬，予客寄成都之碧鸡坊妙胜院，自夏涉秋，与王和先、张齐望所居甚近，皆有声妓，日置酒相乐，予亦往来两家不厌也。""乙丑"为宋高宗时绍兴十五年，即公元1145年，而"自夏涉秋"则为公元1145年夏秋期间。王灼称与王和先、张齐望所居甚近，可知三人为邻居加朋友。作为朋友，"皆有声妓，日置酒相乐"，看似酒肉朋友，不过古时文人置酒相乐，并非如今日之吃喝，毫无文化含量，王灼与王和先、张齐望如何置酒相乐？王灼有诗《戏王和先张齐望》，诗云：

> 王家二琼芙蕖妖，张家阿倩海棠魄。
> 露香亭前占秋光，红云岛边弄春色。
> 满城钱痴买娉婷，风卷画楼丝竹声。
> 谁似两家喜看客，新翻歌舞劝飞觥。

君不见东州钝汉发半缟，日日醉踏碧鸡三井道。

二琼、芙蕖与阿倩、海棠应分别为王和先、张齐望的家妓，一家妓显妖冶，一家妓有精力，此四妓当是王和先、张齐望家中出面陪酒、吟咏之人，有模样、使小性、好酒量、露才气、弄管弦……露香亭是王和先碧鸡园内之亭，红云岛则是张齐望园中池塘所修之岛，此两处正是他们平日置酒相乐之所。王和先、张齐望是好客之人，即便家中终日宾客喧阗亦不烦恼，"谁似两家喜看客，新翻歌舞劝飞觥"，朋友日日相聚，饮酒歌舞。

歌舞场中的王灼，也不脱文人习性，虽亦醉酒，然仍能孜孜以求。其自序载："予每饮归，不敢径卧。客舍无与语，因旁缘是日歌曲，出所闻见。仍考历世习俗，追思平时论说，信笔以记。"醉酒回舍而不睡，那些家妓日日新翻歌舞，迫使王灼"考历世习俗""思平时论说"，还要"信笔以记"，遂有《碧鸡漫志》。碧鸡坊酒，成就了王灼的《碧鸡漫志》。

6. 陆游与成都美酒

南宋诗人陆游，出生在浙江绍兴。1170年，46岁的陆游入蜀。从1170年到1178年，他在四川生活了整整8年。陆游入蜀后，职务几经调换，但大多在四川境内。陆游与四川美酒有不解之缘。

宋代蜀中美酒全国闻名，陆游好酒同样出名，"京华豪饮醉千钟，濯锦江边怯酒浓。"

陆游初到汉中，但短短8个月后，王炎被召回朝，幕府撤销，陆游无奈入剑门。他在《剑门道中细雨》说："衣上征尘杂酒痕，远游无处不消魂。此身合是诗人未？细雨骑驴入剑门。"

陆游生性洒脱豪放，不拘一格，入乡随俗，一来四川就喜欢上了这里。他的《梅花绝句》说"当年走马锦城西，曾为梅花醉似泥。二十里中香不断，青羊宫到浣花溪。"可想他曾沉醉在成都的美酒之中。

宋代成都的园林众多，摩诃池是陆游流连忘返的地方。他常与文友在岸边的亭子里饮酒作乐，每一次都会给他带来不一样的感觉："摩诃古池苑，一过一销魂。"摩诃池上饮酒作乐，不知陆游曾几次销魂。

他的名作《长歌行》："人生不作安期生，醉入东海骑长鲸；犹当出作李西平，手枭逆贼清旧京。金印煌煌未入手，白发种种来无情。成都古寺卧秋晚，落日偏傍僧窗明。岂其马上破贼手，哦诗长作寒螀鸣？兴来买尽市桥酒，大车磊落堆长瓶。哀丝豪竹助剧饮，如钜野受黄河倾。平时一滴不入口，意气顿使千人惊。国雠未报壮士老，匣中宝剑夜有声。何当凯还宴将士，三更雪压飞狐城。"

热情奔放是陆游的个性，酒壮豪情，却时时怀着一颗爱国之心。诗人在成都痛饮美酒的情景，如在目前。

陆游和范成大是多年的好友。1175年，范成大与陆游两人经常聚在一起谈诗论词，饮酒游乐，毫无拘束。

1176年，陆游以"不拘礼法，恃酒颓放"为由，被免去参议之职。陆游从此自号放翁，并作诗说："名姓已甘黄纸外，光阴全付绿樽中。门前剥啄谁相觅，贺我今年号放翁。"这也道出了他的无奈和伤感。成都美酒，为陆游消除了无尽的痛苦。

陆游在荣州时曾受邀畅饮乡村人家自酿的土酒"琥珀红"，此酒劲大甘洌，容易沉醉。广汉的鹅黄酒和眉山的玻璃春，也是他喜欢的。

陆游最爱的是郫筒酒："未死旧游如可继，典衣犹拟醉郫筒。"

7. 虞集与郫筒酒

元代普遍实行禁酒，但因"川蜀地多岚瘴"，便对四川给以"弛禁酒"的优惠政策。元代四川酒课 7590 锭 20 两，占全国酒课的第五位。宋时的一些名酒如郫筒酒、鹅黄酒等在元代仍然享有盛名。元代川籍大文学家虞集在他的诗作《代祀西岳至成都作》写道："我到成都才十日，驷马桥下春水生。渡江相送荷子意，还家不留非我情。鸬鹚轻筏下溪足，鹦鹉小窗呼客名。赖得郫筒酒易醉，夜深冲雨汉州城。"其中"赖得郫筒酒易醉，夜深冲雨汉州城"这一诗句脍炙人口。

8. 杨慎与水井酒

明代著名文学家杨慎为成都新都人，在成都美酒的芳香中长大，其借酒抒情，成就了千古名作。

《临江仙·滚滚长江东逝水》是杨慎创作的一首词，全词为："滚滚长江东逝水，浪花淘尽英雄。是非成败转头空。青山依旧在，几度夕阳红。白发渔樵江渚上，惯看秋月春风。一壶浊酒喜相逢。古今多少事，都付笑谈中。"

嘉靖三年（1524 年），当时正任翰林院修撰的杨慎，因"大礼议"受廷杖，削夺官爵，定罪为谪戍终老于云南永昌卫。杨慎到达云南以后，并没有因为被谪戍而消沉，而是经常四处游历，观察民风民情，还时常咏诗作文，以抒其怀。杨慎在云南度过了三十几年，经常来往于博南兰津、苍洱金碧、临阿迷、澄江嵩明之间，足迹几乎遍布云南。杨慎每到一地，都要与当地的读书人谈诗论道，因此留下了大量描写云南的诗篇。此词也即其中一篇，同时也是作为《廿一史弹词》第三段《说秦汉》的开场词而作。词的上阕通过历史现象咏叹宇宙永恒、江水不息、青山常在，而一代代英雄人物却无一不是转瞬即逝。下阕写词人高洁的情操、旷达的胸怀。把历代兴亡作为谈资笑料以助酒兴，表现了词人鄙夷世俗、淡泊洒脱的情怀。全词基调慷慨悲壮，读来只觉荡气回肠、回味无穷，平添万千感慨在心头。

9. 张问陶与水井酒

被誉为清代"蜀中诗人之冠"的张问陶品尝了水井酒后，情不自禁欣然提笔写下了《咏薛涛酒》："浣溪何处薛涛笺，汲井烹泉亦惘然。千古艳才难冷落，一杯名酒忽缠绵。色香且领闲中味，泡影重开梦里缘。我醉更怜唐节度，枇杷花里问西川。"诗中所谓"一杯名酒忽缠绵"的"名酒"，应该就是用薛涛井井水酿造的"福升全"美酒，也就是今天的"水井酒"。

10. 冯家吉与水井酒

光绪年间的举人冯家吉亦时常光顾"全兴成"，将全兴酒与美人相媲美，在《锦城竹枝词百咏》中叹道："枇杷深巷旧藏春，井水留香不染尘。到底美人颜色好，造成佳酿最熏人。"与张问陶一样，冯家吉也非常赞赏用薛涛井井水酿造的"全兴成"美酒。

遗憾的是，"水井坊"是现在的品牌，历史上有关"水井酒"的风韵之事，大多还隐藏在历史深处。

二、水井坊酒的特点

（一）水井坊酒的酿造工艺特点

1."水井坊白酒传统酿制技艺"概述

水井街酒坊古法酿造的主要步骤大致可分为：起窖拌料、上甑蒸馏、量质摘酒、摊晾下曲、入窖发酵、勾兑储存等工艺流程。

（1）起窖拌料

与众多白酒酿造相似，水井街酒坊古法酿造，首先选用优质的稻米等原料，按特有的配方调制。

（2）上甑蒸馏、量质摘酒

原料拌匀以后，由酿酒师把酒糟均匀地铺撒在已经沸腾的甑桶里，进行缓火蒸馏、分段量质摘酒。600余年前，水井街酒坊的传统蒸馏工艺采用"天锅"来完成。其中包括了蒸馏、摘酒、观火等环节。摘酒时，要根据对酒质的特殊口感，边接酒边品尝。按分段的形式摘取各等级的酒。水井坊的酿酒师们在这几道关键环节上，都有着自己独到的体会和技艺，岁月的历练使他们拥有一套精湛的摘酒技巧。

（3）摊晾下曲、入窖发酵

经过蒸馏的酒糟，需转移至晾堂进行摊晾。摊晾的目的是使出甑的酒糟迅速冷至适合酿酒微生物发酵的入窖温度。与此同时，水井坊酿酒师将根据不同季节温度灵活掌握下曲的温度，完成下曲后，再将酒糟转移入窖，以泥土进行封存再次发酵。

（4）勾调储存

因循古法，历代酿酒师一步步精工细作，按照传承一脉的技艺和配方进行勾调，再分级陶坛贮存。

历经上述严苛的制酒流程与工艺，水井坊酒还需要经过多次的过滤去杂，方能进入最终的现代化灌装线。水井坊一直致力于为消费者呈现更高品质与更加安全的酒体。

2."水井坊白酒传统酿制技艺"发展的基本情况

水井坊酒传统酿造技艺是国家级非物质文化遗产。水井坊酒自古以来便以得天独厚的自然环境酿造出经典浓香风格，在众多浓香型酒品中独树一帜。历代酿酒大师心手相传，以传统酿造工艺潜心酿制出水井坊酒"陈香飘逸、甘润幽雅"的酒格，成为成都平原浓香型白酒淡雅风格的经典代表。2008年，水井坊酒传统酿造技艺被列为"国家级非物质文化遗产"。

（二）水井坊系列酒的特点

水井坊系列酒各具特色，择要介绍如下：

（1）水井坊·菁翠——十年一心萃炼成菁

大师甄选，优质基酒。由国家级酿酒大师、国家级非物质文化遗产"水井坊传统酿造技艺"代表性传承人，恪守古法、亲力亲为，精心挑选少量可作为调制菁翠的优质基酒，因此，水井坊·菁翠产量稀少，弥足珍贵。

水井坊·菁翠系列历经十年酝酿。水井坊·菁翠，每一滴酒液都经过十年漫长时光酝酿，滴滴饱满浓郁，香味繁馥。

甄选蜀南上品竹炭，手工层层滤净。精选蜀南竹海独有优质翠竹竹炭，十年沉淀的酒体，再借助细密竹炭超强的吸附过滤功效，使每一滴酒液经由竹炭淬炼，去芜存菁，得至臻酒心。

（2）天号陈红盒

天号陈酒每盒规格为500毫升×6，酒精度有52度、42度、38度等各种类型。

天号陈酒，选用优质高粱、大米、糯米、小麦、玉米为原料，传统工艺酿造。口味醇厚绵长，酒品豁达自然。

（3）水井尚品

水井尚品每盒规格为500毫升×6，酒精度为52度。

水井尚品，精选天府之国优质五谷原粮，配比中适量加大糯米、大米占比，入口绵柔、回味甘甜，皆为酒中尚品，适宜各种亲友筵席。

（4）小水井红运装

小水井红运装每盒规格为500毫升×6，酒精度为52度。

小水井为水井坊公司旗下系列酒，通过象征四合院的方形外盒传递家庭团圆意蕴祥和的传统情怀。

（5）小水井普通装

小水井普通装每盒规格为500毫升×6酒精度为52度、42度、38度等各种类型。

小水井普通装沿用传统酿造工艺，酒体丰满、润盈，酒香温醇，回味悠长。方正的外盒象征着古典四合院文化，寓意一家团圆。

三、水井坊酒业有限公司的发展历程

（一）水井坊酒业有限公司简介

四川水井坊股份有限公司于1993年12月21日在成都市工商行政管理局登记成立，位于成都市金牛区全兴路9号，属饮用酒制造业，主营酒类产品生产和销售，主要酒类产品有水井坊品牌系列等，其中"水井坊"品牌系列有：水井坊礼盒装（世纪典藏、风雅颂、公元十三等）、水井坊典藏装、水井坊井台装、天号陈、小水井、琼坛世家、往事等主要品种。公司从事高档优质白酒"天号陈"品牌的塑造及市场营销工作，是"水井坊"及"天号陈"品牌的专营机构。天号陈酒由四川水井坊股份有限公司荣誉出品，四川水井坊股份有限公司（上市公司）是中国大型高品质白酒生产企业之一，企业规模及效益居行业前列。

四川水井坊酒业有限公司是由四川成都水井坊集团有限公司（外资控股企业）控股39.71%，并在上海证券交易所挂牌的上市公司，股票简称"水井坊"，股票代码

"600779",为沪深指数和上证180指数样本公司。公司第一大股东是中外合资的四川成都全兴集团有限公司,其外方股东是世界500强企业之一、全球最大的高档酒业集团帝亚吉欧(DIAGEO)。2006年12月11日,全球最大的高档酒业集团帝亚吉欧旗下的帝亚吉欧高地控股有限公司收购四川水井坊股份有限公司第一大股东的部分股份,由此帝亚吉欧间接成为水井坊第二大股东。该集团拥有全球前100个酒类品牌中的17个,其中尊尼获加和健力士的历史甚至超过200年。

(二)水井坊白酒品牌发展

四川水井坊股份有限公司出品的水井酒的前身全兴大曲,曾于1962年北京举行的第二届名酒品评会上,被评为八种名酒之一。1984年,在太原举行第四届名酒品评,全兴大曲为当年评出的十三种名酒之一。1989年,在合肥举行第五届名酒品评,全兴大曲为当年评出的十七种名酒之一。

元末明初遗留下来的"水井街酒坊遗址"是公司独有的重要生产资源和品牌基础,也是不可复制的、极为珍贵的历史文化遗产和有极高使用价值的"活文物"。在九九年挖掘的当年,被评为"1999年全国十大考古新发现","水井坊"被国家文物局列入"全国重点文物保护单位"。国家权威部门给它的评定是:迄今为止全国以至世界发现的最古老、最全面、保存最完整、极具民族独创性的古代酿酒作坊,被我国考古界、史学界、白酒界专家誉为白酒行业的"活文物""中国白酒第一坊"。

"水井街酒坊遗址"区与公司土桥工厂区被原国家质检总局批准为"工商国家地理标志(原产地域)产品"保护区域;"水井坊酿酒技艺"被国务院列为"国家非物质文化遗产";"水井坊"商标被原国家总局认定为"中国驰名商标"。

未来,公司将集中主要优势资源和资金,做实、做大、做强白酒产业;在外部强势资本和本土资源合力推动下,以水井坊酒为高端标志性产品,使其成长为国际一流的中国白酒品牌。

(三)水井坊白酒科技创新

四川水井坊酒业有限公司以"科技兴企,质量第一"为重要抓手。在质量管理方面,公司已通过ISO9001质量管理体系和产品认证体系、HACCP食品安全、ISO14001环境管理体系认证、ISO22000食品安全管理体系、国家酒类质量等级和计量体系等一系列认证,确保"产品出厂合格率达100%""国家抽检合格率达100%""产品卫生指标100%符合国家标准",并率先实现酒体的国际国内"双重检测"和包装材料的专项检测;在科研方面,公司拥有酿酒世家历代传承的固态发酵蒸馏白酒酿造的独特工艺和现代微生物技术等独立知识产权,在酿酒生物发酵菌方面获得的多项科技成果荣获市、省、国家级奖项;在产品创新方面,公司遵循"传统和现代相结合、艺术和技术相结合、文化和经济相结合",突出产品、包装标识、品牌形象、文化内涵上的差异化、智能化、人本化,努力打造出高品质、高品位、高品格产品,致力于为消费者提供高品质的物质精神享受和体验。

四川水井坊酒业有限公司制定了企业发展战略——以目标消费者为中心,在稳定发展的基础上,实施重点突出的全面创新战略。人力资源优先发展,打造一支精干、高效、富有战斗力、中外文化高度融合的管理团队和员工队伍。进入中国高端白酒前三名，成为具有一定国际品牌影响力的中国白酒企业。

（四）企业荣誉

多年来，四川水井坊酒业有限公司不懈努力，不断进取，企业获得了诸多的荣誉：

全国重点文物保护单位

1999年全国十大考古新发现

国家级非物质文化遗产（见图11-2）

原产地域保护

"莫比"大赛包装设计金奖和最高成就奖

"世界之星"包装设计奖

星耀世界烈酒大赛酒体银奖、最佳包装类铜奖

图11-2 水井坊酒传统酿造技艺获评"国家级非物质文化遗产"

四、水井坊博物馆

在水井坊原址上，现已建好一座风格独特的博物馆——水井坊博物馆（见图11-3）。

水井坊具有重要的文物价值，其修建博物馆意义重大。如前所述，水井街酒坊遗址延续600余年从未间断生产，被国家文物局认定为我国发现的古代酿酒和酒肆的典型实例，堪称"第一坊"，是中国白酒业发展的一部无字史书。被国务院列为"全国重点文物保护单位"，列入"中国世界文化遗产预备名单"。水井坊酒传统酿造技艺被列为"国家级非物质文化遗产"，其酿造的水井坊酒获"中华人民共和国原产地域产品"称号。

图 11-3　水井坊博物馆

　　水井坊博物馆位于四川省成都市锦江区水井街，是以传统工业遗址和酒文化为展示主题的公益性博物馆。水井坊博物馆系统性原址原貌地保存了 600 余年历史的水井街酒坊遗址，并以真实的生产场景再现 600 余年历史的水井坊酒传统酿造技艺，是水井坊酒国家地标中心和主要生产场所之一，也是将实际生产过程和展示陈列完美融为一体的"活"的博物馆。

　　水井坊博物馆记录了中国浓香型白酒的酿造历史和技艺，以发展的态度对文物、文化、文明进行保护利用和传承。在这里，600 余年历史沧桑被浓缩成一幅永恒的画卷，向世界展现着中国白酒文化亘古不变的传奇。

参考文献：

[1] 章夫，郑光路．千年一坊：水井坊千年醇香 [M]．成都：四川文艺出版社，2011．

第十二章 茅台

一、贵州茅台老字号酒

(一) 贵州茅台老字号酒的发展史

茅台酒（见图 12-1），贵州省遵义市仁怀市茅台镇特产，中国国家地理标志产品。

茅台酒是中国的传统特产酒，是与苏格兰威士忌、法国科涅克白兰地等齐名的世界六大蒸馏名酒之一，也是大曲酱香型白酒的鼻祖，至今已有 800 多年的历史。

贵州茅台酒的风格质量特点是"酱香突出、幽雅细腻、酒体醇厚、回味悠长、空杯留香持久"，其特殊的风格来自历经岁月积淀而形成的独特传统酿造技艺，酿造方法与其赤水河流域的农业生产相结合，受环境的影响，季节性生产，端午踩曲、重阳投料，保留了当地一些原始的生活痕迹。

1996 年，茅台酒工艺被国家确定为机密加以保护。2001 年，茅台酒传统工艺被列入国家级首批非物质文化遗产。2006 年，国务院又批准将"茅台酒传统酿造工艺"列入首批国家级非物质文化遗产名录，并为其申报世界非物质文化遗产。

图 12-1 贵州茅台酒

2003 年 02 月 14 日，原国家质检总局批准对"茅台酒"实施原产地域产品保护。2013 年 03 月 28 日，原国家质检总局批准调整"茅台酒"（贵州茅台酒）地理标志产品保护名称和保护范围。

据传，远古大禹时代，赤水河的土著居民——濮人，已善酿酒。

汉代，今茅台镇一带有了"枸酱酒"。《遵义府志》载：枸酱，酒之始也。司马迁在《史记》中记载：建元六年（前 135 年），汉武帝令唐蒙出使南越，唐蒙饮到南越国（今茅台镇所在的仁怀县一带）所产的枸酱酒后，将此酒带回长安，敬献武帝，武帝饮而

"甘美之",并留下了"唐蒙饮枸酱而使夜郎"的传说。这成为茅台酒走出深山的开始,此后,一直作为朝廷贡品享盛名于世。

唐宋以后,茅台酒逐渐成为历代王朝贡酒,并通过南丝绸之路传播到海外。

到了清代,茅台镇酒业兴旺,"茅台春""茅台烧春""同沙茅台"等名酒声名鹊起。"华茅"就是茅台酒的前身。康熙四十三年(1704年),"偈盛烧房"将其产酒正式定名为茅台酒。据清《旧遵义府志》所载,道光年间,"茅台烧房不下二十家,所费山粮不下二万石。"道光二十三年(1843年),清代诗人郑珍咏赞茅台"酒冠黔人国"。

1949年前,茅台酒有三家酒坊生产,即:华姓出资开办的"成义酒坊",称"华茅";王姓出资建立的"荣和酒房",称"王茅";赖姓出资办的"恒兴酒坊",称"赖茅"。一九五一年,政府通过赎买、没收、接管的方式将成义(华茅)、荣和(王茅)、恒兴(赖茅)三家酿酒作坊合并,实施三茅合一政策——国营茅台酒厂成立。

(二)贵州茅台老字号酒的故事和传说

自古而今,向往茅台、赞美茅台的文人墨客不计其数。毫不夸张地说,茅台酒每一个细小的侧面都有着丰富的人文历史故事,以及深厚的文化积淀与人文价值。犹如中国发给世界的一张飘香的名片,具象的茅台酒和抽象的"人文",在以醉人的芳香让世界了解自己的同时,也将中华酒文化的魅力和韵味淋漓尽致地展示给了世界,彰显出辉煌灿烂、渊源流成的中华文明。茅台所产的酒质量特别好,从古至今早有定论。汉高祖刘邦饮过枸酱酒后赞不绝口,汉武帝刘彻饮之盛赞其"甘美之"。曾写下"杨柳春风一杯酒,江湖夜雨十年灯"佳词名句的北宋大诗人黄庭坚,饮之则叹曰"殊可饮"。

太平天国名将石达开曾七经仁怀,畅饮茅台酒之后,更是写下"万顷明珠一瓮收,君王到此也低头,赤虺(hui)托起擎天柱,饮尽长江水倒流"的千古名句。

(三)贵州茅台发展大事记(部分主要内容)

1951年,国家以1.3亿元(旧币)赎买成义烧房,正式成立"贵州省专卖事业公司仁怀县茅台酒厂"(简称茅台酒厂)。

1952年,仁怀县财委会将没收的荣和烧房估价500万(旧币),划拨给茅台酒厂。茅台酒厂由贵州省专卖事业管理局领导,厂名更为"贵州省专卖事业管理局仁怀茅台酒厂"。

1953年,茅台酒厂划为贵州省直企业,由省工业厅领导,遵义地区专员公署代管,厂名更为"贵州省人民政府工业厅茅台酒厂"。地方食品工业部投资10亿元(旧币),发展茅台酒生产。

1954年,"贵州省人民政府工业厅茅台酒厂"更名为"地方国营茅台酒厂"。

1955年,茅台酒商标(车轮牌)在香港、澳门、马来西亚、新加坡等东南亚地区注册。"地方国营茅台酒厂"更名为"贵州省茅台酒厂"。

1956年,由贵州省工业厅、工业技术研究所和茅台酒厂技术力量组成的"恢复名酒质量工作组"进厂工作。

1957年,国家投资制酒、制曲、粮库、酒库和化验室的扩建。茅台酒包装改换成功。总结出茅台酒传统工艺14项操作规程,全面恢复了茅台酒生产的传统操作方法。

1959年,轻工业部、贵州省轻工研究所、贵州省茅台酒厂、中国科学院贵州分院化工所和贵州农学院等单位,组成"贵州茅台酒总结工作组"来厂,对茅台酒的生产工艺进行全面科学总结。

1964年,轻工部主持成立了茅台酒试点委员会。

1965年,经过贵州茅台酒试点工作委员会的科学试验和总结,确立了贵州茅台酒三种典型体(酱香、醇甜、窖底)的划分。

1966年,茅台酒试点委员会经过两个生产周期的试验,基本掌握了茅台酒生产规律,从根本上肯定了传统操作规程。内外销陶瓷瓶一律改用为乳白玻璃瓶,瓶盖改用红色塑料螺旋盖。

1968年,茅台酒厂改地窖烧煤烤酒为锅炉蒸汽烤酒。

1973年,轻工厅批准茅台酒厂成立科学研究室。

1975年,中国粮油进出口公司贵州分公司通知:1975年出口贵州茅台酒一律使用"飞天"新商标。

1978年,开始低度茅台酒的研究。

1983年,贵州省粮油进出口公司下文:同意从1984年元月起,茅台酒外销包装瓶盖全部改用扭断式防盗铝盖,取消原来的丝带和小标签。

1986年,将"我爱茅台为国争光"作为企业精神。茅台酒包装获"亚洲之星"国际包装奖。39度茅台酒通过国家级鉴定,获得高度评价。厂名更为"中国贵州茅台酒厂"。

1988年,扩建年产800吨部分竣工投产。

1989年,全面恢复人工踩曲。茅台酒厂修订大曲酱香型酒厂国家一级企业标准。

1991年,茅台酒厂通过国家一级企业正式考核。

1992年,茅台酒厂获"全国轻工业大型企业"称号。

1993年,茅台酒厂进入中国500家最大工业企业行列。

1995年,茅台酒厂获"1993年度全国特大型工业企业"称号。第50届国际统计大会命名贵州茅台酒厂为"中国酒业大王"。

1996年,茅台酒获巴拿马博览会金奖80周年纪念会在京举行。贵州省人民政府批准贵州茅台酒厂改制为国有独资公司,更名为"中国贵州茅台酒厂(集团)有限责任公司"。贵州茅台酒500毫升系列(含飞天牌、五星牌)正式启用意大利GOALA公司进口的专用瓶盖,具有防伪、防再次灌装、使用安全等功能。

1997年,中国贵州茅台酒厂集团、中国贵州茅台酒厂(集团)有限责任公司在贵阳举行授牌仪式。茅台集团公司在北京人民大会堂召开新闻发布会,从1998年1月1日起,茅台酒将正式启用3M防伪标识。

1998年,中国贵州茅台酒厂(集团)有限责任公司技术中心成立。中国贵州茅台酒厂(集团)习酒有限责任公司成立。

1999年,贵州茅台酒股份有限公司成立。

2000年,企业更名为"中国贵州茅台酒厂有限责任公司"。

2001年,茅台集团公司推出"年份酒",在出厂的茅台酒商标显著位置注明出厂日期。贵州茅台股票在上海证券交易所成功发行,募集资金20亿。

2002年，中国贵州茅台酒厂（集团）昌黎葡萄酒业有限责任公司成立。

2003年，贵州茅台名列"中国上市公司竞争力前10名"。载有茅台酒酿造原料高粱、小麦和曲药的神舟五号飞船升空并成功返回。

2004年，茅台集团面向社会设立"贵州茅台自然科学研究基金"。

2005年，贵州茅台酒获准使用纯粮固态发酵白酒标志。黄帝陵民祭大典在陕西黄陵举行，茅台酒为主祭祀唯一用酒。

2006年，"茅台酒酿制技艺"入选国家级首批"非物质文化遗产代表作"名录。

2007年，茅台酒RFID技术防伪项目正式启动，每瓶真茅台酒将获得唯一"身份证"。

2008年，贵州茅台全国经销商户已达1,143家，并在数十个国家和地区建立了营销机构。茅台酒传统酿造技艺被国家推荐申报联合国教科文组织"人类口头与非物质遗产代表作"。

2010年，贵州茅台推出世博会茅台纪念酒。贵州茅台酒股份有限公司总市值达1,735亿元。

2011年，中国茅台上榜"全球酒业品牌50强"第九位。中国贵州茅台酒厂（集团）有限责任公司国营60周年。

2012年，贵州茅台首次以118.38亿美元的品牌价值入选BRANDZTM最有价值全球品牌百强，位列第69位。

2013年，茅台上榜全球50大最具价值烈酒品牌。茅台上榜《2013年亚洲品牌500强》位列食品行业第一。茅台集团获"全国企业品牌建设特殊贡献单位"称号。茅台名列2013中国品牌文化影响力前十强。茅台集团获批博士后科研站。茅台RFID防伪溯源体系上线，手机可验真伪。

2014年，贵州茅台荣膺"叱咤全球的国家名片"殊荣。茅台酱香酒营销公司成立。习酒获国家地理标志保护产品，茅台酒领衔入选中欧地理标志互认产品。茅台品牌价值逾千亿，位列华樽杯酒类榜首，荣膺品牌中国华谱奖。贵州茅台连续8年入围"市值管理绩效百佳榜"，连续9年入选"最受赞赏的中国公司"。茅台集团荣获"希望工程25年杰出贡献奖"。

2015年，第二届中国白酒科学技术大会上，茅台股份荣获白酒酿酒微生物研究、白酒中风味物质研究、白酒陈贮、勾兑、感官品评技术、白酒接触材料、物流与综合利用、生态环保10大科技成果奖。贵州茅台酒股份有限公司荣膺2015年"最受投资者尊重的上市公司"称号。贵州茅台酒列入"中国地理标志产品大典"。贵州茅台再次荣膺"国家名片"。茅台集团荣膺"2015中国工业行业履行社会责任五星级企业"。茅台集团荣获"2015中国年度最佳雇主"称号。茅台夺得2015中国食品企业国际贡献奖。旧金山市设定11月12日为"茅台日"。茅台集团庆祝茅台酒荣获巴拿马万国博览会金奖百年纪念。贵州茅台首次入选世界品牌500强。

2016年，最具价值中国品牌100强榜单出炉茅台稳居白酒类行业榜首。茅台名列2016全球烈酒品牌价值50强首位。中国品牌价值500榜单揭晓茅台雄居酒类品牌价值榜榜首。茅台荣膺"2015年度中国轻工业盈利能力和价值能力百强企业名单"榜首。

茅台集团全国重点文物保护单位区域竖起"文物保护碑"。茅台居 2016 年国内白酒十大品牌排行榜榜首。中国上市公司创新品牌价值 100 强排行榜揭晓，茅台以 877.76 亿元的品牌价值位列第一。茅台集团国税贡献首超百亿高居中国白酒行业榜首。

2017 年，股票再创新高成为全球市值最高的酒制造企业。

2018 年，贵州白酒企业圆桌会在茅台召开。茅台开展"走进源头·感恩镇雄"公益活动。《"智慧茅台"工程顶层设计方案》在京通过专家评审。举行以"梦回敦煌．醉美丝路"为主题的飞天．茅台 60 周年座谈会。贵州茅台医院开工建设。

2019 年，贵州茅台股价轻松突破 1000 元，顺利完成 1000 亿元销售额目标，市值上万亿；茅台经历了企业历史上影响最广、力度最大的治理与调整，在健全完善现代企业治理上，迈出了极为重要的一步；启动"文化茅台"战略，百年茅台再添新动力；茅台研究院成立"最强大脑"护航茅台；三年 600 亿投入基建，十二个重点工程同步动工；商标迭代升级，推行"双五"规划，品牌迎来品质时代。

2020 年，1 月 10 日，茅台文化国际交流活动在京举行；1 月 15 日，茅台受邀参加"CCTV 品牌艺术中国展"；2 月 9 日，人民日报 4 版头条文章《服务举措及时有效线上线下合力抗疫》，报道了包括茅台集团在内的多行业多企业积极提供援助，全力支持疫情防控情况。

二、贵州茅台老字号酒的特点

（一）品质特性

茅台酒是中国大曲酱香型酒的鼻祖，被尊称为"国酒"。它具有色清透明、酱香突出、醇香馥郁、幽雅细腻、入口柔绵、清冽甘爽、酒体醇厚丰满、回味悠长、空杯留香持久的特点，人们把茅台酒独有的香味称为"茅香"，是中国酱香型风格的典型。

茅台酒液纯净透明、醇馥幽郁，是由酱香、窖底香、醇甜三大特殊风味融合而成，现已知其香气组成成分多达 300 余种。茅台酒香气成分众多，有人赞誉"风味隔壁三家醉，雨后开瓶十里芳"。茅台酒香而不艳，在酿制过程中从不加半点香料，香气成分全是在反复发酵的过程中自然形成的。它的酒度一直稳定在 52°—54°之间，曾长期是全国名白酒中度数最低的酒。具有喉咙不痛、也不上头、能消除疲劳、安定精神等特点。

（二）生产工艺

茅台酒的酒窖建设也颇有讲究。从窖址选地、窖区走向、空间高度，到窖内温湿度控制、透气性能，以及酒瓮的形式、容量、瓮口泥封的技术等，都极为严格。这些都是关系到成品酒的再熟化、香气纯度再提高的关键。酒窖里每天要有人检查，开关透气孔，控制温湿度。

茅台酒的酿制技术被称作"千古一绝"。茅台酒有不同于其他酒的整个生产工艺，其生产周期 7 个月。蒸出的酒入库贮存 4 年以上，再与贮存 20 年、10 年、8 年、5 年、30 年、40 年的陈酿酒混合勾兑，最后经过化验、品尝，最后装瓶出厂销售。

茅台酒以本地优糯高粱为原料，用小麦制成高温曲，而用曲量多于原料。用曲多，发酵期长，多次发酵，多次取酒等独特工艺，是茅台酒风格独特、品质优异的重要原因。酿制茅台酒要经过两次下料、九次蒸煮、八次摊晾加曲（发酵七次）、七次取酒，生产周期长达一年，再陈贮三年以上，勾兑调配，然后再贮存一年，使酒质更加和谐醇香，绵软柔和，方准装瓶出厂，全部生产过程近五年之久。

在此期间，要经历重阳下沙、端午踩曲、长期贮存等工艺环节的淬炼，制酒生产一年一个生产周期，顺应季节变换，历经两次投料、九次蒸煮、八次发酵、七次取酒；酿制而成的基酒还需在陶坛中经过三年以上的贮存。最后，采用酒勾酒的方式将一百余种不同酒龄、不同香型、不同轮次、不同酒度等各有特色的基酒进行组合，形成了茅台酒的典型风格。

茅台酒工艺中的三高是指茅台酒生产工艺的高温制曲、高温堆积发酵、高温馏酒。茅台酒大曲在发酵过程中温度可高达63℃，比其他任何名白酒的制曲发酵温度都高10—15℃；在整个大曲发酵过程中可优选环境微生物种类，最后形成以耐高温产香的微生物体系，在制曲过程中首先做到了趋利避害之功效。高温堆积发酵是中国白酒生产敞开式发酵最为经典和独创之作，也是其他名白酒工艺所不具有的酿酒工艺。高温馏酒：蒸馏工艺本身是固液分离的技术，但茅台酒生产工艺的蒸馏与其他白酒完全不同。

茅台酒工艺中的三长主要指茅台酒基酒生产周期长、大曲贮存时间长、茅台酒基酒酒龄长。茅台酒基酒生产周期长达一年，须二次投料、九次蒸馏、八次发酵、七次取酒，历经春、夏、秋、冬一年的时间。而其他名白酒只需几个月或十多天即可。茅台酒大曲贮存时间长达6个月，才能流入制曲生产使用，比其他白酒多3—4个月，这对提高茅台酒基酒质量具有重要作用，而且大曲用量大，是其他白酒的4—5倍。茅台酒一般需要长达三年以上贮存才能勾兑，通过贮存可趋利避害，使酒体更醇香味美，加上茅台酒高沸点物质丰富，更能体现茅台酒的价值，这是其他香型白酒不具有的特点。

茅台酒工艺的季节性生产指茅台酒生产工艺季节性很强。茅台酒生产投料要求按照农历九月重阳节期进行，这完全不同于其他白酒随时投料随时生产的特点。采用九月重阳投料，一是按照高粱的收割季节；二是顺应茅台当地气候特点；三是避开高营养高温生产时节，便于人工控制发酵过程，培养有利微生物体系，选择性利用自然微生物；四是九月重阳是中国的老人节，象征天长地久，体现中华民族传统文化。

装茅台酒用的酒瓶，最初是用本地生产的缸瓮，从清朝咸丰年间起，改用底小、口小、肚大的陶质坛形酒瓶，有0.5公斤、1公斤和1.5公斤的型号。后曾一度改为微扁长方形酒瓶。1915年以后，改用圆柱形、体小嘴长的黄色陶质釉瓶。新中国成立后，才改为白色陶瓷瓶和人们见到的乳白色避光玻璃瓶，此种酒瓶古色古香，朴实大方。

（三）产地环境

1. 地域环境

茅台酒因产于遵义赤水河畔的茅台镇而得名。由于茅台镇地处河谷，风速小，十分有利于酿造茅台酒微生物的栖息和繁殖。20世纪六七十年代全国有关专家曾用茅台酒工艺及原料、窖泥，乃至工人、技术人员进行异地生产，但其所出产品均不能达到异曲同工之妙。这也充分证明了茅台酒与产地密不可分的关系和茅台酒不可克隆的特点，因此茅台酒在2001年成为中国白酒中首个被国家纳入原产地域保护产品。

图12-3 茅台酒厂区位置：赤水河上游

茅台酒厂区建于赤水河上游（见图12-3），该流域水质好、硬度低、微量元素含量丰富，且无污染。峡谷地带微酸性的紫红色土壤，冬暖夏热、少雨少风、高温高湿的特殊气候，加上千年酿造环境，使空气中充满了丰富而独特的微生物群落。

2．原料要求

茅台酒生产所用高粱为糯性高粱，当地俗称红缨子高粱。此高粱与东北及其他地区高粱不同的是，颗粒坚实、饱满、均匀，粒小皮厚，支链淀粉含量达88％以上。其截面呈玻璃质地状，十分有利于茅台酒工艺的多轮次翻烤，使茅台酒每一轮的营养消耗有一合理范围。茅台酒用高粱皮厚，并富含2％—2.5％的单宁，通过茅台工艺发酵使其在发酵过程中形成儿茶酸、香草醛、阿魏酸等茅台酒香味的前体物质，最后形成茅台酒特殊的芳香化合物和多酚类物质等。这些有机物的形成与茅台酒高粱及地域微生物群系密切相关，也是茅台酒幽雅细腻、酒体丰满醇厚、回味悠长的重要因素。特别值得一提的是，茅台酒富含一定的多酚类物质，适量饮用不伤肝，还能治糖尿病、感冒等疾病。

3．水质

酿制茅台酒的用水主要是赤水河的水，赤水河水质好，用这种入口微甜、无溶解杂质的水经过蒸馏酿出的酒特别甘美。故清代诗人曾有"集灵泉于一身，汇秀水东下"的咏句赞美赤水河。茅台镇还具有极特殊的自然环境和气候条件。它位于贵州高原最低点的盆地，海拔仅440米，远离高原气流，终日云雾密集。夏日35—39℃的高温期长达5个月，一年中有大半时间笼罩在闷热、潮湿的雨雾之中。这种特殊气候、水质、土壤条件，对于酒料的发酵、熟化非常有利，同时也部分地对茅台酒中香气成分的微生物产生、精化、增减起了决定性的作用。可以说，如果离开这里的特殊气候条件，茅台酒中的有些香气成分根本无法产生，酒的味道也会欠缺。

三、贵州茅台老字号酒的发展历程

（一）茅台酒商标

茅台酒商标和金牌的由来，诚如许多文章、书籍和网站提到的一样。为了庆祝巴拿马运河建成通航，美国国会决定于1915年在加利福尼亚州的旧金山市举办巴拿马万国博览会，向全世界各国发出参展邀请，并派旧金山大商人ROBERTDOIIAR游说当时的民国政府。1914年，美国又派巴拿马国际博览会劝导员爱旦穆专程来华劝导中国参展。民国政府在1914年5月由当时的大总统袁世凯批示,由工商部、农林部、教育部、财政部协同负责筹备参赛事宜,任命陈琪为"马拿马赛会事务局"局长(陈琪,浙江青田阜山王费潭村人,张之洞学生,懂多国语言,当时33岁),同时通知各省先后成立"赴赛出品协会"(《新浪财经》2010年4月21日)。

为什么贵州茅台酒能参加巴拿马万国博览会呢?这里要说明一下:在巴拿马万国博览会前,贵州省仁怀县茅台村(后改叫茅台镇)有许多生产酒的烧房(酒厂),规模较大的烧房是华家荣和烧房与王家成义烧房,这两个烧房都曾参加清末时(光绪年)的"南洋劝业会"展览并获得大奖(1908年两江总督瑞方奏请朝廷在"南京举办南洋劝业会",用以振兴实业、开通民智,1910年中国第一次国内博览会在南京开幕)。所以当1915年巴拿马万国博览会征求产品时,南洋劝业会根据获奖名册按图索骥,凡在南洋劝业会上获奖的商家,一律敦请提供产品参加巴拿马博览会(《新浪财经》2010年4月21日)。

另一说法是"巴拿马赛会事务局"中有位官员叫乐嘉藻,是贵州黄平人,担任巴拿马万国博览会第一馆主任。乐嘉藻自幼和"华茅"(荣和烧房老板)华之鸿交好,对华家烧房很推崇。所以,王茅和华茅两家能参加1915年巴拿马万国博览会,皆因他极力的征集和推荐而成(《贵州都市报》2010年8月18日)。贵州省依旧推荐王家荣和烧房与华家成义烧房提供产品参展(注:当时没有"茅台造酒公司"和"贵州茅台酒厂"称谓)。王茅(王秉乾)和华茅(华问渠)两家接到通知后,依然像完成公派任务一样,各按规定提供白酒产品送到仁怀县政府(属遵义地区管辖)。后由人扛马驮辗转几百公里把酒送到省会贵阳,当时的贵阳没有汽车,而火车远在广西境内,于是又人扛马驮地把酒送到广西上火车送到北京。这两家酒到了巴拿马赛会事务局后,农林部官员发现这两家酒的注册商标很不规范,在国际产品上很难被理解。一个商标是"茅台村荣和烧房制造",另一个商标是"茅台村成义烧房制造",两者仅一词之差。另外,这两家酒产于一地,酒瓶也是本地生产的酱红色土陶瓶。酒瓶封口都采用猪尿泡密封,外加本厂封条等。农林部的官员为了使两家酒能与世界各国商品协调(接轨),"擅自决定"将两家烧房制造的商标统一换上贵州公署,茅台造酒公司商标送巴拿马展览(《新浪财经》2010年4月21日)。另一说法是,据说送展产品中既有"王茅",又有"华茅",经办其事的仁怀县官员考虑到两种酒同出一地,而且包装相同,虽然各自标有"成义烧房出品""荣和烧房出品"字样,但"烧房"一词不合国际惯例,官员们索性径自做主,将两家产品合为一个产品,生产厂家就定为外国人能够理解的"茅台造酒公司"(注:贵州公署茅台造酒公司商标是谁设计的,是谁批准换上的,无法考证)。在1915年巴拿马万国博览会上,"贵州公署茅台造酒公司"的茅台酒被安排在农林馆内,而汾酒等许多产品却被放在工商馆内(传说当时巴拿马赛会事务局规定,各部负责各部征集的产品,因茅台酒是农林部征集的,故放在农林馆内)。中国是农业大国,民国时中国在国际社会大家庭中地位低下,加之各方面宣传不够,农林馆很少有人参观。眼看万国博览会即将结束,评奖工作也已近尾声,此时工作人员非常着急,征求团长陈琪意见,建议将"贵州茅台酒搬运到工商馆展出"(新浪财经说:食品加工馆)。由于工作不慎,一瓶茅台酒落地摔破(注:不是怒掷酒瓶,而摔破的茅台酒是王家的还是华家的现无法考证),顿时茅台酒酱香馥郁，酒香四溢，赢得评委的关注，茅台酒终获大奖。

1950年2月，茅台镇解放。1951年6月25日，王家"成义烧房"因种种困难而停产，老板华问渠愿将烧房卖给国家，仁怀县政府经请示省和遵义地区专卖部门的同意，国家出资12000元购买了成义烧房。土地改革时，由于"荣和烧房"老板王秉乾在仁怀县中枢镇水塘乡有田和地产约330亩，以收租为主要生活来源，还曾任国民党时的镇长、县指导员等职，利用权势霸占农民田产，是当地的恶霸地主，所以人民政府在1952年10月4日将荣和烧房及田、地产和房屋没收（将荣和烧房存酒估价为500元购买）。1952年贵阳市开展"五反"运动，查出赖永初"恒兴烧房"（赖家恒兴烧房成立于1928年，后发展迅速，解放茅台镇时，已是茅台镇烧房中最大的一家，同时，注册商标为大鹏牌的"赖茅"，全国知名，影响极大）。1953年7月，政府决定对恒兴烧房及其存酒作价62500元进行接管。至此，当时驰名中外的茅台村3家烧房结束了私营烧房的历史。1953年，政府委派干部主持茅台酒厂工作，把购买、没收和接管后的3家烧房的资产、设施和工人整合为"国营茅台酒厂"。同年8月，"国营茅台酒厂"划归贵州省工业厅管辖，"红头文件"中正式将其定名为"贵州茅台酒"（《贵州茅台酒史略及变化概述》P276-279）。之后，随着历史的发展，贵州茅台酒的商标和厂名几经改变，如1949年-1953年叫工农牌，名为"贵州专卖事业公司仁怀茅台酒厂"（工农塑像）。而在1954年茅台酒就两次更名，第一次是5月，商标是"地方国营茅台酒厂"；第二次是7月，厂名改为"贵州人民政府工业厅茅台酒厂"。

1957年，商标变为五角星、车轮、谷穗和麦穗组成的图案，"贵州茅台酒"加上"中外驰名"宣传语，厂名又变回"地方国营茅台酒厂"。20世纪70年代商标又增加"葵花牌"，80年代又增加"飞天"商标，厂名是"地方国营茅台酒厂出品"或"中国贵州茅台酒厂出品"。90年代时，商标仍是"飞天"，除"贵州省茅台酒"名称没有变外，增加"酒精度"和"重量"的提示，由英文取代中文的"中外驰名"宣传语。这时的厂名定为"贵州茅台酒股份有限公司出品"，并配上英文。这个商标一直沿用至今。

综上所述，人们清楚地发现，"贵州茅台酒"厂是由1915年（甚至更早的时间）华茅（成义烧房）和王茅（荣和烧房）这两家在巴拿马万国世博会上参会的酒组成，不管是谁家茅台酒摔破而闻香获奖，它们都是今天贵州茅台酒的前身（组成部分）。1928年恒兴烧房（赖茅）诞生，这3家烧房奠定了贵州茅台酒的基石。

平时我们说的茅台酒的商标是"贵州茅台酒"，差一个字都不行，酒精的度数一般有38°、43°、53°，香型是酱香型白酒，包装的瓶子为瓷瓶包装，市场上53度的飞天价格是最贵的。人们常常说的茅台酒又分为飞天、五星两种。飞天和五星的质量差不多，但是商标不同，按照厂家说的就是两种包装是随机的。出现两种商标是由于历史原因。五星茅台是新中国工农联盟的象征，因为在新中国成立初期，社会主义色彩还比较浓重，不利于产品的出口，为了适应国际政治环境，将西方社会影响很大的敦煌"飞天"形象，为两个飘飞云天的仙女合捧一盏金杯，代表着茅台酒是外交友谊的使者。

（二）公司简介

中国贵州茅台酒厂（集团）有限责任公司（见图12-4）是国家特大型国有企业，总部位于贵州省北部风光旖旎的赤水河畔茅台镇，平均海拔423米，员工3.6万余人，占地面积占地约 1.5 万亩，其中茅台酒地理标志产品保护地域面积为 15.03 平方公里。公司拥有全资子公司、控股公司 30 余家，并参股 21 家公司，涉足产业领域包括白酒、保健酒、葡萄酒、证券、银行、保险、物业、科研、文化旅游、教育、酒店、房地产开发等。其主导产品贵州茅台酒历史悠久、源远流长，具有深厚的文化内涵，多次获国内外大奖，是我国大曲酱香型白酒的鼻祖和典型代表，是绿色食品、有机食品、地理标志产品，其酿制技艺入选国家首批非物质文化遗产代表作名录，是一张香飘世界的"国家名片"。

目前，茅台集团拥有中国白酒大师 3 人、中国酿酒大师 5 人、中国首席白酒品酒师 7 人、中国白酒工艺大师 3 人、国家级白酒评委 26 人，处于行业领先水平。

"贵州茅台"多次入选《财富》杂志最受赞赏的中国公司，连续多年入选全球上市公司《福布斯》排行榜，多次入选"CCTV 最有价值上市公司"。茅台以高达 1285.85 亿元的品牌价值，荣获 2016 年华樽杯大奖，在中国酒企中率先突破千亿元品牌价值大关。可喜的是，茅台集团多年来一直处于发展的快车道，经营业绩高速增长。1998 年，其销售收入达 7.39 亿元；2008 年，达 90.91 亿元；到 2018 年度，茅台集团实现营业总收入 869.70 亿元。2019 年，茅台集团党委书记、董事长李保芳宣布，中国贵州茅台酒厂（集团）有限责任公司销售收入达 1000 亿余元，提前一年完成"十三五"规划目标！可喜可贺！

图 12-4　中国贵州茅台酒厂（集团）有限责任公司企业标志

（三）企业主要荣誉

公司主导产品贵州茅台酒是中国一张飘香世界的名片，是中国民族工商业率先走向世界的代表，与法国科涅克白兰地、英国英格兰威士忌并称世界三大（蒸馏）名酒，是我国大曲酱香型白酒的鼻祖和典型代表。一个世纪以来，茅台酒已先后 18 次荣获各种国际金奖，并历次被评为国内名白酒，是白酒行业内集绿色食品、有机食品、国家地理标志保护产品、国家非物质文化遗产于一身的健康食品，被公认为中国"国酒"。其主要获奖情况如下：

1915 年，美国"巴拿马万国博览会"金奖。

1952年，贵州茅台酒在全国第一次评酒会上被评为国家名酒，列全国八大名酒之首。

1961年，苏联、匈牙利等国家和香港等地区来函赞扬茅台酒。

1963年，全国第二届评酒会上，茅台酒再获"全国名酒"称号。

1979年，茅台酒第三次获"国家名酒"称号，第一次获国家质量金质奖。

1984年，贵州茅台酒获国家最高质量管理奖（金质奖）。

1985年，茅台酒荣获"国际美食旅游大赛金桂叶奖"，这是新中国成立后茅台酒首次获国际金奖。

1986年，法国巴黎第十二届国际食品博览会金奖；香港"亚洲之星"包装奖。

1987年，香港第三届世界广告大会、中国出口广告一等奖。

1988年，茅台酒获"中国首届食品博览会金奖"。

1989年，贵州茅台酒获国家第五届评酒会金奖，实现国内金奖五连冠；首届北京国际博览会金奖。

1991年，贵州"茅台牌"商标获首届"中国驰名商标"第一名；第二届北京国际博览会金奖。

1992年，首届美国国际名酒大赛金奖；香港国际食品博览会最高金奖；日本东京第四届国际名酒博览会金奖；"汉帝茅台酒"包装获法国巴黎"世界之星"国际包装最高奖。

1993年，汉帝茅台酒包装获国际包装最高奖"世界之星"奖。贵州茅台酒获"国际名酒节特别金奖"；法国波尔多葡萄酒烈性酒展览会特别奖。

1994年，茅台酒厂获1993年度全国优秀企业"金马奖"；"飞天牌""五星"系列茅台酒获第五届亚太国际贸易博览会金奖；获纪念巴拿马万国博览会80周年国际名酒评比会（美国）特别金奖第一名。

2000年，茅台集团荣膺"2000年全国质量管理先进企业"。

2002年，贵州茅台酒股份有限公司获"2002年全国质量管理先进企业"称号。

2003年，贵州茅台酒股份有限公司获"2003年全国质量管理奖"。

2005年，公司获国际水资源保护杰出贡献奖；获国际认证联盟及中国质量认证中心卓越管理组织奖。

2009年，贵州茅台上榜"国家名片"。

2011年，茅台集团再次荣获全国质量奖。

2012年，贵州茅台荣膺第九届世界烈酒大赛金奖。

2013年，贵州茅台荣获2013年度全球卓越绩效奖。

2014年，贵州茅台获"布鲁塞尔国际烈酒大赛金奖"、"杰出绿色健康食品奖"。

2015年，2015布鲁塞尔国际烈性酒大奖赛飞天53度茅台酒、53度鸟巢普通酒获本次大赛最高奖——大金牌；酱门经典茅台王子酒、习酒公司习酒窖藏1988获大赛金牌；茅台推出的"三合一"组合茅台酒和"遵义会议纪念茅台酒"荣获2015中国特色旅游商品大赛金奖。

2016年，茅台集团荣获第十届人民企业社会责任奖年度企业奖；2015年度"龙争虎斗"茅台鸡尾酒大赛，悉尼本土的调酒师伯比．克雷用茅台酒调制的作品"香蕉王朝"夺得首届大赛的桂冠；茅台集团荣膺中国食品企业社会责任金鼎奖位列社会责任百强企业；茅台股份公司获评"2016年中国酒业品类领袖奖"；茅台集团获评"金箸奖"2016年度食品标杆企业称号。

2017年，茅台集团荣膺第十一届中国品牌节华谱奖；被授予"2017年度中国全面小康特别贡献企业"殊荣；获2017金旗奖"一带一路"传播大奖；获中国品牌创新奖；入选"'金箸奖'2017年度食品标杆企业"。

2018年，茅台集团获2018中国企业社会责任峰会精准扶贫奖；获得"2017—2018年度中国杰出品牌营销奖"；获"2018美好生活创造者"奖。

2019年，茅台入选2019中国十大年度榜样品牌；获2019中国酒业年度影响力TOP品牌奖；获2019新京报"年度匠心品牌奖"。

四、贵州茅台老字号酒的发展战略

（一）全球发展战略

时代的洪流激励着贵州茅台的发展。世界的呼唤，让企业开始了全球化发展的战略步骤。

目前，公司按照资本运作、连锁经营的方式，在全国各省会城市建立自营店，加大直销力度，建立专业酒行，增强市场终端的掌控能力。

当前，茅台酒市场覆盖亚洲、欧洲、美洲、大洋洲、南部非洲及中国重要口岸的免税市场。茅台酒的国际市场营销网络逐步形成，成为代表中国飘香国际的一张名片。

贵州茅台与全球经销商以品牌、文化为纽带，布局国际市场。中国免税品集团公司利用其遍布全国各个口岸的170多家店面，让所有游客一踏上中国的土地，就能感受贵州茅台酒的魅力，感受中国传统文化，免税零售渠道已成为茅台酒等民族品牌推进国际市场的桥头堡；澳洲明耀公司始终把打造茅台酒品牌形象、传播中华文化作为他们的首要任务和目标；美国大文行与四季公司为了开拓茅台酒的美国市场，长期坚持不懈，不遗余力；法国卡慕公司将贵州茅台酒带进世界高端品牌的殿堂，使其与世界顶级品牌平分秋色。到目前为止，公司国外（境外）代理商50余家，直接发货的国家和地区数十个。公司还计划在包括美国、加拿大等国家在内的全球重点市场布局销售网络，广泛展开全球化战略。

（二）文化发展战略

1. 文化茅台

贵州茅台是历史悠久、文化积淀深厚，产品享誉全球的传统白酒酿造企业，公司大力实施文化扩张措施，进行传播沟通，促使中国文化落地生根。

为了使企业文化内化于心，固化于行，公司进行了最广泛的宣传与传播活动，并制定了《企业文化管理条例》，成立了企业文化管理机构，负责企业文化理念和发展目标的宣传和管理工作。

公司成立了电视台，创办了《茅台酒报》《世界之醉》《国酒书画》《国酒诗刊》等文化刊物；编印了《企业文化手册》《员工手册》和《卓越绩效手册》等。

公司在北京成立了"国酒茅台文化研究会"，在香港成立了"香港茅台之友协会"；公司还成功申报了"全国工业旅游示范点"，完善了国酒文化城等旅游设施，建立起对外宣传的窗口。

公司通过每年召开各种例行座谈会、职工代表大会、党委会、办公会、开展企业文化知识竞赛、举办各种文化表演等形式，不断丰富企业文化内涵。

2. 文化理念

使命：弘扬茅台文化，创领生活梦想

经营理念：理性扩张，统筹发展

决策理念：谋则科学民主，定则果断执行

人才理念：以才兴企，人企共进

领导理念：务本兴业，正德树人

企业精神：爱我茅台，为国争光

3. 文化大事

1986年，电视剧《茅台酒的传说》播出，茅台酒文化兴起；首家专营茅台酒的"茅台宫"在北京开业。

1999年，茅台中国酒文化城获上海大世界基尼斯"世界之最"。

2004年，茅台集团公司将重阳节定为"茅台酒节"；贵州茅台酒载入高等院校教材《中国传统文化概况》。

2005年，黄帝陵民祭大典在陕西黄陵举行，茅台酒为主祭祀唯一用酒。

2006年，"茅台酒酿制技艺"入选国家级首批"非物质文化遗产代表作"名录。

2008年，茅台酒传统酿造技艺被国家推荐申报联合国教科文组织"人类口头与非物质遗产代表作"。

2013年，茅台酒酿酒工业遗产群入选第七批全国重点文物保护单位；茅台名列2013中国品牌文化影响力前十强。

2014年，茅台中国酒文化城获评国家4A级景区。茅台集团荣获"希望工程25年杰出贡献奖"。

2016年，茅台集团荣获首批国家工业旅游创新单位；大型高清纪录片《赤水河》在央视十套开播；第七届"茅台杯"《小说选刊》奖在茅台集团颁奖；茅台国际大酒店将于9月27日盛大开业；"贵州茅台名人讲坛"启动暨龙永图先生首期开讲；茅台集团荣获"保护母亲河行动贡献奖"；贵州茅台（遵义）迎宾馆12月盛大开业。

2017年，茅台学院成立，首批录取600名学生；贵州茅台扬帆远航点"燃"非洲。

（三）"十四五"发展战略

2020年是"十三五"收官之年，也是"十四五"发展战略规划编制的关键之年。2019年12月31日晚，茅台集团召开"十四五"发展战略规划工作会，传达近期国务院国资委、省国资委就"十四五"发展战略规划编制工作的有关会议精神，对公司"十四五"发展战略规划编制工作作部署。这是茅台集团做强、做精、做久、实现高质量发展的内在需要。从公司发展看,这也是茅台迈上千亿台阶后的第一个五年规划,具有重要的现实意义。

公司将按照"快中保好,增比进位,提速发展"的发展要求,立足科学发展,着力自主创新,充分发挥茅台品牌优势和内外部各种资源优势,完善体制机制,全盘考量,深度整合,总体布局,深入推进"发展壮企、改革促企、管理固企、质量立企、环境护企、科技兴企、人才强企、文化扬企、安全稳企、和谐旺企","干"字当头,"敢"字为先,"拼"字求胜,创造高于过去、高于行业、高于主要竞争对手的"茅台速度",努力做强股份公司、迅速做大集团公司,为发展贵州经济和振兴民族工业做出更大的贡献。

当前和今后一个时期,茅台集团将以习近平新时代中国特色社会主义思想为指导,深入学习贯彻党的十九大精神,认真贯彻贵州省委、省政府决策部署,坚持稳中求进的工作总基调和高质量发展新理念,以供给侧结构性改革为主线,切实做好"做足酒文章、扩大酒天地"这篇大文章,全力推动茅台发展再上新台阶,努力把茅台打造成为受人尊敬的世界企业。

参考文献:

[1] 夫之. 听季克良讲述他与茅台背后的故事 [J]. 中国酒, 2018 (06): 22-27.

[2] 郭九. 岁月深处的茅台记忆 [J]. 中国酒, 2016 (09): 60-62.

[3] 李文. 弘扬国酒文化展现茅台风采——贵州茅台酒厂集团酒文化城巡礼 [J]. 经济世界, 1998 (07): 44-49.

[4] 刘志一. 茅台酒瓶的来历和演变 [J]. 包装世界, 1994 (03): 59.

第十三章 董酒

一、贵州董酒老字号

（一）贵州董酒老字号的发展史

1963年，经全国评酒会严格筛选评定，董酒进入"中国老八大名酒"行列。之后，在第二届到第五届评酒会上，董酒连续四次蝉联"中国名酒"称号，还获得中国驰名商标、中华老字号、非物质文化遗产、董香型白酒代表等殊荣，并荣获国家金质奖章。其生产工艺和配方在当今世界上独一无二，在蒸馏酒行业中独树一帜，被国家权威部门永久列为"国家机密"，其中的制曲工艺是"国家工艺"的重要组成部分。

董酒，离不开其产地遵义，遵义以酿酒之乡而闻名。水是酒之血，董酒的酿造用水，来源于遵义董公寺一带的天然地下泉水。遵义董公寺地处低纬高原、冬无严寒、夏无酷暑、植被茂密、泉水甘醇，适宜酿酒。

遵义酿酒历史十分悠久，而董酒的酿造脉络则可以追溯到远古时期，兴盛于魏晋南北朝时期，具有千年的历史。据考古出土文物证明，早在距今一二十万年前的旧石器时代，遵义一带就有人类劳动生活信息。原始人类在生产生活中，逐步发现了含糖野花果的天然发酵，于是出现了最初的酒——猿酒。在魏晋南北朝时期，遵义又以酿有"咂酒"而闻名。《峒溪纤志》载："咂酒一名钓藤酒，以米、杂草子为之以火酿成，不刍不酢，以藤吸取。"到元末明初时，遵义又出现经蒸馏而得的"烧酒"。后来，通过程明坤等先人对传统蒸馏白酒的酿造工艺和配方的代代传承、不断总结、归纳和演进延续，创酿出如今的董酒。

遵义民间一直有酿制饮用时令酒的风俗。《贵州通志》载："遵义府，五月五日饮雄黄酒、菖蒲酒。九月九日煮蜀黍为咂酒，谓重阳酒，对年饮之，味绝香。"可见，董酒正是传承了酒的根、中国白酒的真谛和酒文化的灵魂——"药食同源、酒药同源"，一直坚持本草制曲，特选130多种纯天然草本植物参与制曲，经过发酵、蒸馏而进入酒中，大曲和小曲并行使用，使其既有大曲酒的浓郁芳香，又有小曲酒的柔绵、醇和、回甜，还有微微的、淡雅舒适的药香和爽口的微酸，酒体丰满协调，深得坊间酒肆青睐，并很快越出黔地，至上个世纪二三十年代便成为贵州乃至西南名酿。

(二) 贵州董酒老字号的相关传说

1. 董酒的命名

抗日战争时期，浙江大学西迁遵义。教授们践行实地了解民情，来到董公寺，在了解董酒的酿造工艺和配方，品饮董酒（当时叫程家窖酒）后赞不绝口。

教授们认为，此酒使用了130多种纯天然中草药材精华，是百草之酒，是"药食同源""酒药同源"真正酿酒起源的传承者。而董公寺的"董"字由"艹"和"重"组成，"艹"与"草"同意，"重"为数量多之意，故"董"字寓意"百草"。同时，此酒产于低纬高原、冬无严寒、夏无酷暑、植被茂密、泉水甘醇的极其酿造美酒之地，加上独特的酿造工艺、制曲配方和香味组成成分，充分体现了天人合一、和谐共生的思想，使其成为最正的酒。而"董"字在《楚辞·涉江》"余将董道而不豫兮"中，其义正也、威也，有正宗、正统、正派、正根、威严、威重之意。"董"字本身的文化内涵与董酒的文化内涵，同时此酒又产于董公寺，这三者具有传奇般的巧合。随即，教授们提议将"程家窖酒"命名为"董酒"，希望董酒继续秉承"药食同源""酒药同源"的人类酿酒真谛、传承发扬"百草之酒"。从此，董酒命名开来，蜚声大江南北。

2. 董酒：红军长征美酒奇缘

记忆不会抹去，历史不会沉寂。1935年1月15日至17日，在遵义老城里贵州军阀柏辉章公馆这栋建筑的二楼，召开了党中央政治局扩大会议，史称遵义会议。这次会议确定了毛泽东同志在党内和军事上的领导地位，成为党在历史上一次生死攸关的转折点。无独有偶，它也成就了一地美酒与红军长征在民间口口相传的传奇故事。

1934年10月，中央红军从江西境内开始长征，突破四道封锁线后损失惨重，从10万人锐减到3万余人。1935年1月，红军攻下遵义城，在这里，红军战士得到极其宝贵的12天休整。

据费侃如（遵义会议纪念馆研究员，原副馆长）回忆：红军进遵义城是1935年1月7日。进城的时候，基本上是全城出动，老百姓夹道欢迎，鞭炮声、口号声响成一片，气氛热烈。遵义城南边有一个丰乐桥（后改名迎红桥），那里就是迎接红军进城的桥。进遵义城时，长征已将近三个月，红军沿途经过艰苦的战斗，处境非常艰难。物资匮乏，战士大量伤亡，当时红军的医疗条件比较差，出征携带的药品都用的差不多了，急需到遵义来补充。在这里，有一个太平洋药房，红军买光了城内太平洋药房的所有药材，动手术需要大量酒精消毒，就用本地出产的酒替代，当时遵义城比较大的酒坊，就是程家窖酒坊。（董酒，原以产地命名为董公寺窖酒或程家窖酒）

文人曾题词："懂天下事不如董酒"。忆往昔，董必武同志结缘董酒的故事，可谓"董家人初识董酒"。时任红军休养连党支部书记的董必武，当时率领团级以上的受伤干部和中央领导家属住在遵义老三中（现遵义市第十一中学）。1935年3月的一天，他被叫去听取遵义会议精神。回来一进门就兴奋地连喊几声："问题解决了，问题解决了！"然后叫侯政连长去给他打酒庆祝。

据侯政写的回忆录记载，董老说："侯连长，你到街上去买一瓶董公寺窖酒，炒几个菜，我们喝一次酒。"侯连长顿时纳闷，董老从不喝酒，为什么今天他有兴致想喝酒？董老说："今天我们为什么喝酒啊？今天我听到遵义会议的精神传达，毛泽东又回到了领导岗位，我们今后有希望了。"

《陈云文选》第一卷中写道："赤军在黔北修养十二天。而这十二天的休息，使赤军在湘南之疲劳，完全恢复，精神一振；使以后之战争，不仅战斗力不减，反如生龙活虎。""一支褴褛不堪，瘦得只剩下骨头架子的部队"能击破一师又一师的军阀部队，可能与董酒也有一些千丝万缕的关系吧。

林茂前（遵义市历史文化研究会副会长）："长征中有一支红军来到遵义城郊董公寺一带，发现这儿的酒质量很好，既能挡寒，还能解乏。一些轻伤员们直接用那窖酒来擦脚，并用针把脚上血泡挑一挑。第二天照样能行走。"

董公寺窖酒（程家窖酒），即董酒，在红军的漫漫长征路上，留下了无数的历史痕迹，也书写了众多动人的传奇故事。拼凑七十多年前的资料，可能就是长征路过此地、并两次攻下遵义城的红军，揭开了董酒国密工艺配方的序幕，叙述着红军与董酒的美酒奇缘。

二、贵州董酒老字号的特点

（一）酿造特点

董酒独特的风格、独特的香味组成成分，独特的生产工艺和配方造就了董酒独树一帜的高品质。

1. 董酒风格独特

董酒的独特风格，早被行家们归纳为"酒液清澈透明，香气幽雅舒适，入口醇和浓郁，饮后甘爽味长。"具体一点讲，董酒既有大曲酒的浓郁芳香，甘冽爽口，又有小曲酒柔绵醇和与回甜，并微带使人舒适感的药香及爽口的酸味，饮后不干、不燥、不烧心、不上头、余味绵绵。细品董酒风格独特之处，更能让人感到饮用董酒是一种高尚的享受。

2. 董酒成分独特

董酒的香味组成成分独特。除了各种香味成分组成与其他名优白酒不一样，还具有"三高一低"的特点。"三高"：一是董酒丁酸乙酯高，其丁酸乙酯含量是其他名优白酒的三至四倍；二是高级醇含量高，其中主要是正丙醇和仲丁醇含量高；三是酸含量较高，酸含量主要由乙酸、丁酸、己酸和乳酸四大酸类组成，董酒总酸量是其他名优白酒的二至三倍。"一低"是指乳酸乙酯含量低。董酒乳酸乙酯含量在其他名优白酒的二分之一以下。这些香味成分的组成独特，对形成董酒独特风格和养生功能起到关键的作用。

3. 董酒的生产工艺、配方独特

董酒以优质高粱为原料，采用独特的中国唯一"浓香型"小曲小窖制取酒醅和"酱香型"大曲大窖制取香醅，两个工艺合并使用，酒醅香醅串蒸的特级工艺。其工艺简称为"两小，两大，双醅串蒸"。这一独特精湛的酿造工艺造就董酒的典型风格。

同时，董酒在制曲过程中加入了集日月精华、聚天地灵气的130多种纯天然名贵中草药，赋予了董酒固本、调整阴阳、活血、益神、提气等养生功效。经常科学饮用，可以起到疏通经络、宣通气血、扶正祛邪的作用，从而达到调整机体平衡功能的目的。

国学大师饶宗颐及中国武侠文坛泰斗金庸先生在品鉴了董酒后，赞许有佳，并对其作出了很高评价。金庸先生还专门为董酒题词："千载佳酿，绝密配方，贵州董酒，中国名酿。"

(二) 董酒系列

1. 贵董酒45度

贵董酒系列包含三个产品：54度、46度、38度贵董酒。该系列，含富贵之意，表达了对生活的美好祝愿与向往。国密董酒系列属于白酒类产品，以粮食和各种谷类作为酒的主要原材料，酒体协调丰满，口感清香纯正甘甜好喝，回味悠长，不刺喉，不上头，兼具暖肠胃，通经络，爽精神之神奇功。

2. 国密董酒

国密系列（主打系列）包含三个产品：54度国密董酒、46度国密董酒和38度国密董酒。该系列尽显气质，多年的陈香董基酒，由公司内享受国务院特殊津贴酿酒专家精心指导勾调而成，不仅承袭了董酒独有的风格，更被赋予了陈香、陈味的特色。晶莹剔透的玻璃瓶身辅以书法体阴刻打砂工艺，整体造型挺秀，荤融、雍容中透出高贵气质。整体包装契合世界追求生态、和谐、共生的大境，透射出董酒窖香馥郁、幽雅非凡的美学圣境，与四十六度国密董酒方瓶包装方圆相生、交相辉映。

国密董酒的包装，是公司花重金聘请目前中国酒类设计顶级的专家团队设计的。具有简洁、朴素、高贵典雅、独特耐看的特点，非常精美。其设计融入了中国传统文化思想，包括天人合一、方圆相生、阴阳太极等。同时运用了大量代表中国传统文化精髓的元素，如书法、紫红（吉祥富贵）、金黄、古铜等，特别精妙之处是把代表中国历史文化渊源的太极八卦图巧妙地融入"董"字当中。国密董酒高贵而不奢侈，性价比极高，无论是请客送礼，还是珍藏，绝对是物超所值。购买国密董酒系列产品，买到的不仅是酒本身，更是品位、身份和健康。

3. 紫运系列

紫运系列包含三个产品：54度紫运董酒、46度紫运董酒和41度紫运董酒。

紫运董酒系列属于白酒类产品，由传统酿酒工艺酿制而成；紫运董酒系列不但具有卓越的质量，而且包装设计精美，深受各地区酒水消费者的喜爱。

4. 红色经典系列

红色经典系列包含三个产品：54度经典董酒、46度经典董酒和41度经典董酒。

入木三分的"董酒"字迹,展现着董酒浑厚的历史底蕴;圆润的瓶身,使董酒丰腴中不失其苗条,苗条中不失其轮廓;整体包装结合中国传统印章和古体书法于一体,与深远的酒文化相得益彰。

5. 鸿运系列

鸿运系列包含四个产品:54度、46度、41度、38度鸿运董酒。

鸿运董酒系列属于白酒类产品由传统酿酒工艺酿制而成,鸿运董酒系列其酒体清而透明、酒的气味纯正富有芳香感、入口之爽朗甘甜。鸿运董酒系列是目前贵州董酒股份有限公司主营产品之一。

三、贵州董酒老字号的发展历程

(一) 公司简介

贵州董酒股份有限公司是中国著名白酒企业,位于世界三大名酒之乡的贵州遵义。作为中国老八大名酒,其工艺与配方是酒饮料中唯一受到国家科技部和国家保密局保护的长期秘密。它引百草入曲,是世界上唯一同时采用大、小曲发酵,双醅串蒸的蒸馏白酒;是中国传统、平衡和谐的中医理论与白酒文化相结合的精粹;是传统白酒串蒸工艺鼻祖,堪称中国传统白酒的活化石。

董酒的生产历史可以追溯到魏晋南北朝(公元220—589年)。二十世纪五十年代产品送上级鉴定,国务院总理办公室批示:"董酒色、香、味均佳,建议加快恢复发展。"1996年至2007年期间,由于内部原因,董酒发展停滞。2007年,成功重组并完整地恢复了以传统生产工艺流程与原料配方的生产。

现在,公司秉承"传承为根、酒质为魂、董道为本、汇利及人"的企业文化,始终以继承与发展中国几千年来积蓄的传统白酒文化为企业使命,让中国乃至世界的白酒爱好者在享受美酒的同时,也能领略到中国神奇的传统文化精髓。享受董酒就是享受健康。

贵州董酒股份有限公司,位于遵义市汇川区董公寺镇,注册资本人民币8000万元,前身为贵州省遵义董酒厂,是一家经企业改制和重组并严格按照企业法人治理结构而设立的股份制现代企业,并按现代企业管理理念要求设立了股东会、董事会、监事会、经营管理层的"三会一层"的明晰组织管理架构,按管理职能和业务需要科学地设立"总裁办公室、人力资源部、品牌建设部、计划财务部、物资供应部、质量技术部、生产部、营销策划部（销售公司）、研发中心、勾调中心"等职能部门，从而使公司经营管理和业务运营得到有效的保障和高效地运行。

目前，公司占地233亩，现有员工350余人，资产总额1.5亿元，现有年生产能力为8000吨，公司产品"董"牌董酒从1963起，连续四届被评为"中国名酒"，并荣获金质奖章、属中国八大名酒。1959年，获贵州名酒称号，1987年，获轻工部优秀新产品称号。1988年，获轻工部出口产品金奖，同年获中国食品博览会金奖。1989年，被授予国家二级企业称号。

2006年3月，通过ISO9001：2000国际质量体系认证。2006年9月，董酒公司技术中心获得省级技术中心资格，2007年3月，公司生产"董"牌董酒（窖藏12年54度、46度；大曲其他香型）获得纯粮固态发酵白酒认证。

（二）企业荣誉

自1957年董酒投产以来，积极参加国内外各种有关白酒的质量技术评比活动，在历届评比活动中取得了优异成绩：1959年起，历年被评为贵州名酒，轻工部优质产品。

1963年在全国第二届评酒会上，被评为中国名酒，跨入中国八大名酒行业，荣获金质奖。

1979年在全国第三届评酒会上，以"其他香型"之首，再次评为中国名酒，荣获名酒证书。

1983年国家轻工业部将董酒工艺、配方列为科学技术保密项目"机密"级。

1984年在全国第四届评酒会上，第三次评为中国名酒，荣获金质奖。获轻工出口产品金奖。

1989年，在全国第五届评酒会上，董酒第四次被评为中国名酒，荣获金质奖。

1988年荣获中国首届文化节中国文化名酒称号。荣获首届中国食品博览会金奖。

1990年荣获首届中国轻工博览会金奖。

1991年荣获日本东京第三届国际酒博览会金奖。荣获"世界之星"最高包装奖。

1992年荣获美国洛杉矶国际酒类展评会华盛顿金奖。荣获香港国际酒博览会金奖。

1994、2006年国家科学技术部、国家保密局又重申这一项目为"秘密"级国家秘密技术，严禁对外作泄密性宣传，保密期限为长期。

1977年起董酒出口试销，口感反映良好。从此出口创汇逐年增加，现已远销东南亚、日本、加拿大、美国等地区和国家，西欧一些国家也纷纷要求经销。港澳同胞称它为"思乡酒""多情酒"；外国朋友称它为"友谊酒""典雅酒"。

2002—2005年连续通过中国名酒验证委员品评论证，确认董酒保持中国名酒（国家金质奖）水平，并授予证书。

2008年4月，汤加王国驻华大使馆在北京举行答谢宴会，庆祝汤加国王乔治·图普五世访华取得圆满成功。图普五世国王、中国政府外交部官员和80多个国家的驻京外交使节出席了宴会。董酒作为王室专供酒和王室礼品赠送给了晚宴来宾。这是中国白酒首次被选为王室特供酒。

2008年8月发布实施的贵州省董香型白酒地方标准中被确定为董香型白酒的代表。

2009年7月,董酒成为"第十三届中国(厦门)国际投资贸易洽谈会特约赞助商"。国密董酒被指定为第十三届中国国际投资贸易洽谈会唯一国宾专用白酒。

2009年8月,成功获得2009"多彩贵州"旅游商品两赛一会总冠名权。

2009年9月12日,首届"华樽杯"中国酒类企业品牌价值200强揭晓,董酒品牌价值以30.61亿元在酒类品牌价值和白酒类品牌价值排行中分列第39位、第24位,位列黔酒三甲。

2009年国密董酒再次成为中密两国建交20周年密克罗尼西亚国宾接待专供酒,彰显国密董酒的尊贵品质和非凡品味。

2010年3月19日,董酒从近千个白酒品牌中脱颖而出,荣获"2010中国十大最具增长潜力白酒品牌"称号。

四、贵州董酒老字号的发展战略

(一)企业愿景

中华酿酒文明集大成者,中国白酒品质最优代表。

董酒以其国密配方、工艺和领袖品质,集中国白酒酿造精髓之大成,作为中国白酒文化的最典型代表,引领中国白酒走向世界。

(二)企业使命

传承发展中华白酒文化、努力促进人类和谐进步。

中药材用于酿造,根植于中华五千年灿烂文明,秉承《易经》《黄帝内经》平衡、协调、健康等理念,为人类提供精心酿制、风格独特、成分神奇、品质卓越的健康食品,推动社会交流、合作与进步,促进人类身心健康、社会和谐发展。

(三)企业核心价值观

传承为根,酒质为魂,董道为本,汇利及人;

传承为根:传承创新中华民族优秀传统品牌,是继承和发展中华文明的精髓所在;

酒质为魂:董酒是以质量取胜,质量是董酒灵魂!恪守传统技艺,确保至善至美的品质;

董道为本:楚辞曰:"董道而不豫"。董,正也……恪守走正确的道路,秉承公开、透明、公正、正向的工作氛围和做事态度;向着正确的方向、用正确的方式、以公正的评价标准,确保正向的工作氛围。正道为董酒之本;

汇利及人:对社会:就业机会及利税贡献;

对员工:良好的成长环境,充分展示自己能力和价值的平台;

对股东、经销商:获得巨大的社会声誉,成就自我和长远丰厚的经济回报。

参考文献:

[1] 唐福敬. 董酒,懂酒[J]. 当代贵州,2011(24):15-16.

[2] 杨沐春. 老董酒的"新文化运动"[J]. 中国酒,2018(01):60-63.

第十四章 牛栏山二锅头

一、牛栏山二锅头老字号酒

牛栏山酒厂，是中国历史悠久的酿酒厂之一。从有详细酿酒历史记载的康熙五十八年（1719）年算起，古镇牛栏山的酿酒历史已近 300 年。据民国 20 年《顺义县志·实业志》载："牛栏山镇造酒工作是工者约百余人（受雇于治内十一家烧锅），所酿之酒甘洌异常为北平特产，销售邻县或平市，颇脍炙人口，而尤以牛栏山之酒为最著"。

此处所记载"为最著"的"牛栏山之酒"，就是牛栏山二锅头酒。

在顺义潮白河西岸，有一小镇，名曰牛栏山。因其水文地理条件便于地下水贮存，且水质甘甜爽净，因此早在清康熙年间，便有京城各大"老烧锅"云集于此，汲用牛栏山金牛洞前的甘泉酿酒。当时的制酒作坊大多被称为"老烧锅"，以"天锅"蒸酒，取水以清澈甘洌者为佳，原料则以高粱为主。

清代康熙年间，牛栏山酒镇上可谓是到处飘散着酒香，大街上酒坊林立、酒旗高展。有名的酿酒作坊有十几家之多，其中尤以安乐烧锅最负盛名，有"进贡东路烧酒第一"之美誉，名动京师。乾隆皇帝为安乐烧锅酒赐名为"二锅头"，并封其为"御酒"。从此，牛栏山二锅头"御酒"美名传扬天下。咱们大家所看到的这几组栩栩如生的雕塑形象，所展现的就是清代乾隆年间牛栏山安乐烧锅酿酒的场面；而这七位酿酒师傅形态各异的造型，展现的则是牛栏山造酒作坊酿酒的主要工序。

2008 年 2 月，国家标准化管理委员会公布"地理标志产品牛栏山二锅头酒"国家标准，牛栏山二锅头成为国家原产地保护产品。这一认证，不仅方便了消费者了解产品的实际来源，更肯定了牛栏山二锅头的悠久历史和产品品质。早在 2006 年 10 月，经中国酿酒工业协会专家评定，牛栏山二锅头就已经被认定为中国白酒清香型（二锅头工艺）代表。"二锅头，三百年，源自牛栏山里面"早已传遍大江南北。

清代诗人吴延祁有诗云："自古才人千载恨，至今甘醴二锅头。"这句诗经常被北京市民当作酒桌谈资，借以向外地亲友炫耀北京地产名酒——牛栏山二锅头。

二、牛栏山二锅头老字号酒的特点

（一）独特的地理特征成就美酒品质

所谓"美酒不生萧疏地"，酿酒宝地的形成，需要上乘的水源与和谐的地理条件相配合。古镇牛栏山自古烟柳繁华，有碧霞春晓、粮墩远眺、清浊流芳等八大胜景，兼有"潮、潞两水会于白浍。"就地利而言，牛栏山镇并不逊于赤水之畔的茅台镇。中国白酒酿造自古以来就需要有特殊的地理特征、水文环境，所以就有了名酒镇这个概念。所谓的名酒镇，须满足三个条件：首先地方要有好水，其次附近要有好粮，再次本地区要有较为发达的商业活动，有白酒的需求。纵观中国白酒的几个名酒镇，如茅台镇、洋河镇，莫不如是。

"水为酒之血"，从现代酒水酿造科学来看，好水是酿得好酒的先天条件，水是一种极好的溶媒，对酿酒的糖化快慢、发酵的良差、酒味的优劣，都起着决定性的作用，任何后期酿酒技术的弥补都难比初酿时那一瓢入酒原汁。牛栏山镇地处土地肥沃的燕山脚下，东临潮、白二河汇合处，地下水水源丰富且水质好。牛栏山地处北纬 40°00′—40°18′，东经 116°28′—116°58′，气候湿润，光照充足，年平均气温为 11.5℃，年日照 2750 小时。年均相对湿度 50%，年均降雨量约 625 毫米，为华北地区降水量较均衡的地区之一。独特的燕山间气候，为微生物的生长繁殖和培育提供了极为有利的条件，形成了牛栏山二锅头具有本地特色的微生物群系，活跃了牛栏山的水质，特别适合酿酒。优质好水的清新甘美点化牛栏山二锅头的不凡气韵。因此，自古以来牛栏山镇的酿酒业就十分发达。

"粮为酒之肉"。牛栏山镇土地肥沃，位于潮白河冲击扇区下段，土壤中累积了丰富的自然养分，是北京地区优质高粱等农作物最适宜生长地区之一，且产量甚丰。牛栏山镇所在的顺义区素有"京东第一大粮仓"和"小乌克兰"之称。此外，牛栏山镇远离市区，为农作物的绿色无污染生长提供了良好自然生态环境，也为牛栏山二锅头的生产奠定了坚实的基础。牛栏山二锅头酒以精选优质高粱和小麦等为原料，采用纯粮固态发酵、有序传承的传统酿造艺，才酿出牛栏山二锅头纯正的独特口味。"二锅头"酒实际上是因酿酒工艺而得名，即是百姓常说的"蒸酒时，掐头去尾，保持中段"。清朝时蒸酒使用的天锅，由甑锅和釜锅两部分组成，首先在甑锅内撒放发酵好的酒醅，然后在釜锅内注入凉水。甑锅加热后由酒醅变成的酒气与釜底凉水相遇，就凝聚成酒。然后是多次反复，而每次反复所冷凝出的酒，香气和口感都有明显区别。因第二次冷凝出的酒既口感平和又香气醇厚，所以颇受人们的欢迎，俗称"二锅头"。

独特的牛栏山镇地理环境，使牛栏山二锅头独占"天时"和"地利"。这正是牛栏山被授予了原产地权威认证、被业内专家评定、被大众认知为二锅头的正宗代表的真正原因。

(二) 牛栏山系列（部分）

至尊经典二锅头 　　　　　　　珍藏三十年

三十年窖藏盛世红 　　　　　　百年陈酿（三牛）

精酿 　　　　　　　　　　　百年红6年

图 14-2　牛栏山酒系列

三、牛栏山二锅头老字号酒的发展历程

（一）公司简介

牛栏山酒厂隶属北京顺鑫农业股份有限公司，位于北京市顺义区北部牛栏山镇，潮白河西畔。牛栏山镇因依傍牛栏山而得名，可上溯至3000年前，周初时期的酒文化更让其醇香弥新、遐迩闻名。其钟聚神山甜井、潮白河之灵气，为二锅头酒开源立宗。300多年来，因专心酿好酒，口碑日隆；以古法谱新篇，长盛不衰。康熙《顺义县志》记载，牛栏山地区的"黄酒、白酒"为远近闻名之"物产"。新中国成立后，顺义县以牛栏山地区"公利""富顺成""义信"和"魁盛"四家著名的老烧锅为基础，筹备合营生产。1952年10月26日，河北省人民政府工业厅酒业生产管理局国营牛栏山制酒厂正式成立，是牛栏山酒厂的前身。

60多年来，牛栏山酒厂始终践行诚信立身、创新引领、求真务实、包容共生的经营理念，励精图治，勤奋耕耘。从"潮白河"牌二锅头，经"华灯"牌北京醇，到"牛栏山"牌系列白酒，"牛酒人"栉风沐雨、砥砺奋进，连创佳绩。尤其是进入21世纪以来，牛栏山酒厂肩负"传承三百年酿造、发展二锅头产业、弘扬中国酒文化"的时代使命，致力于打造中国二锅头第一品牌，精工艺、求品质、拓营销，经营业绩持续、快速增长；全国化市场营销战略稳步推进，市场规模、市场渗透率不断拓展和提高；白酒产量、销售收入等指标稳居行业前列。

牛栏山酒厂不仅是国家级非物质文化遗产保护单位，也是具有较强创新力和影响力的中华老字号品牌企业。企业总占地面积606亩，新、老厂区比肩而立、浑然一体、相得益彰；传统而不失现代、古朴而律动时尚的京味建筑，释放着牛栏山品牌文化的特质。自动化生产车间、智能化立体库、勾调技术中心等生产设施，达到行业领先水平；位于新厂区中心的北京二锅头文化苑，不仅是展示二锅头文化的平台、传播企业文化的窗口，也是弘扬京味文化的名片。

牛栏山酒厂始终坚持科技引领、品质为先的发展之道。近年来，企业陆续建立了检测分析实验室、微生物实验室、博士后工作站、牛栏山酒厂特色菌种库、酒体设计工作室和首席技师工作室等科研平台。其中，检测分析实验室是中国白酒行业第二家通过CNAS认可的实验室，获得检测结果国际互认资格；微生物实验室累计已分离酿酒微生物2万余株，其中性能优良并应用于实际生产的有30余株；牛栏山酒厂特色菌种库成为北京地区最大最全的白酒菌种资源库；酒体设计工作室设计出了牛栏山酒的典型风味和个性特征。这些为牛栏山酒厂掌握二锅头核心技术奠定了坚实的基础。同时，企业还通过引进和培养高级技术人才，加强对外技术合作等一系列举措，着力推进科技领先战略。目前，企业拥有职工2020人。其中，中国酿酒大师1名，国家级评委6人，中高级职称、高级技术人员近200名。

牛栏山酒厂始终坚持民酒定位，坚守好酒品质，服务大众消费。主导产品"经典二锅头""传统二锅头""百年牛栏山""珍品牛栏山""陈酿牛栏山"等五大系列，畅销全国各地并远销海外多个国家和地区，深受广大消费者的青睐。

(二) 企业荣誉

2001年2月，牛栏山牌商标成为北京市著名商标。

2002年11月，企业成为北京市首家获得"地理标志认证"保护的出口企业。

2003年3月，"45度清香型牛栏山珍品二锅头"被中国食品工业协会授予中国白酒典型风格金杯奖。

2003年7月，中国食品工业协会授予牛栏山牌系列白酒产品为全国食品行业诚信企业放心食品称号。

2004年2月，牛栏山酒厂产品荣获中国绿色食品发展中心颁发的"绿色食品证书"。

2004年3月，"牛栏山"牌百年系列酒荣获"第五届中国国际葡萄酒及烈酒评酒会"特别金奖。

2004年9月，牛栏山二锅头获北京市质量技术监督局颁发的"牛栏山牌白酒为北京名牌产品"荣誉证书。

2004年12月，企业正式获得"食品安全管理体系认证证书"。

2006年4月，牛栏山二锅头产品荣获中国白酒工业十大竞争力品牌。

2006年9月，牛栏山牌经典二锅头获第二届中国（北京）国际餐饮食品博览会金奖

2006年10月，经中国酿酒工业协会专家评定，牛栏山二锅头被认定为中国白酒清香型（二锅工艺）代表。

2006年10月，企业通过ISO14001环境管理体系认证。

2006年12月，牛栏山二锅头在北京影响力评选活动中，被评为最具影响力品牌。

2006年12月，牛栏山酒厂（注册商标"牛栏山"）成为首批被国家商务部认定的"中华老字号"。

2007年6月，牛栏山二锅头传统酿造技艺入选北京市非物质文化遗产名录。

2007年12月，检测分析实验室荣获中国合格评定国家认可委员会颁发的"实验室认可证书"。

2008年2月，国家标准化管理委员会公布"地理标志产品牛栏山二锅头酒"国家标准批准发布。

2008年6月，"北京牛栏山二锅头酒酿制技艺"作为北京二锅头酒传统酿造技艺的代表，正式列入国家级非物质文化遗产名录蒸馏酒传统酿造技艺项目。

2008年7月，60度牛栏山至尊经典二锅头（600毫升）获世界之星食品包装大奖。

2011年9月，获中国食品工业协会颁发的"酒类生产新技术、工艺创新与应用二等奖"

2011年11月，企业在中国食品工业发展与食品安全优秀成果博览会上，获得"1981-2011中国食品工业卓越贡献企业"奖。

2011年11月，第九届中国食品安全年会上，中国食品安全年会组委会授予牛栏山

酒厂"中国食品安全十强企业"荣誉称号。

2011年11月，牛栏山30年窖藏盛世红在第八届"北京礼物"旅游商品征集大赛中荣获北京特色工艺美术品类铜奖。

2011年12月，在2010-2011年度全国食品工业优秀龙头食品企业、食品工业强县（市、区）经验交流会上中国食品工业协会授予牛栏山酒厂"2010-2011年度全国食品工业优秀龙头食品企业"荣誉称号。

2011年12月，在中国香港举行的"2011中国品牌年度大奖"颁奖大会上，经世界品牌实验室及其独立的评选委员会测评，牛栏山酒厂荣获2011年"绿色品牌特别大奖"和"中国最具影响力品牌TOP10"（白酒行业）荣誉称号。

2012年6月，53度牛栏山二锅头"开坛至雅"，荣获中国食品工业协会白酒专业委员会颁发的"2012年度中国白酒国家评委感官质量奖"证书。

2012年8月，牛栏山酒厂被老字号委员会授予"中华老字号传承创新先进单位"。

2012年12月，牛栏山酒厂荣获"第十届中国食品安全年会突出贡献单位"。

2012年12月，在中国中华老字号博览会（2012·北京）活动中，牛栏山酒厂获中国中华老字号博览会组委会颁发的"最佳展位设计奖"。

2012年12月，"百年红"系列在第九届"北京礼物"旅游商品大赛中荣获北京特色都市工业品类优秀奖。

2013年3月，牛栏山酒厂通过国家认证认可监督管理委员会技术研究所的体系文件审核和现场审核，顺利通过网上公示期，于4月份取得"诚信管理体系证书"

2013年8月，牛栏山酒厂60度"开坛至尚"入选"中国酒业2013中国名酒典型产品"。

2013年10月，牛栏山酒厂"百年二锅头大师酒"在第十届"北京礼物"旅游商品大赛中荣获北京特色旅游商品类银奖。

2013年10月，在第三届中国酒业营销金爵奖评选活动中，牛栏山酒厂荣获"中国酒业全国化领导企业奖"。

2013年11月，牛栏山酒厂获得中国酒类流通协会颁发的2013年度杰出贡献奖证书。

2013年12月，牛栏山酒厂获得由《中国白酒东方论坛·北京》颁发的"中国白酒脊梁"奖杯。

2014年3月，在首届"我心中的品牌"全国公众推选活动中，牛栏山酒厂荣膺"中国品牌诚信100强"。

2014年5月，牛栏山酒厂出品的"36度百年三牛""52度经典二锅头""53度牛栏山珍品"等产品获评首批"原汁原味北京老字号最具代表性产品"。

2014年7月，牛栏山二锅头白酒（醇和50度）产品获2014年度中国白酒国家评委感官质量奖。

2014年11月，在由中国商业联合会中华老字号工作委员会主办的2014年度中华老字号时尚创意大赛中，牛栏山酒厂研制开发的53度百年牛栏山马上封侯、马上福系列产品，分获中华老字号产品包装时尚创意银奖和始创产品铜奖。

2014年11月，牛栏山酒厂质量检测中心实验室通过了中国合格评定国家认可委员会（CNAS）组织的《CNASPT01-010白酒分析》能力验证测试。

2014年12月，"世界品牌实验室2014年（第十一届）中国品牌年度大奖"评选结果揭晓，"牛栏山"凭借其卓越的品牌力入选白酒行业2014年《中国最具影响力品牌TOP10》。

2015年3月，牛栏山酒厂荣获首都精神文明建设委员会首都文明单位标兵奖牌。

2015年5月，牛栏山酒厂荣获中国食品安全报社2015中国食品产业发展峰会"特别贡献奖"及"2015金牌战略合作单位称号"。

2015年6月，牛栏山酒厂荣登《中国文化报》等多家媒体对外公布的2015年《北京市非物质文化遗产保护认定奖励名单》，并被北京市文化局认定为"北京市非物质文化遗产生产性保护示范基地"。

2015年7月，牛栏山酒厂荣获瑞士日内瓦万国宫2015世界地理标志（原产地）产品品牌分销服务会议"指定推荐企业"荣誉。

2015年10月，牛栏山酒厂荣获中国商业联合会中华老字号工作委员会"2014—2015年度中华老字号传承创新"先进单位证书及奖牌。

2015年11月，"第十三届中国食品安全年会"在人民大会堂举行，牛栏山酒厂荣获"年度全国食品安全管理突出贡献单位"和"年度食品安全管理创新二十佳案例"等荣誉。

2015年12月，在中国酒业流通峰会暨中国酒类流通协会20周年庆典大会中，牛栏山酒厂荣获"中国酒业流通20年卓越贡献企业"称号。

2016年3月，牛栏山酒厂的"牛栏山二锅头"荣膺首届中国（北京）地域文化标志酒。

2016年3月，由第四届中国酒业营销金爵奖组委会和《糖烟酒周刊》杂志社联合举办的"中国酒业第四届营销金爵奖"颁奖盛典在成都圆满落幕。牛栏山酒厂荣获"中国酒业重构期明星企业"称号、牛栏山经典二锅头荣获"中国酒业重构期榜样产品"奖、牛栏山酒厂厂长宋克伟荣获"中国酒业重构期领军人物"称号。

2016年4月，在中国酒业协会第五届理事会第三次（扩大）会议上，举行了第二届中国酒业"仪狄奖"的颁奖仪式。牛栏山酒作为深得百姓厚爱的亲民酒，凭借过硬的实力一举斩获了"企业腾飞奖"和"社会责任奖"，厂长宋克伟荣获"卓越成就奖"。

2016年4月，"牛栏山"入围首批"北京晚报放心品牌联盟"。

2016年8月，第八届华樽杯中国酒类品牌价值200强隆重发布。牛栏山酒厂品牌"牛栏山"以176.67亿元的品牌价值荣登榜单。

2016年11月，第二届中国食品企业社会责任年会暨首届中国食品学院联盟高峰论坛在北京举行。牛栏山酒厂在本次大会上被授予"2016中国食品企业社会责任百强企业保护消费者权益奖"。

2017年1月，经北京企业联合会、北京市企业家协会、首都企业家俱乐部等9家协会联合组织的北京市优秀企业家评审领导小组评选，牛栏山酒厂党委书记、厂长宋克伟当选"2015—2016北京市优秀企业家"。

2017年5月,牛栏山酒厂质量检测中心团支部荣获2016年度"全国五四红旗团支部"荣誉称号。

2017年8月,牛栏山酒厂"53度清香型白酒"在2017年中国食品工业协会白酒国家评委年会中,荣获"2017年度中国白酒国家评委感官质量奖"。

2017年9月,牛栏山酒厂卞友山、马晓冬、万宝成、王晓刚、赵亚斌和段建国六位酿酒匠师荣获了"白酒工匠大师"称号。

四、牛栏山二锅头老字号酒的发展战略

牛栏山酒厂从建厂伊始,就一如既往地坚持自主酿造,但工艺酒的出现让牛栏山酒的传统酿造面临挑战。就在企业发展的关键时期,牛栏山酒厂做出了科学规划,稳步发展,在应对市场激烈的竞争中决不动摇或放弃自主酿造。在传承保护牛栏山酒历史文化内涵的同时,积极创新研发新产品。根据当时的市场状况,牛栏山酒厂制定了抓好终端销售、引入竞争机制、努力开发新产品等措施。特别是近两年,牛栏山酒厂凭借"中华老字号""原产地标记保护产品"两个优势,全力打造中国二锅头第一品牌的"321"战略,使企业的主要经济指标增长达到有史以来的最快速度。而"建设高素质的干群队伍,培育高效率的执行能力;重在决策,赢在执行"这一指导思想也成为企业稳步发展的有力保障。

企业提出"321"战略是指三个重点、两个优势、打造一个品牌。

(一) 三个重点

1. 开发终端销售市场
2. 全力引入竞争机制
3. 努力开发新产品

(二) 两个优势

1. 1999年,牛栏山酒厂被国家内贸部认定的"中华老字号"。
2. 2002年10月份,"牛栏山"二锅头酒系列通过了国家出入境检验检疫局"原产地"注册。

(三) 打造一个品牌

参考文献:

[1] 杨沐春. 牛栏山:国营60载大爱书华章 [J]. 中国酒,2012 (12):54-57.

第十五章 红星二锅头

一、红星二锅头老字号酒

（一）红星二锅头老字号酒的发展史

红星企业成立于1949年，作为开国献礼酒的酿造者，红星是著名中华老字号企业和国家级非物质文化遗产保护单位，同时也是新中国第一家国营酿酒厂，以及将北京二锅头这一技艺名用作产品名的开创者。为了让建国初期生活水平普遍不高的中国大众都能喝上纯正的二锅头酒，国家规定红星二锅头酒的价格不得过高。所以，自红星问世50多年以来，其生产的10余种产品都属于低价位酒。红星二锅头由于甘烈醇厚、价位低廉，受到消费者始终不变的青睐，红星二锅头也成了"大众的好酒"的代名词。50年来，红星品牌下的各种低价位产品始终保持着高销量，一直稳坐北京地区低端白酒市场的第一把交椅。

北京是中国五朝古都，二锅头酒是京城酒文化的典型代表，距今已有800年的历史。它由烧酒发展而来，明代《北京志》中提到"京师之烧刀与棣之纯棉也"。京城酿酒技师在蒸酒时，将第一锅流出的酒头去掉，第三锅流出的酒尾也去掉，取第二锅流出的中段酒，称之为"掐头去尾截取中段"工艺，这是我国最早以工艺命名的白酒，也是我国酿酒史上的一个里程碑，几百年来被继承发扬并流传至今，俗称"二锅头"。

1949年5月，经中央人民政府批准，红星收编了老北京著名字号"龙泉""同泉涌""永和成""同庆泉"等十二家老烧锅，继承了北京几百年的酿酒工艺。"北京红星"为了迎接新中国诞生，于1949年8月生产第一批红星二锅头酒，并于1949年9月投放市场，产品一上市便以其醇厚甘洌的品质，深受广大群众的喜好，被誉为"大众名酒"。

（二）红星二锅头老字号酒的相关传说

1. 元·烧酒起源

明朝李时珍在《本草纲目》中记载："烧酒非古法也。自元时始创其法。"元代文献中已有蒸馏酒及蒸馏器的记载。故最晚在14世纪初，我国已有蒸馏酒，也就是俗称的"烧酒"。

2. 清·二锅头技艺诞生

公元1680年（清康熙十九年），"源升号"酒坊的酿酒技师赵存仁等三兄弟为纯净烧酒质量，大胆创新，发明了"掐头去尾取中段"的特色工艺，二锅头酿制技艺从此诞生。

二、红星二锅头老字号酒的特点

（一）红星二锅头的特点

一方水土一方酒。二锅头酒是北京地区的特色名酒，也是一张闪亮的北京名片。在全国范围内广受认可，它的特点是不可忽视的。

以北方红高粱为原料。高粱被誉为"五谷之精，百谷之长"，自古便是酿酒的好材料。红星二锅头的特点之一，便是采用优质的北方红高粱为原料。和南方的糯高粱相比，北方的红高粱属于粳高粱，淀粉含量更高、更容易出酒。

独特的二锅头工艺。"老五甑发酵，混蒸混烧，掐头去尾，看花接酒"，这是独特的二锅头工艺的"十七字诀"。由于分三次取酒、从而把杂质过滤掉，乙醛、高级醇的含量低，口感舒适，酒后不上头。

适宜的自然环境。二锅头的特点还表现在它很"恋家"。二锅头酒是北京地区的特产酒，而且基本上只能在北京酿制，这是因为这里有合适的气温、水脉等。如果把二锅头的酒曲拿到国外，即便是正宗的二锅头工艺也无法酿制出正宗的二锅头酒。

热烈的口感。喝过二锅头酒的人第一感觉是"辣"，这是因为二锅头酒的度数一般较高，口感辣且后劲十足，三杯五杯后酒劲便能冲上来。不过，现代人逐渐喜欢绵柔口感的酒，二锅头酒也在做调整—把热烈蕴含于绵柔的口感之中。

低价优质。二锅头酒是"民酒""大众酒"，价格很实惠，老百姓花几元钱便可美美地喝上一顿。不过，二锅头虽然价格实惠，但品质并不差，且和汾酒并列为清香型白酒的代表，清香芬芳、醇厚甘冽。

场合"百搭"。聚会喝二锅头，这酒柔；婚宴喝二锅头酒，这酒喜；送长辈二锅头酒，这酒亲；送领导二锅头酒，这酒真。因此，二锅头酒可适用于各个场合。

（二）红星二锅头酒系列产品（部分）

红星二锅头酒包括国粹、京味、时尚、红色及喜庆等系列。

1. 红星青花瓷（珍品二锅头）

红星青花瓷

香型：清香型

规格：750毫升

度数：52度

红星青花瓷，是北京"红星人"推出的二锅头经典代表，打破了二锅头几十年来无高端产品的格局。该酒一经上市，就备受消费者的欢迎，成为京城酒文化不可或缺的重要载体，也成为首选政商务用酒。

包装设计在沿袭了红星企业形象红蓝白色调的基础上，与中国传统的仿清乾隆官窑贡品"音花龙纹扁瓶"相结合，突出了中华民族古老文化的精髓，配仿红木托，扁六梭龙形图案为盒，包装尊贵典雅，既传承了传统的中华文化，又体现了浓郁的京城文化。

红星青花瓷经传统的酿酒工艺与现代微生物技术相结合提炼而成，既汇聚了明清酿酒师的智慧，又兼有世界领光的酿酒技术。它选用优质红高粱作为原料，采用掐头去尾截取中段的蒸馏工艺，长期发酵而成。酒体清澈透明、富有光泽；口感清香润爽、余味绵长；酒质醇厚淡雅、凝神逸兴。在国家知识产权局举办的中国第二届外观设计专利大赛中，该款产品荣获中国白酒的最高奖项。

2. 红星蓝花瓷（珍品二锅头）

图15-2　红星蓝花瓷

香型：清香型

规格：500毫升、100毫升

度数：46度、52度

红星蓝花瓷，是老北京二锅头传统酿造技艺的结晶，也是展现京城民风习俗及饮食文化的重要载体，具有鲜明的地方特色。它集中展现了北京800年烧酒工艺的历史精华，是北京城市的经典记忆，是胡同文化的重要组成部分，是北京城名副其实的有形名片，也是老北京文化纪念之首选。

红星蓝花瓷酒体清澈透明、清香纯正淡雅、余味绵长幽远，是馈赠亲友的佳品，更可作为永久收藏。瓶型设计是仿清乾隆官窑瓷器，由景德镇技师逐一手绘而成，设计的瓶、盒都是以重墨色彩体现，整体包装设计风格典雅、古朴，品位尊贵。该款产品入选了北京市级非物质文化遗产名录，是中国清香型白酒具有代表性的典型技艺。

3. 红星红双喜
香型：清香型、浓香型
规格：518毫升、1000毫升
度数：53度、38度

图15-3　红星红双喜

红星红双喜根植于中华民族身后的"蘭文化"，双数代表着吉祥如意，产品具有创新性和美观性两大特点。

创新性：红双喜直接将具有强烈民族符号特征的连体吉祥"喜"字嫁接到产品造型艺术之上，通过创新瓶体、双瓶口设计，将中国的喜文化的概念符号化、视觉化，全面创新了白酒包装的表现手法，从而打造出强烈的视觉效果、准确无误地传达出红双喜所表达的文化内涵与民俗底蕴。

美观性：红双喜引入了中国书法元素，采用名家楷体手书——中规中矩、气韵生动，体现着浓郁的中国元素和悠久的历史文化。在色彩上，以民俗喜庆氛围最为浓烈的红色为基底，将好事成双、喜形于色的形体色彩和谐统一。红双喜在像、形、色三大包装设计要义上的精确把握，使之神形兼备，意象相生。

该产品选用优质大米作为原料，其酒体更是芳香醇厚、口感绝佳。

4. 红星蓝瓶二锅头

图15-4　红星蓝瓶二锅头

香型：清香型
规格：150毫升、250毫升、500毫升
度数：43度、53度

红星为迎合白酒低度化消费趋势和年轻一代的时尚潮流，全新打造出最高档的时尚蓝瓶二锅头系列，采用富含时尚的蓝色瓶型设计、口感柔顺、定位鲜明。该款产品上市后得到消费者的普遍认可，被亲切地称为"可爱的蓝精灵"，在北京市场掀起了一股"蓝色风暴"，引领了二锅头时尚新潮流。该产品选用优质陈酿，酒品澄清、口感绵柔爽劲，细品此酒给人以无尽回味。

三、红星二锅头酒老字号的发展历程

（一）创立

1949年，中央决定对酒实行专卖，停止私营，转为国营。同年5月，华北酒业专卖公司实验厂（红星前身）在北京建国路成立。建厂之初，红星全面收编老北京著名字号"源异号""龙泉""同泉涌""永和成"等12家京城老字号作坊，汇集了几乎全京城的酿酒技术和人才，全面独家嫡传北京二锅头传统酿造技艺。1949年9月，我国第一批二锅头酒在迎接共和国诞生的盛宴中问世，成为了新中国成立的献礼酒。献礼酒产量仅为20.5吨，并命名为红星二锅头，开创了将"二锅头"酿酒工艺名称作为产品名的先河。从此，北京有了举世闻名的"二锅头酒"。

（二）发展

1953年1月16日，北京东郊酿造厂由市专卖公司正式移交中央轻工业部糖酒工业管理局，改名为国营北京酿酒厂。

1965年8月20日，北京市轻工局依据市有关部门的指示，成立北京酿酒总厂（红星的前身）。北京酿酒总厂由北京酿酒厂、北京葡萄酒厂、北京啤酒厂、双合盛啤酒厂组成，并归口管理吕平酒厂、大兴酒厂、顺义杨镇酒厂、牛栏山酒厂和通县牛堡屯酒厂。

在"七管两不变"的管理模式下，北京酿酒总厂不断输出酿酒技术和人才，扶持帮助发展二锅头酒生产。

为了北京其他白酒厂的生存与发展，红星顾全大局，于1981年主动放弃了"二锅头"的全名称商标注册，只用"红星"的注册商标，与其他所有的二锅头酒类生产企业共享"二锅头"。

（三）坎坷

1986年10月以前，北京生产的二锅头均为65度。65度成为北京二锅头的特点和传统。为落实当时中央领导提倡喝低度酒、培养新的饮酒习惯的指示，北京二锅头由65度降为55度，由北京市物价局批准降度不降价。红星二锅头也由65度降为55度。那么五十六度又是如何出现的呢？

1986年10月，北京二锅头执行降度不降价的地方政策，北京各酒厂均将65度二锅头降为55度，从北京酿酒总厂分出的北京酒精厂为有别于酿酒总厂的二锅头（酒精厂与酿酒总厂均为轻工局直接领导，使用同一样式的二锅头商标），生产了56度红星二锅头，并在北京市销售市场上取得成功，当时56度一瓶难求。消费者都认为56度是正宗，其实酒行都明白：56度和55度是一回事。

1987年10月24日，根据北京市委工业部、北京市经委批文，北京酒精厂等5家企业上交北京市轻工业总公司直接领导和管理，北京酿酒总厂机关由行政管理改为经济实体。

（四）新生

1991年1月18日，北京市经委、轻工业总公司通知：自1991年1月1日起，北京酿酒总厂与北京酒精厂合并。为维护市场秩序，北京酿酒总厂仍生产带总厂标志的55度红星二锅头。北京酒精厂仍然生产带酒精厂标志的56度红星二锅头。直到1992年后，为实行销售统一，北京酒精厂才取消了酒精厂标志。56度二锅头主销北京市，55度则销往外埠。

（五）再发展

2008年，红星申报的北京二锅头酿制技艺入选"国家级非物质文化遗产名录"。红星第八代传人高景炎（红星原厂长）被命名为北京二锅头酿制技艺代表性传承人。这再一次证明了红星为发展二锅头产业做出的突出贡献。

2011年2月22日，以红星为重要组成部分的北京首都酒业有限公司（后简称首都酒业）正式挂牌成立。作为北京唯一使用"首都"冠名的酒业集团，首都酒业的成立必将为红星持续健康发展提供强大助力，推动红星实现红透京城、红遍全国、红火世界的企业愿景。

2012年9月26日，由中国酒类流通协会、中华品牌战略研究院主办的"华樽杯"第四届中国酒类品牌价值评议，北京红星股份有限公司的品牌价值为67.35亿元，同比增长63.15%，位于全国白酒行业第十九名，二锅头酒类第一名。

2011年9月28日，红星两大博物馆正式对外开放。北京二锅头酒博物馆坐落于红星怀柔厂区内，是北京地区最大的白酒类专业博物馆。源异号博物馆坐落于繁华的前门大街，是在第一瓶二锅头酒诞生地——"源异号"酒坊遗址上复建而成的。

四、红星二锅头酒老字号的发展战略

北京红星股份有限公司（后简称红星股份公司）着重管理创新、营销创新、产品创新。红星产品已发展为普通、特制、精品、珍品、珍藏等5大系列产品群，适应了百姓和市场的需求，推动了企业持续发展。公司又推出了文化底蕴深厚、品位高雅的红星珍品二锅头、红星1949等。这些款产品成为北京高档白酒的经典代表，也是首都招待国内外宾客的北京名酒。红星股份公司始终坚持绿色食品的发展方向，先后通过了绿色食品、国际质量管理体系、产品质量等级、食品安全管理体系、国际环境管理体系、计量保证能力管理体系、职业健康安全管理体系等认证，并荣获"中国驰名商标""国家级非物质文化遗产""中华老字号""全国五一劳动奖状""国家A级守信企业""全国三绿工程畅销品牌""全国用户满意产品""全国重合同守信用企业""全国用户信赖品牌""中国（白酒）十大影响力品牌""北京最具影响力十大品牌"等荣誉称号。

参考文献：

[1] 佚名. 中华老字号——红星二锅头 [J]. 时代经贸，2016（07）：70-78.

第十六章 津酒

一、天津津酒老字号

（一）天津津酒老字号的发展史

700 载美酒飘香，50 年沧桑沉浮。在天津，"津酒"是产品，是企业，是品牌，更是文化。当我们踏进津酒集团，便会立即被这里浓郁的文化氛围吸引。厂院内坐落着古香古色的"津酒酒文化园"。在天津悠久的历史文化长河中，流淌着绵长的酒文化。天津是我国北方重要口岸，从明清时代蜚声海内外的大直沽烧锅酒，到今日百姓津津乐道的"津酒"品牌系列产品，"津酒酒文化园"将津门酒文化演绎得多姿多彩。

津酒是天津津酒集团有限公司的简称。天津津酒集团有限公司是天津市最大的白酒酿造企业，也是中国酿酒行业骨干企业之一。天津白酒厂于 1952 年建立，是华北地区唯一列入国家重点项目的酿酒企业。经过发展，天津津酒集团已成为一个工艺全能，设备完备，酿酒、灌装、仓储、经营、管理能力综合平衡的规范型酿酒企业，属国家二级企业，被评为中国白酒行业 50 家最佳效益企业，并通过了 ISO9002 质量管理认证。

从此，天津白酒业呈现出一派新面貌。新建的厂房、全能的工艺、完善的设备构筑起一个集酿酒、罐装、仓储、经营于一体的规范型现代酿酒企业。1958 年，天津酿酒厂在全国率先研制出"甑盘手摇起重机""酒醅扬散机""出池刮板机"设备，使劳动效率提高了 25%，生产能力提高了 4 倍，吸引了全国 25 个酒厂代表前来参观学习。1963 年，天津酿酒厂"玉羊牌"系列滋补药酒投产，拥有了自己的出口产品。技术人员还在北方率先研制出浓香型低度白酒，并取名为"津酒"，博得了国内酒业专家一致好评。38 度的浓香型津酒在 1984 年全国第四届名酒评比中荣获"国家优质酒"称号，被颁发银质奖章，是我国唯一获国家级荣誉的低度白酒。同年，天津大曲、直沽高粱酒被评为天津市优质产品，津酒从此被列为天津市招待用酒。

20 世纪 90 年代，津酒创建了"3+3+1"的质量管理金字塔体系。第一个"3"即"三级检验"，班组、车间、公司、对产品的理化指标进行检验，确定理化指标合格；第二个"3"即"三次品评"，在分级入库、半成品及成品出厂三阶段，由公司、市级、国家级品酒员进行口品，确保口味、风格统一；"1"指"质量第一"。不符合国家制定的质量标准的产品一律不允许出厂。多年来视创新为灵魂，视质量如生命，使得津酒产品的出厂合格率和市场抽查合格率始终保持100%。

二、天津津酒老字号的发展历程

（一）公司简介

天津津酒酒业集团有限公司是天津市最大的白酒酿造企业，也是我国酿酒行业骨干企业之一。是一个工艺全能，设备完善，酿酒、灌装、仓储、经营、管理能力综合平衡的规范型酿酒企业。被评为中国白酒行业50家最佳效益企业，通过ISO9001质量管理认证，连续被评为"中国白酒工业百强企业"，"津酒"被评为"中国白酒工业十大区域优势品牌"，获得"中国驰名商标""纯粮固态发酵酒""原产地标记准用证"，并于2010年荣获"中华老字号"称号。

天津津酒集团传承了津门700年的酿酒历史和工艺，采用传统固体发酵，技术力量雄厚，拥有国内先进的酒类科研、生产、检测设备。始终坚持以科技创新为先导，对品质和工艺精益求精，保证每一瓶、每一滴"津酒"的品质，使其成为北派绵雅浓香典范的代表。其代表产品有白酒"津酒"《帝王风范系列》《扁凤壶系列》《婚宴酒系列》《津味老酒系列》《礼品酒系列》等几十余个品种，及红酒《贵族庄园系列》和滋补保健型酒《玉羊》牌人参酒、海马酒、玉羊露酒等，主要销售市场在国内，部分产品出口东南亚、东欧等国家，远销港、台等地区。

天津津酒酒业集团有限公司生产的津酒不仅是天津市委、市政府的招待用酒，更以其优雅高贵的形象频频出入于"亚欧财长会议""达沃斯论坛会议""中国国际矿业大会"等诸多国际盛会。将津门七百年技艺酿造的美酒献给来自世界各国政府官员、专家学者、商界精英进行品尝，俨然成为天津城市名片，在国际嘉宾中展露风采，彰显了其白酒行业中高端典范的地位。

津酒集团秉承"酿高质酒、做高尚人，永远追求新目标"的传统人文精神，奉行"内作团队，外做服务"的经营理念，做大市场，服务群众。津酒着力在产品质量上严格把关，遵循ISO9000质量管理体系，有效地保证了企业产品质量的稳定提高。并将质量控制工作的重心放在了量化管理上，创建了一整套"3+3+1"的质量管理金字塔体系。第一个"3"即"三级检验"，班组、车间、公司、对产品的理化指标进行检验，确定理化指标合格；第二个"3"即"三次品评"，在分级入库、半成品及成品出厂三阶段，由公司级、市级、国家级品酒员进行口品，确保口味、风格统一；"1"则是指"质量第一"不符合国家制定的质量标准的产品一律不允许出厂，确保消费者的利益。不断创新的产品和稳定的产品质量提升了产品的美誉度。正是由于多年企业视创新为灵魂，视质量如生命，从基础酒的生产到成品酒的灌装，严格执行国家标准，企业的产品出厂合格率和市场抽查率始终保持100%。在提高产品质量同时，通过不断改进生产技术，逐步将绿色生产理念引入生产的各个环节，在原料选取、生产加工、废料处理等方面引进绿色生产工艺，进一步实现"绿色经济"和"可持续发展"。在提高产品质量同时，产品内外包装也不断升级，更加时尚、更加符合当代人的审美标准。

津酒集团在自身强大的同时，不忘加强社会公民责任建设，通过各种方式回报社会。曾参与策划了包机送学子活动；赞助天津海河情艺术团下乡慰问演出；冠名梦幻中的海河大型少儿绘画活动；资助天津市第一轻工业学校家庭困难的学生，设立"津酒奋进才俊奖""津酒励志助学奖"和"津酒勤工俭学基金"，帮助贫困生完成学业；举行"灿烂夕阳红，绵雅津酒香"关爱老人健康，冠名"津酒杯喜迎夏季达沃斯我来设计艺术品"大赛等公益活动。

随着天津的不断发展，津酒，这个天津的白酒生产骨干企业，在新的历史阶段，将以生产为纽带，以打造津门城市名片为己任，为津门酒业的发展注入新的活力，使这个有近60年发展历史的天津酿酒业的排头兵进一步焕发青春。

（二）企业荣誉

天津津酒集团有限公司产品采用传统固体发酵，技术力量雄厚，拥有国内先进的酒类科研、生产、检测设备。代表产品有"津"牌津酒系列、"直沽"牌高粱酒系列、"新港"牌佳酿酒系列等。其中，主要产品津酒是我国浓香型白酒代表之一，也是我国最早研制出的低度白酒之一，1984年获得国家银质奖，1997年被天津市政府授予"天津市名牌产品"称号。其系列产品包括津酒龙腾天下、帝王津酒、扁凤壶津酒、精品津酒等十余个品种。此外，天津津酒集团有限公司产品中还包括以"玉羊"牌人参酒、海马酒、玉羊露酒为代表的滋补保健型酒。各品牌白酒及滋补保健酒主要销往内地市场和香港、台湾地区，部分出口东南亚、东欧等国家。

三、天津津酒老字号的发展战略

多年发展积蓄的优势、外部环境的迫切需求，为津酒带来新的发展机遇。在津酒集团发展战略中，可以看到坚持"以我为主、整合资源，做大品牌、扩大规模"的发展思路。津酒集团将通过聚集酒业资源，实施资源重组、项目拉动、品牌扩张和科技创新，提升公司整体核心竞争力。津酒将以白酒生产经营为主，以红酒、露酒、清酒、味淋以及生物科技产品等经营为辅，逐步向产业兼容，资本运作转变，发展成拥有自主知识产权和全国驰名品牌的中国北方大型酒业集团。津酒还将组建集团六大中心，即：市场营销策划中心、科技研发中心、财务控制中心、生产物流中心、人力资源中心和投资发展中心。企业还将建设六大基地，即：大曲生产、浓香型酒酿造、罐装基地；味淋、清酒、健康养生白酒生产加工和出口基地；清香型酒生产罐装基地；浓香型白酒酿造基地；酒精、汽油醇生产加工基地；津酒文化交流宣传、工业旅游基地。

随着滨海新区开发开放为天津实现科学发展、和谐发展、率先发展提供了更加广阔的前景，津酒这个天津的白酒生产骨干企业，将在新的历史阶段以生产为纽带，推进统计酒业的第二次整合，为津门酒业的发展注入新活力。

第十七章 衡水老白干

一、衡水老白干老字号酒

（一）衡水老白干老字号酒的发展史

明嘉靖年间，衡水县城已有18家酒作坊，尤以"德源涌"名气最大。嘉靖三十二年（1553），为便捷交通，衡水县在滏阳河上修健"安济桥"。工匠们常到"德源涌"聚饮，称赞该白酒"真洁、好干"，后经长期传颂，该酒遂取名为"老白干"酒。又因衡水人习惯称"安济桥"为"衡水老桥"，"衡水老白干"的美名自此流传开来。

历代有关衡水酒的史料：

《真定府志》（明）记载汉和帝永元十六年（1041）诏禁冀州沽酒复制件。春二月，因"冀州比年，雨名伤稼"，而冀州（衡水）酒质地芯强，买卖数量特别大，用粮很多。为解决战乱而造成的粮食奇缺、兵饥民荒等问题，汉和帝曾诏禁冀州沽酒。汉景帝时也因旱灾而令禁酒四年，但下诏专门提"诏禁冀州沽酒"。可以想象，衡水酒在当时已小有名气和生产规模了。

李汝珍（清）著《镇花缘》载冀州衡水酒的原页全文历代有关衡水酒的史料。

乾隆三十二年版《衡水县志》（见图17-1）有关衡水酒的记载汉和帝"诏禁冀州沽酒"。

图17-1 《衡水县志》

衡水特制老白干是河北地方名酒之一，居河北省清香型白酒之首。衡水老白干酒的酿造历史源远流长。据文字记载可追溯到汉代，正式定名于明代。衡水酒的酿造生产1900年基本上没有间断。

（二）衡水老白干老字号的传说

衡水老白干是河北名酒，有"闻着清香，入口甜香，饮后余香"的"三香"的特点。所谓"老"是指历史悠久,"白"指酒质清澈,"干"指酒度高—67度。衡水老白干酒历史悠久,源远流长。在衡水,至今仍流传着众多关于"老白干"酒的典故。

1. 典故一:老白干名称的来历

据说,先前河北衡水白酒统称"十里香"。乾隆年间的一天,在开设在通商街的一家酒店,酒坛中刚刚灌上久存的老烧酒,一个骑毛驴的老人出现在店门口。他把驴拴在门前的大树上,连声说道:"好香的酒",便向站柜的学徒买酒喝,一连喝了6碗。学徒们都觉得吃惊,连忙把这事告诉了酒店掌柜。这时,喝酒的老人正要付钱,掌柜的赶忙上前拦住,热情地说:"我们酒店有条规定,能喝到五斤以上的,准许他白喝,不收分文,还要结为酒友。"说完一定要挽留老人吃饭和住下。经过几番推让,老人虽答应白喝酒,但是坚决不吃饭,更不住宿。他向掌柜的道了谢,骑上毛驴走了。直到出门,还在不住地称赞"十里香"酒。

老人走后,掌柜的就派一个伙计尾随其后,心想如果老人醉倒,可以照顾照顾。出城不远,老人就发现背后有人,走了十多里,那人仍然紧紧相随。他很是惊疑,以为跟踪的是个坏人,他气愤地停下质问,伙计把主人的好意说了,那老人很高兴地说:"你们主人很好,回去后对他说,俺愿同他建立友谊,我是山东人,叫金钩李子。如果以后在济南府一带有为难的事,可以找我。你不必再送了,喝这几碗酒是小事。"说完,那老人扬长而去。后来有一年,衡水年景不好,酿酒原粮需去济南购买。买粮一行没有买通当地恶棍,遭到刁难和路劫,上万斤粮食被扣下了。酒家听到消息,想到了喝白干老酒的老人,想试试他能不能解燃眉之急,就备下老酒一篓,赶车到了山东,竟然找到了金钩李子家,原来他是一位仗义的老英雄。恶霸慑于金钩李子的威名,如数归还了车马和粮食。李老汉把那坛酒分赠给没钱买酒的人。从此,老白干酒在山东有了盛名。山东有些酒家,纷纷赴衡水采购。渐渐地,白干老酒居然成了衡水老酒的美名,白干老酒后来又叫成"老白干",代代相传。

2. 典故二:衡水城与老白干

相传1000多年前,滏阳河畔有一个桃花盛开的小村庄,村口有一家酒店——桃花村酒店,高挑酒旗上书"老白干酒"。掌柜的是一位40多岁的寡妇,人称薛二嫂,她经营的是前店后坊,生意兴隆。一日,店里来了位白发老石匠,开口讨酒喝。后来,这老石匠每天都来讨酒喝,日复一日,只喝酒不付分文。薛二嫂找机会问老石匠原因,老石匠说:"你们这儿的酒不是'老白干'吗?为什么还要钱?"薛二嫂说:"不错,我们这儿的酒是叫'老白干'。这种酒是我祖上几代人留下的老作坊酿造的,这酒洁白纯正,酒度高烈,点燃后不留水分,所以我们这里的人都把它叫'老白干'。这酒是我们自己酿的,老师傅只管喝,有钱付钱,无钱白喝。只要能给'老白干'扬名,足矣!"于是薛二嫂依然为老石匠敬酒端菜,殷勤招待。为答谢薛二嫂,老石匠在她家后院独自动手凿出了一口水井。完工后,老石匠却在井旁化作一缕轻烟而去,众人无不称奇。只见井中清水潺潺,波光粼粼,于是按上辘轳,抽上来的井水,竟然是清明的甘泉水。用此井水酿酒,酒味更加醇香可口,风味独特。各地制酒匠,纷纷在此附近建坊,用此井水酿酒,此地日益兴旺发达。数百年后,小村庄也就变成了衡水城,用此井水酿成的独具风味的衡水老白干酒更是名声远扬。

3. 典故三：王之涣与老白干酒

衡水古称桃县。唐中宗神龙年间，大诗人王之涣曾在桃县任主簿。据说，王之涣非常喜爱老白干酒，吟诗作赋时，常要饮酒助兴。相传王主簿还请鲁班的徒弟喝过老白干酒，那横亘桃城，古石嶙峋的老拱桥，便是鲁班的徒弟酣饮老白干酒后，酩酊之中露绝术，妙手建筑而成，并且顺手牵羊，不知从哪方挪来一尊青石麒麟，至今还蹲在老石桥头。衡水人至今有口皆碑，感戴王之涣的政绩功德和鲁班徒弟的神工绝艺。

4. 典故四：王冕赞酒

相传元朝画家王冕一日来到衡水，时值隆冬，天气寒冷，冻得他瑟瑟发抖。忽见一茅舍，他决定进去避避风寒。舍内一老者见他如此凄冷，遂取出白酒一壶，请他饮下驱寒，王冕也不推辞，一杯一杯喝下肚，情不自禁说道："一杯香，二杯甜，三杯香甜惹人馋，连喝十杯皆愿干"，并向老者询问此为何酒，老者微笑而答："此乃衡水老白干酒"，这个地方到处都在产酒啊！王冕带着感激离开茅舍，走出老远仍在自言自语："衡水烧锅到处有，琼浆玉液日夜流，来到此地不喝酒，枉在世上走一走！"

二、衡水老白干老字号酒的特点

（一）酿造特点

衡水老白干酒的传统酿造工艺世代流传。衡水老白干酒以优质高粱为原料，纯小麦曲为糖化发酵剂，采用传统的老五甑工艺和两排清工艺，地缸发酵，精心酿制而成。它以独特的生产工艺造就了其芳香秀雅、醇厚丰柔、甘洌爽净、回味悠长的典型风格。今天的衡水老白干人在秉承传统酿造工艺的同时，不断研究探索与完善，确立了一套完整的工艺，使产品质量日臻稳定，从而使衡水老白干酒以其典型风格与浓香、酱香、清香型等白酒共立于中华酒林。

（二）特制老白干系列特点

"特制老白干"系列选用当地优质高粱为主料，用精选小麦踩制的清茬曲为糖化发酵剂，以新鲜的稻皮清蒸后作填充料，采取清烧混蒸老五甑工艺，低温入池，地缸发酵，酒头回沙，缓慢蒸馏，分段滴酒，分收入库，精心勾兑而成。贮存期一般在半年以上。此系列产品具有清香味浓而不烈、度低（58度）绵软不淡、入口回味悠长的特点。

（三）系列产品

1. 醇香67其

香型：老白干香型

酒精度：67度

净含量：500毫升

图 17-2

2. 衡水老白干 39 度古法二十年

香型：老白干香型

酒精度：39 度

净含量：500 毫升

图 17-3

3. 衡水老白干 42 度国花（粉牡丹）

香型：老白干香型

酒精度：42 度

净含量：500 毫升

图 17-4

三、衡水老白干老字号酒的发展历程

1946 年衡水解放后，冀南第五专署会同衡水县政府，采用购买的办法，将当时衡水仅有的 16 家私人作坊收归国有，成立了地方国营衡水制酒厂。

1988年，九州啤酒厂正投产。

1996年，兴亚饲料厂成立并投产。同年，河北衡水老白干酿酒（集团）有限公司成立。

1997年，公司出资1600万元，一次性收购粮食局所属种禽公司及天龙肉鸡冷冻厂，与兴亚饲料厂合并成立了河北兴亚公司，发展饲料、养殖、屠宰、加工冷冻一条龙产业。

1998年，买断养元核桃乳厂。

2002年10月29日，在上海证券交易所成功上市，成为衡水市第一家上市企业，也是全国仅有的14家酿酒上市企业集团之一。

2004年，衡水老白干酒被国家工商管理总局认定为"中国驰名商标"，成为享誉全国的驰名品牌；同时，老白干香型也通过了国家标准委员会的认定，使衡水老白干酒在中国白酒之林独树一帜，引领了中国白酒的一个流派。

2005年，集团被国家旅游局批准为全国工业旅游示范点。

2006年，衡水老白干酒被国家商务部认定为首批"中华老字号"。

2007年，衡水老白干酒通过"纯粮固态发酵白酒"标志审核。

2008年，衡水老白干酒的酿造技艺被文化部认定为"国家级非物质文化遗产"；同年10月，集团"十八酒坊酒"被评定为"中国驰名商标"，从此集团拥有了衡水老白干和十八酒坊两大驰名品牌。

2010年上海世博会期间，"衡水老白干"酒又荣获联合国相关机构和国际组织"千年金奖"称号。集团也先后被授予全国"五·一劳动奖状""全国模范职工之家""中国食品优秀企业"、国家"AAA级标准化良好行为企业""产品质量信得过企业"等称号。

经过50余个春秋的发展，河北衡水老白干酿酒（集团）有限公司现已发展成为跨行业、跨地区、集科、工、贸一体的大型企业集团。

四、衡水老白干老字号酒的发展战略

（一）品牌定位

醇厚深邃是衡水老白干最为独特的产品特色。集团将产品的这个物质特征性格化，塑造出一个最受崇敬、极具魅力的男人性格形象，从而赋予品牌卓越的精神价值和吸引力。

衡水老白干从产品特性上看，拥有67度的巅峰高度，口感却依然清香和谐、甘醇绵甜，在同行业中是绝无仅有的，而由醇厚深邃演绎出的性格化特征更是独树一帜。在白酒品牌价值上，集团赋予其符合目标消费群体性格特征的品牌个性，使本品牌比其他品牌个性更加鲜明，更加精确，更有冲击力。

(二)双品牌+四大产品战略

集团以市场为导向,对目前的产品线进行卓有成效的梳理,使产品线更加清晰化:衡水老白干作为企业品牌分为衡水老白干和十八酒坊两大生产品牌。在此基础上细分为四大产品系列:衡水老白干系列、十八酒坊系列、衡水老白干淡雅系列以及67度为代表的衡水老白干流通系列等。

(三)"河北王"市场战略

2006年,集团制定"河北全面为王,省外点状扩张"的"河北王"市场策略。无论是在销量、占有率还是增长潜力、品牌价值等方面,衡水老白干都要在河北成为真正意义上的NO.1。集团集中优势资源,强力打造石家庄、唐山、邢台、保定等重点市场,力求实现星火燎原之势,同时逐渐向省外扩张,最终形成全国性知名畅销品牌。

第十八章 曹雪芹酒

一、曹雪芹老字号酒

（一）曹雪芹老字号酒的发展史

唐山曹雪芹酒业有限公司（后简称曹雪芹酒业公司）是在原唐山市家酒（集团）公司经改制后，于2003年11月7日新组建的有限公司，资产过亿元，年产"曹雪芹""浭阳"两大系列白酒过万吨。

曹雪芹酒业公司前身系成立于1945年的国营左家坞酒厂。该酒厂是由祖籍丰润的曹雪芹家族酿酒作坊沿革发展而来的。据考证，曹雪芹家酒是曹雪芹家族用白云岭山庄别业的天然软水、采用古方特酿的历史名酒，迄今已有400多年的历史，蕴涵着深邃而高雅的文化积淀。曾任江宁织造的曹雪芹祖父曹寅用"誉言酌昆友，陶然知水奇"的诗句盛赞家酒"色、香、味"三绝。曹雪芹更是一生沉湎家酒，以酒助兴写出惊世巨著《红楼梦》。

曹雪芹酒业公司充分发挥曹雪芹家酒历史文化名酒的优势，秉持着"继承、发展、务实、创新"的企业理念，坚持质量第一、信誉至上的经营方针，将传统工艺与现代科学技术相融合，以优质红高粱为原料，严格酿造、窖存、品评、灌装等工序，使产品质量不断提高。如今的曹雪芹酒既沿袭了历史品位，又有时代风格，深受广大消费者青睐，曾荣获"河北六大名酒"等荣誉称号，并连续获得河北省三至七届消费者信得过产品称号。1997年，曹雪芹酒作为香港回归喜庆酒而享誉中外，震撼世界。

（二）曹雪芹老字号酒的相关故事

1. 曹雪芹先祖曹士直于1562年在曹家别业——白云岭山庄建造酿酒作坊。

白云岭山庄位于《红楼梦》一书描述的青埂峰山环中，此地山清水秀，有甘甜如醴的浭水，有春夏之季馥郁扑鼻的花果香，气候温和，土质肥沃。曹氏家族利用这天然的酿酒佳地，精选优质红粱作原料，以大麦、小麦、豌豆踩制的"桃花高温曲"为发酵剂，采用融"老五甑、回沙、双轮底"于一体的工艺酿制曹氏家酒。曹氏家酒也因取浭水酿制而得名浭酒。

浭酒色、香、味不凡，深得社会赞誉，并被记入地方志。清光绪十六年版《丰润县志》卷九载："浭酒以浭水酿之，所以独异者在不药不煮，即以所漉生酒贮于瓮，初则淡而有风致，窨久则香郁味坛，不觉使人自醉。韩慕卢宗伯督学京畿，饮之而甘，品为燕酒第一。"

2."曹雪芹家酒"趣话。

丰润县左家坞酒厂有400多年历史。据县志记载："丰润的才俊之士取用沉积岩中渗津的泉水——浭水，酿造浭酒。"浭酒由此得名。在新中国成立时，浭酒为开国大典专供酒，新中国成立以来则为河北地方名酒。

原来，这浭酒竟是"曹氏家酒"。据著名历史学家、红学家周汝昌、杨向奎等考证，《红楼梦》的作者曹雪芹是丰润县人，曹氏祖居丰润县城内咸宁里。曹家是丰润的名门望族，以浭酒为家宴之酒，多有酒诗。雪芹祖父曹寅《楝亭诗钞》卷一中有《饮浭酒》诗："眷言酌昆友，陶然知水奇。"曹雪芹也酷爱饮酒，在他晚年"举家食粥酒常赊"著书于红叶村时，仍"饮酒如狂"。挚友郭敏在《赠芹圃》诗中云，"新愁旧恨知多少，一醉毷氉白眼斜。"曹雪芹便与酒结下了不解之缘。

为发扬光大曹雪芹家酒文化，丰润县左家坞酒厂更名为河北省丰润曹雪芹家酒酿造总公司。该总公司与大专院校、科研单位建立协作关系，得到秦含章、周恒刚、邹海宴、吴衍庸等著名酿酒专家、教授的技术指导，采用目前国内最先进的科研成果，同传统酿造工艺融为一体，使曹雪芹家酒不断创新、更具特色。举世名著《红楼梦》，香飘四海曹雪芹酒。曹雪芹家酒像"孔府宴酒"一样，走俏市场。

二、曹雪芹老字号酒的特点

(一) 系列产品

1. 曹家红楼宴系列酒

图 18-1

2. 曹家红楼宴

图 18-2

3. 曹家红楼宴酒

图 18-3

4. 曹雪芹传奇酒

图 18-4

5. 曹雪芹酒典藏 30 年陈酿

图 18—5

三、曹雪芹老字号酒的发展历程

唐山曹雪芹企业集团（后简称曹雪芹集团）是个既古老又年轻的企业。说它古老，是指曹雪芹家酒已有 400 多年的历史；说它年轻，是指这个集团建于 1995 年 8 月。曹雪芹集团以唐山丰润曹雪芹家酒（集团）公司为核心企业，紧密层企业有由核心企业控股、葡萄牙外商参股合资的华葡酿酒有限公司和由核心企业投资控股、内部职工参股的唐山曹雪芹家宴食品有限公司、唐山曹雪芹纸业有限公司、唐山曹雪芹实业发展有限公司、唐山曹雪芹文化发展有限公司。曹雪芹集团拥有总资产 2.5 亿元，其中无形资产"曹雪芹"商标权经权威部门评估达 1 亿元。曹雪芹集团年产白酒 1 万吨，干白葡萄酒 4500 吨，贾母茶 1500 吨。

曹雪芹集团核心企业唐山丰润曹雪芹家酒（集团）公司是由相传祖籍丰润的曹雪芹家族酿酒作坊发展而来的。1945 年 12 月，冀东边区政府在白云岭山庄酿酒作坊基础上成立国营左家坞酒厂。1993 年 4 月成立曹雪芹家酒总公司。近年来，曹雪芹家酒以其高雅的品味、深厚的渊源内涵和优良的内在质量，在海内外已具有相当大的影响力。中国香港回归祖国是亿万炎黄子孙的百年企盼，也是世界瞩目的大事件。为庆祝这一历史性庄严时刻的到来，表达全体员工与国同庆的心愿，1995 年 6 月，曹雪芹家酒总公司作出了"为香港回归祖国酿制喜庆酒"的决定，经过工艺精研和原料精选，于 7 月 1 日正式投料酿制。此酒采用传统工艺配方，用精制古坛专窖存贮，以 1997 为定数，于 1997 年 7 月 1 日之前由专用车队运抵香港，赠送给香港各大酒店，伴香港同胞共庆回归之喜。此举已由新华社于当年 7 月 20 日和 22 日分别向海内外各新闻机构发了通稿，海内外多家新闻单位都对此做了报道，社会反响十分强烈。干白葡萄酒、贾母茶两个产品也都带有既古老又年轻的特点。《红楼梦》中，早在 200 多年前就有贾宝玉饮用"西洋葡萄酒""玫瑰露"的章节。《红楼梦》第五十四回就有贾母饮用"杏仁茶"的情节。

曹雪芹酒业从 1993 年开始到目前经历了几次惊险的跳跃：从国营左家坞酒厂到曹雪芹家酒总公司的演变，从浭阳老酒、浭阳春到曹雪芹家酒的面市，从唐山丰润这个区域性市场迈向全国大市场。如今曹雪芹家酒初步在北京、天津、石家庄、沈阳、廊坊、葫芦岛、南京等外埠市场站稳了脚跟，在北京被十大名店和广大消费者评选为中国"公认王牌礼品"，为河北白酒进入全国市场树立了一面旗帜。目前曹雪芹家酒总公司正在进行从国内市场向海外市场、国际市场的跳跃。"香港回归喜庆酒"的出台，为曹雪芹家酒进入海外市场打开了一条宽广的通道。

惊险的跳跃使企业实现了快速发展，曹雪芹家酒总公司1995年实现年销售收入6829万元，实现利税1538万元，分别是1994年的2.73倍和2.93倍。1996年实现年销售收入1亿元，实现利税2284万元，分别比1995年增长46.3％和50.26％。1996年利润排名在河北省第一位。

参考文献：

[1] 秦含章. 食文化集锦（上册）试咏白酒的香型与香味 [M]. 北京：中国文联出版社，2006.

[2] 赵勇勇. 世界公关战 [M]. 沈阳：辽宁民族出版社，1993.

第十九章　张弓酒

一、张弓酒老字号

（一）张弓老字号酒的发展史

张弓酿酒历史久远，从宁陵遗址、黄岗寺遗址（商丘地区志）发掘出的陶片、酒器也可以看出，张弓酿酒的历史在4000年以上。

至明清时期，张弓酿酒业已很兴盛。

1957年，地方国营宁陵县张弓酒厂在仅存的曹家糟坊和张家酒号的基础上成立了。

20世纪70年代，中国白酒度数大都在60度以上，而世界上蒸馏酒的度数都在40度左右。因此，中国白酒很少能出口到国外。为了能把"中国白酒推向世界"，周恩来同志提出了开发低度酒，改变中国白酒"烧刀子""闷倒驴"印象的看法。随后张弓酒、五粮液等企业率先开始了低度白酒的研发。最终，张弓酒厂于1973年利用低温过滤法，率先攻克了低度酒技术难关。张弓酒度数降低后依然"低而不淡""低而不解""低而不浊"，既能满足消费者的口感需求，又降低了酒精和有害物质对人的伤害，不仅扩大了白酒的消费群体，还加速了国内白酒酿造工艺的提升，为国家节约了粮食，也由此拉开了国内低度白酒的发展步伐。

1994年，张弓酒厂在中国首先使用一次性防伪包装专利技术，掀起了中国白酒防伪包装热潮。

2003年，张弓酒厂改制成为张弓酒业有限公司。

张弓酒业有限公司后简称张弓酒业，是以生产"张弓"牌优质酒为主的白酒生产企业，为中国著名酿酒厂家。张弓酒业前身是于1951年组建的河南省张弓酒厂，历经几十年的发展，于2002年7月改制成为股份制企业，2003年9月又改制成为民营股份制企业，实现了由国有国营到民有民营的彻底变革。张弓酒业现为国家大型一档企业、国家二级计量单位、全国五一劳动奖状获得单位、河南省一级先进企业，先后荣获全国轻工优秀产品出口创汇先进企业、全国质量管理先进企业及质量万里行先进单位等荣誉称号一百多项。企业占地面积31万平方米（417亩），年生产白酒能力为5万余吨，年产销量和经济效益曾多年居河南省同行业之首、全国同行业前列。

(二) 张弓酒老字号的传说

1. 历史传说——张弓的传说

相传，张弓酒始于商，兴于汉，盛于今，具有悠久的历史渊源和丰富的文化内涵。商初，在葛城南约四十里处的一古老村寨中，有一勇士名叫张弓。此人忠勇侠义，为捍卫国家，他主动戍边御敌。家中新婚妻子忠贞贤惠，因时时惦念千里之外的丈夫，每逢吃饭时都要盛出一碗恭恭敬敬地放在桌上、摆上筷子，就像丈夫在家一样，以示眷念。过后，她又不忍心扔掉，就放在瓮里，时间长了，竟积攒了满满一大瓮。张弓抗敌得胜，荣归故里，夫妻团圆，妻子向他叙说离别相思之苦，并拉他去看瓮中饭食，张弓被妻子深情厚谊所感动，表示定要尝一尝瓮中的饭食。于是妻子下厨给他重新蒸煮，从笼里流出来的水，散发出浓郁的香味，张弓一尝，甘爽清冽，醇香可口。于是，他连饮满满两大碗，张弓沉沉睡去，但见其脸色红晕，出气匀和，只是呼而不醒，妻子焦急万分。两天后，张弓醒来，舒展身体，感到浑身通泰，连声赞好。远亲近邻得以尝之，均称美物，以后便如法炮制，地方官吏以珍稀贡品进贡商王，商王赐名"张弓酒"，赐该村为"张弓村"。

2. 历史典故——刘秀赋诗

西汉末年，王莽改汉朝为新朝，并欲灭绝汉室。高祖七世孙刘秀起兵征讨，并与当时的绿林军会合，将王莽新政摧垮了。期间刘秀落荒逃至张弓镇，于张弓镇北"二柏担一孔"桥下藏身避险。刘秀脱险后，沽张弓酒庆幸抒怀，饮酒赋诗曰："香远兮随风，酒仙兮镇中；佳酿兮解忧，壮志兮填胸。"刘秀酒后策马东行三十里至落虎桥，酒力泛胸，余香盈口，不禁勒马回望张弓镇，连赞好酒，乘兴饮诗曰："勒马回头望张弓，喜谢酒仙饯吾行，如梦翔云三十里，浓香酒味阵阵冲。"刘秀称帝后，封张弓酒为宫廷御酒，其藏身脱险的小桥赐名为"卧龙桥"，其勒马回头处建起了"勒马镇"。张弓酒自此名声更盛，流传至今。

3. 名人与张弓酒

张爱萍曾为张弓酒题词："香飘万里，名扬四海。"

作家李英儒为张弓酒题词曰："为饮一杯张弓酒，舍得宝马和貂类。"

二、张弓酒老字号的特点

(一) 张弓酒感官风格特性

多年来，我国白酒专家及张弓酒厂技术人员对张弓酒感官特征进行跟踪检测，总结归纳概述为：无色清亮或微黄透明、窖香秀雅、香味协调净爽、绵甜醇厚丰满、尾净味长。张弓酒既有"黄淮酒"共有的秀雅绵柔净爽，又有其特有的醇厚丰满、窖香、曲香相结合的特点。已故酒界泰斗周恒刚老先生对张弓酒的评价是"低度酒低而不淡，高度酒高而不暴"。超低度28度张弓酒，仍然较好地保持了张弓酒的风味特征，不愧为低度白酒始创厂家的产品。其中28度张弓酒多年来在浙江、福建广受欢迎，也证明了周老的论断。

(二) 张弓酒的酿造工艺

1. 适宜酿酒的自然环境

张弓酒厂位于豫东平原、黄淮流域、淮河水系、古宋运河畔。这里有呈微酸性的黏性土壤，土质肥沃。这里全年平均气温 4.1℃～14.3℃，年平均降水 700 毫米。地下水水质纯净，硬度较低，地下水电导率 700 西门子，经分析，其钙、镁子含量较低，从而可减少窖池退化的乳酸钙等的含量，利于己酸菌等生香微生物的生长以及酒质的稳定性提高。多年来，附近上游近百公里无污染源，同时地下水位较深，无南方窖池地下泛水之忧。在气候方面，除夏季六七月份气温较高外，这里其他月份气候温和，适宜酿酒生产。

2. 特定的适于张弓酒风格形成的窖池和环境微生物区系

张弓酒历史悠久，张弓镇曾经作坊林立，有"无风香三里，有风十里香"之说。从微生物区系角度分析，在多年不断的酿造生产过程中，经过长期的自然淘汰、驯化、优选，在厂房、空气、地面等场所，特别是在曲室和窖池周围，形成了较为丰富、稳定、适于张弓酒酿造的微生物区系。酿酒师通过对窖泥中的微生物筛选分离，得到 6 株生香窖泥功能菌，将其强化到人工窖泥中，制成窖泥养护液和香泥板进行加泥发酵，有效地提高了酒中的己酸乙酯等芳香成分含量，提高了优质率，保证了张弓酒风格稳定。

3. 独到优良的中、高温（强化）大曲，构成了张弓酒风格特征的前体物质基础

古人云"若作酒醴，尔维曲糵，曲为酒之骨"，可见曲在酿酒过程中的重要性。曲的质量和酒的质量、产量息息相关。张弓大曲采取传统的人工制曲工艺，从粉碎、踩制、入房到管理等工序，严格按照传统工艺规范操作。在制曲温度上，中温大曲采用中温偏高的培曲温度，高温大曲采用较高的制曲温度。另外，我们采用现代生物技术，从优良的张弓高温曲中筛选得到的 19 株 1183 系列有益生香细菌，制成强化高温大曲。经西北农业大学理化分析显示：其液化力、蛋白质分解能力较强，曲中氨基数含量甚高，以致酒中氨基酸含量增加 43%、酒体醇厚丰满。

4. 张弓酒的酿造工艺

张弓酒传统酿造工艺，就是指原料的组合与优选、配料比例、原料处理、"高温曲、中温曲"的制作、拌曲、入窖、发酵、分层起糟、分层蒸馏、量质摘酒、陈酿、勾兑与调味等。制曲→酿酒→储调→灌装，历经了 268 道生产工序，才生产出味美香甜的张弓酒。

张弓酒传统酿造工艺于 2009 年 6 月入选河南省级非物质文化遗产名录。而其最大的特点是依托于人本身而存在，以声音、形象和技艺为表现手段，并以身口相传作为文化链而得以延续，是"活"的文化。

"张弓人"经过长期研究发现：高粱产酒浓香味正，糯米产酒纯甜味浓，大米产酒醇和甘香，玉米产酒味含冲香，小麦产酒则显曲香。经过多种粮食共同的发酵转化，会产生复杂的醇、醛、酮、酸、酯等基础风味物质，形成综合的粮食风味的独特的张弓酒风味和口感。张弓酒恰到好处地融合各味，做到了香气悠久、味醇厚、入口甘美、入喉净爽，大大提高了张弓酒的品质。

5. 稳定完善、独到的生产工艺是张弓酒风格稳定提高的保证

(1) 坚持清蒸辅料：不管糠壳有无杂质霉变，一律坚持清蒸，这是酒体纯净、减少杂味的重要保证。

(2) 高温润糁：90度以上热水润糁，可保证粮粉充术吃水、利于淀粉糊化、减少杂味。

(3) 坚持双轮底工艺：在北方地区双轮底工艺，是提高酒中己酸、乙酯含量，增加原酒窖底香及绵柔、醇甜的措施，张弓酒厂则始终坚持这一工艺。

(4) 合理的入窖条件：坚持低温入池，根据不同季节，选择合理的入池淀粉、水分，按照稳、准、细、净的工艺要求精心操作，以保证产品优级品率和较高的出酒率。

(5) 量质摘酒：配合色谱分析、感官品评，保证所摘取的酒香味微量成分，摘取科学合理。

(6) 中、高温大曲配合使用，既能保证产量，同时又可有效保证张弓酒醇香丰满，浓香略带中、高温曲香味。

(7) 特殊工艺调味酒：保证一定数量的特殊工艺生产的调味酒，是一个大型酒厂不可或缺的。张弓酒业多年来坚持按照特殊工艺，生产多种特殊的调味酒，以保证张弓酒质量风格的稳定。

(8) 酒醅加香泥板工艺有效地扩大了酒醅接触窖泥的面积，使原酒中芳香成分得到提高，有效提高了半成品酒质量。

(9) 特殊的贮酒容器贮酒——木酒桶贮酒。

张弓酒历史上就有以木酒桶贮酒的传统。木酒桶所用木材都是经过精心选定的优质红木。在长期贮酒过程中，红木中微量的芳香成分溶入酒中，从而使酒中有一些特殊芳香，同时使酒体醇厚、丰满、柔和，对张弓风味的形成有一定的作用。

(三) 张弓系列酒

张弓酒以其"窖香浓郁，绵甜爽净，醇厚丰满，回味悠长"而享誉全国，曾蝉联第四届、第五届全国白酒评比银质奖，荣获阿姆斯特丹第三十届纪界金奖及国家、省部级质量金、银奖30多项。曾荣获"中国驰名白酒精品""口感好的中国白酒"等称号。2004年，张弓酒荣获"河南名牌产品"称号。

图 19-1

张弓酒原料：优质高粱、小麦、大麦、花生饼、菜叶、苹果、大曲粉、优质纯净的地下水。

1. 度系列

凡事贵有度。度，抑其过，引其不及，归中道也。有度，乃君子之美德，生活之智慧，亦是和谐之要义。言辞有度，则意达而融洽；进退有度，则圆润而通达；取舍有度，则心宽常乐；待人有度，则亲疏得宜；处事有度，则行止得体。万事须有度，过则必有咎。故品张弓度之度，味智慧人生。

图 19-2

2. 和系列

图 19-3

3. 超值系列

图 19-4

三、张弓老字号酒的发展历程

（一）公司简介

张弓酒，河南省宁陵县特产，中国国家地理标志产品。张弓酒始于商，兴于汉，具有悠久的历史渊源和丰富的文化内涵。

1973 年，中国低度白酒在张弓酒厂诞生，开创了我国低度白酒之先河，填补了我国低度白酒生产的空白，被誉为"张弓美酒，低度鼻祖。"

2013 年，张弓酒业围绕"度文化"做文章，张弓酒业以其标杆产品"张弓度之度"为基础，对产品线向上和向下进一步延伸，向上分别推出了高端和超高端产品："张弓非常度"和"张弓度酒"；向下分别推出了中端和中低端产品："张弓源之度"和"张弓有度"。张弓酒业实实在在做到了有"度"，产品线完成了从低端到超高端的覆盖，超高端产品"张弓度酒"成为公司的形象产品。

（二）产品荣誉

张弓系列酒曾蝉联第四届、第五届全国白酒评比银质奖，荣获阿姆斯特丹第三十届世界金奖及国家、省、部级质量金、银奖 30 多项。

1993 年，张弓酒被评为"中国驰名白酒精品"。

2000 年，张弓酒被中国食品协会评为"中国名优食品"。

2001 年，张弓酒被河南省工商局命名为河南省知名商品。

2004年，张弓酒被评为"河南省名牌产品"，"张弓牌"商标成为河南省著名商标、知名品牌。

2007年5月29日，原国家质检总局批准对"张弓酒"实施地理标志产品保护。

2009年，张弓酒被评为"河南省十大地理标志保护产品"。

2017年，张弓酒获得河南第二届河南十大名酒评比专家组盲品第一名，中国十大创意产品。

2018年，张弓酒获"国际旅游城市市长论坛指定用酒"证书。

四、张弓老字号酒的发展战略

（一）企业理念

张弓酒业有限公司坚持"一切为了客户，为了一切客户，为了客户的一切"，建立健全了完善的售前、售中和售后服务网络体系。"东西南北中，好酒在张弓"响遍全国，妇孺皆知，张弓系列酒具有很高的市场知名度和美誉度。张弓系列酒畅销全国各地，基本上实现了全国无空白省、省内无空白县（市）市场，市场前景十分广阔。

（二）科技创新

张弓酒业有限公司拥有一支高素质的科研队伍、一大批高管人才和各类专业技术人员200多人，其中国家级评酒员1名、省级评酒员12名、市级评酒员12名、配酒技师30多名。白酒科研和检测设备齐全，气象色谱仪、分光光度计、超净工作台等达到国内同行业最先进水平。公司有完善的微机质量管理、微机勾兑分析等先进的监控、分析手段，具有亚洲一流的酿酒生产设备。公司将传统生产工艺和现代科学技术相结合，多次承担并完成国家和省白酒重大课题研究，其中"冷冻过滤法生产低度大曲酒"获国家重大科技成果奖。"提高张弓酒白酒质量技术研究""高温曲中有益微生物筛选与应用研究""曲酒厂清洁生产及综合利用"等8项技术居全国领先水平，获得河南省科技进步二等奖。

参考文献：

[1] 孙西玉，潘春梅．张弓酒典型风格及其成因研究［J］．酿酒，2007（1）：33-34．

第二十章 宝丰酒

一、宝丰酒

宝丰酒业有限公司（后简称宝丰酒业、见图 20-1）所在地——平顶山市宝丰县，位于伏牛山区、豫西丘陵与黄淮平原过渡地带，北依汝河，南临沙河，西靠伏牛，东望黄淮。气候上，这里属北亚热带与暖温带、湿润地区向半湿润地区过渡的地带，水热条件比较好。宝丰酒是河南省唯一清香型白酒品牌，有着中国名酒的优秀品质和 4100 多年的悠久历史。

图 20-1 宝丰酒业有限公司

（一）宝丰酒的起源

宝丰历史悠久，物华天宝，人杰地灵。追溯宝丰的酿酒起源，有历史根据的是仪狄造酒。仪狄是中国的造酒鼻祖。在史籍中，有多处仪狄造酒的记载。《战国策·魏策》载："昔者，帝女令仪狄作酒而美进之禹，禹饮而甘之。"《酒经》载："仪狄作酒醪。"《吕氏春秋》载："仪狄始作酒醪，变五味，于汝海之南，应邑之野。"古时汝河流经汝州的一段被称为汝海，汝海之南即今汝河之南，宝丰在汝河的南岸。"汝河之南，应邑之野"就是现在的宝丰地区。宝丰商周时为应国属地，古应国遗址位于宝丰县城东南 10 公里处，为河南省文物保护单位。在古应国遗址上，先后发掘墓葬 100 余个，出土文物万余件，其中酒具酒器就有 3000 多件，从质地上分，有铜、石、陶、玉、骨、玛瑙、绿松石等，从造型上分，有杯、盅、壶等，其中最珍贵的是"提梁卣""蟠龙纹香""耳环""铜方壶""应伯壶"和"铜爵"等。从爵内的大篆铭文上可以看出，宝丰酒业历史之悠久、规模之宏大。

据《宝丰县志》记载，北宋时，汝州有十酒务，仅宝丰就有商酒务、封家庄、父城、曹村、守稠桑、宋村等七酒务。酒务是宋朝官方经营酒的地方，年收税万贯以上。当时宝丰"万家立灶，千村飘香""烟囱如林，酒旗似蓑"。宝丰酒业的繁荣昌盛惊动朝廷，宋神宗钦派大理学家程颢监酒宝丰。治所有双酒务，并广传宝丰酒法受益于天下，双酒务在宝丰县城西北13公里的地方，现已更名为商酒镇。金时，宝丰酒业兴盛不衰，资产万贯以上的作坊有100余家，贩粮售酒者如流，监酒官有镇国上将军、忠校尉、忠显昭信尉等16人，官高三品。据《宝丰县志》记载："金朝正大之年，收酒税四万五千贯，居全国各县之首。"

1948年，宝丰县人民政府恢复历史名酒宝丰酒的生产，起名地方国营宝丰县裕昌源酒厂（见图20-2），成为河南省建厂最早的白酒厂家。1997年，酒厂改制为河南省宝丰酒业集团有限公司。

图20-2 国营宝丰县裕昌源酒厂

（二）宝丰酒的民间传说

1. 酒祖仪狄宝丰造酒

相传，夏禹时期的仪狄发明了酿酒。公元前二世纪史书《吕氏春秋》有记载"仪狄作酒"。汉代刘向编纂的《战国策》则进一步说明："昔者，帝女令仪狄作酒而美，进之禹，禹饮而甘之，曰：'后世必有饮酒而之国者。'遂疏仪狄而绝旨酒。"

史籍中有多处提到仪狄"作酒而美""始作酒醪"的记载，似乎仪狄乃制酒之始祖。这是否为事实，有待进一步考证。一种说法叫"仪狄作酒醪，杜康作秫酒"。这里并无时代先后之分，似乎是讲他们做的是不同的酒。"醪"，是一种糯米经过发酵而成的酒糟。性温软，味甘甜，多产于江浙一带。现在的不少家庭，仍自制醪糟。醪糟洁白细腻，稠状的糟糊可当主食，上面的清亮汁液颇近于酒。"秫"，高粱的别称。"杜康作秫酒"，指的是杜康造酒所使用的原料是高粱。如果将仪狄或杜康确定为酒的创始人，只能说仪狄是黄酒创始人，而杜康则是高粱酒创始人。

一种说法叫"酒之所兴，肇自上皇，成于仪狄"。意思是说，自上古三皇五帝的时候，就有各种各样的造酒方法流行于民间，是仪狄将这些造酒的方法归纳总结出来，始使流传于后世的。能进行这种总结推广工作的，当然不是一般平民，所以有的书中认定仪狄是司掌造酒的官员，这也不无道理。有书载，仪狄作酒之后，禹曾经"疏仪狄而绝旨酒"，也证明仪狄是很接近禹的"官员"。

仪狄是什么时代的人呢？比起杜康来，古籍中关于仪狄的记载要一致些，例如《世本》《吕氏春秋》《战国策》中都认为他是夏禹时代的人。他到底是从事什么职务呢？是司酒造业的"工匠"，还是夏禹手下的臣属？他生于何地、葬于何处？这些都没有确凿的史料可考。那么，他是怎样发明酿酒的呢？《战国策》中说："昔者，帝女令仪狄作酒而美，进之禹，禹饮而甘之，曰：'后世必有以酒亡其国者。'遂疏仪狄而绝旨酒，"这一段记载，较之其他古籍中关于杜康造酒的记载，就算详细的了。根据这段记载，情况大体是这样的：夏禹的女儿，令仪狄去监造酿酒，仪狄经过一番努力，做出来的酒味道很好，于是奉献给夏禹品尝。夏禹喝了之后，觉得的确很美好。可是这位被后世人奉为"圣明之君"的夏禹说道：后世一定会有因为饮酒无度而误国的君王，不仅没有奖励造酒有功的仪狄，反而从此疏远了他，对他不仅不再信任和重用，反而从此和美酒绝了缘。这段记载流传于世的后果是，一些人对夏禹倍加尊崇，推他为廉洁开明的君主；因为"禹恶旨酒"，仪狄的形象竟成了专事谄媚进奉的小人，这实在是修史者始料未及的。

那么，仪狄是不是酒的"始作"者呢？有的古籍中有与《世本》相矛盾的说法。例如孔子八世孙孔鲋，说帝尧、帝舜都是饮酒量很大的君王。黄帝、尧、舜，都早于夏禹，早于夏禹的尧、舜都善饮酒，他们饮的是谁人制造的酒呢？可见说夏禹的臣属仪狄"始作酒醪"是不大确切的。事实上，用粮食酿酒是件程序、工艺都很复杂的事，单凭个人力量是难以完成的。仪狄再有能耐，也不大可能发明造酒。如果说他是位善酿美酒的匠人、大师，或是监督酿酒的官员，总结了前人的经验，完善了酿造的方法，终于酿出了质地优良的酒醪，还是可信的。所以，郭沫若说："相传禹臣仪狄开始造酒，这是指比原始社会时代的酒更甘美浓烈的旨酒。"这种说法似乎更为可信。

相信大家都听过"大禹治水，三过家门而不入"的故事吧！不过，今天要讲的是另一件大禹因为喝醉酒把国家大事摆一旁的趣事。

大禹因为治水有功而得到了帝位，但是也因为国事操烦，而十分劳累，庞大的压力，使得他吃不下饭也睡不着觉，逐渐消瘦。禹的女儿眼看着父王每天忙于国事，感到十分心疼，于是便请服侍禹膳食的仪狄来想想办法。有一天，仪狄到深山里打猎，希望猎得山珍美味，为大禹做美味的料理，却意外发现了一只猴子在吃一潭发酵的汁液，原来这是桃子所流出来的汁液。猴子喝了之后，便醉倒了，脸上还露出十分满足的神情。于是，好奇的仪狄也想亲自品尝看看。一尝之下，他感到全身热乎乎的，很舒服，整个人筋骨都活络了起来，他大为惊奇。仪狄高兴地说："想不到这种汁液可以让人忘却烦恼，而且睡得十分舒服，简直是神仙之水。"大禹王的病痛一直未见好转，而禹王也因无力处理国事，而觉得愧对天下百姓，就在此时，共工又引领了洪水趁机出来作乱……禹王更懊恼了。就在这时，仪狄灵机一动，赶紧将上次在深山所发现的汁液拿来给禹帝饮用，禹被这香甜浓纯的味道所深深吸引，胃口大开，精神百倍，体力也逐渐恢复了，于是带着大伙儿准备迎战去了。仪狄因为受到了大禹王对自己造酒技术的肯定，便决心自己研究制作，在精卫、小太极和大龙的帮忙之下，终于完成了第一次的造酒，大家都很兴奋的急着想品尝，但仪狄喝了一口之后差点没吐出来，因为喝起来就像馊水一样……原来汁液还没有经过"发酵"这个步骤,第一次的造酒失败了。经过大家不停的试验及潜心研究,最后终于制作出美味又好喝的酒。大禹王打败了共工,决定举行盛大的庆功宴来款待所有有功人员,便吩咐仪狄拿出所造的酒,大家都觉得真是人间美味,于是愈喝愈多。虽然晕头晕脑的,大家却都喝得不亦乐乎,简直就像在腾云驾雾般!大禹王也高兴得封仪狄为"造酒官",命令他以后专门为朝廷造酒,并且同意了帝女与仪狄的婚事。但是到隔天早朝时,所有的大臣都在前厅等候大禹,从天色未亮一直等到日正当中,大臣们个个汗流浃背,却不见禹王的踪影。原来禹因为喝了酒正在呼呼大睡呢!等到大禹来到时,他很不好意思地对大家说:"酒虽然治好了我的病,却使我荒废了朝政,我以后再也不喝酒了。"从此大禹决定不再饮酒。而仪狄开了一间酒坊,还被封为"酒神"。他的造酒技术流传至人间,逐渐发扬光大。

2. 王丰贞与宝丰酒

叶县城东的王丰贞村是一个古老的村庄。千百年来,这里一直流传着一个传奇的故事。

很早以前,该村有一家姓王的小财主,几代单传。王财主52岁喜得贵子,取名"封赠"。两位老人对儿子怜爱自不必说,竟把他惯坏了。王封赠唯爱交朋结友,游荡酒店茶肆。父母见儿子无药可救,积郁成疾,先后辞世。

王封赠成了一家之主,妻子性格温顺、贤惠,不仅有一手好针线活,厨房里煎、炒、烹、炸也都样样在行。这一切的一切,都顺应了王封赠的个性发展,使其与酒结下了不解之缘,一日三餐宁可少吃饭,酒却是少不得的。

王封赠不仅爱喝酒,而且有海量,成为远近闻名的"酒仙"。宝丰酿酒作坊的大掌柜听到传闻,决定会一会这位奇人。

酒坊大掌柜给王封赠下了请帖。宴会开始,陪客先后烂醉成泥,被搀退席。大掌柜偷眼看看王封赠,他好似酒兴刚上来。于是不得不从心底里服输了。

大掌柜起身拱手道:"先生路途遥远,不便久留,现用车辆送先生回府,宝丰百姓素来好客,今酒仙光临,各家商店门前都备有薄酒为先生送行,万望不要辜负盛情。"

王封赠起身致谢道:"为答谢大掌柜的厚爱,并表示对宝丰酒的钟爱,我要宣布,自即日起,更改贱名。"王封赠要来笔墨在墙壁上题诗一首:

封丰音投字不同,赠贞谐音歧义明。今与宝丰酒结缘,愿抱酒坛度余生。

从此王封赠就改名为王丰贞。

大掌柜看罢诗句十分感动,拉着手为之送行。只见街道两旁的商家、住户门前都摆着三大碗宝丰头曲。王丰贞毫不推辞,挨门喝去,直到东城门口。

王丰贞到家已是深夜。五更时分,卧房失火。乡亲们直到天亮才把火扑灭。经过现场清理,整座房屋化为灰烬,王氏夫妇早已死去。奇怪的是王丰贞在湿被窝里稳然未动,面色红润,虽死犹生,搬尸体时发现他的背下盘着一条七八寸长的青蛇一条,让在场的人无不吃惊。

酒坊大掌柜闻讯赶来处理后事。那条小青蛇卧入盘中,被放在灵桌上同享祭奠。有一位云游和尚来到现场,盯住那条青蛇看了半天,最后说出一句惊人的话语:"阿弥陀佛，龙王爷九太子怎的落难在此？"

大掌柜将其留住，诚心讨教，得知龙王九太子之说。据传，龙有九子，长相各异，排行最后的名唤螭龙，相貌尤为独特，它头部无角，原因是父王过分宠爱，从小嗜酒成性，影响了身体发育，至今连四肢还未长出，故成蛇状。

大掌柜如获至宝，事后便将螭龙带回宝丰，放入酿酒的泉池之中。自此以后，宝丰酒的质量日高，名气日盛，曾几度被皇宫征用为贡酒。王丰贞的故事越传越广，久而久之也成了这个村的名字，沿用至今。

（三）宝丰酒赞

1. 诗人刘希夷

唐代著名诗人刘希夷是汝州人，上元年间，登进士，与宋之问、沈伦期结伴游三峡，归至故园，以家乡汝州龙兴美酒（宝丰酒的前身）盛情款待友人，赋诗《故园置酒》，畅言"愿逢千日醉，得缓百年忧"。诗人劝朋友畅饮龙兴美酒，以缓解百年忧愁，字里行间表达了对家乡美酒的赞誉。

2. 诗人李白

号称"酒仙"的唐代诗人李白，二十五岁出川以后，曾数度游经汝州龙兴县（即宝丰县）。他在《夏日诸从弟登龙兴阁序》（龙兴阁在宝丰西北龙兴寺，有吴道子壁画）中称："当挥尔凤藻，挹予霞觞，与白去老史，俱莫负古人也。""霞觞"，就是诗人对龙兴佳酿的美称。在他遍饮天下名酒写成的"天若不爱酒，酒星不在天。地若不爱酒，地应无酒泉。天地既爱酒，爱酒不愧天。……三杯通大道，一斗合自然"的千古绝唱中，就饱含着对龙兴佳酿的喜爱。

3. 文学家元好问

元末明初著名文学家元好问，在畅饮宝丰酒后，便写下了"春风着人不觉醉，快卷更须三百杯"的佳句来赞美宝丰酒。

4. 书法艺术家溥杰

末代皇帝溥仪的弟弟、著名书法艺术家溥杰作诗赞宝丰酒云："每爱衔杯醉宝丰，香飞白堕绍遗风。继往开来传佳酿，誉溢旗帘到处同。"

二、宝丰酒的特点

（一）宝丰的工艺酿造特点

宝丰酒经过选料、粉碎、制曲、培曲、酿造五大工序，可以有效排除原辅料中的邪、杂味，充分保持了酒体清香纯正、丰满协调的独特风格。

第一步：选料。宝丰酒精选优质高粱、大麦、小麦、豌豆为原料。选料过程中，每一个环节均严格把关，真正实现好粮酿好酒。

第二步：粉碎。将精选过的粮食均匀粉碎成4、6、8瓣，多糁少面为宜。这样才能使发酵更充分，产生的成分更丰满。

第三步：制曲。将粉碎好的原料按一定比例加水掺拌均匀，压制成曲砖后，进入曲房培曲。根据不同季节进行通风、翻曲，28天后曲块成熟待用。

第四步：酿造。主要分为堆集润料—入甑蒸粮—入缸发酵—装甑蒸馏—看花截酒—分级入库—贮陈老熟等环节。其中的核心环节就是"清蒸二次清"工艺，最具代表性的为入甑蒸粮、入缸发酵和装甑蒸馏。将粉碎的高粱与95度以上的高温水按比例拌匀堆集后装入酒甑，再将蒸好的高粱降温加入粉碎好的曲料，方可入缸发酵。25天酒醅成熟后按照"轻、松、薄、匀、散、齐"的六字法装甑蒸馏。

地缸发酵，自然清净。宝丰酒以"清字当头，净字收尾"，采取4000年传统的"地缸发酵"工艺，坚持酒土分离，保证了酒体自身的原质清香，使酿造过程更加天然纯净。

整个酿制过程始终贯穿"清、净"二字。所谓"清"，就是红高粱不配糟，纯粮清茬发酵；"净"就是发酵容器、生产场地和设备强调清洁卫生。与其他香型白酒最大的不同是，宝丰酒是将特制的陶缸埋于地下，再将蒸好的高粱和粉碎的酒曲拌匀后入缸发酵，所有酿酒原料不跟泥土接触，特别干净卫生，无污染，无杂味，保证了整个发酵过程的清洁纯净。

恒温可控，醒酒更快。宝丰酒酿造工艺独特，传承清香型白酒古法精髓，融入现代科技工艺，实现了酿造过程中的恒温可控发酵，即以低温制曲、低温发酵、低温溜酒为核心的"三低原则"。

由于是以自热环境温度为主掌控生产质量，为了保证制曲、发酵和蒸馏的质量，确保温度的可控性，进而保证原酒以及成品酒的品质和口感风格的稳定性，所以在每年夏季的6~9月份，宝丰酒业制曲、培曲、酿酒等工序都要停工，复工时间一般在9月中旬。其各个生产环节的自热环境温度范围始终控制在25℃～35℃之间，以减少杂菌污染，使得酒体更加清澈、酒味更加纯净。

三低原则，自然温控，夏季停工，保证了清香型宝丰酒的品质风格。

(二) 宝丰系列酒的特点

宝丰酒因产地而得名，其盛名享誉千载而不衰，要归功于宝丰周边的环境，造酒的粮食、水和工艺等。与生俱来的自然生态环境，为宝丰酒的上乘酒质奠定了先决条件。

宝丰·国色清香（见图20-3）中各种物质成分比例平衡，酒体纯正丰满，酯香匀称，干净利落；酒液无色透明，清香芬芳，甘润爽口，醇甜柔和，自然谐调，回香悠长，将清香型白酒的特点发挥到了极致。其中63度高度酒和39度低度酒两个酒样感觉尤佳。

◆ 第二十章 宝丰酒 ◆

图 20-3 宝丰·国色清香

清香型宝丰酒不上头、醒酒快的典型风格特点，成为引领健康白酒消费的新风尚。在河南平顶山，当地民间至今还流传着这样的段子："宝丰酒，光喝不醉，喝多瞌睡；一觉醒来，精神百倍。"这些都是对宝丰酒不上头、醒酒快这一特点的最好诠释。

三、宝丰酒业有限公司的发展历程

历代名人的推崇不断扩大宝丰酒的知名度。这既吸引了更多的知名人士喜爱宝丰酒，又促进了宝丰酒生产规模的不断发展和产品质量的稳步提高。

（一）发展历程

1947年11月，宝丰解放。驻宝某部队排长陈宏达和县城仓巷街的教师傅惠中，在仓巷街逃亡地主宋乃修的私人酒馆基础上，筹办建立了"第五军分区酒局"。1948年6月，宝丰第二次解放，县人民政府再次恢复历史名酒宝丰酒的生产，起名为地方国营宝丰县裕昌源酒厂，成为河南省建厂最早的白酒厂家。

2006年4月，宝丰酒业成功改制，迎来企业全新发展。为实现可持续发展，近年来宝丰投资大量资金，进行技术改造和科研开发。

2008年，宝丰酒业对制曲设备、酿造设备进行更新改造，提高了产品质量和产量；将原有贮酒铝罐全部换成不锈钢罐，解决了铝罐贮酒中化合物对酒质的影响；还投资6800多万元上马了万吨储酒工程暨配套自动化灌装生产线，建成后新增1万吨储酒能力、5万吨调酒及灌装能力；同期大力建设发酵地缸10万个，增加54个生产班组和8条自动化成装线；加大生产，企业年销量达20000吨，成品酒产品30000吨，原酒存酒量30000吨；2010年就完成产值8.9亿元……

此外，宝丰酒业还组织科研人员自行研发出哈工业的地缸发酵温度控制系统，成功解决发酵温度控制难的问题，提高了酿酒产量和质量。由此，宝丰酒业逐步成为集研发、生产、酿造、灌注、包装、销售为一体的大型酒企，各项主要经济指标均大幅攀

239

升，销售收入连年翻番。

（二）宝丰酒的荣誉

1915年，河南宝丰高粱酒在众多国际名酒中脱颖而出，荣摘巴拿马博览会最高奖——甲等大奖章。

1956年，宝丰酒被命名为河南名酒。

1979年、1984年，在全国第三届、第四届白酒评比中，宝丰酒蝉联两届国优，并获国家银质奖。

1989年，在第五届全国白酒评比会上，宝丰酒荣获国家金质奖，晋升17大中国名酒。

1992年，宝丰酒在比利时布鲁塞尔第三十届世界优质精品主选会获金奖。

2002年，39度、46度清香型宝丰酒被授予"中华人民共和国国家标准样品"称号。同年，宝丰系列酒获国家"原产地"标记保护注册认证。

2006年4月，宝丰酒业有限公司成功改制重组，企业步入了一个全新的发展时期，同年荣获"中华老字号"（4000余年清香典范）荣耀认证。

2007年11月，宝丰酒顺利通过名酒质量复评，蝉联"中国名酒"称号。

2008年6月，宝丰酒酿造技艺经国务院批准入选第二批"国家级非物质文化遗产"名录。

2009年，宝丰酒获"纯粮固态发酵白酒标志"授牌，荣升高档之列，体现酿造最高荣誉。宝丰·国色清香酒被指定为河南省接待用酒，成为殊荣独具的高端品牌。

四、宝丰酒业有限公司的发展战略

新中国成立以来，白酒行业得到迅速发展，在民间酿酒作坊基础上建立起来的宝丰酒厂，秉承千年酿酒工艺，不断进行技术改革与创新，在保证宝丰酒传承千年卓越品质的前提下，提高了生产技术水平和产品质量，实现了新产品的开发和对原有产品的梳理。国色清香作为宝丰酒业的新品牌形象得以成功塑造，不仅带动了原有产品提升的升级，也实现了宝丰酒品牌的伟大复兴。

近年来，宝丰酒业率先导入管理变革，在进军酒水电子商务的同时，进行多战略的发展、新媒体营销……力图打造出一条"组织和品牌双驱动"的全新成长路径。

2019年2月23日下午，宝丰酒业年度工作动员大会在公司五楼会议室召开。会上，董事长王若飞做了题为《新宝丰、新模式，大布局、大发展，宝丰酒业新三年战略规划部署》的重要讲话。他指出，回顾宝丰酒业过往两年的工作，公司从经营战略及管理调整蓄力，外部营销逐级恢复，品牌公关恢复势能，聚焦强化主线产品、淘汰老化负盈利产品、止滑降亏；直营育商、重建渠道网络、聚焦核心终端，推动销售实现了大幅提升，并为未来三年的大发展奠定了坚实的基础。

在认真分析白酒行业近年发展形势的基础上，王若飞提出了宝丰酒业当前面临的三大机遇（即名酒复兴的机遇、次高端价格的机遇和营销模式创新的机遇），提出宝丰酒业新三年的工作规划（"3245"计划；也就是：三个跨越——2019至2021三年迈出三大步；两大体系——新文化体系、新营销体系；四大支撑——新传播、新市场、新组织、新链接；五大工程——渠道联盟工程、品鉴体验工程、宴席推广工程、村镇推广工程、社群运营工程）。

  王若飞强调，宝丰酒业要实现宝丰品牌价值重塑、宝丰文化价值挖掘、消费者利益重塑，要塑造宝丰品牌新的价值主张，解决宝丰品牌到消费者转化驱动问题，解决消费者为什么选择宝丰，宝丰哪个产品好，好在哪里等问题；要完成产品结构升级调整、商业结构升级调整、市场布局结构升级调整、市场投入以渠道为主，到"渠道＋消费者"为主调整、消费者体验升级调整、传统传播向新传播调整；要实现厂、经销商、终端商一体化发展，实现企业、员工一体化发展，加强员工的学习和培训，与企业一起共谋业绩与成长，要实现薪酬与绩效的创新调整，完成业绩时共享企业的发展带来的财富机遇。

第二十一章 稻花香

一、稻花香简介

(一) 公司介绍

湖北稻花香酒业股份有限公司（后简称稻花香股份公司）坐落于举世瞩目的长江三峡大坝东侧，水电之都宜昌市东大门——夷陵区龙泉镇，属稻花香集团核心企业，是一家以生产销售稻花香系列白酒为主的股份制企业。

稻花香股份公司起步于1982年，1992年创立"稻花香"品牌，2001年改制为"湖北稻花香酒业股份有限公司"。近40年来，公司始终秉承"传承民族产业，传递丰收喜悦"的发展理念，弘扬"敢冒风险、自我加压、创造机遇、超常发展"的企业文化，致力于打造白酒航母，创立百年品牌。

稻花香股份公司已拥有"稻花香""清样""君之红"等多个中国驰名商标，"稻花香"被国家商务部认定为"中华老字号"，并入选"中国新八大名酒""中华老字号品牌价值百强榜"。至2019年，稻花香已连续16年入选"中国500最具价值品牌"，品牌价值达715.98亿元。目前，稻花香系列白酒已畅销28个省、310个地级市和1005个县。

新时期，稻花香酒业将以"掀起稻花香新风暴、塑造稻花香新形象、树立稻花香新信心、创造稻花香新辉煌"的"四新"发展战略为引领，深入实施"产业化发展、效益化经营、科学化管理、创新型营销、智慧型团队"五大转型，剑指"131"目标，确保到2021年公司年销售清样10万件及活力型300万件、珍品一号类1000万件。

(二) 品牌之源

五谷丰，天下安。这是中国几千年岁月长河中，人们不变的祈盼。

从新石器时代始有黍稷以降，夏、商、周、秦、汉、唐、宋、元、明、清以来至近现代，"丰收"承载了人们的希望与收获、向往与奋进、成功与自豪……是每个人心中永远的向往。

"稻花香"田野绽放的图腾，与"丰收"紧密相连，成为国泰民安、丰收余庆的象征。

800多年前，南宋词人辛弃疾曾官任湖北，经隆中，过长坂，游玉泉，途经龙凤山下，夜宿农家作坊美酒甚觉精良，乃乘兴赋词："松岗避暑，茅檐避雨，闲去闲来几度？

醉扶怪石看飞泉，又却是、前回醒处。东家娶妇，西家归女，灯火门前笑语。酿成千顷稻花香，夜夜费、一天风露。"

20世纪90年代初，蔡宏柱"十年磨一剑"，提出"两找一创走三高"的方针，"稻花香"横空出世，其品牌之名便来源于辛弃疾的著名词句"酿成千顷稻花香，夜夜费、一天风露"。

从"跟往事干杯"到"浓浓三峡情，滴滴稻花香""人生丰收时刻——稻花香"，再到"有活力，人生自有光芒"……"稻花香"这个蕴含了深刻历史文化的白酒品牌，逐渐走进千家万户，在中国白酒行业发展中熠熠生辉。

二、稻花香酒特点

（一）优质水源

俗话说："水是酒之血""好酒必有佳泉"。这都说明了水对酒的重要性，酿酒工艺的全过程，微生物的生长、繁殖，都离不开水。

稻花香用封闭式管道，将法官泉矿泉水引进厂，用于酿酒。法官泉水库地下泉水是原国家地质矿产部136号优质矿泉水。经国家卫生部、地矿部"国家饮用天然矿泉水评审部"专家鉴定：该地下水符合饮用水天然矿泉水国家标准，含有锶、钙、锌等多种对人体有益的微量元素，水质酸碱度平衡，是酿酒不可多得的优质水源。

（二）生态原料

稻花香浓香型白酒采用高粱、大米、玉米、糯米、小麦五种粮食为原料。不同的原料营养组分不同、挥发性组分不同、理化特性存在差异，在白酒的生产过程中，生产出的酒的风味也不相同。"高粱酿酒香""大米酿酒净""糯米酿酒甘""玉米酿酒甜"等，采用多种粮食酿酒，赋予了稻花香酒更加丰富的风味；多种粮食形成的复合香味构成了稻花香浓香型白酒"多粮型、复合香、陈酒味"的典型风格特征。

（三）酿造工艺

1. 传承——传统五粮工艺

稻花香传统酿造车间采用五粮浓香型酿造工艺进行生产，其工艺具有"以五粮为原料，包包曲为糖化发酵剂，泥窖固态发酵，采用续糟配料，混蒸混烧"的典型特点。

"万两黄金易得，好曲一两难求。"稻花香的"包包曲"堪称一绝。公司最初采用土坯房制曲，2011年为适应白酒装备升级需求，建成现代化制曲车间。曲房采用"回"型结构多层叠加，形成烟囱状，自然通风排潮。制作的"包包曲"皮薄心实，曲香浓郁，富含氨基酸，以及有利于谷物发酵转化的微生物和微生物代谢产生的淀粉酶、糖化酶、酒化酶等具有催化作用的酶物质。

稻花香采用跑窖循环、固态续糟、双轮底发酵等发酵技术，通过分层起糟、混蒸混烧、分段摘酒等工艺，按照量质摘酒、按质并坛进行生产。基酒由质技人员逐坛品尝定级后，分级入库，在恒温恒湿的藏酒洞内长期陶坛储存，使稻花香酒绵柔醇和、风格独特。

2. 创新——馫香型白酒

稻花香结合白酒行业发展趋势、龙泉地域特征、鄂酒特点和消费者需求，历时六年研发，全国首创一种兼具清香、浓香和酱香香型的白酒的制备方法（发明专利号ZL201210251773.8），即馫香型白酒生产工艺。

馫香型白酒生产工艺吸纳清香、酱香和浓香传统工艺精华，有机融合小曲糖化、高温堆积、泥窖发酵工艺技术，使得产品兼具清香酒的醇甜自然、酱香酒的丰满细腻、浓香酒的浓郁醇厚，形成一品三香的独特品味。目前，该工艺已获得1项国家发明专利和9项实用新型专利，并被评为中国食品工业协会科学技术二等奖。

3. 革新——智慧绿色酿造

稻花香坚持生态优先，打造绿色产业，在白酒主业上推进白酒生产的数字化、信息化、智能化、绿色化转型，促进产业升级，推动产业结构平衡，改善自然生态文明，实现酒与社会和谐发展。

公司加强产学研合作，开发了白酒生产管理自动控制系统，多项技术填补行业空白，目前已在全国50多家酒类企业得到推广；开发行业领先的酿酒原粮制备集散控制系统，建设机械自动化酒曲生产线；量身打造馫香工艺白酒生产车间，将酿酒机械化、自动化、信息化融为一体，实现关键工艺参数的实时监测和智能调控，全面保证了白酒酿造生产过程的稳定性、安全性和可追溯性。

（四）洞藏美酒

自古以来，中国民间就有洞藏白酒，使白酒更加甘醇绵长的习俗。与常规贮存方式相比，洞藏白酒的酒质香气馥郁，口感更加绵柔。

稻花香藏酒洞坐落于柏临河畔、龙凤山下，于2009年投资兴建。藏酒洞所依附的山体位于秦巴山脉和武陵山脉交界处，处于世界公认的最佳酿酒和储存酒的北纬30°地段，洞内温度19℃左右，湿度80%左右，常年恒温恒湿，这使得酒体持续吸纳山水之精，采集自然之韵，让酒体更加醇化老熟，酒质更佳。

（五）稻花香美酒系列

1. 清样系列

图21-1 稻花香清样系列酒

清样系列（见图21-1）是稻花香高端旗舰产品，因受窖池、气候、工艺控制等多种因素影响，其酿造不仅是技术的结晶，也是机缘的恩赐。酒体浓头酱尾，既有浓香的窖香浓郁、醇甜爽净，又具酱香的幽雅细腻、回味悠长，浓缩浓香、酱香精华兼而有之，风格独特。

清样系列传承兼容并蓄的清样文化，融大家之经典，集传统之大成，以卓越品质成就浓酱兼香型白酒典范。它以东方文明特有的包容和雅量，屹立于世界酒林，是艺术与品质的完美融合，是卓著与成就的经典浓缩。

2. 原浆系列

图21-2 稻花香原浆系列酒

原浆系列（见图21-2）由稻花香首创的馫香型白酒生产工艺酿造而成，产品融合了清香酒的醇甜自然、酱香酒的丰满细腻、浓香酒的浓郁醇厚。目前，公司已推出65度、52度和45度三款原浆酒。

酿酒大师精选优质高粱，经过小曲糖化生香、高温堆积发酵、泥窖发酵提质增香，最终形成原浆系列"一品三香"的独特风味：产品色清透明、芳香幽雅、香味谐调、醇厚细腻、绵甜爽净、回味怡长。

3. 活力系列

图21-3 稻花香活力系列酒

活力系列（见图21-3）是稻花香强品牌、提品质、优品种，实现消费升级、品牌升级、产品升级的精品名牌，更是稻花香主打中高端市场的战略单品，目前已推出活力号、活力星、活力型三款产品。

其中，活力型酒是由数名国家级白酒评委倾注心血、匠心独运之作，将专家口感与消费者口感有机结合，产品温润细滑、绵柔甘冽、窖香幽雅、陈香突出。自上市以来，市场占有率和美誉度不断攀升，先后荣获"湖北省高新技术产品""中国名酒典型酒""比利时布鲁塞尔国际烈性酒大赛金奖"等奖项。

4. 珍品系列

图 21-4　稻花香珍品系列酒

珍品系列（见图 21-4）是稻花香畅销产品，其代表产品包括珍品一号、珍品小一号、金珍一号等产品，是稻花香"多粮型、复合香、陈酒味"的典型代表。

其中，珍品一号是畅销市场近 20 年的稻花香旗舰产品和超级单品，拥有广泛而稳定的消费群体。该产品已成为深受广大消费者喜爱的民意单品，被评为"中国酒业明星大单品"。

珍品，是天赐福地，是酿酒大师精细选材、匠心打磨的一分美好。一瓶珍品，一分浓缩生活点滴的陈酿。

三、稻花香发展历程

1982 年，稻花香创始人蔡宏柱在宜昌县（今宜昌市夷陵区）龙泉镇青龙大队创办了青龙大队酱油厂。

1986 年，蔡宏柱将无人问津的双龙饮料厂、柏临饮料厂、土门酒厂三家濒临倒闭的企业整合，三厂合一，企业很快扭亏为盈，发展一年比一年好。

1992 年，蔡宏柱提出"两找一创走三高"，即找名厂、找名师、创名牌、高起点、高质量、高效益，稻花香酒横空出世，开创鄂酒新纪元。

2004 年，稻花香提出实施新一轮大发展。2006 年，稻花香走上跨越发展的快车道，从"151""252""353"到"505""707""10010"，集团年年提质增效，2011 年率先在湖北省农产品加工企业中突破百亿大关，树立了湖北"农字号"的里程碑。

2012 年，稻花香举行进军 500 亿誓师大会，逐步推进"燎原战略""百市千县万镇活动""四新战略"，集团稳步实施转型升级。

2018 年，蔡开云接任稻花香集团董事长，提出实施"五大转型"，确立"131"目标，集团走上高质量发展新征程。

四、稻花香发展战略

（一）三百工程

稻花香集团一直坚持"强企富民"的宗旨，着力打造"三百工程"，即"建百亿企业、创百年品牌、富百万农民"。

近40年来，稻花香发展的"K线图"处处以奇迹着色，尽显实体经济发展之美，集团从1500元贷款起家的村办作坊成长为中国企业500强；市场发展的步伐犹如江河奔涌澎湃浩荡，稻花香产品覆盖全国28个省、310个地级市、1005个县；强企富民的责任担当在龙泉镇写下精彩注脚，1.2万人在"十五分钟就业圈"实现就业，一座现代化的中国白酒名镇拔地而起。

（二）一主三辅

历经近40年的发展，稻花香集团形成以白酒为主，物流产业、配套产业、文旅产业为辅的"一主三辅"产业集群。

稻花香"实施品牌发展战略，整合全国营销网络，提高驾驭市场能力，打造中国白酒航母"，打造了"稻花香""关公坊""清样""君之红"等一批中国驰名商标；开发了清样、原浆、活力、珍品系列以及关公义、关公传旗、三麦苦荞系列等一批精品名牌；构建起以稻花香酒业为核心，关公坊酒业、三麦酒业、国肽酒业等为辅助的白酒航母编队。

集团延伸科技产业链，整合上下游产业，打造三峡科技包装工业园，实现白酒主业与配套包装产业有机结合，一体发展。以国家供给侧改革为契机，着力培育经济发展新动能。投资兴建三峡物流园，打造长江经济带农产品交易枢纽和鄂西渝东业态最全的物流龙头企业。响应"大众创业，万众创新"的号召，兴建宜昌市小微企业创业园，构建小微企业孵化平台、产业升级聚集地、创业创新创富新高地。聚焦绿色产业，做好酒与文化、健康、旅游的文章，开发龙泉铺、龙泉湖旅游项目，聚焦美丽产业，助力乡村振兴。

（三）创新发展

2018年以来，稻花香以"四新战略"为引领，即掀起稻花香新风暴、塑造稻花香新形象、树立稻花香新信心、创造稻花香新辉煌，推进"燎原战略"，实施"五大转型"，即产业化发展、效益化经营、科学化管理、创新型营销、智慧型团队，挺进"131"目标，开启高质量发展新征程。

(四) 稻花香部分厂区图片

1. 龙泉镇崛起一座现代化的酒城（见图21-5）

图21-5　酒城一角

2. 稻花香集团（见图21-6）

图21-6　集团全景

3. 稻花香酒业生产车间（见图21-7）

图21-7　生产车间

4. 稻花香传统酿酒车间一角（见图21-8）

图21-8　酿酒车间

5. 稻花香藏酒洞内景（见图 21-9）

图 21-9　藏酒洞内景

参考文献：

［1］田梁．湖北稻花香酒业股份有限公司成长战略研究［D］．北京：中央民族大学，2012．

第二十二章 黄鹤楼酒

一、黄鹤楼老字号酒

(一) 黄鹤楼酒的发展史

巍峨耸立于武昌蛇山的黄鹤楼,享有"天下绝景"的盛誉,与湖南岳阳楼、江西滕王阁并称为"江南三大名楼"。黄鹤楼因酒而生,因酒而美。楼因酒而兴建,酒因楼而闻名。公元1898年,湖广总督张之洞将酒进献朝廷,被赐名"天成坊",寓意"佳酿天成,国富民强"。这便是黄鹤楼酒的前身。

(二) 民间传说、风土人情等

1. 辛氏楼

黄鹤楼酒源自一个美丽的传说。据南宋《述异记》记载,黄鹤楼原名辛氏楼,相传一个姓辛的人在黄鹄矶这个美不胜收的地方,开了个小酒馆。他心地善良,生意做得很好。一天,辛氏热情招待了一个身着褴褛道袍的道人,分文未收,一连几天都是如此。有一天,道人喝了酒,兴致很高,便在墙上画了一只黄鹤,尔后两手一拍,黄鹤竟然有了生命,飞到酒桌旁展翅起舞。道人对辛氏说:画只黄鹤是替其招揽生意,跳舞助兴,以报辛氏款待之情。人们听此事后,纷纷结伴到辛氏酒馆饮酒观鹤。

这样,酒馆总是门庭若市,钱也越赚越多。一连10年,辛氏发了大财。他就用10年赚下的银两,在黄鹄矶上建造了一座楼阁,以纪念好心的道人和神奇的黄鹤。起初,人们称之为"辛氏楼",后来想到其纪念意义,便把那道人供奉在楼里,改称"黄鹤楼"。

2. 孙权醉酒水淋群臣

黄鹤楼酒历史悠久。公元223年,孙权在武昌临钓台饮酒,喝得酩酊大醉。醉后,他令人往群臣身上泼水,并对大家说:"今天饮酒,一定要醉倒在台子上。"当时,任绥远将军的张昭(孙权的老臣也是重臣)板着脸孔,一言不发地离开酒席,坐在自己的车内生闷气。孙权派人叫他回去,说:"今天只不过是共同饮酒、取乐罢了,你为什么要发怒?"张昭回答说:"过去纣王造了糟丘酒池,作长夜之饮,也是为了快乐,并不认为是坏。"孙权听了,一句话也不说,立即撤回成命。

3. 张之洞献酒

公元1898年(清光绪24年),张之洞(见图22-1)时年六十一岁,任两江总督。

同年1月,张之洞上京面见光绪皇帝,奏请设立粤汉铁路总公司。张之洞带着辜鸿铭等随行人员到硚口码头登船时,被路边的酿酒糟坊吸引住了目光。

图 22-1 张之洞

张之洞对左右道:"此等佳酿,世间难得,我等得之,已似奇遇,岂可再让此等佳品继续流落于市井。"遂让左右采购一批,以备沿途饮用及抵京后宴请王公大臣。

光绪帝闻之,即命张之洞将汉汾酒(黄鹤楼酒的前身)进奉朝廷(见图22-2)。光绪帝饮后,亦觉汉汾酒清香纯正的口感有别于其他白酒,便大加赞赏。随后下旨,命张之洞成立汉汾酒御用酒坊。

图 22-2 张之洞献酒

张之洞整合码头边的七大糟坊,选择其中最好的窖缸、技术最精湛的酿酒师,成立了汉汾酒御用酒坊。酿造之酒专供北京,直供光绪帝。光绪帝亲自为此酒坊定名"天成坊",寓意"佳酿天成,国富民强"。从此,汉汾酒又名"天成坊",享誉天下。

(三)与黄鹤楼酒相关的文学、艺术、民俗文化等

"昔人已乘黄鹤去,此地空余黄鹤楼。黄鹤一去不复返,白云千载空悠悠。""黄鹤楼"这三个字因为这首千古名诗和仙人驾鹤而去的传奇故事,引得无数文人骚客、天下游子神牵梦绕,这也给黄鹤楼酒的品牌增添了厚重的文化内涵。

武汉黄鹤楼酒业有限公司(后简称黄鹤楼酒业)董事长许鹏曾表示:"白酒业作为传统行业,天然地具有厚植工匠精神的土壤。从酿造环节开始,到勾调、储存、灌装、质检、卫检,每一环节无一不做到不遗巨细以保证黄鹤楼酒的品质始终如一。"正是这分独具匠心,让黄鹤楼酒在消费者心中占据着举足轻重的位置。

二、黄鹤楼老字号酒的特点

（一）黄鹤楼酒的工艺酿造特点

1. 匠心独运

"匠"，乃心思巧妙、技术精湛、造诣高深的代名词。号角声声，催人奋进，匠人匠心传承优质酿艺。黄鹤楼酒业将工匠精神转化为产业升级推动力，大力弘扬工匠精神，厚植工匠文化，崇尚精益求精，以提升中国白酒品质，打造享誉世界的中国品牌，迈向高质量发展新时代。

黄鹤楼酒业首创洞酿工艺，将白酒放在恒温恒湿的山洞内酿造。这一工艺不受温度影响，四季皆可酿造，大大提高了原酒产能；不断优化原酒产业链，实现酿酒功能分区、生产设备更新、技术装备升级，确保了品质长远、稳定地发展。

2. 工艺传承

黄鹤楼酒业传承古法酿艺，并不断精益求精。"酿酒不能马虎，讲究稳、准、细、净，你如果对酒马虎，酒就对你马虎。"黄鹤楼第二代酿酒人钱焱林如是感慨。为传承老父亲的工匠精神，他坚守在酿酒一线30余年，从学徒工、技术骨干到高级酿酒技师，几十年如一日，在阡陌纵横的窖池间，用汗水浇灌出纯正的黄鹤楼酒。

中国白酒酿造工艺独特而复杂，代表着对品质的极致追求。在黄鹤楼酒业，国家一级品酒师李久洪练就了"金舌头"。他每天至少要尝800多种不同味道的酒，耐心与专注是他常年的工作状态。他坦言："心酿方能成佳酿，静下心才能达到'人酒合一'的最高境界，让酒更上一层楼。"

3. 技术革新——精工细致终成独特佳酿

近年来，黄鹤楼酒业充分发挥文化和技术优势，在传承传统酿造工艺基础上进行创新，引入全国领先的白酒高科技冷冻过滤设备，通过冷冻把酒体温度从22℃降至零下12℃，再利用硅藻土为过滤介质经过粗滤、精滤除去白酒中的正丙醇、油酸乙酯等杂醇杂酯，大大降低对人体有害物质的含量，解决了喝酒上头的问题。

黄鹤楼酒业严格控制每一个环节，酿酒原粮从种子到成长为合格的酿酒原料，须经过100道工序，优选原粮到酿成原酒共经历128道工序，原酒从洞藏的陶坛中到达消费者餐桌上共经历80多道工序。

（二）黄鹤楼酒的特点

佳酿本天成，妙手偶得之。作为湖北白酒的代表，黄鹤楼酒以它独特的芬芳诠释着楚文化的瑰丽恢宏与博大精深，绵柔醇厚，优雅净爽，余香回味悠长。

黄鹤楼酒业的主要产品有陈香系列、生态原浆系列、楼系列、小黄鹤楼系列。其中，核心产品陈香系列是消费市场的领军品牌；小黄鹤楼作为湖北名酒类品牌，远销海外。

(三) 黄鹤楼酒业的三大基地

黄鹤楼酒，是全国唯一一个在省会城市拥有厂区的白酒品牌。目前，黄鹤楼酒业拥有武汉、咸宁、随州三大基地。其中位于武汉的黄鹤楼酒庄，总占地面积106亩，园区建筑风格简约大气，将中国传统清代建筑风格与现代简约设计相结合，拥有酒文化景观、酒文化博物馆、天成坊酿酒车间、包装车间、高端酒窖，是一座酒文化游园与酿酒体验为一体的体验式酒庄。

位于咸宁的黄鹤楼森林美酒小镇，为国家AAAA级景区，占地766亩，总投资达5亿元，是全国唯一一个厂区内拥有森林、湖泊、山地等自然资源和独特洞藏洞酿环境的美酒生产基地。在这里，人们在体验酒文化游戏的同时，还可以体会亲自酿造美酒的乐趣。该基地分为生态园区、酿艺区、体验区，以国际最先进的生产设备、独一无二的位差自流技术、全国首创洞酿工艺，以及独特的自然环境和水质，造就了黄鹤楼酒的独特品质。

黄鹤楼酒厂区正在搬迁改造中，规划占地面积519亩，分三期建设，总投资约为5亿元，计划于2017年年底开工。项目建成投产后，基酒年产量、制曲生产能力将得到跨越式提升，可满足黄鹤楼酒业未来发展所需的基酒储备，稳定产品质量，同时还将大大降低生产成本。

(四) 黄鹤楼酒的代表产品

1. 汉汾酒

汉汾酒（见图22-3）属于清香型大曲法白酒，以优质高粱、糯米为原料，用纯净小麦后火曲为糖化发酵剂。工艺上采取分层回沙、香醇回窖、断吹回酒、分层封泥、量质摘酒等先进措施。原酒用瓦缸地窖贮藏后，精心勾兑出厂。

汉汾酒的特点是酒体透明晶亮，有独特清香，饮用时醇香满口，平柔不暴烈，甘甜不苦涩，回味绵长，后味净爽悠长。酒度有62度、54度、39度三种。汉汾酒也获得过国家名酒称号。

图22-3 汉汾酒

2. 黄鹤楼酒·陈香

黄鹤楼酒酒业于2016年推出陈香系列产品，并将其命名为黄鹤楼酒·陈香1979和陈香1989（见图22-4）。两款酒均为42度的浓香型白酒，选取了鄂西高粱、京山大米、孝感糯米、襄阳小麦和咸宁玉米作为原料，这些原料都是湖北地区最优质的地方特产。陈香系列酒口感上香气优雅，入口绵柔，丰满爽净。陈香系列酒将川派白酒的香气浓郁和苏鲁皖豫白酒的口感绵柔进行了完美的结合，这种独特的酒体个性和工艺特点在中国白酒行业是比较特别的。

图22-4 黄鹤楼酒·陈香

黄鹤楼酒·陈香工艺上采用洞酿工艺，即酒从生产、发酵、酿造到贮存，都在常年恒温的天然山洞里完成。采用自成一体的"洞藏储酒，呼吸窖法，桂花因子，三度（天度、地度、人度）之水，五次缔合，自然生香"的工艺体系，对白酒进行了凝练和提升。采用续槽配料，连续生产的方式，能够实现窖池的自然老熟，以及酒体的自然发酵，正所谓千年老窖万年槽。此举开创了中国生态酿酒之先河，为持续保证陈香系列的高品质与风格提供了可行途径。整个酿造、发酵过程处于一种生态平衡状态，使酒体更香、更柔、更顺。这种返璞归真、和谐利用自然的老熟之法，彰显出中国优质白酒的神韵。

三、黄鹤楼老字号酒的发展历程

中国白酒文化深厚，每一滴白酒都是中华文化的精粹。黄鹤楼酒业把企业深厚的文化背景视作宝贵的历史遗产，近年来，在拓展国外市场的过程中，始终以向世界传播中国酒文化为使命。

发轫：公元 1662 年，康熙立朝，汉汾酒盛极于时，又以天成坊最为著称。

传奇：公元 1898 年，湖广总督张之洞将酒进献朝廷，被赐名"天成坊"，寓意"佳酿天成，国富民强"。

发展：公元 1929 年，"汉汾酒"在工商部中华国货展览会荣获一等奖。

鼎盛：公元 1952 年，国家推行公私合营政策，白康酒坊和同源酒坊合并成立国营酒厂，成立武汉市国营武汉酒厂生产汉汾酒系列。

两蝉金奖誉天下：1979 年，武汉市国营武汉酒厂产量破万吨，成为全国产量最大的酒厂。1984 年，武汉市国营武汉酒厂参加第四届全国评酒会，参评的"特制黄鹤楼酒"获得"中国名酒"称号，同年更名为"武汉黄鹤楼酒厂"。1989 年蝉联"中国名酒"称号。20 世纪，黄鹤楼酒香满天下，民间有"南楼北汾"一说，其中"楼"正是黄鹤楼。

百尺竿头更进一步：2003 年，武汉国营酒厂重组为武汉天龙黄鹤楼酒业有限公司。2006 年，获得"纯粮固态发酵"标志证书，成为湖北省首家通过认证的白酒品牌。2011 年，被国家商务部认定为"中华老字号"。2016 年，黄鹤楼酒与"中国老八大名酒"古井贡酒正式开启战略合作，开创"中国双名酒"新格局。2017 年，黄鹤楼酒被认定为中国驰名商标；同年 9 月，在湖北酒业全媒体主办的"2017 年湖北酒业大会"上，黄鹤楼酒·陈香荣获"湖北酒业年度十佳白酒明星产品"，黄鹤楼酒业董事长许鹏荣获"湖北酒业年度十大领军人物"荣誉称号。

四、黄鹤楼酒的发展战略

（一）发展现状

白酒状元陈佳作品，白酒美学典范，陈其五粮，香飘十里。

黄鹤楼酒业集研发、生产、销售于一体，拥有武汉、咸宁、随州三大基地，员工2000余人，总占地面积1391亩，年灌装容量5万吨。

近年来，黄鹤楼加大了基础设施和技术研发的投入，加快了人才培育和管理体系建设，拥有从美国安捷伦科技公司引进的整套高科技精密分析仪器等。目前，黄鹤楼拥有包括国家级白酒评委、高级工程师、酿酒高级技师在内的技术型人才数十名。

黄鹤楼酒业秉承"做真人，酿美酒，善其身，济天下"的核心价值观，以"向生产要质量，向质量要口感，向口感要风格，向风格要不同"为生产宗旨，在产品质量和品牌塑造上精益求精，追求卓越，努力做中国最受欢迎、最受尊重的白酒企业。

黄鹤楼酒业的先辈们采用生态发酵特色的洞藏洞酿工艺，传承至今，仍旧是"中国独有，领先世界"。

（二）战略目标

关于黄鹤楼酒业未来的战略目标，武汉市人大代表、武汉黄鹤楼酒业有限公司董事长许鹏表示，依托深厚的文化资源、研发能力、产能支撑和品牌美誉度，黄鹤楼酒业将在"围绕战略5.0，运营五星级"的基础上，和中国名酒古井贡酒一起实施"双名酒矩阵、双市场共振、双品牌驱动、双百亿目标"。

参考文献：

[1] 周荣华. 黄鹤楼酒业落户咸宁 [N]. 咸宁日报，2009-06-17.

[2] 杨志琴. 黄鹤古楼下，名酒再飘香——"黄鹤楼"酒10年后"重出江湖"[J]. 酿酒科技，2004（04）：102.

第二十三章 老龙口酒

一、老龙口老字号酒

(一) 老龙口老字号酒的发展史

"老龙口"始建于1662年,即康熙元年,坐落于盛京(沈阳)龙城之东门。龙城东门乃龙城之口,因而御封得名"老龙口"。"老龙口"酒多贡奉清朝廷,曾为康熙、乾隆、嘉庆、道光四帝10次东巡盛京御用贡酒,称为"朝廷贡酒"。清朝征战时期,曾作为清兵的壮行酒、出征酒,当时流传"飞觞曾鼓八旗勇"之说。"老龙口"酒至今已有350多年的悠久历史,是沈阳老字号企业和"中华老字号"。

(二) 老龙口酒老字号的相关故事和传说

康熙元年,山西太古县有一个叫孟子敬的人,其因故乡三年大旱,逃荒闯关东来到了沈阳,即当年盛京皇城,在城东小东门外买了一处地,建起了义隆泉烧锅。他采用老家的酿酒秘方,利用东北的高粱和沈阳城龙脉的天然好水,酿出了高品质的美酒。此消息不胫而走,传进了朝廷。酒坊坐落于皇城的东门,那里被称作龙城之口,因而御封得名"老龙口"。历朝历代除了御封,民间任何东西都不得冠以龙名,可见这一款酒一面世,就一鸣惊人。那时,"老龙口"所酿之酒多贡奉于朝廷,曾为康熙、乾隆、嘉庆、道光四帝10次东巡盛京时作御用贡酒,因而获得了"大清贡酒"之美誉。

"老龙口"酒也曾作为清军出征时的壮行酒,可以想象,这一款酒能让将士们创下何等惊天动地的战场伟绩!

到民国时期,"老龙口酒"以它不可替代的声誉和地位,成为"东北王"张作霖帅府用酒。据说"一盘童子鸡,一杯老龙口"是大帅常常赐给立功官兵的奖赏。

在抗日战争和解放战争时期,东北爱国将领和人民解放军也把"老龙口"酒作为庆功酒、英雄酒。1950年,60吨的老龙口酒被发往朝鲜,支援中国人民抗美援朝。

更值得一提的是,在1959年新中国成立十周年之际,10吨"老龙口"酒被调入北京人民大会堂作为国宴招待用酒,这使得"老龙口"延续了昔日的辉煌,成为新时代的一款"龙酒"。

(三) 老龙口酒的历史文化

始建于1662年(康熙元年)的老龙口,距今已有358年历史,是东北历史最悠久、现存唯一连续生产358年而从未中断的中国民族工业品牌。老古井、老古窖、老工艺、老字号、老石磨、老酒海、老商标、老酒坛在全国白酒行业也是为数不多的"九老"。

老龙口有"三宝"。

第一宝,老水井。老水井素有"龙潭水"之称。该井坐落在长白山余脉沈阳天柱山与辽河冲积平原的过渡地带,在八王寺古井的上游水脉上,属矿泉水系。水源充沛,百年不竭,有350多年历史,现井深80米,井水供酿酒和饮水使用。老井水质优良,清澈透明,不受地表水污染,为酿酒带来了优质源泉。老井水呈微酸性,硬度适宜,呷入口中,甘甜清爽。酿酒、冲饮、泡茶等具有特殊的味道。据《奉天商务总会卷宗》记载:光绪三十二年(1906年),"老龙口"具禀呈内治门外(小东边门外)旁有甜水井一面,每日蒸食饮均赖此井。日俄战争期间,寄居在"老龙口"附近的日军强行征饮此井水,"去春,日军田凯旋曾在附近营房寄居,当困取水捷便,日军往来熟悉"。

相传,老龙口古井还有一个美丽的故事:话说当年,也就是清康熙元年,即1662年,在义隆泉烧锅院内有一口古井,水质清澈透明、甘甜醇美,饮后沁人心脾,故有"龙潭水"之称。"名山出名茶,佳泉出美酒。"加之以沈阳当地产的优质高粱为原料,孟子敬凭借他精湛的烧酒技艺和得天独厚的优良水质,酿造的白酒芳香爽口,义隆泉烧锅的生意日益兴隆,逐渐将酒坊改名为"万隆泉"。

关于万隆泉的来历还有一段美丽的传说。据说在清朝康熙元年,山西太谷县孟子敬在盛京舅舅的帮助下,在小东门外购买了一块空地,开了个酒坊。当万事俱备时,却发现打出的那口井水又苦又涩。这下孟子敬可犯起愁了。这水好比是酒的血脉,怎奈井水苦涩,如何能造出好酒呢?为此,孟子敬整日愁眉不展,茶饭不思。忽然有一天,他遇见一位自称敖学士的道士,称其会观风水。于是孟子敬将其带到井边。道士言道:"凭此地势,焉会有苦水之理,待我看来!"说着道士纵身跃入井中。片刻井中激浪翻滚,一声巨响,只见一股井水喷涌而出,直冲云霄。孟子敬抬头一看,只见七色云霓托着一人,此人正是途中在辽河岸边救助的一位白衣少年。在此简单介绍一下这位白衣少年。话说孟子敬在来盛京的路上,行至辽河岸边,忽听柳茅子之中传出呻吟之声,孟子敬循声过去,发现一白衣少年遭猛禽袭击,双腿受伤,疼痛难忍。待挽起裤管,一股腥臭直冲鼻端,原来那白衣少年腿伤日久,早已化脓生蛆。见状,他急忙解下身上的酒葫芦,旋即打开塞子,用酒冲洗白衣少年的伤口,便只闻奇香阵阵、芳气幽幽。当酒葫芦里的最后一滴酒用完之后,奇迹出现了,那白衣少年腿上的伤口竟不治自愈。只见那少年腾身而起,活动活动双腿,竟然完好如初!喜得那白衣少年不知如何是好,最后千恩万谢辞别了孟子敬……此时,白衣少年笑容可掬,挥手间,一条黄色缎带飘然落到孟子敬的脚下。他急忙拾起,见上面写着:"东海三太子,辽河小龙王,感恩脱劫难,报以万隆泉。"再喝那井水时,只觉得清冽甘甜,沁人肺腑。从此,那口苦水井就成了甜水井,人们称其为"龙潭水"。老龙口也就世世代代用这万隆泉水为人们酿造醇香的美酒。

第二宝,老窖池。酿酒所用的老窖池的窖龄长达350年以上,人们称之为"关东第一窖"。它是东北建造最早、规模最大、保存最完整、连续烧酒时间最长的老窖池群。据记载,窖池群从清初建厂开始,至今一直在连续使用没有间断过,2010年被沈阳市政府列为文物保护单位遗址,2012年被辽宁省政府列为省级文物保护单位遗址并立碑。

第三宝，老工艺。老工艺即《老龙口白酒传统酿造技艺》，现已被列入国家级和辽宁省级非物质文化遗产名录。

二、老龙口老字号酒的工艺特点

（一）老龙口酒老字号的酿造工艺

1. 老龙口酒采用的是古法老五甑的酿酒工艺

第一步是选料粉碎。酿酒主料：主料选择东北特产红高粱，将原料（高粱）石磨碾压成4~6瓣。第二步是清蒸排杂：将4~6瓣高粱按配料比例装入甑桶内，用蒸汽清蒸排杂。第三步是酒醅掺拌：将窖池内的发酵酒醅从上到下取出，按工艺要求加入不同比例已排杂的高粱和稻壳，配成大楂、二楂、小楂。第四步是蒸馏糊化：同时进行摘酒（俗话说就是接酒）。第五步酒体窖藏：把摘下来的酒体放入酒坛封闭进行窖藏。第六步翻拌晾楂：把待发酵的酒醅吹凉到入窖温度。第七步加曲加水。第八步入窖发酵：发酵期90天。这就是义隆泉当初的酿酒方法，至今已走过了350多年。该方法传承至今，演变成了独特的《老龙口白酒传统酿造技艺》。

寒冷冬季过后，万物复苏的端午时节，是踩大曲最为有利的时机，这与南方有着本质的差别。老龙口制曲以大麦、小麦、豌豆为原料，按比例加水混合配制成中高温大曲料。在适宜温度下，由人踩制成块，入曲房看火培养，出曲房入库贮存。经6个月以上可进入酿酒生产环节。大曲块可以网罗自然界中有益微生物，它利用原料中的淀粉、蛋白质、脂肪、矿物质等营养物质，繁殖并产生各种淀粉酶、糖化酶、蛋白酶、脂肪酶等酶类及代谢产物，为酿酒过程中产生大量的酸、酯、醇、醛、酮等各种香味提供了前体物质，从而保证了发酵酒时香味成分种类多、数量大，并且比例协调，这就构成了老龙口酒的独特风味。

公元1662年，即清康熙元年，山西太谷县孟子敬来到大清王朝的盛京（沈阳），根据东北寒冷气候的环境，创造了北方独特风格和特点的老龙口白酒酿造工艺。经过350多年历史演变，师徒之间言传身教，几代人的传承，形成了"混蒸混烧"和"固态续糟""老窖发酵"等发酵技术。"分层起糟""分层蒸馏""分质接酒""分质贮存""陈酿勾调"等独具特色的老龙口白酒传统酿造工艺，是东北高寒地区典型的白酒酿造技艺。

2. 老龙口白传统酒酿造技艺流程

第一步，选料。主料：高粱、大曲（大麦、小麦、豌豆）；辅料：稻壳和水（老龙口古井水）。

第二步，原料粉碎：将原料（高粱）粉碎成4~6瓣（碎米及粗面），大曲块磨成细面，待酿酒发酵用。

第三步，原辅材料清蒸排杂。

第四步，起窖帽：首先用木锨把窖帽上的窖泥切成大约250毫米见方，然后再一块一块地将窖泥掀下来。

第五步，起酒醅：即"分层起糟"。将窖池内大楂、二楂、小楂、回糟四层不同酒醅按先后顺序一一取出。

第六步，配料：将出窖楂醅按加入原料的多少，配成大楂、二楂、小楂。配料时掺拌要均匀，低而快翻搅。

第七步，装甑蒸馏，即"分层蒸馏"。

第八步，摘酒，即"分质接酒"。

第九步，打量水。

第十步，扬片。

第十一步，加曲。

第十二步，入窖。

第十三步，封窖。

第十四步，发酵。

第十五步，贮存：即"分质贮存"，老龙口白酒传统酿造工艺就是这样周而复始，依次循环地走过了350多年。

（二）老龙口系列酒（见图23-1）

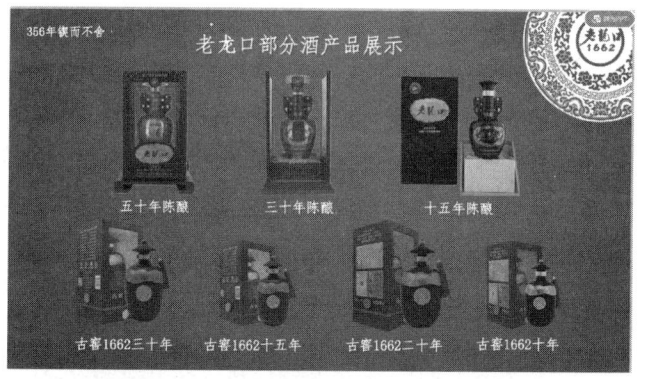

图23-1 老龙口部分酒产品展示

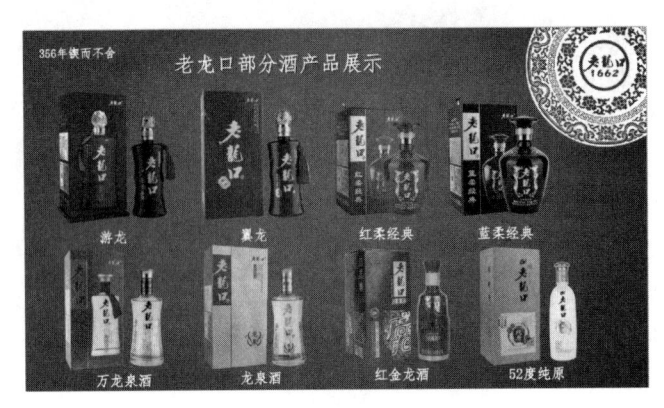

图 23-1　老龙口部分酒产品展示

三、老龙口老字号酒的发展历程

(一) 公司简介

老龙口酒厂创建于1662年（清康熙元年），厂名在清朝及民国年间分别为"康熙义隆泉烧锅""盛京德隆泉烧锅""奉天省万隆泉烧锅"；自东北解放至今，厂名又随着时代的变迁分别改为"沈阳酿酒公司老龙口制酒厂""地方国营沈阳市烧酒厂""沈阳市老龙口酒厂""沈阳市太阳升酒厂"和沈阳天江老龙口酿造有限公司。老龙口酒厂是中国白酒行业中唯一一家在"原厂、原址、原古井、原古窖群、原工艺"的基础上连续酿酒356年的白酒生产厂家，是有记录以来我国东北民族工业的发祥地、活化石，是全国芝麻型白酒的发明地，更是全国白酒机械化酿酒的研发地。"老龙口"酒是我国东北地区人文生活的美好记忆。"老龙口"酒始终继承着传统手工酿造工艺，弘扬民族品牌、再创历史辉煌、打造"沈阳1662老龙口历史文化街区"是新一代"老龙口酿酒人"的奋斗终极目标。

1. 康熙义隆泉烧锅

厂名使用年限：自1662年（清康熙元年）至1669年（清康熙八年）。1662年春，义隆泉烧锅开始筹建；同年11月建成的烧锅有甑房、曲房、磨坊、车马棚等，占地100亩，建筑面积1.5万平方米。1663年春（清康熙二年），烧锅开始酿酒，年生产高粱酒35万勋，采曲16万块。

2. 盛京德隆泉烧锅

自1669年（清康熙八年）至1671年（清康熙十年），为了感谢建设烧锅时期的官府和酒工的努力，"义隆泉烧锅"改名为"德隆泉烧锅"。

3. 奉天省万隆泉烧锅

厂名使用年限：自1671年（清康熙十年）至1949年3月。1671年，（清康熙十年），为祈求"德隆泉烧锅"永恒昌盛、酒如泉涌，"德隆泉烧锅"改名为"万隆泉烧锅"。1679年（康熙十八年），朝廷对"一锅（烧锅）三坊（铁工坊、磨坊、布坊）"备核，记载：圈地 100 亩，窖池 200 个，酿酒工人 100 人，石磨 200 盘，碾子 10 盘，牛马骡驴畜力 100 匹，年生产高粱酒 70 万觔，采曲 25 万块。1726 年，（雍正四年）《清实录》记载："万隆泉烧锅生意兴隆，驰名关内外，远销南洋一带。"1904 年（清光绪三十年），日俄战争爆发，万隆泉烧锅白酒销量锐减。1906 年（清光绪三十二年），《奉天商务总会卷宗》记载：万隆泉烧锅场地内有甜水井一口，做为蒸酒及日军饮用水，日军强借房居导致万隆泉烧锅面积缩小并减产。1907 年（清光绪三十三年），万隆泉烧锅年酿酒量降至 40 万觔，年采曲仅 12 万块。万隆泉烧锅酒厂特向朝廷申报"酌减酒捐令"，并代表奉天省感恩光绪皇帝减征贡酒税。1916 年，民国时期《奉天谘议局筹办处调查报告》记载万隆泉烧锅尚有资本 35 万吊钱（铜钱），酒工 45 人，两班生产，日产白酒 800 斤。1934 年，《经济年鉴》记载烧锅原址始建纪元 200 年，商标为"老龙口"，股本金二万元，酒工 24 人，年产白酒 47 万斤。1936 年（伪康德二年），《南满洲经济调查资料》记载万隆泉烧锅资本金 35 万吊，年产白酒 200 万斤。侵华日军于 1944 年强行拆除万隆泉烧锅三分之二厂区以扩建"满洲工作机械株式会社"（现已拆迁的中捷友谊厂即原盛京机械局），这使厂区面积进一步缩减。1946 年国民党统治时期，粮源紧张，烧锅生产萧条。

4. 沈阳酿酒公司老龙口制酒厂

厂名使用年限：自 1949 年 3 月至 1949 年 6 月。1949 年 3 月沈阳特别市人民政府专卖局以三万元收购万隆泉烧锅全部资产酒厂由"私营"变"公营"。企业名称为沈阳特别市人民政府专卖局沈阳酿酒公司老龙口制酒厂，隶属东北人民政府财政部专卖总局东北烟酒总公司沈阳酿酒公司，由军代表段福玉负责监督管理。公营企业资本总额 147891 公斤高粱米，酿酒工人 62 人，81 间厂房，年开工 344 日，一昼夜 2 班增至 12 个班，每班 8 小时，年产 917 吨。

5. 地方国营沈阳市烧酒厂

厂名使用年限：自 1949 年 6 月至 1960 年 6 月。1949 年 6 月，沈阳特别市人民政府专卖局沈阳酿酒公司老龙口制酒厂改名为地方国营沈阳市烧酒厂，隶属沈阳市财政局。1950 年 11 月，地方国营烧酒厂响应国家号召，支持抗美援朝白酒 60 吨，发动职工赶制玉米炒面 25 吨。1957 年，研制成功酱香型大曲酒。1958 年，沿用传统酿造工艺酿制成功陈酿头曲酒，年产 1428 吨。1959 年新中国成立十周年国庆节前夕，中央政府征调老龙口白酒 10 吨运至北京，用于国庆招待用酒。

6. 沈阳市老龙口酒厂

厂名使用年限：自 1960 年至 1966 年。1960 年 6 月，地方国营沈阳市烧酒厂改名为沈阳市老龙口酒厂，隶属沈阳市酿酒公司。其间，老龙口酒厂研制优质陈酿酒取得成功，陈酿酒的年产量由 1961 年的 17 吨增长到 1964 年的 84 吨。

7. 沈阳市太阳升酒厂

厂名使用年限：自 1966 年至 1973 年。1966 年 9 月，沈阳市老龙口酒厂更名为沈阳市太阳升酒厂，生产新风白酒，年产量只有 638 吨。

8. 沈阳市老龙口酒厂

厂名使用年限：自 1973 年至 2000 年。1973 年 1 月，沈阳市老龙口酒厂恢复原厂名——沈阳市老龙口酒厂;1974年,老龙口酒厂研制全国首家机械化酿酒工艺、设备及操作规程得到国家轻工部认可和批准,并在全国酒行业推广。这期间,老龙口产量倍增,1992年至1994年,老龙口酒在全国酒行业年产量居第二位。

9. 沈阳天江老龙口酿造有限公司

厂名使用年限:自2000至现在。2000年10月,老龙口酒厂按照沈阳市市政府引进外资的精神,经市轻工局批准,引进新加坡天江公司与老龙口酒厂成立合资公司——沈阳天江老龙口酿造有限公司。2016年,该公司改为内资。2017年5月,同为百年老字号的沈阳八王寺饮料有限公司,收购了沈阳天江老龙口酿造有限公司(后简称天江老龙口公司),开创了全国"水"企业收购"酒"企业的先河。现在,新一代的"老龙口人"在弘扬民族品牌、再创历史辉煌的同时,正努力打造"沈阳1662老龙口历史文化街区",让百年民族品牌成为沈阳的新名片。

(二)文化企业

老字号企业更要做好文化产业。沈阳老龙口企业自筹资金,创建了沈阳老龙口酒博物馆。该博物馆是国家AAA级旅游景区,是全国工业旅游示范点、沈阳旅游一日游指定景点,也是第一家著名白酒行业的博物馆。

沈阳老龙口酒博物馆创建于2002年5月,并于同年10月落成开放,建筑面积1200平方米,馆内展区面积999平方米,是东北首家的仿清代建筑风格的酒文化博物馆,集文物收藏、保护、陈列展览、科学研究于一体。馆名由已故辽宁省博物馆名誉馆长、人民鉴赏家杨仁恺先生题写。馆内展区分为"中国酒文化展区""老龙口酒历史文化展区""酿酒老作坊展区"和"历史遗迹古井、酿酒老窖池、生产展区"四个部分。馆藏文物多达300余件,上起清朝初期,下至21世纪初期,时间跨度长达350多年。

沈阳老龙口酒博物馆以其鲜明的主题、丰富多彩的内容展示中华民族传统酒文化、中国传统酿酒的工艺流程以及老龙口三百余年酿酒发展历史过程,是一座集欣赏性、宣传性和教育性于一体的知识殿堂,成为传播中国酒文化的重要窗口。

(三)企业荣誉

沈阳老龙口酒博物馆依托工厂自身的悠久历史、品牌、文化、地域等优势,不断丰富扩大文化旅游内涵,提升知名度、美誉度和社会影响力,打造特色酒文化博物馆,获得省级以上荣誉资质:1994年12月,沈阳市轻工业管理局授予沈阳轻工系统"十面红旗"企业称号;1995年12月,沈阳市轻工业管理局授予"六好厂家"竞赛活动兴业富民厂称号;2000年12月,沈阳市轻工业管理局授予"最佳形象企业""花园式工厂"称号;2001年1月,沈阳市轻工业管理局授予"双指标竞赛活动先进单位"称号(奖牌);2003年2月,沈阳市委宣传部授予"2001—2002年度企业宣传工作单项成果奖";2003年9月,沈阳市政府授予"安全生产先进单位"称号,辽宁省安全委员会授予"安全生产达标单位";2005年被评为全国工业旅游示范点;2006年被评为国家AAA级旅游景区、沈阳市科普教育基地;2007年被评为辽宁科普教育基地;2008年被评为沈阳旅游最佳景区;2010年被评为科普教育基地先进单位。

四、老龙口老字号酒的发展战略

（一）企业使命

"做古酒文化 兴民族工业"是老龙口酒业所要承担的责任和要完成的任务，是老龙口酒业对社会的承诺和最高价值追求。"做古酒文化"，就是要以三百多年的酒文化底蕴为根基，赋予其现代产品深厚的文化内涵；就是要将传统工业与现代旅游业融为一体，发展现代酒文化事业。"兴民族工业"，就是要将传统酿造工艺与现代科学技术融为一体，不断开发、酿造让社会满意的精良产品，提供优质的服务；就是要将现代管理理念运用到企业的各项活动中，提升管理水平；就是要将老龙口的发展置身于区域发展之中，通过做强做大老龙口事业，推进社会和谐发展。

（二）企业精神

"追求卓越"表达了天江老龙口企业永不满足、不断追求的精神，象征着全体员工不畏艰难、积极进取、顽强拼搏，用辛勤的劳动，追求卓越的产品、卓越的管理、卓越的业绩。"崇尚创新"表示天江老龙口企业及全体员工不满足于现状，不断更新思维、更新观念、锐意进取，实现技术创新、产品创新、管理创新、党建工作创新，有一种敢为天下先的精神。"润物无声"象征天江老龙口企业坚持以人为本，秉承"务实求真"的作风，默默无闻、勤敏做事、艰毅立业、不懈努力，犹如好雨润物，企业品牌备受推崇。

1. 行为准则

"贵在行动，追求最优"是天江老龙口企业对员工行为的基本要求。"贵在行动"就是要重在行动，不要光说不练；就是要通过行动，自觉践行老龙口的企业使命。"追求最优"就是要做就做好，做到规范化、高效化，实现企业产品和服务最优、经营结果最优。

2. 经营理念

"以信誉为本让消费者满意"是天江老龙口企业从事各项经营活动的指导思想和原则。"以信誉为本让消费者满意"就是要以老龙口特有的传统工艺和较高的产品信誉为根本，专注于满足客户和消费者的需求，追求产品价值最大化，实现经销商满意、消费者满意、企业满意的统一。

参考文献：

［1］鲁达．龙城龙人龙酒——记沈阳天江老龙口酿造有限公司董事长邹长顺［J］．中国酒，2012（8）：14-21.

［2］武志勇，佟金萍．老龙口品牌白酒酒体风格设计［J］．酿酒科技，2006（7）：71.

第二十四章 大泉源酒

一、大泉源老字号酒

(一) 大泉源老字号酒的发展史

大泉源酒，吉林省通化县特产，因产于通化县大泉源乡而得名。该酒酿造历史始于明末清初女真部落在这里设立的烧锅，并因其酒品甘爽绵甜，被努尔哈赤（见图24-1）钦定为御酒。清朝历代皇帝都把大泉源烧锅酒纳为贡品。"大泉源"牌白酒先后荣获"关东名酒""首届中国食品博览会金奖""巴黎国际博览会特别金奖""吉林名牌""吉林省行业名酒""中国历史文化名酒"等多项殊荣。

图24-1 努尔哈赤

(二) 与大泉源老字号酒相关的民间传说、风土人情等

1. 贡酒

明万历十一年（公元1583年），努尔哈赤率领八旗子弟转战于白山黑水之间，历时30多年，终于统一了当时混乱的女真部落。公元1613年，努尔哈赤途径部落驻地——大泉源乡，当地女真族人喜出望外，并以大泉源好酒奉上。努尔哈赤喝过之后对此酒大为称赞，并留下1000两白银在此烧锅修泉扩建。公元1616年，努尔哈赤称汗，建立"大金国"，钦点此地为清朝御用烧锅，大泉源酒为清朝御用贡酒。之后，清四代皇帝康熙、乾隆、嘉庆、道光十次征调大泉源酒东巡祭祖。

2. 别称"关东王酒"

大泉源酒（见图24-2）还有个别称——"关东王酒"。据《通化县县志》载，曾任奉天督军、东北巡阅使的"东北王"张作霖，1918年因公务到通化县巡察，过高丽墓子岭后，忽闻阵阵酒香扑鼻而来。大帅酒瘾大发，忙问道："酒香来自何处？"礼送出境的通化县知事（县长）潘德荃忙答道："是十里之外的宝泉涌酒坊。"他对侍卫下令道："今天晌午到宝泉涌吃饭。"在宝泉涌酒坊的午宴上，他一连干了三碗酒。乘着酒兴，他还作了一首打油诗："关东美酒喝个遍，好酒产在大泉源，人生奋斗几十年，大泉源酒永相伴。"以后每年，通化县都要向奉天（沈阳）大帅府上交500坛大泉源酒，一直延续到1928年。大泉源酒从此名扬关东大地，被民间称为"关东王酒"。

图 24-2　大泉源酒

二、大泉源老字号酒的特点

（一）大泉源老字号酒的工艺酿造特点

大泉源酒保持了古井矿泉、纯粮酿造、固态发酵、酒海贮藏的中国非物质文化遗产酿造技艺，酒的品质优异。

1. 优质水源——古井矿泉

水是立厂之本，酿造大泉源白酒所用的水取自大泉源古井（见图24-3）。经国家地矿部鉴定，该井水是含氡、锶、锌、偏硅酸等多种微量元素的重碳酸钙镁型天然优质矿泉水。大泉源酒100多年来就是依靠这独特优质的矿泉水资源而闻名于世。

图 24-3　大泉源古井

2. 精选原料——纯粮酿造

大泉源酒全部采用优质的大红高粱酿造，精选产自东北大平原白城、辽南等地颗粒饱满、色泽鲜艳、质地纯正的优质高粱做原料，保障了产品质量。

3. 传统工艺——固态发酵

大泉源酒坚持采用传统的固体发酵工艺，即将高粱粉碎后，加进母曲入窖发酵，达到相应期限，然后蒸馏出纯粮烧酒。其间，酿酒师对温度、酸度、淀粉浓度、水分含量、入窖时间都进行严格把控。

（1）制曲工艺

采用中温大曲作为糖化发酵剂。以小麦为原料，将其粉碎，细度：通过20目筛孔细粉占30%。曲料加水拌均匀，水份控制在36%至38%然后进行踩曲，曲块大小为33厘米×20厘米×5厘米接着入房培养，顶火温度控制在46℃，整个培养过程30天，水份在15%以下，糖化力400以上。成品曲入库贮存3个月以上方可投入使用。

（2）酿酒工艺

①以红高粱为原料，按清蒸混入续渣法生产操作。

②配料：高粱面、稻皮、糖化酶、大曲、多菌种生香酵母（液态）、矿泉水。粮醅比1：4。

③技术要点：

入窖温度：春秋季16℃至18℃，冬季17℃至19℃，夏季18℃至20℃。

入窖淀粉含量：春季季16%至18%，冬季18%至20%，夏季15%至16%。

入窖酸度：春秋季0.8至1.0，冬季0.7至0.9，夏季0.8至1.5。

入窖水份：春秋季56%至58%，冬季56%至57%，夏季56%至57%。

④酿造工艺流程：

高粱粉碎→加水稻皮→糊化→冷却→加水、糖化酶、大曲、生香酵母→入窖发酵→出窖→蒸馏→扔糟

⑤注意事项：

合理配料，适温入窖，定期蒸烧。

操作原则要稳、准、快、细、净；装锅要轻、松、匀、薄、准、平。

蒸料要求：熟而不粘，内无生心。

蒸馏要求：缓火蒸馏，大气追尾，接酒要求掐头去尾，温度平均不低于62℃。

发酵要求：水泥窖池发酵，发酵期30天。

贮存要求：用木制酒海（猪血、桑皮纸内封）贮存，贮存期3年以上，入库原酒62度至65度。

4. 酒海储存——酒海贮藏

酒海是关东古时贮藏酒的传统器具，因储酒量大，故称"海"。它是用红松木板经传统工艺卯榫咬合制成柜状，内壁用桑皮纸以鹿血、鸡蛋清等为黏合剂裱糊而成。这种原始的贮酒方式，有利于酒的酯化。

大泉源酒业的木制酒海群是我国发现沿用至今、保存完好、数量最多的木制酒海群。是传统酿酒工作的重要组成部分，已被鉴定为文物。大泉源酒业是全国唯一用文物酒海储酒的厂家，用木制酒海储存原酒，使酒质更醇厚、风味更清香、口感更醇、回味更悠长。

（二）大泉源老字号系列酒的特点

1. 感官特色

（1）色：无色或微黄、透明。

（2）香：清香略带陈香、焦香、糟香。

（3）味：锦甜、柔和、尾净。

（4）格：清香、秀雅。

2. 理化指标（见表24-1）

表24-1 大泉源酒理化指标

项目品名	酒精度数	总酸（以乙酸计）g/L	总酯（以乙酸乙酯计）g/L	乙酸乙酯 g/L	固形物 g/L
38度大泉源酒	38±1	0.40~1.00	≥1.20	≥0.50	≤0.60
42度大泉源酒	42±1	0.40~1.00	≥1.40	≥0.60	≤0.50
45度大泉源酒	45±1	0.50~1.00	≥1.50	≥0.70	≤0.40
52度大泉源酒	52±1	0.60~1.20	≥2.00	≥1.00	≤0.40

3. 安全要求

产品安全指标必须达到国家对同类产品的相关规定。

（三）地理优势

吉林省大泉源酒业坐落于吉林省通化市境内，地处长白山西南麓，位于吉林省通化市西40公里，通丹高速公路、通灌铁路南侧，国道201线（鹤大公路）穿境而过。大泉源酒厂东与本县江甸镇、聚鑫经济开发区相连，南与素有"吉林省小江南"之称的集安市隔浑江相望，西与辽宁省桓仁县毗邻，北同辽宁省新宾县接壤。厂区占地面积12万平方米，厂房面积8万平方米，具有生产万吨纯粮优质酒（65度）的生产能力。

（四）大泉源老字号酒代表产品（部分）

1. 御酒系列

图24-4 大泉源御酒

2. 蓝瓷系列

图 24-5　大泉源青花瓷

3. 酒海系列

图 24-6　大泉源酒海酒

4. 国宝系列

图 24-7　国宝大泉源

三、大泉源老字号酒的发展历程

（一）发展历程
1. 历史悠久

大泉源酒业有着悠久的历史文化，开始于女真人发现大泉源宝泉并创建部落烧锅，到 1616 年努尔哈赤钦点其为御用烧锅，清康熙、乾隆等四位皇帝东巡到兴京（辽宁新宾县）、盛京（辽宁沈阳市）也都征调大泉源烧锅酒御用。

1884 年，御用烧锅扩建，清兴京府因老烧锅有御用之功劳，为扩建的酒坊定名为"宝泉涌"。中华人民共和国成立后，大泉源酒业成为通化县第一户国有企业。

20世纪90年代中期，大泉源酒业年销售额曾一度成为吉林省白酒行业之最。

2004年，企业转制为民营，民营企业家关宝树带领其优秀的企业团队，在继承中发展，在创新中提高，为大泉源酒业带来了新的生机与活力。

2. 产品保护

2010年，中国国家质检总局经审核，决定对大泉源酒实施国家地理标志产品保护。大泉源酒地理标志产品保护范围为吉林省通化县大泉源乡、快大茂镇、四棚乡、英额布镇、三棵榆树镇、富江乡、光华镇、江甸镇、兴林镇、果松镇、东来乡、石湖镇、金斗乡、大安镇、二密镇15个乡镇所辖行政区域。

大泉源酒地理标志产品保护范围内的生产者，可向吉林省通化县质量技术监督局提出使用"地理标志产品专用标志"的申请，经吉林省质量技术监督局审核，由国家质检总局公告批准。大泉源酒的法定检测机构由吉林省质量技术监督局指定。

国家质检总局根据《地理标志产品保护规定》，决定批准吉林省大泉源酒业有限公司（吉林省通化县大泉源乡，商标：大泉源）使用大泉源酒地理标志产品专用标志。

（二）企业文化

1. 经营理念

大泉源酒业始终坚持"在继承中提高，在创新中发展"的企业核心理念，为保护、传承和发展好大泉源酒这一民族品牌和中华国宝而努力奋斗！

据大泉源酒业有限公司董事长关宝树介绍，中华文化源远流长，酒文化作为其重要的组成部分，在华夏文明史中传承延续，发扬光大，彰显精华。

我国4000年的酿酒历史，对于大泉源酒有着很深的影响。明末清初的时期，大泉酒源的部落烧锅被清太祖努尔哈赤钦点为御用烧锅；清光绪年间，傅成贤在御用烧锅的基础上，扩建其为"宝泉涌酒坊"，至今已有近400年历史。大泉源酒业凭借古井、古窖、古甑锅灶台、木制酒海四大瑰宝，秉承"在继承中发展，在创新中提高"的经营理念，精心打造大泉源品牌，使其成为具有关东风情白酒的代表。

2. 工业遗迹

2005年至2007年间，吉林省文物局、通化市文物局对大泉源"清宝泉涌酒坊"遗址进行考古发掘，成功发掘出古井一口、古发酵窖池一座（探明而未发掘近百座）、古甑锅灶台一座、木制酒海53个（国家一级文物4个、国家三级文物49个）、地下酒海20个。"清代宝泉涌酒坊"属近现代重要的工业史迹，遗存的古井、古发酵窖池、古甑锅灶台、木制及泥制酒海群是国内为数不多的、完整体现古代酿酒工艺流程的文化遗存，该遗存对研究东北地区传统的酿酒工艺及历史文化有重要的价值和意义。2007年，大泉源"清宝泉涌酒坊"遗址被吉林省人民政府批准为省级文物保护单位；2013年5月"清宝泉涌酒坊"遗址被国务院批准成为国家级重点文物保护单位。

（1）大泉源古井

大泉源古井，清宝泉涌酒坊四大遗迹之一，是古时候闻名遐迩的"关东第一泉"，又称"宝泉"。女真部落发现此泉并凿泉为井，以此井水酿出传世美酒。2007年发掘出土的古井，下部是用圆木剡成、中部以石块垒成、上部套落两节水泥管，可见明末、清初和民国三个不同时代的修缮特点。这口古井中的水清澈透明，在井沿上就可看到井底有一个碗大泉眼喷涌不息。1939年（民国28年），在当地村民的强烈要求下，村内的宝泉古井正式定名为"大泉源"。古井中的水经国家地矿部科学鉴定，是含氡、锶、锌、偏硅酸等多种微量元素的重碳酸钙镁天然矿泉水，其水质可与著名的崂山矿泉水媲美。

（2）古甑锅灶台（见图24-8）

古甑锅灶台，清宝泉涌酒坊四大遗迹之二。古甑锅灶台是古代酒坊蒸馏出酒的地方，灶台为石砌、方形，南面为灶门，东侧前有一石墩，为接酒时放置酒篓所用，灶坑里有很厚的柴炭灰，边墙被熏成黑色，令人不难想象到古人酿酒的艰辛与智慧。

图24-8　大泉源酒古甑锅灶台

（3）古发酵池（见图24-9）

古发酵池，清宝泉涌酒坊四大遗迹之三。这个发酵窖池建于清光绪十年（公元1884年）宝泉涌酒坊时期。古发酵窖池具有关东满族酿造工艺中崇尚木质器具的特点，古窖池四壁和底部皆镶嵌木板，窖内残留的酒料已碳化变黑，可见其年代久远。其特点一是与土、砖等隔离，使酒无异味；二是木板有保温隔凉性能，利于曲种和原料发酵；三是木板表面不易粘料，便于取料和清扫。经考古探测，厂区内还分布不同时期（清至民国）建造的古发酵窖池200余个，因生产需要，不能全部发掘出土。

图24-9　大泉源酒古发酵窖池

（4）酒海（见图24-10）

酒海在《汉语大词典》中的定义是指一种大型的盛酒容器，因盛酒量多，故称"海"。2007年，文物木制酒海获得上海大世界吉尼斯之最——沿用至今木制酒海数量之最。木制酒海是用东北长白山特产的百年红松锯成木板，经传统工艺卯榫咬合制成柜状，内壁用柔软坚韧、不易破损的桑皮宣纸，以鹿血、蛋清等混合物为黏合剂裱糊50

多层。其特点是既可起到滴酒不漏的密封效果,又能使桑皮、鹿血、蛋清中的有益元素与酒产生交互作用,从而在酒海中形成有益白酒脂化的优越环境,使白酒酒质进一步纯化和提高。大泉源酒业生产的酒全部都是用文物酒海储藏的酒,经长期的实践证明,用木制酒海陈酿的酒,风味更清香,口感更醇和,回味更悠长,深受消费者喜爱。

图 24-10 大泉源酒海

3. 历史文化博物馆

吉林省大泉源酒业历史文化博物馆位于吉林省通化县大泉源乡,由吉林省大泉源酒业有限公司主办,是吉林省以酒文化为主题的专题的省级博物馆。该博物馆于 2007 年修建,2009 年扩建,占地面积 1958 平方米,使用面积约 1000 平方米。

2007 年大泉源酒业自筹资金,对文物古迹进行了修缮保护,并建成了 200 平方米的小型遗址博物馆。2009 年 6 月,大泉源酒业又在小型遗址博物馆的基础上,将其扩建成 1985 平方米的历史文化博物馆,集中展出大泉源清·宝泉涌酒坊四大遗址及大泉源酒业近 400 年的历史文化。

(三) 企业荣誉

"大泉源"牌白酒先后荣获"关东名酒""首届中国食品博览会金奖""巴黎国际博览会特别金奖""吉林名牌""吉林省行业名酒""中国历史文化名酒"等多项殊荣。

具体情况如下。

1. 著名商标证书

1992 年 9 月,大泉源商标参加首届"吉林省著名商标评选活动"。

1997 年 9 月,大泉源商标被吉林省工商行政管理局核定为"吉林省著名商标"。

2000 年 9 月,大泉源商标被吉林省工商行政管理局核定为"吉林省著名商标"。

2003 年 9 月,吉林省人民政府令〔2003〕第 149 号,大泉源商标被吉林省人民政府认定核定为"吉林省著名商标"。

2006 年 11 月,大泉源酒杯吉林省工商局认定为"吉林省著名商标",时间为 2006 年 11 月—2009 年 11 月。

2012 年 7 月,大泉源商标被批准成为"中国驰名商标"。

2. 名牌产品证书

1988 年 1 月,大泉源北国春产品被通化市人民政府评为"1987 年市优秀新产品"。

1996 年 1 月,大泉源牌白酒被中国名牌产品认定暨组织委员会、明星企业评选活动委员认定为"中国名牌产品"。

1997年2月,大泉源牌白酒(50度)被吉林省酿酒协会评为"吉林省行业名牌产品"。

2002年1月,大泉源牌45%(v/v)、42%(v/v)白酒被授予"吉林省名牌"产品称号。

2004年12月,大泉源牌52%(v/v)白酒被吉林省酿酒协会评为"吉林省行业名酒"。

2006年1月,大泉源酒业有限公司被吉林省人民政府授予"吉林省名牌"产品称号。

四、大泉源老字号酒的发展战略

大泉源酒业经历了私营、国有、租赁经营、民营四个发展过程,历尽沧桑,历久弥新,品牌屹立,屡创佳绩,培育了关东酒文化中的一朵奇葩。放眼未来,白酒酿造业面临的是品牌的时代、文化的时代、人性的时代。大泉源酒业要站在这时代的高度,把品牌做大、做优、做强;深挖大泉源酒的文化内涵,增加文化含量,打好文化牌;坚持以人为本,体现对人的尊重、关怀和体贴,使大泉源酒与文化时代融合在一起,努力实现我们"做名优企业、创一流民族品牌"的目标。

第二十五章 桂花酒

一、桂花酒的发展史

黑龙江省富裕老窖酒业有限公司（后简称富裕老窖酒业）（见图 25-1）的前身是 1915 年由杨贵棠兴办的酿酒作坊"小醡"，后逐渐发展成为"鸿源涌烧锅"，中华人民共和国成立后改为国营富裕县制酒厂。其主导产品桂花白酒是黑龙江著名的中华老字号。

图 25-1 黑龙江省富裕老窖酒业商标

富裕老窖酒（见图 25-2）优秀的品质在消费者中享有很高的知名度和美誉度，被誉为"喝出来的品牌"。2009 年，为弘扬传统文化、塑造企业文化，富裕老窖酒公司兴建了酒文化博物馆，展馆分为室内酒文化展厅和室外古井文化休闲广场展区两部分，营造了酒与生态、自然融合的和谐氛围，寓意着人与自然的可持续发展。

图 25-2 富裕老窖酒

绿色的原料基地，先进的酿造工艺，一流的设计配方，现代化的勾调技术，完备的食品安全保证体系，专家级的人才队伍，科研院所的研发实力，专业的营销队伍，顶级的策划团队和高素质的员工队伍，为企业的发展提供了强大动力和有力保障。

翻过百年的辉煌画卷，富裕老窖酒业一定能勇攀行业高峰，传承卓越，缔造经典，创造绚丽的明天。

二、桂花酒的特点

（一）桂花酒的工艺酿造特点

1. 酿造桂花曲酒的独特的地理条件

桂花酒的产地具有得天独厚的地理环境：东眺五大连池，南接扎龙自然保护区，西临嫩江流域，北靠尼尔基水库。这独特的地理条件赋予了富裕老窖酒甘甜纯美、"饮时不刺喉、饮后不上头"的产品魅力，提供了打造"绿色、生态、健康、安全"食品酿酒体系的基础。

2. "桂花曲酒传统酿制技艺"概述

黑龙江省富裕老窖酒业有限公司拥有的自主知识产权的酿酒工艺，是黑龙江省非物质文化保护遗产。公司积极倡导生态酿酒，打造绿色白酒品牌，探索产学研结合、院企联合的产业化发展模式：1999年12月，富裕老窖酒业与黑龙江大学正式建立合作关系，开创了黑龙江省酿酒行业与高校合作的先河，加速了科研成果转化；2005年，富裕老窖酒业同省农科院合作，选择"龙糯1号"高粱作为酿酒原料，不仅提高了出酒率，而且带动了农民增收致富，促进了地方经济发展。公司实现了酿酒用粮基地化、基地建设规模化、基地管理标准化，保证了食品安全和原料供给，通过举办校企和院企合作系列活动，成功打造了"黑龙江省生态酿酒"的新模式，极大提高了企业的知名度和美誉度；培育了北方独有的高寒糯高粱酿酒专用品种，建立了绿色原料生产基地，自主创新了"生物工程技术＋绿色原料基地＋生态典范产品"的研发模式。

（二）桂花系列酒的特点

桂花系列酒包括浓香型、兼香型、芝麻香型、营养型、清香型五大系列，百余种白酒产品，远销全国20多个省市地区。其产品主要特点是：清澈透明、窖香浓郁、圆润绵甜、味净余长、饮时不刺喉、饮后不上头。

桂花系列酒先后荣获"中国优质白酒精品""二十一世纪示范新产品"和"黑龙江省优质产品""黑龙江省名牌产品"等荣誉称号。在全国同行业名优产品大赛中，芝麻香型产品曾荣获芝麻香型第一名，被评为全国酒类产品质量安全诚信推荐品牌。浓香型产品曾荣获浓香型第二名，浓酱兼香型产品曾被评为浓酱兼香型第三名。2011年，富裕老窖绿色食品"东方巨龙"酒在全国白酒评比中被评为第四名，被授予"中国白酒技术创新典范产品"的称号。

三、桂花酒企业的发展历程

（一）桂花酒企业概述

黑龙江省富裕老窖酒业有限公司是一个具有百年历史的"中华老字号"酿酒企业，是地方财政支柱企业、黑龙江省白酒行业排头兵、黑龙江省民营纳税50强、全国酿酒行业百名先进企业、国家级"重合同守信用企业""全国食品行业质量效益型先进企业"、全国"五一劳动奖状"获得企业和A级绿色食品标志企业，被省委纳入新型工业化基本构架白酒类的龙头企业。企业拥有自己独立的注册商标，其中，"桂花""富裕""富裕老窖"三个商标是黑龙江省著名商标，"桂花"牌更是中国驰名商标。

黑龙江省富裕老窖酒业有限公司，1999年通过了ISO9002质量认证，拥有以国家级评委为代表的精干的科技队伍，以及系统的企业文化及独具特色的厂期、厂徽和厂歌，是"黑龙江省先进企业"。

1995年，国营富裕县制酒厂破产重组，更名为黑龙江富裕酿酒有限责任公司。2001年企业改制成为民营股份制企业，企业注册资金1622万元，占地面积20多万平方米，总资产1.97亿元，年产白酒能力2万吨，注册商标24枚，中国驰名商标2枚，有员工462人，其中专业技术人员151人、国家级专家评委1人、国家级评委2人、省级评委7人。

（二）桂花酒品牌发展

黑龙江省富裕老窖酒业有限公司主要产品有以"富裕老窖"酒为代表的浓香型系列；以"富裕春酒"代表的芝麻香型系列；以"金龟延寿"酒为代表的滋补酒系列；以"琼酒"为代表的兼香型系列和以"富裕白酒"为代表的清爽型系列共五大系列，100多个品种，并先后获"轻工部优质产品""黑龙江省优质产品""北京首届食品博览会金、银、铜奖""美国全美第58届食品博览会金奖""亚太地区国际贸易博览会消费者满意产品奖"及"中国优质白酒精品"等国际、国内荣誉称号。

（三）桂花酒企业经营理念

黑龙江省富裕老窖酒业有限公司一直坚持"以人为本，真诚守信，造福社会，承诺是金"的经营理念。

（四）桂花酒企业主要荣誉

1996年：

桂花牌富裕老窖荣获"黑龙江省名牌产品"称号；

被评为齐齐哈尔市优秀企业；

"桂花牌"注册商标被认定为黑龙江省著名商标；

在黑龙江省白酒行业对指标争先进活动中，富裕老窖酒业被评为一类企业。

1997年：

黑龙江省人民政府授予富裕老窖系列酒"名牌产品"称号；

富裕老窖酒业被评为"富裕县十佳纳税户";

被评为"全省用户满意企业";

桂花牌富裕老窖酒在东北重点白酒企业厂长联席会议上,被专家评定:"绵甜爽口,香味协调,余香较长,风格较明显";

富裕老窖酒业被齐齐哈尔市人民政府确认为股份制中型二级优秀企业。

1998年:

富裕老窖酒业被黑龙江省工商行政管理局命名为"1997—1998年度重合同守信用企业";

富裕老窖酒业被齐齐哈尔市人民政府确认为股份制中型二级优秀企业;

桂花牌白酒商标被齐齐哈尔市工商行政管理局评为"千佛手"杯齐齐哈尔市知名商标;

在酿酒行业对指标争先进竞赛中,富裕老窖酒业被黑龙江省食品工业公司、黑龙江省酿酒协会评为一类企业;

富裕老窖酒业被齐齐哈尔市人民政府命名为"齐齐哈尔市最佳企业";

富裕老窖酒业被富裕县国税局授予"贡献突出、再创辉煌"光荣称号;

富裕老窖酒业被齐齐哈尔市人民政府授予特级安全单位。

1999年:

富裕老窖酒业被中国食品工业协会授予"全国食品行业质量效益型先进企业"称号;

38度桂花牌富裕老窖被中国食品协会白酒专业协会列为"二十一世纪中国白酒示范新产品";

在黑龙江省白酒行业"对指标、争先进"竞赛活动中富裕老窖酒业被评为一类企业;

富裕老窖酒业被齐齐哈尔市人民政府评为"第二十三届职工劳模大会先进单位"。

2000年:

3月15日,桂花牌富裕老窖被黑龙江省工商行政管理局、黑龙江省公安厅联合"打假"行动队、黑龙江省酒业协会白酒分会评为"黑龙江省重点保护优秀品牌";

富裕老窖酒业被黑龙江省质协用户委员会授予"全省用户满意企业"。

2001年:

桂花牌富裕老窖被黑龙江省质量技术监督局评为"2000年黑龙江省名牌产品";

富裕老窖酒业被黑龙江省工商行政管理局评为1999年—2000年度省级"重合同守信用"企业;

富裕老窖酒业被齐齐哈尔市人民政府确认为2000年度一级企业,并授予"最佳企业"荣誉称号。

2002年:

桂花牌富裕老窖被黑龙江省质量管理协会、黑龙江省用户委员会、黑龙江省食品质量跟踪站评为"全省用户满意食品";

桂花牌酒类被齐齐哈尔市放心食品工程领导小组办公室评为放心食品品牌;

桂花牌富裕老窖酒，被国家统计局黑龙江省企业调查队、黑龙江省经济贸易委员会认证为2002年度黑龙江省市场畅销产品；

桂花牌注册商标被黑龙江省工商行政管理局认定为黑龙江省著名商标；

富裕老窖酒业被齐齐哈尔市人民政府授予"市特级安全单位五连冠"光荣称号；

富裕老窖酒业被县委、县政府授予2001年度财税工作县级支柱企业。

富裕老窖酒业被市委、市政府命名为"市级文明单位标兵"；

富裕老窖酒业被县地税评为"2001年度地方税收诚信纳税单位"；

在2001年度白酒行业对标竞赛中，富裕老窖酒业被黑龙江省酒业协会评为一类企业；

富裕老窖酒业被齐齐全哈尔市人民政论评为"2002年度齐齐哈尔市质量管理先进单位"。

2003年：

富裕老窖酒业被黑龙江省工商行政管理局评为2001—2002年度省级"重合同守信用"企业；

在2002年度白酒行业"对指标、争先进"竞赛活动中，富裕老窖酒业被黑龙江省酒业协会评为排头兵；

富裕老窖酒业被富裕县地方税务局评为"2002年度诚信纳税先进单位"；

富裕老窖酒业被黑龙江省质量协会评为"全省用户满意企业"；

桂花牌富裕老窖酒被黑龙江省名牌战略推进委员会评为"2003年度黑龙江省名牌产品"。

2004年：

富裕牌、桂花牌系列白酒被评为"中国齐齐哈尔第二届关东文化旅游节特别推荐产品"；

桂花牌富裕老窖"东方巨龙酒"被黑龙江省酒业协会、黑龙江省餐饮协会命名为"黑龙江省特色白酒—龙酒"；

富裕老窖系列产品被评为"2004—2005年度特别推介产品"；

富裕老窖酒业被黑龙江省消费者协会评为诚信单位（2004—2005）；

桂花牌富裕老窖被黑龙江省消费者协会、黑龙江省白酒协会评为"2004—2005年度推荐质量双优商品"；

富裕老窖酒业工会被齐齐哈尔总工会授予"先进职工之家"光荣称号。

2005年：

富裕老窖酒业被县委、县政府授予"先进党委"称号；

富裕老窖酒业被评为东北三省白酒行业十强企业、东北三省白酒行业活动先进单位（2004—2006）；

县委、县政府授予富裕老窖酒业"拥军优属先进单位"。

2006年：

富裕老窖酒业成为黑龙江省企业合同协会授予理事单位；

富裕老窖酒业被中国初级卫生保健基金会评为"爱心企业"。

2007年：

富裕老窖酒业被县政府评为"食品安全诚信企业"；

富裕老窖酒业被中华全国总工会授予其全国五一劳动奖状；

黑龙江省名牌战略推进委员会授予其"黑龙江省名牌产品"称号。

2008年：

富裕老窖酒业被齐齐哈尔市人民政府评为2007年度安全工作先进单位；

富裕老窖酒业被齐齐哈尔市政府评为"2008年度安全生产先进单位"（2009.1）；

富裕老窖酿酒工艺被评为齐齐哈尔市非物质文化遗产；

富裕老窖酒业被富裕县委、县政府评为"2008年度纳税超千万先进企业"；

富裕老窖酒业被富裕县委、县政府评为"2008年度纳税特殊贡献先进企业"；

《龙糯1号高粱基地建设及应用》获得轻工协会举办的科技学术成果一等奖。

富裕老窖酒业被评为省旅游示范点。

2009年：

省酒业协会将桂花牌38度浓香型富裕老酒评为黑龙江省白酒创新产品（2009.1）；

齐齐哈尔市委、市政府将富裕老窖酒业认定为2008年度农业产业化龙头企业（2009.2）；

齐齐哈尔市3.15活动办公室授予富裕老窖酒业打造绿色消费环境，建设维权鹤城贡献奖（2009.3）；

黑龙江省酒业协会在2008年度"对指标、争先进"活动中将富裕老窖酒业评定为排头兵企业。（2009.4）；

富裕县政府消防安全委员会将富裕老窖酒业评定为2008年度落实消防安全责任制先进单位（2009.4）；

富裕县委、县政府将富裕老窖酒业评定为富裕县第二十届劳动模范表彰大会先进单位（2009.4）；

2009年5月省食品工业协会授予富裕老窖酒业2007—2008年食品工业50强企业；

省酒业协会将桂花牌38度浓香型富裕老酒评为黑龙江省白酒创新产品（2009.1）；

2009年3月富裕老窖酒业被黑龙江省商务厅评为"龙江老字号"；

2009年9月获省"青年文明号"称号；

2009年12月被评为国家地理标志保护产品；

2009年富裕老窖酿酒工艺被评为黑龙江省非物质文化遗产；

2009年11月富裕老窖酒业被评为黑龙江省二级安全生产标准化企业。

2010年：

2010年4月7日富裕老窖酒业被齐齐哈尔2010年上海世博会形象大使"中冶置业杯"选拔大赛领导小组评为特殊贡献奖；

2010年6月富裕老窖酒业被评为黑龙江省厂务公开民主管理先进单位；

2010年7月商务部授予富裕老窖酒业"中华老字号"称号；

2010年9月富裕老窖酒被国家质检总局评为国家地理标志保护产品。

第二十六章 堆花酒

一、堆花酒的发展史

堆花酒（见图26-1）具有千年的酿造历史，堆花品牌饮誉江西南北。堆花酒原为**庐陵谷烧**，享誉四方。堆花酒名出自南宋丞相文天祥之口，文天祥早年于白鹭洲书院求学时偶至县前街小酌，但见当地谷烧甫入杯中，酒花叠起、酒香阵阵，脱口道："层层**堆花真乃好酒**！"从此堆花酒名渐渐传遍大江南北，成为当地的传统佳酿。堆花酒素有"三千进士冠华夏，一壶堆花醉江南"之美誉。其生产厂家江西堆花实业有限责任公司不但将堆花企业文化溶入庐陵文化，而且让堆花酒成为庐陵文化的一个见证，成为庐陵文化历史发展中的重要组成部分，使堆花酒文化与庐陵文化有机地结合起来，以提升产品价值中的历史文化含金量。

图26-1 堆花酒

二、堆花酒的特点

堆花牌系列白酒是江西四大名酒之一，以"清亮透明、香气幽雅舒适、诸香协调、**醇绵柔和、回味悠长**"的特点而享誉省内外。堆花酒以优质大米为原料，集民间酿造精华，采真君山古清泉，用人工老窖发酵精酿而成。江西堆花实业有限责任公司在生产过程中，**严格落实安全生产责任制**，严格按照《中华人民共和国安全生产法》和《中华人民共和国食品安全法》的要求组织企业生产。从原材料进厂检查、验收、生产产品抽样、成品出厂的检测，到运输、贮存等全过程都严格按标准执行。依据标准要求对运行情况进行内部审核和管理评审，对不符合标准的原料、包装物坚决禁止进厂，确保了优质原材料投入生产使用。制定了严格的《灌装质量管理规定》，对产品质量进行监控和跟踪把关，车间各班组生产的产品，都有专职检验员瓶瓶检验。入库时，还有质量抽检员抽检把关，并将每周抽检结果进行质量考核排名，按规定进行末班淘汰竞争上岗，使员工质量意识大为提高。多年来，公司入库产品质量合格率为100%。产品质量稳定提高，公司整个生产过程始终处于受控状况。此外，产品在出厂前进行了理化检测和口感品评，理化指标合格率达100%，外观质量高达99.8%。近年来，堆花牌产品经省、市质量技术监督局抽样检测达到100%合格。公司将《食品卫生法律法规》贯彻落实到生产过程各个环节，确保了堆花牌系列产品的安全性、可靠性。因此，堆花牌的八个产品还荣获了"江西省首届卫生安全食品"称号。

三、堆花酒的发展历程

（一）堆花酒企业概述

江西堆花实业有限责任公司（后简称堆花酒业公司）创建于2005年8月，系江西省重点酿酒厂家，位于赣中名城吉安市，占地面积10万平方米，注册资金2600万元。主要产品为堆花牌系列白酒，有上百个品种，产品在省内外享有极高的知名度，远销湖南、河南、广东等地，深受广大消费者喜爱。公司认真贯彻实施"以人为本，质量第一，诚实守信"的经营理念，诚信经营、热情服务。近年来生产销售形势喜人，年销售额数亿元，上缴税金数千万元，各项经济指标实现了一年一个新台阶，发展势头强劲，是江西省吉安市的纳税大户和重点扶持企业。

堆花酒业公司地处吉安市吉州区真君山一号，距京九铁路吉安站8公里、赣江航运吉安码头5公里、105国道4公里、赣粤高速公路吉安北出口处12公里、井冈山机场30公里，交通十分便利。随着现代企业制度的建立健全，公司已步入高速发展期。公司在吉州区工业园征地近千亩，进行年产6万吨白酒生产线异地改造，总投资10多亿元。项目竣工投产后，自酿基酒能力将达2万吨，储存能力达到4万吨，成品生产能力6万吨。公司将再创历史新高：预计年销售额将上升到10亿元，上缴税金也将超2亿元。

（二）堆花酒业经营理念

江西堆花酒业公司在经营理念方面有自己的特色。

生产管理方面：精细化管理，各部门内部工作细分，责任落实到人，做到事事有人管，事事都有人跟踪执行，提高了效率。公司的规章制度得到不断完善，做到以制度管人，以制度管事。

生产方面：淡季每周进行一次灌装工作质量排名考评，最后一名的班组待岗一星期。旺季每周质量排名末位的班组罚 500 元，排名首位的班组奖 500 元，促使其自觉维护产品质量，产品出厂合格率始终保持在 99.9% 以上。

销售方面：培养一支特别能战斗的销售队伍。公司每年都要引进新人，通过培训，提升其执行力和市场研发与开拓的能力。做好深度分销是公司的一个制胜法宝，公司重点开发了省内的所有空白市场，加固了薄弱市场，深耕了成熟市场，确保各市场销量的高速增长。加强研发，及时开发适销对路的新产品，是公司战胜困难、取得良好成绩的另一法宝。长期积累的经验告诉堆花人，推广新产品是做大市场的有效办法。公司根据消费者的不同需求与市场的具体情况，努力迎合消费者的口味，牢牢地抓住了市场的发展主动权。良好业绩的取得，得益于公司在经营管理上不断改革和创新。公司进一步加强了市场管理、价格管理、考核力度，完善了售前、售中、售后服务。

江西堆花酒业公司在营销管理上，始终以"质量第一、用户至上"为宗旨，已逐渐从传统的阶梯营销模式，向直销、终端、买断经营等先进的营销模式转变，并建立了快速灵活的市场信息收集、整理、决策机制，使得堆花品牌的知名度不断提高，产品的市场占有率进一步上升，被省工商局等八个部门评为诚信企业。

江西堆花酒业公司坚持以人为本，尊重和维护职工的合法利益。公司目前拥有 300 多名员工，全部签订了劳动合同，为员工办理了养老保险、失业保险、医疗保险、工伤保险等。并认真贯彻实施"质量第一、诚实守信"的管理理念，合法生产经营，不断完善企业质量保证体系，企业年销售收入和上缴税金连续多年有较大增长。

江西堆花酒业公司不但注重历史文化的挖掘和发展，而且在企业现代文化建设方面也做了大量工作。

江西堆花酒业公司不但重视自身的发展壮大，还积极参与社会公益活动与支助社会贫困群体。近年来，公司累计出资数百万元为贫困学生捐款、赞助社会公益事业等。其中，为抗击非典捐款 10 万元；为南方冰雪灾害捐款 10 万元；以全体员工的名义为地震灾区捐款近 2 万元；为关心下一代工作委员会（简称关工委）扶助贫困青少年上学捐助累计达 10 万多元；在"爱在吉州"希望工程公益晚会上积极捐款 1.5 万元；向区文化局举办迎接党的十八大胜利召开广场文艺活动赞助 3 万元；出资近 20 万元，救助公司员工李豫刚患白血病的儿子；出资近 50 万元，捐助吉安市考上大学的应届贫困学子，等等。公司还积极参与市、区电视台、文化单位牵头组织的各项公共文艺演出活动、送文化下乡活动；参与市、区体委牵头开展的多种群众体育赛事；帮扶基层社区发展，帮助残疾人及其特殊学校发展，赞助省市区红歌会等，收到了社会各界的好评，取得了良好的社会效益。

江西堆花酒业公司在注重提高企业经济效益的同时，更重视企业所在地的环境保护，做到既要金山银山，更要绿水青山。无论是在废气排放方面还是废水、废渣排放方面，均达到了国家标准，并做好循环经济，如锅炉废水用于酿造冷却及酒瓶初洗，废渣用于水泥厂的辅助用料，废糟则是农村养殖户养鱼的原料，变废为宝，消除了由此而带来的环境污染问题。公司还先后投资数百万元，对企业内部环境进行美化、亮化，实施了绿化工程，被江西省政府评为"江西省环境保护模范企业"。

（三）堆花酒品牌发展

江西堆花酒业公司针对白酒消费市场的特点，采取"搞好品牌建设，提升营销能力，迅速拓展市场"的营销策略，成效显著。经过几代堆花人的不懈努力，"堆花"品牌深入人心，特别是在江西省，不管是在体制改革的影响下，还是与竞争对手激烈的竞争中，堆花酒始终是广大消费者的首选品牌之一。而且公司近几十年花大力气建立起来的营销网络，也在这些年的发展中进一步健全和稳固，成为公司发展壮大的有力基础。

近年来，为顺应市场变化，增强市场竞争能力，公司一方面不断强化销售队伍，着力培养与挖掘高素质的销售人员，另一方面集中力量培植堆花品牌的各种香型的新产品。近几年推出的堆花品级酒、堆花1952、六年窖藏、堆花吉安、八年窖藏、九年窖藏、十年珍藏、二十年典藏得到市场的良好回报。公司进一步加大了对原料、包装物和成品酒的检测力度和对市场反馈质量问题的处理力度，先后派人员走访了全省及周边省市的经销商和各大酒店。对消费者反馈的产品质量问题和市场信息，真诚面对、热情受理、妥善处理，尽量做到使顾客满意。

目前，堆花品牌不仅在省内享有较高的知名度，而且产品也远销广东、湖南、河南等省、深受广大消费者的喜爱。

（四）堆花酒主要荣誉

江西堆花酒业公司因在生产经营中，牢固树立"质量第一"和"用户至上"的思想，坚持以市场为导向，走质量效益型发展道路，成绩显著。1988年获中国文化名酒称号；1989年获中国食品博览会银奖；1995年"堆花"商标被评为江西省著名商标，"堆花贡酒"荣获江西省酒类市场十大畅销商品；1996年堆花特曲系列及堆花贡酒荣获江西省免检产品称号；1999年被授予"全国食品行业质量效益型先进企业称号"；1999年获质量承诺、用户满意产品；2000年获保护消费者权益先进企业，实施标准优秀企业，江西省著名商标称号；2001年获江西省卫生安全食品称号；2002年获"用户满意——新世纪的质量目标""讲诚信、保质量"承诺荣誉单位，堆花系列产品被确定为2002年度江西省质量技术监督系统重点保护产品等称号。堆花商标荣获历届"江西著名商标"称号，堆花酒被评为"江西名牌""江西名酒"，公司分别被省、市政府评为优秀企业、纳税大户、重信用单位、全省一级诚信企业、多次被评为江西省优秀非公有制企业、吉州区十佳领军企业。公司还被省统计局确定为全省白酒制造业三大龙头企业，被省环保局评为全省环保模范企业，被中国酿酒协会评为中国酒业文化百强企业。堆花酒酿造工艺被省政府列入江西省非物质文化遗产，2011年江西堆花酒业被国家商务部评为中华老字号，是吉州区纳税最多的民营企业之一，荣获吉安市"2014-2015诚信单位"，52度堆花二品酒多次荣获湘鄂闽桂渝赣六省（市、区）白酒质量检评金奖。

"堆花非花胜百花，万点春色进万家"，在激烈的市场竞争中，堆花人将齐心协力，视质量为生命，不断创新、开拓、竞争、拼搏和奋进，必将创造出美好灿烂的明天，明日堆花更醉人。

第二十七章 洋河酒

一、洋河酒的发展史

洋河，中国江苏洋河酒厂股份有限公司商标。洋河酿酒历史悠久，起源于隋唐，隆盛于明清，曾入选清皇室贡酒，素有"福泉酒海清香美，味占江南第一家"的美誉。

江苏洋河酒厂股份有限公司（见图27-1）下辖洋河、双沟、泗阳三大酿酒生产基地和苏酒集团贸易股份有限公司，是拥有洋河、双沟两大"中国名酒"，两个"中华老字号"的企业。洋河镇在汉朝时已是个酿酒名地；双沟因下草湾人遗址、醉猿化石的发现，被誉为中国最具天然酿酒环境与自然酒起源的地方；泗阳酿酒源于秦汉时期的泗水古国，其曾为大汉贡酒。

图27-1 江苏洋河酒厂股份有限公司大门

二、洋河酒的特点

洋河酒属于浓香型大曲酒，以优质黏高粱为原料，再用小麦、大麦、豌豆培养的高温大曲为糖化发酵剂，以闻名的美人泉之水酿造而成。洋河酒具有独特的风格特点：酒液澄澈透明，酒香浓郁清雅，入口鲜爽甘甜，口味细腻悠长。2003年，江苏洋河酒厂股份有限公司率先突破白酒香型分类传统，首创以"味"为主的绵柔型白酒质量新风格。2008年，"绵柔型"作为白酒的特有类型被写入国家标准，江苏洋河酒厂股份有限公司被誉为"绵柔鼻祖"。绵柔型白酒代表作——梦之蓝和绵柔苏酒，先后荣获"最佳质量奖""中国白酒酒体设计奖""中国白酒国家评委感官质量奖"等国家级质量大奖。诸多白酒专家常用"时代新国酒、绵柔梦之蓝""绵柔鼻祖"等称誉来赞扬洋河酒的绵柔品质以及其为中国绵柔型白酒所做出的巨大贡献。

三、洋河酒企业的发展历程

（一）洋河酒企业概述

江苏洋河酒厂股份有限公司位于中国白酒之都——江苏省宿迁市，总占地面积10平方公里，总资产534.55亿元，员工3万人。宿迁与法国干邑白兰地产区、英国苏格兰威士忌产区并称"世界三大湿地名酒产区"。

2009年11月，江苏洋河酒厂股份有限公司在深圳证券交易所挂牌上市。2012年7月，江苏洋河酒厂股份有限公司首次跻身FT上市公司全球500强，打破了江苏上市公司全球500强企业零的纪录。2015年，江苏洋河酒厂股份有限公司入选"中国品牌价值酒水饮料类地理标志产品"，成为白酒行业仅有的两个入选品牌之一。2017年，在"全球烈酒品牌价值50强"排行榜中，洋河名列前茅。在中国品牌促进会举办的"2018年中国品牌价值评价"信息发布会上，洋河股份品牌价值达630.55亿元，再次入选"世界最具价值品牌500强"。

近年来，江苏洋河酒厂股份有限公司营销业绩不断攀升，稳居行业前三名。2018年，公司营业收入241.6亿元，净利润81.15亿元；2019年公司营业收入231.26亿元，净利润73.83亿元。2020年第1季度，公司营业收入92.68亿元，净利润40.02亿元。

同时，江苏洋河酒厂股份有限公司致力于酒文化旅游建设，促进酒旅融合发展。2015年，洋河酒厂文化旅游区成为国家AAAA级旅游景区；2017年，双沟酒文化旅游区也成为国家AAAA级旅游景区，江苏洋河酒厂股份有限公司成为白酒行业拥有两个国家AAAA级旅游景区的企业。

（二）江苏洋河酒厂股份有限公司的企业文化

江苏洋河酒厂股份有限公司拥有深厚的历史文化底蕴，以狮和羊独有的特质建立了以"狮羊文化"为核心的企业文化。

拿破仑作为一个时代的强者，曾经借鉴古希腊人的智慧说过这样一句话："狮子统帅的绵羊部队，能够打败绵羊统帅的狮子部队。"这样的奇思妙想乍听起来令人匪夷所思，然而细致品味，却又让人深叹其中的深邃哲理，对企业的发展和崛起来说也充满了启迪之光。

在日益复杂和激烈的竞争形势下，成功的文化变革伴随着崇高的价值观体系落地，将会有力推动企业健康、稳定地进入一个新的境界，并逐步向基业长青迈进。江苏洋河酒厂股份有限公司在继承中发展、在发展中创新，积累各领域先进的管理经验，融合时代精神和企业优秀传统文化，把"狮羊效应"优化升级，形成了独具特色的"狮羊文化",构建了新时期企业文化核心价值体系。

江苏洋河酒厂股份有限公司的"狮羊文化"指企业具有"竞争属性"和"社会属性"双重性。所谓狮性,是指在市场竞争中,具备雄狮敢于战斗、持续进攻和决不后退的三大特征,有血性、有本事、有业绩,争当行业排头兵,做具有战斗力的王者和霸者。所谓羊性,是指在社会生活中,具备"羊羔跪乳"的感恩之心,有责任、有底线、有情怀,对员工、股东、社会履行义务,积极回报,不断践行"公益3.0"的梦想与追求。积极参与市场竞争,高效运营企业,创造经济财富,不断回馈社会,实现企业发展和回报社会的良性循环,这正是江苏洋河酒厂股份有限公司的"狮羊文化"内涵所在。

江苏洋河酒厂股份有限公司大力弘扬"以奋进者为纲"的"狮羊文化",始终践行"领先领头领一行,报国报民报一方"的企业精神。公司每年举办盛大的封藏大典活动和谷雨论坛,联手央视打造"经典咏流传""国家宝藏"等大型文化节目,举办"寻找最美乡村医生""梦想星搭档""中国梦想秀""梦之蓝公益助学行动""梦之蓝·敬我最尊敬的人"等社会公益活动,成立中国梦·梦之蓝公益基金及梦之蓝公益研究院等,与中国航天基金会携手,开展梦之蓝航天公益活动,把航天人的梦想、苏酒人的梦想和时代的梦想紧紧相连,传递"中国梦"正能量。

"狮羊文化"体系结构:核心价值聚精神(核心文化),三大导向指航程(导向文化),品牌塑造塑高峰(品牌文化)。江苏洋河酒厂股份有限公司企业文化的结构体系见图27-2。

核心价值观:以客为先,以人为本,以奋进者为纲。

企业精神:领先领头领一行,报国报民报一方。

企业使命:快乐健康。

企业愿景:酒业帝国。

核心竞争力:以品质为基础、品牌为核心的经营能力。

经营理念:以市场为导向,以效益为中心。

管理理念:遵循规律,科学管控。

执行理念:立即响应,科学执行。

人才理念:尊重个性,唯贤适用。

激励理念:鼓励想做事的,肯定能做事的,重用做成事的。

品牌核心价值:诚信致高,包容致远。

品质内涵:绵柔的,健康的,洋河的。

服务理念:关注不满意,解决最急需,追求您感动。

质量理念:品质为天,追求卓越。

图 27-2　江苏洋河酒厂股份有限公司企业文化结构体系

（三）洋河酒的主要荣誉

江苏洋河酒厂股份有限公司荣获 2016 中国酒业社会责任突出贡献奖和第二届中国酒业"仪狄奖"（集体奖）、科技创新奖两项大奖；公司两项科技成果"微分子酒的研制与开发""高效功能性大曲关键技术研究"分别荣获中国酒业协会科技发明二等奖、科技进步奖。

胡润研究院发布《2016 胡润品牌榜》，洋河位居江苏第 1 名，中国第 55 名，品牌价值 190 亿元。

2016 年 11 月 8 日上午，央视正式揭晓"CCTV 国家品牌"TOP10 入选品牌，梦之蓝与京东、海尔、格力等品牌一起荣登"国家品牌"榜单。

世界著名财经杂志《福布斯》公布了"2016 年度全球 2000 强上市公司"榜单。洋河股份以 2015 年销售额 25 亿美元、利润 8.01 亿美元、资产 50 亿美元、市值 155 亿美元再次入选，综合排名 1220 位。

第四届中国工业大奖发布会上，洋河股份荣获中国工业大奖表彰奖，成为全国获此表彰奖殊荣的十三家企业之一。

洋河股份凭借在资本市场的良好口碑和优异表现荣登由《每日经济新闻》主办的"2016 第六届中国上市公司口碑榜"，并一举拿下"最具成长价值奖"。

世界知名的品牌价值研究机构 Brand Finance 正式发布《2017 年度的全球品牌 500 强榜单》，洋河与茅台、华为、伊利等品牌一起荣登榜单。

在国家统计局中国统计信息服务中心（CSISC）权威发起的 2016 年第四季度《中国白酒品牌口碑研究报告》中，洋河摘得三项冠军。

蓝色经典·天之蓝被评为"经典超级大单品"。

由洋河独创的"绵柔型生态窖泥的生产方法"接到国家知识产权局的发明专利授权。

财富中文网发布了"2017 年最新《财富》中国 500 强排行榜"，洋河股份以 171.83 亿元的营收，排名第 348 位。

2017 意大利 A'DesignAward 国际设计奖评选结果公布，公司产品"梦之蓝·手工班"榜上有名。

"2017 年'世界之星'包装奖"评审结果揭晓，公司产品"梦之蓝·手工班"榜上有名，斩获"世界之星"包装奖。

由江苏省经济和信息化委员会组织的"2017 江苏省工业设计产品金奖"评选结果

揭晓，公司产品"蓝色经典·封坛酒"斩获银奖。

全球最大的传播服务集团WPP及全球领先调研机构华通明略，共同发布了第八届"BrandZ 2018最具价值中国品牌100强"年度排名，洋河股份位列排行榜第49位。

2018年，"梦之蓝手工班健康效应的研究及应用"重大科技成果通过国家级鉴定，给中国白酒行业带来重大创新和突破。

2018年，江苏省科学技术奖励大会暨科技创新工作会议上，公司荣膺"江苏省创新型领军企业"。

2018年8月初，公司三款产品在2018年白酒国家评委年会上获大奖。

2019年，在"2019中国品牌价值评价信息发布暨中国品牌建设高峰论坛"上，洋河股份以685.75亿元的品牌价值荣登轻工业榜单第三名。

第二十八章　双沟酒

一、双沟酒的发展史

江苏双沟酒业股份有限公司出品的双沟酒，产地在江苏省泗洪县双沟镇。1977年，在双沟附近的下草湾出土的古猿人化石，经中国科学院古生物研究所的专家考证后，被命名为醉猿化石。科学家们推断，1000多万年前，在双沟地区的亚热带原始森林中生活的古猿人，因为吞食了经自然发酵的野果液而醉倒不醒，成了千万年后的化石。此论断已被收入中国大百科全书。为了充分发掘双沟作为中国酒源头的古老内涵，2001年，中科院的考古专家们再次对双沟地区进行了更为详细的科考，结果发现，早在1000多万年前，双沟地区就有古生物群繁衍生息。据此，中科院古脊椎动物与古人类研究所研究员尤玉柱、徐钦琦、计宏祥三位著名学者联手，撰写了《双沟醉猿》，并在海内外发行。

双沟镇坐落在淮河与洪泽湖环抱之中，酿酒历史悠久。独特的地理环境，铸就了悠久的双沟酿酒历史，据《泗虹合志》记载，双沟酒业始创于1732年（清雍正十年），距今已有300余年的历史。久远的历史长河中，双沟酒业积淀着深厚的文化底蕴。在民间流传着许多关于双沟美酒的美丽传说，最广为流传的有《曲哥酒妹》《神曲酒母传奇》等。古今文人墨客、将军、学者等也都为双沟酒留下动人的诗篇，如宋代的苏东坡、欧阳修、杨万里、范成大等，明代的黄九烟，当代的陈毅父子、叶圣陶、陆文夫、陈登科、茹志鹃、绿原、邹荻帆等。双沟美酒在许多美好诗篇里飘香，双沟美酒香透千百年的每一个日子。

二、双沟酒的特点

双沟酒的代表品牌是苏酒系列，它是中国名酒厂——江苏双沟酒业股份集团有限公司运用我国传统白酒生产工艺和最新科研成果精心酿造、精心勾兑而成的高档浓香型大曲酒。该酒在原双沟大曲窖香浓郁、绵甜甘洌、香味协调、尾尽余长的基础上，香更浓、味更纯、酒体更丰满，全面体现了现今我国浓香型大曲酒的最高水平。

三、双沟酒企业的发展历程

（一）双沟酒企业概述

江苏双沟酒业股份有限公司（后简称双沟酒业）位于江苏省宿迁市泗洪县中大街173号，其经营范围包括白酒生产、销售自产产品，其他酒（配制酒、其他蒸馏酒）生产，自营和代理各类商品和技术的进出口等。

双沟酒业（见图28-1）总资产10亿元，具有投资开发、经营多种产业和对内对外开拓业务的雄厚经济技术实力。双沟酒业现有职工3700多名，占地面积130万平方米，拥有多条机械化生产流水线和2万吨大容量贮酒库，年产大曲酒5万吨，年销售收入近9亿元，年利税2.3亿元。它是江苏省获国家优质酒奖牌最早的企业，曾连续6年跻身中国最大工业企业500强。

图28-1　江苏双沟酒业商标

双沟酒业主要产品双沟大曲酒（见图28-2），以优质高粱为原料，并以品质优良的小麦、大麦、豌豆等制成的高温大曲为糖化发酵剂，采用传统混蒸工艺，经人工老窖长期适温，缓慢发酵分层出醅配料，适温缓慢蒸馏，分段品尝截酒，分级密闭贮存，经过精心勾兑和严格的检验，确定质量合格后灌装出厂。双沟大曲酒以"色清透明、香气浓郁、风味纯正、入口绵甜、酒体醇厚、味净余长"等特点著称，在历届全国评酒会上，均被评为国家名酒，并荣获金质奖。在1994年由中国食品协会、中国质量管理协会等单位组织的全国名优白酒检评中，双沟大曲酒继续保持国家名优酒称号。双沟酒业在1999年被评为"全国精神文明建设先进单位"，2000年又被评为"全国质量管理先进单位"，2001年荣获"中国十大文化名酒"称号。它在全国同行业中首批通过国家方圆标志认证和质量体系认证。

图28-2　双沟大曲酒

(二) 双沟酒的品牌发展

双沟珍宝坊是双沟酒业倾力打造的战略性主导品牌，是双沟酒业的核心产品。该系列酒从"消费体验"出发，全方位创新，首开中国白酒自由调兑的先河。一瓶"珍宝坊"酒可分为上下两个独立部分，顶部小瓶装有68度原浆酒，底部大瓶装有41.8度优质酒。上下两种酒体，既可以单独饮用，又可以自由调兑饮用。如果将上下酒体任意调兑，调兑后的酒会呈现多种口味，香更浓且味更足。

(三) 双沟酒的主要荣誉

2006年5月，苏酒、双沟大曲双获殊荣。

2006年8月，双沟酒业质量管理体系顺利通过GB/T19580《卓越绩效评价准则》。

2006年9月，世界包装组织（WPO）在波兰波兹南举办的"世界之星2006"包装设计奖评选大会中，双沟珍宝坊荣膺"世界之星"大奖。

2007年1月，双沟酒业顺利通过ISO9001质量体系复评和ISO14001环境管理体系认证。

2009年3月，双沟酒业荣获全国工业旅游示范点称号。

2009年6月，双沟大曲酒酿造工艺入选江苏省非物质文化遗产名录。

参考文献：

[1] 胡普信. 中国酒文化概论 [M]. 北京：中国轻工业出版社，2014.

[2] 徐兴海. 食品文化概论 [M]. 南京：东南大学出版社，2008.

第二十九章　高沟酒

一、高沟酒的历史文化

(一) 高沟酒的发展史

高沟酒（见图 29-1）产于名酒之乡、千年古镇涟水县高沟镇。高沟镇水资源得天独厚，高沟酿酒始于西汉，盛于明清，源远流长。至清末民初，高沟糟坊发展到 8 大家，即天泉、裕源、公兴、涌泉、钜源、广泉、源盛、长春。8 大私人糟坊在酿造技艺上各有秘诀。1944 年，中共涟水县委用 500 元党费，在高沟镇兴办了金庄酒厂；1949 年，涟水县县委将金庄酒厂与当时著名的 8 大糟坊之一的裕源糟坊合并（其他糟坊后并入），于 9 月 30 日正式成立了地方国营高沟酒厂。1956 年，地方国营高沟酒厂荣获江苏省人民政府颁发的"酿酒第一"奖旗；1984 年，在全国第四届评酒会上，高沟酒以 95.13 分的成绩名列全国浓香型白酒第二名；1987 年 7 月，地方国营高沟酒厂更名为"江苏高沟酒厂"。1989 年，在全国第五届评酒会上，高沟酒蝉联"国家优质酒"称号；1995 年，高沟酒被国家技术监督局认定为全国浓香型白酒标准样品。1996 年 8 月，江苏高沟酒厂成功推出极具中国传统文化底蕴的中高档新品——"今世缘"牌系列酒。1997 年 12 月 23 日，江苏今世缘酒业有限公司成立；2011 年 1 月 28 日，江苏今世缘酒业股份有限公司成立。目前，公司主要有"国缘""今世缘""高沟"三大品牌系列。

图 29-1　高沟青花酒

(二) 高沟酒的历史典故

《高沟镇志》载：楚汉相争时，刘邦兵败于高沟一带，曾到高沟酒坊喝酒压惊，并留下了"佳酿兮解忧，壮志兮填胸"的古风。立朝后，他又派人取酒高沟，宴请文武，并列之为贡品，于是高沟酒驰名中原。唐代大诗人高适的"亭上酒初熟，厨中鱼每鲜"，苏轼有词"左海门前酤酒市"均为高沟酒业繁荣兴旺的生动写照。南宋著名爱国诗人陆游曾在高沟天泉糟坊的墙壁上留下了"天赐名手，地赐名泉，高沟美酒，名不虚传"的佳句。《西游记》的作者吴承恩途经高沟，手书楹联"近销淮北行千里，远及湖广畅九江"反映了高沟酒兴旺发达、名噪一时的产销盛况。明代时期，随着商业的长足发展，曾有七省商人云集高沟建立会馆，其中多与酒业经营有关。当时高沟镇有酿酒糟坊数十家，芳香浓郁的高沟酒沿淮河源源流向南京、扬州、开封、杭州、九江等地。1784年，乾隆南巡淮安，品高沟酒，赞曰"人间仙酿"。

二、高沟酒的特点

高沟酒是选用上等优质的原辅材料，加之独特的制作工艺酿造而成。高沟酿酒在原料、制曲、酿造等方面，都有着严格的规定和要求，有些工艺有着鲜明的特性，传承数代，至今未变。

在保持传统高沟酒工艺的基础上，高沟酒企业为这一老字号注入了新鲜的文化内涵，开发出以"缘"文化为核心的"今世缘"美酒。黄鹤楼下，李白与孟浩然挥手之间，孤帆远影，碧空长江，定格于千载传唱的动人友缘；古琴台上，悠然的琴韵，永远弹奏着俞伯牙与钟子期高山流水的知音之缘。月台上的背影，烛光里的妈妈，是我们生命延续的"亲"缘。从牛郎织女鹊桥相会到梁祝化蝶相爱的情缘。牛顿听到了苹果落地的声音；月光下，萧何追赶着韩信；桃园里，一壶浊酒喜相逢的机缘。友缘、亲缘、情缘、机缘，就是"今世缘"！穿越历史长河的高沟酒，深深植根于千年酒镇的肥田沃土之中，其品质和灵气卓然出众，并被赋予一种神奇、优美的文化内涵。今天的今世缘酒业更是让这千古佳酿成为"最具影响力的文化品牌，最具竞争力的创新企业，最具吸引力的精神家园"，用智慧和汗水酿造醇香的事业，谱写高沟美酒永续发展的新篇章！

三、高沟酒企业的发展历程

(一) 高沟酒企业概述

1996年初，涟水县组建今世缘酒业（集团）公司（后简称今世缘酒业），时任涟水县副县长的郑宁出任今世缘酒业董事长兼总经理。郑宁上任伊始，一连十几天都"泡"在车间、班组和职工宿舍，与员工们促膝交谈，倾听员工的心声，寻求振兴企业的"灵丹妙药"。以郑宁为首的领导班子深知调整产品结构和提高产品档次，已成为今世缘酒业的当务之急。他们专门聘请无锡轻工大学、山东轻工大学和四川微生物研究所的专家前来参与研制，重点解决了醛类物质和酸类物质含量比例问题，使今世缘酒入口甜、绵、爽、净、香，这是高沟酒酿造历史上的一个重大突破。1996年7月，当富有厚重文化底蕴、质量过硬、包装一新的"今世缘"系列酒开发出来时，如何把产品尽快变成商品？今世缘人没有搞铺天盖地的广告宣传，而是采取"反弹琵琶"的直销策略。董事长郑宁亲自带队，到省城南京的市场上搞调研、策划。直销员们不顾炎热酷暑，一家一家地送品鉴酒，给南京市民留下了美好的印象，也使"今世缘"赢得了南京人的青睐。仅中秋节前后4天，金世缘酒业就销售"地球酒""太阳酒""月亮酒"85吨，位居南京同档白酒销售榜第一。接着，"今世缘"系列酒又接连打开了苏锡常地区以及沪宁、陇海线沿线的各大中城市和北京、武汉的市场。1998年、1999年，金世缘酒业分别成功地开发出今世缘特供酒。今世缘酒业从意大利引进的"今世缘•蒙特"干红葡萄酒生产线自投产以来，呈现了产销两旺的好势头。

今世缘酒业现有员工3000余人，占地面积100余万平方米，年产"国缘""今世缘""高沟"三个品牌系列白酒3万余吨，其综合经济效益位列全国同行业前10位。"国缘"酒荣获中国十大高端商务白酒品牌，是外交部接待用酒；"今世缘"是"中国驰名商标"，为"中国十大文化名酒""中华婚宴首选品牌""江苏省接待用酒"。2011年，今世缘酒业实现销售35亿元，入库税金7.6亿元，同比增长28%；利润5.4亿元，同比增长31%。

（二）高沟酒企业文化

21世纪以来，今世缘人扎实推进"打造品牌、以质取胜、文化营销、人才强企"的战略，秉承"讲善惜缘，和谐发展"的企业核心价值观，以发展为第一要务，以市场为第一车间，企业的硬实力与软实力都得到了大幅提升。今世缘酒业的制曲单体规模跨入了全国同行业前5位，优质酒酿造规模跨入了全国同行业前10位，原酒贮存能力达到10万吨；组建了由中科院微生物发酵研究所、江南大学等权威机构专家参与，以国家和省级评酒委员为主体的技术中心、博士后科研工作基地，成为"中国白酒169计划"9个科研协作单位之一，成立了全国唯一的固态发酵工程技术研究中心，产品质量一直在全国同行业处于领先优势。今世缘系列酒按照"永远领导淮安市场，全面抢占江苏市场，重点突破省外市场"的区域运作方针，不仅在江苏市场实现全覆盖，而且扩展到全国20多个省市。

今世缘人以"让今世缘成为最具影响力的文化品牌，最具竞争力的创新企业，最具吸引力的精神家园"为愿景，以"瞄准行业十强，跻身第一阵营"为目标，一直在奋进着。

（三）高沟酒品牌发展

千年酒文化滋润着甜甜的高沟酒，也催生了灿烂辉煌的缘文化。1996年，今世缘品牌诞生。今世缘人弘扬"战胜自我，追求卓越"的企业精神，致力于品牌深厚文化底蕴的传播，执着于对高质量产品的追求，以敢为人先的胆识和持续引爆市场的创新智慧，创造了中国白酒业的"今世缘现象"，历史性地成为"振兴苏酒"的首倡者和实践者,也是中国文化酒的倡导者和先行者。

在奋进的阶梯上,今世缘人以让今世缘酒业成为"最具影响力的文化品牌,最具竞争力的创新企业,最具吸引力的精神家园"为目标。以缘载道,以"文"化酒,以"品"味人,以人为本,金世缘人用智慧和汗水酿造醇香的事业,谱写今世缘酒业永续发展的新篇章!

(四)高沟酒企业主要荣誉

今世缘酒业是中国白酒业经济效益十佳企业、全国"五一劳动奖状"获得者、全国"守合同,重信用"企业、全国企业文化建设先进单位、全国模范劳动关系和谐企业、全国模范职工之家、全国实施卓越绩效模式先进企业、中国食品工业科技进步优秀企业、推动中国酒业发展优秀企业、全国工业旅游示范点。2014年3月17日,江苏省安监局公布了2013年度江苏省安全文化建设示范企业名单,今世缘酒业榜上有名,获得"江苏省安全文化建设示范企业"殊荣。2017年,今世缘酒业获得中央精神文明建设指导委员会授予的"第五届全国文明单位"荣誉称号。

第三十章　汤沟酒

一、汤沟酒的历史文化

（一）汤沟酒的发展史

汤沟酒（见图30-1）源远流长，是我国享有盛誉的传统名产、历史文化名酒、国家地理标志产品、中国驰名商标、"中华老字号"产品。汤沟酒酿造技艺被江苏省人民政府批准为第一批省级传统手工技艺类非物质文化遗产。汤沟酒产于连云港市驰名中外的花果山水帘洞西南约60公里处的汤沟古镇。这里东近大海，气候温热，雨量充沛。秦代时，这里发生强烈地震，陷落成一片汪洋。宋代前后，这里泥土囤积，沧海始变桑田，渐成沟湖密布、水甜土香、物产丰富之地。天翻地覆间，形成了此地自然条件得天独厚的自然条件：水质优异，微甜，呈弱酸性，富含镁、锰、钾等多种矿物质微量元素，硬度适宜，

图30-1　汤沟窖藏酒

利于糖化、发酵；自然环境、老窖泥等富含多种稀有的有益于酿酒的微生物；盛产品质优异、适宜酿酒的"汤沟红"糯高粱等。这种自然条件极适宜酿造美酒。

（二）汤沟酒的历史典故

汤沟酿酒历史悠久，其渊源可追溯到北宋年间的"玉生糟坊"，到明天启年间，汤沟镇就有"玉生""香泉""美泉"等十三家酿酒糟坊。当时南来北往的商号把汤沟酒销往全国各地，又带来各地土特产，使汤沟镇逐渐富庶起来。滨海县殷福记商号还把汤沟酒远销到日本和东南亚一带，使汤沟酒声名远播。

据《海州志》记载：汤沟酒起源于北宋年间，明末清初闻名于世，获得名人大家赞誉甚多。清代著名诗人、戏剧家洪升曾写下"南国汤沟酒，开坛十里香"之名句。此后，另一位戏剧名家、《桃花扇》作者孔尚任再次探究"桃花曲"，更题词"汤沟传奇水土，美酒绝世风华"，七年后，名酒"绝世风华"问世。自此，汤沟酒更加誉满天下，万古流芳。

明代名著《金瓶梅》无处不写到酒，但多不提酒名，唯三十回写到西门庆派来保和吴主管给蔡太师敬献寿礼，六样大礼中便有一样是汤沟酒，原文曰："翟谦先把寿礼揭

贴呈递与太师观看。来保、吴主管各捧献礼物，但见黄烘烘金壶玉盏……南京纻缎，金碧交辉；汤羊（汤沟古称汤羊）美酒，尽贴封皮……"

女性一般不擅饮酒，而清代女诗人刘古香对汤沟酒情有独钟，痛饮之后特作"桃红柳绿春开瓮，细雨斜风客到门"的楹联相赠。

1984年，汤沟酒厂在北京西苑饭店举行征求意见座谈会，邀请京城社会名流参加。北京师范大学教授、国学大师、中国书法家协会主席、著名书法家和诗人启功在喝酒前有言在先：片字不写。可三杯汤沟酒下肚，启功先生灵感上来，挥毫写下了"一啜汤沟酿，千秋骨尚香，遥知东海客，日夜醉斯川"和"嘉宾未饮已醺醺，况复天浆出灌南，今夕老饕欣一饱，不徒过瘾且疗馋"的美好诗篇惠赠汤沟酒厂，一时传为佳话。

二、汤沟酒的特点

"盖世风流""绝世风华"的汤沟酒依托特异的地域生态环境，独得天地之无穷灵气。酿酒大师撷取古镇甘露，以始建于明代的300多年黄泥老窖（明清古建筑，著名历史文化遗存，江苏省省级文物保护单位）、特选的优质原辅料，采用代代相传神妙独特的工艺，结合高科技，经陶坛窖藏5年老熟而成。故汤沟酒源自水谷清华，香气幽雅，醇厚谐调，绵甜爽净，回味悠长，风格典雅独特，酒体丰满，自古浓香独秀，风华绝世，不可易地仿制，诚为天工开物，琼浆玉液，国色天香。

汤沟酒的代表品牌为汤沟"两相和"酒。

两相和酒是江苏汤沟两相和酒业有限公司（后简称两相和酒业）着力打造的高档白酒品牌，有"天和""地和""人和"三个品牌系列。两相和酒引用了廉颇与蔺相如"将相和"的故事、刘禹锡"湖光秋月两相和"的诗句，两相和酒业于2001年注册了"两相和"品牌。

三、汤沟酒企业的发展历程

（一）汤沟酒企业概述

两相和酒业前身是江苏汤沟酒厂，是中国白酒骨干企业，也是江苏著名的"三沟一河"之一。

汤沟酒取得今天的辉煌，经历了漫长的发展壮大过程。

1924年，"玉生糟坊"经当时国民政府实业部命名为"义源永记酒厂"。中华人民共和国成立后，于1952年联合汤沟镇原七家酿酒糟坊，组建汤沟酒厂。

1974年，时任中共江苏省委书记的彭冲（后任全国人大副委员长）到灌南视察时品尝了汤沟酒后，对这一历史瑰宝、民族品牌非常重视，指示"要大力发展汤沟酒"，这才使汤沟酒业发生了质的飞跃，真正成为一个独立核算的企业。

2001年，江苏汤沟酒厂改制为国家控股的江苏汤沟酒业有限公司。

2004年，江苏汤沟酒业有限公司进行了产权制度的根本改革，实现了从国有到民营的历史性跨越，成立了以全新机制运作的江苏汤沟两相和酒业有限公司。

近来，为提高产能和方便行政办公，两相和酒业在灌南县开发区分别新建了汤沟酒业产业园和汤沟酒业大厦。两相和酒业现有员工1600人，拥有资产总值7.2亿元，占地面积100多万平方米，年产销大曲酒3万吨，年产值逾10亿元，企业连续多年跻身全国500家、全国轻工系统200家和全国同行业50家经济效益最佳企业行列，是年产销达万吨的国家级名优酒酿造基地。企业拥有汤沟窖藏和两相和两大战略性品牌。

（二）汤沟酒业的企业文化

1. 和文化

"和"是中华民族文化精神的重要内容之一，"礼之用，和为贵""和也者，天下之达道也""和气生财""家和万事兴"，众口相传。廉蔺和好，国家安定；昭君出塞，民族团结。以和气聚人气，谋财气；以人赢求己赢，保双赢，已成为通行的经营理念。

天，自然万物；地，世间万物；人，芸芸众生。天地人和，是从人的角度出发，对人与天、人与地以及人与人相和的高度概括。因为其存在于人与其他事物之间，所以也就是人与事物两者之间的"两相和"。明者、智者、仁者，是一个循序渐进的人生过程，又是各自独立的人生成就。能够集明、智、仁三者于一身的人，是与天、地、人都能相和的人，这就是两相和酒业倡导的文化理念。

2. 两相和酒业的企业理念

企业精神：创新实干、严谨和谐。

企业价值观：慧福双修、格物致知、物竞天择、感恩图报。

质量方针：精准制造精品、否定规避、否决时间、缩小空间。

创业理念：事不避难、志不求易。

管理本源：企业即人、企业靠人、企业塑人、企业为人。

劳资关系：老板是客户、员工是伙伴。

创新意识：只要向上走，每步都是新高度。

（三）两相和酒业品牌发展

两相和酒业一直在市场上享有盛誉。汤沟酒在品牌发展过程中，获得了诸多荣誉称号：

1915年，汤沟大曲获莱比锡国际食品博览会银质奖章。

1979年，汤沟大曲声誉鹊起，在江苏省评酒会上获得第一名，同年获得"江苏省优质产品证书"。

1982年，在全国名优酒检评会上，汤沟大曲被专家公认为"浓香型后起之秀"。

1984年，38度汤沟特液、53度汤沟特曲参加江苏省评酒会，蝉联第一并双双获得江苏省优质食品证书。同年参加轻工部酒业质量大赛，分别荣获金杯奖、银杯奖，这使企业的产品由省优跃入部优国优行列，企业享受国家名优酒厂待遇。

1985年，我国首次赴南极考察队临行前只选中了汤沟特曲，考察队回国后特别赠送汤沟酒厂六枚"南极长城站纪念币"。

1987年,38度汤沟特液荣获"全国旅游金樽奖",被誉为"消费者最喜爱的低度白酒"。

1988年,55度汤沟优曲、38度汤沟特液、53度汤沟特曲被评为轻工部优质产品,获得"金龙飞腾奖"。同年,它们被选送参加首届中国食品博览会,获得二金一银。

1989年,38度汤沟特液、53度汤沟特曲参加第五届全国评酒会,双双获得国优。同年被国家技术监督局认证授予"方圆"质量认证标志,作为国家质量认证免检产品。

1990年,38度汤沟特液、53度汤沟特曲双双荣获"首届全国轻工博览会金奖";

1992年,38度汤沟特液、53度汤沟特曲分别荣获"建国43周年全国首届优质消费者信任奖",中国名优酒博览会金奖。

1992年,汤沟系列酒荣获"92国货精品暨消费者最满意奖""92香港亚太地区国际博览会金奖"。

1997年,45度汤沟特曲、39度汤沟特曲荣获国家质量奖审定委员会银质奖。

第三十一章　口子酒

一、口子酒

(一) 口子酒的起源

口子酒（见图 31-1）为安徽省淮北市特产，其酿造日久，可考证的历史已有 2700 多年。春秋时期，鲁桓公十五年（公元前 697 年），宋、鲁、陈、卫四国国君曾于淮北濉溪近郊歃血饮酒，结为盟国，所饮之酒便是当时的口子酒，"歃血为盟"的典故便来源于此。《商颂》中记载："既载清酤，赉我思成。""酤"为古代稀薄之酒，说明此地殷商时期不但有酒，而且有了以酒祭祖祈福的习俗。战国时期，古濉溪已是汴河入濉之口，俗称"口子"。因其交通便利、水肥土沃、气候宜人，逐渐形成口子镇。这里水土好、粮食好，有最适合酿酒的微生物群，两千多年前"口子人"就在这里世代酿酒为生，

图 31-1　口子窖酒

酿出的酒因地得名"口子酒"。1400 多年前隋唐大运河通航之后，口子酒经运河销往运河上下及全国各地，加速了当地酒文化的发展。到宋朝时期，官方在当地的柳孜码头专门设有税官征收盐酒税，可见口子酒在当时通过运河水路交易很频繁。口子酒作为地产名酒，成为当时风靡运河两岸的名牌酒。

(二) 口子酒的民间传说

掘于隋唐时期的口子老井是濉溪最珍贵的酿酒水源。濉溪古城本是由濉水与溪河冲击而成，这里水网密布，河道纵横，古泉丰沛。口子老井自隋唐起一直用于酿造最好的口子酒，有"清泉先含三分味，掘土三尺可闻香"的美誉。口子老井迄今已有 1300 余年的历史，被称为"仙指井"。这源于一个古老的传说：相传很久以前，有一夫妻住在濉水干流上一个最大的河口处——"口子"，这对夫妻勤劳善良。一年隆冬，有位老者前来借住，夫妻见其年迈，便分文不取。老翁深受感动，离店前，将夫妻带到一口水井边，从天上搬下神水到老井，再对夫妻点化一番。后来，夫妻按照老翁指点，酿出了第一坛酒。开坛时，酒香溢四野。一时远近传颂，众人争来酤酒，口子遂成集镇，此酒也

299

被命名为口子酒。为感老翁点化之恩，后人尊此井为"仙指井"，并立碑铭志。原来那位老者就是张果老，他为答谢这一对善良夫妇，才将枯井点化为"仙井"并传授酿酒技法。时至今日，这只口子老井仍在为酿造最好的口子酒奉献着汩汩清泉，不过，井中每天溢出的泉水仅够一个酿酒班使用，弥足珍贵。

（三）口子酒赞

孔子编纂的《诗经》中《商颂·烈祖》一文曾描述了濉溪人以酒祭祖祈福的习俗。战国时代的韩非子周游列国来到濉溪县，便见"酒旗高悬，迎风招展，酒香四溢"。酒旗很可能是中国历史上较早的酒广告宣传方式。

北宋时期，濉溪酿酒更上一层楼。宋元丰三年，文学家苏轼任徐州太守期间，曾游濉溪山水，他在《南乡子·宿州上元》中写道："前骑试春游，小雨如酥落便收，能使江东归老客；迟留，白酒无声滑泻油。"

南宋时期，以淮北濉溪口子镇为中心的淮北酒名气越来越大，因地名而名酒名，以口子镇的"口子酒"也在这时创名于世。民间遂有"名驰冀北三千里，味占江南第一家"的美誉流传。从此，口子镇酿家蜂起，久盛不衰。

明朝万历年间，濉溪的酒作坊已有十余家，诗人戴国士曾游濉溪，痛饮口子酒留下"橘来疑楚泽，沽酒读离骚"的美妙诗句。

历代文人墨客纷纷赞誉濉溪佳酿，明朝相山隐士任柔节题写的"隔壁千家醉，开坛十里香"更是广为流传。相传乾隆皇帝下江南途经此地，品尝口子酒之后，御笔亲题"惠我南黎"交予当地官员立碑刻于相山显通寺，以祝福濉溪一方水土、恩泽这里的黎民。石碑现存于相山庙，成为口子酒辉煌历史的见证。

1968年，当代著名诗人、作家严阵来濉，挥毫写出"濉溪人似濉溪酒，香遍关山十万里的诗句"，对濉溪百姓和口子酒大加赞誉。如今的口子酒，正以其卓越品质独秀酒林、香飘万里，所到之处，生机勃勃，令人陶醉！

二、口子酒的特点

口子酒以优质高粱、小麦、大麦、豌豆为原料，在吸取传统工艺的基础上采用现代技术酿造，经长期陈储、精心勾兑而成。口子酒以其"无色透明，芳香浓郁，入口柔绵，清澈甘爽，余香甘甜"的独特风格，被誉为酒中珍品。口子酒吸取几近失传的明清"大蒸大回"古法精华，形成一套独步业内的"真藏实窖"酿酒工艺体系：全国独树一帜的制曲工艺、创新的高温润料堆积法、大蒸大回古法蒸酒工艺、持之以恒的三步循环储存法。

（一）酿造口子酒的老窖泥

在白酒生产中，窖泥中微生物的丰富程度对酒的品质起到非常重要的作用。而口子酒独特的馥郁芬芳正是老窖池里繁衍数百年的微生物群的天然杰作。在安徽口子酒业股份有限公司（后简称口子酒业）有着800多年历史的元明窖池。早在元末明初时期，口子酿酒先辈们就采用濉溪境内特有的老城花土，铺在发酵池底部和四壁做窖泥，建造酿酒窖池。古时，口子酒酿酒师傅将酒尾、上好的酒糟、濉溪地下古泉水和老城花土一起翻拌后，投入窖池中培养老窖泥。经过数百年的培育和不间断地发酵酿酒，它们终于变成了今天的珍贵老窖泥：厚厚的一层黑色老窖泥覆满窖池底部和四壁，形成口子窖"香气馥郁，窖香优雅，富含陈香、醇甜及窖底香"，妙聚五味的独特兼香基础。这些老窖泥历经岁月滋养而弥足珍贵，富含一千多种酿酒微生物，还有许多现代仪器也检测不出的神秘有益物质。在多年的岁月里，这些古老的文物从未间断发酵，一如跨越了时空的长河独自沉迷于酒香的沉淀、不间断地谱写着世间最为美妙的酒韵，运用自己的洪荒之力印证着白酒业"千年老窖万年糟，酒好全凭窖池老"的古老谚语。得天独厚的自然环境和历史积淀，让口子酒率先通过了国家"纯粮固态发酵白酒标志"认证。

（二）酿造口子酒的工序

水，乃酒之魂魄。从某种意义上而言，口子酒品质天成，千百年来从未离开过濉河与溪河的滋养。它的酿酒用水采自濉溪地下 200 米富含矿物质和微量元素的地下水以及来自隋唐仙指井的甘洌古泉之水。古泉水清澈纯净、硬度适中、入口微甘，天生就适宜酿造优质佳酿，每一滴口子酒，从最初进场的粮食经过老窖池发酵、地锅蒸酒、竹篓传酒、楚纸封酒一系列的工序和一个个酒师的精湛工艺才得以生成。口子窖出酒一般选在晚上 10 点至第二天上午 10 点，蒸酒时火候、加料都必须遵循祖训，出酒时掐头去尾，留下中间那段好的。在口子酒业，师傅们手上的厚茧代表着一种荣耀，师傅的手掌则在延续着真传的秘密。

（三）酿造口子酒的工艺体系

口子窖酿酒要用到三种酒曲：独有的菊花红心曲，首创的超高温曲以及高温曲。菊花红心曲传承自濉溪千年古法工艺，严格遵守祖传制曲工艺，有着"两圈一点红"的显著特征，被载入中国轻工业部编写的《白酒工业手册》。

"高温润料堆积"则是口子酒业在借鉴传统"高温润料法"的基础上，创新发展而成的独特润料工艺：去除原料杂味，带出高粱独有的粮香，使酒香更加丰富。大蒸大回，即发酵后将窖池内的糟坯配上高温润料堆积过的高粱，按比例搭配，五次入甑蒸酒；出蒸后，加入菊花红心曲和超高温曲再入窖发酵。这种工艺出酒率低，成本耗费大，但出酒品质极佳，为此，口子人不惜耗费成本，坚持使用，以保障口子窖酒独有的风味与口感。口子窖的贮存工艺被称为"三步循环储存法"，酒蒸出后先储存于地上不锈钢大罐一年，经历春夏秋冬四季转换，酒体初步缔合后，再转储于地下酒库窖藏老熟，经鉴定后再次移至不锈钢罐群内放置半年，使酒体稳定。经过这样长期储存，酒内各种微量成分相互间的平衡达到最佳状态，香韵均衡、协调。

（四）口子窖酿酒基地独特的地理条件

口子酒业常务副总、首届中国酿酒大师张国强分析称，口子窖酿酒基地属温带湿润气候，淮北地处东经 116°23′至 117°23′、北纬 33°16′至 34°14′，地理上恰是中国习惯上南方与北方的交合点，有着利于酿酒的地理独特微生物环境。与此同时，濉溪土壤肥沃、雨量充沛、日照时间长，盛产的无公害有机五谷纯粮颗粒饱满、蕴含着大自然最原始的味道，濉溪为打造绿色、健康的口子酒提供了独特的地理条件和优质的酿酒原料。

（五）口子酒的香型

浓香则折其锋锐，酱香则发其蕴藉，清香则取其从容……身处南北交界处的口子酒博采众长、兼容并汇，创新推出兼香型白酒。兼香型口子酒香谱壮阔、香氛彻肤，其前段香氛口鼻生香、中段香氛喉舌如沐、而后段香氛则余韵悠长，清气萦绕，直到次日不绝，这使得口子酒更加适应现代人科学饮食的需要，满足了广大消费者全方位饮酒舒适度的需要。2002年，兼香型口子酒被评为中国首个获得"地理标志保护产品"的兼香型白酒品牌，同时也是继浓香型白酒水井坊、酱香型白酒茅台之后第三个获此殊荣的白酒品牌。

口子酒业拥有口子窖、老口子、口子坊、口子美酒（见图31-2）等系列品牌产品，主导产品口子窖酒以其独特的风格和卓越的品质，得到了社会各界的高度赞同。

图31-2　老口子、口子坊、口子美系列酒

三、安徽口子酒业股份有限公司的发展历程

（一）濉溪酿酒作坊

嘉庆七年（公元1803年），濉溪酿酒作坊已发展到30多家，较大的有"俊源""源丰""福泉""恒聚"等。这些作坊生产的濉溪酒，通过水陆两路，向南销往上海、无锡、南京、芜湖、武汉等地，向北销往济南、天津、北京、张家口、抚顺等地。这时的濉溪酒声誉日隆。光绪三年，濉溪重修古睢书院，全城捐款单位24家，其中酿酒作坊就占10家，由此可见濉溪酿酒业之盛。

民国初期，濉溪酿酒业得以长足发展，产量倍增，销路宽广。来自上海、杭州、无锡等地的粮商、酒商云集于此。当地农民也兼营贩运、篓背、桶装，把濉溪酒销往四面八方。此时，酿酒作坊遍布大街小巷，达72家之多，其中，股东生意43家，独资经营29家，共有工人近千名，发酵池600余个，拥有固定资产6000多万元（法币），年产量达300多万斤。其中比较有名的酒坊有"协聚""允成""福泉""广益""南豫泰"。当地流传着这样的民谣："团城七十二，居中尽得法，千瓮皆上品，甘美泉水佳。"

（二）国营濉溪人民酒厂

1949年5月18日，人民政府赎买了"小同聚"等私人酿酒作坊，创立了"国营濉溪人民酒厂"。1951年，国营濉溪人民酒厂在老濉河东岸"祥兴泰""协源公""协顺""协昌"等古酒坊基础上征地扩建，即现在的安徽口子酒业股份有限公司东关分厂。

（三）口子酒厂

1970年，企业一分为二，发展为"淮北市口子酒厂"和"濉溪县口子酒厂"。1979年，两家酒厂分别注册"濉溪"和"口子"商标。1983年《商标法》施行，"两口子"因此打起近10年的"商标之战"，最终两败俱伤。

（四）安徽口子集团公司

1997年，在省、市两级政府的强力推动下，淮北市口子酒厂和濉溪县口子酒厂合并成立安徽口子集团公司。两酒厂结束长期内耗，实现重组再生。

（五）安徽口子酒业股份有限公司

2002年12月，安徽口子集团公司联合其他发起人，成立安徽口子酒业股份有限公司，实施股份制改造，建立现代企业制度。2008年，口子酒业与美国高盛集团合作，重组"安徽口子酒业有限责任公司"，利用国际资本、先进管理理念改造企业，迈向现代化、国际化。口子酒业目前拥有包括首届中国酿酒大师等在内的技术创新队伍及一批国家级、省级的酿造、品评、酒体设计专家和一个现代化的省级技术中心。2013年4月，口子酒业被中国酒业协会定为中国白酒"169计划"科研中心。同年5月，省级博士后科研工作站落户口子酒业。2015年6月，口子酒业在上交所挂牌上市，登陆A股主板。口子酒业不断推进体制创新，通过"分、合、改、联"由国有小企业嬗变为跨国合作大公司。

（六）口子酒的荣誉

口子酒多年来荣获多项殊荣。《濉溪县志》有载，濉溪商会同源酒坊（口子酒业前身）的口子酒于1931年和1934年先后两次参加了在青岛和北京举办的铁路沿线土特产展览会，两次荣获"甲级名优酒"奖状。

2002年，国家质检总局批准对口子酒实施原产地域产品保护，口子酒成为中国首个获得"地理标志保护产品"的兼香型白酒品牌，同时也是第三个获此殊荣的白酒品牌。

2003年，口子酒业通过了ISO9001和ISO14001质量环境兼容管理体系认证，5年口子窖酒通过了国家级产品质量认证，荣获中国白酒典型风格金杯奖。

2005年，口子酒业通过了HACCP管理体系认证，荣膺"中国白酒经济效益十佳企业"。国家工商总局认定"口子"商标为中国驰名商标，口子酒被国家商务部等联合评定为全国首届三绿工程畅销白酒品牌。

2006年，商务部认定口子酒业及"口子"商标为"中华老字号"，副总经理张国强被评定为首届中国酿酒大师，同年口子窖被评定为中国白酒工业十大影响力品牌并通过了纯粮固态发酵白酒标志认定。

2007年，口子酒业荣获世界十佳和谐企业奖。

2008年，由隋唐"仙指井"（见图31-3）、元末明初老窖池和酒厂酿酒车间建筑群构成的口子窖遗址，被评为"第三次全国文物普查重要新发现"。遗址目前仍用于实际生产，"窖香酒远"今犹在，能让人感悟到酒窖厚重的历史文化。

图31-3 "仙指井"

2009年，口子酒业被国家标准化管理委员会批准为中国白酒标准化技术委员会兼香型白酒分技术委员会秘书处承担单位，董事长徐进任全国白酒标准化技术委员会兼香型白酒分技术委员会主任委员。

2011年，口子酒业副总经理张国强当选非物质文化遗产项目代表性传承人。

2015年，口子酒业在上交所挂牌上市，登陆A股主板，入编《中国地理标志产品大典》。

四、口子酒业股份有限公司的发展战略

口子酒业的品牌崛起之路伴随着白酒行业的兴衰荣辱。行业人员以及细心的消费者会发现，口子酒业的称谓及产品称谓都在慢慢地发生着改变，从先前的酿酒作坊到小酒厂，从口子酒厂到口子集团，再到口子酒业股份公司；从安徽口子窖到中国口子窖。看似简单的称谓变化，其背后凸显了口子酒业在企业品牌和产品品牌塑造上的长远战略规划。

（一）品牌塑造

20世纪90年代，家庭是白酒消费者市场的主体，也是招待与交往的场所，结合口子的谐音，口子酒业提出"生活离不开这口子"的广告语。

随着市场经济进一步深入，中国社会日常生活交往由家庭消费向朋友交际消费过度。口子酒业适时提出"好兄弟、口子酒"的广告词，同时推出"时间历练的境界""自然孕育的奇迹"等阶段性的品牌主题。随后，为进一步匹配拳头产品兼香"口子窖"的定位，满足商务人群的消费与社交需求，口子酒业提出"信以时、执有恒，成功自有道，中国口子窖"。

（二）品牌经营

从2006年至2014年，经过近十年的品牌积淀，围绕白酒的本质与社交消费的需求，口子酒业开创性地提出"真藏实窖、诚待天下"的品牌经营理念，并将口子窖的品牌符号定位于真藏实窖。

口子人相信,品牌是公司最具价值的无形资产。为增强品牌及品质的差异性,口子酒业推出的"兼香型"口子窖酒,开创了中国白酒"兼香"新格局,也让口子从安徽省的区域品牌跃升为全国畅销的强势品牌,从家庭消费的低档品牌形象成功转型为商务主流消费的中高档品牌。

(三) 创新管理

口子酒业走过的历程是坚持创新、不断拓展市场、走向全国的历程。历经计划经济的统购统销、市场经济的转型痛楚,面对日新月异的市场环境,口子酒业确立了"两眼盯住市场,一心想着顾客"的全新经营管理理念。坚持创新管理体系、探索创立《酿酒企业顾客持续满意管理》等系列管理行为,既为企业可持续发展搭建了重要平台,又为企业赢得竞争打下了坚实基础。坚持创新营销体系,以消费者为核心、以持续满足市场需求为中心,口子酒业在全国白酒行业创造了独具特色的"口子窖模式",营销网络遍布22个省、市、自治区,在激烈的市场竞争中逐步站稳了脚跟。

(四) 创新营销

口子酒业秉承"理智、敬业、规范、创新"的企业精神,按照国际惯例、规范的公司模式运作,构建了"产权明晰,权责分明,政企分开,管理科学"的法人治理结构。口子酒业实施名牌战略,加大技术改造步伐,推进企业信息化建设,不断探索加强企业管理的各种有效举措。市场开拓方面倡导"执信有恒,成功有道"的诚信营销理念,整合营销管理体系,创新白酒营销模式。持续开展的营销、管理和技术创新,提升了中国兼香型白酒的品牌价值和核心竞争力,满足了广大消费者的需求,进一步做大做强了"口子"品牌。近几年,口子酒业销售收入、利润等主要经济技术指标逐年保持良性增长,创造了良好的经济效益和社会效益,其在全国白酒行业重点骨干企业中的位次也不断攀升。

(五) 追求卓越

在2000多年的文化积淀和几十年的稳健发展之中,目前的口子酒业已拥有五个子公司、五大产品系列。企业也先后获评省先进企业、省优秀食品企业、中国酿酒百强企业等多种荣誉称号。也正因为对卓越品质的追求,一代代口子人坚守着中国传统的师徒传承之道,继承和发扬着口子酿酒技艺,不仅将理论与实践结合,更以手抵心,将酿酒的工匠精神传播到下一代的心中。独特的制曲工艺、高温润料堆积法、大蒸大回蒸酒工艺和三步循环储存法这四大工艺,奠定了口子酒业中国兼香领袖的行业地位。今日,口子酿酒大师已传承至第三代,口子酒业拥有一支大师领衔、梯次配置、阵容强大的技术队伍,其中国家级白酒评委6人、省级白酒评委16人。

(六) 责任企业

展望未来,口子酒业将用科学发展观统领全局,继续秉承"理智、敬业、规范、创新"的企业精神,坚持"以质取胜、提升品位"的经营理念,持续改进工艺技术,稳定扩大产能,形成独特、鲜明、稳定的产品风格,满足广大消费者生活品质提高的需求;坚持"顾客至上、互利共赢"的合作精神,与商家建立稳定、长久的战略伙伴关系,共同发展,走向双赢;坚持"以人为本,和谐发展"的人本宗旨,持续改善员工生产生活条件，不断提高员工薪酬福利待遇；坚持"守法经营、照章纳税"的行为规范，为国家创造财富，推动经济社会持续快速发展；坚持"扶贫帮困、奉献社会"的道德准则，逐步建立健全帮扶和救助制度，努力履行好社会责任，树立责任企业的良好形象。在新一轮的发展中，口子酒业将会谱写更加辉煌的新篇！

参考文献：

[1] 胡磊. 口子窖：真藏实窖育美酒酒香四溢传千年 [Z]. 人民网，2015-11-09.

[2] 黄鹤鸣. 工艺还是传统的好——探访口子酒业股份有限公司口子窖酒遗址 [N]. 淮北新闻网，2017-09-11.

[3] 媒体聚焦. 继往开来创新创业，谱写口子酒业更加辉煌的新篇章 [Z]. 中广网，2009-5-18.

[4] 刘文婷. 口子酒业打造差异化品牌面对市场竞争 [J]. 新华食品，2015（6）：25-28.

[5] 张欣烁. 脚踏实地，口子窖匠心前行 [Z]. 新华网，2017-09-01.

第三十二章 迎驾贡酒

一、迎驾贡酒

（一）迎驾贡酒的起源

安徽迎驾贡酒股份有限公司（后简称迎驾贡酒公司，见图32-1）是全国著名酿酒企业、安徽大别山革命老区的支柱产业，坐落于北纬30度中国名酒带内的国家生态县——安徽省霍山县。公司的渊源企业为始建于1955年霍山县的佛子岭酒厂。迎驾品牌源自公元前106年，汉武帝南巡至今霍山县一带，当地官民到城西槽坊村附近的水陆码头（今迎驾厂）献酒迎驾，武帝饮后，顿感神清气爽，御旨敕封"迎驾贡酒"。"迎驾贡酒"和"迎驾"品牌由此得名，誉满天下。官民献酒迎驾的地方改名为迎驾厂，并流传沿用至今。

图32-1 安徽迎驾贡酒股份有限公司地理位置

（二）迎驾贡酒的民间传说

霍山县至今依旧保留着很多汉朝时期的遗迹。迎驾厂、晾甲滩、小南岳、复览山、睡美人、留驾园等与汉武帝南巡有关的地名，像一部鲜活的历史，讲述着武帝当年御驾南巡的往事。而当地官民当年敬献的美酒，早已从当初敬献大汉天子的贡品成为如今国人的迎宾酒，历经千年风雨的迎驾，在这片酒香氤氲的美丽土地上，以"迎驾、迎宾、待客之道"为核心的迎驾文化和迎驾槽坊村传统酿造技艺代代传承，不断得以弘扬和丰富。

（三）迎驾贡酒赞

武帝已去，美酒依旧，美谈千古。迎驾美酒伴着这美丽的传说香透千年，吸引了无数文人墨客相继慕名来游，诗仙李白、晚唐诗人皮日休等均游历皖西且留有诗赋。

中国酒业协会理事长王延才评价迎驾贡酒为"生态酿造，美名传扬"。

明代进士吴兰咏槽坊诗"淠河衣带远通淮，古有长津利往来。酒皆村酿人欲醉，临流牵马一徘徊"，从侧面反映了当时迎驾厂槽坊村一带的酒风之盛。

有传唐代诗人李白，于天宝七年（公元748年），奉唐玄宗李隆基之命到霍山县挂龙尖白云庵，看望因抗婚修行的李隆基的妹妹李翠莲公主，曾在迎驾厂一家客栈歇了一夜。客栈的老板看到李白英俊可钦、谈吐不凡，忙叫店小二备佳肴，拿迎驾贡酒款待客官。这酒闻着特别香，喝到嘴里味特别醇，越喝越有味，李白就问店老板："这酒叫什么酒？"老板答道："迎驾贡酒。"李白惊讶道："迎哪位皇帝的圣驾？""启禀客官，当年汉武帝巡狩霍山，特酿贡酒迎圣驾，遂以流传至今。"李白听后心中大悦，酒杯一举，高声赞道："饮迎驾贡酒，则声价十倍。"在回去的时候，李白又在迎驾厂原客栈歇了一夜，并买了两罐迎驾贡酒乘船带到金陵。他在金陵会海内之豪俊，饮迎驾贡酒，纵之以清淡，感慨万千。他一气呵成，写出了千古名篇《与韩荆州书》。文中"一登龙门，则声价十倍"的后一句，就是李白引用自己赞誉迎驾贡酒的一句话。

二、迎驾贡酒的特点

（一）迎驾贡酒的工艺酿造特点

霍山县是我国中西部第一个国家生态县（见图32-2），大别山主峰白马尖雄踞境内，"新中国第一坝"佛子岭水库镶嵌其中。这里群峰竞秀、山水相依，竹林总面积近60万亩，蓄积量6000万株，常年云雾缭绕、叠烟架翠，恍如仙境。这里气候温暖湿润，年均气温15摄氏度，年均降水1500毫米，霍山县全县森林覆盖率75%以上，物种6500余种，是高密度负氧离子与植物精气聚集的"天然大氧吧"，为丰富的酿酒微生物提供了成长的乐园，具有酿造好酒的不可替代性。青山绿水出美酒。自然馈赠酿传奇，正是霍山县得天独厚的自然条件，为这座大别山革命老区的小城建立起了一座通向世界的酒脉。

图 32-2 霍山县地理位置

迎驾贡酒公司占地面积千余亩，拥有员工近6000人。以中国酿酒大师倪永培为首，包括数名国家、省级白酒评委和非物质文化遗产传承人等组成迎驾贡酒核心技术团队。迎驾贡酒一直秉承具有千年历史的"迎驾槽坊村"传统酿造工艺，以高粱、大米、糯米、玉米、小麦为原料，依托自然保护区内的大别山无污染山涧泉水，以偏高温大曲为糖化发酵剂，运用泥池老窖90天以上长周期发酵和现代科技手段，精心酿造而成。从粮食粉碎到成品酒出厂，迎驾贡酒历经69道传统工艺。迎驾贡酒公司是中国生态酿酒的倡导者与引领者，凭借"生态产区、生态剐水、生态酿艺、生态洞藏、生态循环、生态消费"为一体的酿造生态好酒的天然优势和全产业链生态模式，铸就了迎驾贡酒"窖香幽雅、绵甜爽口、醉得慢、醒得快"的鲜明风格。

（二）迎驾贡酒系列特点

迎驾贡酒公司拥有大型优质曲酒生产基地，年产原酒3万吨，白酒储存能力20万吨。该公司采用全产业链生态模式、多位一体生态酿艺，铸就了迎驾贡酒"绵、甜、醇、柔、香"的口感特征。公司主打产品为：迎驾贡酒生态洞藏系列、迎驾贡酒生态年份酒系列、迎驾之星系列、百年迎驾系列、迎驾槽坊系列。迎驾贡酒主要销往华东、华北、华中、华南等20多个省、市、自治区。

1. 迎驾贡酒生态洞藏系列

白酒洞藏是一种由来已久的文化，历来就有"洞中七日，洞外一年"的说法。迎驾贡酒的储藏地——黄岩洞是佛子岭上的天然山洞（见图32-3），早在明朝年间就已存在。黄岩洞分上下两洞，由主洞、副洞以及若干支洞组成。洞内冬暖夏凉，常年保持着15℃~21℃的气温和85%~90%的湿度，而且洞内岩壁富含水分，空气流通，非常适合各种微生物的生长。黄岩洞因其适宜的温度、湿度与微生物群落形成了优良的储酒环境，对酒的醇化生香起到不可替代的促进作用，让酒体更加细腻、饱满、醇香，成为藏酒的绝佳之地。刚生产出来的新酒比较辛辣，必须在一个适宜的地方进行储存，才能使新酒的刺激性、辛辣感明显减轻，从而使其口味变得柔和醇厚。

图 32-3　迎驾贡酒的储藏地：黄岩洞

迎驾贡酒生态洞藏系列产品，是迎驾贡酒公司在消费升级的行业大背景下推出的代表迎驾贡酒公司生态理念与礼仪文化的中高端产品。迎驾贡酒生态洞藏系列产品凭借其经典传统设计风格——承泱泱大汉遗风，以瓦当龙纹凤样、麒麟头案，彰显着传统的尊贵吉祥，演绎着至高无上的国宾礼遇。生态洞藏系列产品凝聚着浓郁汉文化的设计风格，吸引了众多国际人士。不习惯饮用中国白酒的国际友人在品尝生态洞藏系列产品后，都竖起了大拇指啧啧称赞。这也充分彰显出迎驾贡酒生态洞藏系列的卓越品质。洞藏稀有酒珍贵（见图 32-4）在 2012 年、2014 年、2015 年、2017 年、2018 年的白酒国家评委年会上，五次荣获"中国白酒酒体设计奖"，登上中国白酒品质巅峰。目前，生态洞藏系列中价百元以上的产品对公司收益率贡献较大。

图 32-4　迎驾贡酒·洞藏稀有酒珍贵

2. 迎驾贡酒生态年份酒系列

迎驾贡酒生态年份系列（见图 32-5）有多款产品，主要有 6 年、8 年、9 年、10 年、12 年、15 年、20 年、30 年等。公司主营 8 年以上的产品，6 年作为集团主营产品的下延产品，侧重由经销商运营。迎驾贡酒生态年份酒凭借其窖香、爽口、典雅、香味协调、回味悠长等特点，成为公司发展的战略主导产品。迎驾贡酒生态年份酒承韵两千多年的古老酒乡酿造精华，凝结了中国殿堂级酿酒大师宝贵经验。其酒体柔韧有度，入口醇厚丰盈。岁月之味，寓于酒而历练成境，一如大气人生，自有风韵，点滴之赏，万物已得。流连品味中，超凡品味卓然彰显。

图 32-5 迎驾贡酒生态年份酒系列

3. 迎驾之星系列

迎驾之星系列（见图 32-6）整体销售情况也不错，主打产品有迎驾金星、迎驾银星、迎驾钻星等。尤其是迎驾银星，曾在徽酒 80 元价格带出现一枝独大的盛况。

迎驾金星 　　　　迎驾银星 　　　　迎驾钻星

图 32-6 迎驾之星系列

4. 百年迎驾系列

百年迎驾系列（见图 32-7）产品有三星百年迎驾、四星百年迎驾、典藏百年迎驾、至尊百年迎驾等。该系列产品面世时间早，市场耕耘时间长。

三星百年迎驾 　　　四星百年迎驾

典藏百年迎驾　　　　　　至尊百年迎驾

图32-7　百年迎驾系列

5. 迎驾糟坊系列

迎驾糟坊系列（见图32-8）是迎驾贡酒旗下的一款老酒，迎驾糟坊系列取艺传统酿酒糟坊，集各坊之大成，融坊间之醇香，传承糟坊酿酒源远流长的文化历史，去芜存菁、纳旧赋新，使其既有深厚历史底蕴又具新鲜时代风范，是亲朋聚会之共赏佳酿；迎驾糟坊系列酒体清亮透明、饱满、醇和，香味谐调，风味独特，深受广大消费者青睐；迎驾糟坊产品有珍品、铁盒、上品等。

迎驾糟坊珍品　　　　迎驾糟坊铁盒　　　　迎驾糟坊上品

图32-8　迎驾糟坊系列

三、安徽迎驾贡酒股份有限公司的发展历程

（一）古镇迎驾厂

公元106年，汉武帝巡猎霍山，官民至此迎武帝大驾。美人捧淠水精酿琼浆献之，帝饮后大悦，敕封南岳，狩猎山林。古镇迎驾厂即源于此，迎驾贡酒也因此得名。

（二）佛子岭酒厂

1955年，当地政府于安徽省霍山县佛子岭镇建佛子岭酒厂；1955至1958年，为酒厂徘徊探索阶段；1959至1977年，从手工步入机械阶段；1978至1985年，为酒厂起步拓展阶段；1986至1996年，为酒厂奋进变革阶段，其间的1992年，佛子岭酒厂与霍山县食品厂联合，组建霍山县酿酒食品总厂，但在1994年，当地政府恢复霍山县佛子岭酒厂。

（三）安徽迎驾集团有限公司

1997 至 2005 为酒厂拼搏奋进阶段。1997 年，酒厂改为股份制，把职工变为股民，变为企业的所有者，调动了广大职工的积极性。2003 年，国有股进一步退出，酒厂由国有控股的股份制企业变为民营股份制企业，这是个重大的转折。到 2005 年，集团总资产已经达到 6.65 亿元，是 1997 年的 11 倍；2006 至 2010 年，是企业扩张腾飞阶段。集团获得多种荣誉，并进入安徽企业百强榜单。

（四）安徽迎驾贡酒股份有限公司

2011 年至今，是迎驾贡酒公司腾飞远航阶段。2011 年，迎驾贡酒公司召开创立大会，以整体变更方式，设立安徽迎驾集团股份有限公司。在完成一系列资产重组后，又以整体变更方式，设立安徽迎驾贡酒股份有限公司。

2015 年 5 月 28 日，迎驾贡酒（股票代码：603198）在上交所 A 股主板上市，成为当时全国白酒行业第 16 家上市企业。市值从上市前的不足百亿元已经成长至 180 亿元，规模为 A 股上市酒企中第 8 位。

（五）迎驾贡酒获得的荣誉

迎驾贡酒股份有限公司近年来发展势头迅猛，其产品和传统酿造技艺等先后获得多项殊荣。

2002 年，迎驾商标荣获"安徽省著名商标"；

2006 年，在中国酒业高峰论坛年会上，迎驾贡酒获"全国名酒博览会金奖"被评为"中国酒类最具影响力的著名品牌"；

2007 年，迎驾贡酒产品被国家质量监督检验检疫总局认定为"国家地理标志保护产品"；

2008 年，迎驾酒传统酿造工艺被列入"安徽非物质文化遗产名录"；

2009 年，迎驾贡酒公司荣获"全国重合同守信用企业"荣誉称号；

2010 年，"迎驾"商标被国家工商行政管理总局认定为"中国驰名商标"；

2011 年，"迎驾"商标被商务部认定为"中华老字号"；

2012 年，迎驾贡酒集团荣获省企"最佳雇主"称号；

2013 年，迎驾贡酒公司被上海大世界基尼斯总部认证为"中国生态环境最美的酒厂"；

2013 年，迎驾贡酒获得"中国复兴文化名酒"称号；

2014 年，迎驾贡酒荣获"中国白酒酒体设计奖""中国白酒国家评委感官质量奖"；

2017 年，迎驾贡酒公司入选"2017 中国品牌百强榜"，董事长倪永培在 2017 中国酒业年度评选中荣获"2017 中国酒业年度经济人物"；

2018 年，酒业家传媒授予安徽迎驾贡酒股份有限公司"改革开放 40 年中国酒业功勋企业奖"。

四、安徽迎驾贡酒有限公司的发展战略

在大众消费升级趋势下，迎驾贡酒公司顺势而为，产品结构提升明显。在白酒行业，生态酿造理念已悄然成型，蔚然成风。迎驾贡酒坚持其生态酿造发展战略，在行业调整中发挥企业独特优势，顺应健康消费需求，坚持生态酿造不动摇，走中国白酒生态发展战略，酿造生态好酒，引领中国白酒健康消费新潮流；围绕消费结构和产业结构的变化，企业不断加强创新，满足消费升级需求，顺应市场诉求新趋向、增强企业竞争力；提升迎驾品牌文化，实现"百亿迎驾、百年品牌"发展战略，使迎驾贡酒成为全国知名白酒品牌。

（一）奉行健康生态酿酒

"大自然是最好的酿酒师，消费者认为健康好喝的酒才是好酒。"正是抱着这样的理念，在迎驾贡酒厂内，生态酿造在生产每个环节都有体现。酒业"老兵"倪永培说："我们之所以能酿造出人们所喜爱的迎驾美酒，其核心就是品质，而品质的长期保证，很大程度上依赖于大别山天然的生态环境。"酒厂坐落在安徽省霍山县，是中国天然氧吧县、中国好水县、首批国家级生态保护和建设示范区、中国竹子之乡。依托这些得天独厚的自然环境，迎驾贡酒坚持"生态产区、生态剐水、生态酿艺、生态洞藏、生态循环、生态消费"六位一体的大生态品质理念。生态酿酒倡导绿色健康发展理念，企业通过不断促进产业升级和科技进步，不仅顺应了新时代消费升级趋势，更为中国白酒走向世界提供了方向。

（二）生态循环，经济环保

迎驾贡酒酒厂的生态理念，不仅贯穿于生态环境、酿酒工艺、原料、微生物洞藏之间的有机联系，更重点落实于生态循环这一管理体系的建造。迎驾贡酒公司于 2001 年就开始全面导入 ISO14001 环境管理体系，确立了"防止污染、保护环境、挖潜增效、节能降耗、创建酿酒生态园、实现产业生态化"的环境管理纲领。企业投资数千万元，建成生态循环系统，用曲酒酿造过程中产生的有机废糟、废液发酵产生沼气，沼气燃烧锅炉产生高压蒸汽发电，发电后的余热用来酿酒；形成了生态的循环，既解决了污染治理问题，又能变废为宝，实现了低碳、节能、环保的循环经济模式。

（三）工艺改造，传承创新

在酿造工艺方面，迎驾贡酒酒厂一直力求将传承与创新结合，面向世界新时代消费趋势升级，在全国白酒行业率先完成全部机械化、自动化改造，实现了粮、糟、糠、曲"所有物料不落地"，推行粮、糠、曲、水、汽的集中配送，进行标准化管理、智能化控制，使工艺更规范、原酒质量更稳定，形成了"醉得慢、醒得快、有点甜"的风格特征，赢得消费者的青睐。

（四）产品变革，拓展市场

迎驾贡酒酒厂在不断进行技改升级的过程中，在产能不变的前提下，积极提升中高端产品产量和质量,努力开发符合各类消费者口感的系列产品,积极探索开发其他香型产品、客户定制产品及时尚化产品。同时推进市场建设,深度布局省外市场,建立大型区域物流中心以及直营店、加盟店,完善市场网络等。董事长倪永培认为销售是带动生产的龙头。多年来,迎驾的市场营销战略和战术他都要亲自抓。他提出"双A战略",即在品牌上塑造国人的迎宾酒,品质上打造生态好酒;在渠道上坚持"五路并举",即通路、商超、直销、名烟名酒店、VIP五路并举。助推迎驾贡酒攻城略地,从本地逐步走向全国。

(五)多方合作,助推发展

为了推动生态白酒的发展,适应新时代消费趋势的升级,在中国酒业协会的领导下,迎驾贡酒酒厂与江南大学、北京工商大学、中国食品发酵工业研究院联合成立"中国生态白酒研究院"。倪永培表示,中国生态白酒研究院将在中国酒业协会的指导下,秉承"创新、协调、绿色、开放、共享"的五大发展理念,充分利用优势资源,凝练学术方向、汇聚研究队伍,深入研究生态白酒,推动企业创新,释放发展活力;将聚焦生态白酒研发,制定生态白酒的标准规范;将明确生态白酒与自然环境、微生态环境、酿造工艺、人体健康之间的关系,制定生态白酒的主要成分及生态白酒所含必要指标,强化生态白酒环境所属地概念、数字化概念与健康概念;将对生态酿酒工艺进行研发改进,优化处理,降低能耗,综合利用生产过程中产生的副产品,提高循环利用率,研发生产效率高、耗能低的新型生态酿造设备,实现工艺创新和绿色发展;将推广生态白酒价值,打造生态白酒文化传播平台,构建生态白酒文化圈,传播生态白酒品饮礼仪;将充分发挥校企院合作优势,全面提高生态白酒研究与人才培养水平,将科研成果运用到生产实践中去,推动行业发展,为中国白酒国际化与全球化奠定技术基础、文化基础和消费基础。

(六)迎新时代,展新跨越

迎驾贡酒自成立至今,60多年风雨载途,一步一个脚印,迎来了新时代,并逐渐发展成今天的全国知名的大型多元化集团。迎驾贡酒目前正在走一条全新的"生态酿酒"之路。作为中国白酒生态酿造的倡导者和引领者,迎驾一直遵循"以酒合天"的理念,尊重自然,顺应自然,将生态理念融入产前、产中和产后的各个经营环节,建立产业生产链,实现经济发展与环境资源相协调,人与自然、企业与社会的可持续发展的绿色发展之路。

淠水悠悠千古流,水魂化作迎驾酒。迎驾人以"脚踏实地,开拓创新,勤于学习,善于研究"为企业精神,以"中国迎驾,礼仪天下"为品牌理念,倾力打造"中国人的迎宾酒""中国最美酒厂"。展望未来,迎驾集团将紧紧围绕企业的发展战略,在"管理和工艺创新,技术和产品升级,确保经济效益持续增长"的经营方针指引下,持续增强贯彻新发展理念的能力,推进智能迎驾、效率迎驾、美丽迎驾、快乐迎驾建设;集团提质增效升级,发展稳中有进、稳中向好。倪永培强调,迎驾要牢牢把握"高质量发展",在"全面提升品牌力和渠道力,全面提升管理标准化水平,确保销售收入稳定增长"的经营方针指引下,与时俱进推动实施品牌战略、营销战略、生产战略、人力资源战略、财务战略和文化战略,发展新业态,激发新状态,紧跟新时代,展现新作为,实现新跨越，为实现自己的宏伟蓝图而努力奋斗！

参考文献：

[1] 胡可璐. 最美酒乡酿造最美生态酒［N］. 合肥日报，2015-08-24.

[2] 夏芳. 酒业"老兵"倪永培：迎驾贡酒要做徽酒龙头更要做中国名酒［N］. 证券日报，2017-08-22.

[3] 张普.【千古一绝】迎驾"睡美人"原来在这里［Z］. 凤凰网酒业，2016-10-26.

第三十三章　古井贡酒

一、古井贡酒

中国八大名酒之一的古井贡酒（见图33-1）产自世界十大烈酒产区之一的安徽省亳州市。古井贡酒属于亳州地区特有的大曲浓香型白酒，距今已有1800多年历史。古井贡酒曾四次蝉联全国白酒评比金奖，是巴黎第十三届国际食品博览会上唯一获金奖的中国名酒，先后获得中国驰名商标、中国原产地域保护产品、非物质文化遗产保护项目等荣誉，世人誉之为"酒中牡丹"。古井贡酒商标为"年份原浆"。

图33-1　古井贡酒·年份原浆古20

（一）古井贡酒的起源

建安元年（196年），曹操将家乡亳州特产"九酝春酒"（古井贡酒前身）及酿造方法《九酝酒法》进献给汉献帝。曹操在奏折中写道："臣县故令南阳郭芝，有九酝春酒。法用曲三十斤，流水五石，腊月二日渍曲，正月冻解，用好稻米，漉去曲滓，便酿法饮。日譬诸虫，虽久多完，三日一酿，满九斛米止。臣得法酿之，常善，其上清滓亦可饮。若以九酝苦难饮，增为十酿，差甘易饮，不病。今谨上献。臣曹操，汉建安元年，时丙子冬月。""贡酒"由此得名。此后，古井贡酒曾经多次作为贡品献于朝堂，故有"岁岁进贡，年年受宠"的传说。

（二）古井贡酒的传说

古井贡酒的产地亳州市古井镇，过去称"减店集"，古名"减王店"。关于古井贡酒，在当地民间流传着许多生动、有趣的传说。

一传：道教始祖李耳，即今天人们所称赞的老子，在减王店以杖划地成沟。该沟因系用太上老君仙杖所画，地涌仙泉，故减王店之水能酿名酒。如今这条"柱杖沟"距离古井集团1公里多远，沟内有水，清澈见底。

二传：东汉末年，曹操在亳州为汉献帝选妃，汉献帝见一村姑骑在土墙上，不悦。那村姑原是真人不露相的"清风仙子"。"清风仙子"知道汉献帝昏庸，汉室将倾，不愿被选入宫中，遂盛妆而现出绝伦美色，微笑着投入古井之中。自此，井水甘美无比。

三传：1000多年以前，南北朝时期的梁武帝萧衍派大军攻打谯郡，北魏独孤将军奉命出城迎战，两军对垒厮杀甚烈，独孤将军终因寡不敌众而兵败阵亡。死前，独孤将金铜长戟投入井中。这一带为盐碱地，水味苦涩；只有投戟之井，水质清冽甘爽，矿物质丰富，该井水用来酿酒，酒体饱满、窖香浓郁。

传说与神话弥漫着古井镇这块神秘的土地。正是这块钟灵毓秀之地，孕育了醇厚甘爽的古井贡酒。

（三）古井贡名人馆

亳州自古人杰地灵，英才辈出。先后有曹操父子、华佗、嵇康、陈抟等俊杰从这片故土走上中国历史舞台；同时，杨坚、姚崇、范仲淹、欧阳修、曾巩、宋应星等俊彦均在此为官抚民，留下大量诗酒佳话，把谯地名酒九酝春酒推向全国。

1959年，公兴槽坊转制为省营亳县古井酒厂后，古井贡酒的发展得到了党和国家领导人的关怀。在古井贡酒发展的各个时期，有许多作家、书画名家等社会名流与古井结下了不解之缘。

走进古井贡名人馆，即是走进中华酒文化的历史长廊。在这里以时间为脉络，为您打开一页页亳州、古井贡酒历史名人的心扉，诠释名人的酒文化情节……

二、古井贡酒的特点

（一）古井贡酒的酿制

古井贡酒采用古井镇优质地下水，并在亳州市古井镇特定区域范围内，利用其自然微生物环境，按古井贡酒传统工艺生产而成。古井贡酒以安徽淮北平原优质高粱作原料，以大麦、小麦、豌豆制曲，沿用陈年老发酵池，继承了混蒸、连续发酵工艺，并运用现代酿酒方法加以改进，博采众长，形成自己的独特工艺和风格。

（二）古井贡系列酒的特点

古井贡酒属于浓香型白酒，具有"色清如水晶，香纯如幽兰，入口甘美醇和，回味经久不息"的特点。目前，市场上常见的古井贡酒"年份原浆"（见图33-2），传承《九酝酒法》，采用"无极之水、桃花春曲"，在"明清窖池"中用传统工艺酿造而成。产品自上市以来，受到了消费者的一致认可。52

图33-2　古井贡酒·年份原浆

度古井贡酒·年份原浆荣获 2019 年度中国白酒感官质量奖。

三、古井贡酒品牌发展

古井贡酒是安徽古井集团有限公司（后简称古井集团）的主导产品。古井集团是以安徽古井贡酒股份有限公司（后简称古井公司）为核心的大型企业。公司的前身为起源于明代正德十年（公元 1515 年）的公兴槽坊，1959 年转制为国营亳县古井酒厂。1963 年，古井贡酒一举获评全国评酒会第二名。1979 年、1984 年、1989 年，古井贡酒又三次蝉联全国评酒会金奖称号。1992 年，古井集团成立。1996 年，古井公司成为中国第一家同时发行 A、B 两支股票的白酒类上市公司。

古井公司先后获得中国地理标志产品、全国重点文物保护单位、非物质文化遗产保护项目、安徽省政府质量奖、全国质量标杆、国家级工业设计中心、国家级绿色工厂等荣誉。2008 年，古井酒文化博览园成为 AAAA 景区，2013 年，古井贡酒酿造遗址荣列全国重点文物单位。2016 年，古井集团成为"全国企业文化示范基地"，荣获中国酒业"社会责任突出贡献奖"。2017 年，全国首家古井党建企业文化馆开馆。2018 年，古井贡酒荣获"世界烈酒名牌"称号，古井贡酒酿酒方法"九酝酒法"被世界吉尼斯纪录认证为"世界上现存最古老的蒸馏酒酿造方法"。2019 年，"古井贡酒·年份原浆传统酿造区"成为国家级工业遗产。在"华樽杯"中国酒类品牌价值评议活动中，"古井贡"以 1469.8 亿元的品牌价值位列安徽省酒企第一名。

目前，古井公司主打产品古井贡酒"年份原浆"。古井公司凭"桃花曲、无极水、九酝酒法、明代窖池"的优良品质，先后成为上海世博会安徽馆战略合作伙伴，以及 2012 年韩国丽水世博会、2015 年意大利米兰世博会、2017 年哈萨克斯坦阿斯塔纳世博会、2020 年迪拜世博会中国馆官方合作伙伴。2019 年，古井公司策划发起全新升级的"全球读'亳'——挑战最易读错的汉字"向海内外华人宣传千年古城亳州。古井公司在行业内首倡"中国酿，世界香"，坚定中国白酒走向世界的自信。

四、古井集团有限责任公司的发展战略

古井集团秉承"做真人，酿美酒，善其身，济天下"的核心价值观，目前拥有正式员工 10000 多名，以白酒为主业，商旅业、类金融业等为辅业。

2016 年 4 月，古井集团与黄鹤楼酒业有限公司签订战略合作协议，开启中国名酒合作新时代。黄鹤楼酒是湖北省唯一的中国名酒，产品以"绵柔醇厚、优雅净爽、余香回味悠长"的独特风格，荣获 1984 年、1989 年两届全国白酒评比金奖。黄鹤楼酒业目前拥有武汉、咸宁、随州三大基地，其中武汉基地黄鹤楼酒文化博览园获批国家 AA 旅

游景区，咸宁基地黄鹤楼森林美酒小镇获批国家AAA景区。2018年，黄鹤楼酒大清香产品正式上市。

古井集团的商旅业以安徽瑞景商旅集团为主体，位居中国旅游饭店业前20强。安徽瑞景商旅集团拥有两家五星级酒店（合肥古井假日酒店、亳州宾馆）、一家四星级酒店（上海古井假日酒店）。下属的古井酒店管理公司于2016年获批在新三板挂牌上市，拥有"城市之家""君莱""古井"三个酒店品牌。

古井集团的类金融业以安徽汇信金融投资（集团）有限责任公司为主体，包括典当公司、小额贷款公司、融资租赁公司、电商等，重点发展产业链金融。

此外，古井集团还有健康产业公司、盛隆商贸公司、龙瑞玻璃公司、瑞思威尔科技公司等。

2018年，古井集团收入首次突破100亿元。2019年，古井集团营收再过百亿元。收入、利税等都取得了可喜增长。

未来，古井集团将继续深入践行社会主义核心价值观和古井集团"做真人，酿美酒，善其身，济天下"企业价值观，全面落实聂广荣精神和精品意识，立本谋远，保持定力，咬定双品牌双百亿目标，夯实白酒主业核心，深入推进战略5.0落地实施，奋力迈向"数字化、国际化、法治化"的新古井。

第三十四章　扳倒井酒

一、山东扳倒井酒概述

（一）扳倒井酒的企业概况

山东扳倒井股份有限公司（后简称扳倒井公司）系国家大型酿酒企业，拥有"国井""扳倒井"两大品牌，主要生产芝麻香、淡雅浓香两大香型白酒。目前，扳倒井公司的纯粮固态生产规模居国内前列，其独创的"二次窖泥技术"和"DMADV"酒体设计控制技术，获全国食品科技奖和首届白酒科技大会优秀成果奖。扳倒井公司拥有中国第一品酒师、中国唯一的酿酒工艺和大世界吉尼斯之最——最大的纯酿固态发酵酿酒生产车间等。近年来，企业坚持可持续发展战略，重视人才队伍建设和科技创新，形成了包括全国技术能手、国家级评酒员、中国白酒酿造科技专家、山东省首席技师等在内的全国一流白酒酿造团队。2009 年，总工程师张锋国获国务院特殊津贴。在第二届全国品酒技能大赛上，集团副总工程师胡凤艳取得全国第六、山东省第一的好成绩。2011年 10 月 10 日，由中国轻工业联合会和中国酿酒工业协会联合主办的"中国酿酒大师"颁证大会在北京钓鱼台国宾馆隆重召开，公司董事长、总经理赵纪文荣获"中国酿酒大师"最高荣誉称号，成为山东白酒行业唯一获此殊荣的人。扳倒井技术中心现为省级企业技术中心、中国白酒复粮芝麻香研究基地。扳倒井公司非常重视品牌建设，旨在把"国井"品牌打造成高端品牌。

扳倒井公司曾荣获"国家地理标志保护产品""中华老字号""中国芝麻香型白酒领军企业""中国低度浓香型白酒著名企业""中国驰名商标""中国食品工业质量效益奖""中国白酒质量优秀产品""中国历史文化名酒"等多项荣誉，并获纯粮固态发酵白酒认证标志。"国井"被认定为"中国白酒复粮芝麻香型代表""中国芝麻香型白酒代表"。2009 年和 2010 年，扳倒井公司先后成为第十一届全运会、第二十二届省运会合作伙伴。"国井""扳倒井"吸引了全国人民的目光，引起社会各界的广泛关注，在全国高端市场为自己搭建了更为广阔的发展平台。2010 年，"国井"被评为中国酒业新高端品牌。2011 年，扳倒井公司与中国食品发酵工业研究院、山东省食品发酵工业研究设计院等建立战略合作关系，三方联合共建了第一家中国芝麻香白酒研究院、中国芝麻香白酒研究基地、中国芝麻香白酒微生物联合实验室等，加强国家科技项目的攻关，并参与承担"十二五"大型国家科研攻关项目。中国食品行业唯一的中国工程院院士孙宝国加盟扳倒井研发，芝麻香白酒研究开始上升为国家科技发展战略。2011年12月，扳倒井公司生产的"芝麻香型、浓香型白酒"顺利通过有机认证，成为全国首家芝麻香型有机白酒生产企业，也是山东省的首个有机白酒生产企业，这改变了山东没有有机白酒的状况，也为"国井""扳倒井"品牌增添了含金量。

"淡雅浓香"与"芝麻香"齐头并进、"扳倒井"品牌与"国井"品牌交相映辉，带动扳倒井企业不断加速发展，向着更高的目标迈进。

（二）扳倒井酒的历史溯源

1. 扳倒井

在青山关城堡北门外的山坡之上，有一眼闻名遐迩的水井——扳倒井。此井原来向东南倾斜20度，井南侧有条石阶梯，人们打水时可沿条石阶梯而下直接提水，很是方便。此井一丈五尺深，涝年不溢，旱年不涸，井水清凉甘甜。此井修于何年？无史料记载，无法考证。据说，明初在这里建关修城时，此井就已打下，以供军队人马饮水之用。

2. 扳倒井酒

扳倒井酒，山东省高青县特产，中国国家地理标志产品，属浓香型大曲白酒。扳倒井系列产品完全按ISO9001-2000国际质量体系运行，从产品设计到生产检验全过程持续、有效控制，使产品质量达到了一个新的高度，其中三星、五星、原浆、世纪经典等系列产品在行业鉴评中名列前茅，被中国白酒专家称为酒中精品。

师承名酒又不拘泥于传统，扳倒井酒创立了"二次窖泥技术"，大大提升了酒的质量品质。其次突出产品个性，从扳倒井酒的复合香研究入手，重点突出以己酸乙酯为主体的酯香，多年富积发酵形成的"老窖香"和"糟香"，采用多粮酿酒形成的"粮香"，精心制曲形成的"曲香"，以及数年陈酿形成的"陈香"等质量特征，采用"IT感官评估"科学调配，形成了集窖香、糟香、粮香、曲香、陈香于一体，诸味谐调的独特风格，并对扳倒井酒做出"生理反应测试"，使该系列酒醇和、耐喝、顺口、不上头，受到广大消费者的青睐。

3. 发展史

1957年，高青县酿酒厂（见图34-1）建立。1978年，县酒厂设固体车间和酒精车间，固体车间以传统的固态发酵法生产粮食酒，酒精车间以蒸馏釜技术生产地瓜干白酒。固体酿酒为传统技术，机械化程度极低，基本靠手工操作，产品以高粱为原料。酒精生产属现代化工业生产，以瓜干、玉米为原料，生产过程可控性强。

图 34-1　高青县酿酒厂

1980年后，随着酿酒技术逐步提高，县酒厂先后采用串香工艺、活性干酵母、双轮底、多轮底发酵等技术，促进了白酒质量的提高。当时，县酒厂主要生产串香白酒、高粱大曲、高青二曲、苑青酒、芦湖酒等。1991年，县酒厂开发了液体窖泥，并针对压池渡夏的难题，提出了新方法、新工艺，突破了传统压池渡夏的理论限制，使粮食酒的夏季生产有了根本性的转变。1993年，该酒厂成立酒类研究所，对酿造工艺、勾兑工艺、产品开发进行系统研究，使酿酒生产走向科技化道路，产品结构也形成低度为主、高度为辅，多品种、多档次的合理布局。1995年9月，以高青县酿酒厂为核心企业，以高青县工艺厂、高青县塑料厂、高青县食品厂为紧密层企业，组建山东扳倒井集团。1999年酒厂公司制改造，是年8月7日，成立山东扳倒井股份有限公司，注册资金2950万元。该企业自1987年就在中央电视台播出"扳倒井"系列产品广告，走品牌经营之路，"扳倒井"逐步成为在国内有较高知名度和影响力的白酒品牌，被评为山东省质量免检产品，"扳倒井"商标被认定为山东省著名商标。

（三）扳倒井酒的民间传说

提起扳倒井，还有一段古老的传说：宋太祖赵匡胤在创业初征战南北，兵经高青（古称高苑）时，正值天热干旱，众将士身疲口渴，见一井，但井深难以汲取，赵匡胤心中默念："井水知我心，井助我成功，请倾井相助。"言毕，井斜，汩汩清泉缓缓流出，解得众人之渴，众将士继续行军，终成一代霸业。宋太祖登基后，感念此井救助之恩，御封此井为"扳倒井"。此后人们认为此井水乃福音之水，以饮得此水为荣，更有无数远途来取水以求心愿成功者。以此井酿得的扳倒井酒，窖香浓郁，醇甜绵柔，香味谐调，回味悠长，风格独特，深受历代善饮者珍爱。

二、山东扳倒井酒的特点

（一）山东扳倒井酒的酿造

1. 原料

主要原料：高粱、小麦、玉米、大米、小米和麸皮。

水：来自保护地域范围内地下700米深井水。

2. 制曲工艺

糖化发酵剂采用高温大曲、中温曲、河内白曲、生香酵母、细菌麸曲混合搭配而成。

大曲：以小麦为原料，经粉碎、加水拌料、制曲、入室安曲等工序，利用保护地域范围内特定的微生物菌群自然富集而成。高温大曲控制顶火温度65℃，中温曲控制顶火温度在58℃~62℃。

河内白曲：以麸皮为主要原料，接入河内白曲纯种培养而成。要求外观菌丝紧密、颜色新鲜、鲜曲香味浓、糖化力大于等于900u/g，酸性蛋白酶活力大于等于12u/g。

生香酵母：以麸皮为主要原料，接入扳倒井发酵过程中分离的五株生香酵母，混合培养而成，要求培养成熟细胞数大于等于8亿/g。

细菌麸曲：以麸皮为主要原料，接入扳倒井高温大曲中分离的六株嗜热芽孢杆菌，混合培养而成，要求细胞数大于等于10亿/g。

3. 酿酒工艺

(1) 扳倒井酒酿酒工艺

"处处美酒皆文章。"1000年前，宋太祖赵匡胤在高青扳倒水井解大军之渴、并御封"国井"扳倒井的传奇成为一代佳话，为扳倒井酒留下了宝贵的历史文化遗产。1000年来，扳倒井畔一代代酿酒人留下的独特酿酒技术，也赋予了扳倒井文化更加丰富的内涵。独特的扳倒井井窖工艺入选了第二批非物质文化遗产。

扳倒井酒属浓香型大曲白酒，大曲用大麦、小麦并配以一定比例的豌豆培养而成。发酵采用泥窖作发酵容器。酿造工艺极为复杂，其特点是：混蒸、续料。混蒸指将原料（高粱等）和发酵成熟的酒醅同时装入酒甑。在这种混合醅料中，还要配入一定比例的经过清蒸已无杂味的谷糠，目的是使酒醅疏松。待所有材料装入酒甑后，加热。在原料蒸熟的同时，也进行蒸馏使酒醅中的酒精及其他香气成分蒸馏出来。所谓续料，举例说，总的原料需要100公斤的话，这100公斤原料不是一次性加入，而是分数次陆续加入，上面曾说过采用混蒸工艺，是将一部分原料和一部分酒醅混在一起同时进行蒸煮和蒸馏，也是这个道理。

续料发酵时，每次加入一定比例的新原料，蒸馏蒸煮后，丢弃一部分经多次发酵、蒸馏的酒醅（这部分将被丢弃的酒醅，在发酵及蒸馏时，都要放在指定的位置以便区别）。经过蒸馏蒸煮后的混合醅料冷却后，加入酒曲，重新送回到泥窖中继续进行发酵。蒸馏出来的酒，则要分别入库。因为在整个蒸馏过程中，最先蒸馏出来的酒与中间过程或最后蒸馏出来的酒，口味是不相同的。最先蒸馏出来的称为"头酒"，最后蒸馏出来的酒称为"尾酒"。这两部分酒的口味都不佳，但都有各自的用途。中间过程蒸馏出来的酒，可以作为原酒分别入库。原酒经检验，确定其等级，还要经过较长时间的贮存，酒的口味才较为柔和。要求：低温陶坛贮酒。最后道2序勾兑成型。

(2) 生产工艺

要点：采用清蒸混烧工艺（见图34-2）

图34-2 清蒸混烧工艺

①装甑时间不低于45分钟，以平甑为标准。量质摘酒，分级单独贮存、品评。

②入发酵室温度25℃~28℃，堆积发酵顶温45℃~50℃，堆积高度不高于50cm。

③采用传统陶坛储存的方式，陈酿储存三年以上，然后由经验丰富的调酒师勾调成型。

(3) 感官特色：

①色泽和外观：无色或微黄，清亮透明，无悬浮物，无沉淀。

②香气：香气幽雅纯正。

③口味：醇和圆润，细腻谐调，余味悠长。

(二) 扳倒井系列酒（部分，见图34-3至图34-7）

图34-3 豪华扳倒井　　图34-4 扳倒井珍品

图34-5 扳倒井原酒　　图34-6 扳倒井四环五海

图 34-7 扳倒井 53 度珍藏

(三) 扳倒井酒的品质

山东省高青县隶属山东省淄博市,坐落于鲁中平原北部的黄河三角洲淤积平原上,属北暖温带大陆性气候,全年无霜期长,四季分明。这里耕地肥沃、日照充足,全年太阳辐射总量大,极利于各种粮食作物的生穗及灌浆,是各类酿酒农作物生长的绝佳地带。高青的大米、小米等粮食闻名遐迩,其颗粒饱满圆润又具香味,是历来进贡之佳品;高青的冬小麦,由于日照和生长周期长、水浇条件好而颗粒饱满,淀粉、蛋白质含量高。

江、河、淮、济并称中国古代四大水系,而高青就居于济水故道、黄河之滨。成千上万年的冲刷和渗透,在数百米的地下沉积形成了一条绵长宽阔的地下矿泉带,为扳倒井酒的酿造提供了丰富的优质水源。该泉水是无污染的矿泉水,常年保持恒温,晶莹清澈、甘冽爽净,含有多种对人体有益的矿物质。

高青北依黄河、南仰泰岱,巨大的黄河落差导致河水下渗,造就了以大片湖泊、沼泽为特征的湿地,年平均相对湿度为 76%~81%。珍禽翔集天鹅湖、烟波浩森的大芦湖,美景令人陶醉。高耸的黄河大堤横亘东西,营造了一种类似江南水乡的沿黄湿地小气候,造就了最适宜酿酒的湿地生态。纵横的沟渠、摇曳的芦荡,为许多特殊酿酒微生物的栖息繁衍提供了良好的自然环境。

酿酒,一个"酿"字,点出了白酒制造过程的关键所在。各地白酒之所以千差万别,从根本上看是不同醅池栖息的微生物群落不同,即使是同属的微生物群落,由于温度湿度等自然环境不同,而种群的构成也不同、酿造出的酒质风味也肯定各有千秋。高青所独有的地理环境及气候特点,是酿酒特殊微生物群落的天堂,这一得天独厚的自然环境优势,造就了独特的井窖工艺,扳倒井生产的白酒,由此而形成了自己独有的个性。

三、山东扳倒井酒的行业地位与荣誉

(一) 行业地位

2010 年 11 月 19 日,由中国酒类流通协会和中华品牌战略研究院共同主办的"华樽杯"第二届中国酒类品牌价值评议结果在国家会议中心揭晓,山东扳倒井股份有限公司(后简称扳倒井公司)在中国酒类企业中名列第 66 位,品牌价值为 20.86 亿元,在中国白酒行业中名列第 40 位;扳倒井公司在山东酒类企业中名列第 5,在山东白酒类别中名列第 3。

(二)企业荣誉

经大世界基尼斯总部严格的审核确认,山东扳倒井集团第九纯粮固态发酵酿酒生产车间获"大世界基尼斯之最",成为了迄今最大的集生产、科研、文化参观等为一体的现代化固态纯粮酒酿造生产车间,为企业的扩张和发展打造坚实的产能基础。

扳倒井曾荣获"中国驰名商标""中国食品工业质量效益奖""中国白酒质量优秀产品"等多项荣誉,扳倒井酒被指定为"山东接待用酒"。

在首届全国品酒技能大赛上,扳倒井集团总工程师、国家级评酒员张锋国成为中国白酒历史上第一个"品酒状元",并被授予全国"五一劳动奖章"和"全国技术能手"。

扳倒井酒被授予象征着中国高档白酒的"金字招牌"——纯粮固态发酵白酒认证标志,不仅是对扳倒井酒独特工艺、完美品质的高度认可,也给了广大消费者消费扳倒井酒更充分的理由,标志着扳倒井已进入了国家高档白酒行列。

2015 年 9 月,扳倒井获得"世博百年品牌荣誉"称号,并被颁发"世博百年品牌企业纪念证书"。

参考文献:

[1] 王凤丽,张锋国,郝景峰,等. 扳倒井酒健康动能因子探析及工艺创新 [J]. 中国酿造,2008(16):68-72.

[2] 张锋国. 提高扳倒井酒质量的技术措施 [J]. 酿酒科技,2006(02):102-104.

第三十五章 杏花村汾酒

一、杏花村汾酒概述

(一) 杏花村汾酒企业概况

汾酒集团是以白酒生产销售为主,集贸易、旅游、餐饮等为一体的国家大型一档企业,集团下属5个全资子公司、11个控股子公司、2个分公司、1个隶属单位。集团现有员工近10000人。其中,山西杏花村汾酒厂股份有限公司(后简称汾酒酒厂公司)为汾酒集团核心子公司,于1993年在上海证券交易所挂牌上市,为中国白酒第一股,山西第一股。

汾酒集团地处酒都杏花村,占地面积313万平方米,建筑面积76万平方米,以生产经营中国名酒——汾酒、竹叶青酒为主营业务,年产销白酒75000多千升,是全国"AAAA"级工业旅游示范点和全国酒文化学术活动基地。杏花村汾酒酿造作坊遗址是全国重点文物保护单位,并已入选世界遗产预备名录,汾酒酿造技艺是首批国家级非物质文化遗产,并已进入申报世界文化遗产预备名录。

汾酒(见图35-1)是我国清香型白酒的鼻祖,是国家清香型白酒标准制定的范本,品质清香纯正、干净、卫生。汾酒历史悠久,汾酒文化源远流长,和华夏文明、黄河文明、晋商文化同根同源、一脉相承,在白酒行业独树一帜。

图 35-1　汾酒

汾酒集团作为山西省属国有独资公司，是我省轻工行业的典范，是食品工业振兴的龙头，拥有"汾""竹叶青""杏花村"三大商标。汾酒品牌历经千年积淀，是山西的一张亮丽名片，承载着省委、省政府和全省人民的深厚感情和殷切期望。长期以来，公司在省委、省政府的正确领导下，新一届班子紧扣科学发展主题，以转型跨越为目标，确立并坚定不移地实践汾酒战略新思维，实施了思想观念、体制机制、文化营销、市场开拓、人力资源、科技质量、基础管理方面的改革和创新，奋力推动企业转入跨越发展、加速发展的快车道，用三年时间再造了两个"新汾酒"，提前三年实现了"十二五"规划的100亿销售目标，开创了喜人局面。

(二) 杏花村汾酒名称起源

1. 杏花村的由来

古代的汾州保健酒汾清、羊羔和杏仁露等需要杏仁，所以酒坊附近广栽杏树，久而久之，杏花村村名约定俗成。杏花村名一直存在，从未更易。

杏花村是中国酒与酒文化的发祥地。杏花村酿酒历史悠久，地理条件独特，具有优良的地下水资源和特有的酿酒微生物群，人杰地灵，酒香味美，其酿酒历史至少可以追溯到3000年以前的商周时期。得天独厚的自然地理条件、无与伦比的传统酿造工艺、精益求精的品牌文化理念，造就了千年传世佳酿——汾酒。

2008年，在钓鱼台国宾馆举行的"中华名酒第一村"的品牌发展论坛上，汾阳杏花村被组委会授予了"中华白酒第一村"的称号。杏花村有一古井，古井上有一亭，名申明亭。据古碑文记载，井水"味如醴，甘馨清冽"，取水酿酒，馥郁芬芳，为汾酒和竹叶青酒的水源。

2. 汾酒·汾清酒的由来

汾酒·汾清酒拥有悠久的酿造历史，早在1500年前的南北朝时期，汾酒（即当时的汾清酒）就作为宫廷御酒受万人宠爱，并被明确载入《廿四史·北齐书》。据《北齐书》十一卷记载：帝在晋阳，手敕之曰："吾饮汾清二杯，劝汝于邺酌两杯。"这是北齐武成帝高湛与河南康舒王孝瑜赞美汾酒的情节，这足以说明当时"汾清酒"的名气之大、质量之高。

古代酿酒追求一个"清"字，杏花村酿酒工艺在北魏时就形成了自己的风格，酿造出口感醇香、色泽清亮的清酒。因产于汾州，以"清"为特色，人们约定成俗，情切地称其为"汾清酒"。汾酒·汾清酒由此得名。

图 35-2　汾酒·汾清酒

时至今日，汾酒·汾清酒作为我国清香白酒的典范，她既是汾酒的前生，也是汾酒的现在。

（三）杏花村汾酒的发展历程

至少在6000年前，山西汾阳杏花村先民就已掌握了人工酿酒的原始技术。唐代是汾酒文化国际知名度提升的集中爆发期，也是汾酒国际化繁荣的第二个高峰。明清两朝，晋商劲旅汾商构筑的汾酒传播之路，勾画出了今天中国白酒产业的基本布局。汾酒在国内传播的万里酒路，从杏花村的根脉出发，开枝散叶，衍生出了一个百花齐放的白酒王国。

早在1500多年前的南北朝时代，杏花村酒就已闻名国内。而且，历代的杏花村都以酿酒、酒文化闻名。盛唐时，这里以"杏花村里酒如泉""处处街头揭翠帘"成为酒文化的古都。历史上，我国著名文人、学者李白、杜甫、宋延清、顾炎武、傅山、巴金、郭沫若等都为其赋诗赞誉。

2007年，杏花村汾酒酿造工艺被列为第一批国家非物质文化遗产。

如今的杏花村，厂景如画，酒如泉涌。名酒汾酒、竹叶青、白玉汾、玫瑰汾、国藏汾酒、青花瓷汾酒、中华汾酒等都已打入国内外市场，成为酒中佳品。杏花村、竹叶青现为全国驰名商标，其中杏花村的市场价值达到47.76亿元，是山西最值钱的商标。杏花村汾酒集团正经历着它最为繁荣的时期。2008年完成销售收入30余亿元，实现利税11亿元。2009年上半年销售收入同比增长97%，实现利润同比增长302%，是金融危机期间发展最快的白酒企业之一。2018年，汾酒实现营业收入93.82亿元，同比增长47.48%。2019年实现营收119.14亿元，比上年同期增长26.57%。

（四）杏花村汾酒的民间传说与故事

酒文化在人类文明发展史中可谓是一枝奇葩，有着悠久而独特的气韵。关于酒的故事、酒的典故和酒的诗词，如同一杯陈年佳酿，历久而弥香。杏花村汾酒是我国最早的酿造酒之一，因此，有关汾酒的故事也就格外丰富。以下是几则在民间广为流传的传说。

1. 神井涌酒

传说很早以前，在奔腾的汾河岸边、吕梁山脚下，有个红杏簇拥的小村庄，名叫"杏花坞"。杏花坞人大都以酿酒为生，世代相传。走进村庄，只见酒旗高挂，酒肆林立。那时候，每逢春日，柳丝婆娑、杏花吐艳，文人骚客云集杏花坞吟诗作赋、买酒看花。其中一家酒店，因店主辛勤劳作，童叟无欺，很得饮者称道。

有一年冬天，北风呼啸，雪花飞扬。从村外来了一个衣衫褴褛的老道，直奔这家酒店。店主见他衣不蔽体，浑身发抖，没等他开口就舀了一大碗酒给他喝。那老道接过酒来，一口气就喝干了。喝罢，他感激地点头笑了笑，抬脚便走。店主的儿子见那老道分文未给，十分恼火，便追上去讨问酒钱。店主忙将儿子拉回来说："你看他衣不蔽体，哪有钱付给我们？算了，让他走吧！"第二天，大雪继续下个不停，路上行人很少。店主正在家里闷坐，忽听门外有断断续续的扣门声。店主开门望去，见一位白衣、白冠、白发、白须的"雪人"跟跟跄跄地闯了进来，仔细一看，才认出还是昨天那个老道。店主急忙扶住他，见他身子都快冻僵了，就将他扶进店里，吩咐老伴快去烫酒热菜。

过了一会儿，酒菜端了上来。老道顾不得多说，片刻就喝光了两大碗酒。吃罢酒菜，老道身上暖和多了。他连声道谢，起身就要出门。店主见外面依然大雪纷飞，一再挽留，老道执意不肯。店主送走了老道，一家做了些粗茶淡饭。吃饭时，店主的儿子埋怨父亲说："自家小本生意，哪里吃得住如此慷慨施舍？"店主生气地说："你懂什么！富人有钱饮酒取乐，穷人没钱也该借酒御寒啊！我们怎能见他冻饿而不管呢？"第三天，老道又到店里，一气喝了三大碗，终于玉山倾倒，烂醉如泥。店主喊来儿子，把他搀扶上炕，端汤喂水，一直守候在他身边。老道醒来之后，十分感激。店主怕他摔倒，双手搀他出了店门。经过门前水井时，老道问："做酒就用这井里的水吗？"店主点头说："是。"一阵冷风吹来，老道酒气上涌，随着响亮的嗝声，一股白色酒气直冲井底，霎时就见井水涌动，一股股酒香从井里飘散开来，这口井里的水就变成了芬芳郁冽的美酒。消息传开后，人们纷纷赶来观看，都说这是一口神井，店主方知那老道是仙人下凡。从此酒店得名醉仙居，慕名前来买酒的人越来越多。几年以后，善良朴实的店主去世了。他的儿子好吃懒做，吝啬贪财，对来饮酒的客人十分刻薄。

一天，那老道又来到"醉仙居"，店主的儿子见财神爷临门，忙满脸堆笑，十分殷勤，摆出好酒好饭招待。老道问他生意做得如何，店主的儿子却叹气说："生意虽好，井水能变酒，可没有酒糟喂牲畜了。"老道一听，觉得这少年也太贪心了，十分生气，不顾他的挽留，转身就走。当他走出店门，路过井边时，用袖轻轻一拂。店主的儿子见井里冒出一股白气，老道飘然而去。待他又打起井水来时，不再是酒，却又变成水了。店主的儿子正在纳闷，抬头看见老道留诗一首："天高不算高，人心高一梢，井水当酒卖，还嫌没酒糟！"店主的儿子自知好吃懒做生活不下去了，只好动手亲自做酒。从此，他渐渐改掉了吝啬贪财、好吃懒做的毛病。说也奇怪，用这井里的水做出的酒，别具风格、香绵可口。传说中的那口"神井"至今犹在。明末清初的思想家、著名的诗文书画大师和医学家傅山先生亲笔题书的"得造花香"四个大字，如今仍镶嵌在井边的墙壁上。

2. 马刨神泉

从杏花村往西走10余里，有个壶芦峪。壶芦峪口有股清泉涌出，泉水清澈见底，终年不断，人称"神泉"。说起这眼"神泉"，还颇有来历呢。

相传古代有个名叫贺鲁的将军，英勇善战，体恤部下，爱护百姓。一天，他率兵西进，路过杏花村，很远就闻到了酒香。将士们相互议论：能到杏花村品尝一下汾酒，那该多美！贺鲁将军深知大家的心思，传令进杏花村。

杏花村百姓听说贺鲁将军的队伍来了，把贮存多年的好酒拿出来款待将士们。贺鲁将军高兴地喝着乡亲们送来的美酒，那酒入口绵、落口甜、饮后余香不绝。他越喝越高兴，连声夸奖："好酒！好酒！"贺鲁将军的战马"红鬃骥"闻到酒味，也昂首嘶鸣。乡亲们忙把酒糟取来，"红鬃骥"贪婪地吃了起来。贺鲁将军对乡亲们的款待十分感激。但是军情紧急，不能久留。在痛饮美酒之后，贺鲁将军即传令将士们继续西进。

部队行至壶芦峪时酒性发作。贺鲁将军和将士们口干舌燥，想喝水，但他们在附近连一滴水都没有找到。这时只见"红鬃骥"不停地打转，马蹄不断地往地下刨，越刨越深。就在将士们觉得找水无望之时，"红鬃骥"头一低，腰一弓，一声长嘶，在马蹄拔出之处，一股清澈的泉水喷涌而出。贺鲁将军和将士们喜出望外，纷纷奔上前去，畅饮泉水。泉水甘甜爽口，将士们喝了后精神十分振奋，大家都称赞这是一股"神泉"。

忽然，前哨飞马来报："敌方大军业已逼近！"贺鲁将军一声令下，将士们跃身上马，向敌人奋勇冲去。贺将军一马当先，身先士卒；将士们争先恐后，斗志昂扬，直杀得敌人丢盔弃甲，狼狈逃窜。

就在贺鲁将军离去不久，杏花村连续好几个月大旱。这里的庄稼树木枯黄了，酿酒的井水也濒于干涸，而唯有"神泉"的水长流不断。人们纷纷赶来挑水浇灌禾苗。杏花村的人们也到壶芦峪运水酿酒。用此泉水酿出的酒，和用"神井"水酿的酒一样清爽甘甜、芳香扑鼻。这一年，杏花村一带在大旱之年获得了丰收，杏花村的酿酒业也更加兴旺发达，以后人们便称此泉为"马刨神泉"。

3. 八仙种槐

传说在很久以前，每逢端阳佳节，杏花村都要举行一次盛大的"花酒会"（见图35-3）。这一天，各地的奇花异卉、佳酿美酒汇聚杏花村，远近客商百姓纷纷赶来品酒赏花。有一年的"花酒会"开得特别盛大，那酒香花香直冲云霄，惊动了天上的八仙。八仙发现世上竟有这样的胜景，便驾起祥云飘下人间。八仙在"花酒会"上欣赏着各种奇花异卉，越看越高兴，信步来到"醉仙居"。"醉仙居"的掌柜殷勤接待，把最香的美酒端上来。八仙单闻着香气袭人的酒味，就已有了几分醉意。

图35-3 八仙种槐示意图

八仙在天上喝过琼浆玉液，也喝过吴刚的桂花酒，但那些都远远不及香醇甘甜的汾酒。八仙连声赞叹："杏花汾酒，胜似琼浆！"八仙畅饮之后，依然兴致不减。吕洞宾建议，每人在门外栽一棵槐树以纪念这次盛会。其他七仙都拍手称赞。不久这些槐树都长得枝繁叶茂，其中一棵长得又粗又高，传说是最爱饮酒的吕洞宾所栽，后来人们都叫它"洞宾槐"。

4. 杏花仙子酿酒的传说

杏花村很早以前叫杏花坞。每年初春，村里村外到处都开着一树又一树的杏花，远远望去那杏花就像红云飘落人间，煞是好看。杏花坞里有个年轻后生叫石狄，常年以打猎为生的，长的膀宽腰圆，臂力过人。初夏的一个傍晚，石狄打猎归来，正走过杏林，听到林中传来阵阵抽泣声。他循声找去，发现杏林深处有一名无家可归的姑娘在伤心地哭泣。姑娘含泪诉说了不幸家世,石狄心存怜悯,将无家可归的姑娘安置在了自己的邻居家里,后来经乡亲们说合,石狄同姑娘结为夫妻。

这一年,正当杏子成熟的时候,一连下了十几天的连阴雨。雨过后,火辣辣的太阳晒得黄杏纷纷掉落下来,很快掉落下来的黄杏发热发酵,眼快就要烂掉了。大家正在着急之时,一股奇异的香气传来。石狄寻着香气推开家门,媳妇笑嘻嘻地舀了一碗水送到丈夫跟面前,石狄喝了,顿觉一股甘美的汁液直透心脾。这时媳妇才说:"这叫酒,不是水;是用发酵的杏子酿出来的,快请乡亲们尝尝。"众人一尝,都连声叫好,纷纷打问做法,争相仿效。从此,杏花坞便有了酒坊,清香甘醇的杏花美酒开始闻名于世。

原来那姑娘是王母娘娘瑶池的杏花仙子,因不甘受王母责罚,偷偷下凡。今见乡亲们遇到困难,故用发酵的杏子酿出美酒解众人之急。美酒香飘天庭,惹恼了王母,王母急命雷公电母寻迹捉拿。杏花仙子不愿在天庭受制,被雷电击中,从此杏花仙子不见了身影。至今杏花坞一直流传着杏花仙子酿酒的传说。每年到杏花开放时节,村里总要下一场潇潇春雨,据说,那是仙女们在天上思念亲人的泪水。

5. 竹叶青酒巧夺魁的传说

传说很早以前,山西酒行每年都要举行一次酒会。逢酒会这天,大小酒坊的东家都要把自己作坊里当年酿造的新酒抬一坛到会上,由酒会会长主持并让众人品尝,排出名次。

当时有家酒坊,虽说是祖传几代的老作坊,可年年酿出的酒总不见有多少起色,每逢酒会评比时,总是名落孙山。

这一年,酒会又要开了,东家只好吩咐两个伙计备好一坛新酒抬去应景。东家自己先去了酒会,让伙计们随后赶来。这两个送酒的伙计早就摸透了东家的心思,知道自家酒不好,不愿提早送到酒会上露丑现眼。直磨蹭到日上三竿,他们才抬上酒坛子出门上路。

这天天气特别热,头顶上的太阳像一团火,两个伙计抬着一坛酒,走着走着,那汗水就从头发梢淌到脚趾尖了。到了正午,恰巧来到一片竹林,伙计俩走得又热又渴,一商量决定先在竹林里凉快凉快,找个人家喝口水再说。两人放好酒坛子,前坡转、后坡找,这前不靠村后不着店的地方,别说找个人家,就是找条小河沟喝口水也难呀!

伙计俩回到竹林里,四只眼睛都落在酒坛子上,找不到水,就喝口酒吧!可是一掀开坛盖,他俩又犯愁了:满满一坛子酒,没勺没瓢,可咋喝呀?

"嘿!有了!"一伙计眼睛一亮,顺手从一株成竹上扯了两片大竹叶,说:"咱俩捻个竹叶杯吧!"说着,把竹叶捻成了两个小酒杯,你一杯、我一盅地喝起来了。

酿酒人喝酒,那可真像喝水,这伙计俩不知不觉就喝去了小半坛。喝完酒,汗消了,嗓子眼也不冒烟了,可望望坛里的酒,这伙计俩傻眼了:只剩下半坛儿酒,怎么去交差呢?还是年长的伙计有心计:"我说兄弟,咱俩还是抬着赶路吧,反正咱家酒不好,等走到有水的地方,加上点水,你不言我不语,混过去就是了。"

另一伙计一听也有理,便和年长的伙计抬起坛子就走。走不多远,伙计俩又走到一片竹林,只见翠绿的青竹丛里有几块大石头,石头缝里正渗出清水,落在石根底下一个小水洼里,这小水洼水面上飘着一层竹叶,将洼中的水映得晶莹碧绿,甚是惹人喜爱。

这伙计俩像遇到救星一样，赶紧把酒坛子放下，又摘了两片竹叶捻成杯，蹲在小水洼边，你一下、我一下往坛子里加水。说也奇怪，别看这小水洼不大，可是不管他俩怎么舀，洼里的水总不见少，不一会，俩人就把坛子灌满了。他们又趁便喝了几口水，这泉水又凉又甜。俩人看看时候不早了，急忙抬起酒坛子上路。

酒会上，酒会会长和各家酒坊东家传杯换盏品尝各家的新酒。眼看快要品尝完了，这伙计俩才满头大汗地抬着坛子走进会场，东家揭开坛盖舀了一碗酒，恭恭敬敬地捧到酒会会长面前。

酒会会长端起碗，看着东家笑了笑说："好戏压轴，好酒封顶，今天酒会最后得尝尝贵东家的这碗酒了，想必是独占鳌头喽！"说完，会长一阵哈哈大笑，满座的人们也随着嘻笑了起来。

东家明知大家在打趣他，也只得红着脸说："惭愧，惭愧，水酒村醪，还望诸位赏光指教。"酒会会长又哈哈一笑："哎，哪里，哪里，我先领教了。"边说边把酒碗凑到嘴边，轻轻喝了一口。

"唔？"酒会会长呡了呡嘴，看了看酒东家，又瞅了瞅碗里的酒，半响才对众酒坊东家说："来来来，大家都尝尝！"这碗酒在众东家手中传来传去，只见这个尝了一口，伸伸舌头，那个尝了一口，瞪瞪眼睛，谁也没吱声。伙计俩看了，怕露馅，吓得直往后面退。东家看着这个场面，不知出了什么事，心里直发毛，身子也哆嗦起来，赶紧朝坛里一瞧。他这才发现酒色绿晶晶、青澄澄，还有一股说不出的浓味儿直冲鼻子眼！他战战兢兢地舀了半碗，自己尝了一口，不由得呆住了：这是自家的酒吗？

东家还没弄清是怎么回事，只见酒会会长站起身问道："诸位，这碗酒如何呀？"

"好酒，好酒！"会场象开锅水一样沸腾起来。

酒会会长笑吟吟地离席来到东家面前，说："恭喜，恭喜啦！老兄一鸣惊人，酿出这般琼浆玉液，该当众传艺啰！"

东家如在梦中，只得说："不敢，不敢，初试小技，偶得新酿，且容来年会上见教吧！"

"好！祝老兄明年更上一层楼！"酒会会长一高兴，转身吩咐道："来呀，开怀畅饮，同贺今岁佳品！"说着，把东家让到上座。一时间，席上山珍海味，大家举杯碰盏把这坛酒喝了个底朝天。不用细说，这年酒会上，这伙计俩送去的酒，名列榜首！

回到酒坊，伙计俩一高兴，便把酒坛里加泉水的事一五一十地对东家说了。东家听完，拿出二十吊铜钱，对他们说："这件事你们再也别对人说啦。来，天热送酒，一路辛苦，这几吊钱你们拿去买茶喝吧！"伙计俩因祸得福，自然喜出望外。

第二天，东家又叫他们引路，亲自去看过他们歇脚的那片竹林子，又亲口尝了尝那泉水，心想那天品尝的好酒与这浸满竹叶、又清又甜的泉水是分不开的。于是，他就买下了那块地皮，将酒坊迁到竹林，在那小水洼上打了一口井，又在酿造技艺上努力改进，在酿好的酒中加入新鲜的竹叶，终于酿出了别有色味的好酒，取名"竹叶青"。

后来，酒工们不断探索，又往竹叶青酒里添加了木香、公丁香、砂仁、栀子、零陵香、紫檀香等中药材，使竹叶青酒具有了保健功效，且色香味更佳了。

明末清初，大医学家傅山先生又亲自改良了竹叶青酒的配方，使得竹叶青酒不仅味道芳醇、金黄微翠，而且对医治经络疾病有很好的疗效。

6. 闯王立书

公元1644年正月，明末农民起义领袖李自成在西安建立大顺政权后，当年二月即率主力自陕西渡过黄河，由南向北长驱直进。杏花村人得悉义军要经过杏花村，扶老携幼夹道欢迎，并怀着对义军的热爱之情，争先恐后以杏花村酿造的美酒款待闯王和将士们。在杏花村百姓的热情挽留下，闯王下令安营扎寨，在杏花村休整三日。闯王和乡亲们促膝谈心，人们自豪地向闯王叙说了汾酒悠久的历史和当年曾有过的"处处街头揭翠帘"的繁荣景象，以及由于明朝统治者的横征暴敛、恣意摧残，许多酒坊都面临着倒闭的困境。闯王听后感慨万千，就下令拿出钱粮来赈济乡亲。乡亲们分到粮食，都欢天喜地、笑逐颜开。三天之后，闯王的义军要继续北进，杏花村的乡亲们纷纷赶来为闯王和将士们送行。许多贫苦农民还把自己的儿女送来参加义军，让他们跟随闯王去为穷人打天下。闯王被杏花村百姓热爱义军的精神所感动，命人拿来笔墨纸砚，倚马立书"尽善尽美"四个大字表达"乡民尽善，汾酒尽美"之意。过去缺粮断薪的许多酒坊，因得到义军的赈济，又重新收拾蒸锅烧起酒来。

杏花村里至今传颂着这样一首诗："醇香汾酒献英雄，万民拥戴起义军，闯王留得题辞在，尽善尽美杏花村。"

据说，现在杏花村东堡涧东街的一幢院房，就是当年闯王驻过兵的老营。

（五）杏花村汾酒的文学与文化

1. 名人典故

①郭沫若斗酒诗如泉

据说，郭沫若是唐代山西汾阳王郭子仪的后代，在四川省乐山市沙湾镇郭沫若旧居里，至今还挂着"汾阳世第"的黑底金字牌匾。他本人少年时代也曾在课本上自署"汾阳主人"。

1965年12月4日，郭沫若先生作为"汾阳主人"，第一次踏上汾阳的土地。当他来到汾酒厂时，早已被老远就闻到的酒香所吸引，他兴致勃勃地观赏了汾酒、竹叶青酒的生产流程。家乡人民淳朴好客的性格深深打动了他，在包装车间，他一定要亲手参加劳动—包装汾酒。听完一个老师傅的细心讲解后，他便认真地铺平第一张包装纸，包好了，但不理想；他又包了一个，稍好点；第三个，完全符合要求。他一口气包了8个才罢手。郭老对大家说："喝酒人要想到做酒人的辛苦，你们的酒远销五大洲，为国争了光，谢谢你们啦！"

中午，酒厂摆宴为郭老接风。当大家正要举杯痛饮时，郭老的随行医生出面干涉了："您的身体可不允许多喝酒呀！"郭老幽默地说："到了家乡不喝酒，真是枉有此行，今天我就不听你的了。"

一直喝到半醉，郭老才停斝。当主客都以为郭老要休息时，郭老却突然诗兴大发，为了感谢杏花村人的盛情，他挥毫写下了"杏花村里酒如泉，解放以来别有天，白玉含香甜蜜蜜，红霞成阵软绵绵。折冲樽俎传千里，缔结盟书定万年，相共举杯醉汾水，腾为霖雨润林田。"

②毛泽东挥毫《清明》诗

1959年庐山会议期间，曾与毛泽东同志在红军时期患难与共的老战友贺子珍同志阔别20年后，在庐山与毛泽东同志会面了。战友相逢，情深意重，毛泽东分外高兴。晚饭时，毛泽东同志用庐山的名菜"石鸡""石鱼""石耳"招待贺子珍同志，这三菜也叫"庐山三石"。饭菜摆好后，毛泽东同志自己斟了一小盅山西杏花村的老白汾酒，先呷了一口，微笑着对贺子珍同志说："我还是这个习惯，酒是要喝的，但不多喝。喝过不少好酒，最终还是觉得汾酒很纯正，喝完一点也不难受。在延安时，我经常托人去买汾酒。在西柏坡招待米高扬时，喝的就是汾酒。"乘着酒兴，毛泽东还挥毫写下了杜牧的《清明》诗："清明时节雨纷纷，路上行人欲断魂。借问酒家何处有？牧童遥指杏花村。"

③孙中山举杯舒豪情

1905年6月，海外飘泊多时的孙中山先生为了延揽人才，从法国马赛港乘船于7月底抵达日本。日本好友白浪滔天向孙中山先生推荐了文武兼备、性格豪爽，善骑射演阵、挥兵作战，又素有献身民主之雄心、推翻帝制之壮志的黄兴。不久，孙中山先生终于见到黄兴。黄兴聚众豪杰，在东京著名的中国餐馆凤乐园为孙中山先生洗尘。黄兴点了几道湘菜和两道广东名菜"龙凤呈祥"和"满天飞"，最后，黄兴又特意点了孙中山先生最喜欢喝的山西杏花村汾酒。这是黄兴特意为孙中山先生点的家乡名菜和名酒，一来表示相会的敬意，二来象征中国革命有如龙腾中华、凤翔宇宙的气势。大家推杯换盏，边吃边谈，真有诉不完的革命豪情，讲不尽的天下大事。

席间正值中午时刻，孙中山高举汾酒慷慨激昂："今天我们用祖国的名酒共同举杯，誓死推翻满清腐朽帝制，为驱除鞑虏，恢复中华，建立民国，平均地权而奋斗不息。"

同桌围坐的都是黄兴领导下的华兴会成员，他们早就倾慕中山先生的伟名，今朝得以相见，兴奋之情溢于言表。他们纷纷抒发推翻帝制的革命豪情，并表示要追随孙中山先生不惜抛头颅洒热血。

几天以后，孙中山、黄兴、宋教仁等在东京赤坂区灵南坡金弥宅举行了中国同盟会成立大会。其间，孙中山再次用汾酒举杯明志，宣布兴中会联合华兴会和光复会组成中国同盟会。会上，孙中山还被推举为总理。

2. 高度评价

著名作家《人民日报》社副总编辑梁衡说："原来我国的名酒有4个香型，即浓、酱、清、凤。杏花村汾酒他不求那浓那烈、只求这纯这真，属于清香型的典型代表。其他酒或如艳丽少妇或如浓妆重抹，这杏花村汾酒呢，则如窈窕淑女淡梳轻妆，大约因为这纯，才使它成为名酒之始祖。"

在第三届全国人大会议时，生物学家、白酒专家秦含章与邓颖超分在一个小组，秦含章让邓大姐转告周恩来同志，今后应多饮杏花村汾酒。邓大姐问他为什么？他回答："汾酒纯正。"又因为一个"纯正"道出一位老科学家对总理的热爱和对汾酒的赞扬。

梁衡又说："据史料记载，贵州的'茅台'是清代康熙年间，一个山西盐商传去的。至今我国不少地方的名酒中仍有'汾'字，如'湘汾''溪汾''佳汾'，可见其渊源。"

梁衡还说："汾酒是中国的红高粱，中国的清泉所酿成的，是中国母亲的乳汁。"

3. 汾酒与诗

关于杏花村汾酒的诗词，在民间流传最广的，就是杜牧的《清明》："清明时节雨纷纷，路上行人欲断魂。借问酒家何处有？牧童遥指杏花村。"读过之后，杏花村沽酒的情境鲜活地跃然于眼前。此外，南北朝时的庾信写过一首《春日离合》："田家足闲暇，士友暂流连。三春竹叶酒，一曲鹍鸡弦。"记下了竹叶青酒的清香。

清朝著名诗人袁枚专门作有《随园食单·山西汾酒》，其文为："既吃烧酒，以狠为佳。汾酒乃烧酒之至狠者。余谓烧酒者，人中之光棍，县中之酷吏也。打擂台，非光棍不可；除盗贼，非酷吏不可；驱风寒、消积滞，非烧酒不可。汾酒之下，山东膏粱烧次之，能藏至十年，则酒色变绿，上口转甜，亦犹光棍做久，便无火气，殊可交也。尝见童二树家泡烧酒十斤，用枸杞四两、苍术二两、巴戟天一两、布扎一月，开瓮甚香。如吃猪头、羊尾、'跳神肉'之类，非烧酒不可。亦各有所宜也。"

专门写汾酒的诗还有清朝曹树谷作的《汾酒曲》八首，分别为：

（一）
味彻中边蜜样甜，瓮头青更色香兼。
长街恰副登瀛数，处处街头揭翠帘。

（二）
甘露堂荒酿法疏，空劳春鸟劝提壶。
酒人好办行春马，曾到杏花深处无？

（三）
神品真成九酝浆，居然迁地弗能良。
申明亭畔新淘井，水重依稀亚蟹黄。

（四）
沽道何妨托一廛，家家酿酒有薪传。
当垆半属卢生裔，颂酒情深懒学仙。

（五）
火候深时融辣味，酒花圆处寄遐情。
曲生元晏谁能作，千古随园有定评。

（六）
琼酥玉液漫夸奇，似此无惭姑射肌。
太白何尝携客饮，醉中细校郭君碑。

（七）
玉瓶不让谷溪春，和人青韶味倍纯。
最是新年佳酿熟，蓬蓬铁鼓赛郎神。

（八）
无限闲愁付碌骗，停杯坐对卜山青。
老夫记得高王语，两字汾清补酒经。

新中国成立后，郭沫若曾亲自到山西杏花村参观汾酒制作，还写下了"杏花村里酒如泉，解放以来别有天，白玉含香甜蜜蜜，红霞成阵软绵绵。折冲樽俎传千里，缔结盟书定万年，相共举杯酹汾水，腾为霖雨润林田"的佳作。

二、杏花村汾酒的特点

杏花村汾酒是中国最古老的酒，距今已有6000年的酿造史。在某种意义上说，杏花村汾酒的历史，就是中华酒文化的历史。茅台、泸州大曲、西凤、双沟大曲等中国名酒，都是在汾酒的基础上传承和发展起来的。

杏花村汾酒饮后回味悠长，酒力强劲而无刺激性，使人心旷神怡。杏花村汾酒能享誉千载而盛名不衰，与其酿酒的纯水、巧艺是分不开的。

（一）杏花村的水

杏花村是山西汾阳市一个镇，距省城太原92公里。常言道：名酒产地，必有佳泉。经现代科学技术勘测：杏花村一带地下水源丰富，水质优良，富含多种矿物质，属于优质天然饮用矿泉水，对人体有较好的医疗保健作用，更利于汾酒生产。杏花村内有两口井：一曰古井亭（见图35-4），二曰申明亭。杏花村好水，当以此两口井的井水为最！这两口井水质清澈透明，甘馨爽净。

图35-4 古井亭

（二）传统手工技艺——杏花村汾酒酿制技艺

山西杏花村清香型汾酒传统酿制工艺，不仅是汾酒酿造的核心技术，而且是中国最具代表性的制酒工艺，是中国传统白酒酿造的正宗血脉。它不仅源远流长，衍生了众多其他酒类酿造技术；而且对汾酒产区生产、生活方式，乃至对全国广大地区的酒文化产生了重大的影响。2006年5月20日，杏花村汾酒酿制技艺经国务院批准列入第一批国家级非物质文化遗产名录。

汾酒酿造是选用晋中平原的"一把抓高粱"为原料，以大麦、豌豆制成的"青茬曲"为糖化发酵剂，取古井和深井的优质水为酿造用水，采用"地缸固态分离发酵，清蒸二次清"① 的传统酿制技艺。所酿成的酒，酒液莹澈透明，清香馥郁，入口香绵、甜润、醇厚、爽冽。酿酒师傅的悟性在酿造过程中起着至关重要的作用，像制曲、发酵、蒸馏等就都是经验性极强的技能。千百年来，这种技能以口传心领、师徒相延的方式代代传承，并不断得到创新、发展。在当今汾酒酿造的流程中，它仍起着不可替代的关键作用。

汾酒既是最卫生、最安全的白酒，是烹饪各种美味佳肴最好的增香酒，也是调配各种鸡尾酒的优良基酒。

杏花村汾酒作坊遗址（见图35-5），先后被列为山西省和全国重点文物保护单位，2012年11月又被国家文物局列入申报世界文化遗产预备名单。为了更好地让民众认识和了解这一遗址文化，汾酒集团已在这一遗址院落中复原建设了一条仿古生产线，可使游人更加真切地感受义泉泳汾酒作坊的历史风貌和精湛工艺。

图35-5 杏花村汾酒作坊遗址

汾酒传统酿制技艺为国家级非物质文化遗产，蕴含着中华民族特有的精神价值和思维方式，体现着中华民族的生命力和创造力，见证着中华民族酿酒业的渊远历史。千年汾酒历经数代杏花村酒商辛勤劳作、精心钻研、不断锤炼，形成了精益独到的生产工艺，酿出了享誉天下的清香美酒。

汾酒拥有6000年的酿造史和1500年的成名史，它在历史上曾经有过四次成名的辉煌，汾酒连续五届、竹叶青酒连续三届被评为国家名酒，使之形成了个性鲜明的汾酒文化。

中国白酒是传统的民族产业，是我国独有的流传几千年的文化遗产，汾酒继承这一文化遗产，同时，与时俱进、发扬优势、坚持创新，赋予更新内涵是中国白酒产业的发展方向之一。它的酿制技艺是中华民族的宝贵遗产，是民族的，也是世界的。汾酒顺应时代的发展潮流，逐步走向世界，让世界上更多的人了解汾酒，了解中国白酒。汾酒将在继承和保护中华民族的文化遗产上作出更大的努力。

---

① "清蒸二次清"：采用二次发酵法，即先将蒸透的原料加曲埋入土中的缸内发酵，然后取出蒸馏，蒸馏后的酒醅再加曲发酵，将两次蒸馏的酒配合后方为成品。

(三) 杏花村汾酒系列酒特点（部分展示）

图 35-6　国宴汾酒（60 甲子）

60 甲子：六十甲子是中华民族最早、最伟大的发明创造。六十甲子最古老的用途是纪年、纪月、纪日和纪时。纪年为 60 年一个周期，纪月为 5 年一个周期，纪日为 60 天一个周期，纪时为 5 天一个周期。

图 35-7　国宴汾酒（48 星宿）

48 星宿：我国古代为了观测天象及日、月、五星的运行，选取四十八个星官作为观测时的标志，称为"四十八宿"。四十八宿观念的形成很早，至战国初已见于记载。

图 35-8　国宴汾酒（36 计）

36 计：是指中国古代三十六个兵法策略，语源于南北朝，成书于明清。

图 35-9　国宴汾酒（24 史）

24史：中国古代各朝撰写的二十四部史书的总称。它起于传说中的黄帝（前2550年），止于明朝崇祯十七年（1644年），计3213卷，约4000万字，用统一的有本纪、列传的纪传体编写。

图35-10 国宴汾酒（12生肖）

12生肖：十二生肖最早见于世界上第一部诗歌总集《诗经》。以十二种动物取代十二地支，来代表十二个月令。此款产品每箱配一个生肖杯，生肖杯上生肖图案与本年生肖相贴合，每年一换，有兴趣的朋友可以收集、赏玩。

（四）汾酒的年代与特征

1951年-20世纪50年代

此期间主流瓶型为压盖啤酒瓶和扁平小瓶型，山西省专卖事业公司出品，酒标上有50年代中后期巴拿马大奖章图标

图35-11 1951年-20世纪50年代汾酒包装

20世纪50年代后期-60年代中期

1954年，酒厂改名为山西省榆次专区地方国营杏花村汾酒厂

1958年，酒厂更名为山西省地方国营杏花村汾酒厂，颈标为专卖事业局专属的"五星"标志。在此期间出现瓷瓶木塞酒。

图35-12 20世纪50年代后期-60年代中期汾酒包装

341

20 世纪 70 年代

沿用 20 世纪 60 年代已经使用过的古井亭商标。在此期间的汾酒，除白瓷瓶外，还有压盖玻璃瓶型。

图 35－13　20 世纪 70 年代汾酒包装

20 世纪 80 年代

20 世纪 80 年代初，出现不同艺术器形的白瓷汾酒及棕色瓷瓶汾酒，使用塑料盖。

图 35－14　20 世纪 80 年代汾酒包装（1）

20 世纪 80 年代初，玻璃瓶型汾酒的瓶盖更换成短螺旋盖。

图 35－15　20 世纪 80 年代汾酒包装（2）

1986 年左右，玻璃瓶汾酒出现了粗瓶长旋盖，该种粗瓶长旋盖瓶型于 1988 年全面取代之前的瓶型，成为玻璃瓶的主流瓶型。

20 世纪 90 年代
1992 年，长旋盖上出现喷码。

图 35-16　220 世纪 90 年代汾酒包装

三、杏花村汾酒的发展历程

（一）汾酒的历程

汾酒于历史长河绵延数千年，早在南北朝时期，便作为宫廷御酒，受到北齐武成帝高湛的极力推崇，因被载入《二十四史》而一举成名。然而，南北朝时期的汾酒也不过是谷物发酵酒（米酒），这与清香型典范的现代汾酒无法等同；将两者的关系看做一脉相承的始末，似乎更为妥当。历经数千年的酿造工艺的传承及蒸馏法的介入，汾酒在中国酒文化的哺育滋养下，逐渐树立起在清香型白酒中的龙头地位。

山西杏花村汾酒厂的渊源可追溯至 1875 年。当时的尽善村（即现在的杏花村）常年生产汾酒有三家较大的制酒作坊："宝泉益""崇盛永"及"德厚成"。之后，宝泉益将崇盛永和德厚成相继并入，且更名为"义泉泳"，其生产的"高粱汾酒"在"巴拿马万国国际博览会"一举夺魁，荣获甲等金质奖章，一时间汾酒名扬海外享誉全球。1919 年，中国第一批具有现代企业特征的股份制酿酒企业之一——晋裕汾酒有限公司宣告成立。

1932 年，晋裕汾酒有限公司收购了义泉泳酿造厂。之后经历了战火纷飞的艰难岁月，晋裕公司濒临倒闭停产。1948 年 6 月汾阳解放后，国营山西杏花村汾酒厂在收购晋裕公司义泉泳酿酒厂和德厚成酿酒厂的基础上宣告成立，并于 1951 年在古老的杏花村地基上建立了崭新的杏花村汾酒厂。

汾酒厂的发展也经过了数十载变迁洗礼。1993 年 12 月，原国营山西杏花村汾酒厂改制，成立山西杏花村汾酒厂股份有限公司。时至今日，汾酒仍然是中国名酒的一朵奇葩，其代表清香型白酒更是受到无数人的喜爱。

汾酒的具体发展历程表如下：

• 公元 561——564 年，北齐武成帝隆重推荐汾州美酒"汾青"，此事被载入二十四史之一的《北齐书》十一卷，是迄今发现的关于杏花村汾酒的早期最重要的文字记载。

- 公元830年左右，唐代大诗人杜牧于春天由并州南返，路过汾州杏花村，写下了脍炙人口的《清明》诗。
- 1875年，近代汾酒生产的典型代表，宝泉益酿酒作坊成立。
- 1915年，宝泉益所产汾酒荣获巴拿马万国博览会甲等金质大奖章；同年，宝泉益易名为义泉泳。
- 1919年，中国第一批具有现代企业特征的股份制酿酒企业之一——晋裕汾酒有限公司宣告成立。
- 1932年，晋裕汾酒有限公司收购义泉泳酿造厂，从此晋裕汾酒有限公司成为杏花村传统酿酒业的唯一代表。
- 1933年，著名生物学家方心芳先生来杏花村晋裕汾酒有限公司，考察中国传统白酒酿造原理，与当时的经理杨德龄先生互相交流知识与经验，对汾酒生产的科学化、规范化起了很大作用。
- 1949年6月1日，国营山西杏花村汾酒厂在收购晋裕汾酒有限公司义泉泳酿造厂和德厚成酿造厂的基础上宣告成立。
- 1949年9月，杏花村汾酒被摆到开国大典前的全国第一届政治协商会议的宴席上，从而成为新中国第一种国宴用酒。
- 1951年，汾酒厂由杏花村东堡迁到杏花村西堡古八槐街旧址，为今后扩建奠定了基础。
- 1952年，汾酒在全国第一届评酒会上被评为国家名酒，从而成为四大名白酒之一。
- 1963年，汾酒、竹叶青酒在全国第二届评酒会上荣获国家名酒称号。
- 1964年，著名酿酒专家秦含章先生到汾酒厂考察调研一年零四个月，对汾酒技术水平提高有重要作用。
- 1979年，汾酒厂开始推行全面质量管理。
- 1979年，汾酒、竹叶青酒在全国第三届评酒会上被评为国家名酒。
- 1982年，由吉林大学考古系与山西省考古研究所组成的晋中考古队，对杏花村遗址进行系统发掘，挖掘出龙山文化时期的一些酒器，从而将杏花村的酿酒史追溯至4000余年前。
- 1984年，汾酒、竹叶青酒在全国第四届评酒会上被评为国家名酒。
- 1985年，汾酒厂成为全国最大名白酒生产基地，全年汾酒产量突破8000吨，占当时全国13种名白酒产量的一半。
- 1985年，改革用人制度，新招的工人实行合同制，干部实行聘任制。
- 1986年，山西杏花村汾酒厂获国家质量管理奖，当时全国仅有32家企业获奖。
- 1987年，竹叶青酒在法国巴黎国际酒展上荣获品质金奖第一名。
- 1987年，汾酒厂成为山西省第二利税大户，全年实现利税首次突破亿元大关。
- 1988年11月1日，成立了以山西杏花村汾酒厂为主体厂，由太原、吕梁、长治等18个企业和科研单位组成的多种经济成分、多层次组织结构的经济联合体——杏花村汾酒集团。

- 1988年12月30日，汾酒、竹叶青酒及其系列产品通过了国家方圆标志委员会产品质量认证，是山西省首家获此认证的产品。
- 1988年，首次被评为"全国500佳最佳经济效益企业和全国食品和饮料行业经济效益第一名"。
- 1989年，汾酒在第五届国家名酒品评会上被评为国家名酒。1992年汾酒厂在全国白酒行业首家获得进出口自主经营权。
- 1992年，汾酒厂上马万吨低度汾酒技改项目，1996年完工，使汾酒酿造能力达到2万吨。
- 1993年8月15日，山西杏花村汾酒厂改组为杏花村汾酒（集团）公司。
- 1993年12月，山西杏花村汾酒（集团）公司拿出生产主体部分组建了山西杏花村汾酒厂股份有限公司，并公开上市发行，这是全国第一家白酒上市企业。
- 1995年，汾酒厂公司以一家企业的身份参加山西省旅游景区、景点群众评选，被评为"山西十佳旅游景点"，展现了公司酒文化的独特魅力。
- 1997年，汾酒厂公司开发出高档30年陈酿——青花瓷汾酒，挺进高档酒市场，重塑了中华汾酒品质卓越的良好形象。
- 1997年，汾酒厂公司决定投资开发干红葡萄酒项目，到1999年形成了3000吨的能力。
- 1998年2月，文水县胡兰镇王青山等以甲醇充当酒精，杏花村镇中杏酒厂购回此"毒液"，勾兑到酒中销售，造成数十人死亡。此事经过一些竞争对手煊染和有些媒体不负责任的报道，对杏花村汾酒（集团）公司，乃至整个山西酿酒业，都造成了严重负面影响。
- 1998年，竹叶青酒被国家卫生部认证为保健酒。
- 1999年，汾酒厂公司开始实施精神文明环境创新工程，此工程投资约2亿元，到2003年全部完工后，公司将以崭新的面貌迎接新世纪的挑战。
- 2000年2月24日，杏花村汾酒厂股份有限公司通过了国际ISO9001质量体系认证。
- 2000年11月，杏花村汾酒厂股份有限公司顺利通过了"中国进出口商品质量认证中心"的质量体系认证。
- 2002年4月2日，省政府对国有资产实行授权经营，公司改制为山西杏花村汾酒集团有限责任公司。

（二）主要荣誉

汾酒集团倾力打造名白酒基地、保健酒基地和酒文化旅游基地。汾酒工业园林被授予"全国工业旅游示范点"，杏花村汾酒酿造作坊遗址被评为"全国重点文物保护单位"，汾酒博物馆被评定为首家"国家级酒文化学术活动示范基地"，汾酒酿造工艺成为国家级非物质文化遗产，汾酒集团被授予"中国企业文化示范活动基地"。企业还被评为全国厂务公开先进单位，全国绿色环保先进企业，相继荣获"中国最具影响力企业""中国最具成长性企业""全球百佳儒商企业"等多项荣誉称号。

1915年汾酒在巴拿马万国博览会上荣获一等优胜金质奖，名声大噪。2006年5月

20日，杏花村汾酒酿制技艺经国务院批准列入第一批国家级非物质文化遗产名录。

1949年至今，竹叶青酒连续3次被评为国家名酒；1987年荣获法国巴黎国际酒类展评会第一名，1998年被国家卫生部认定为保健酒，2003年又获"国际绿色食品精品金象奖"，成为中国配制酒、保健酒中唯一的国家名酒。跨入21世纪后，绿色逐渐成为了时尚，汾酒集团及时调整思路，把握市场脉搏，向"低度、营养、保健、高品质"的目标转变，推出一系列保健竹叶青酒，并在2005年申请"国家驰名商标"。

汾酒的具体荣誉表如下：

- 1978年，全国科学大会先进集体。
- 1983年，在首届中国糖酒工业企业评比中，被评为中国饮料制造业最佳经济效益500强企业。
- 1988年，全国轻工业出口创汇先进企业，金龙腾飞奖；国家二级企业；获首届中国酒文化节最高荣誉奖酒文化王国"王冠奖"。
- 1989年，标准化先进单位；轻工部推动企业技术进步腾飞奖。
- 1990年，省食品工业"七五"先进单位十佳企业；全国轻工业科技进步先进单位。
- 1991年，首届全国工企业技术进步成就展览会荣誉奖；五一劳动节表彰会上获"山西省最佳企业"。
- 1992年，全国名优产品售后服务最佳企业；全国五一劳动奖状；全国环境保护先进企业。
- 1995年，中国工业企业综合评价最优500家前百强；山西省十佳旅游景点。
- 1996年，轻工业部安全生产优秀单位；安全生产先进单位；全国质量管理小组活动优秀企业。
- 1997年，走向世界中国名牌100强；"五一"表彰先进集体。
- 1998年，获全国投入产出国家级先进集体。
- 1999年，获中国保护消费者基金会最高奖"保护消费者奖"；省五一劳动奖状；省优秀企业；中国食品工业优秀企业。
- 2000年，省五一劳动奖状；保护消费者工业贡献奖；全国实施用户满意工程先进单位；年省优秀企业。
- 2001年，获1981—2001年中国食品工业突出贡献企业。
- 2002年，获中国企业文化建设先进单位。
- 2003年，荣获2002年中国保健食品行业百强企业；"杏祥酒"获中国白酒典型风格银杯奖；全国质量效益信誉等级证书。
- 2004年，获中国食品工业百强企业；中国轻工业企业信息化先进单位。
- 2005年，获2004年度"最具成号性企业"；杏花村牌白酒获"全国三绿工程畅销品牌"称号；38度竹叶青酒获全国优质产品；山西质量管理小组活动优秀企业；省爱国主义教育示范基地；中国食文化优秀企业；2004年度安全生产工作先进单位；省国资委系统信息化工作先进单位；省百强企业。
- 2006年，获"中国八大最具投资价值白酒品牌"称号；全球百佳中华儒商企业；

国家职业卫生示范企业。

· 2007年，山西质量管理小组活动优秀企业；2006年度安全生产工作先进单位。

（三）企业文化

1. 企业CIS——公司标志释义

标志（见图35-6）以杏花村驰名商标图案为基本元素，紧扣杏花茂盛、环境优美、酒坊古朴、汾酒清香这一意境展开设计，饱满充盈，生动传神。

图35-17 "杏花村"商标

杏花状外框由五个杏花瓣组成，象征着"汾酒"企业之魂——五种理念："传承国宝，清香久远"的精神理念，"心心相映，点点渐进"的管理理念，"清香扬帆，同舟共济"的经营理念，"一心一意，专业得体"的服务理念和"逆流行舟，六力勇进"的发展理念。

以杏花迎春吐香怒放、酿酒环境清雅洁净为基本特征的图案造型，风格昂扬向上，富有动感，蕴含了汾酒"清香三品"（汾酒的清香品质、汾酒人的清香品格、汾酒集团的清香品位）的文化个性，寓示着汾酒事业的勃勃生机。

2. 企业核心理念——"用心酿造诚信天下"

汾酒的核心理念是汾酒人在多年工作中所传承和奉行的信条，是在企业哲学层面上凝重思考后的精神结晶，是凝聚和激励全体汾酒人众志成城、步调一致地实现企业宏伟使命的一项行为准则。

用心酿造写实地记录了汾酒人对汾酒事业精益求精、全身心奉献、高度负责、恪尽职守的工作作风和真诚态度。汾酒人怀着对历史、对社会、对民族的责任感和使命感，用心酿酒，用心做事，用心做人。"心"在这里指：诚心、爱心、信心、匠心、责任心和事业心。汾酒人心酒相融，情酒相通，是在用一颗执著不渝的心，不断提高汾酒质量，呵护汾酒品牌，塑造汾酒形象，推动汾酒发展。

诚信天下源于中华民族五千年来"自强不息""厚德载物"的传统，源于晋商文化中"诚实守信""义利合一"的精神，源于地域文化中"真诚纯朴""热情善良"的民风，源于对"假伪成风"的严峻现实环境的深恶痛绝，更源于汾酒的立业之本和生存法则。诚信是世代汾酒人在做人、做事，尤其是在酿酒、经营中形成的文化积淀和基本特征，折射出汾酒人做事清正诚信、为人善良热情的传统美德，表现了汾酒人广阔的目标视野和"诚"雄天下的大企业风范。

四、杏花村汾酒的价值

杏花村汾酒是中国白酒行业"清香型"的卓越代表,也是迄今留存下来的品质最独特、最罕见的白酒类型。在整个酒文明及人类历史的发展沉浮中,杏花村汾酒酿造技艺始终具有无法取代的意义和价值。

(一)历史价值

作为一种文化遗产,杏花村汾酒首先表现出来的,就是其久远的历史价值。

1. 汾酒的诞生距今已有4000余年,作为一种文化遗产,杏花村汾酒是中国酒文明的发祥源之一,开启了人类从自然果物成酒到人工酿酒的酒文化的历史,也开启了中国白酒的酿造历史。

2. 采用蒸馏制酒工艺的清香型白酒,同时开启了中国白酒历史的先河。明清期间,其技艺流传四方,形成中国许多白酒的分支种类。可见,杏花村汾酒雄踞中国白酒祖庭当之无愧。

(二)工艺价值

作为一种"清香型"白酒的突出代表,其工艺价值巨大。

1. 不可取代性。虽然汾酒无法回避现代化工业机械化生产的趋势,但汾酒酿造中除了一些可以有标准化控制的工序如磨碎机、踩曲机、冷却机代替了传统的石磨、人工踩曲和木锹外,其他主要工序都需人工介入、监控和灵活把握,如养曲、制曲的温湿随不同时节的灵活控制,"两晾两热"生产三种曲不同条件的严格操作,发酵时保温幅度的细微调整,蒸馏前用簸箕装撒熟糁的时机和力度等,都凝结着几千年酿酒经验的总结,凝结着现代机械化无法取代的传统智慧与价值。

2. 民族性。不同于西方液态酒精先糖化、后发酵的酿酒方式,中国传统是固态曲的发酵酿酒,酒曲糖化和发酵是同时进行的,这是我国酿酒技术的重大发明。而率先举起这杆民族特色大旗的,是杏花村汾酒,其首创性具有鲜明的民族性。

3. 独特性。汾酒酿造是以大麦、豌豆为原料的清茬、后火、红心三种曲的复合发酵;不同于地窖的地缸分离式发酵以及"清蒸二次清,一清到底"的蒸馏发酵,这些都是区别于其他白酒的重要工艺,保证了汾酒清香自然的独特品质。

4. 稀有性。目前存在的白酒类型中,以现代工业生产的浓香型、酱香型的白酒居多,因为这种酒的酿造成本相对要小,且能满足大众口感,占有更多的市场份额,于是很多企业纷纷效仿。而这尤其显得杏花村汾酒的特点和品质相对稀少,因此亟待保护和重视。

(三)经济价值

凭借杏花村汾酒悠久的酿造历史及其独特的酿造工艺,杏花村汾酒为社会创造了巨大的经济价值。

1. 利税价值。建国以来,汾酒生产实现利税一直在白酒行业中占据前位,1988年起，利税占 500 家最大企业中从 289 位逐年攀升。21 世纪以来，每年所纳税额都以百分之十几的速度增长。

2. 出口创汇。这是汾酒的重要经济价值。古汾州汾酒——羊羔酒就远销欧洲，其酒瓶至今仍被英国伦敦大英博物馆收藏。一直以来，竹叶青、汾酒都是中国白酒出口创汇的主要产品，深受国际好评。在民国年间就有少量出口，上个世纪 30 年代，汾酒、竹叶青酒大量出口东南亚、欧美地区。1954 年，汾酒、竹叶青酒成为中华人民共和国最早获得出口权的白酒；1964 年，获出口产品免检信誉。1991 年，出口创汇居同行业中第一名。1992 年，汾酒厂获取自营进出口经营权；进入 21 世纪，出口创汇额已近 6000 万美元，充分显示出汾酒在国际市场中的优势地位和美誉度。

3. 劳动就业价值。杏花村汾酒对中国农村劳动力的安排上做出了一定的贡献。1983 年、1984 年、1985 年、1987 年、1992 年五次扩充职工就业量，解决了吕梁当地 2000 余人的工作问题。扩大就业的对象主要包括：农民、职工子女和部队复员军人。2005 年又建成了小型的"福利厂"，帮助 200 多聋哑残疾人就业。此外，汾酒集团公司还安排了当地 2000 余人的临时工就业。

4. 行业带动价值。杏花村汾酒和竹叶青酒在国内外的知名度、美誉度和影响力，带动了周边地区一些酿酒企业的发展，如汾阳王酒、一品仙竹酒都有着不错的发展形势。汾酒工业旅游每年接待游客 10 万余人次，是吕梁旅游业的龙头产品，带动了吕梁旅游业和其它相关行业的发展，创造了良好的社会和经济效益。

（四）文化价值

手工酿制具有巨大的文化价值。汾酒产生后，经过几千年的发展传承，在杏花村一带已经成为一门特别的技艺，被广泛尊从。这里历代居民都主要以酿酒为主，成为一种谋生的主要手段。酿造业的兴起也带动了当地的生产力发展和社会进步。汾酒酿制工艺所特有的师徒相传的传承方式，对生产地域的人际关系、社区结构、社会风气都产生了重大影响。

1988 年，在首届中国酒文化节上，杏花村汾酒厂荣获了"酒文化王国"的最高奖——王冠奖。杏花村汾酒的悠久历史，缔造出了丰富宝贵的酒文化，这个酒文化主要包括"有形的文化符号"和"无形的文化精神"。

1. 有形的文化符号。它包括在山西汾阳东堡村迄今尤存的杏花村遗址："古井亭""申明亭""宝泉"作坊旧址，它们虽已残破，但仍被保存下来。汾酒博物馆内陈列纵贯了 4000 多年汾酒酿酒历史，汾酒发展的历史变迁，汾酒文化与晋商文化、黄河文化的一脉相承。以"传承国宝，清香久远"为宗旨，将汾酒的"千年历史、千年业绩、千年古韵、千年壮歌、千年丰碑、千年奇迹、千年文化、千年贡献"以实物、模型、书画、电子动画等方式展示出来。高度浓缩了汾酒文化辉煌灿烂的历史足迹，是对中国第一文化酒最具权威的诠释和佐证，彰显了一个高品质、高定位、高水平的汾酒文化历史长廊。

2. 无形的文化精神。艺，"心声也"。汾酒素淡清新的品质、人工自然的工艺，源自于杏花村人一种内在的文化心理。杏花村是一个受现代化影响较小的村落。在这里，大多数人仍保持着中国传统农耕文明的思维方式，讲求经验的直觉把握，他们可能更相信自己多年经验积淀出的那种感觉力和判断力,因此保留和延续了很多传统的工艺和工具。同时,农民淳朴、亲近自然的精神气质决定了其对自然品质的崇尚,追求"返璞归真"的素淡风格,这不能不说是他们做"清香型"汾酒的因由之一。更为重要的是,他们这种自然的原料和自然的生产理念,无形中做到了生态的、绿色的产品,减少了对人和自然的伤害,而这正是未来社会发展的必然趋势。难怪汾酒在海外享有广泛美誉,这便是它健康的、素淡的、自然的风姿产生了巨大的魅力。

参考文献:

[1] 高春平. 汾阳、汾商与杏花村汾酒 [J]. 晋阳学刊, 2018 (06): 17-20.

[2] 潘安成, 刘皓, 常玉凡. "勤劳节俭"何以能推进中国传统企业的健康发展?——以中华老字号"杏花村"汾酒集团为例 [J]. 管理评论, 2020, 32 (11): 321-336.

第三十六章　陈太吉酒

一、广东陈太吉酒概述

（一）陈太吉酒的企业概况

广东石湾酒厂有限公司（后简称"石湾酒厂"）的前身是创立于清朝道光十年（1830 年）的"陈太吉酒庄"，厂址位于广东佛山石湾朱紫街，即现在的太平街 106 号，迄今已有近 200 年历史，并传承到第七代人，是广东真正还在原址生产的中华老字号和省级非物质文化遗产生产性保护示范基地。石湾酒厂以善酿纯正粮食酒而饮誉中外，其中"石湾"是中国驰名商标，而"陈太吉"商标自 1830 年延用，并于 1951 年在中央人民政府重新取得注册至今。石湾酒厂年生产能力达 4 万吨，已通过 ISO9001 国际质量体系认证和 HACCP 食品安全管理体系认证，是"中国白酒百强企业""国家信用等级 AAA 级"的大型酿酒企业和《豉香型白酒》国家标准起草单位、全国豉香型白酒分技术委员会秘书处单位，也是"中国白酒百强企业"和"国家信用等级 AAA 级"的大型酿酒企业，名列广东企业 500 强、广东制造业 100 强。

1895 年，陈太吉酒庄第三代传人翰林学士陈如岳放弃仕途后，回家乡潜心酿酒，在继承家传酿酒技艺的基础上，不断研究新的酿酒手法，首创了"肥肉酿浸，缸埕陈藏"的酿酒工艺，取其名为玉冰烧。从此，陈太吉酒庄也因玉冰烧酒而名闻遐迩，其独特的酿酒技艺一直传承至今，产品具有"玉洁冰清、豉香独特、醇和细腻、余味甘爽"的独特风格，是最传统、最正宗的"豉香型"白酒的典型代表，被列为广东十大名酒。在 1984 年、1989 年连续两次荣获"国家优质酒"荣誉。2009 年列入广东省非物质文化遗产目录，石湾集团主打产品石湾玉冰烧先后获得国家优质酒、中国白酒香型（豉香）代表产品称号，并获批为国家地理标志保护产品，是享有三大国誉的广东地产酒代表，并早在 1917 年就远销海外，100 年来深得国际消费者喜爱和市场认可；春花牌春砂仁酒是养生酒分类中获得"国家优质酒"称号的产品；帝一酒是广东较早覆盖全国市场的中高档养生酒产品，而独创的清雅型产品是广东地产白酒成功市场化运作、成长迅速的中高档产品，更得到全国白酒权威专家的高度评价，称之为"酒海一绝，南国精品"和"鉴赏级酒品"。其中"石湾玉冰烧·六埕藏酒""石湾玉冰烧·洞藏九"于 2015 年、2017 年荣获国际权威的布鲁塞尔国际烈性酒大奖赛大奖，代表粤酒彰显中国品味风范。

351

据《佛山忠义乡志》载:"本乡出产素称佳品。道、咸、同年间以陈总聚(陈太吉)最为有名。说者谓水质佳良,米料充足,酒缸陈旧,三者兼备斯,其味独醇。"

石湾酒厂现已形成三种酿酒技术工艺体系和三大系列产品:清雅型中高档系列,包括广东石湾酒、六年埕藏石湾玉冰烧、岭南印象石湾玉冰烧等产品;豉香型传统米酒系列,包括玉冰烧、特醇米酒、石湾米酒等产品;果露酒系列,包括石湾青梅酒、石湾姜酒、糯米酒等产品。清雅型产品得到全国白酒权威专家的高度评价,被称为"酒海一绝,南国精品""鉴赏级酒品",其中广东石湾酒已成为"佛山市政府推荐接待用酒";而豉香型传统产品因其高品质及实惠价格,被誉为大众喝得起的"民间茅台"。陈太吉酒庄酿酒技术工艺和酿酒精神得到发扬壮大,企业技术工艺和产品结构得到进一步发展和丰富,企业规模实现从酒作坊发展到现代化大型酿酒企业,市场开发也向全国布局。

(二)陈太吉酒的民间传说与故事

佛山陈太吉酒(石湾米酒)享誉海内外,这与它的创始人有很大的关系。

在东平河畔有个地方叫沙口,内有一条村叫莲塘。晚清时期,莲塘村出了一位"翰林",叫陈如岳,此人文墨了得,雄才大略,连广州"莲香楼"的牌匾也是他所题写。当年他上京当官,后来告老还乡,凭朝廷赏赐的俸禄,在石湾至海口一带俗称"水浸地"的地方买屋、买田、买地,然后开了两间"米基"(注:类似现在的粮食加工厂),一间叫"陈广兴",一间叫"陈义利",进行"收谷绞米"的生意,屯积了大量的大米。有段时期,由于生意不景气,加上梅雨天气,大米很快就发霉了。他立即开了一间叫"陈太吉"的酒庄,将大米发酵做酒基,再加入深井水,酿出来的米酒特别香醇(所以又叫石湾醇),名扬四海。陈如岳还将碾出来的谷壳和稷米运回乡下,混合草料来喂鱼(海口草鲩鱼很有名,以前专供省城广州享用),而鱼塘底的塘泥又是最好的有机肥料。陈如岳还利用自己上京为官时了解的信息,将江西庐山的"大矛竹"和本地的"象竹"杂交,培育出新竹种,布种在鱼塘基边,称为"竹基鱼塘",间格还盖上"猪渌"养猪,将氮肥、磷肥等有机肥料施在"竹敦"上,所以长出来的竹笋肥大、肉厚、爽甜,被称为"大头甸"。沙口出产的"大头甸"笋在五十年代至八十年代末,还曾被国家指定为唯一的出口笋。

1. 翰林酿美酒

清光绪年间,莲塘陈氏家族出了个翰林学士,他就是陈太吉酒庄第三代传人——陈屏贤的孙子陈如岳。如岳从小在酒坊耳濡目染,又饱读诗书,考取进士任翰林学士后,官拜贵州乡试主考。1889年,已是不惑之年的他毅然辞去官职,回到家乡,从其父亲陈宽英手中继承陈太吉酒庄。

当时市面上的米酒入口有苦辣味,易"上头"(醉酒),让人"借酒消愁""一醉方休",但陈如岳认为能细心品尝喝出滋味,才是好酒,于是开始研究新的酿造技法。受到乡亲们常用米酒浸泡蛇、药材的启发,加上当时生活物质较为贫乏,猪肉属于奢侈物品,百姓平日难尝,结合自身利用酒糟养猪的便利,为显示其米酒是真材实料,陈如岳尝试了"肥肉浸泡"的陈酿工艺。经过一段时间的试验,如岳发现肥猪肉能吸附杂质,泡在酒中能与酒液融合,形成独特豉味浓郁的酒香,酒液清澈不再浑浊,酒味醇绵柔和,酒体丰满,顺喉多了。因为米酒添加的猪肉,就像一块泡在酒中晶莹剔透的"冰块",当时民众爱称米酒为"烧酒",故将其命名为"肉冰烧",后因"肉"字不雅致,取谐音"玉",寓意米酒冰清玉洁,最终在1895年以"玉冰烧"为酒名推出市场,深得八方乡里的喜爱,每当男婚女嫁,必备一埕"陈太吉"玉冰烧酒作为贺礼,人们还将"太吉烧酒""太元茶楼""太平夜粥"称为生活中的"三太"。

往后的几十年,陈太吉酒庄不断发展,在广州、香港、澳门都增设分栈,进行酿造生产,并远销东南亚。

2009年,陈如岳发明的石湾玉冰烧酒酿制技艺入选广东省非物质文化遗产名录。

2. 春砂仁酒历史故事

"春砂仁"主产于广东阳春市,历史悠久,历来被视为"医林珍品",驰名中外。"春砂仁"气香浓郁,具有健胃、旺气、消食等功效,是古代越兵行军必备物品。公元551年,冼夫人（见图36-1）出兵征讨李迁仕凯旋而归,军队遇到极盛的瘴气侵袭,士兵们出现了胸闷、呕吐等症状,军医这时想到阳春特产的砂仁正可缓解这种症状,却发现军中所带的春砂仁竟然掉落在了庆功宴饮时留下的酒坛里。闻讯赶来的冼夫人从坛中取出春砂仁,酒中飘出一股清香,沁入心脾,顿感精神抖擞,冼夫人感到这正是天赐良药。因为春砂仁具有化湿开胃、温脾止泻的功效,军医据此结合行军所带中药材,调制出了春砂仁酒,果然解决了一时瘴毒病害,士气振奋。

图36-1 冼夫人铜像

此事在民间迅速传开,人们纷纷效仿。至明朝时期,著名医学家李时珍四处搜求民间验方,他结合阳春地区人们用春砂仁泡酒的情况,对砂仁酒的制法和功效等作了总结并载于《本草纲目》中,谓其主治"消食和中,下气、止心腹痛。"岁月更迭,春砂仁泡酒古法却一直在阳春民间传承沿袭。1956年,地方国营阳春县合水联合加工厂（原阳春酒厂前身）组建"春砂仁酒"课题小组,对民间泡酒古方进行调研,参考《本草纲目》等古代药典对砂仁酒的记录等,制定出国内春砂仁酒酿制技术系统工艺标准,并在1957年正式推出春砂仁酒产品,一度引起阳春地区大小作坊效仿。经过近60年的传承创新,阳春酒厂已形成完整技术工艺体系和传承谱系,其出品的春砂仁酒于1994年荣获果露酒国家优质酒称号。

(三) 陈太吉酒的民俗文化

1. 陈如岳"玉冰烧"之鼻祖

"陈太吉酒庄"是广东地产酒中唯一现存百年的老字号。如今的石湾酒厂所采用的陶质缸埕都是从清朝、民国年间就开始使用的,最早一批缸埕可以追溯到清道光年间陈屏贤创办"陈太吉酒庄"时期。而石湾玉冰烧酿制技艺的创始人是陈太吉酒庄第三代传人——清代光绪翰林陈如岳。陈如岳(1842-1914),清朝广东南海人。1883年中进士,后辞官归里,批注古籍,研究酿酒,终成广东名酒玉冰烧。

(1) 学:与康有为同窗

要了解陈如岳,必须要走进他的家乡——禅城张槎莲塘村。莲塘是一个历史悠久的自然村,有着深厚的文化底蕴。明清时,村里的读书人就认为,读书习业考取功名才是"正途"。所以一些富裕的家庭,为了使自己的子弟从正途出身,都会全力以赴供他们读书,因此出现了不少科举家族。而陈太吉酒庄创始人陈屏贤的孙子陈如岳,就是其中的佼佼者。

在莲塘,村民90%是陈氏的后人。60多岁的陈有杞回忆:"陈如岳聪明过人,考取翰林学士,官至贵州乡试主考。陈如岳是南海九江礼山草堂朱次琦先生的弟子,又是康有为的同窗,他在康有为影响下,追求维新思想。"

陈如岳自小在莲塘乡的陈氏祠堂读书,又是南海九江礼山草堂朱次琦先生的弟子,康有为先生的同窗。在莲塘乡陈族中,陈如岳是个满腹文墨的才子,同治十二年(1873年)中举,光绪九年(1883年)荣登二甲,光绪皇帝钦点翰林,赐进士出身,光绪十五年(1889年)钦命为贵州省正主考官。他为官清廉,刚正不阿。

不惑之年的陈如岳,正是仕途亨通之时,陈如岳竟托词母病,辞官职返归故里。回到家乡,他到南海西樵山西湖书院讲学,以新的教学理念,呕心沥血培育桃李。任教期间,他著书立说,除批注校订《西厢记》《桃花扇》《三国演义》《水浒》等外,还有诗集传世,又擅书法,广州"莲香楼"的牌匾也是他所题写。

(2) 创:石湾玉冰烧名闻遐迩

之后,陈如岳回到家乡,在祖父开设的太吉酒庄酿起酒来。当时的太吉米酒已经闻名南方各地,但如岳觉得酿酒的学问还多着哩,于是开始饱览群书,决定把太吉酒庄做出个好样子来。

陈如岳决心要在家传米酒酿制技艺的基础上,创新酿酒工艺。当时市面出售的米酒,包括太吉米酒在内,入口都有点苦味和辣味,且容易"上头(俗称醉酒)"。有人说:饮酒就是要辣、要醉才算是好酒,古人不是说"借酒消愁"、"一醉方休"么?但陈如岳却认为,好酒应该是用以品尝的,让人喝得顺喉,喝出滋味才算得上是好酒。他苦苦思索:酿造米酒除了好米好水之外,什么才能让米酒变得更醇更香呢?他看到广东人喜欢用蛇或毛鸡之类浸酒,开始留意用肉食类浸泡酒的技艺。

那一年,莲塘乡陈族举行敬老乡饮酒礼,陈氏祠堂大排筵席,给老叟们分派一份猪肉。当晚,乡绅和年逾古稀的长者以及有功名者饮宴。席间,如岳注意到那些古稀老叟们特别爱吃肥猪肉,自己也夹了一块细心品味,发觉肥猪肉不但入口香润,而且滑腻甘和。如岳想到,何不用太吉米酒添加肥猪肉,用石湾陶埕浸泡陈酿,创制新的米酒酿造工艺呢？经过反复试验，肥猪肉在米酒中经过一段时间酝浸，原来混浊的米酒变得更加清纯，酒中浸泡的猪肉如晶莹剔透的冰块，酒液清澈，入口细细品尝，口感甘滑，去除了白酒的苦味和辣味，酒味绵甜柔和，顺喉多了，而且还有一种与常见米酒不同的独特浓郁的香味。

他顺应民众把米酒称作"烧酒"的习惯，更因加了猪肉酿制的米酒，酒体清澈如玉，于是取名为"肉冰烧"。

对于这种在酒中泡肥猪肉的技法，石湾酒厂市场推广总监蔡壮筠解释道："猪肉能吸附杂质，泡在酒中能与酒液融合形成独特酒香，并醇化酒体，这也成了'陈太吉酒庄'独有的工艺，这很像威士忌、白兰地的蒸馏原酒，需要经过橡木桶储存。"

自此，石湾玉冰烧名闻遐迩。

（3）新：更新产业发展观念

作家任流的小说《陶醉天下》就是围绕主人公陈如岳而写，他认为："陈如岳有学识、做过官、见过世面，其处事能力、经济头脑有过人之处。"

陈如岳凭朝廷赏赐的俸禄，在石湾至海口一带俗称"水浸地"的地方，买屋、买田、买地，然后开了两间"米基"，类似现在的粮食加工厂，一间叫"陈广兴"，一间叫"陈义利"，进行"收谷绞米"的生意，囤积了大量的大米。

怎样才能更好利用石湾酿酒产业的资源呢？陈如岳改造了家乡的桑基鱼塘，将碾出来的谷壳和稷米运回乡下混合草料作为饲料，同时又以酒糟养猪，落塘的猪粪培养微生物喂鱼；在塘泥覆盖基面培肥土壤，将江西庐山的"大矛竹"和本地的"象竹"杂交，培育出喜欢大肥的岭南著名竹笋品种——大头扁，布种在鱼塘基，称为"竹基鱼塘"。

这种基塘系统模式，一直到新中国成立后还沿用，海口草鲩鱼非常有名，以前专供省城广州享用，而莲塘的这种大头扁竹笋，则在上世纪五十年代至八十年代末，被国家指定为唯一的出口笋。

石湾酒厂市场推广总监蔡壮筠认为，"陈如岳在发展陈太吉酒庄的事业上颇有新意，整合各种资源，与其自身渊博的学识、经世致用的治学精神和得风气之先的视野有很大关系。"

180多年过去，石湾酒厂一直在创新变革的发展中引领着时代风向标。

（4）誉：深挖玉冰烧文化内涵

陈如岳入选佛山历史名人评选活动的消息传到莲塘村后，村民们奔走相告。莲塘村的陈氏祠堂是村民聚集的地方。一位村民告诉记者，陈如岳是读书人，一个读书人发展出了一个品牌，非常了不起。他是佛山的历史名人，是莲塘村的骄傲，也是佛山人的骄傲。

佛山民俗专家余婉韶说，陈如岳入选佛山历史名人候选人，可以说是实至名归。当年陈如岳创制玉冰烧工艺时，他只知道用猪肉酿米酒香醇好喝，却不懂得其中奥妙。现代科学技术使石湾玉冰烧在传统的基础上有很大的进步。

科学研究证明，石湾玉冰烧是最传统、最纯正、最敢于创新的酿酒工艺的结晶。太吉米酒添加了猪肉，可吸附酒中的杂质，脂肪缓慢降解，生成的脂肪酸与酒液融合，形成独特的酒香和醇化酒体作用，增加了酒的甜味，并使酒体柔和，入口柔绵，有效提高

355

米酒的酒香、酒味和酒液的澄清度。

石湾酒厂为陈如岳位列佛山历史名人评选活动候选人感到非常高兴。进士是中国古代的最高学位之一，国内恐怕还没有哪个品牌的酒和进士有关。玉冰烧是进士发明的，可谓进士酒，这可能是中国白酒独一无二的品牌，具有巨大的文化价值，值得后人好好保护和挖掘其文化内涵。

蔡壮筠说，石湾玉冰烧酒酿制技艺，已被批准列入到广东省非物质文化遗产保护项目，目前正在申报国家级非遗项目，这是对其最有效的保护方式。如今石湾酒厂已有了三代人的储备，从企业经营来说，这是最核心的产品。因此，无论从哪方面来说都需要进行保护和发展，永久传承。

他认为，通过历史名人的评选，更好挖掘先人前辈的核心思想，让世人了解他们对社会的贡献。这对于文化产业的影响非常重要，这种方式非常好，对社会的发展影响深远。

二、广东陈太吉酒的特点

（一）陈太吉酒庄和生产基地

1. 陈太吉酒庄

"陈太吉酒庄"（见图 36-2）位于岭南酒文化博物馆三楼，沿参观通道全程可领略"陈太吉酒庄"传统酿酒工艺的全过程，陈太吉酒庄传统制曲（酒饼）工艺，以及传统蒸酒甑、饭床等古法酿酒设备一一呈现，每一道工序都由手工制作，生动演绎岭南传统酿酒古法，感受当年陈太吉酒庄的历史场景。

图 36-2 "陈太吉酒庄"

广东石湾酒厂集团有限公司现有四个基地，其中禅城区基地为岭南酒文化街区、总部枢纽中心、豉香型清雅型产品酿造生产中心；三水区基地为豉香型产品配套项目中心；阳春市基地和三水区养生酒生产基地为岭南养生酒生产中心。集团拥有四个核心品牌，其中："石湾"2017 年品牌价值评估为 71.85 亿元，位列中国白酒六十强；而陈太吉品牌自 1830 年延用至今，并于 1951 年重新在中央人民政府取得注册；"春花牌"和"禾花雀"牌都是广东老字号。

2. 阳春养生酒生产基地（阳春酒厂）

石湾酒厂集团阳春生产基地——阳春酒厂建于 1956 年，是建国后广东早期成立的酒厂，并制定出国内春砂仁酒酿制技术系统工艺标准，通过 ISO9001：2008 质量管理体系认证，在粤西地区具有较大的市场份额和影响力。

基地所在地群山连绵叠起，具有得天独厚的优美酿酒生态环境，符合现代酿酒环境发展要求。多年来，阳春酒厂秉承传统配方和传统浸泡酿造工艺生产出春砂仁酒，进一步扩大和提升"春砂仁"的适应性和使用范围，主导产品以当地特产"春砂仁"作为主要原材料酿造的"春花牌"春砂仁酒，1994 年荣获果露酒国家优质酒称号，是行业较早规模化和标准化的养生酒之一。

2014 年，广东石湾酒厂集团融合 180 多年酿酒技术，对原有春仁砂酒进行工艺、品质、口感、酒体等全面提升后，推出春花红春砂仁酒，以现代人普遍需要的养生型消费和商务接待消费为出发点，重新构建产品内外品质形象，产品具有"酒色金黄、酒香优雅、药味均匀、入口绵甜、酒体丰满、余味绵延"的特点，在包装上注入时尚和现代元素，实现品质形象的全面提升，全面颠覆目前市场上流行的养生酒产品形象，是中国养生酒市场未来的发展方向。

3. 三水区养生酒生产基地

石湾酒厂集团养生酒中高档产品生产基地——佛山市帝一酒业有限公司，脱胎于三水酒厂，三水酒厂始于 1952 年，曾先后孕育出"强力啤酒"和"健力宝"两个品牌，主导产品"禾花雀"牌帝一酒于 2004 年由三水酒厂与华南理工大学食品与生物工程学院联合研制，采用现代先进工艺技术、提取多种药材的有效成份精酿而成，产品市场覆盖广东珠三角地区和湖南、江西、广西、福建地区，是广东养生酒较早走出省门的产品。经专家品评鉴定："禾花雀"牌帝一酒，产品配方合理，工艺可行；产品色泽金黄，药香纯正，入口醇和，滋味协调。

（二）陈太吉系列酒（部分）

1. 清雅型（Eleganttype）

石湾玉冰烧·六埕藏酒，酒精度数：33 度，是石湾酒厂集团开发多年来储藏在山洞酒窖老酒液的年份酒产品，酒色微黄，是真正纯粮酿造和足够年份的产品，包装蕴含广东清代特色文化，是广东真正实现市场化运作的中档产品，也是具有广东特色的特产。

工艺特点：源于180多年陈太吉酒庄独有酿酒秘方，选料、制曲（酒饼）、拌料、发酵等关键环节都是人工操作，产量小而品质高。

真正陶埕陈藏：酒液全部使用30年以上的陶质酒埕陈藏，陶埕对酒液品质有很多奇妙作用。一是陶埕壁有微孔，能呼吸和持续挥发杂质，如乙醛、烯类等；二是陶埕相对恒温，对酒质起到稳定保护，持续醇化酒质；三是古陶埕多年来不间断地使用，酒埕内部已形成很丰富的醇化微反应群，并释放出陈年的醇香分子，形成独特口感。

广东山洞储藏酒液：石湾玉冰烧中高档酒全部使用地洞储藏酒液，山洞冬暖夏凉，有益酒液加快醇化，故有"洞中一年，世上三载"之称。

品质特点：清雅型；入口绵甜、醇和；酒色微黄、酒香清雅；酒体丰满；后味悠长、干净无杂味；

酒后体验：总体印象—好入口、舒服；酒气容易散、不上头不会头疼。

玻璃瓶：借鉴洋酒包装瓶优点，高白质、造型高档、有个性，比同档次酒瓶明显要高，特别是中间金色环更是点缀出档次感。已申请外观专利。

包装盒：以一幅人们熟悉的佛山清代名胜古迹（佛山清代六景：佛山祖庙、仁寿寺、南风古灶、石湾酒庄、陶师庙和梁园）为背景，以淡黄色为主色衬托出一种古色优雅的形象，让石湾酒180多年历史与人们向往的岭南古迹名境融合一体，相得益彰，让人们在购买和消费时不仅仅是品味酒本身，更是在品味佛山和岭南特色文化。

岭南印象·石湾玉冰烧，酒精度数：45度，其产品酒体、陶瓶、外盒等产品要素由多位大师亲自设计，精心雕塑，品质完美绝伦，经典岭南味，并融合了岭南文化代表元素，是岭南酿酒水平标志性代表，是岭南文化内涵的经典元素，是岭南文化传承发展的核心载体，是岭南地区适合政务活动、商务活动、投资收藏的白酒产品，是值得喜爱和骄傲的岭南名酒。

专家品质：融合陈太吉酒庄180多年酿酒工艺，独创清雅型风格，百斤原酒液只选精华的2斤，并用陶缸封存在山洞酒窖储藏，山洞冬暖夏凉，有益酒液加快醇化，故有"洞中一年，世上三载"之说法，终成酒色微黄、酒香清雅、入口绵甜醇和、酒体丰满、后味悠长的高水平品质；

艺术酒瓶：由中国陶瓷艺术大师黄志伟亲自设计，以古代诗人酒后意境的人物为造型，有6种经典釉色表达，线条优美，结构合理，尤其是把所抱的酒埕作为酒瓶口，艺术性与实用性自然融合，而人物面部酒后似醉非醉的表情，更是让人拍手称绝，这是石湾公仔陶艺文化与岭南酒文化的经典创作，是石湾公仔陶艺价值的延伸发展，单独陶酒瓶就具有很高的投资价值、收藏价值和观赏价值。而陶瓶能呼吸挥发杂质和相对恒温稳定保护、醇化酒质的作用，更是显现出其实用价值。

文化酒盒：由国内著名平面设计大师黎凯亲自设计，以岭南文化经典元素为基础，主色调为岭南旧青砖颜色，透出石湾酒老酒弥香和悠久岭南文化的感觉，而产品名称与岭南建筑文化标志的"镬耳墙"形成一个组合，强化了岭南文化的融合，周围点缀的"岭南醒狮、佛山功夫、佛山木版年画、阳江风筝、潮州木雕、岭南粤剧"等文化图纹，整体形成一幅岭南经典文化浓缩版，实现岭南白酒、岭南陶艺等等文化元素的完美汇合，酒盒不仅仅是包装，更是岭南文化的传播载体。

2. 豉香型（Soyflavor）

"石湾玉冰烧·鸿运当头"，酒精度：33度，酒体清亮透明，豉香复合谐调，醇和绵甜，甘滑顺喉，余味爽净。其酒瓶借鉴了洋酒扁平瓶身优点，将酒液聚集起来形成水珠般的晶莹外观，融合中国酒具独有图腾文化元素的瓶贴设计，在酒瓶的衬托下更显得高贵典雅。红色的酒盒整体营造出喜庆的气氛，加上"岭南醒狮"狮头图案的主题装饰，突出了产品名称"鸿运当头"吉祥喜庆的美好寓意。"鸿运当头"也是180多年陈太吉酒庄的创立故事，让人聚会饮酒的同时，更能感受到成功的喜悦和岭南酒文化的源远流长。

石湾玉冰烧酒，酒精度数：29度，创于1895年，1984年、1989年两度获国家优质酒称号，1988年获首届食品博览会金奖。石湾玉冰烧是中国白酒香型（豉香）代表产品，曾经是专供出口的产品，早在上世纪80年代出口量多达3000吨/年。石湾玉冰烧酒始创于1895年，石湾酒厂集团至今仍沿用"缸埕陈酿，肥肉酝浸"的传统酿制工艺，使其酒体清亮，玉洁冰清，豉香独特，醇和甘滑，余味爽净，入口顺喉绵甜，回味悠久，不苦不上头，而且冰着喝更好喝。独具特色的石湾玉冰烧酒酿制技艺已入选广东省非物质文化遗产。2003年9月，石湾酒厂为满足消费者对高品质米酒的需求，以专供出口的"玉冰烧"为基础，在多位白酒专家和资深酿酒师的研制下，借助石湾酒厂独有的百年缸埕和采用现代生物技术，对其工艺、口感、品质进行综合提升，推出了新一代的石湾玉冰烧酒，深受广大米酒消费者喜爱和欢迎。

三、广东陈太吉酒的发展历程

（一）百年老字号的追梦

广东白酒消费市场规模约为130亿元，而广东地产白酒仅占有约30亿元的市场份额，而且以低档产品结构为主，更多份额为外来品牌所占有。这一现象有历史原因，也有近代产业发展不力的原因。广东地产白酒一方面一直以来偏安一隅，企业规模结构小而分散，但都有一定利润，各自过着"小富即安"的滋润日子，缺少企业规模竞争实力和支持；另一方面产品低档低值的结构变化不大，品牌形象、品质形象和价值形象突破不大，既不符合消费升级需求，又没有竞争力；最后是市场开拓市场化不够，没有配套人力资源基础和有效的市场操作模式，无法有效开拓市场。这也导致广东地产白酒没有赶上中国酒业整体蓬勃发展潮流，错过了之前中国酒业黄金十年的发展机会。那么，广东地产白酒企业是不是真的没有与全国白酒品牌竞争的实力和一起发展的机会？答案是非也。佛山是"中国豉香型白酒生产示范基地""南国酒都"白酒产量占全省70%以上，前三名白酒生产企业也都是集中在佛山。为了推动佛山白酒产业发展，佛山市政府于2010年出台了《佛山市政府振兴白酒产业发展方案》和《佛山白酒产业（2010—2015年）发展规划》指导性产业发展文件。政府的指引和支持大大鼓励了企业的发展信心和发展速度。广东石湾酒厂有限公司作为地产白酒领导企业，率先做好带头表态，2010年起就订立具有中远期前瞻性的发展规划，定下"三年翻一番，五年翻二番"的第一个发展目标，经过品牌形象、产品结构、市场开拓等各方面的提升和完善，石湾产品市场快速发展，前三年年复合增长率超过30%，进入2013年更是出现传统产品和中档产品暴涨的态势，产品至今还处于供不应求的状态，提前完成了五年翻二番的企业发展目标。

为实现岭南酒第一品牌的企业愿景，石湾酒厂将进一步做好企业硬件规模扩张和企业资本储备的战略工作。因此，在企业硬件规模扩张上，企业采取三条途径实现，一是充分利用现有场地深挖生产潜能，同时寻求政府支持，向周边争取拿地实现原地扩产；二是在佛山区域内物色环境合适的地块，作为配套项目用途，成功在三水区拿到了一百多亩地并实现动工建设，以满足未来三年的发展配套项目需求；三是走出佛山，寻求合适的并购机会，成功注资重组了生产岭南特色产品春砂仁露酒的阳春酒厂，与现有白酒产品形成良性互补组合，这也是广东酒业首次通过注资重组的资本方式，实现企业间的横向整合和规模的扩张，对于广东酒业发展史来说，具有成功示范意义的案例。企业资本储备方面，将争取最快时间内实现集团整体上市，建设集团扩融资金平台，以便为长远发展规划储备好足够的资金，解决资金的后顾之忧，确保长远发展动力后继有续。所以，建立酒业集团，是石湾酒厂人为实现振兴广东地产酒建造的新平台，也是万里长征的第一步，石湾酒厂人之梦、广东地产酒振兴之梦会一步步实现。

(二) 老字号不服老，铸造新辉煌

石湾酒厂通过持续性、系统化加强和提升技术工艺、营销策略、制度管理、企业文化、生产设备等企业发展核心要素，企业连续多年都以两位数增长率快速发展，提前实现 2010 年定下"三年翻一番，五年翻二番"的发展目标，进入 2013 年后更是出现产品全线供不应求，而全年税收也突破 1 亿元。2006 年至 2018 年，石湾酒厂集团销售规模增长 11.89 倍，利润增长 13.38 倍，资产规模增长 16.42 倍，平均销售价格从每瓶 6.5 元增长到 17.8 元，年均增速保持两位数快速发展，为推动粤酒振兴和产业升级做出卓著贡献。这都是有赖于之前持续性"内功"企业内部工作的修炼和"外功"市场基础工作的积累，实现从量变到质变过程的必然结果。

首创清雅型白酒酿造技术工艺：

石湾酒厂是豉香型白酒的鼻祖，但豉香型香气、低度和简单包装等风格，已经无法满足现代消费升级需求，也无法适应省外消费市场的特点，产品区域适应性及档次有很大局限性。为了解决这一问题，石湾酒厂创新性地把高档消费者需求特点和未来消费趋势作为出发点，融合石湾酒厂 183 年酿酒工艺基础，对酿造技艺进行全面提升，创立了清雅型白酒酿造技艺体系，大大提升了广东地产酒的品质水平和口感适应性。清雅型产品酒色微黄、酒香清雅、入口绵甜醇和、酒体丰满、后味悠长，具备优质级别水平，与市场上流行的浓香、酱香、清香等风格具有明显差异化。而这种"清、雅、醇、绵"的差异化特点又特别适合与粤菜搭配，非常适应南方人口感偏爱，这就形成核心竞争力。而包装上也实现突破，注重现场设计技艺并巧妙融入了岭南文化元素，让产品包装即有文化形象内涵又有超值的档次形象。这是地产白酒发展中高档产品的基础条件，成功解决了广东地产酒品质形象和价值的问题。

四、广东陈太吉酒的企业文化与荣誉

(一) 企业文化

企业精神

传承，务实，超越，创新经营理念：诚信，服务，理性，共赢

企业使命

弘扬岭南酒文化，酝酿生生不息

发展方向

专心做好酒，发展岭南特色产品企业愿景：岭南酒第一品牌

品牌核心价值

百年石湾，国誉品质企业质量理念：全员参与，酿造优质名酒。不断改进，赢得顾客满意！企业发展战略：传承发展传统产品，重点发展中高档产品企业人才理念：有德有才有为才有位企业工作理念：创造财富，感受幸福

(二) 企业荣誉

石湾酒厂年生产能力达4万吨，已通过ISO9001国际质量体系认证和HACCP食品安全管理体系认证，是"中国白酒百强企业"和"国家信用等级AAA级"的大型酿酒企业。

中国白酒百强企业
广东省非物质文化遗产
中国白酒香型代表证书
联合国千年优秀奖
中华老字号
国家信用等级AAA级企业
中国白酒百强企业
国家优质酒中国白酒香型代表
广东名牌产品
中国历史文化名酒
国家地理标志保护产品（见图36-7）

图36-7 国家地理标志保护产品

中国白酒香型代表证书（见图36-8）

图36-8 中国白酒香型代表证书

中华老字号（见图36-9）

图36-9 中华老字号

五、广东陈太吉酒的发展战略

（一）实现产品结构向上延伸

2005年之前，整个广东地产酒主导产品都在10元/瓶以下，这与广东因政务活动、商务活动、个人享受收藏投资等等产生对高档产品的市场需求严重脱节。石湾酒厂于2007年开发出包装具有岭南陶艺特色，市场价格为498元/瓶的广东石湾酒；2010年推出中档产品70元/瓶6年埕藏石湾玉冰烧；2011年推出168—298元/瓶8年/10年洞藏石湾玉冰烧，1380元/瓶岭南国礼石湾玉冰烧；2012年5月推出698元/瓶岭南印象石湾玉冰烧；2013年1月推出398元/瓶石湾玉冰烧1830。建立起完善的中高档产品结构，满足了市场不同层次的消费需求。特别是6年埕藏石湾玉冰烧，前期集中在佛山作为尝试，经过3年多开拓积累，现时已是佛山地区中档白酒发展最快，销量进入前三名的品牌，而且供货量远远满足不了市场的实际需求，而高档产品广东石湾酒，也是每年呈几何级数量增长，已是佛山地区政务、商务接待活动首选高端白酒产品；岭南印象石湾玉冰烧凭借最具有岭南文化风格和艺术价值，深受送礼和收藏消费者喜爱，中秋和春节白酒消费旺季期间更是供不应求。其他新推出产品也有不俗的反应，这是广东地产白酒第一次在中高档市场取得的成功，打破了广东地产白酒无法与外来白酒竞争的局面，为广东地产白酒进军中高档产品市场提供一个成功范例，消除了行业做中高档产品的疑虑，也让所有人知道广东有好酒，这也验证了广东地产白酒品牌是有能力和实力做好中高档产品的。

（二）塑造强劲营销动力，全面实现市场化运作

广东地产酒企业虽然不大，但却活得很滋润，所以存在着一定"小富即安"现象，市场意识不高，营销体系市场化很低。而一个企业要做大做强，没有市场化营销体系，就不能有效与消费者沟通，也就不能赢得消费者的喜爱，更不能规模性、标准性的扩大发展。为了突破这一现状，在构建起系统的营销体系之后，石湾酒厂塑造系列经典营销案例。如化解广东炎热天气影响饮用白酒因素，推出传统产品"石湾玉冰烧，冰着喝更好喝"活动，从饮用方式引导消费者，开创了白酒淡季不淡的奇迹，现时在广东夏天到处可见到人们流行喝冰冻的石湾玉冰烧，冰爽的米酒味道比啤酒、白酒更吸引人；化解地产酒消费群老年化，赞助6届"珠江小姐"竞赛活动，用时尚年轻选美活动元素和借助电视台强力传播平台，有效拉近与年轻人的心里距离；化解品牌价值形象偏低现状，与电视台、电台、报纸结成战略合作联盟，全面融合时政、民生、慈善等权威栏目活动。全面参与区域高端民俗文化活动，如赞助高尔夫球赛、祖庙北帝诞、各地龙舟赛、各地庙会，举办诗酒文化节等等，有效地营造浓烈品牌气氛，持续性地与高端消费群和社会沟通，快速提升品牌价值形象。配合灵活有效市场政策、到位市场服务，产生强势营销动力，实现石湾品牌的快发展快目标。

（三）弘扬岭南酒文化，实现文化引导消费

广东菜驰名世界广为人知，但广东酒一直以来被视为是没历史、没文化的低档酒，这是社会对广东酒莫大的误会。根据最新史料证实，四川的酿酒工艺都是由广东传播过去，历代诗人如苏东坡、韩愈等人都曾在岭南任过职，而且为赞美岭南酒留下众多诗词，如苏东坡"管宁自欲老辽东，岭南万户皆春色（岭南万户酒）；三山咫尺不归去，一杯付与罗浮春"等等，而在1979年12月15日，香港新华社开酒会接待外宾时就用了茅台酒、石湾酒、竹叶青三种酒，这是最能体现产品价值的见证。石湾酒厂还做了四件酒文化大事。一是筹建广东最大的岭南酒文化博物馆，用历史资料和品鉴体验重新认识广东酒，只要来一次岭南酒文化博物馆，就能体验和了解到岭南酒的源远流长和博大精深，岭南酒文化博物馆在2014年3月19日下午在佛山石湾镇开馆；二是在2012年1月设立广东岭南酒文化研究院，汇聚国内行业专家学者，长期性开展专题项目研究、学术交流、研讨会等等酒类产业的相关内容，实现对产业的发展提供理论的探索和支持，这两年来举办了"首届岭南玉冰烧诗酒文化节、第二届广东地产白酒高峰论坛"等等活动；三是联合广东省社会科学院进行"岭南酒史"的研究和出版研究成果，实现对岭南地区酒史内容的系统化和清晰化，广东首部岭南酒史专著《岭南酒文化》在2014年正式出版发行；四是企业经营全面融入岭南文化，让石湾品牌和产品成为岭南文化传承发展的核心载体，让品牌与消费者有一个自然对接，让喜欢岭南文化的消费者以喝石湾酒为自豪，推荐石湾酒是一种传播岭南文化的责任，最终实现石湾酒成为最值得喜爱和骄傲的岭南名酒。

（四）集团发展前景：粤酒航母起航时

豉香型、清雅型白酒和春砂仁露酒都是广东特有特色产品，现时已解决了走向全国产品口感风格适应问题，产品都具有独特差异化竞争力。石湾酒厂成立酒业集团后，能有效把这两种优势融合，相得益彰，成为布局全国最具竞争力的产品组合。而这两类产品消费者小同大异，彼此没有什么竞争关系，却能进一步拓宽消费群；销售渠道却是大同小异，都是以餐饮场、酒行、商场等网点为主，两类产品能充分共享同一销售渠道，减少相关销售费用，提升销售效率和效果。两类特色产品，两股市场开拓力量，带更大的综合竞争优势，布局全国市场，走向更大市场覆盖率和占有率的路上，同时，石湾酒厂集团也希望通过多种联营形式，联合省内众多中小地产酒企业组建更强大的粤酒航母，实现广东地产酒走向全国发展的共同目标，知勇后发不为迟，粤酒航母起航时。

参考文献：

[1] 金珮璋. 再论玉冰烧香味特征 [J]. 酿酒，1995（03）：3-6.

[2] 杨帅，皇甫洁，董建辉，等. 清雅型"玉冰烧"白酒酒体风格特征研究 [J]. 中国酿造，2020，39（04）：49-52.

第三十七章 湘山酒

一、桂林湘山酒概述

(一) 湘山酒的企业概况

湘山酒是中国米香型白酒代表之一，是工业名优产品，是桂林湘山酒业有限公司（后简称湘山酒业）的主导产品。

桂林湘山酒业有限公司（见图37-1）的前身是广西全州湘山酒厂，位于山清水秀、鱼儿肥稻花香的北部古城全州城东，湘江、灌江、万乡河汇合之滨。

广西全州湘山酒厂是1954年7月1日由中国专卖公司组建全州私营酒联一社而成立的酒类加工厂，属国营企业，同年12月改名为地方国营全县酒厂，由全州县县政府工业科领导。1955年12月根据国家私改政策，地方国营全县酒厂与私营全州县酒联二社实行公私合营，改名为公私合营全县酒厂。1956年3月，公私合营全县酒厂接收绍水、庙头、石塘3个酒联社为分厂，接收和平街裕原恒、裕通恒两个私营酒药铺，在此基础上成立地方国营全县酒药厂。1958年4月，地方国营全县酒药厂合并酒药厂改称地方国营全州县酒厂，厂址设在县城板桥头，同年10月迁至东门。

随着生产的发展，地方国营全州县酒厂于1979年扩建了飞机坪生产区，并将厂名定为全州县湘山酒厂，后又更名为全州湘山酒厂。2008年全州县政府本着强强联合、发展企业的理念，名列全国白酒行业三甲之列的华泽集团（前身为金六福投资公司，现为金东集团）于4月整合广西全州湘山酒厂成立了桂林湘山酒业有限公司。

图37-1 湘山酒业酿酒生态园鸟瞰图

湘山酒业的发展倾注了党和政府各级领导的心血。广西自治区领导多次到湘山酒业视察、参观。1992年，广西自治区党委书记赵富林同志视察湘山酒业后，欣然提笔，留下"提高产品质量，扩大销售"，鼓励湘山酒业继续为消费者生产更多更好的产品。之后，广西自治区人民政府副主席王蓉贞、副主席袁正中、自治区党委副书记马庆生、自治区人大副主任张慕洁、中国白酒专业协会副会长沈怡方、秘书长高景炎、理事陶家驰、自治区政协主席陈辉光、自治区党委副书记丁廷模、自治区宣传部长潘琦、自治区党委书记曹伯纯、自治区人民政府主席李兆焯等，分别到湘山酒业视察工作，李兆焯同志视察湘山酒业后，提笔留下"湘山酒香飘万里"，给湘山酒业极大的关怀和鼓励，有力地促进了湘山酒厂的经济腾飞。改制后，为进一步扩大生产规模，满足市场需求，华泽集团金六福投资公司（金东集团）在全州县城南工业园区新征地300亩，打造全国最大的米香型白酒生产基地。该项目立项后，得到了广西自治区领导的高度重视，列入了广西自治区政府监管项目，并于2010年5月28日正式动工兴建。2014年，新基地第一轮试生产圆满完成，正式投产后，其年生产能力将达到5万吨中高档湘山酒，这将使湘山品牌成为全国米香型第一品牌。

湘山酒业经过60余年的发展，从建厂时员工21名、固定资产5933元的一个小型的酒类加工厂，发展成为占地25万多平方米、员工400多人、总资产近2亿元、年生产能力达25000吨的广西最大的米酒生产厂家之一。

如今的湘山酒业技术力量雄厚，拥有各类技术人员近70人，生产设备先进，检测设施齐全，质量管理体系健全。其生产白酒、黄酒、露酒、保健饮料四大类80多个品种规格的产品行销全国各地，出口东南亚各国及美国、加拿大等国。企业先后被评为轻工部质量先进企业、轻工部优秀企业、广西区先进企业、全国守合同重信用企业、全国酿酒行业百名先进企业、中国白酒工业百强企业等称号，并于2008年以来连续两年获得全州县优秀民营企业、全州县纳税大户光荣称号。

（二）湘山酒的民间传说

1、2008年9月21日，《桂林晚报》刊载了一篇文章：一天，石涛化缘回到全州城饿了，正巧，一股酒菜的香味扑鼻而来，原来是北门街上新开了一家小餐馆。石涛便进餐馆点了几个酒菜吃喝起来。吃饱付钱时，小店的唐老板很实在地求他画一幅画。石涛推脱不了，便画了一幅《筵席图》。唐老板往店里一挂，满城皆知。酒店生意很快红火起来。

全州城的李知州得知此事后，想请石涛画一幅《升官图》。因此，李知州一改过去的吝啬，不惜血本买来上好的湘山老酒。李知州的如意算盘是：先让石涛吃喝开心，然后再开口请石涛泼墨。李知州起初因担心石涛不答应，一直不敢开怀畅饮，后见石涛轻松应承下来，便没有顾虑，一杯接着一杯大喝起来。石涛哩，也是对李知州敬了一杯又一杯，待李知州喝得迷迷糊糊时，石涛指着李知州早已准备好的笔墨纸砚说："知州大老爷，还要不要，要不要……"李知州已经醉得辨不了东南西北，听石涛这么一说问，以为又要给他敬酒，忙说："不要了，不要了……"石涛忙指着那文房四宝对酒桌上的人说："你们听清楚了吗？知州大老爷不要画了，你们快收起来吧。"说罢，拂袖回湘山寺去了。

2、明代全州科举史上还出了一门父子、兄弟三进士——蒋林与儿子蒋良骐、蒋良翊，祖孙解元——谢明英和孙子谢济世、谢庭琛的千古佳话。

中国古代共有1300多位宰相，其中广西籍者寥寥无几，而蒋冕便是其中的一位。蒋冕还是少有的清正廉洁、亲民爱民、关心群众的好宰相。全州民间流传着许多赞颂蒋冕的故事，其中有一则"巧写奏本救百姓"的故事颇有传奇性。

这个故事，还要从蒋良县令说起。明代天顺年间，广西全州举人蒋良带着夫人郭氏赴任云南河西（今通海县）知县。到任不久，郭氏生下一个儿子叫蒋升。后因夫人不幸病逝，没有人抚养幼子，蒋良于是又娶通海人陈氏为继室，陈氏也生下一个儿子叫蒋冕。

这两个孩子都聪明过人，人们都赞叹说"两凤生二龙"。不几年，陈夫人也去世。蒋良任期届满，因为官清廉，余俸不多，只好用一匹马驮着两只竹篮，把两个孩子各放在一边的竹篮中载归广西。后来，蒋升仕至户部尚书，蒋冕仕至礼部尚书，人们赞叹说"一马驮双相"。

据记载，蒋良性颇喜饮，虽每餐仅三四杯，"亦陶然而醉。醉辄脱巾掀髯，浩歌古名贤诗骚数篇，笑语轩然，若不知有身外事"。一日与里人饮酒，临别时觉腹中微痛，后二日加剧，几天后疾作。逝世之前，"觅幅纸书数十字界之，点画皆端楷，无异平时。书毕，命饮酒三杯，朗吟古人诗曰：'人生有酒须当醉，一滴何曾到九原'。"卒于成化甲午（1474年）三月二十五日，享年58岁。

蒋良先娶郭氏，生一女一子，子为蒋昇；继娶陈氏，生蒋冕、蒋㫤。蒋㫤初娶桥渡谢镜之女，继娶张廷纶之女，即"四部尚书"张潾之妹。但蒋㫤性嗜酒，"以酒至疾"，"死于酒"，只活到30岁。

蒋冕因此对饮酒无半点好感。蒋冕为父亲丁忧回全州。期间，正碰上全州年荒饥馑。恰巧，蒋冕回乡那阵子，该州的恩乡有个村子被大火烧了，又饿死了一户人家。他灵机一动，便给武宗皇帝写了一个奏本，说全州"火烧八千村，饿死万姓人"。武宗皇帝见全州灾情如此严重，连忙降旨减了全州的赋税，还拨款拨粮给予救济，从而使全州民众度过了一场大饥荒，百姓感恩于蒋冕，竞相传颂。

这件事传扬开去，让奸佞宦官江彬获悉。江彬觉得有了清除蒋冕的机会，便派人去全州打探，发现果然有假。于是便向武宗皇帝参奏。武宗大怒，便召来蒋冕问罪。蒋冕如实陈述，武宗皇帝一听，感到很意外，便派人去全州调查。调查的人回来禀报，说蒋冕所言句句属实，尽管只烧了一个村子，也没饿死那么多人，但却找不到杀蒋冕的理由，只好把蒋冕放了。原来当年全州恩乡确实有个被火烧的村子名叫"八千村"，饿死的百姓当中有一户人家姓万。

（三）湘山酒的发展历程

1. **历史**

"兴安高万丈，水往两头流"。公元前221年，秦始皇统一六国后，派屠睢率兵50万沿湘江上溯，意图统一百越，但因为运输困难，加之士兵水土不服，三年不成。秦始皇遂下令开修灵渠，史禄从当地所酿米酒工艺中悟得米粉，古零陵县全州米酒酿造工艺也随湘桂走廊南北传开。

三国时期，蜀国名相蒋琬"安阳侯一品夫人"毛氏，偕子质迁居全州梅潭。据考证，毛氏夫人为梅潭蒋氏开基始祖，今全州蒋姓大多安阳侯后裔，其后历朝历代至今，书香酒香，俊才迭现。传说，毛氏夫人酿得一手好米酒，其酿酒工艺亦流传至今。

唐朝湘山寺大和尚怀素，嗜酒如荤，与草圣张旭齐名。诗仙李白写诗赞扬：少年上人号怀素，草书天下称独步。唐代大诗人杨凝式也称赞道："草圣未须因酒发，笔端应解化龙飞。"

宋朝才子太守柳开，兴学全州。公元 989 年，本地历史上出了第一个进士许侍问。"元代科举考试，全州进士数量独占广西鳌头"。是什么让全州这个地方才人辈出？

1958 年，在全州考古发现了延绵十数公里长的宋元时期窖址，这里出土的酒缸、酒壶、酒杯废弃品及碎片不可胜数。全州酿酒业始于秦，兴于唐、宋，全州酿酒巧匠传承创新，更在小曲自然发酵基础之上，首创小曲蒸馏米酒，再次经湘桂走廊东西扩散。

难怪，在全州做官的江西人虞集有诗"随云度流水，把酒看青山。"著名诗人陆垕赞叹全州"高山仰圣道""遗风尚可寻"，这"道"，一定是文道；这风，必定是"酒风"了。

明代文坛"四大家"之一的知州顾璘，同样重农兴学。这代科举考试，广西得中的两名探花，均来自全州。这一代，全州人官位显赫者多，如蒋昇、蒋冕兄弟，前者为户部尚书，后者为首辅内阁大学士，是封建时代广西最大的官。1586 年，19 岁的全州人舒宏志，乘船携酒，与众举子赴京应试，他豪饮三杯赋诗道："诗兴来时写天云作纸，酒狂发处饮沧海若瓯。醉酌三觞酹沉海底月，满船举子个个尽含羞。"果然，舒宏志高中探花，成为最年轻的翰林院编修。

明末清初，湘山寺又出了一位和唐代怀素一样爱酒的大和尚石涛，他是明朝皇族后裔。大画家齐白石赞石涛"下笔谁敢泣鬼神，二千余载只斯僧"。有关全州文人与酒的故事，史料多有记载，如举人出身的谢良琦，为官铮铮铁骨不说，还是当时粤西词坛领袖，他的《湘中酒人传》酣畅淋漓，被奉为酒界传奇。

全州扼湘桂通道，自古为兵家必争之地。从 1938 年开始，国民革命军第五军在这里秣兵厉马，新中国成立后，成为政协委员的杜聿明将军，锤炼出令日军闻风丧胆的全机械化军。昆仑关大捷后，第五军奉命远征。

1943 年，中华民国在湘山寺，用湘山酒祭奠在东南亚抗日牺牲的戴安澜将军。毛泽东亲题挽诗："外海需人御，将军赋采薇。沙场竟殒命，壮志也不违。"1944 年，国歌词作者田汉，到全州慰问国民革命第九十三军，他举酒赋诗："不听长江流水声，那堪风雨忆桐城。相逢且尽千杯酒，等是天涯文化兵。"

全州是抗日的主战场，也是红军长征必经之地。1934 年，举世闻名的湘江战役过后，全州等地"三年不食湘江鱼，十年不饮湘江水"。至今，每到重要节日，全州父老仍自发带着湘山酒，来到湘江边，祭奠长眠于此的五万红军将士。

新中国成立后，全州将四大家族米酒作坊全部悉数公私合营。

2. 继承

中国米酒自秦甚至更早前的时代产生，全州作为古零陵地区米酒的核心产区，在灵渠贯通后，酿造工艺顺江溯水传播开来，全州酿酒工匠兼收并蓄，加速了元代小曲米酒工艺的扩散。

湘山酒的声名远播，也得益于"天时地利"。"水是酒之血"，湘江上游水质清澈碧透，水质纯正甘甜。"米是酒之肉"。湘山酒精选湘江和漓江高山冷水稻，大米纯白颗粒饱满，口感清甜适口。"曲是酒之骨"。全州特产香药草香味浓郁，经晒干后添加在纯大米碾成的米粉中加工焙制而成酒曲，保证了酒曲制作的来源天然，品质上乘。

湘山酒酿酒工艺：前期，要求洗米净、浸米准、蒸煮稳，熟而不粘，粒粒饱满，颗颗伸腰；前期手工打窝，入缸糖化，固态发酵，小醅入缸，后期液态蒸馏，掐头去尾，分级接酒、分等入库。湘山酒百年半地下酒窖所构成的特有的贮存条件，使酒质愈加醇厚绵甜。

湘山酒主导产品湘山牌湘山酒（见图37-2）系以本地优质大米为原料，秉成千多年的米酒酿造经验并糅和现代工艺酿造而成。该酒酒色晶莹、蜜香清雅而芬芳，入口绵甜柔顺，回味怡畅，具有"饮后不口渴，醉也不上头"之优良品质。

图 37-2　湘山牌湘山酒

据全州当地文字记载，到清末民国年间，全州的顺昌、兴昌、来兴昌等酒坊已具备相当规模。到解放前期，全州县城就有酿酒坊十多家，较大的酒坊有廖两合、王大益、顺昌、新昌等。新中国初期，顺昌、兴昌、来兴昌、廖两合、王大益、新昌等烧锅接受公私合营改造。

"湘山酒"非物质文化传承人谱系也有了明确记载：六代传承人分别是：第一代，上世纪五十年代的龙跃卿、黄启云；第二代，上世纪六十年代的唐辛保、郑忠、蒋光洪；第三代，上世纪七十到八十年代的唐直兴、郑忠、钟早华、陈永照；第四代，上世纪九十年代的赵绍祯；第五代，本世纪初的李明球；第六代，本世纪十年代的王勇。

3. 发展

湘山酒业位于三江汇聚之地全州，被誉为"天下稻源、人间陶本、小曲之祖、千年米香"。企业成立以来先后被评为"轻工部质量先进企业""轻工部优秀企业""广西区先进企业""全国守合同重信用企业""全国酿酒行业百名先进企业""中国白酒工业百强企业"等称号。

湘山酒作为中国米香型代表酒和中国四大传统香型代表酒之一。酒文化深厚，酿造技艺悠久。

秦朝在统一百越战争中，因水土不服，三年不胜，史禄将军从当地所酿米酒工艺中悟得米粉，证明全州米酒酿造工艺久远。

三国时期，蜀国名相蒋琬"安阳侯一品夫人"毛氏，偕子贇迁居全州梅潭，耕读传世，以酿酒开全州蒋氏基业，成为湘山酒古老酿酒工艺一脉，传承至湘山酒曲师唐广荣，已近百代。

湘山酒名源自唐朝湘山寺，该寺大和尚怀素，嗜酒如荤，与草圣张旭齐名。诗仙李白写诗赞扬：少年上人号怀素，草书天下称独步。唐代大诗人杨凝式也称赞道："草圣未须因酒发，笔端应解化龙飞。"

宋、元、明时期，全州酿酒炽盛。1958年，在全州发现延绵十数公里长的宋元时期窑址，出土的酒缸、酒壶、酒杯废弃品及碎片不可胜数，湘山酒业仍保存有酿酒明坛。

清代著名画家湘山寺大和尚石涛喜饮酒，其自画《墓门图》题诗："谁将一石春前酒，漫洒孤山雪后坟。"大画家齐白石赞石涛"下笔谁敢泣鬼神，二千余载只斯僧"。

1943年，中华民国在湘山寺用湘山酒祭奠在东南亚抗日牺牲的戴安澜将军，毛泽东亲题挽诗："外海需人御，将军赋采薇。沙场竟殒命，壮志也不违。"

1944年，国歌词作者田汉到全州慰问国民革命第九十三军，他举湘山酒赋诗："不听长江流水声，那堪风雨忆桐城。相逢且尽千杯酒，等是天涯文化兵。"

1963年，湘山酒首次参加全国第二届名优酒评比，荣获国家优质酒称号和国家银质奖。

1979年，湘山酒参加全国第三届名优酒评比，荣获国家优质酒称号和国家银质奖。

1984年，湘山酒参加全国第四届名优酒评比，荣获国家优质酒称号和国家银质奖。

1989年，湘山酒在全国第五届名优酒复评中，第四次荣获国家优质酒称号和国家银质奖。

2008年4月，由金东集团并购并更名为"桂林湘山酒业有限公司"。

2009年，湘山酒荣获中华老字号称号；

2011年，湘山酒荣获国家地理标志保护产品；

2013年，湘山酒获得桂林市首届"市长质量奖"提名，"湘山牌"商标多次被评认定为广西著名商标；

2015，"湘山老坛·15年"荣获比利时布鲁塞尔国际烈性酒大奖赛金奖。

2016年，湘山酒业国内最大的米香型传统生态酿酒基地建成。

2018年，"湘山老坛·10年"荣获比利时布鲁塞尔国际烈性酒大奖赛银奖。

2019年7月，湘山酿酒生态园被评定为国家AAA级旅游景区，实现了"工业＋环保＋旅游"模式。

二、桂林湘山酒的特点

(一)三江汇聚沉淀酒香

湘山酒,以米香型白酒著称,广西全州人民继承和发扬民族文化之精华,集民间传统工艺之大成,造就中华米酒之经典。该酒选用本地优质大米为原料,汲取湘江、灌江、万乡河三江汇聚处之水,以秘制纯种小曲为糖化发酵剂,采用传统半液态、半固态小陶瓷缸糖化、发酵、蒸馏,并经长期陈酿,精心勾兑而成。其酒色清亮透明,味蜜香清雅而芬芳,入口绵甜,落口甘洌而净,属于中国历史悠久的一个传统酒种,风味别具一格。

湘山酒选取当地的稻米,以檀香木制作曲匣,人工踩压,以稻壳铺底、稻草铺面,制作酒曲。并使用小坛发酵,开创了"三蒸三熬"的提纯技法,将米酒的度数进行了提升,使得酒质更加醇和。酿酒师的后人沿袭了酿酒师采水、秘制纯根酶、小坛地缸(见图37-3)、提纯等工艺,在桂林全州开设了酒坊,酒客络绎不绝,远近闻名。到了南宋时期,桂林全州县的酒坊已颇具规模,所酿之酒清亮透明,斟入杯中起花多,堆花细,持花长,经久不散,故曰"三花",古人赞其"乃尽酒之妙"。故湘山酒坊又被称为"湘山三花酿酒坊"所酿美酒遍及广西。后人把这个酿造工艺的酒统称为"三花酒"。时至今朝,"三花酒"的工艺已有很多变迁,然而只有"湘山酒"一直沿袭古法,酒品以地道著称,因此"湘山酒"又被誉为"三花米酒之宗"。

图 37-3 小坛地缸

(二）湘山酒系列酒的特点（部分）

1. 老坛系列

图 37-4　湘山老坛 15 年

湘山牌湘山酒老坛系列是桂林湘山酒业有限公司继承和发扬民族文化之精华，集民间传统工艺之大成，造就中华米酒之经典。2015 年荣获布鲁塞尔国际烈性酒大赛金奖，该酒微黄透明，陈香突出，蜜香清雅，入口绵甜，落口甘洌而净，回味怡畅。

原料：水、大米

酒精度：53 度

图 37-5　湘山老坛 30 年

原料：大米、水

酒精度：50.8 度

图 37-6　湘山小坛五年

原料：大米、水
酒精度：35度

图37-7　湘山酒

60年感恩湘山酒以大红色基调为主，寓意吉祥、喜庆，是逢年过节，婚礼上不可少的吉色。大红的颜色来体现喜事的丰采，不仅表达了对节日的祝贺，内心的喜悦也从红红的喜气当中散发出来。

原料：大米、水
酒精度：30度

图37-8　湘山福酒

60年感恩湘山福酒——福是幸福、福气，福是几千年来中国人孜孜追求，时时向往的境界。

原料：大米、水
酒精度：35度

图37-9　一坛老酒

不是所有的事都可以被历史铭记，不是所有的酒都可以被称为老酒。湘山酒经历了数千年的历史洗礼、岁月沉淀集天地之精华、浑然天成，方成一坛老酒。

原料：大米、水

酒精度：53度

2. 桂系列

图37-10　桂一号

桂一号是"桂系列"产品之一，由华泽集团湘山酒业集十几位国家级白酒专家，经过多年精心研究，始创的"米酱浓兼香型"白酒，是湘山酒业对古老酿酒技艺传承与创新，更是米、酱、浓香型顶级酒体的融合。酒体色泽微黄、晶莹透亮、浓酱米复合、香气幽雅、醇厚丰满、入口绵甜、诸味协调、落口爽净、回味悠长、米酱浓兼香风格独特，相融和谐，赢得了消费者的认可。

原料：大米、水

酒精度：50.8度

图37-11　桂三号

桂三号属"桂系列"产品之一，以"米中有酱、酱中带米、清而不淡、浓而不艳、优雅圆润、口感绵甜、纯厚味长、口感独特"获得了消费者的认可。

原料：大米、水

酒精度：50.8度

(三) 湘山酒的品质特点

1. 种类

湘山酒的生产历史悠久，相传和唐朝的寿佛爷开创湘山寺有关。因湘山寺洗钵岩泉的泉水变成了"龙水"，喝了以后治百病，百姓便顺理成章用湘山泉来煮酒，这种"醉也不上头"的美酒就是湘山酒。湘山酒厂共拥有白酒、黄酒、露酒、保健酒、饮料等系列产品达100多个，畅销区内外市场，远销港、澳、新加坡、马来西亚等异国他乡。

2. 特色

湘山牌湘山酒系列产品是广西全州湘山酒厂继承和发扬民族文化之精华，集民间传统工艺之大成，造就中华米酒之经典。该酒选用本地优质大米为原料，以秘制纯种小曲为糖化发酵剂，采用传统半液态、半固态小陶瓷缸糖化、发酵、蒸馏，并经长期陈酿，精心勾兑而成。

3. 品质

湘山酒系采用小缸发酵的传统工艺，而以特制的全州根霉制成小曲，复经长期陈酿而成。湘山人技艺精湛，不断创新，用心酿造，湘山酒晶莹澄彻、蜜香清雅，入口绵甜，回味怡畅，具有饮后不口渴、醉也不上头的优良品质。该酒酒色清亮透明，味蜜香清雅而芬芳，入口绵甜，落口甘冽而净，回味怡畅，具有小曲米香风格（第三届全国评酒会评语）。具有（宋·范大成《桂海虞衡志》）中叙述的全州米酒"乃尽酒之妙，声震湖广"之风范。湘山酒的主体香是β—苯乙醇与乳酸乙酯，属于中国历史悠久的一个传统酒种，风味别具一格。该酒于 1963 年、1979 年、1984 年、1989 年连续四届被评为国家优质酒，荣获国家质量奖银质奖章。该系列产品于 1997 年至 2005 年连续被评为广西名牌产品，2005 年被中国酿酒工业协会推荐为中国酒类产品质量安全诚信品牌，为中国米香型白酒代表酒之一。

4. 条件

作为米香型代表酒的湘山酒，之所以能够在全州发展，与这里所处的地壤环境有很大关系。全州地处五岭山脉之都宠、越城二岭之间，邻近华南电能高峰猫儿山，境西之真宝顶海拔 2133.4 米，是湘江的源头在区，山清水秀，鱼儿肥稻米香，山高水冷，尤其是在森林茂密、居处简陋的古代，在这种环境下生活，人们更需要饮酒以祛湿御寒。显然，全州居民爱好酿酒饮酒是地域、传统使然。这与现今这里的土著嗜辣，喜欢打油茶，煮姜茶、紫苏茶出于同样原因。而且，湘漓江源地区的气候也为酿酒提供了条件。据资料显示，全州县年平均气温在 17.0℃ 至 18.0℃ 左右，极端高温 40℃ 左右只有 1—2 天，极端低温零下 6℃ 左右，干湿度也适宜酒醅发酵。正由于地处江源，水质清爽，也利于出好酒。再则，全州水田面积宽广，可以生产更多优质大米用于酿酒。据明嘉靖十年（1531）统计，当时全县有官民田、地、塘共 62.49 万亩。清乾隆二十年（1765）统计为 65.50 万亩，1952 年查田定产，全县有耕地 73.31 万亩，其中水田 57.65 万亩，目前大体保持这一面积。谷物较多，为酿酒业发展提供了足够的原料。

5. 湘山酒功效

桂青酒为露酒的一种，酒色金黄透明，微带青碧，有米香型白酒和药材浸液形成的独特而悦人的香气，芳香醇厚，入口甜绵爽净。该酒的甜味、醇香、药香和谐，入口绵甜，落口净而留香，同时也不失米酒的原风味。有养血、和胃、消食生津之多种功效，常年适量饮用，可以调和脏腑、疏气养血、消炎消痰、解毒利尿、健脾滋肝之作用。

自 1980 年至今，湘山酒一直被评为广西优质产品，2005 年被中国酿酒协会推荐为全国果露行业优质产品。

湘山神酒为露酒的又一品种，酒色晶莹，酒体丰润，味感醇厚，香甜甘爽，酌情细品，有益健康。

三、桂林湘山酒的企业文化与荣誉

(一) 企业文化

1. 企业愿景：

让每一个消费者，在每一个幸福的时刻，在每一个期盼幸福的时刻，喝上幸福的美酒。

2. 企业使命：

为社会创造更多就业机会

为消费者提供更多有价值的品牌

为员工营造快乐工作的氛围

3. 企业目标：

打造全国最大的米香型白酒酿造基地

4. 企业精神：

信念坚定——"企业价值观"

意志坚毅——"市场竞争观"

循序渐进——"工作方法"

水滴石穿——"工作哲学"

5. 企业核心价值观：

永争市场第一位，为一线市场提供最优质的服务。

抓住关键目标，快速行动。

诚实、快乐地工作。

360度学习，行大于知，把事做好。

胜不骄、败不馁，永不放弃追求卓越的事业。

(二) 企业荣誉

广西全州湘山酒厂自1987年以来，先后被评为轻工部质量管理先进企业、轻工部优秀企业、广西区先进企业、全国守合同重信用企业、广西"重合同，守信用"企业、消费者信得过企业；连续十多年获广西经济效益最佳企业荣誉称号，并于2003年通过ISO9000：2000质量体系认证；2004年获中国酿酒行业百名先进企业称号；2006年获中国白酒工业（二〇〇五年度）百强企业称号。

主导产品湘山牌湘山酒［55％（V/V）］于1963年、1979年、1984年、1989年连续四年在全国评酒会上被评为国家优质酒，荣获银质奖章（见图37-12），并一直保持着广西名酒的称号。1992年获中国食品饲料精品博览会和香港食品国际博览会金；1994年夺得香港国际食品博览会金奖，誉称中国米酒王。自1980年以来，"湘山牌"一直保持广西著名商标光荣称号，系列产品38％（V/V）低度湘山酒于1989年、1994年、1997年被评为广西名牌产品；35％（V/V）陈酿湘山酒于1995年、1997年被评为广西名牌产品（见图37-13）。

图37-12 湘山酒被评为优质酒，授予银质奖章

图37-13 "湘山牌"酒被为广西名牌产品

湘山酒系列、湘山醇系列、湘山粮液系列于2002年均被评为广西名牌产品。金稻米酒于1996年、2002年被评为广西优质酒。露酒桂青牌桂青酒自1980年以来连续5次（1980年、1983年、1988年、1994年、2002年）被评为广西优质酒。38度湘山酒在2004年4月被评为中国质量优秀产品，受到中国酿酒协会的表彰，被评为全国酿酒行业百名先进企业（见图37-14）。2008年改制以来推出的湘山老坛系列、湘山金稻系列等产品日受市场瞩目，成为消费者喜爱的产品。为了打破广西无好酒的局面，在2011年开发米酱浓兼香型桂系列产品，一经上市立即获得消费者好评。湘山人在"酿造幸福人生"理念的激励下，倾力打造消费者满意产品。

图37-14 湘山酒业被评为"全国酿酒行业百名先进企业"

四、桂林湘山酒的发展战略

（一）湘山酒更名

2008年6月18日上午，华泽集团（原金六福投资公司、现金东集团）整合湘山酒厂签字仪式暨湘山新品上市新闻发布会在桂湖饭店隆重举行。名列全国白酒行业三甲之列的华泽集团（原金六福投资公司），整合了广西湘山酒厂，并将湘山酒厂正式更名为桂林湘山酒业有限公司。2008年加入华泽集团（现金东集团）后，湘山酒的发展奔向了一个更广阔的平台，全州湘山酒的前景更为明朗。

（二）湘山酒计划

华泽集团（原金六福投资公司、现金东集团）整合湘山酒厂，未来5年将投入资金5亿。据了解，华泽集团前身为金六福投资公司，年营业额50亿元以上，是一家从事酒类生产、经营的大型企业集团。签字仪式上，华泽集团总裁颜涛表示，在集团成功整合湘山酒厂后，将在厂区建设、生产设备及技术改造等方面投入资金，并优化生产环节，积极倡导绿色环保、节约能源的理念。预计在未来的5年中，将持续投入资金5亿元，在未来3年中，实现年销售收入3个亿的目标，将湘山品牌打造成为全国白酒市场的知名品牌。

米香型酒是我国白酒很重要的香型之一，是四大基础香型（米香、浓香、酱香、清香）之一，多产于广西稻米产量丰富地区，米香型代表酒之一湘山酒历史悠远，以其"米香纯正，清雅绵柔，后味顺畅"的口感，备受历代白酒专家赞许、消费者青睐。但近些年，由于广西当地米酒品牌长期操作乏力，米香型酒在整个白酒的香型中显得名不见经传。

（三）湘山酒商机

为应对日趋激烈的市场竞争，全州湘山酒厂决定进一步做大、做强湘山酒品牌。桂林市委、市政府和全州县委、县政府，本着大力发展本地经济，振兴桂林传统米酒产业的发展战略，于今年上半年成功引入实力雄厚的华泽集团（原金六福投资公司、现金东集团），整合湘山酒厂，并将湘山酒厂更名为"桂林湘山酒业有限公司"。此次华泽集团（原金六福投资公司、现金东集团）大举进军广西米酒市场，品牌高端出击，将影响米香型酒在整个白酒品类中的比重，并给米酒行业带来新的商机。

参考文献：

[1] 何冰. 醉美湘山酒　甘醇誉明清 [J]. 酿酒，2018，45（02）：116-118.

第三十八章 西凤酒

一、陕西西凤酒概述

(一) 西凤酒的企业概况

陕西西凤酒股份有限公司（后简称西凤酒公司，见图38-1）位于八百里秦川之西陲的凤翔县柳林镇。这里地域辽阔，土肥物阜，水质甘美，颇具得天独厚的兴农酿酒之地利，是中国著名的酒乡。公司前身陕西省西凤酒厂于1956年创建，1999年改制为陕西西凤酒股份有限公司。2009年和2010年，通过两次增资扩股，西凤酒公司实现了股权多元化。目前，西凤酒公司总资产34.5亿元，占地面积90万平方米，建筑面积40万平方米，拥有各种生产设备4000多台套，年生产能力10万吨。员工3000余人，其中，研究员1人、高级职称16人、中级职称67人；国家级白酒评委5人、国家注册高级品酒师6人、中级品酒师16人；省级首席技师1人、高级酿酒技师74人、酿酒技师77人。西凤酒公司是西北地区规模最大的国家名酒制造商、陕西省利税大户之一。

图38-1 陕西西凤集团

主导产品西凤酒（见图38-2），是我国最著名的四大老牌名白酒之一，是凤香型白酒的鼻祖和典型代表。它孕育于6000年前的炎黄文明时期，诞生于3000年前的殷商晚期，在周秦文化的抚育下成长，在唐宋文化的辉煌中嬗变，在明清文化的滋润下走向海外，新中国成立后涅槃新生，改革开放以来走向辉煌。西凤酒具有"醇香典雅、甘润挺爽、诸味谐调、尾净悠长"的香味特点和"多类型香气、多层次风味"的典型风格。其"不上头、不干喉、回味愉快"的特点被世人赞为"三绝"、誉为"酒中凤凰",在全国具有广泛的代表性和深厚的群众基础。

图 38-2 西凤酒

西凤酒曾获 1915 年美国旧金山巴拿马万国博览会金质奖、1992 年第十五届法国巴黎国际食品博览会金奖等八项国际大奖,蝉联四届全国评酒会"国家名酒"称号,先后荣获"中华老字号""中国驰名商标""国家原产地域保护产品""国家地理标志产品"等称号。"中国白酒 3C 计划——西凤酒风味特征物质研究"成果被中国酒业协会组织的专家论证会确认"已达到世界领先水平",西凤酒酿制技艺被列入陕西省第一批非物质文化遗产名录,西凤酒商标在美国、欧盟、俄罗斯、泰国、新西兰成功注册。西凤酒不但畅销全国,还远销世界四大洲 26 个国家和地区。2014 年 9 月,经中国酒类品牌价值评议组委会评测,西凤品牌价值 330.88 亿元。

西凤酒属国家大型一档企业,率先在西北地区通过 ISO9000 质量管理体系认证和主导产品认证,先后被评为中国酒类质量等级认证首批获证企业、全国食品行业质量效益型先进企业、全国轻工业卓越绩效先进企业、全国食品安全示范单位、全国企业文化顶层设计与基层践行优秀单位、全国首批工业旅游示范点、轻工业部的优秀质量管理企业、出口创汇先进单位、优秀思想政治工作企业和环境保护先进单位。

21 世纪的西凤人将牢记"让凤酒香满人间"的企业使命,发扬"敢为人先、包容进取、追求卓越"的企业精神,以科学发展、加快发展、协调发展为工作主旋律,坚持品牌提升与产品销售并重,管理创新与生产经营并举,结构调整与转型升级同步,不断完善企业法人治理结构,继续保持企业的良好发展态势,为实现挺进中国白酒第一阵营、实现西凤事业伟大复兴的战略目标而努力奋斗!

(二)西凤酒的历史渊源

凤翔是民间传说中产凤凰的地方,流传有凤鸣岐山、吹箫引凤等故事。凤翔古称雍州,地处古周原,是中华民族先祖的定居地区。这里又是上古农业大师后稷教民稼墙的地方,也是中国古代文化的中心地区。

西凤酒是中国最古老的历史名酒之一。西凤酒始于殷商,盛于唐宋,距今已有 2600 多年的历史,远在唐代就已列为珍品,是中国四大名酒之一。

唐代,凤翔是西府台的所在地,人称西府凤翔。唐仪凤年间的一个阳春三月,吏部侍郎裴行俭护送波斯王子回国途中，行至凤翔县城以西的亭子头村附近，目睹柳林镇窖藏陈酒香气将五里地外亭子头的蜜蜂蝴蝶醉倒奇景，即兴吟诗赞叹曰："送客亭子头，蜂醉蝶不舞，三阳开国泰，美哉柳林酒。"此后，柳林酒以"甘泉佳酿、清冽醇馥"的盛名被列为朝廷贡品。史载此酒在唐代即以"醇香典雅、甘润挺爽、诸味协调、尾净悠长"列为珍品。这里的柳林酒即后来的西凤酒。

宋代，苏轼任职凤翔时，酷爱此酒，曾用"花开酒美盍不归，来看南山冷翠微""柳林酒，东湖柳，妇人手（手工艺）"的佳句来盛赞此酒。

到了近代，柳林酒改名为西凤酒。在手工业作坊的生产条件下，西凤酒产量很有限。

1952年，西凤酒在全国第一届评酒大会中荣获"中国四大名酒"殊荣，是独一无二的凤香型白酒。

1956年，国家投资在柳林镇建起了"陕西省西凤酒厂"。从此，西凤酒迅速发展，生产规模不断扩大，产量日趋增长，品质风格更加醇馥突出。

（三）西凤酒的文化与典故

1. 凤酒文化

陕西省凤翔县为炎黄文化和周秦文化发祥地和中国著名酒乡，文化积淀丰厚。这一带出土的6000年前的酒具正式拉开了中国酒文化史的帷幕，仰韶文化遗址有20多处，龙山文化遗址更多，秦公大墓的发掘轰动世界，雍城遗址和苏东坡任职凤翔时兴建的东湖园林等名胜古迹驰名中外。

根据殷商晚期的尹光方鼎铭文和西周初年的方鼎铭记载，远在3000年前，这里出产的"秦酒"（即今西凤酒，因产于秦地雍城而得名）就成为王室御酒。《史记·秦本纪》上记述的秦穆公赐酒为盗马"野人"解毒、《酒谱》记载的秦晋韩原大战秦穆公获胜后"投酒于河以劳师"的典故就发生在这里。这里自古盛产美酒，唯柳林镇所产之酒为上乘。

唐贞观年间，西凤酒就有"开坛香十里，隔壁醉三家"的美誉。到了明代，凤翔境内"烧坊遍地，满城飘香"，酿酒业大振。过境路人常常"知味停车，闻香下马"，以品尝西凤酒为乐事。清末，西凤酒就走向海外。民国四年（公元1915年），西凤酒荣获巴拿马赛会金质奖，遂盛名五洲。

2. 西凤酒历史典故

（1）苏轼咏酒

东坡被贬，偶遇美酒。

话说当年，苏轼被贬西北，偶遇美酒老字号，遂成就一段佳话。苏轼因为得罪朝中权贵，被贬到陕西凤翔做签书判官，听闻凤翔盛产美酒，其中以柳林县的柳林酒有名，作为爱酒之人怎么能不来尝尝呢？

苏轼一身便装，和随从一起来到柳林酒作坊，店家并没有怠慢，而是精心地按照苏轼的要求布置。苏轼感觉在家里喝酒一样，畅快地喝了一顿，喝完即决定要在凤翔东湖喜雨亭（见图38-3）落成之日以此酒宴请宾客。

直到此时，柳林酒坊的人才知道，来此饮酒的是大名鼎鼎的苏轼，他们便请求苏轼留下墨宝,但是苏轼笑而不答,只是吩咐他们在东湖喜雨亭上准备好美酒佳肴,他要在那里宴请宾客。

图38-3 东湖喜雨亭

店家哪里敢怠慢,宴请之时还未到,准备工作却早已安排好。

果然,苏轼的知交满天下,这天来的人还真不少,有朝廷官员、文学大家、坊间歌姬,更有酒界的富商。

苏轼招呼他们落座,吩咐店家上酒,柳林酒坊的人就搬来一坛坛酒在众人面前解封。

酒封刚一打开,酒香四溢,众人纷纷点头称赞。酒坊的人给各位尊贵的客人一一满上酒。苏轼举杯,大家一饮而尽:"好酒呀。"

朋友们喝得高兴,苏轼自然脸上有光,他喝得痛快,兴致上来就诗兴大发,吩咐酒家的人备好笔墨,挥毫泼墨,写下惊世名篇《喜雨亭记》。

酒坊的人喜不胜收,赶紧就把这个诗裱起来,悬挂在酒坊中,至今苏轼的墨迹尚有遗存。

经过苏轼这么一次的大力推荐,柳林酒(见图38-4)的名气就更大了,商家争着跟柳林酒做生意,而一些官方部门的用酒也将柳林酒作为他们宴会的专用酒,柳林酒的名气一传十,十传百,渐渐地传到了皇帝的耳朵里。

图38-4 柳林酒

之后苏轼上书朝廷,提出了一整套振兴凤翔酒业的措施,并附赠了皇帝几坛陈年佳酿。皇帝早已听闻了柳林酒的大名,这次亲口尝到了柳林酒,感觉确实名副其实,随即钦点柳林酒的大名，恩准了苏轼的提议。从此，柳林酒和整个凤翔酒业蓬勃发展，凤翔也成了全国有名的酒乡。柳林酒后又几经更名，即现在的西凤酒。西凤酒几经曲折发展到现在，已是中国四大名酒之一。

（2）慈禧赞酒

1900年，八国联军攻入北京，慈禧太后与光绪皇帝及文武大臣、皇亲国戚西逃长安（今西安）。由于出行仓促，准备很不充分，一路上生活比较艰苦，在紫禁城里享福惯了的慈禧从来没有吃过这么大的苦头。当时的陕西巡抚却很高兴，认为自己的机遇到了。在慈禧落难的时候，如果陕西迎接得力，一定会讨得太后的欢心，少不了加官进爵。于是，他挖空心思，想办法为慈禧太后的到来进行各种准备。在准备酒的时候，他的幕僚建议说："听宫里的太监们说，老佛爷业喜欢喝点酒。这一路奔波，一顿踏实饭也没吃。听说柳林镇东街酒坊东家有一坛藏了100多年的上好西凤酒，世上再无第二坛。如果能把这坛酒搞到，老佛爷一定会凤颜大悦！"陕西巡抚觉得建议很好，马上派人去凤翔府柳林镇，在最负盛名的柳林东街酒坊买酒。酒坊东家当然不愿意把镇店之宝卖掉。但西太后要喝，拒绝就是掉脑袋的事。无奈之下，几个弟兄一商量，与其卖给巡抚，不如赠送给慈禧太后，说不定太后一高兴，自己的金字招牌就打出去了。于是，东家亲自护送这一坛绝代佳酿到了慈禧太后下榻之地。在为慈禧太后洗尘压惊的宴会上，陕西巡抚献上了特珍贡品西凤美酒，并讲了这坛酒的来历。慈禧太后品尝后惊赞："真不愧是玉液琼浆！"尔后，还赐予各位大臣们品饮。

从此，西凤酒就成了西太后喜欢的酒品。既然是慈禧太后喜欢的东西，许多皇亲国戚和大臣们也纷纷效仿。一时间，品饮西凤酒成了一种风气。直至今日，中国东北地区和京、津一带的人们还对西凤美酒情有独钟。

（3）周公庆捷

殷商晚期，牧野大战时周军伐纣获得成功，周武王便以家乡出产的"秦酒"（即今西凤酒，因产于秦地雍城而得名）犒赏三军；尔后又以柳林酒举行了隆重的开国登基庆典活动。据凤翔的官方鼎铭文载：周成王时周公旦率军东征，平息了管叔、蔡叔、霍叔的反周叛乱，凯旋后在歧邑周庙（在今与凤翔畔临的歧山县）以秦酒祭祀祖先，并庆功祝捷。

（4）秦皇大甫

秦王政二十五年五月，秦军攻破燕国和赵国，秦始皇帝下令"天下大甫"，即举行全国性的饮酒盛会，秦王和文武百官开怀畅饮秦酒，以示庆贺。同年七月，秦军攻破齐国，至此秦灭六国，统一天下，秦王又以秦酒举行了隆重的开国登基称帝大典，再次下令"天下大甫"，举国同庆。从此秦酒便成了秦王朝的宫廷御酒。

（5）以酒行礼

汉代，秦酒更名为柳林酒，名传遐迩。汉武帝建元二年（前139年）张骞出使西域时，柳林酒遂作为朝廷馈赠友邦礼品，随丝绸之路的商贾驼队传至中亚、西亚和欧洲各国。公元前121年，汉武帝在长安曾以柳林酒为将军霍去病率领的征西将士饯行壮色，遂士气大振，多次击败匈奴。据《凤翔县志》载：从汉高祖至文景帝，祭五畤活动曾19次在雍城举行，朝廷文武百官、骚士墨客日夜畅饮柳林美酒。

(6) 金凤踏雪

据《凤翔县志》载：唐代安史之乱爆发，叛兵逼近雍城。太守广征民夫构筑新城以防不测，但屡筑屡塌。有天夜里突然天降大雪，人们都感到奇怪。清晨从东边天际飞来一只金色凤凰，金凤先在柳林上空盘旋了一阵，又飞回雍城。它昂首高鸣，直冲云霄，霎时风住雪停，霞光满天。在灿烂的霞光里，金凤踏雪而行，走了一个四方形的圈子，便飞往柳林饱饮了柳林泉水，然后迎着明媚的阳光飞往太阳升起的东方。太守得知此事后亲自查看，便在凤凰所踏之足迹上筑城。不久，一座新城便巍然屹立在旧城一侧。后来，唐肃宗在雍城继位，他根据金凤飞翔之意，下令将雍城改名为"凤翔"。为了纪念此事，人们还将凤凰饮用过的水泉易名为"凤凰泉"。

(7) 蜂醉蝶舞

唐仪凤年间，吏部侍郎裴行俭送波斯王子回国，行至凤翔县柳林镇亭子头村附近，时值阳春三月，忽然发现路旁蜜蜂蝴蝶坠地而卧。裴公甚感奇怪，遂命驻地郡守查明原因，方知是柳林镇上一家酒坊的陈坛老酒刚开坛，其醇厚浓郁的香气随风飘至镇东南五里外的亭子头村，使蜂蝶闻之醉倒。裴公十分惊喜，即兴吟诗一首："送客亭子头，蜂醉蝶不舞，三阳开国泰，美哉柳林酒。"凤翔郡守遂赠美酒一坛予裴侍郎。回朝以后，裴侍郎将此酒献于高宗皇帝，皇帝饮之大喜。自此，柳林酒又被列为唐皇室御酒。

(8) 赐酒解毒

春秋时期，雍城（凤翔）附近三百余"野人"杀吃了秦穆公的几匹良马，被当地的官吏抓获，押往都城以盗治罪，秦穆公制止并赦免了他们所犯之罪，且命将军中秦酒赐予"野人"饮用，以防"食马肉不饮酒而伤身"。后来秦晋韩原大战爆发，秦穆公被晋惠公率军围攻在龙门山下不得突围，正在危机关头，突然有一队"野人"杀入重围，一阵大杀大砍，晋军大败，晋惠公被擒。这正是三百余"野人"拼杀，以报穆公昔日"盗马不罪，更虑伤身，反赐美酒"之恩。

(9) 周雍酒乡

西凤酒原产于陕西省凤翔、宝鸡、岐山、眉（郿）县一带，唯以凤翔城西柳林镇所生产的酒为最佳，声誉最高。这里地域辽阔，土肥物阜，水质甘美，颇具得天独厚的兴农酿酒之地利，是中国著名的酒乡。凤翔位于关中盆地和渭北黄土台塬西部，宝鸡市东北。北部为山地丘陵，地形起伏；南部为黄土台塬，西北高、东南低。属半湿润、半干旱暖温带季风气候。境内有雍水河、横水河等25条河流，均属渭河水系。

凤翔古称雍，为周秦发祥之地，有历代酒乡之称。这里文化积淀十分丰厚。仰韶文化遗址有二十余处，龙山文化遗址更多，秦公大墓轰动世界，雍城遗址和苏东坡任职时兴建的东湖园林等名胜古迹驰名全国。西周时期已有酿酒，境内出土的大量西周青铜器中有各种酒器，充分说明当时盛行酿酒、贮酒、饮酒等活动。

《酒谱》记有："秦穆公伐晋及河，将劳师，而醪惟一钟。蹇叔劝之曰：'虽一米投之于河而酿也'，于是乃投之于河，三军皆醉。"这就是淬在雍州"秦穆公投酒于河"的典故。又据《史记》载：秦穆公"亡善马，歧下野人共得而食之者三百余人，吏逐得，欲法之。穆公曰：'乃皆赐酒而赦之。'三百人者闻秦击晋，皆求从，从而见穆公窘，亦皆推锋争死，以报食马之德。"由以上史实可见，当时雍州已酿有"醪"和"酒"。唐代肃宗至德二年（757），将雍州改称"凤翔"，取意周文王时"凤凰集于歧山，飞鸣过雍"的典故。

自唐代以来，凤翔就素称"西府凤翔"。仪凤年间，吏部侍郎裴行俭送波斯王子回国途经凤翔柳林镇，饮酒后即兴赋诗曰："送客亭子头，蜂醉蝶不舞。三阳开国泰，美哉柳林酒。"据张能臣《酒名记》载，宋代"凤翔橐泉"酒已称著。宋嘉祐七年，苏轼任凤翔府判官时作有赞柳林酒的诗文："花开美酒唱不醉，来看南山冷翠微。"明代也有文人赞誉柳林酒的诗文，苏浚《东湖》诗中有"黄花香泛珍珠酒，华发荣分汗漫游"的佳句。清代以"凤酒"著称，而且在"八百里秦川"的宝鸡、歧山、郿县及凤翔县等酿制之烧酒均称"凤酒"。1929年编的《工商部中华国货展览会实录》载"凤翔县兴盛德之凤翔烧酒"获二等奖。

1934年编的《第三届铁展陇海馆专刊》云："陕省则以凤翔、歧山、宝鸡等县所产凤酒最优质，味醇馥，与山西汾酒不相上下。往岁产最甚丰，凤翔、宝鸡年各出数百万斤。"但到1949年时，柳林镇仅有七家小酒坊。1956年在凤翔县新民酒厂的柳林镇两个生产小组基础上建成西凤酒厂，翌年按传统工艺继续投产此酒。

二、陕西西凤酒的特点

（一）西凤酒的工艺和品质特点

1. 西凤酒的工艺特点（见图 38-5）

凤香至尊 佳酿天成

西凤酒作为中国凤型白酒之宗，有其独特的酿造工艺。西凤酒特大曲一种特殊的香味，从而赋予大曲一种特殊的香味，并以优体现出西凤酒的典型性，并以优质高粱为原料，配以天赋甘美的柳林井水，采用土暗窖发酵，老五甑续糟混蒸混烧而得新酒，经"酒海"储存三年以上，待自然老熟后，选用各种风格的纯粮酿制酒，以酒勾酒，精心调制而成。

古法酿造 凤香独秀

每一滴西凤酒都是时间与传统工艺精酿的完美演绎。历经，立春开坯、端午制曲、中秋立窖、立冬开烤的四季礼酒的严格程式，每一滴西凤酒都由生态原粮、生态泉水、生态酿造、生态储藏而成，与这里的自然气候和土壤无可复制的神秘配酿交融，吐纳天地，道法自然。而这古老的凤香型酒酿制工艺秘法和活化石般的匠心独酿，绝技，历经一代代智慧而坚守传承。酿酒大师们口口相传，匠心独酿，这近乎偏执的坚守与传承，一呼一吸之间，三千年时光就这样守候了。

直取古法 妙在自然

豌豆　大麦
高粱　小麦

西凤酒酿造原料

西凤酒经过千百年来生产经验的总结、改进和提高，锤炼了套传统生产工艺，形成自己独特的风格。凤香之宗——西凤酒，以大麦、豌豆、小麦制曲，以优质高粱为原料，配以天赋甘美的柳林井水，采用土暗窖固态续楂法，老五甑混蒸混烧而得新酒，酒海贮存三年，经自然老熟后精心勾兑而成。

①一年为一个生产周期。一般是第一年八月份立窖，第二年六月份挑窖，全过程分为立窖、破窖、顶窖、圆窖、插窖、挑窖六个阶段。

②西凤酒的酿造采用土窖发酵，土窖分为明窖和暗窖，在酿场中间挖坑，上盖木板为暗窖；在酿场中间或一边排列挖坑无盖者为明窖。解放前私人酿酒作坊大多数采用一半明窖，一半暗窖。西凤酒厂建厂后，经过多次试验改良，目前全部改为暗窖发酵。

③1956年以前的私人酿酒作坊，酿场面积一般为300—400平方米，厂房为砖木结构，砖铺地面，内设蒸馏锅一套，窖池9—12个。甑桶是酿场上的重要设备，为木板箍成，柏木的最佳。甑桶上仰盖铁鳖，内装冷水以便使蒸汽冷凝为酒。整个制酒生产为风箱烧火、天锅蒸馏、木锨凉风、鼻闻口尝式的手工操作方式。

④每年窖底敷一层新土，更新一次窖糟泥皮，其作用在于：提供一个有利于酒醅中发酵菌类栖息繁殖的条件和场所，将决定西凤酒香味特征的乙酸乙酯和己酸乙酯等数百种香味物质控制在一个特定的数量范围之内，增加酒的香气和醇厚感。

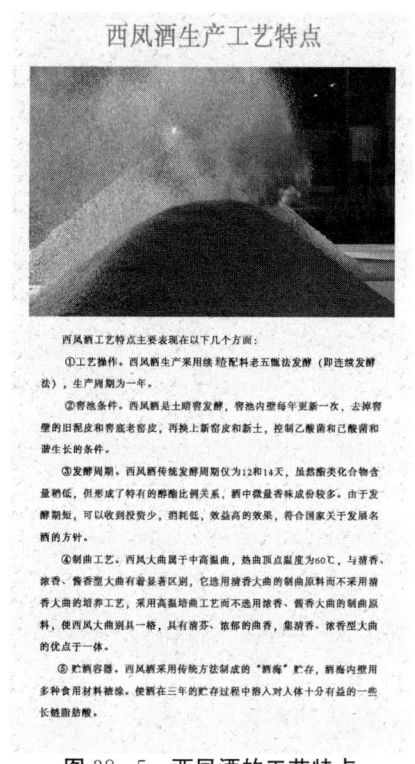

图38-5 西凤酒的工艺特点

(1) 原料要求

辅料要求及处理：西凤酒酿酒以高粱为原料。高粱投产前需经过粉碎，要求粉碎度达到通过1毫米标准筛孔的占55%~69%，未通过的为8~10瓣，整粒在0.5%以下。

大曲粉碎后，通过1毫米标准筛孔的占35%~40%，未通过的占60%~65%。

西凤酒所用辅料为高粱壳或稻壳，但辅料投产之前必须经过筛选清蒸，以排除辅料味。辅料清蒸条件为圆汽后蒸30分钟。辅料用量控制在最低水平，即投料量的15%以下。

(2) 工艺操作

西凤酒的工艺特点与清香型、浓香型、酱香型、米香型白酒有着明显的区别，具有独特的凤香型特点。

西凤酒生产采用续渣配料老五甑法发酵（即连续发酵法），一年为一个生产周期，第一年9月立窖，第二年7月挑窖。全生产过程分为立（立渣）、破（破渣）、顶、圆、插（停止投粮）、挑（糟醅）6个过程。要求：开水施量（即施底锅水以利杀菌排酸、润料、增香的作用）；热拥法做窖（即低水分，入池水分要求在56%左右；小曲量，加曲量为原粮的18%~20%；适温入池，适当的提高入池温度约在18℃~20℃，以适应发酵期短，促进窖醅发酵生香）；泥封窖（每窖入池完毕用新泥土封窖，以扩大酒醅与土的接触面，促进增香，同时起防菌侵入及保温发酵的作用）。

(3) 发酵容器

西凤酒用土窖池发酵，窖池每年更新一次。去掉窖壁、窖底和老窖皮，再换上新土，这样既有生长己酸菌的条件，又能给予严格的控制——使其所产酒中的己酸乙酯等成分控制在浓香不露头的程度。

（4）发酵周期

西凤酒传统发酵期仅为11~14天，但酒中微量香味成分并不少，如西凤酒中能检测出的微量香味成分已达270余种，不但有酯类化合物，而且有芳香族化合物存在。

（5）制曲工艺

西凤大曲属中高温曲，热曲最高温度为60℃。西凤大曲的制曲工艺可以概括为：选用清香大曲的制曲原料，而不采用清香大曲的培养工艺；采用高温培曲工艺，而不选用浓酱香大曲的制曲原料。这就使西凤大曲风格独特，具有清芬、浓郁的曲香，又兼具清、浓香型大曲的优点。

（6）储酒容器

西凤酒的传统储藏容器是用当地荆条编成的大篓，内壁糊以麻纸、涂上猪血等物，然后用蛋清、蜂蜡、熟菜籽油等物，以一定的比例配成涂料涂擦、晾干。这种贮酒容器称为酒海。酒海与其它酒厂的贮酒容器不同，实属独创。其特点是造价成本低，存量大，酒耗少，利于酒的熟化，防渗漏性能强，适于长期储存。

酒海的内涂料对西凤酒的风格起着重要作用，酒海使酒在储存过程中会溶解酒海涂料当中的一些成分。酒海涂料溶出成分有十五碳酸乙酯、十六碳酸乙酯、亚油酸乙酯、油酸乙酯、五烯二酸乙酯及痕量的萜类化合物β－香柠檬烯等，所有这些物质对西凤酒的风格无疑起到了一定的助香作用，使西凤酒有蜜香味。

酒海的容量各异，小的60升，大的6000升~9600升。随着大容器的推广，酒海的编制容量也在逐步增大，现已有60000升容量的酒海。西凤酒人同时发展了水泥池容器，但其内涂料不变，从而保持了西凤酒的固有风格。

酒海是历代西凤酒储存和运输酒的最佳容器。西凤酒海（见图38-6）从宋朝使用到现在，是世界现存最古老、保存最完好、容量最大的储酒容器。

图38-6 西凤酒海

常见酒海为直径2~2.5米、高3米的柱形容器，一般可存储5~6吨酒。其原料选择、制作工艺，于当今技术来讲仍繁复异常。它采用生长在秦岭北麓800米以上多年野生荆条，在其水分尚未消失殆尽前，将其编制成大篓（见图38-7），然后用豆腐填充缝隙，再用上好的苟树皮纸、白棉布敷上用蛋清等调制的生物胶进行百层裱糊，最后以蜂蜡、菜籽油涂裱而成。在酒海的制作过程中，所有工序必须按部就班地完成，并要求所有裱糊和涂封必须做到密实无隙，由此才能保证酒海的储酒功能。因此，常见酒海的制作完成，都要历经半年的繁复精工细琢，而容量稍大或者更大的酒海，则需要1~2

年的时间。

图 38-7　西凤酒海大篓

遇酒而香、遇水则漏。西凤酒海最神奇之处在于"会呼吸"。酒海中储藏的酒通过"呼吸"与自然相合、与天地相通，完成了去陈除杂的过程，酒中各种酸、酯、醇等香味物质逐渐达到平衡，乙醇和水分子紧密结合，并溶入对人体十分有益的一些长链脂肪酸，进而使酒的口感更加绵甜爽口、回味悠长。这也是凤香型白酒区别于其他香型白酒的重要条件之一。

从2017年上半年开始，西凤公司依据国家文物管理法规，会同凤翔县文物旅游局组织有关文物认定专家组，经过现场调查、召开专题座谈会，对3座酒库109个酒海和原柳林镇"复兴生"老作坊酿酒遗址进行了认真的文物保护分析论证。一致认为：西凤酒酿酒遗产旧址史料资源丰富，见证了中国白酒工业发展的历程和西凤酒的历史沿革变迁，具有十分珍贵的历史、工艺、文化、经济、科技和审美价值，老式作坊、制酒车间、酒库、酒海等文化遗产保存整体完好，同意申报为县级文物保护单位；12个西凤老酒海历史久远，选材讲究、编织工艺特别，对研究凤香型酒中微量元素、酒海用料与酒的物理化学反应、促进新酒老熟和酒质提升等方面具有重要的历史、文化和科技价值，同意认定为一般文物。

西凤老酒海储存和酿造旧址，是民族工业发展的宝贵历史财富，是西凤酒三千年无断代传承、独特的核心元素，是凤香型白酒生产技艺的重大进步和重要组成，为西凤酒9次获得国际金奖、4次蝉联中国名酒，成为中国老牌四大名酒和中华老字号、国家地理标志产品，立香型、创名牌、增效益起到了极其重要的作用，具有不可估量的文物价值，已列入陕西省第一批非物质文化遗产保护名录。本次文物保护申报工作，传承、保护和弘扬了西凤酒极其珍贵的历史文化遗产，进一步提升了西凤酒的文化自信和品牌价值，打造了西凤核心的文化竞争力，促进了中国白酒持续健康发展。

据了解，为了进一步展示和弘扬西凤酒文化，凤翔县文物旅游局在确定西凤酒酿酒遗产旧址和西凤老酒海为县级文物保护单位和一般文物的基础上，相关资料报送给省市文物旅游局，为申报"陕西省文物保护单位"和国家等级文物奠定基础。

（7）西凤酒产地环境

西凤酒地理标志产品保护范围：陕西省宝鸡市凤翔县所辖行政区域，东经107°16′36″—107°19′58″，北纬34°32′14″—34°33′43″。该区域位于凤翔县北山前洪积扇裙部位，海拔约830米，黄土覆盖层厚度百余米，土质属黄绵土类中的塿土，适宜做发酵池和农作物生长。这一区域四季光照充足，昼夜温差较大，形成了特有的微生物群落，为西凤酒酿造提供了独特的自然生态环境。气候属于半湿润、半干旱暖温带季风气候,年平均气温 11.5 摄氏度,年平均降水量 610 毫米,无霜期 207 天,适宜酿酒粮食生长。境内有雍水河等 25 条河流,保证了酿酒水源。黄河流域的地下水,穿越了亿万年沉积的厚厚黄土,从柳林井中汲取,分外甘甜清冽,经分析测定:该水含偏硅酸 25.0~29.8 毫克/升,锶 0.62~1.16 毫克/升,此外还含有锂、溴、碘、游离二氧化碳等微量元素和组份,水质清澈透明,口味纯正,所酿之酒,醇香典雅,甘润挺爽有利于制酒曲酶的糖化。

2. 西凤酒的品质特性

西凤酒具有"凤型"酒的独特风格,它把清香型和浓香型二者之优点融为一体,香与味、头与尾和调一致,属于复合香型的大曲白酒。

凤香型白酒无色透明、无悬浮物、无沉淀,蜜香秀雅,具有以乙酸乙酯为主体,一定量已酸乙酯为辅的复合香气,醇厚丰满、甘润挺爽,尾净悠长。是以粮谷为原料,经固态发酵、蒸馏、贮存、勾兑而成的,凤香型白酒是以乙酸乙酯为主,已酸乙酯为辅的复合香气的蒸馏酒。

(二)西凤酒系列酒(部分,见图 38—8 至图 38—18)

图 38—8 45 度西凤酒(旗帜)(红鼎)

图 38—9 45 度西凤陈藏酒(上品)

图 38—10 52 度西凤酒大凤香(大凤)

图 38—11 猪福·圆满——2019 亥猪年生肖纪念酒

◆ 第三十八章 西凤酒 ◆

图 38-12　55 度西凤酒 1915

图 38-13　53 度西凤酒（旗帜）（青鼎）

图 38-14　52 度西凤酒海陈藏

图 38-15　50 度西凤酒（红七彩）(10 年)

图 38-16　西凤酒 55 度绿瓶

图 38-17　45 度西凤酒华山论剑（30 年陈酿）

图 38-18　52 度国花瓷西凤酒（12 年）

三、陕西西凤酒的企业文化和荣誉

（一）西凤酒的企业文化

企业宗旨：传承创新，酿造美酒
企业使命：让凤酒香满人间
企业价值观：崇德尚礼，爱岗敬业，诚信奉献
企业精神：敢为人先，包容进取，追求卓越
经营目标：打造酒业航母，引领产业发展
经营理念：构建平台利益，分享共同成长
经营战略：整合优势资源，创建国际品牌
营销理念：构建西凤赢销生态圈，强化客情关系超值感
品牌理念：国脉凤香，尊荣共享
研发理念：行业领先，持续进步
采供理念：阳光采购，优质高效
生产理念：工艺精细化，管控绩效化
质量理念：人品决定酒品，质量就是生命
安全理念：防患未然，人人有责

（二）西凤酒的企业荣誉

1910 年，西凤酒在南洋劝业赛会上荣获银质奖，被列为世界名酒。
1915 年，西凤酒在巴拿马万国博览会上荣获金质奖，名扬海外。
1952 年，西凤酒在第一届全国评酒会上被评为中国名酒之一。
1963 年，西凤酒在第二届全国评酒会上被评为中国名酒之一。
1979 年，西凤酒在第三届全国评酒会上被评为国家优质酒。
1984 年，西凤酒在第四届全国评酒会上被评为国家名酒。
1989 年，西凤酒在第五届全国评酒会上被评为国家名酒。
1992 年，西凤酒在巴黎国际食品博览会上获金奖，并获巴黎国际名优酒展会金奖。

1999年，西凤酒商标被评为全国重点保护商标。
2000年，西凤酒被国内贸易部授予中华老字号称号。
2003年，西凤酒荣获国家原产地域保护产品称号。
2005年，西凤酒牌商标荣获中国驰名商标。
2006年，西凤酒荣获首批国家酒类质量等级认证优级产品。
2006年，西凤酒荣获中国白酒工业十大竞争力品牌称号。
2007年，西凤酒酿制技艺被列入陕西省首批非物质文化遗产名录。
2007年，西凤酒荣获全国质量、信誉、服务AAA等级企业。
2008年，西凤酒荣获全国食品安全示范单位。
2012年，西凤酒品牌荣获新华社中国经济最具发展潜力企业奖。
2013年，西凤酒荣获欧盟SGS、安哥拉BV、加拿大酒局PDA世界权威认证。

四、陕西西凤酒的发展战略

（一）西凤酒的发展

2012年，从"打造百亿西凤，重回中国名酒第一阵营"的战略目标出发，陕西西凤酒集团股份有限公司（后简称西凤集团）进一步转变经营理念、改革营销机制、调整产品结构、强化宣传造势、严细内部管理，各项工作取得了良好成绩，销售收入突破40亿元大关，各项经济指标大幅攀升。2018年，西凤集团实现销售收入50.14亿元，同比增长23.86%；2019年西凤集团销售收入突破60亿，创历史新高。

（二）西凤酒的扩建技改

当前，白酒市场优势资源正在向名优品牌及大型企业集团集中，而作为中国四大老牌名酒的西凤酒，以其悠久的历史、精湛的工艺和安全优质的品牌形象，获得了市场和广大消费者的青睐，西凤酒发展的空间和前景十分广阔。为了认真贯彻落实宝鸡市委、市政府大企业大集团战略部署，不断做大做强，西凤集团结合自身实际和白酒行业发展态势，制订了打造"百亿西凤"的宏伟目标。

按照"百亿西凤"战略规划，企业顺利启动了西凤酒扩建技改项目。工程实行一次规划两期实施，共投资22.6亿元。工程项目一期征地524.46亩，总投资8亿元，主要建设灌装中心、勾兑储存区、物流区、污水处理站、科研大楼、西凤酒历史文化博物馆及总体配套工程。二期工程为西凤酒制酒、制曲扩建技改项目。目前，基础工程已全部完成，项目进展顺利，预计2021年该项目完成竣工。

参考文献：

[1] 高黎，吴婷婷，陈艳利. 地域文化在西凤酒金装设计中的传承与彰显 [J]. 包装工程，2016，37（18）：62-66.

[2] 林向，小小. 陕西西凤酒业实现销售收入42.9 [J]. 酿酒科技，2013（02）：124.

第三十九章 杜康酒

一、陕西白水杜康酒概述

(一) 白水杜康酒的企业概况

白水杜康酒是陕西白水杜康酒业有限责任公司（后简称白水杜康酒业）的主导产品，属清香型白酒，因杜康始造而得名，被誉为酒林"元老"。白水杜康酒业生产基地位于杜康造酒（见图39-1）遗址白水县杜康镇的杜康沟畔。

图39-1 杜康造酒

千百年来，杜康一直被人们奉为我国酿酒的"祖师爷"，但其酿酒方法早已失传。白水杜康酒得以恢复并兴盛，要感谢新中国的酿酒技术人员。为了发掘继承杜康酒的传统工艺，使历史名酒重放异采，在省、市地各级政府的支持下，1976年陕西省白水杜康酒厂在杜康当年酿酒遗址杜康沟畔重建，占地76亩。酒厂职工在"复兴杜康，为国争光"的精神鼓舞下，查阅历史文献，发掘杜康造酒遗方，走访民间酿酒世家，广采传统制曲经验，继承古代造酒精华，走西凤、下泸州、访杏花，取名家之精艺，创杜康之新风，博取全国名酒之长。经过反复研究试验，汲取当年杜康造酒用的清冽甘美杜康泉水，选用当地优质大麦、小麦、豌豆作曲，精选关中优质高粱为原料，沿用老土泥池发酵，将传统酿造遗方与现代科学酿酒工艺相结合，经制曲、发酵、立窖、挑窖、蒸馏、勾兑，终于精酿而成。千古流芳的杜康名酒又获新生。

2002年，陕西白水杜康酒业有限责任公司正式改制，在董事长张红军带领下，白水杜康酒业公司在保留原始古老酿造工艺的基础上，投入巨资对原厂进行改造、增添生产设备，使生产能力以每年35%的速度稳步递增，白水杜康酒再次以快速增长的销售额、雄厚的实力和品牌力，让产品遍布全国市场。为了寻找新发展、新突破，白水杜康酒业走集团化企业之路。2008年3月，陕西杜康酒业集团有限公司（后简称杜康酒业集团）成立。它是一家跨行业、多领域的集团化公司，除了杜康白酒产业，还涉及矿泉水产业、黄河湾温泉湖度假旅游区、矿产能源、生物质发电等。下属公司14家，现有资产逾14亿元。

（二）白水杜康酒的历史渊源

白水杜康美名千古流传，闻名遐迩！它有着悠久的历史，丰富的文化内涵，《吕氏春秋》《战国策》及明清时期的四部《白水县志》等对其都有详尽的记载。魏武帝曹操更是写下了"慨当以慷，忧思难忘。何以解忧？唯有杜康"的千古绝句。

杜康造酒作坊的旧址，在白水县大杨乡康家卫村。此村三山环抱，松柏常青，附近有一条大沟，流水清澈见底，因杜康在此沟畔造酒，故名杜康沟。沟底有一清泉，泉水从地下往上汩汩涌出。据清代《白水县志》记载："泉隐隐喷出，至冬不竭，流四里许，入白水河，乡民谓此水至今有酒味。"记有"杜康取此水造酒"，人称杜康泉。经有关科研部门化验，杜康泉水呈中性，硬度低，钙质少，杂质少，含碳酸盐类物质较高，清澈易沉淀。杜康泉生水喝起来香甜爽口，确系酿酒最佳泉水。用这种水酿的酒特别润滑芳香。很早以前，人们在杜康泉旁建有杜康庙。清康熙四十八年（1709年）又对其进行过修葺。"乡民每岁正月二十一日，男女老幼至庙祀赛烹。"现在泉水上方建了一座古香古色的凉亭，潺潺流水穿亭底而过。

杜康，周代人，生于陕西白水县康家卫，葬于此地。据清乾隆年间《白水县志》记载："杜康，字仲宁，为汉时县之康家卫人，善造酒。"又载："杜康墓，县西十五里，墓侧尚有遗槽，颇大云。"另在县志图中标有杜康墓的位置。明万历年间，在杜康沟修建杜康庙。清康熙四十八年立的《创修杜公祠》碑文载："杜公讳康，字仲宁，生于县之康家卫，立庙墓在焉，考之史，善造酒。"此外，近年该县又发现4块石碑，也都记载着杜康的身世和酿酒功绩。至于杜康酿酒，《世本》《吕氏春秋》《酒史》《酒诰》《酒经》《战国策》《事物纪原》《中国人名大辞典》等古籍中，都有提及。史载杜康曾做"牧正"。有一次把"余粥弃于桑（桑树洞）"，"又至，闻有奇味"，发现是桑树洞中的饭发酵后溢出的香气，"杜康尝而甘美，遂得酿酒之秘"。从此杜康以酿酒为业。汉代《世本》记载："仪狄始作酒醪，变五味，少康（即杜康）作秫酒。"晋人张华在《博物志》中云："杜康善造酒。"《酒史》中曰："杜康始作秫酒。"陶渊明《集述酒诗序》中写道："仪狄造酒，杜康润色之。"唐皮日休《酒床诗》云："滴滴连有声，空疑杜康语。"诗圣杜甫，在安史之乱时，曾举家到白水投奔其舅崔少府，写了《白水旧宅喜雨》等诗多首，有"杜康频劳劝，张梨不外求"的佳句。宋苏东坡《止酒诗》曰："从今东坡室，不立杜康祀。"我国著名历史地理学家史念海教授，到白水县实地考察后，为白水县杜康酒厂题词"杜康圣地"。千百年来，杜康一直被后人尊为"酿酒鼻祖"，流芳民间。

（三）白水杜康酒的社会评价

中国科学院学部委员、微生物专家方心芳教授于1988年给白水杜康酒题词："白水杜康为清香佳品、优质白酒。"中国食品工业部发酵工业研究所高级工程师熊子书于同年鉴定白水杜康酒风格为：无色透明，醇香优雅，绵甜甘润，尾净味长，诸味协调，酒质优异。白酒专家高级工程师周恒刚、朱梅、龚文昌等分别白水对杜康酒题词赞颂，并给予了高度评价和肯定。2003年7月23日，以沈怡方、高月明、曾祖训为首的中国白酒知名专家组一行13人，在西安对白水杜康酒进行了品评，并对白水杜康酒新工艺进行了研讨，与会专家一致认为：白水杜康酒业有限责任公司，为了适应消费市场的需求，坚持严格执行传统工艺与现代科技相结合的方针，以浓香型酒与适量风型酒为基酒，经精心勾兑、研制开发出不同贮存时间、不同规格、不同档次的杜康陈年老酒。其酒质为无色透明、芳香幽雅、陈香明显、酒体丰满、醇甜净爽、诸味谐调、回味悠长且风格突出。在2008年7月召开的"中国历史文化名酒'白水杜康'发展高峰论坛"上，经中国酿酒工业协会副理事长兼秘书长王琦、中国酒类流通协会副会长兼秘书长刘员、陕西省酿酒工业协会会长何钊等行业领导，国家白酒大师沈怡方、于桥、高月明、栗永清、庄名扬、白希智等专家一致鉴定："白水杜康酒无色透明，传统杜康酒香、浓香、酱香协调优雅，醇甜味长，复合香型风格突出，酒体丰满，诸味协调。"

（四）白水杜康酒的民间传说与故事

1. 杜康的身世

杜康（见图39-2），中国古代传说中的夏代国君，姒姓。夏王相的儿子，母亲为有仍氏（今山东省微山县）人。据民间传说和历史资料记载，杜康又名少康，今陕西白水县人，夏朝第五位国王。曹操《短歌行》有云："慨当以慷，忧思难忘。何以解忧，唯有杜康。"

启袭禹位，标志了中国历史上第一代王朝的正式诞生。继启登位的太康荒淫无道，被夷族酋长后羿乘机夺位后失国。但后羿随即又被自己的亲信寒浞取代。太康逃到同姓部落斟鄩那里，后羿灭掉斟鄩，拥立仲康。仲康之子相逃奔商丘，遭到夷族的讨伐。此时，相的妻子后缗正怀有身孕，她逃到有仍氏，生下了少康，因希望他能像爷爷仲康一样有所作为，所以取名少康。寒浞想斩草除根，派人捉拿少康。少康无奈，跑到有虞氏的地盘，做了那里的疱正（掌管膳食之类的小官）。少年的少康以放牧为生，带的饭食挂在树上，常常忘了吃。一段时间后，少康发现挂在树上的剩饭变了味，产生的汁水竟甘美异常，这引起了他的兴趣，就反复地研究思索，终于发现了自然发酵的原理，遂有意识地进行效

图39-2 杜康

仿，并不断改进，终于形成了一套完整的酿酒工艺，从而奠定了杜康中国酿酒业开山鼻祖的地位，其所造之酒也被命名为"杜康酒"。

少康很有才能，而且富有反抗精神。他集结同姓，在有虞氏的鼎力帮助下，终于战胜寒浞，恢复了王位，历史上称之为"少康中兴"。

2. 杜康的传说故事

民间有如下传说：杜康某夜梦见一白胡老者，告诉杜康将赐其一眼泉水，杜康需在九日内到对面山中找到三滴不同的人血，滴入其中，即可得到世间最美的饮料。杜康次日起床，发现门前果然有一泉眼，泉水清澈透明。遂出门入山寻找三滴血。第三日，杜

康遇见一文人，与其吟诗作对拉近关系后，请其隔指滴下一滴血。第六日，遇到一武士，杜康说明来意以后，武士二话不说，果断出刀慷慨割指滴下一滴血。第九日，杜康见树下睡一呆傻之人，满嘴呕吐物，脏不可耐，无奈期限已到，杜康遂花一两银子，买下其一滴血。回转后，杜康将三滴血滴入泉中，泉水立刻翻滚，热气增腾，香气扑鼻，品之如仙如痴。因为用了九天时间，杜康就将这种饮料命名为"酒"。

因为文人、武士、傻子的三滴血在起作用，所以人们在喝酒时一般也按这三个程序进行：第一阶段，举杯互道贺词、互相规劝，好似秀才吟诗作对般文气十足；第二阶段，酒过三巡，情到浓处，话不多说，一饮而尽，好似武士般慷慨豪爽；第三阶段，酒醉人疯，或伏地而吐，或抱盆狂呕，或随处而卧，似呆傻之人不省人事。

又有一传说：黄帝手下有一位大臣叫杜康，黄帝命杜康管理粮食，杜康很尽心。他把丰收得到的粮食都堆放在山洞里，时间一长，因山洞潮湿，粮食全霉坏了。黄帝知道这件事后，非常生气，下令以后如果粮食再霉坏，就要处死杜康。当时，黄帝正在准备与陆浑族大战，征调来的粮食无处存放，杜康十分着急。有一天，杜康在空桑涧里发现了一片开阔地，周围有几棵大桑树枯死了，只剩下粗大的树干，树干里面已经空了，杜康灵机一动，想到，如果把粮食装在树洞里，也许就不会霉坏了。于是他把自己的想法告诉给周围的人，大家都赞同，并且一齐动手，把树林里凡是枯死的大树，都一一进行掏空处理，不几天就把粮食全装进树洞里。谁知那几年风调雨顺，连年好收成。装在树洞里的粮食顾不上用，几年以后，经过风吹、日晒、雨淋，慢慢地发酵了。

一天杜康上山查看粮食时，突然发现，一棵装有粮食的枯桑树周围躺着几只山羊、野猪和兔子。他以为这些野兽都死了，就大步走过去，想把这些野物弄回去让大家吃。谁知走近一看，发现它们还活着，似乎都在睡大觉，杜康一时弄不清原因。正在纳闷，一头野猪摇摇晃晃地站了起来，它一见人，马上蹿进树林去了，紧接着山羊、兔子也一只只醒来逃走了。杜康正准备往回走，又发现两只山羊在装着粮食的树洞跟前低头用舌头舔着什么。杜康连忙躲到一棵大树后面观察，只见两只山羊舔了一会儿也摇摇晃晃起来，走不远都躺倒在地上。杜康飞快地跑过去想看看刚才山羊舔的是人。不看则罢，一看把杜康吓了一跳：原来装粮食的树洞已裂开一条缝，里面的水不断往外渗出，山羊是舔了这种水才倒在地上的，杜康用鼻子闻了一下，渗出来的水特别清香，自己不由得也尝了一口，味道虽然辛辣，但却特别醇美。他越尝越想尝，最后一连喝了几口，只觉得天旋地转，刚向前走了两步，身体却不由自主地倒在地上，昏昏沉沉地睡着了。

不知过了多长时间，当他醒来时，只见刚才躺倒的山羊都跑掉了。他顺手摘下了腰间的尖底罐，接了一罐水浆带回杜康村。杜康把他看到的情况，向其他管粮食的人说了一遍，又把带回来的味道浓香的水让大家品尝。大家都觉得很奇怪，有人说把此事赶快向黄帝报告，有人不同意：杜康过去把粮食霉坏，被降了职；现今把粮食装进树洞里变成了水，黄帝知道了不杀他的头，也要把他打个半死。杜康不慌不忙地向大家说："事到如今，不管结果是好是坏，都不能瞒着黄帝。"说着他提着尖底罐，便去找黄帝了。

黄帝听完杜康的话，又仔细品尝了他带来的味道浓香的水，立刻与大臣们商议此事。大臣们都认为这水是粮食的元气，并非毒水，应该给这种水起个名字。当时，为黄帝造字的大臣仓颉站出来说："酉日得水，咱就造个'酒'字吧！"从此，黄帝就命杜康用粮食造起酒来。

杜康为霉坏粮食而被贬职,后来酿酒有功,黄帝又加封他为"宰人"。杜康在酿酒技术上,年年有新的改进。有一年风调雨顺、五谷丰登,黄帝又为统一三大部落、建立部落联盟五十六年,合宫内举行盛大宴会,请来了各部落首领。黄帝命杜康给每人敬一碗酒,人们也向黄帝敬酒,宴会里欢声笑语、热闹非凡。正在这时,一条巨龙突然从天而降,把头一直伸到摆在宴会上的大酒坛上,闻来闻去,但坛口太小了,龙嘴怎么也伸不进去,馋得龙嘴里的涎水不断滴进酒坛里,当时大家吓得目瞪口呆,只有黄帝不慌不忙地走到巨龙跟前,把酒坛里的酒倒进一口大碗里,送到巨龙嘴边,巨龙一饮而尽,等黄帝再倒第二碗时,巨龙腾空而起,转眼间便飞得无影无踪。人们这才松了一口气,黄帝又命令杜康给大家敬第二轮酒。谁知,杜康走到酒坛跟前还未来得及倒酒,一股浓郁的酒香扑鼻而来,差一点把他醉倒。杜康给每人敬过酒后,就觉得浑身舒畅,飘飘欲仙。他心里明白,这一定是巨龙的龙涎落进酒坛所致。

据说龙是不轻易流涎水的,人若喝了龙的涎水,就能延年益寿,长命百岁。因此,杜康在乘人不注意时,从滴有龙液的酒坛里打出一碗酒,倒进另一只酒罐内,那罐酒味道变得特别香。宴会结束后,杜康派人专门保存那坛龙液水酒,不许任何人动用。他每日一口一口细细品尝,真的活到了170多岁。黄帝死后,杜康就在杜康村专门酿酒,把造酒秘诀传给了后人。

二、陕西白水杜康酒的特点

(一) 白水杜康酒的酿造

1. 发酵

杜康酒汲取天赋甘美的天然富锶矿泉水——杜康泉水,承袭酒祖秘传的古老配方和酿酒工法——谷物配料长期低温在土窖续渣发酵,经老五甑混蒸混烧而得原酒,再经地下酒窖陶缸酒海陈贮,自然老熟,是酒中原生态美味传奇。

2. 窖池

白水杜康酿酒古窖池,距今已有千年历史,是世界上现今留存的最为古老的古窖池。白酒存放逾久弥香,同样,正因为窖池的古老而传统,酿造出的白酒才真正纯正、酒香久久飘散不去。

3. 诱变

白水杜康酒的酒曲、窖泥相继搭载神舟3号、4号、5号、6号、7号和第22颗返回式科学技术卫星,开展空间科学实验。经太空诱变酿成的白酒,出酒率可由原来的40%提高到55%,大曲用量减少了5%。2007年10月12日,白水杜康太空酒(见图39-3)被首都博物馆收藏。2008年11月7日,"神舟七号"载人飞船返航搭载的白水杜康酒在西安顺利交接,这两次表明了白水杜康酿酒新技术又进入了一个新的历史时期。

图 39-3 白水杜康太空窖藏酒

（二）白水杜康酒系列酒

1. 系列酒列表

十三朝国都系列
师级酒系列
青花瓷系列
VIP 老坛系列
绵雅系列
古窖原浆系列
杜康十三朝系列
十三朝系列
十三朝古窖原浆系列
白水杜康系列

2. 白水杜康系列酒展示（部分）

图 39-4 白水杜康国宴

酒名称：白水杜康国宴（见图 39-4）
酒香型：浓香型
酒精度：42 度
净含量：450 毫升

图 39-5　白水杜康秘酿 20 年

酒名称：白水杜康秘酿 20 年（见图 39-5）
酒香型：浓香型
酒精度：42 度，52 度
净含量：500 毫升

图 39-6　白水杜康国际金奖老八棱蓝盒

酒名称：白水杜康国际金奖老八棱蓝盒（见图 39-6）
酒香型：清雅香型
酒精度：45 度
净含量：450 毫升

图 39-7　白水杜康老酒

酒名称：白水杜康老酒（见图 39-7）
酒香型：浓香型
酒精度：42 度
净含量：500 毫升

三、陕西白水杜康酒的荣耀

杜康酒业集团的酿造生产能力逐年递增，产品自投放市场以来，在陕西、湖南、浙江等地热销，曾先后荣获"亚洲名优产品""轻工部优质产品奖""全国质量、服务、信誉AAAAA级企业（品牌）""中国白酒制造领域十大民族品牌""陕西地方名酒""陕西名牌""中国著名品牌"（见图39-8）"中华老字号""中国驰名商标"等100多项大奖和荣誉称号，并列为陕西省指定接待用酒、亚洲经济联合会（49国）峰会唯一指定接待礼品用酒。喜逢新中国成立60周年，杜康酒业集团非常荣幸地成为2009APEC经济体高官论坛暨全球成长中国峰会合作伙伴，"白水杜康·十三朝"成为2009APEC经济体高官论坛暨全球成长中国峰会唯一指定接待用酒。

图39-8 白水杜康酒被评为"中国著名品牌"

白水杜康酒所获得的部分重要奖项为：1984年5月被评为全国优秀旅游产品，获"景泰蓝"奖杯；同年11月，在轻工部全国酒类质量大赛中获铜牌奖；1988年10月获评"中国文化名酒"；1988年12月获"首届中国食品博览会金奖"；1989年7月获"首届北京国际博览会银奖"；1990年又获"全国轻工产品博览会金奖"；1991年获"北京国际博览会金奖"；1993年获"国际名酒香港博览会白酒特别金奖"；1990年获"首届全国轻工业博览会金奖"；2000年获"陕西名牌"；2003年8月获"首届白酒行业知名白酒"；2004年4月获"陕西省名牌产品"；2005年10月获"全国酒类产品质量安全诚信推荐品牌"；2005年6月获"质量优秀产品"；2010年5月荣获"全国质量、服务、信誉AAAAA级企业（品牌）"；2010年9月获"亚洲名优品牌奖"。

参考文献：

[1] 鲁峰. 酒祖杜康，鏖战困境 [J]. 销售与市场（评论版），2011（09）：22-26.

[2] 孟洁宁，张宝兵，徐邓耀. 论中国白酒的战略重组——以杜康酒企业为例 [J]. 生产研究，2004（10）：132-133+152.

[3] 谢慧，帅筱倩，禹建丽，等. 酿造微生态环境与优质杜康酒形成机理初步研究 [J]. 安徽农业科学，2010，38（08）：4233-4235+4309.

第四十章 红川酒

一、甘肃红川酒概述

(一) 红川酒的企业概况

甘肃红川酒业有限责任公司（以下简称红川酒业）是在1951年建立的原国有红川酒厂（见图40-1）的基础上，于2008年9月通过资产重组，改制成为民营控股、国有参股的股份制纯粮白酒酿造企业。在2006年12月，被商务部认定为甘肃省酿酒行业中唯一一家首批"中华老字号"企业。至2019年，公司年生产纯粮原浆白酒规模达到6000吨，总资产近4亿元，占地面积198000平方米，职工近千人，是甘肃省目前最大的纯粮酿造白酒企业之一。近年来，通过企业自身的艰苦努力，企业经营效益逐年攀升：改制前年销售额5800万元；2015年实现销售收入约5亿元，上缴税收约1.3亿元；2016年实现销售收入约6亿元，上缴税收约1.6亿元；2017年，实现销售收入约7亿元，上缴税收约1.86亿元；2018年，实现销售收入约7.6亿元，上缴税金约2.2亿元；红川酒业2019年完成营收约8.5亿元。

图40-1 甘肃省国有红川酒厂

公司坐落于素有"陇上江南"之称的甘肃省成县红川镇。红川镇古称"横川镇"，红川酒古称"横川烧酒"，红川镇自古以来就以盛产美酒而著称。1951年，成县政府在原烧酒作坊基础上成立了"成县红川酒厂"。

(二) 红川酒的酿酒历史

成县历史悠久，在秦始皇设三十六郡以前就已设"下辨道"，东汉时置郡，唐、宋、元设州，明初始称成县，相沿至今。这里自古山清水秀，物产丰富，生态环境优良。

据考证，红川酒古称"横川烧酒"，其酿造最早可追溯到隋唐时期。红川镇古名

"横川镇",因其川横贯东西而得名,至今已有1000多年的酿酒历史。它背倚西秦岭余脉,俯瞰甸河和广袤的田野,历史上曾是"兰州水烟""横川烧酒""青海食盐"入陕、入川的"旱码头",这里年均气温约11.9摄氏度,年均降水量约650毫米,全年日照时长约为1795小时,无霜期可长达210天,素有"陇上江南"的美誉,是甘肃最适宜酿酒之地,红川酒也因此而得名。

到明朝时,红川酒名气更加盛大,有"烈酒产横川,盛名贯九州""名驰冀北三千里,味压江南十二州"的美誉;到明末清初年间,红川酒的酿造更具规模,烧酒作坊多达三四十家,其中以春和涌、陇丰海、顺合源最为著名。红川酒成为当地的主要经济产出物,支撑着当地的经济发展。

民国初期,"春和涌"烧坊由传人容向荣继承。以"春和涌"烧坊出产的"横川烧酒"为代表的酿酒业有了更大的发展,在方圆五十余里的不少村庄办有酿酒烧坊,工艺主要采用清蒸清烧法,产品畅销陕、甘、川等省。容向荣1938年去世后,由何近仁继承,引进了"西凤酒"的酿造工艺,使"横川烧酒"质量更上了一层楼,成为陇上名产向全国销售,一直延续到新中国成立初期。

新中国成立后,为了保护和发展这一优秀工艺和珍贵遗产,在"春和涌"烧坊的基础上,当地政府组织老传人、老师傅、老酒工燕志民、何尚文、周宗贤、王俊清等人创立了国营成县红川酒厂。继承和挖掘了横川烧酒的传统工艺,研制生产了清香型红川大曲,在国内市场畅销不衰,受到越来越多客户的喜爱。

1983年,经甘肃省经济协作办公室与四川省有关部门联系,红川酒厂派出技术人员去四川泸州老窖酒厂学习,同时请来该厂老技术人员姚荣华长期驻厂,在生产车间现场操作指导。将原生产清香型的发酵池改为人工老窖(即原青砖墙改为窖泥墙,池底改为黄泥底),低温制曲改为中温制曲,发酵期由原来的15天增加到了70天,延长了陈贮时间。这种香型、窖池、制曲、发酵期、贮存期的改造创新,博采众长、扬长避短,使传统工艺和国家名酒先进生产工艺相结合,生产的浓香型"红川特曲",具有浓香四溢、甘洌醇厚、回味悠长的独特风格,于1985年和1988年分别被评为甘肃省优和商业部优产品,为古老的名酒赢得了荣誉。此后,1985年到2008年的三期基础设施扩建,使年生产量从建厂初期的20吨扩大到1500余吨,占据了当时甘肃纯粮酿酒的领先地位。

红川酒业于2008年10月,在原国有红川酒厂基础上,顺应建立现代企业制度的要求,进行了资产重组,改制为甘肃锌宇集团民营控股、国有参股的新型股份制白酒企业。

改制后,在锌宇集团董事长茅德贤提出的"内调结构扩总量,外拓市场促营销"经营理念指导下,公司开始了大规模的增资扩建、技术改造和市场营销变革。经过自2008年开始的第四期大规模扩建,红川酒业纯粮酿造年生产原浆酒规模现已达到4000余吨,成为甘肃省目前最大的纯粮酿造白酒的企业之一。

(三)红川酒赞

唐肃宗乾元二年(公元759年)秋天,诗圣杜甫因避"安史之乱"战祸离开长安,开始了"因人作远游"的陇南之行。同年十月,从秦州(今天水)出发,数日后到达同谷（即今成县），在凤凰台营建草堂居住。在同谷期间，杜甫无意间品尝到了红川酒，迷恋于其醇美，写下了"酿得万家合欢液，愿与苍生共醉歌"的千古佳句。此后，以酒助兴，感于时世，还先后写下了《泥功山》《凤凰台》《万丈潭》《同谷七歌》《发同谷》等20余首有名的诗篇。他在《发同谷》一诗中作过这样的描写："山青水秀，气候湿润，农桑兴旺。"红川酒由此与诗圣杜甫结下了一千多年的不解之缘。

明清时代则享有"烈酒产横川，盛名贯九州""名驰塞北三千里，味压江南四十州"之赞誉。明末清初年间，红川酒的酿造更具规模，烧酒作坊多达三四十家，其中"春和涌""陇丰海""顺和源"最为著名。1960年出版的《中国名食指南》一书以"横川烧酒，状若清露、醇香四溢、味长回甜"而著称，而中国首版《辞海》更以"陇上名产"将其收录书中。

二、甘肃红川酒的特点

(一) 红川酒的品质特点

1. 红川酒之珍珠龙泉井水

甘肃红川酒的酿制过程中对于用水很有讲究。甘肃红川酒用水取自珍珠龙泉井水，千百年来一直沿用至今。井水中含有微生物发酵需要的各种组分，其中一些独有的微量元素及矿物质等，非常有利于微生物生长以及微量香气成分的生成。甘肃红川酒独享珍珠龙泉井水，此井之水夏凉如冰，刺人肌肤；冬如温泉，热气蒸腾；遇旱不枯，逢涝不溢；清亮如露，壶内煮沸后无水垢；稀世罕有，天下奇绝，是美酒佳酿的不二之选。泉水清洌甘甜，呈弱酸性，有利于糖化和发酵；水的硬度适宜，能促进酵母的生长和繁殖，属于优良的酿造用水。经过此珍珠龙泉井水酿造的酒，格外醇香浓郁、清洌甘爽，饮后唇齿留香。

2. 红川酒之珍珠龙泉井水的传说

关于甘肃红川酒珍珠龙泉井水，还有一个美丽的传说。此泉原来不以珍珠命名，泉水也不甘洌。泉边有一位张姓教书先生，为人敦厚善良。一天早晨，他在河边散步，看见有一只恶鹰正在追逐一条小蛇，他便将恶鹰赶走。小蛇向他点了三下头，好像鞠躬致谢的样子。这天晚上，张先生梦见一个头戴王冠的人，自称是龙王，白天所见的小蛇是其龙子。龙王为了感谢他对龙子的救命之恩，便赠与他一颗宝珠，并说："这颗宝珠如若藏在家中，就会使家道兴旺；如若投到水中，就会使当地物产丰饶。"张先生醒后，果然发现衣袋中有一颗璀璨的宝珠。起床后，他在院中来回走动，反复思考：是放在家中让自己富裕，还是丢到水中让大家富足呢？考虑再三，他认为还是造福众人为好。于是，他把宝珠投放到了水井之中。从此以后，此地果然泉甘物丰。乡人怀念他的恩德，就称此井为"珍珠龙泉井"。得福于神，岂有不美哉？

3. 红川酒之五谷原粮

红川酒，上百年来秉承纯粮自酿的宗旨，采用传统白酒生产工艺，酿得的每一滴酒都是真正的纯粮食酒。追溯红川酒的用料，还得从生产红川酒的原粮五谷开始，即高粱、大米、糯米、小麦、大麦。酒为五谷之精华，正是因为红川酒来自五谷纯粮，才赋予了它醇厚的品质和不朽的文化韵味，而酿造红川酒的粮食都是精选自全国各地的优质产粮基地。

（1）高粱

酿造红川酒所用的高粱精选于东北的糯高粱。东北以黑土地而闻名，黑土中含有丰富的有机质，能够供给农作物生长所需要的养分。以精选的东北糯高粱为原料，不仅出酒率高，且酒质也好。

（2）大米

酿造红川酒所用的大米精选于富有"中华聚宝盆"美誉的汉中，汉中大米的内在质量可与泰国香米媲美。红川酒的原粮中配一定量的大米，将其粉碎与其他原料配比加入酒醅中，就是利用其在混蒸混烧的蒸馏中，可将米饭的香味成分带至酒中，使酒质爽净。

（3）糯米

酿造红川酒所用的糯米精选于被誉为"鱼米之乡"江汉平原的湖北，这里土地肥沃，气候温润、光照充足，降水充沛，是非常适宜糯米的生长环境。所以产出的糯米，颗粒饱满，色泽光亮，乃酿酒佳选。

（4）小麦

酿造红川酒所用的小麦主要精选自当地优质冬小麦，这里常年气候温润，土地肥沃，日照充足。在这种环境下生长的小麦颗粒饱满，色泽光亮。红川酒原粮中添加一定量的小麦，不仅能在曲中形成独特的香味成分，更增加了红川酒的醇厚感。

（5）大麦

酿造红川酒所用的大麦精选于甘肃河西走廊一带，这里常年以祁连山冰雪融水灌溉、滋养农田，素有"西北粮仓"的美誉。大麦子粒扁平，中间宽、两端较尖，呈纺锤形，成熟时皮大麦的子粒与内、外稃紧密黏合，而裸大麦则易分离。大麦主要成分除淀粉外，还有蛋白质、脂肪、纤维素等，大麦还有较多的α-淀粉酶和β-淀粉酶，制曲中为微生物在曲坯生长繁殖提供了先决条件。同样，大麦在微生物的作用下可产生香兰素，香兰素赋予白酒特殊香味。

4. 红川酒之制曲

（1）选料

选用原料，一是要考虑培菌过程中满足微生物的营养需要；二是要考虑传统特点和原料特性。一般选用含营养物质丰富，能供给微生物生长繁殖，对白酒香味物质形成有益的物质做原料。红川酒使用的大曲原料有：小麦、大麦、母曲（适量进行母曲接种）、水（水采用符合饮用水标准的自制水或井、泉水）等。

（2）踩曲、晾汗

红川酒采用的是传统的人工踩曲，踩成的曲呈"包包曲"（见图40-2）。将踩制定型的曲坯放置踩曲场晾置，待曲坯表面收汗（即曲坯表面无干裂现象，曲坯由微黄色变成乳白色）时立即运入曲房。否则，曲坯水分蒸发过多入房后容易起厚皮，不挂衣。

图 40-2　包包曲

（3）入室培养

红川酒业的曲房为砖木结构，具有通风、保温、保湿的特点。制曲的经验是要做到"前火不可过大、后火不可过小""前缓、中挺、后缓落"。这是因为前期曲坯微生物繁殖旺盛，温度极易增高，如不及时控制，则细菌大量繁殖；后期微生物繁殖缓慢，水分逐渐减小，温度下降，有益微生物不能充分生长（见图40-3）。

图 40-3　红川酒业砖木结构曲房

（4）出室检验后贮存

曲坯从入室安曲到成熟（干透）需 28~37 天左右，视季节而定。曲温接近室温，此时曲块大部分已成熟干燥，检验合格的曲块可出房入库贮存。

红川酒业传统的制曲工艺和细致严谨的制曲工艺过程，从酿酒的第一道工序，就保证了红川酒纯正的血统。在坚守沿袭千年的传统技艺的同时与现代先进的科学技术相结合，传统不代表一成不变，科学也不代表对传统的完全否定。传统与科学的结合能够让红川酒业，在保证传统精髓的前提下，焕发出更符合时代需求的光环，谱写出红川酒业传统工艺与现代科学工艺相结合的壮美华章。

（5）红川酒之贮存与老熟

甘肃红川酒的质量与风味，与贮存老熟有密切的关系。红川酒经过发酵、蒸馏后，酿酒工序还远远没有结束，还必须经过一段的贮存期。贮存是保证蒸馏酒产品质量的至关重要的生产工序之一，从酿酒车间刚出产的白酒多呈燥、辛辣味，不醇厚柔和，通常称为"新酒味"。但经过一段时间的贮存期后，酒的燥辣味明显减少，酒味柔和，香味增加，酒体变得协调，具有绵甜爽净的老熟风味。这个过程一般称为老熟，又称陈酿过程。

老熟也有一定的限度，并不是所有的酒越陈越好。贮存期与不同的香型、容器、容量、室温、贮存条件等都有关，不能孤立地以时间为标准。酒库夏季气温高，冬季温度低，酒的老熟速度有极大的差别。因此，为了保证酒有一定贮存时间，适当地增加酒库及容器投资是非常有必要的。应该在保证质量的前提下，确定合理的贮存期。

①酒海（血料容器）

甘肃红川酒的贮存主要采用传统柳条酒海（见图40－4）和木质酒海。这些酒海是贮酒的宝贝，外壳采用深山老树藤条编制和木箱打造而成，干燥后，在其内壁涂用动物血、石灰等作为黏合剂（即制成一种可塑性的蛋白质胶质盐，遇酒精即形成半渗透的薄膜），先后在里面裱糊20层白棉布。再次干燥后，采用鸡蛋清作为黏合剂，裱糊100多层麻苟纸。待彻底干燥后，在其表面涂上蜂蜡和菜籽油养护一定时间后，才能投入使用。

图40－4　红川酒柳条酒海

酒海这种"能透气、会呼吸"，水能渗透而酒不会渗漏的特性，加之红川当地温暖湿润的气候环境，十分有利于白酒酿制所需要的多种微生物繁衍生息和生化反应，也有利于祛除原酒中的燥辣及杂味。经过一定年份（至少三年）的贮存时间，酒质会变得更加柔熟、酒体更加丰满。

②酒坛（土陶容器）

土陶容器也是传统的贮酒容器之一，通常是以小口为坛，大口为缸。

甘肃红川酒所用的土陶酒坛容器（见图40－5）透气性较好，所含的多种金属氧化物在贮酒过程中逐渐溶于酒中，新蒸馏的酒辛辣、冲、暴香并有糠糟味，老熟可以去杂增香，减少新酒的刺激、燥辣，使酒的口味协调醇厚，且自身含有多种矿物质，用它来装酒能经久保持酒的香味，会令酒更香更醇，酒体丰满，对酒的老熟有促进作用。陶土容器的封口常用塑料布扎口，再用面板、木板或沙袋压紧，防止酒液挥发。而其存放的地点最好是地下，因为地下是温度变化最小的环境，基本保持常温。

图40－5　红川酒土陶酒坛容器

③窖藏

窖藏（见图40－6）的甘肃红川酒是指把精挑细选出的优质红川原浆酒，盛入土陶酒坛内，贮藏在地下、半地下的酒窖内。酒窖要求四季温差不宜过大并保持通风良好。由于原浆酒未添加白酒以外的任何物质，其酒分子仍保持着很好的稳定性。

图 40-6　红川酒窖藏

(一) 红川酒系列酒 (部分)

1. 红川系列 (见图 40-7 至图 40-8)

图 40-7　星级红川·五星　　　图 40-8　四喜红川·四喜

2. 金红川系列 (见图 40-9 至图 40-10)

图 40-9　金红川·自酿　　　图 40-10　金红川·自酿 18 号

三、红川酒业有限公司的发展及荣誉

甘肃红川酒业有限责任公司在沿用传统酿酒工艺的基础上与现代酿酒技术相结合，不断挖掘创新，配方更加科学。先后开发生产出了纯粮酿造之红川牌系列、成州牌系列等 40 余种产品。其中，红川特曲于 1988 年被国家商务部评为商业部部优产品；成州老窖于 2007 年被评为"甘肃省名牌产品"；2016 年，红川酒业被评为"甘肃省质量信用等级 AAA 级"企业，荣获甘肃省"诚信管理体系"荣誉称号；2017 年，红川酒业被评为"国家级放心酒工程·示范企业"、中华全国总工会"工人先锋号",荣获国家农业部"绿色食品认证",红川牌、成州牌两大系列产品被评为"甘肃省名牌产品",红川酒酿造技艺被收入省级非物质文化遗产保护名录,红川酒业荣获"陇南市政府质量奖""成县政府质量奖"等荣誉。红川酒业先后获得国家商务部首批认定的"中华老字号"企业、国家工商总局授予的"重合同守信用"企业、国家质量监督检验检疫总局授予的"国家地理标志保护产品"和甘肃省人民政府授予的"甘肃省2013年度非公经济发展'优秀企业'"等荣誉称号。

四、红川酒业有限公司的发展战略

目前,红川酒业正按照"十三五"总体规划,实施新增年产4000吨白酒(原浆酒)项目建设。相关项目建成后,生产规模将达到10000吨,销售收入增至10亿元,利税增至3亿元。"十三五"时期,公司以每年15％的增长速度实现跨越式发展。进一步做好实施年产万吨白酒项目相关配套设施的筹划和建设工作,为未来形成集"生产、销售、旅游、观光"于一体的红川酒业园区奠定了良好基础。

红川酒业在现代企业管理制度下,走出一条新型产业化发展路子,融合"创新、协调、绿色、开放、共享"的新发展战略理念,将红川酒业公司打造成一流的集生态、环保、绿色、安全和可持续发展的规模化纯粮酿造龙头企业,走出甘肃,走向全国,走向世界。

参考文献:

[1] 徐华,高红霞. 红川酒业:用匠心酿造品质典范 [J]. 发展,2019(08):71-72.

第四十一章 几江酒

一、重庆"几江牌"酒概述

(一)"几江牌"酒的企业概况

1. 百年酒企,百年品牌

重庆市江津酒厂(集团)有限公司,位于浩瀚东去的长江之滨,被世人誉为巴渝酿酒明珠,其酿酒历史源远流长,美酒芳华横贯古今。

据史料记载,江津酿酒业在明嘉靖年间即"邑中产酒甲于省"。上世纪初,江津沿街槽坊、酒肆无数,形成了酒香飘万里的壮美画卷,其中最为著名的,是江津酒厂集团的前身——创立于1908年的"宏美槽坊"。

2. 巴蜀多美酒,江津秀一枝

时光荏苒,岁月峥嵘。江津酒厂集团在百余年的发展变迁中,得到了冯玉祥、陈独秀、吴芳吉等无数英雄豪杰和文人墨客的赞誉,具有独特酿造工艺的川派小曲清香型白酒酿法也流传至今,深受大众喜爱的江津白酒也逐步演变发展成为今天的"金江津酒"。

近年来,江津酒厂集团秉承"不断创新追求卓越"的精神理念,坚持以流传百余年酿造工艺,生产的"几江"牌金江津酒,作为占领市场、树立百年品牌形象的拳头产品,实现了企业跨越式大发展:"几江"牌获得了"中华老字号"的荣誉;传承百年工艺的"几江"牌金江津酒当选"中国白酒小曲香型代表";投资3亿元、占地350亩的金江津酿酒生态工业园开启了我国生态化酿酒新纪元……如今,江津酒厂集团的营销网络已覆盖了全国近30个省市,成为我国最大的小曲清香型白酒生产企业。公司以生产经营"几江"牌老白干、金江津为主营业务,年产销优质白酒3万余吨。经过100多年的创新发展,江津酒厂(集团)有限公司目前已是全国最大的小曲清香型白酒生产企业,下设7个子、分公司,员工1000余人。拥有"几江""笛女""石松""百年好合""露华浓""阳城""古钓鱼城"等7大品牌约100多个品种。

二、重庆"几江牌"酒的特点

(一)"几江牌"酒的酿造

"几江"牌金江津酒是小曲清香型白酒的典型代表,素以"无色透明、醇香清雅、醇和谐调、后味爽净"的独特风格而深受饮者喜爱。

其制作工序为:先将整粒高粱加沸水浸泡,蒸煮糊化,摊凉;然后培菌糖化,续糟发酵,定时定温蒸馏取酒;再经陈酿酯化,使酒质更加醇厚丰满;最后检验,勾兑,装瓶而成。整个过程贯彻匀、透、适三要求。酒液清澈透明,纯净无杂,醇厚芳香,回味甘爽。酒坊传统酿酒车间(见图41-1)。

图41-1 酒坊传统酿酒车间

(二)"几江牌"酒系列酒(部分)

1. 元帅系列(见图41-2)

元帅贵宾酒　　　元帅酒典藏至尊系列

图41-2 元帅系列

2. 金江津系列（见图 41—3）

1908 五星金江津酒　　　蓝瓶五星金江津酒
图 41—3　金江津系列

3. 江津老白干（见图 41—4）

图 41—4　江津老白干酒

4. 江津白酒（见图 41—5）

图 41—5　老字号江津白酒

三、重庆"几江牌"酒的发展历程与荣誉

（一）发展历程

1. 古老的江津酿酒业

悠悠巴蜀文明史，流传几许美酒香。江津是有名的美酒之乡，酿酒历史源远流长，美酒芳华横贯古今，江津酿酒业最早可追溯到南宋时期。2007 年，在位于柏林镇东胜乡的白鹇沟石室墓出土的宋代陶瓷酒器可证明这一历史。

乾隆本《江津县志·赋役志》中记载，早在明朝嘉靖年间，江津就缴纳土贡"酒税钞八十五贯八百元"。这是记载江津酒最早的文字。

清代金融学家周洵（字宜甫）所著《蜀海丛谈》记载了四川酒税收入"以江津、泸州、绵竹等湘妃产酒之区，收数最旺"。其中，江津名列榜首，可见江津酿酒业在清代之兴盛。

2. 宏美槽坊——江津酒厂集团登上历史舞台的序幕

清末民初，江津酿酒业开始逐步壮大，江津沿街槽坊、酒肆无数，形成了酒香飘万里的壮美画卷。《白沙镇志》载："清朝初年，白沙酿酒业兴起，当其盛时有槽房300余家。白沙烧酒驰名全国，槽房多建在镇西驴溪河畔，长约一华里，甚是壮观。"

1908年，江津酒厂集团前身——"宏美槽坊"在千年历史文化名镇白沙镇诞生。

白沙镇驴溪河畔的樊氏家族，在原有基础之上合并3家槽坊，创立了当地最大的"宏美槽坊"。宏美槽坊既酿米酒，也酿白酒，其中，白酒为樊家一绝，当地爱酒人士称其为"宏美酒香传千里，更胜三碗不过岗"。

3. 走近百年工艺的创始人

樊志洪（1917—1957年），江津酒厂集团的第一代掌门人，金江津酒传承百年独特酿酒工艺的鼻祖。

樊志洪在酿酒世家中耳濡目染，有着过人的酿酒天赋。据说，他10岁时仅凭眼睛就能辨别酒精度数高低，15岁时已是数十人的师傅了。21岁时，技艺越发熟练、经验更加丰富的樊志洪，开始逐步接管宏美槽坊的大小事务。新中国成立后，樊志洪任盐酒专卖股长，与当时的白沙酒厂临时负责人王子美一起，于1951年在原有宏美槽坊的基础上组建了国营宏美酒厂。1956年，国营宏美酒厂由白沙迁至德感，成立地方国营江津县酒厂，樊志洪成为首任厂长。

1939年，樊志洪以宏美槽坊现有酿酒技艺为基础，融汇自己多年来的酿酒经验和感悟，编写出了《樊氏酒酝法》，"高粱十市石，麸曲一斗有余……腊月酿之，用蠓煨熟，历夏秋味全……"小小一本记载酿酒工艺的手书，从上世纪流传至今，成为了百年经久不衰的特色工艺，酿造出了别具一格、清新典雅的中华老字号"几江"牌金江津酒。

4. 建国初期的江津酒厂集团

1951年9月，江津县专卖事业管理局在白沙创办"宏美公营酒厂"，下设城关、德感、仁沱3个分厂。1953年，改名为国营白沙酒厂。1956年，由白沙迁至德感，成立地方国营江津县酒厂。1961年注册"几江牌"商标，1964年，生产的高粱白酒开始以"几江牌"装瓶销售。

从六十年代初起，江津酒厂就给青海、西藏、上海、甘肃、成都、重庆、凉山、甘孜、阿坝、温江、乐山等地计划白酒加工。1972年还承担了加拿大出口酒500吨的加工任务。

5. 改革开放风起云涌，江津酒厂日新月异

1978年十一届三中全会以来以来，改革开放的春风吹遍大江南北，江津酒厂集团在各级领导、社会各界的大力支持下，秉承"不断创新追求卓越"的企业精神，奋发图

强、锐意进取,企业发生了翻天覆地的变化。2010年,公司产白酒约3.5万吨,实现销售额约7亿元、税利约1.2万元,分别约为1978年的10倍、300倍、150倍。2016年,江津酒厂在竞争激烈的市场中斩获约10亿元销量,并布局向20亿目标迈进。

经过多年的发展创新,江津酒厂集团产品结构日臻完善。逐步形成了由几江元帅酒、金江津酒和老白干组成的高、中、低档多元化产品结构,销售网络已覆盖了全国近30个省、市。

(二)企业荣誉

"几江牌"白酒由高粱酿制,产品质量在国内同行业中保持领先水平,被收录为中国白酒老字号(见图41-6),获得多项荣誉:

1988年获商业部优质产品称号;

1993年获全国轻工业博览会银奖,并被评为首届七大"四川省名牌产品";

1998年被重庆市人民政府命名为"重庆名酒"和"重庆市首批著名商标";

1988年"几江牌"江津白酒获中商部优质产品称号。

图41-6 "几江牌"白酒被收录为中国白酒老字号

四、重庆"几江牌"酒的发展战略

江津酒厂人秉承"不断创新追求卓越"的企业精神和"质量为本和谐共赢"的经营理念,经济效益连创新高。公司连续8年被重庆市政府评为"重庆工业五十强",位居中国白酒百强企业34位。

近年来,江津酒厂集团在原材料、技术和品牌建设上三管齐下:在江津区龙华镇建立了10万亩优质糯高粱基地;与重庆酒类研究所、西南大学建立了长期合作关系,聘请国际酿酒大师赖高淮为技术指导;投资2亿元打造"金江津酿酒生态工业园",巧妙地将生态酿酒、工业旅游、酒文化展示融为一体。

华夏出美酒,江津一枝秀。历经百年的浸泡,超越一个世纪的积淀。如今,江津白酒蓄势待发,以厚重的文化和博大的胸怀,谱写着中国白酒的新篇章。

第四十二章　青稞酒

一、青海互助青稞酒概述

（一）互助青稞酒的企业概况

青海互助青稞酒有限公司（见图 42-1）是在原青海青稞酒业（集团）有限责任公司基础上改制组建的法人独资企业，是青稞酒的原产地，也是青海省首家通过 ISO 9001 国际质量体系认证的食品企业。主要从事青稞酒的研发、生产和销售，主营"互助、天佑德、八大作坊、永庆和、世义德"等多个系列青稞酒，以及"马克斯威"品牌葡萄酒，旗下拥有 4 家全资子公司和 2 家控股子公司，总资产约为 30 亿元，员工 2200 余人，是全国最大的青稞酒生产企业，也是西北地区白酒行业龙头，被誉为"中国青稞酒之源"。主导产品为"互助牌"青稞酒，至今已有 400 余年生产历史，年产能力约为 5 万吨，是"中华人民共和国原产地保护地理标识产品"。"互助""天佑德"商标先后被国家工商总局认定为"中国驰名商标"，"互助"商标被商务部认定为"中华老字号"，公司产品被国家质检总局批准为"地理标志保护产品"，被中国酿酒工业协会认定为"中国白酒清香型（青稞原料）代表"。

图 42-1　青海互助青稞酒有限公司

（二）互助青稞酒的由来

互助青稞酒独产于青海省互助土族自治县。青海互助青稞酒有限公司是"互助牌"

青稞酒的唯一拥有者和使用者，是中华青稞酒的发祥地，也是全国最大的青稞酒生产基地。明末清初以前，互助民间就有以青稞为原料用土法酿酒的历史。这种土法生产的青稞酒叫"酩馏酒"。随着社会的发展，当地的酿酒工艺进一步完善，以当地盛产的青稞为主要原料，酿造出了清香甘美、醇厚爽口的威远烧酒，并逐步形成实力雄厚的"天佑德""义永合""世义德""文玉合""义合永"等八大作坊，其中以"天佑德"酿酒作坊最为著名。各地商贾纷纷赶着骡马，翻山越岭来此驮酒，沿途闻香而来的买酒者络绎不绝。因此，民间曾流传着"驮酒千里一路香，开坛十里游人醉"的佳话。

（三）互助青稞酒的发展历程

1. 4000年前，酒脉萌发

据史书考证，青海已有4000余年的酿酒历史。据《青海通史》记载："青海早在卡约文化和齐家文化时期就有陶制酒器。"而在青海湟水河畔出土的汉代灰陶瓷酿酒器（见图42-2）也证明，早在汉代，青海河湟地区的酿酒技术已臻于成熟。

图42-2 汉代灰陶瓷酿酒器

2. 元代，酒脉生息

公元1264年，青海的酿酒业进一步发展。土族先民将青稞煮熟作为原料，用当地草药拌和做曲子烧出一种白酒。此时，青海东部农业区除农户家庭酿酒自给外，已有小规模的酿酒作坊出现。据《赵氏宗谱》记载，元大德二年（公元1298年），九天保（原土族无姓氏，意为上天保佑），在水坑子（地名，今青海互助青稞酒股份有限公司厂区旧址）凿井，汲水酿酒。

3. 明清，酒脉兴旺

明洪武六年（公元1373年），九天保之玄孙三木德继承祖业，酿酒进一步发展。期间添置酿酒作坊12间，柏木板镶嵌酒窖8个（俗称"香窖"），柠条编制储酒"酒海"数个，并将酿酒作坊取名为"天佑德酒作坊"。清同治九年（公元1870年），"天佑德"等酒作坊毁于战火。1918年，赵长基重建"天佑德"酿酒作坊，生意日渐兴隆。此时互助县威远镇烧酒作坊已发展到十多家，其中以"天佑德""义兴德""义和庆""永庆和"等八大作坊最具出名。

4. 新时代，高原王者

1952年青海省互助县人民政府整合"天佑德"（见图42-3）"永庆和"等八大酿酒作坊，组建国营互助酒厂；1992年互助酒厂更名为青海青稞酒厂；1996年青海青稞酒厂组建青稞酒集团；2005年改制后，组建青海互助青稞酒有限公司；2011年，更名为青海互助青稞酒股份有限公司，并成功登陆A股市场，成为新时代当之无愧的高原王者。

图42-3 "天佑德"酿酒作坊示意图

（四）互助青稞酒的民间传说与故事

有一个美丽的传说，瓦蓝色的青稞酿好酒。

在中国的西北角，有一个古老的神话传说：很早以前，昆仑山住着一位美丽善良、蓬发戴胜的女神——西王母。她住的石室旁有棵不死树，树上结有不死果，王母用它炼成不死之药，吃了会长生不老。因此，天上的神仙、人间的圣者，为了长生不老都到西王母那儿求不死之药。

有一年，威震天下的周穆王要去西王母处求不死之药，他想到后羿求了不死之药，自己舍不得吃，结果被他年青的妻子嫦娥偷吃了去，而独自飞到月宫之事，便自己驾着八骏，满载着大批白色的圭、黑色的璧，七彩的丝绸来见西王母。喜欢戴胜的西王母十分高兴，当即在瑶池边大摆宴席，并拿出自己酿造的玉液琼浆款待周天子。席间，周天子与西王母觥筹交错，赋诗歌舞，极尽欢乐。细心的西王母见周天子吃不惯西部大荒的奇珍，特意派专为她采集食物的大青鸟到东海仙山去采美食。

却说那大青鸟从东海仙山匆匆采食归来，快到三危山时，不料一粒食物从口中掉出，正好掉到三危山附近的龙王山下。当时龙王山下住着一户人家，家境十分贫寒，家中有个老大，为人忠厚老实，因为太穷一直娶不起媳妇。这天，老大正要出门下地，发现从东边飞来一只大青鸟，急匆匆飞过他的头顶。他抬头望去，正巧那粒食物从半空掉到他的脚下。只见那食物落地生根，转眼之间便长得象棵小树一般，又粗又壮。老大又惊又喜，转身回去告诉家人。大家走来一看，见上面结满了瓦蓝包的麦粒。因为是青鸟衔来的食物，便称之为"青稞"。可是到了傍晚时分，大青鸟又从满是彩虹的西天飞回来落在那株青稞上，结果一下子压拆了青稞。老大心痛得哭了起来，大青鸟告诉老大，"你把它拿回去，等开春种在地里，它会帮你富起来。"老大将信将疑地拿回家去。第二年一开春，早早将那瓦蓝色的青稞种了下去，想不到龙王山遍地长出的全都是绿油油的青稞。

以后，这圣洁的青稞成了西部大荒生生不息的绿色之魂，成了高原人食之不尽的宝贵食粮，他家的日子也从此好了起来……

又过了很多很多年，云游四方的八洞神仙从西王母那儿赴罢蟠桃宴回来，被龙王山下那碧波荡漾的青稞海洋所吸引。行至威远堡，见镇内古井旁有一老妪，正冒着炎炎烈日设摊施茶，八仙遂扮作乞丐上前讨茶。老妪见八人跛的跛，拐的拐，破衣烂衫，情状可怜，赶忙给每人递上大碗凉茶。口干舌燥的八仙接过一尝，只觉此水清冽甘甜，爽口至极。来到井口一看，发现此井直通龙王山的黑龙泉，乃是一股神水。

为了报答老妪的施茶之恩，铁拐李打开宝葫芦，将王母送他的瑶池仙酿倒入井中，并告诉老妪"取此井之水酿酒，可名扬四海，富甲天下。"说罢，化一阵清风而去。老妪不信，打出井水一尝，果然酒香馥郁，沁人肺腑。于是就在古井旁建起烧酒场，酿起青稞酒来……

这古老的传说虽说只是人们的一种美好想象，不过，美好的传说往往缘美好的事物而起，否则就不会有这样美丽的传说。威远镇之所以出美酒，正是得益于天地之利和那珍贵的瓦蓝色青稞与神奇的龙泉水。

二、青海互助青稞酒的特点

（一）认识青稞酒

1. **何为青稞酒**

青稞酒，藏语叫做"羌"，是用青藏高原出产的一种主要粮食——青稞制成的。它是青藏人民最喜欢喝的酒，逢年过节、结婚、生孩子、迎送亲友，必不可少。青稞酒具有清香醇厚、绵甜爽净，饮后头不痛、口不渴的独特风格，在众多的酒类行业中独树一帜，在西部民族地区享有盛誉。由于"地理环境独特、酿酒原料独特、大曲配料独特、制酒工艺独特、产品风格独特"，青稞酒魂承传400余年，至今兴盛不衰，被全国酿酒专家誉为"高原明珠、酒林奇葩"。

2. **青稞营养价值**

青稞是世界上麦类作物中含葡聚糖最高的农作物之一，其葡聚糖含量约是小麦的50倍。对结肠癌、心脑血管疾病、糖尿病有预防作用。同时具有提高人体免疫力、调节生理节律的作用。它含有丰富的膳食纤维，膳食纤维含量约是小麦的15倍，具有清肠通便、清除体内毒素等有良好功效。同时含有独特的支链淀粉，支链淀粉比普通的支链淀粉约高出26%，可抑制胃酸过多，对病症有缓解和屏障保护作用。

青稞还含有稀有的营养成分，含硫胺素、核黄素、尼克酸、维生素E。可促进人体健康发育。并且含有对人体有益的微量元素，钙、磷、铁、铜、锌、硒等矿物质元素。硒是联合国卫生组织确定的人体必需元素，是该组织唯一认定的防癌、抗癌元素。

3. **如何保存青稞酒**

青稞酒未开封储存时，放置于通风、干燥处，常温保存即可，当其酒精度数达到52度左右时，能存放30年左右，但要求以瓷瓶包装。

开封后的青稞酒，冬天常温状态可保存一星期左右，而夏天则不易保存，应当天尽快饮用，或放置于冰箱内冷藏，不宜冷冻，冷冻会影响其口感。

(二) 互助青稞酒的酿造工艺

公司采用具有600多年历史传承的"清蒸清烧四次清"传统工艺,原料清蒸、辅料清蒸、清糟发酵、清蒸流酒,用花岗岩窖池发酵的四次操作,2009年9月被认定为青海省非物质文化遗产。公司拥有完善的研发与检测体系,白酒检测中心取得中国CNAS国家实验室认可(注册号L8508),具备承担白酒检测的第一方、第三方检测服务的能力和向社会出具数据报告的资格。

(三) 互助青稞酒的品质特征

互助青稞酒以青藏高原特有的粮食作物青稞为原料,在继承古老传统生产工艺的基础上,引进现代技术装备,用无污染的天然优质矿泉水科学配料、精心酿造、久储自然老熟而成。产品具有清香醇厚、绵甜爽净,饮后头不痛、口不渴的独特风格,在强手如林的酒类行业中独树一帜,在西部民族地区享有盛誉。由于其"地理环境独特、酿酒原料独特、大曲配料独特、制酒工艺独特、产品风格独特",青稞酒魂承传400余年,至今兴盛不衰被全国酿酒专家誉为"高原明珠、酒林奇葩"。

(1) 艺——传承古法工艺,融合现代科技

天佑德青稞酒历经岁月洗礼,传承了600多年的"清蒸清烧四次清"古法酿造工艺,于2009年被认定为青海省非物质文化遗产(见图42-4)。如今又融合多项现代科技,通过科学管理、精准配方、精心酿造,赋予天佑德青稞酒完美的品质。

图42-4 "清蒸清烧四次清"古法酿造工艺

(2) 境——生态高原,天赐佳境

青藏高原被誉为"世界屋脊""地球第三极",是全球四大纯净生态产区之一。远离工业污染,原始纯净的生态系统,散发出天然的生命活力,是世界优质青稞种植区。互助县海拔2600米左右,这里冬无严寒、夏无酷暑,为湿润温和的盆地地区。高原独有的充沛日照、洁净的空气和稳定气流,在这块小盆地里形成了不可复制的微生物圈,为酿造优质青稞酒创造了得天独厚的生态条件。(见图42-5)

图 42-5　互助县地理位置

（3）水——雪域珍藏，纯净水源

发源于海拔 6000 米以上的祁连山冰雪融水，经阳光照射后融化渗透，再经地下潜流穿过数十米深的冰川岩层层层过滤。水源远离尘嚣，水质软硬适中，清冽微甘，富含锌、硒等多种微量元素，是上天赐予的酿酒好水。（见图 42-6）

图 42-6　祁连山冰雪融水

（4）粮——高原瑰宝，有机青稞

青稞，生长于雪域高原的古老作物，历经约 400 万年的物竞天择，被誉为"生命之根"。天佑德青稞酒筛选生长于海拔 2700 米以上的优质青稞，经高寒历练、得三江哺育，富含 β-葡聚糖以及钾、锌、硒等微量元素。青海贵南牧场为企业提供将近十万亩的有机青稞种植基地，确保了青稞符合 GB 1351-2008 的质量标准，保证了酿酒原料的有机品质。青稞作为青藏农耕文明的主要载体，富有深远的历史意义。西藏历史上第一块农田，中国"文物级"农田——"萨热索当"，每年都会产出优质青稞，用于酿造天佑德青稞酒，每年春季都会举办藏区传统开耕仪式。

（5）窖——以岩为窖，取地精华

天佑德青稞酒之酒窖为高原花岗岩围成的条石窖池。经岁月洗礼和酒香浸润，始终保持酒窖的天然、纯净。从投料到出酒经 80 天的纯粮酿造，在花岗岩石窖内经上千亿个微生物群自然酝酿，成就青稞酒自然酒韵，此乃青稞酒风味纯正的奥秘所在。（见图 42-7）

图 42-7　高原花岗岩条石窖池

（6）藏——酒海封藏，岁月沉淀

"酒海"乃是酿酒业中具有悠久历史的存酒方式之一，其外型似巨大的藤筐。每一个"酒海"的制作都要历经繁复的工序，而容量稍大的"酒海"，则需酿酒师花费两至三年时间才可制成。在酒的封藏过程中，"酒海"外壁的有机物质与酒液发生交互反应，利于酒的酯化优化、酒中高级醇的挥发和其他有利微生物的作用，使"酒海"存储过的酒，口感更加醇厚，酒体更加浓郁。（见图42-8）

图 42-8　"酒海"藤筐

（三）互助青稞酒系列酒（见图42-9）

互助品牌（新头曲）　　互助品牌（七彩织锦）

互助品牌（祥和永庆和）　　互助品牌（七彩互助）

互助品牌（八大作坊天成）　　天佑德青稞酒福酒系列（百福）

天佑德青稞酒橡木青稞酒　　天佑德青稞酒天国家人

天佑德青稞酒生态系列

图 42-9　互助青稞酒系列酒

三、青海互助青稞酒企业文化与荣誉

（一）企业文化

（1）使命：弘扬西北酒文化，打造中国青稞酒第一品牌

青青稞酒致力于将传承千百年的西北酒文化和精神，从青藏高原传播向全国乃至全世界。我们坚持纯粮酿造的原则，以市场为导向，以消费升级为契机，为消费者提供安全、优质、高性价比的青稞酒产品，打造中国青稞酒第一品牌。

（2）愿景：受世人尊敬的国酒企业，以国际品质享誉全球

我们致力于成为中国酒业的持续领先者，并积极参与经济全球化，建立广泛的影响力，立志成为全国乃至世界一流的以酒为核心的企业集团。

（3）文化理念：用心酿造美酒，建设美丽家园，实现美好人生

同心协力，将青藏高原天生纯净的青稞酿造为最纯净的美酒，通过我们的努力共同建设更美好的西北，同时也在企业实现每个人的人生价值，携手建设美丽家园实现美好的人生。

（二）企业荣誉

2018年3月，天佑德42度小黑青稞酒荣获中国酒业协会2017年度"青酌奖"酒类新品（白酒类）。

2017年6月，由于在商品质量品牌示范活动中成效显著，被青海省商会、个私协会、商业联合会评为青海省商业"名优商品金奖"。

2016年6月，天佑德荣获中国商业联合会2015全国诚信兴商双优示范单位称号。

2016年9月，天佑德荣获第六届贵州国际酒类博览会"最佳人气奖"。

2015年3月，天佑德橡木青稞酒获得国内"年度最佳创新产品"称号。

2011年"互助"商标被中华人民共和国商务部认定为"中华老字号"。

2010年评为"华遵杯"中国青稞第一品牌。

2010年1月15日，"天佑德"商标被认定为中国驰名商标。

2008年在第二届中国品牌节中国总评榜系列评选活动中评为"青海最具代表性品牌"，荣获"品牌中国金牌奖"。

2004年评为中国白酒工业百强企业。

2004年"互助"商标被国家工商行政管理局认定为中国驰名商标。

2000年互助青稞酒被国家认定为"中国白酒新秀著名品牌"和"中国知名白酒信誉品牌"。

1998年公司被中华全国总工会授予"五一劳动奖状"并被评为"中国食品工业优秀企业"。

四、互助青稞酒有限公司的发展战略

近年来，公司通过收购美国纳帕葡萄酒酒庄，进入快速增长的进口葡萄酒市场，并通过收购中酒网电子商务平台，与现有的线下营销渠道形成互补。公司顺应市场变化，先后开发了橡木青稞酒、有机青稞酒、低度青稞酒及青稞威士忌等更适应市场需求的新产品，逐步形成以青稞酒为核心，多品类运营，多元化发展的市场格局。此外，公司通过了美国烈酒市场的TTB认证，被准予进入美国市场销售，是中国白酒行业第一家通过该认证的企业。公司将利用青稞酒独有的原料和青藏高原地域优势，把出口青稞酒做为一个全新的烈酒品类，在全球主流市场推广。

未来，公司将以"用心酿造美酒，建设美丽家园，实现美好人生"为企业使命，坚持纯粮酿造的原则，以市场为导向，以消费升级为契机，为消费者提供安全、优质、高性价比的青稞酒产品，打造中国青稞酒第一品牌！

参考文献：

[1] 黄昊，哈祖德，顾京赛，等．西藏传统青稞酒酿造用藏曲中主要酵母菌的分离及酿造特征研究[J]．食品与发酵工业，2021，47（02）：8-14．

[2] 王晓燕，王蓉福，张昊宇，等．青稞酒曲中糖化菌的筛选鉴定及降低青稞淀粉工艺优化[J]．食品与发酵工业，2020，46（05）：160-165．

第四十三章 河套酒

一、内蒙古河套酒概述

(一) 河套酒的企业概况

内蒙古河套酒业集团股份有限公司始建于1952年,历经60年的发展,企业由小到大,由弱到强,在同行业竞争中异军突起,成长为内蒙古酿酒行业的龙头企业,被评为中国轻工业酿酒行业十强企业、国家AAAA级标准化良好行为企业,已进入中国大企业集团行列。

1997年,企业进行了股份制改革,更名为内蒙古河套酒业集团股份有限公司,转制成为规范的民营股份制现代化企业集团,自我发展能力得到了极大的提高,步入了快速发展的轨道,企业综合实力和竞争能力不断增强,规模不断扩大,经济效益连年增长,知名度显著提高。"河套"品牌已经成为全国性品牌,"河套"文字和图形商标被国家工商总局认定为"中国驰名商标",成为全区酒类行业唯一一家拥有两个"中国驰名商标"

图43-1 "中国北方第一窖"牌匾

的企业,企业被认定为首批"中华老字号"企业,被中国轻工业联合会和中国酿酒工业协会联合授予"中国北方浓香型白酒生产基地"荣誉称号,被国家人事部、全国轻工业联合会评为"全国轻工行业先进集体",被国家标准评审委员会审定为"奶酒国家标准起草制定单位",被中国轻工业联合会评选为"2010年度中国轻工业酿酒行业十强企业",河套品牌连续七年被世界品牌实验室评为"中国500最具价值品牌",河套王原酒生产基地被中国酿酒工业协会认定为"中国北方第一窖"(见图43-1),率先推行的酿酒机械化生产,确立了行业中生产方式革新上的领先地位。2012年,河套酒业获得了首届自治区主席质量奖,是自治区5个获奖企业中唯一一家食品企业。同时被国务院授予了"全国就业先进企业"荣誉称号。

目前,集团总资产已达到40亿元,到现在发展成为了拥有企业25家,职工8800多人,占地面积228万平方米,主导产品有"河套王"、"河套老窖"系列为代表的浓香型白酒、以"金马酒"为代表的复合香型白酒、以"河套陈藏"为代表的清香型白酒和以"御膳春"保健酒、"百吉纳"奶酒为代表的营养滋补型四大系列多个花色品种。河套酒业集团是全区白酒行业唯一的科技先导型企业，建有自治区级技术中心和国家级检测实验中心，拥有国家级白酒评委7人、自治区级酒类评委11人、其他各类技术人员400多人。

在河套酒业集团，源远流长的巨大圆形浮雕、气象恢弘雄伟壮观的金马超越塔、古典韵味十足的河套酒业西龙门、幽雅宁静意蕴深远的"公主泉"以及自治区规模最大的酒文化博物馆等特色景观，为古老的河套酒业增添了无限生机与活力。在这块千年酒韵源远流长的土地上，河套酒业人用自己的勤劳和朴实，以推动地方经济发展的责任感和"超越自我、追求完美"的企业精神，创造着最大的经济效益和社会效益。

（二）河套酒文化

1. 以梦为马代言内蒙古品牌

白酒以五谷为原料，是人与自然的和谐统一。不同地域生产不同特点的美酒，故有"离开某某地生产不出某某酒"的说法。

敕勒川，阴山下，天似穹庐，笼盖四野，天苍苍，野茫茫，风吹草低见牛羊。由古至今，苍茫辽阔的内蒙古草原，给世人留下了无限遐想和眷恋。但是在这苍茫和辽阔之中，不是莺歌燕舞，而是万马奔腾。在这万马奔腾中，内蒙古草原缔造了人类文明史中最波澜壮阔、气势恢宏的篇章。

正是因为与马为伴，以马为友，人类的视野才变得无比广阔，内心才无比坚毅，前进的脚步才永不停息。有人说，马是人类有史以来最高贵的征服。马的身上流淌的是贵族的血液，代表的是贵族的奋斗精神。

马所代表的是内蒙古人们的奋斗精神。作为内蒙古白酒的一面旗帜，淡雅河套酒正是以"马"为其品牌符号，并提出了"淡雅河套，奔腾人生"的品牌主张——人生不止，奋斗不息，向奋斗中的人们致敬。淡雅河套酒不仅为正处于在为事业和家庭奋斗中新生代目标人群，提供品质卓越的淡雅型美酒，更为他们的奋斗精神呐喊助威。

当前，中国白酒正处于深度调整期和转型阵痛期。调整考验着智慧，转型呼唤着创新。在这个大背景下，河套酒业以崭新的思维、先进的模式，打造出战略大单品——淡雅河套（见图43-2）。淡雅河套不仅仅是一个白酒品牌，它的诞生更预示着开启中国白酒合伙新模式，打造品牌联营航空母舰，成为内蒙古新生代第一领导白酒品牌，开启中国白酒全新的商业模式。

图43-2 淡雅河套酒

2016年10月30日，第三届内蒙古品牌大会发布了2016内蒙古名片价值品牌榜，河套酒业以109.32亿元，位列内蒙古白酒行业品牌价值第一名，与伊利、鄂尔多斯等品牌一起，成为代表内蒙古地域文化的旗帜品牌。

2. 含蓄雅致传播中华饮酒文明

白酒被视为中国传统文化的组成部分和重要载体，是中华国粹。儒家文化是中国传统文化的灵魂与中国人的精神家园。古人饮酒，受儒家文化影响，颇为含蓄，讲究"助雅兴，怡性情"，饮人，或高雅之士，或知己故交，或玉人可儿；饮地，花下竹林，曲径荷亭。春饮宜庭，夏饮宜郊，秋饮宜舟，冬饮宜室，夜饮宜月；饮趣，清淡妙吟、传花度曲。

内在品质上看，雅也是白酒香气最重要的特征。比如，以茅台为代表的酱香型白酒幽雅细腻；以河套为代表的淡雅香型白酒窖香幽雅。可是，作为白酒母体文化的儒家文化，在走向现代文明的过程中受到较大冲击，计划经济的坚硬遗产和市场经济的商业乱象相互交织，社会整体价值体系和文明程度有待提高。受此影响，白酒成为道具，斗酒成风，酒风不正，白酒失去雅趣，喝酒毫无雅致。

不过，这都是转型必经之痛。回归传统，走向世界文明的前沿，是中国社会发展的必然。白酒也必将重新回到传统文化语境下含蓄雅致的境界。淡雅河套酒历经30余年的匠心打造，酒体丰满醇厚，低而不淡，雅而不俗，是中国生态淡雅型白酒标杆。更为重要的是，河套酒业还把推广和提升白酒文明，作为公司营销的重要内容，积极倡导"助雅兴，怡性情"的文明饮酒新思维，推动白酒走向现代文明，拥抱现代文明，引领现代文明。

以梦为马，不负韶华。淡雅河套，奔腾人生。奋斗是人类最高雅的文明，马是内蒙古最重要、最高雅的精神图腾，代表的是内蒙古人们的奋斗精神和高雅情怀。

一群人，一辈子，只酿酒。河套酒业集团以匠人匠心，缔造北国酒都，并以大师智慧打造了这瓶叫淡雅河套的美酒。这正是河套酒业的"三昧真火"和奋斗精神。这"三昧真火"，这奋斗精神值得称颂，堪称高雅。

二、内蒙古河套酒业的特点

（一）河套酒的酿造工艺

内蒙古河套酒业集团地处河套平原，其生产基地杭锦后旗陕坝镇坐落于阴山脚下，母亲河——黄河第一个几字湾的顶点。是古敕勒川地，水资源丰富，是农业发达地区，素有塞外粮仓之美誉。元代以来，这里的优质高粱酒酿造颇具规模，酿酒技艺精湛。历经60多年发展，河套酒业目前拥有中国北方最大的淡雅浓香白酒生产基地，可年产优质原酒5万吨，被中国酒业协会授予"中国北方第一窖"（见图43-3）荣誉称号，是名副其实的"北国酒都"。

图43-3 "中国北方第一窖"石碑

河套原酒入库贮存采用陶坛储酒的方式（见图42-4），这是中国传统的储酒方式，也是公认的最好的储酒方式。封闭的陶坛中存放，能够让酒自然老熟。河套酒业生产的原酒至少要储存1年以上，而最老的原酒，已经储存了30年以上。

图43-4 河套原酒陶坛储酒

酿造完成的原酒，要经过储存、勾调之后，才能成为市面上的成品酒。从原酒到成品酒，是个颇费时间和人力的过程，这个过程也蕴藏着河套酒业酿造高品质白酒的秘密。白酒，是最值得时间把玩的饮品。经过时间的沉淀和融合，总是能赋予它神奇的变化。

在连续扩大酿酒规模、坚守传统酿造技艺的同时，河套酒业积极探索白酒现代化、国际化之路。除了向茅台、五粮液等名酒企业学习先进经验之外，他们还积极借鉴台湾金门高粱酒的机械化酿造技术，在白酒行业率先完成机械化、现代化改造，不仅实现了制曲、发酵、酒糟运输、蒸馏等整个酿制环节原粮不落地和清洁化生产，而且还在调酒环节实现了数字化分析检测，有效地去除了酒体中的杂味物质，保证了酒体的醇厚及纯净，使其具有不刺喉、不口干、不上头，醉的慢、醒的快的典型特征，成为中国白酒生态酿造的一面旗帜。

白酒的生产过程中，生香靠发酵、提香靠蒸馏、成型靠勾调。勾调可以说是酿酒过程中的点睛之笔。而在这个过程中，品酒师扮演着灵魂角色。河套酒业的品酒师团队堪称奢华——9位国家级白酒评委和15位自治区级白酒评委，及其他各类科研人员200多人。河套酒业以中国白酒工艺大师任国军担任总工程师，领衔8位国家级白酒评委，共同担当河套酒的发酵、蒸馏、贮存、勾调工作。

河套酒以百分百纯粮酿造为根基，具有"窖香幽雅，绵甜醇厚、谐调甘爽、味净香长"的典型特征，是8位国家级酿酒大师匠心之作。

在河套酒业酒体设计中心，品酒师们会用各种原酒和调味酒进行融合。陈酿调味酒可以提高白酒的陈味，老酒调味酒则用来使酒味变得绵软，酒尾调味酒则是提高白酒的后味……这种方法可以勾调出不同度数、不同口味、不同香型的白酒，使白酒的酒体更加丰满完整，回味悠长。通过不同的勾调方式，给予美酒独特的感官享受。

例如，河套系列酒中的王者——河套王酒，在河套酒业每年的原酒产能中，只有10%的原酒用来生产河套王。河套王作为生态淡雅型白酒的典型代表，其酒体风格具有淡雅、绵甜、甘爽等典型特征。针对每一个特征，调酒师不仅要建立起清晰的感官甄别方法，而且还要在数理上有明确的描述。只有这样，他们才能把不同批次、不同等级的原酒进行综合，并最终成为一瓶沁透着悦世芬芳的河套王酒。

感官的精致享受，可以由大师级的团队致力打造。理化指标则需要先进的检测部门的把关。河套酒业斥巨资成立了河套检测有限公司，其检测范围涵盖14个大项300个检测项目，确保原料采购、原酒生产、分析、储存、半成品勾调、新产品开发以及成品酒出厂把关等产品生产全过程，得到了有效地控制与监测，极大满足和提升了企业对酒中微量成分的检测和控制需要，增加了原辅料、包装材料、产成品中的农药残留、重金属等各项卫生指标的检测工作，使产品质量与卫生指标稳定提高。河套酒业厂区如图43－5所示。

图 43－5　河套酒业厂区

河套酒业在实施全面质量管理的基础上，于1997年一次性通过了质量体系与产品质量"双认证"，成为内蒙古最早通过双认证的企业。2012年，河套酒业获得了首届自治区主席质量奖，是自治区5个获奖企业中唯一一家食品企业。河套酒业也是自治区白酒行业内率先建立健全食品安全追溯体系的企业。

千百次的勾调与尝试，年复一年的沉淀积累，从原粮入厂到完成包装出厂，每一道工序背后，是河套酿酒人精益求精的匠心执着。河套酒业用大师团队打造大师品质，匠心源于先辈、传承、创新。在酿酒行业新常态的形势下，河套酒业践行着传统酿酒技艺与现代机械化酿造科技的完美结合，向世人传递着河套酒业人匠心酿酒，传承河套生生不息的原动力。

(二) 河套酒系列酒（部分，见图43-6）

39度河套王白酒　　52度20年河套王白酒

42度河套王酒　　52度E品河套窖龄20

E品河套窖龄15　　36度淡雅河套15白酒

图43-6　部分河套酒系列酒

三、河套酒业的发展历程——河套酒业大事记

1952年，内蒙古河套酒业（集团）股份有限公司（前身杭锦后旗制酒厂）正式创立。

1991年，杭锦后旗制酒厂更名为内蒙古河套酒厂（简称河套酒厂），并请时任内蒙古自治区主席布赫题写厂名。

1992年，河套老窖荣获巴黎国际酒类食品博览会金奖。

1993年，被国家统计局、工业交通统计局以及四川省统计局、四川省统计信息产业中心评入"中国饮料制造业最佳经济效益五百强"（名列117位）。

1995年，河套酒厂被确定为国有大型二档企业。

1997年，河套酒厂进行股份制改革，正式更名为内蒙古河套酒业（集团）股份有限公司，并被中国食品工业协会授予"全国食品工业质量效益型先进企业"荣誉称号。

1997年，河套纯净水有限责任公司正式建立并开始营运。

1999年，河套酒业集团保健酒有限责任公司正式建立。

2000年，创造了"以人为本、目标成本、质量为本"的"三本管理"模式。

2001年，6000吨酒库工程正式开工。河套王酒产品质量达到国内先进水平。

2002年，入选自治区20户大企业（集团）。调整了企业"十五"规划。

2002年，建立了内蒙古第一家专业博物馆——内蒙古酒文化博物馆。

2003年，公司完成股份制改造。

2004年，"河套"商标被国家工商总局商标局评为"中国驰名商标"。

2004——2006年，河套酒业集团连续三年位列国家统计局和中国食品工业协会发布的"中国白酒工业经济效益十佳企业"行列。

从2005年开始，河套品牌连续六年被世界品牌实验室授予"中国500最具价值品牌"称号。

2005年，河套酒业被全国工农业旅游示范点评定委员会评定为全国工业旅游示范点。

2007年，被全国旅游景区质量等级评定委员会评定为国家级AAA旅游景区

四、河套酒业集团有限公司的发展战略

近年来，河套酒业集团公司坚持以市场为导向，努力推进自主创新，做大做强白酒主业，加强市场营销，不断扩大市场份额，形成了以内蒙古中西部地区为基地，周边省市为前沿，辐射全国的营销体系。公司销售额、利税以年均30%的速度递增，发展成为以白酒为主业，兼有奶酒、保健酒、包装物制造、番茄加工、房地产开发等多种产业门类的集团公司，综合实力不断增强，为地方经济的发展发挥着强大的带动作用。全国白酒行业中，河套酒业首次在北方地区生产出了独有的、淡雅浓香风格特点的白酒产品；首次研发和实施了酿酒机械化、自动化生产；首次自主研发生产发酵型奶酒和国家奶酒标准。"三个第一"的实施，奠定了河套酒业做强做大的基础。酿酒机械化的研发和实施，使河套酒业传承了中华民族白酒固态发酵传统生产工艺的基础上，并与现代科技相结合，实现了酿造过程的机械化，为中国白酒业闯出了一条新路，改变了中国白酒千百年来手工作坊式的生产方式，实现了准确配料和清洁卫生、全封闭、标准化生产，也对酿酒业节能减排工作做出了一次全新的尝试和变革。

参考文献：

[1] 杨志琴.内蒙古河套酒业集团名牌战略纪实[J].酿酒科技，2005（02）：96－97.

[2] 张志峰.酒界权威指点迷津 河套酒业勇攀高峰——来自内蒙古河套酒业集团质量振兴专家指导会的报道[J].酿酒，1999（01）：69－70.

第四十四章 开鲁酒

一、内蒙古开鲁酒概述

（一）开鲁酒的企业概况

内蒙古百年酒业有限责任公司（见图44-1）的前身是内蒙古开鲁县制酒厂，始建于光绪年间的1898年，立字号"万合永"烧锅，为内蒙古乃至东北地区建厂较早的白酒厂家，迄今逾百年历史。

图44-1 内蒙古百年酒业有限责任公司

公司地处内蒙古开鲁县开鲁镇新开大街东段，公司占地面积19万平方米，是集白酒、饮料、饲料生产销售于一体的综合厂家。年产白酒2万吨，总资产2.4亿元，现有固定职工700余人，其中国家级、自治区级白酒评委、品酒师共4人，各类专业技术人员百余人。近年来，"开鲁"牌、"草原马神"牌、"相知百年"牌商标名居内蒙古著名商标榜；其中，开鲁老白干系列产品、开鲁大曲系列、开鲁老窖（见图44-2）系列产品荣膺"内蒙古名牌产品"，2014年8月，52度开鲁老窖在内蒙古第二届绿色产品博览会上被认定为内蒙古"名优特"

图44-2 开鲁老窖

产品，并销往京、津、冀、辽、吉、黑、鲁、桂等省外市场，横贯内蒙古东西全境，香飘三千里科尔沁草原，深受广大消费者喜爱，信誉卓著。

（二）开鲁酒的发展历程

内蒙古百年酒业有限责任公司（开鲁酒厂），原位于开鲁县开鲁镇解放街、新开大街中段，2011年9月，公司整体搬迁到开鲁镇工农街原果树园。其前身塔甸子"万合永"烧锅，为光绪年间（1898年）李梓樵所建，1947年收归国有，1950年改名为地方国营开鲁县制酒厂，1982年9月定为局级企业单位，1986年11月定为准中型（副县级）企业单位，1998年6月转为民营企业，同时更名为内蒙古蒙古窖王有限责任公司。2000年10月，企业更名为内蒙古百年酒业有限责任公司，此名沿用至今，2003年企业法人更替。

1947年2月，"万合永"烧锅收归国有，更名为大众制酒厂。酒厂有职工46人，只生产一种白酒，年产量45吨，固定资产5万元，流动资金4000元，厂区占地面积8000平方米。

20世纪五六十年代，开鲁县制酒厂生产设备不断更新，生产能力继续扩大；曾在小街基建立白酒分厂，还曾办过烟厂。固定资产达到数十万元，年生产白酒近百吨，年上缴利税11万元，职工达到54人。开鲁县制酒厂当时是开鲁县最大的工业企业，也是内蒙古自治区最大的三家白酒企业之一。到了80年代，特别是党的十一届三中全会以后，企业自主权不断扩大，企业整顿和技术改造全面进行，开鲁县制酒厂生产规模进一步拓展，产品品种逐年增多，职工人数也不断增加。企业经济效益和各项指标，均走在全国同行业的前列。

到1985年，开鲁县制酒厂占地面积达到4万平方米，其中建筑面积为11600平方米。办公楼前修建了花坛、栅栏、松柏树。厂区景色秀美，四季常青，花卉春夏飘香。企业精神文明建设长足发展，厂容厂貌明显改观。企业固定资产达到403万元，流动资金28万元，职工410人，白酒年产量2800吨，年产值达350万元，年上缴利税280万元。企业拥有开鲁大曲、开鲁陈曲、开鲁老白干、开鲁白酒、开鲁原浆酒、开鲁陈酿、二曲酒、红粮酒、老泉液、菠萝酒、养身露酒等14个品种。

开鲁县制酒厂的中共党组织由支部改建为党委，下设三个党支部、六个党小组，成立党委办公室、工会、团委、妇联，均有专人负责，具体抓思想政治工作和精神文明建设。行政变股为科，下设生产、供应、财会、技术、保卫、人秘、销售7个科和一个厂长办公室，拥有制酒车间、制曲车间、动力车间、灌酒车间4个主体车间。所辖三个附属单位，即知青饭店、知青糟厂、家属副料加工厂。为使产品质量不断提高，开鲁县制酒厂先后组织技术人员七下杏花村、三赴泸州访学先进技术；邀请泸州老窖厂师傅来开鲁传经送宝，指导陈曲酒生产；借鉴山西杏花村酒厂汾酒生产工艺和操作规程，使企业产品质量百尺竿头更进一步。在1983—1984年，开鲁大曲酒连续两年被内蒙古自治区评为清香型酒第一名，荣获自治区优质产品证书，获3000元奖励。此时，开鲁大曲酒以它独具的酒液清香纯正、无色透明、入口醇香等特点，受到了全国各地消费者的欢迎和青睐，远销北京、天津、吉林、辽宁、河北、黑龙江等地。开鲁大曲酒市场走俏，供不应求。开鲁县制酒厂传统白酒——开鲁老白干，也于1984年在哲里木盟评酒会上，独占鳌头。

自1985年起，开鲁县制酒厂转变思想，更新观念，打破几十年一贯制的老产品、老度数、老包装的局面，确立了"以改革为动力，以产品适应市场销售和竞争为目标，以经营管理为核心，以提高经济效益为目的，加强两个文明建设"的企业发展指导思想，从而走出了白酒滞销、堵库、经济拮据的低谷。开鲁县制酒厂在保护好传统名牌酒的基础上，开发新产品，高、中、低度酒共同参与竞争，从而拓宽了企业发展的路子。开鲁县制酒厂先后研制成功的低度酒"老泉液""红粮酒""巧克力酒""菠萝酒"，在市场上深受人们喜爱。"老泉液"酒被内蒙古自治区评为1985年度优秀新产品；玉米甜酒——"养身露酒"也获得成功，取得了一定的信誉。这些新产品的研制成功为开鲁县制酒厂注入了勃勃生机。

自20世纪80年代中后期，企业生产能力进一步增长，销售规模进一步扩大，年生产各类酒2800吨，年产值560万元，年上缴利税达到200多万元，年利润60万元；从原来单纯生产白酒的小企业，发展成为生产白酒、果酒、黄酒、营养滋补酒及饮料5大类37个品种的中型企业。企业职工素质明显增强，初、中级技术人员队伍不断扩大。酒厂对生产车间、动力车间及管道输送进行技术改造，改固体发酵为液体发酵，开发研制的开鲁老窖和新品牌开鲁老白干被评为自治区优质产品。开鲁大曲于1987年8月在沈阳召开的首届东北轻工名牌产品会上，荣获银奖。1988年，根据市场需求，开鲁县制酒厂投资300万元的百顺啤酒项目竣工投产，年产百顺啤酒3000吨，深受城乡居民喜爱。1989年，开鲁县制酒厂再上酒精生产项目（总投资350万元）1990年，酒精车间建成投产，进一步增强了企业自主能力。到1990年，企业固定资产达到1900万元，销售额达到1300万元，利税完成400万元。

进入20世纪90年代，开鲁酒的品种继续增多，质量保持上乘，经济效益在全盟乃至内蒙古自治区处于领先地位。开鲁县制酒厂被批准为中型二档企业，"开鲁"牌商标被评为内蒙古自治区著名商标。酒厂一名员工被评为国家级黄酒评酒员，两名员工被评为内蒙古自治区级白酒评酒员。"丹神"牌老酒被评为国家轻工业部优质产品，"丹神"牌开鲁白酒、"开鲁"牌51度开鲁大曲、"丹神"牌55度老白干在内蒙古自治区轻工业产品质量大赛中先后荣获一等奖。"开鲁"牌开鲁老窖在内蒙古自治区首届"产、学、研工程洽谈会名优特新产品展示会"上荣获展销奖。"丹神"牌开鲁大曲、开鲁白酒、开鲁老白干、开鲁老窖在内蒙古自治区"92年畅销名优特新产品"评比中荣获"奋进杯"。"开鲁"牌开鲁大曲、"丹神"牌开鲁老白干在全盟首届白酒质量大赛中荣获特等奖，"开鲁"牌开鲁老窖荣获一等奖。到90年代中末期，开鲁县制酒厂生产的"蒙古窖王"在加拿大国际评酒会上荣获"多伦多国际金奖"。开鲁老窖、百年老窖（见图44-3）、蒙古窖王、蒙古老窖、开鲁大曲、开鲁白酒、威尔斯饮料、纳荷娅圣泉水被评为"国家质量达标产品"，开鲁县制酒厂进入全国酒行业优秀企业行列。

图44-3 百年老窖

在企业改革、市场竞争和企业转制的过程中，开鲁县制酒厂发生很大变化。1996年4月开鲁县制酒厂划归开鲁县粮油集团管理；1997年8月开鲁县制酒厂划归开鲁县商业集团总公司管理，开鲁县制酒厂更名为内蒙古蒙古窖王有限责任公司；1998年4月18日，开鲁县制酒厂转制为私营股份，由辽宁丹东常维国买断经营，延用内蒙古蒙古窖王有限责任公司名称。1999年6月，企业性质仍为股份私营，恢复开鲁县制酒厂名称，企业法人更换。

2000年10月，企业更名为内蒙古百年酒业有限责任公司。企业在无一粒粮、无一瓶白酒、机器设备残缺不全的形势下恢复生产，百年老窖、老白干、开鲁白、福进门等白酒陆续上市。企业先后在通辽市、沈阳市、呼和浩特市召开酒产品新闻发布会；海拉尔至呼和浩特、通辽至吉林、通辽至天津所行列车被命名为开鲁大曲号和开鲁老白干号；中央电视台七套节目做内蒙古百年酒业宣传广告历时一年。2001年12月，内蒙古百年酒业有限责任公司荣获自治区"乌兰夫贡献奖"，2001年6月内蒙古百年酒业有限责任公司通过GB/T19002－1994、ISO9002－1994国际质量体系认证。

2003年7月，在白酒市场竞争激烈的严峻形势下，企业法人更换，时任开鲁县经委副主任的王清军受命于危难之间，带着县委、县政府的重托接受了酒厂，成为法人。上任后，他运筹良策、励精图治、锐意改革、与时俱进，使企业步入健康发展的轨道。企业荣获"内蒙古自治区非公有制新星企业奖"，产品被评为"自治区消费者协会'2003－2005、2006－2007'推荐商品"。

2004年10月，内蒙古百年酒业有限责任公司通过GB/T19001－2000idtISO9001：2000国际质量体系认证的换板。2005年4月，公司董事长兼总经理王清军被评为内蒙古自治区劳动模范。2005年10月公司生产的"开鲁"牌系列产品被中国轻工业产品质量中心评为全国质量监督抽查合格产品。2006年2月，公司生产的"开鲁"牌系列白酒被中国名优精品选购指导委员会评为中国名优精品。2006年3月，内蒙古百年酒业有限责任公司被中国食品工业协会和国家统计局评为2005年度中国白酒工业百强企业。2006年3月，王清军被评为内蒙古十大创业新锐人物。

2006年，内蒙古百年酒业有限责任公司被中国农业发展银行通辽市分行评定为客户信用等级AA企业。2006年，公司共生产销售白酒2900吨，销售总收入为3300万元，实现利税1400万元。

2007年3月，"开鲁"牌系列白酒被评为内蒙古人民满意的金牌形象使者。2007年，公司共生产销售白酒3100吨，销售总收入为5400万元，实现利税1650万元。企业资产达到6800万元，主要产品有白酒、酒精、饮料、饲料四大类，其中白酒有清香、浓香、酱香、兼香4大香型70多个品种，高中低档俱全，开鲁老白干、开鲁白酒、开鲁老窖、蒙古白酒等传统名酒畅销12个省市，新研制开发的百年金樽、世纪金樽、孝莊佳酒进入都市餐桌，深受消费者喜爱，草原马神、草原马王酒誉满辽宁、山东，驼峰酒驰骋内蒙古西部地区。

图 44-4　开鲁酒原酒生产车间

2008年，王清军被评为通辽市十大民营经济人物，公司被评为通辽市最具成长性民营企业。2015年4月，董事长兼总经理王清军被中华人民共和国国务院评选为"全国劳动模范"。

十多年来，内蒙古百年酒业有限责任公司为捐资助学、扶贫济困、支持新农村建设及社会各项公益事业累计出资1000余万元。

民间传说，开鲁县有"四个一"：一座塔、一个人、一棵树、一瓶酒。"一座塔"就是坐落在开鲁镇白塔公园的元代佛塔，"一个人"就是为中华民族的解放事业壮烈牺牲在开鲁县的革命烈士麦新同志，"一棵树"就是生长在开鲁县大榆树镇灵气十足的千年古榆，"一瓶酒"就是久负盛名、百年不衰的开鲁老白干。

二、内蒙古开鲁酒的特点

（一）开鲁酒系列酒（部分）

1. 开鲁老白干系列（见图44-5）

开鲁老白干
酒精度：36度

开鲁老白干
酒精度：52度

图 44-5　开鲁老白干系列

2. 开鲁老窖系列（见图 44-6）

开鲁老窖
酒精度：42 度

开鲁老窖
酒精度：52 度

开鲁老窖
酒精度：52 度

图 44-6　开鲁老窖系列

3. 百年金樽系列（见图 44-7）

百年金樽
酒精度：52 度

百年金樽
酒精度：39 度

图 44-7　百年金樽系列

4. 万合永系列（见图 44-8）

万合永
酒精度：52 度

万合永
酒精度：52 度

图 44-8　万合永系列

5. 开鲁大曲系列（见图44-9）

开鲁大曲
酒精度：52度

开鲁大曲
酒精度：52度

图44-9 开鲁大曲系列

三、内蒙古开鲁酒的企业文化与荣誉

(一) 企业文化

企业精神：诚信、敬业、务实、创新。

企业核心价值观：以人为本、以质求存、恪守诚信、团结拼搏、传承创新。

经营理念：诚信经营、质量为根、以人为本、勇于创新。

质量方针：质量是市场、质量是效益、质量是生命。

企业发展理念：以质量为核心、以市场为导向、以品牌为依托、以共赢为目的。

企业共同愿景：生产一流产品、打造一流品牌、赢得一流信誉、培育一流团队、创建一流企业。

(二) 企业荣誉（部分，见图44-10）

图44-10 部分企业荣誉

四、内蒙古百年酒业有限责任公司的发展战略

　　目前，内蒙古百年酒业有限责任公司生产规模连续扩大，企业向行业一流看齐。多年来，企业先后荣获中国白酒行业"百强企业"、全国酿酒行业"劳动关系和谐企业"、内蒙古非公经济"新星企业"、自治区消协四星级"诚信单位""自治区产业化龙头企业"自治区"中小学质量教育社会实践基地"、通辽市"最具成长性民营企业""自治区A级信用纳税人"。2011年3月，企业被国家商务部认定为"中华老字号"企业，"中华老字号传承创新先进单位"。2015年4月，"开鲁老白干"被国家质检总局认定为地理标志保护产品。2016年6月，企业荣获国家工商行政管理总局颁发的"2014－2015年度守合同重信用企业"。2016年，内蒙古百年酒业有限责任公司被授予"北京奥林匹克俱乐部理事单位"。

　　到2017年，内蒙古百年酒业有限责任公司已经是一家集白酒、木糖、饲料生产销售于一体的企业。公司总资产2.4亿元，占地面积19万平方米，员工700人，其中国家级、自治区级白酒评委、品酒师4人，专业技术人员百余人。年生产能力2万吨以上，累计上缴税金2亿元，是开鲁县财政收入支柱企业和下岗职工再就业基地，及自治区中小学生质量教育社会实践基地。公司生产开鲁老白干、开鲁老窖、百年金樽、草原马神、相知百年等6大系列百余种产品，销往京、津、冀、辽、吉、黑、鲁、桂等省外市场，深受广大消费者喜爱。"开鲁"牌、"草原马神"牌、"相知百年"牌商标名居内蒙古著名商标榜；其中，"开鲁老白干、开鲁老窖、开鲁大曲"系列产品荣膺"内蒙古名牌产品"。

　　内蒙古百年酒业有限责任公司的发展战略是：站在新起点，实现新突破。以科学发展观指导企业，奉献社会，将建设和谐社会为己任，携手域内外客商朋友，精诚合作，互利双赢，共建百年酒业光辉灿烂的未来。

第四十五章 丰年酒

一、"丰年牌"酒概述

（一）"丰年牌"酒的发展史

"丰年牌"玉田老酒有着悠久的酿造历史，其工艺独特、香气浓郁、品味纯正，在唐朝时已被唐太宗封为"御酒"，产地位于京东的玉田县城西林南仓镇。玉田历史悠久，地处南北要塞。上古为幽冀之地，素有"南北旧分界，宋辽古战场"之说，历来为兵家必争之地。在辖区内的考古发掘中，屡有和饮酒有关的器物出现，玉田有北国酒乡之称。

春秋时期，玉田为古燕地，后建城取名无终。《玉田县志》（清康熙、乾隆、光绪版）载有"唐太宗东征聚兵击石声如鼓"的民间传说。公元644年，唐太宗御驾东征，遭遇高丽军队的顽强抵抗，加上北部地区寒潮比洛阳早得多，唐军衣被单薄、粮草短缺，决定暂时退兵，来年再战，在滦县附近遇到前来接应的太子李治。当唐军退至玉田县林南仓镇搭锅造饭时，太子李治敬献当地所产老酒，唐太宗酣饮兴起，击石如鼓，随军将士齐呼吉兆，奏请太宗起兵杀回马枪，果然势如破竹，凯旋而归，加封玉田老酒为"御酒"。

北宋时期，玉田为辽国南疆。玉田县林南仓建有宋辽时代辽朝最高统治者的行宫，萧太后曾多次率领王公贵族行围射猎。据《金史》记载和后人考证，辽朝曾在林南仓一代建有行宫和御林。据推断，玉田县后湖工业区的所在位置，就是曾经辽朝统治者的行宫和御林，林南仓由此得名并沿用至今。辽金贵族、士兵、子民极善饮酒，1000年前，玉田老酒就有了庞大的消费群体。

时至元代，玉田已为内地，社会较稳定，生产力得到了发展。民族间科技文化的交流，为"丰年牌"玉田老酒前身的诞生以及酿酒业的发展提供了必要的条件。

至明清，玉田已为畿辅要镇，社会十分稳定，人们的生息得到修养，生产力得到了长足发展。这为酿酒业的发展提供了必要的物质基础和社会条件。据载：当时玉田境内烧锅已有数家，尤以林南仓义德泉大烧锅最为著名，所产酒质最佳。公元1903年9月29日，即清光绪29年农历八月初九，林南仓义德泉大烧锅（"丰年牌"玉田老酒前身）收拢县内六家烧酒作坊，豁然扯起林南仓"丰年"大烧锅酒旗，近百辆畜力酒车卖遍关里关外。林南仓作为玉田老酒的主产地,带动了当地的经济发展,林南仓以及连接南北的交通要塞,以及吞吐南北货物的水陆码头,从那时就有"拉不败的平安城,填不满的林南仓"之说,其繁荣鼎盛持续了数百年。

1931年,日寇侵略东北、华北之后,我国的民族工业遭到了毁灭性的破坏,林南仓变成了日本鬼子的据点,昔日繁盛的酿酒业很快就萧条冷落下来,酿酒大烧锅受到了重创,生意很不景气。1947年"土改"时,冀东15军分区接管了林南仓大烧锅,改私营烧锅为国营酿酒厂,从此林南仓"丰年"大烧锅有了生机。2001年,国营玉田酿酒厂改制,更名为玉田县鸿源酒业有限公司。

解放初期,"丰年牌"玉田老酒厂只有三个制酒班组,两口底灶烧锅,年产酒仅150吨,员工60余人。随着生产规模的不断扩大和酒质量的不断提高,"丰年牌"玉田老酒厂不断发展壮大,成为河北省白酒行业的重点企业。今天的鸿源酒业有限公司厂区占地3000平方米,年产商品酒2000余吨,"丰年牌"酒一直畅销京、津、冀和东北地区。鸿源酒业有限公司已是地方骨干企业。

2006年8月,在商务部商业改革司于北京召开的"中华老字号"评审会上,国家商务部经严格审查,认定玉田县鸿源酒业有限公司"丰年牌"玉田老酒(见图45-1)为第一批"中华老字号"。值此契机,玉田县鸿源酒业有限公司乘长风、破万里浪、抓住机遇、积极探索,让丰年牌玉田老酒飘香全世界。2007年,"丰年牌"玉田老酒酿造工艺被列入河北省非物质文化遗产。2009年,"丰年牌"被评为河北省著名商标。

图45-1 "丰年牌"玉田老酒

(二)"丰年牌"酒的民间传说与故事

1."丰年牌"酒的民间传说

明代戏曲中清官徐九经满腹文章,中得状元,但因四肢不称、五官不美,被贬为玉田县令,整日饮玉田老酒借酒消愁。适逢国侯义子与并肩王内弟抢亲玉田一女子成仇,朝中无人敢断此案,有人保举徐九经升官审案,徐九经用一坛玉田老酒巧妙周旋,公断此案。之后徐九经脱袍挂冠,以己为名,酿制徐九经玉田老酒。在玉田县的徐氏家谱中,其家族的第十八代传人为徐建国。他作为徐氏家族之后,为宏扬中华悠久白酒文化,不使玉田老酒失传并得到恢复发展,1998年在家乡玉田县的东高桥工业区建起了民营企业玉田县益兴酒厂,按照祖传珍藏的徐九经烧玉田老酒的秘方工艺,很快酿造出了酒香浓郁、绵软甘洌、酒体丰满、尾味余长的徐九经玉田老酒。为打造本土酒品的名牌、品牌,徐建国不断做大、做强、做势,及时在工商局注册了以徐九经为名牌的玉田老酒。国家商业部为徐九经玉田老酒颁发了正式生产许可证,并一次性通过验收。徐九经玉田老酒荣获了"河北省第八届消费者信得过产品"称号，在社会上名声大振，赞美之言不绝于耳。民间有"东方酒魔""南茅北玉""徐九经玉田老酒，北国茅台"等美誉。

另一说法是田老九牌玉田老酒历史悠久。明朝洪武年间，田氏先祖曾在北平（今北京）专事酿酒，受到燕王朱棣的赏识。朱棣登基后，田氏老酒成为宫廷御酒，迄今已有600历史。明朝灭亡，田氏后裔迁至阳伯雍种玉之乡——京东玉田县，落户于还乡河畔的鸦鸿桥，仍以酿酒为业。田氏十二世孙田义德，因排行第九，人称田老九。他深得田氏酿酒技术之真传，又积累了丰富的实践经验，成为名传遐迩的酿酒大师，县内外多家烧锅竞相延聘。嘉庆十五年（公元1810年），田义德创办"田老九烧锅"。很快，田老九牌玉田老酒畅销于京东及东北等地。嘉庆二十三年十月初五日，清仁宗东巡归来，驻跸于玉田行宫。当晚，玉田知县献上田氏老酒。嘉庆帝品尝后赞道："此酒口味醇厚柔绵，香气馨郁悠长，胜于宫廷御酒！"第二天是嘉庆帝的五十八岁寿辰，行宫内大排筵宴，寿宴用酒全部取自田老九烧锅。晚清时节，京东一带水灾严重，酿酒原料奇缺，田老九的传人接受高薪聘请，赴秦皇岛仁义隆烧锅充任酿酒师之职，在他的指导下，这一濒临倒闭的烧锅很快就买卖兴隆。在新中国六十华诞之际，田氏后裔带着祖传秘方，回到久别的家乡，创建丰园酒业有限公司，酿制风格独特的田老九牌玉田老酒。此酒刚一进入市场，就受到广大消费者的热烈欢迎。

2."丰年牌"酒与丛维熙

作家丛维熙《酒嬉》——侃酒一文中曾写到：有一次著名作家王蒙、谌容、刘心武、张抗抗、莫言等14位文坛名流，到他家做客，丛老把"丰年牌"玉田老酒灌茅台瓶内，与茅台酒同时端上桌，几位爱酒的作家捧喝茅台瓶装的"玉田老酒"时，接连叫好，并夸其"不愧为国酒之冠"。当谜底揭开，在座文坛酒友纷纷举杯讨之，并大加赞赏，为此酒冠以"南茅北玉""北国茅台"及"北国琼浆，唯我独尊"之称号。

二、"丰年牌"酒的特点

（一）"丰年牌"酒的酿造

历经百年风雨，老字号生命犹存。解放前，"丰年牌"玉田老酒制酒工艺一直没有多大的改进，基本上依据古法制作，分制曲、制酒两道工序；人工踩曲、牲畜拉石磨粉碎原料、、装甑、装池、搅拌、扬晾都是手工劳动。特别是掌握温度这一制酒的关键环节，也完全靠手摸脚趟。解放后，私营烧锅改名为国营制酒厂，但生产初期设备仍然很不完善，1952年才开始逐步改进——粉碎原料柴油机作动力，代替了牲畜拉磨。职工由30人增加到60人，1958年改浅水井为70米以下的深水制酒，酒的质量有了提高。后来1969年、1974年两次改井加深到120米、200米以下，酒的质量也越来越好。1971年，酒厂以后注意了厂房的建设，增添了翻帘机、出池机、扬场机、鼓风机等机器设备，实现了生产半机械化。

"丰年牌"玉田老酒在酿造工艺上也有了改进：制造曲，搞试管纯种曲霉老菌培养，由麴曲发酵改进为糖化酶发酵，蒸馏试用铝带锡的冷却器。理化指标完全符合部级标准，产品无色透明/无浮悬物、无沉淀物。

20世纪80年代以来，玉田酒厂致力于恢复"丰年牌"玉田老酒的传统工艺，采用现代发酵新工艺精心酿制，使这风味独特的美酒得以再次扬名。"丰年牌"玉田老酒是以高粱为原料，以大麦、小麦制中高温曲为糖化发酵剂，采用传统老五甑工艺，选用多种微生物经老窖低温发酵、分段掐酒、质量摘酒、分级长期贮存、经科学精心勾兑而成．双轮底增香，陶瓷坛陈酿，理化指标和卫生指标均符合国家颁布的蒸馏酒优级标准。"丰年牌"老酒酒型以酱香为主，兼有浓香，酒质清亮透明，窖香浓郁，优雅细腻，酒体丰满浓厚，绵甜醇和，后味爽净，余香悠长。玉田酒厂生产的主要产品有：丰年牌御宴酒、丰字白酒、盛唐2000、丰年酒、二锅头、宴宾酒等系列产品。

（二）"丰年牌"酒系列酒（部分）

1. 陈年古窖系列（见图45－1至图45－3）

系列特征：丰年古窖系列芳香浓郁、绵柔甘冽、香味协调、入口绵甜，得益于常年坚持用尾段鲜酒养护古窖。酒养古窖使得"丰年"酒的泥腥味更少，口感更加柔和，饮后倍感舒适。

图45－1　丰年古窖1903

商品名称：丰年古窖1903

香型：浓香型

酒精度数：38度

图45－2　丰年古窖酒魁

商品名称：丰年古窖酒魁

香型：浓香型

酒精度数：52度

图45-3　丰年古窖酒尊

商品名称：丰年古窖酒尊
香型：浓香型
酒精度数：38度

2. 封坛陈酿系列（见图45-4至图45-6）

系列特征：封坛陈酿系列具有优雅细腻、酒体醇厚、回味悠长、空杯留香持久之特点，被誉为口中玉、酒中金。也许百年古窖并不是"丰年"酒的独有资源，但能够坚持百年使用传统的尾段鲜酒保养古窖池，却只有"丰年"一家。

图45-4　46度封坛壹号

商品名称：46度封坛壹号
香型：浓香型
酒精度数：46度

图45-5　38度封坛贰号

商品名称：38度封坛贰号
香型：浓香型
酒精度数：38度

图45—6　42度秘酿12年

商品名称：42度秘酿12年
香型：浓香型
酒精度数：42度

3. 窖藏原浆系列（见图45—7至图45—8）

系列特征：窖藏原浆系列选用酒篓和木酒海经年陈酿之原浆，酒篓和木酒海其内壁表层采用桑皮宣纸，以鹿血、蛋清、蜂蜡等几种有机物调和裱糊而成，这有利于酒的酯化。经酒篓、木酒海贮存的白酒，浑厚醇和，绵甜悠长，清香四溢。

图45—7　52度陈封原浆

商品名称：52度陈封原浆
香型：浓香型
酒精度数：52度

图45—8　42度原浆518

商品名称：42度原浆518
香型：浓香型
酒精度数：42度

4. 传统兼香系列（见图45—9至图45—10）

系列特征：当地民间流传，"人马过林仓，酒闻十里香"。百年来，丰年传统老兼香酒，出关跨河、上京下卫角逐同行，桂冠丰硕。这略显微黄的酒色和传统的兼香味道，倾倒了一辈又一辈酒星。

图 45-9　45 度金凤凰

商品名称：45 度金凤凰
香型：兼香型
酒精度数：45 度

图 45-10　42 度八年经典

商品名称：42 度八年经典
香型：兼香型
酒精度数：42 度

三、"丰年牌"酒的企业文化与荣誉

（一）企业文化——丰年文化

1. 企业文化建设的思路

企业文化是企业长期生产、经营、建设、发展过程中所形成的管理思想、管理方式、管理理论、群体意识以及与之适应的思维方式和行为规范的综合，是企业领导层提倡、上下共同遵守的文化传统和不断革新的一套行为方式。它体现为企业价值观、经营理念和行为规范，渗透于企业的各个领域和全部时空文秘部落。其核心内容是企业价值观、企业精神、企业经营理念的培育，是企业职工思想道德风貌的提高。通过企业文化的建设实施，使企业人文素质得以优化，归根结底是推进企业竞争力的提高，促进企业经济效益的增长。企业文化建设是一项系统工程，是现代企业发展必不可少的竞争法宝。一个没有企业文化的企业是没有前途的企业，一个没有信念的企业是没有希望的企业。为此，玉田鸿源酒业公司从建立现代企业发展的实际出发，讲究经营之道，培养企业精神，优化企业内外环境，全力打造具有自身特质的企业文化，为企业快速发展提供动力和保障。

2. 企业文化建设的基本内容

物质文化建设（表层文化），包括生产资料文化、环境文化，如：品牌、包装、厂容厂貌等。

行为文化建设（中层文化），主要是对企业的人、财、物、事的各种动的和静的状态都有明确的规定和标准，如：行为、公关、服务等。

理念文化建设（深层文化），包括变革观念、竞争观念、效益观念、市场观念、服务观念、价值观念、道德观念、战略观念，还有民主意识、思维方式、经营管理思想，具体表现在劳动态度、行为取向和生活方式方面。

（二）企业荣誉

丰年牌玉田老酒荣获国内外各种荣誉30多项，主要如下：

1982年，获全国包装装潢评比优秀奖；

1985年，获河北省酒类质量大赛"金龙杯"奖；

1986年，获河北省首届消费者信得过产品"信任杯"；

1988年，获首届中国食品博览会金奖；

1992年，在"92巴黎博览会"获得特别金奖；

1996年，获河北轻工畅销品牌称号；

1998年，获河北省食品行业科技进步企业称号；

2006年，获商务部授予中华老字号称号；

2007年，获河北省非物质文化遗产称号；

2009年，"丰年牌"被命名为河北省著名商标；

2015年，"丰年"丰年被命名为河北省著名商标。

四、玉田县鸿源酒业有限公司的发展战略

2016年10月29日上午，玉田县鸿源酒业有限公司在酒厂举办了盛大的丰年玉田老酒封藏大典，来自玉田、唐山、保定、张家口以及河南、内蒙古等地经销商、政商界名流、文化名人、媒体记者以及河北省行业专家、同仁共同见证了这具有纪念意义的伟大时刻。玉田县鸿源酒业有限公司总经理魏立民讲话说："酒越陈越香，封藏作为白酒最为神秘的一道工序，不仅是提升白酒品质的重要手段，更承载了深厚的文化内涵。今

天玉田县鸿源酒业有限公司举办丰年玉田老酒封藏大典,再次展现出自己作为传统白酒生产工艺当中"道法自然、天人合一"的庄严与神圣。每一坛"丰年牌"玉田老酒都封存着丰年玉田老酒人用心酿造、诚信天下的工匠精神,展示了丰年牌玉田老酒的品质自信、文化自信、价值自信。"

玉田县鸿源酒业有限公司将满怀信心,以崭新的企业形象和内在特优品质展现在消费者面前,坚持依法诚信经营,搞好售后服务,实施品牌战略,在行业的激烈竞争中阔步向前!

第四十六章 宋河粮液酒

一、宋河粮液酒的概况

（一）宋河粮液酒的发展史

鹿邑，有着悠久的酿酒历史。在距今约5000多年的鹿邑长子口墓文化遗存中，就有酒器48件，包括盛酒器、温酒器具（樽、角、斛、觥、壶、斗和桷等11种），经专家鉴定，这些是公元16世纪商代的文物已距今已3600年。

公元前518年，孔子问礼老子于枣集镇，老子以枣集镇酿造的美酒招待孔子，孔子饮后，留下"唯酒无量，不及乱"的千古饮酒之道。从汉代至宋代，先后有八位帝王亲临鹿邑，设坛以枣集镇美酒拜谒老子。由古至今，枣集镇美酒（宋河粮液酒前身）一直享有"八皇朝皇封御酒"之美誉。

枣集镇酿酒由来以久。解放前，大大小小的作坊就有18家之多，当时枣集城里酒香扑鼻，商贾云集，一幅昌盛繁荣的景象。枣集镇有一条亘古流淌不息的宋河，介于黄河与淮河之间，南方与北方交汇之处，地下水具有别样的清澈甘甜，是酿酒难得之水。枣集镇气候兼南方北国之长，水资源优于北部，而光资源优于南部，再加上这里地势平坦如砥、河流交织、土地肥美、兼备南北作物的种植条件，南国的水稻及北方的小麦、玉米、大豆、高粱、谷子、大麦、豌豆等农作物及经济作物都能在这生长，且优质高产。所以，枣集镇是酿酒原料的生产基地。特别的地域环境、淳朴的民风、精湛的酿造工艺，使千古佳酿宋河粮液酒具有"窖香浓郁，净得脱俗"的酒体风格，也应和了《老子》中的顺应自然、返璞归真的哲理思想，这是《老子》思想与宋河粮液酒精髓的基础。

（二）关于宋河粮液酒的民间传说

1. 老子与宋河酒的民间故事

传说鹿邑南部有一座山，名为隐阳山，此山连绵千里，峰高万仞。鹿邑县城坐落于隐阳山阴，百姓深受其害：这里不仅交通闭塞、与世隔阻，而且终年不见天日，庄稼不生，牛羊不长，饥民盈道，民不聊生。老子生在鹿邑，学于真源，自小即有除去此山的意愿。一日，老子与几位朋友推杯换盏，谈古论今，不觉夜半，由于多贪几杯，返家途中，昏昏然不知所以。他只觉头重脚轻，倾身跌于一巨石间，朦胧中，忽听有人呼喊：

"老君赶山罗！"老子睁眼一看，鹿邑乡亲扶老携幼向北狂奔，眨眼之间人迹皆无。老子眼睛一亮："是否上苍遣我搬山？"想到此，顿觉精神倍增、神力无限。他舞动长鞭，奋力一挥，只见山崩地裂，火光万丈，隐阳山倾刻间断为三截。他再挥两鞭，只听山呼海啸，隐阳山的一截飞向西北，一截直取东南；落于西北处成了太行、王屋，东南处成了南岳衡山。由于老子用力过猛，钢鞭断成两截，一截落入东海成了定海神针，一截戳于山脚下老君台前。

话说老子将隐阳山赶走之后，便离开了苦县，一边游历名山大川，一边传播道教文化，一晃就是数年。一日，一觉醒来，老子总觉心神不宁，坐立不安，突发思乡之情。于是他便驾青牛、驱白鹭，踏着紫气，一路由西岳华山归来。哪知刚进鹿邑边界，他便被眼前景象惊呆。原来，鹿邑连年久旱不雨，土地干裂，庄稼枯死，尤其枣集镇一带，本来就是十年九荒，何况遇此大灾？百姓深信老君神灵，正磕头跪拜，乞求老君保佑，上苍开眼，遍洒雨露，普降甘霖。见此情景，老子心急如焚，急命青牛下界帮忙。青牛十分理解主人心意，用牛角在黄、淮之间犁出一道沟来。然而，当时黄河已经断流，唯独老子当年出生时踏禹步步出的沐浴成仙的"九龙井"尚有一缕甘泉，老子便用酒壶盛来倒入沟中。倾刻间，一条清澈如泉涌、醇美似甘霖的河水呈现在枣集百姓面前。枣集人饮用此水，青春焕发，容颜不老；用此水浇地，百业兴旺，五谷丰登；用此水酿酒，醇似甘露，味比琼浆。原来老君在盛水时，匆忙之中忘记了酒壶中还有几杯酒没有喝完，一股脑倒入水中，此水自然醇香无比。此河从此被称为"送河"，意为老子所赠也。老君台上大殿中有幅对联叫"一片绿波飞白鹭，半空紫气下青牛"，记载的就是这个故事，这"下青牛"就是为此事而来。后来谚语云："天赐名手，地赐名泉，枣集美酒，名不虚传"。再后来，"枣集酒"被鹿邑人改称为"宋河酒"。

由唐至宋，宋河历经数次人工开挖，已成为由京都开封通向淮河的重要黄金水道。平日里千帆竞技、商贾如流，"宋河酒"也由此河装船入京，每日数船依然供不应求。京城著名画家张择端特意将运酒情形绘入"清明上河图"，有心人可以细观此图，那一船船、一担担的"宋河酒"还没进入汴京，便被人抢购一空。由于"送"与"宋"谐音，宋太祖赵匡胤下令将"送河"改为"宋河"，流传至今。

2. 孔子师徒醉枣集

豫东鹿邑历史悠久，文化积淀深厚，古称"鸣鹿""苦""真源""谷阳""仙源"。境内文化遗址众多，保存有太清宫、老君台、栾台等文化遗迹，其中，太清宫、老君台是国家级文物保护单位。

孔子问礼于老子前后共三次，这第三次问礼之处，就是鹿邑县东大街路北的明道宫。有"孔子问礼处"为证。"孔子问礼处"碑碑高1米，宽0.45米，圆首，首身一石。首刻二龙戏珠，边饰图案，明代万历已酉（公元1609年）年赐进士第知鹿邑县事鸡丘王梦蚊撰文并立石。碑文楷书阴刻"孔子问礼处"五字。该碑原立于万教之祖牌坊西侧，后移于老君台上，现嵌于老君台上大殿前壁东侧。

孔子到鹿邑，萌发了再次拜访老子以请教释疑的念头。孔子边说边饮，不觉斤把酒下肚，老子劝其遇事看宽、顺其自然，向他灌输"清净自正、无为而化""无为而无不为"的治国方略。孔子边听边饮，似有所悟，连饮数杯，一觉睡去，三日方醒。老子则仙风道骨，神采依然。事后，孔子自觉失态，遂告诫弟子："美哉，枣集酒，惟酒无量，不及乱。"意思是说，你们众人不论酒量大小，都不要因酒好而贪杯吃醉了，以免闹出笑话。临行，老子送酒数坛，孔子欣然接纳，从此之后各国名酒一概不饮，只对枣集酒偏爱有加。

孔子与老子于鹿邑相会，主要讨论的是社会问题与治国方略，虽已脱离了周礼的内容，但既然孔子问礼已经传为佳话，所以此次相会仍以问礼称之。正所谓是"把盏宋河归去后，儒道从此两千秋"。道家与儒家思想，以宋河美酒为载体，进行了心灵的碰撞之后，就这样成为了中国传统文化的两大核心，流淌在每个中国人的血脉之中。

（三）名人与宋河酒

鹿邑这方水土受了龙气，枣集这汪水得了仙气。在唐朝，枣集已成为名扬海外的名酒生产基地。家家糟粕飘香，户户酒旗高挑，八方商贾云集，四海宾朋齐至。到中华人民共和国建国前，枣集一带虽饱经战乱之苦，仍有大小作坊28家，户户富甲一方。

1968年，鹿邑县委、县政府十分重视"宋河酒"这一传统技术的开发和利用，在原来私人作坊的基础上，着手组建了国营鹿邑酒厂。数十年来，该企业由小到大，由弱到强，取得突飞猛进的发展，似乎一夜之间由一个名不见经传的地方小厂成了酿造行业的骨干、名酒企业的新星、河南人民心目中的品牌、鹿邑人民的骄傲。随之，各界名人纷至沓来，挥笔作画、泼洒墨宝，无论是"唐井亭"还是"翰墨廊"，无论是"青牛泉"还是"莲花涌"，处处流光溢彩，无处不书香逸人。全国众多专家、学者、书法家、诗人等知名人士纷纷参观指导，行诗作画。

著名作家李准以："香的庄重，甜得大方，绵的亲切，净得脱俗"16个字，准确、科学地概括了宋河粮液酒的四大特色；

原国防部长张爱萍上将为宋河题联："老子家乡酿美酒，宋河粮液誉神州"；

著名书法家、原国家书协主席启功题："宋河水酿千盅酒，鹿邑人增百镒金"；

著名书法家李铎题："宋河粮液酒香浓，绵甜甘冽味无穷"；

著名书法家费新我题："老聃犁下宋河冽，大匠瓮中粮液香"；

著名书法家欧阳中石题诗曰："老聃鹿邑家乡水，孔子师徒不敢强，天赐名泉封祭酒，至今醉柏未成行"；

著名作家魏巍题："李耳故地，中州佳酿"。

另外，原中顾委常委肖克、全国人大常委马万祺、原中国书协主席舒同、现任中国书协主席沈鹏、中国书协副主席王学仲、刘艺、刘炳森、佟伟，以及海内外名人志士均来厂参观并题书留念。他们作为新时代宋河酒文化的奠基人，正在为宋河酒文化的发扬光大，为着宋河的宏伟事业做出自己应有的贡献。

二、宋河粮液系列酒的品牌特点

(一) 酿造工艺

宋河粮液酒质量一流，以独特的老五甑、续渣法、混蒸混烧、固态泥池发酵的传统工艺与现代科学技术与传统经验相结合，以优质东北高粱、江南优质大米、糯米、本地优质小麦、玉米为主要原料，汲取清澈甘甜的古宋河地下矿泉之水，精工酿造而成。其技术独特，国内领先，树豫酒典型性风格。

(二) 品牌特色

1. 国字宋河（见图46-1）

宋河酒业旗下以"国字宋河"为代表的高端品牌被中国酒业协会认定为"中国（河南）地域文化标志酒"，并于2018年被授予"中华文化名酒"称号，是上海世博会河南馆唯一指定白酒。多年来，在诸多省内外重大活动中，"国字宋河"被遴选为礼遇专用品牌，以中国礼遇，礼遇中国。

香型：浓香型

原料：水、高粱、小麦、大米、糯米、玉米

图46-1 国字宋河

2. 宋河粮液系列酒（见图46-2）

宋河粮液以"绵、甜、净、香"的中原浓香型白酒独特风格享誉中原，名震全国。

香型：浓香型

原料：水、高粱、小麦、大米、糯米、玉米

3. 鹿邑大曲（见图46-3）

鹿邑大曲是宋河酒业三大主导品牌之一，为河南传统名牌产品，以其质优价美口感柔顺的特点和河南传统名牌产品的品牌知名度，成为中原地区光瓶酒的领导者，畅销半个世纪，更是新时代民酒典范之作。鹿邑大曲在河南很多地方几乎成为一种特产，当地人把它看作"民酒""自家的酒"，三五好友到"大排档"小酌，鹿邑大曲往往是首选；而对于外地人，如果想感受原汁原味的中原味道，那么除了河南烩面、道口烧鸡，鹿邑大曲酒也是不容错过的一款河南特产。

图46-2 宋河粮液

原料：水、高粱、小麦、大米、糯米、玉米

图46-3 鹿邑大曲

(三) 宋河系列酒的品质特点

1. 产地区域优势

宋河粮液酒产于鹿邑县枣集镇古宋河之滨，这里四季分明，温度适宜，适合多种微生物的生长繁殖，特别有利于各种酿酒类微生物的栖息繁殖，是我国著名的传统酒乡；

宋河酿酒，始于春秋，盛于隋唐。宋河佳酿被古人誉为"天赐名手，地赐名泉"，具有"窖香幽雅，绵甜净爽，香味协调，回味悠长"的品味特色。

2. 独特的工艺品质

（1）科学的窖池容积确保了窖泥与酒醅接触的单位面积最大化

浓香型白酒的主要发酵设备就是窖池，而窖池容积的大小及窖池泥的质量的优劣，对酒的风格及质量起着关键性的作用，宋河粮液酒使用的窖池容积大部分为 $11m^3$ 左右。

（2）多菌种复合养窖液的应用增加了优质老窖的使用周期

窖池保养由以前的纯种已酸菌培养液进行窖池保养，改为以已酸菌为主的多菌种复合养窖液进行保养窖池，不仅强化了窖池中主要有益功能菌如已酸菌、放线菌、红曲霉、产酯酵母等的数量，而且补充了功能菌生长必需的营养成分，确保了微生物正常生长繁殖，使其在粮醅发酵过程中产生较多的微量复杂成份和主体香味物质，使北方浓香型白酒的口感更加丰满醇厚。

（3）具有北方特色的五粮生产工艺为酿造优质白酒提供了技术保障

宋河酒业公司科技人员经过多次调整配方和工艺参数（水分、酸度、温度等）试验，反复对生产的基酒进行对比，包括新酒对比和贮存两年后陈酒对比，找出了一个适合酿造宋河酒风格的五粮酿酒生产工艺。

（4）中高温曲作为糖化发酵剂

宋河粮液生产主要采用纯小麦中高温制曲作为糖化发酵剂，曲心温度达到 62 度以上，保证了大曲在培养过程中香味物质的形成和香味前驱物质的积累。实践证明，中高温曲的香味和酯化力明显高于中温曲，而糖化力则低于中温曲，这有利于缓慢发酵和酒的香味物质的形成。用中高温曲酿酒，曲香浓郁，酒味醇厚，并且有一定的曲香味。

（5）采用特殊生产工艺对每年压窖扔糟进行入窖再发酵

从优质大曲中分离出具有糖化、发酵两重作用，且耐酸性较强的有益功能菌，通过扩大培养、驯化制成麸曲用于丢糟打回精入池再发酵，取得了很好的的效果，并且保护上部窖池，防止窖池中微生物盒水分的流失，对窖池的保养有很大作用，有利于圆池后酒醅正常发酵。

（6）多种调味酒的生产应用进一步丰富了宋河酒质量的内涵

采用特殊工艺先后研制和生产的增香调味酒、增味调味酒、曲香调味酒、糟香调味酒、双轮调味酒以及窖香调味酒等，应用于白酒调香和调味，效果十分明显，目前已应用于低、中、高档酒的调味。

（7）基础酒的合理贮存与有效的组合是提高宋河酒质量、稳定酒体风格的关键所在

优质基酒一般要求贮存 3~5 年时间，调味酒贮存 5 年以上，勾调后再贮存 1 年，因为发酵再好的优质基酒，都必须经过自然贮存、自然老熟后，才能勾调出好酒。所有白酒老熟方法中，采用自然老熟可使酒质变得更完美，这是其他方法所无法相比的。优质基酒在贮存过程中，香气变小，但口味变得醇和，具有优雅细腻，给人一种窖香优雅、窖香舒适的感觉。在勾调过程中，酿酒师十分重视酸、酯平衡，一般酸、酯比在 1:3.2 左右，以确保宋河粮液酒质量的稳定；在组合过程中，采用多粮酒和单粮酒按一定比例恰到好处地组合在一起，即保证宋河酒原有风味和特征，又体现出了一种优雅的复合香

气，可谓锦上添花。特别新开发的"国字"系列宋河粮液投入到市场后，深受消费者喜爱。

三、宋河酒业公司的发展历程

（一）公司概述

河南省宋河酒业股份有限公司（以下简称宋河酒业）位于河南鹿邑，居淮河名酒带的中心，是我国著名的大型白酒酿造企业。宋河酒业工业园区占地面积80万平方米，建筑面积45万平方米，拥有发酵池1万余条，并建有国内行业领先的万吨储酒罐群，储酒能力达8万吨，整体规模居行业前茅。公司主导产品"宋河粮液"于1979年被评为河南省名优产品；1984年获轻工部银杯奖；1988年在全国名酒评比中，被授予国家金奖和"中国名酒"称号；是河南唯一的浓香型国家金奖白酒，被誉为"中原浓香型白酒的经典代表"。在继承传统酿造技艺基础上，宋河人又先后将"高中温堆积发酵生产工艺""发酵池养酒试验"等10多项科研成果运用于酿酒生产中，成就了宋河粮液酒的不群品位。企业已通过ISO9001：2000国际质量体系认证。2004年，宋河商标被国家工商总局认定为"中国驰名商标"；2005年，宋河率先通过国家纯粮固态发酵白酒标志认证，获得高档名酒的身份证；2006年，宋河粮液酒获得"白酒工业十大创新品牌"及"中华文化名酒"称号；2010年，宋河粮液酒当选为"上海世博会河南省馆唯一指定用酒"；2011年注册商标"宋河"被国家商务部认定为"中华老字号"。同年，又被联合国环境规划基金会授予"杰出绿色健康食品"。

宋河粮液酒，根植于中原丰厚的传统酿制文化沃土，汲取清澈甘甜的古宋河地下矿泉水资源，以优质高粱、小麦为原料，由精湛绝伦的传统酿造工艺与现代科技的完美结合酿制而成，被专家赞誉为"香得庄重，甜的大方；绵得亲切，净的脱俗"。悠久的酿造文化，强大的品牌盛誉，卓越的产品质量，使宋河粮液酒畅销全国各地，深受广大消费者的喜爱，国字宋河为公司主推的高端旗舰产品，"秘藏系列""平和系列"宋河粮液及星级宋河粮液为中高端产品，鹿邑大曲为河南传统名牌产品。

（二）发展历程

在白酒行业激烈的市场竞争中，宋河酒业凭借胆略和气魄，靠科学的发展战略，以科技为先导，以质量求生存。数十年来，宋河酒业对科技投入毫不吝啬，以质量制胜的理念一如既往。1987年起，宋河酒业先后与中科院微生物研究所、河南省工业研究所、山东大学、辽宁大学等大专院校和科研机构建立了联合开发攻关项目，相继合作完成了"提高宋河粮液优质品率配套工艺研究""38度宋河酒的研制""提高河南省名优白酒质量关键技术研究""继续提高河南省名优白酒质量关键技术研究"等省科委下达的攻关项目十余项，先后荣获省、厅级成果十多项，部级成果两项。宋河酒业1990年平均优质酒率为15.4%，1995年达到25%以上。巨大的科技投入，换来的是丰厚回报。宋河酒业改制后，尤其是辅仁集团经营宋河酒业以来，在短短几个月内投资6000万元，对宋河酒业再次进行了大规模技术改造，为宋河插上了新的腾飞翅膀。

（三）经营机制

首先，公司致力于品牌的塑造，拿出大量的经费进行品牌塑造，进一步提升品牌形象。公司提出"中国性格宋河粮液"这一全新的品牌理念，于央视、全国各地方电视台、食品行业各相关媒体，进行大力度、高密度的产品和企业形象宣传，从而为全国经销商开辟市场鸣锣开道、奠定基础。

其次是产品形象提升。公司优化产品结构，成立了产品设计与研发专门机构，对现有市场上的产品整理排序，对现有的产品风格、生产工艺也进行了改造，提高了档次，同时也增加了文化内涵、增强了视觉冲击力，使广大消费者更加耳目一新。

第三是网络制胜战略。"新"宋河酒业制订了一系列新的政策，面向全国招商，吸引一大批有经验、有实力、会经营的优秀经销商加盟新宋河，从而构建一支庞大的销售网络。

第四是终端决胜战略。公司将加大终端促销力度，提供部分终端分关费用、铺底酒，并且帮助经销商培训促销队伍，做活终端文章。

（四）创新理念

飘香千年的宋河酒业于21世纪初实施了具有划时代意义的转机换制工程。其先进的营销理念、成功的运营模式，堪称国内传统名企实现历史性跨越的典范。古老而年轻的宋河酒业，迎来了新一轮腾飞的朝阳！面对白酒市场的激烈竞争大潮，在不断进行管理创新、技术创新、理念创新的基础上，坚持走质量效益可持续发展之路，以大手笔、大投入、高起点、高回报运作大品牌、大网络、大市场，有效进行资源整合与优势扩张，顺应天时、地利、人和，掌控市场，审时度势，把握主流，铸就"宋河"这一品牌恒久的辉煌业绩。

（五）品牌荣誉

宋河粮液酒作为宋河酒业的主导产品，在1979年、1984年获河南省名酒称号，1984年获轻工业部酒类质量大赛银杯奖，1988年在全国第五届评酒会上荣获国家名酒称号及金质奖，1991年获日本东京国际饮料酒类博览会金奖，1992年获墨西哥国际工业博览会金奖及法国巴黎国际名优酒展评会特别金奖，2004年荣获"中国驰名商标"，2005年荣获"中国消费者十大满意品牌"及广东省首届国际酒饮博览会金奖。

2009年初，宋河粮液一举获得改革开放30周年豫酒领军品牌称号，消费者认同度、好感度、满意度均居第一。同年，宋河酒业被河南省工业经济联合会、工业突出贡献奖组委会授予"河南工业行业突出贡献奖"。

2010年，宋河粮液被选为世博会河南省馆唯一指定用酒。同年，宋河酒业倡议并捐资成立老子国学教育基金会，并于年底获得中国酒类流通协会颁发的"最热心公益事业的酒类企业"荣誉称号。宋河牌38度、50度白酒以及鹿邑牌42度白酒，被河南省名牌战略推进委员会授予"河南省名牌产品"称号。企业被河南省环保联合会、河南日报报业报业集团授予"河南省污染减排优秀企业"荣誉证书和河南省科技厅、河南省发改委、河南省环保厅授予的"节能减排科技创新示范企业认定证书"。

2011年，注册商标"宋河"被国家商务部认定为"中华老字号"。

四、宋河酒业公司的发展战略

随着市场经济的变革，质量已成为占有和保持市场份额的首要因素，宋河人尤其关注产品质量。每一位宋河人都理解"质量"的含义，每一位宋河员工也都清楚"质量"的分量，从他们手中出去的每一瓶酒、每一箱酒、每一车酒，并非是无生命的产品，而是企业的形象、百姓的利益和无上的责任。一瓶瓶酒的质量，在宋河人的心目中都是一个个活的灵魂！"当产品与质量发生矛盾时，产品让位于质量；当成本与质量发生矛盾时，成本让位于质量；当市场与质量发生矛盾时，营销让位于质量；当价格与质量发生矛盾时，金钱让位于质量！"这是宋河酒业公司员工的座右铭。任何人都不能超越质量行使权力，任何人都不能为眼前利益而放弃质量。这并不是一个漂亮的口号，而是一套套完整的体系，这保证了宋河粮液酒率先在全国白酒行业中通过ISO9001：2000国际质量管理体系认证。宋河人依靠"质量第一"的理念，赢得了消费者的信任。

宋河文化以"合作、包容、共享、多赢"为核心思想，赢是一种追求，也是一种文化，更是一种享受。宋河人在追求颠峰品质的同时，力求打造厂家、商家、消费者三家共赢，厂家赢在品质，商家赢在成就，消费者赢在享受。宋河人以其真诚、淳朴的作风缔造完美的精神寄物，迎合华夏民族长期形成的以酒为魂的餐饮风格和释情文化，明烛对月，此物抒怀，酒逢知己千杯少。赢者，赢人者，赢天下者，皆得美酒为庆，谈笑流壮志，觥铸赢人生，赢得事业，赢得亲情，赢得成功，赢人而后赢天下。

"分享宋河，共赢天下"，宋河秉承、诠释道家文化，承载中国白酒之道，为消费者、为商家、为自己构建共赢平台引领时代潮流，全力打造中国赢文化。

参考文献：
[1] 李学思. 谈宋河酒生产工艺及其风格特点 [J]. 酿酒，2014（4）：70-74.
[2] 李森. 宋河酒业公司的发展战略 [Z]. 2020.

第四十七章 古城酒

一、古城酒

(一) 古城酒的起源

新疆第一窖古城酒业有限公司，是新疆白酒业和酒文化的发源地，具有700多年的酿造历史。据史料记载，明永乐初年（1403年），持节大臣陈诚所著的《西域番国志》中就有奇台一带"间食米面，稀有菜蔬，小酿酒醴"的记载。可见在当时，今奇台县内就有了酿造和饮用酒的记载。据《奇台县志》载：清代乾隆中期（1746年），奇台市场繁荣，人丁兴旺，工商业发达，酿酒业发展很快。到清咸丰年间，古城已有段氏在县城东大街市口开永生泉酒烧房，罗氏开大生泉酒烧房，晋人张氏在北斗宫开设杏林泉酒烧房，"杏林泉"烧房生意兴隆，远近闻名。南来北往的商人旅客、东去西来的车队驼夫，纷纷以茶、布、皮、毛以货易货，遂使古城烧酒迅速外消，西运迪化、伊利、塔城，南出吐鲁番、鄯善，东至哈密、巴里坤，北至阿尔泰、蒙古。

"杏林泉"等3家烧房工艺好、原料足、销路广、利润高，吸引了大批山西人拥挤北斗宫。他们盘亲结友、拉众集群、请会借贷。短时间内，北斗宫形成了一个开烧房的高潮，先后开张的烧房有得胜昌、万裕隆、永兴泉、义兴和、宝兴泉、大醴泉等。这样，弯弯曲曲的北斗宫巷就形成了以山西人为主体、以酿酒为龙头的工商业集中的店铺。春夏旺季，北斗宫车水马龙，年头节下，灯火辉煌。到光绪末年，古城有酿酒烧房20余家，年销烧酒500余驼件，约合11万公斤。

公元1403年，古城188个大明古窖池群，已经开始酿造出惊世美酒。时至今日，700多年过去了，奇台古城的土壤始终温润，亿万年冰川融水更加甘醇，阳光如一照耀，数百种有益酿造菌群的繁衍生息，愈加活跃。

现今古城酒业有限公司的前身，就是1952年组建的奇台酒厂。新疆有名的清香型"古城大曲"（见图47-1），始于清代乾隆二十二年（公元1757年），由山西汾阳杏花村酒师来到奇台县建烧锅，后成为西北边陲著名酒品。

图47-1 "古城大曲"

(二) 古城老窖酒的民间传说

据中国古文献《穆天子传卷三》载，相传公元前10世纪，华夏大地还是封建的西王朝，权威的天上女神巡幸西域（新疆）36国，这位天上的王母娘娘在风景如画的人间仙景"瑶池"（新疆天山的"天池"）摆下蟠桃盛宴，款待来自东途西周王朝的中原天子周穆王。依依惜别时，女神王母馈赠周天子许多天宫珍宝，其中还有王母娘娘亲自盛好的一葫芦圣水。周穆王喜气洋洋返回中原，途经奇台，见路旁水草茂盛，是个好地方，便令停车牧马。手下不小心，以致马惊碰破了王母赠送的葫芦。神水流出，借天上仙家之灵气，承日月之精华，化作一股纯净、透明、清澈、甘甜的"神泉"，汩汩流淌，十分可爱。周天子看着天上女神恩赐的神泉水流淌在子民脚下，心领神会地笑道："这是天意赐神水，神水变神泉"。

正巧，一位山西商贾赵发旺来古城奇台北斗宫开酿酒作坊，正祷告神灵指点何处打井取水。周天子体恤民情，通民意，见状顺手一指，飘然而去。赵某人照周天子指的地点打井，果然在奇台县北斗宫打出了一口泉水井，水源好、水质纯净，神奇的井水还略带酒香。水，乃酒之血液，水质的好坏直接关系着酒质的优劣。北斗宫泉水井的好水酿出好酒，人们管它叫"琼泉水"，意为此泉水酿出"琼浆玉液"的美酒。后来，人们在"琼泉井"周围栽下杏树，用西晋饮酒名家"竹林七贤"之一的刘伶"惟酒是务，焉知其余"痴情于酒的典故，取"伶"与"林"的谐音为"林"，人们称"琼泉"为"杏林泉"。细细算来，古城奇台北斗宫"杏林泉"的酿酒史从"上应天理"的公元前1000年至今已有3000多年，"杏林泉"酒就是"古城老窖"酒的前身，就是"新疆第一窖"酒的前身，杏林泉成了新疆酒的源头和故乡。自此，琼浆玉液古城酒，香飘神州数百年。后来，人们凭着古城奇台好泉水酿好酒，酿酒作坊比比皆是。

(三) 古城酒赞

地若不爱酒，地应无酒泉。天若不爱酒，天应无酒星。天地共爱酒，爱酒不亏天。杏林泉，是千古名泉，是天造地设的名泉，杏林泉水酿出好酒，自然顺理成章。拥有杏林泉的奇台古城酒厂，在后来的辉煌岁月中酿出的"古城老窖""新疆第一窖"正向人们昭示：新疆第一窖的酒文化内涵就有杏林泉"上应天理"的酒文化，这正是新疆第一窖的神秘之一，难怪杏林泉井的大门上有诗云："李白问酒谁家好，刘伶回首此处高"。美哉，杏林泉酒！当代诗人苏白饮后即兴《古城酒赞》一首："泼墨杏林泉水间，醒来妙笔写江山。酒香飘逸诗仙动，何必长安梦不还？"乾隆进士洪亮吉在新疆巡抚古城奇台时留下诗句："山城闻泉声，到阁复数里"；道光进士黄浚谪戍新疆，去巴里坤查案，经奇台而作《戈边野色》中，有诗句："夕照红连圈马地，酒城青黯野回家"，正是对奇台古城美酒繁荣昌盛的实录。杏林泉为"新疆酒的故乡"，有诗云："西域产异珍，古城酒有名，太白由此过，一醉天山倾"，这也道出了"古城老窖"最有名。

二、古城酒的特点

素有"中国粮仓,新疆酒源"之称的古城奇台,是可以媲美世界的酿酒天堂!奇台坐落于天山北麓准噶尔东南缘狭长的通道上,位于东经89°13′—91°22′,北纬43°25′—45°29′,属中温带大陆性气候,年平均相对湿度60%,昼夜温差大,全年日照时间3000小时左右,年平均降水量269.4毫米。得天独厚的自然条件使这一地区成为了优质高粱、优良小麦、玉米、大麦的种植区域。其种植的大麦品质,完全可以和澳洲大麦相媲美。

清代时,到奇台县古城子开烧房的私人业主,引进山西"老五甑"酿酒工艺,结合"西凤酒"操作方法,生产出清香型白酒,当时称其为"古城子烧酒"。此酒一问世,就以其清澈的酒色、沁肺的清香、绵甜的酒味和精制的篓装,由各路客商用骆驼运消天山南北,蒙古草原以及内地。

(一)古城酒的工艺酿造特点

1957年,奇台县酒厂采用热季低温酸酵法和冷季麦草掩盖窖池保温法生产白酒。1964年,县酒厂生产的白酒开始由散装转入瓶装。为保证白酒质量,县白酒厂于1972年制定酒制检验制度,酒度要达到61度,不得低于56度。1975年,县酒厂生产白酒时,以玉米芯代替高粱壳作疏松料,一方面是由于白酒生产规模扩大,疏松料来源缺乏;另一方面是由于"踩曲"进行"脚踏手翻锨挖"工艺操作时,窖池的温度、干湿度、酸度及冷热变化情况,只是凭酒大师的闻、听、尝、看,没有严格的科学依据。1976年,为提高大曲酒的出酒率,自治区酿酒技术协作组率12个酒厂的15名技术人员,到奇台县酒厂进行工艺流程试点。事后大家一致认为,奇台县酒厂生产的"古城大曲"以小麦为原料、上霉均匀、色香正常、糖化力在800单位以上;以玉米芯为辅料,采用"老五甑"续渣等酿酒工艺,酒质良好。

古城酒业采用的多粮是荞麦、小麦、大米、高粱、玉米、糯米,这些粮食在人体的生理代谢中起着重要的作用。如荞麦含18种氨基酸、9种脂肪酸以及柠檬酸、苹果酸等有机物质;小麦含淀粉、蛋白质、脂肪、矿物质、钙、铁、硫胺素、核黄素、烟酸及维生素A等;大米含有蛋白质、脂肪、维生素B1及多种矿物质;高粱含有粗脂肪3%、粗蛋白8%—11%、粗纤维2%—3%、淀粉65%—70%。在酿造发酵过程中,古城酒业酿酒大师们沿用传统的酿造工艺采用地缸发酵、清蒸二次清工艺、两轮次流酒,既提高了原酒的理化指标,也保证了多粮发酵后的复合香气,所生产的原酒理化指标达到国标,酒体清香纯正、具有复合粮香、口感丰富、绵柔爽净、健康营养、饮后不上头,不口干等特点。

(二)古城系列酒的特点

古城酒业有限责任公司是一个主营白酒兼营红酒、纯净水、生产销售、集中供热、工业旅游、粮食收购为一体的有限责任公司,能生产清、浓、酱、兼香4个香型150多个品种。

1. "古城大曲"

"古城大曲"是西域历史上第一个获"地方名酒"称誉的白酒，对新疆后来的白酒生产起到了重大的作用。至今，疆内各大名酒企业在蒸酒时采用的"掐头去尾""按质取酒"等工序都是沿袭奇台"古城大曲"工艺原理而来的。这是奇台清香型"古城酒"对新疆白酒业的莫大贡献。新疆清香型"古城大曲"有"水甘、料实、工精、器洁、曲时、窖实"六大酿造秘诀，与山西汾酒的酿造秘诀异曲同工。"古城大曲"发酵窖池后来发展为水泥池，采用清蒸、清烧三次清工艺。

2. "古城"牌旅游纪念酒

700年成就经典，"古城"牌旅游纪念酒是古城酒业公司集700多年酿酒的传统工艺，集中国粮无污染的绿色、有机原粮精心酿制，由两名国家级白酒评委用心、用情设计，经过30年以上的贮存而面世的一款旅游产品。"古城"牌产品——46度古城淡雅口杯酒（见图47－2）、古城酒壶套盒再次成功入选"新疆礼物"旅游商品。作为新疆旅游商品的专属品牌，承载着整合和提升旅游文化产业的重任，并为全面提升"古城"牌旅游产品的文化品位起到重要的作用。

图47－2 古城淡雅口杯酒

3. "古城江布拉克"

"古城江布拉克"系列分46度500毫升"江布拉克AAA"浓香型白酒、46度500毫升"江布拉克AAAA"浓香型白酒和50度500毫升"江布拉克AAAAA"浓香型白酒。该系列产品以位于古城所在地的奇台县南部国家AAAA级旅游景区江布拉克为名，"江布拉克"哈萨克语译为"圣水之源"之意。该系列产品名既富有新疆特色，又贴近白酒属性，融入了江布拉克万种风情的美与得天独厚的旅游资源。"江布拉克"代表了壮丽浩瀚的新疆、花红柳绿的新疆、风情万种的新疆，一如古城酒业浓浓的酒香让人观之神飞、饮之心醉。"江布拉克"系列酒的设计符合大众习惯，并体现地域文化，设计元素上采用植物藤蔓体现江布拉克原生态元素。瓶型借鉴伊斯兰建筑语言，民族风格明显。颜色采用传统酒包装颜色，传统红色包装是旅游馈赠、婚庆用酒的绝佳选择。

4. 龙韵古城

龙韵古城系列（见图47－3）分50度500毫升"红宝石"浓香型白酒和52度500毫升"蓝钻石"浓香型白酒。龙是"征瑞"的代表，中国龙文化，上下8000年，源远流长。龙的形象深入了社会的各个角落，影响波及了文化的各个层面。在几千年浩瀚的历史进程中，龙代表了中华民族的深厚文化底蕴。包装地域特色浓郁，让人赏心悦目、一见钟情。古城酒业（原奇台酒厂）是在1952年（龙年）建厂，龙似乎与古城酒业有着血浓于水的亲情，"龙韵古城"贯穿"龙"的文化元素，既是一种酒文化与传统文化的丰富和传承，呈现给消费者的是和谐古城、魅力古城"巨龙腾飞"的美好愿景，彰显的是古城及古城人龙的精神，代表的是一种传统的生活方式、一种身份

图47－3 龙韵古城系列酒

的象征、一种价值的传承。产品色香味俱佳，一喝难忘，在品牌如林的白酒中脱颖而出，是自饮消费，请客、婚宴、礼品消费的首选品牌。

5. 古城王窖

50 度 500 毫升"古城王窖 12 年"浓香型白酒是"古城 10 年王窖"的升级品，此产品采用老五甑混烧，经明代泥窖的窖泥百余天自然发酵，结合现代科技精心酿制，用陶缸长期贮存窖藏而成。饮后，空杯留香，闭目留恋那份幽香，久久挥之不去。包装采用回纹素材，取"富贵永久"寓意，古朴与简洁大方结合。瓶腰身处造型寓意古城老窖为窖中珍品，因时间岁月孕育而生，现代感十足，这使包装整体符合现代消费习惯。此产品强化了"古城 10 年王窖"作为明星产品的地位，推动了"古城 10 年王窖"品牌的强势回归。同时，公司着手布局全疆市场，并夯实"古城王窖"品牌复兴扩张之路。

三、新疆第一窖古城酒业有限公司的发展历程

（一）古城窖池

孕育古城酒的国宝级窖池，数百年来从未间断使用。窖泥中微生物自然繁衍，构成天然的微生物链，每一个窖泥分子都充满生机，有益于酿酒的活性微生物菌群；窖泥中累积了种类繁多的数百种香味物质。这些丰富的微生物酿酒菌群和天然香源，使每一粒粮食的发酵都更加地充分、纯粹、自然、和谐．也只有在如此古老的百年生态老窖池中，才能孕育并成就古城原酒成熟而不张扬、内敛而极具个性的非凡品质。

（二）古城烧酒作坊

到光绪末年时，古城烧酒作坊已达 20 余家，年产烧酒约 10 余万公斤。

民国 10 年（1921）蒙古宣布独立后，驼运不通，古城烧酒销路受到影响，虽仍有私商由阿山转运，但销量已明显减少。

民国 22 年（1933），马仲英攻占奇台，由于军需紧张，下令查封酒坊，使古城酿酒业一度停废。

民国 23 年（1934）盛世才执政时，因于关内隔绝，奇台商业逐渐萧条，古城烧酒外运和生产逐渐衰退。

民国 25 年（1936）后，古城酒业再度兴起，当年全县酒产量增长至 70 万公斤以上，其中销往外地的烧酒占 30%。

民国 27 年（1938），奇台烧酒作坊还有"义兴和""恒太源""万裕隆"等 14 家。各酿酒作坊加入奇台县同业公会，成为奇台县公商会所属二十四行之一。

（三）古城酒厂

新中国成立后，奇台县各酒坊实行联营，各处作坊合并为 4 座较大的作坊。1952 年 8 月，奇台县人民政府将万裕隆、天德泉、永和泉、杏林泉 4 大作坊组建成立"国营奇台县白酒厂"，年产白酒 45 吨。历经 66 年，奇台县白酒厂从一家私人作坊发展成为"疆酒"的领跑者，成为新疆地区独特传统酿酒工艺的传承者，成为疆酒文化的发展者，

成为县域经济文化发展的参与者和见证者。

(四) 古城酒业公司

自 1952 年建厂以来，奇台县白酒厂经历了三年自然灾害和十年文化浩劫，感受到了改革开放带来的喜悦和市场经济带来的冲击。这让古城人深切地感受到"皇帝的女儿也愁嫁"。1997 年，古城人不得不改变沿革 40 多年的经营体制，实现股份制改造；于 7 月 8 日，在奇台县白酒厂的基础上，成立了新疆古城酒业有限责任公司（以下简称古城酒业）。公司成立后，提出"扩奇木、拓喀什、取昌吉、夺乌市、进关内"等销售思路，并相继在乌鲁木齐、敦煌、兰州、酒泉等地设立销售网点。

自 1997 年改制以来，古城酒业立足奇台深厚的文化积淀，提出"弘扬酒文化，开拓酒市场，发展地域经济"的发展理念，以文化为载体，先后成功举办了一系列烙有文化元素的"古城"杯有奖征联大赛、首届新疆酒文化、新疆第一窖开坛仪式、酒市场研讨会、纪念奇台县建县 233 周年汉文化研讨会、奇台人联谊会等活动；并出资创办了古城文学社，出版《古城文学》刊物以及《杯酒人生》《对酒当歌》《古城风采》《新疆第一窖志》等记录企业发展的重要文化资料。其中，最有代表性和影响力的，当属《新疆第一窖志》和每年的储酒文化节。

创新是企业发展的原动力。只有创新，企业才能迎来新的发展契机。2013 年对于白酒行业来说是个"严冬"。行业之间的激烈竞争和国家的宏观调控，都对白酒行业的品质提出了更高的要求。作为新疆白酒行业的领跑者，拥有古城酿酒技术非遗文化传承者的新疆第一窖古城酒业，在抓管理、抓文化的同时，更加注重品质的改良和创新。

(五) 古城酒业旅游示范点

2002 年，企业在对车间改造挖地基时，发现了一座清朝时期的酒窖池。董事长周文贵十分珍惜这一历史资源，下令好好保护，之后立即在古窖池的基础上，建起了新疆的第一个酒史馆。2004 年，古城酒业被国家旅游局批准为新疆第一个工业旅游示范点，十几年来，接待各地游客数十万人，古城酒的声名也在工业旅游中不断远扬；自 2013 年 12 月被授予古城酒业"国家 AAA 级旅游景区"以来，已接待游客近百万人次。工业旅游已然成为古城酒业公司新的经济增长点。游客来到这里，不仅可以了解到白酒文化、白酒起源、酿造工艺流程及生产过程，揭开新疆白酒生产的神秘面纱，更能够零距离感受到白酒酿造中所蕴涵的文化精髓，既拓宽了视野、增加了专业知识，也使古城酒业的美誉传播在四面八方，让工业旅游的意义得到了最完美的体现。

(六) 古城酒的荣誉

作为先后荣膺"中华老字号""中国驰名商标""中国历史文化名酒""中国文化名酒""中国文化复兴名酒"和"国家级工业旅游示范点""国家 AAA 级旅游景区"等多项殊荣的古城酒业，着力打造"新疆第一文化名酒"，其精心研发的 46 度古城淡雅口杯酒、古城酒壶套盒再次斩获"新疆礼物"旅游商品。

四、古城酒业有限公司的发展战略

（一）理清思路抓住机遇

新的思路，新的机遇，为古城搭建了一条新的发展模式，让古城酒业员工理清了思路、找到了方向，让大家清楚意识到企业正在进行着另一场新的变革。大家应该抓住机遇，围绕"一带一路"的政策机遇和奇台县大发展的机遇，坚持"人才壮企、质量立企、营销强企、文化兴企"的经营理念，用互联网、新常态的思维，强抓营销、重抓人才、内活机制、外活市场、盘活存量、激活增量、立足区域、细分客户、优势互补、打造强势旗舰店，扩大体验营销，实现利益驱动，实现资源资本裂变。

（二）天地人和携手共进

"天地人和事业成"，董事长周文贵先生认为，企业的成功要讲究天时地利人和，要讲究格局，格局决定布局，布局决定结局。格局的大小。就决定着结局的大小，心有多大，梦想就有多大；舞台就有多大，事业就有多大。董事长认为，古城酒业深厚的企业文化底蕴是具备的天时。新丝路的扩大空间以及老市场、新市场、新渠道、新思维的联合促销与动销。与此同时，东疆的崛起、乌市的雄起、昌吉的趋势，都是良好的地利条件。天时、地利是首要，关键是要人和，要在古城酒业内部形成团结和谐的氛围，真诚合作，携手共进，精益求精。用内部的爆发力影响社会，在社会形成一种古城人的气场，那就是古城的人和产品一样优秀。

（三）不断学习稳步提高

企业领导注重打造学习型企业，经常自我总结，在总结中学习和提升。为打造学习型企业，古城酒业构建"古城卓越俱乐部"，开办"古城商学院"。企业每年都投入培训经费，还选送各个层面的管理人员、技术人员赴外参观学习，开阔眼界，深化思路，全面提升全员素质和管理层水平，确保销售、利润、产值稳步递增。

（四）变化变革面向市场

2013年，在中国白酒市场从"名酒"向"民酒"转变的大背景下，新疆第一窖古城酒业有限公司积极变化变革，坚持"质量立企、营销强企、资本活企、文化兴企"的经营理念，迅速调整产品策略、品牌策略和渠道策略，寻求非"三公"消费的空间。正如中国酒业协会副理事长兼秘书长王琦所言："我们要调整过去那种政府期待、公款消费的理念，要把酒的本质还给普通消费者，来做有文化的产品，使白酒与现代消费的理念慢慢地融入到一起。"循着这个方向和理念，古城酒业深度分析竞争品牌，深度了解目标消费者，深度挖掘企业自身资源，把握现代时尚品位、气质、个性的感性色彩与平等亲民姿态，把与消费者情感交流作为重要特点，最新研发设计出了"江布拉克""龙韵古城""王窖12年"三个系列产品，现已全面上市。

董事长周文贵说，企业应该在新起点中利用新的战略战术，定位清晰、品相清晰，以打造高效的、有机性营销组织为核心，提升扁平化管理，实现战略上的统一，策略上的灵活性，执行上的权威性，以服务客户为目标，完善产品结构，打造差异化的明星主导产品，用互联网思维，构建产品、媒体、客情关系的铁三角，巩固区域市场，做强区域市场。巩固老商，多渠道招新商，掌控终端，服务批发，推进社区营销的社会化营销。

（五）打造品牌文化兴企

酒是文化的酵母、灵感的源泉、文学的诱因、艺术的上帝。在绵延数千年的中华文字记载中，可闻到酒的芬芳。酒文化作为一种特殊的文化形式，在传统的中国文化中有独特的地位。在几千年的文明史中，酒几乎渗透到社会生活中的各个领域。董事长周文贵认为，品牌是企业利润增长的核心，企业要发展，必须推动品牌战略。而说到品牌的灵魂，周文贵认为，品牌的灵魂也是文化。为使品牌能很好融入消费者心中，企业策划组织了多项文化活动，如创办古城文学社等，还在乌鲁木齐开办了新疆文化名酒体验馆，实施了品牌亲民化策略，缩短消费者与产品之间的距离，获得很大反响。文化营销战略丰富了古城酒的内涵，提高了古城酒的知名度和美誉度，使古城酒业走在了新疆同行的前列。

（六）做大做强奉献社会

古城酒在新疆数百年历代大师的不断改进与创新下，形成了独有的酿造技艺与口感。在历史的岁月中，古城人秉持着特有的民族酒典（230万亩山林、100%冰川活水、190万亩天山粮田、24代人传统酿造精湛工艺、180个百年老池，确保每一粒粮食都是天然真粮，确保每一滴古城都是真酒），大力发扬"酿造美酒、奉献社会、造福员工、贡献地方、百年古城、流芳百年"的企业文化，严格按照"提高科技含量，争创名优品牌，满足顾客需求是古城酒业人永恒的追求"的质量方针，创新和丰富企业文化，积极开拓白酒市场，在这个实现伟大的"中国梦"时代，带着古城人的希望，载着新疆人的梦想，用古城酒业人全身心的爱把"古城"品牌做大做强，让中国闻到古城的酒香。

（七）自强不息开拓创新

一部艰难创业史，百年匠心酿酒人。一代代古城人以民族产业为己任，遵循文化兴企，文化经营，依靠科技创新，自强不息的精神传承了古城基业。展望未来，古城人仍将不忘初心、真抓实干、坚守创新、聚力前行，牢固树立"以顾客、消费者为中心、奋斗者为本"的宗旨，坚持"人才壮企、质量立企、营销强业、资本活企、文化兴企"，转变管理理念，以管理为核心，重塑管理体系；以市场为主导，创新商业模式；以品质为根本，稳定产品质量；以发展为要务，推进项目建设；以文化为载体，引领企业发展，把古城酒业打造成强大的经济共同体、命运共同体、高度保持使命一致、战略意图一致、奋斗精神一致、奋斗目标一致的绿色古城、价值古城、品牌古城、文化古城。

随着新知识经济时代的到来，新疆第一窖古城酒业有限公司将秉承民族酒典，以积极的心态一路高歌，在"用智启动市场，用力拉动市场，用情激活市场，用品征服市场"营销理念基础上，大力发扬"爱岗敬业、团结文明、奉献创新、竞争领先"的企业精神，严格提高科技含量，争创名优品牌，创新和丰富企业文化，积极开拓白酒市场，酿造美酒，走向全国，让处于深巷中的古城酒飘香关内外，奉献社会。

参考文献：

［1］何凤丹，郝鹏. 魅力演绎古城老窖的巷深香远［Z］. 中国酿酒网，2010－06－13.

［2］王桃花. 无须问牧童——写在新疆第一窖古城酒业建厂六十五周年之际［N］. 华夏酒报，2017－09－15.

［3］周文贵. 酿造情谊，古朴真诚地生奇台奇酒源古城古［N］. 新疆经济报，2013－12－20.

第四十八章　武陵酒

一、武陵酒

武陵酒（见图48-1）产于湖南省常德市武陵酒厂。2005年，酒厂更名为湖南武陵酒有限公司。武陵酒是湖南省名酒，在全国第五届评酒会上荣获"中国名酒"称号和金质奖；1992年，在美国纽约首届国际白酒、葡萄酒、饮料博览会上荣获中国名优酒博览会金奖。

图48-1　武陵酒

（一）武陵酒的起源

常德古称"武陵"。武陵人酿酒的历史，源远流长。早在先秦时代，这里已有"元月元日饮春酒"的习俗。五代时，这里以崔氏酒家产的崔婆酒闻名于世，有诗云："武陵城里崔婆酒，地上应无天上有。"在宋代，此地又酿有"白玉泉"酒，并以"武陵桃源酒"闻名。现在的武陵酒，就源自唐宋时期盛极一时的崔婆酒。1952年，武陵酒公司的前身原常德市酒厂，在有上千年历史的崔婆酒酿造的旧酒坊上建成，并以古地名来命名所产之酒，谓之"武陵酒"。

20世纪60年代末期，随着毛泽东同志两度回湖南常住，各地来客数量陡增。而当时作为接待专供的茅台酒，每年又只有1000斤配额供应湖南，一度供不应求。湖南省革委会遂决定在当地酿造一款与茅台口感、品质相当的接待专用酒。几经筛选，这一任务交给了武陵酒公司前身原常德市酒厂，理由在于其自然环境、地理纬度与茅台酒厂非常接近，同时时任该厂长的鲍沛生与茅台酒厂技术副厂长季克良是苏州轻工业学院的同班同学。1972年，鲍沛生带领工程师团队，在学习传统酱香白酒酿造工艺的基础上，自主创新，研制出了风格独特的幽雅酱香武陵酒。

(二) 武陵酒的民间传说

说到崔婆酒,不得不提崔婆井。作为"武陵八景"之一的崔婆井,来源于与武陵酒有关的一个动人传说。据说,在古时的武陵镇上,糟坊如林,遍处酒家。有一位心地善良、为人厚道的崔婆也开了一家酒坊。崔婆人虽好,但酒一般。因此,尽管她省吃俭用苦心经营,日子也只是过得一般。一天,镇上来了一位老道,径直进了崔婆的酒店。崔婆见老道风尘仆仆疲惫不堪,便热情款待,并奉上自家最好的酒。老道早知崔婆的为人,今见果然名不虚传,就决定帮帮她。"崔施主,贫道直言,你的酒虽然尚可,但称不上是好武陵酒。"老道笑呵呵地说道:"没有上等好酒是生发不了的。请跟我来。"老道说着,走出酒店,围着宅院四下看了一遍,指着一块长满菊花的地方说:"此地堪为井,可得甘泉。酒,必须以甘泉酿得,方为上品。"说罢,飘然而去。崔婆心知,这是遇着神人了,忙找人掘井,不过数尺,果得甘泉,用以酿酒,味道极佳。

从此,崔婆家的酒名声大振,销量大增,家道自然兴旺起来。崔氏被后世列入"酿酒名家",其汲水之井称为崔婆井,成为酿酒遗迹。

(三) 武陵酒赞

1. 道士张逸如

有一个道士张逸如写了一首诗赠崔婆酒:"武陵城里崔婆酒,地上应无天上有。云游道士饮一斗,醉卧白云深洞口。"诗因酒生,酒随诗,使武陵酒的名声大噪。

2. 方毅

方毅曾担任国务院副总理、全国政协副主席,长期从事外贸、科技领导工作。1987年,方毅为武陵酒的题词是:武陵飘香(见图48-2)。

图48-2 方毅为武陵酒题词"武陵飘香"

二、武陵酒的特点

(一) 武陵酒的工艺酿造特点

武陵酒以川南地区种植的糯红高粱为原料,继承传统工艺,用小麦培制高温曲,以石壁泥窖底作发酵池,一年为一个生产周期,全年分两次投粮、九次蒸煮、八次发酵、七次取酒,以"四高两长"为生产工艺之精髓,采用固态发酵、固态蒸馏的生产方式,生产原酒按酱香、醇甜香和窖底香3种典型体和不同轮次酒分别长期贮存(3年以上)

精心勾调而成。

(二) 武陵系列酒的特点

武陵酒产品主要有酱香武陵酒—武陵上酱、武陵中酱、武陵少酱，浓香型武陵洞庭系列，兼香型武陵芙蓉国色系列，涵盖酱香、浓香、兼香三大领域。武陵酒酒液色泽微黄，酱香突出，幽雅细腻，口味醇厚而爽冽，后味干净而余味绵绵，饮后空杯留香持久。有53度、52度、48度、38度等类型。

三、武陵酒企业的发展历程

1972年，武陵酒的工程师在学习传统酱香白酒酿造工艺的基础上，自主创新研制出风格独特的幽雅酱香武陵酒；1989年在全国第五届评酒会上，武陵酒与茅台、泸州老窖等一起，荣获中国名酒称号并获得国家质量金奖，从此结束了湖南省没有"中国名酒"的历史。

1991年，由于市场竞争激烈，常德市政府决定将常德市武陵酒厂、德山大曲酒厂、酒精厂、饮料厂纳入"常德市酿酒工业集团公司"统一管理。1994年5月，集团公司基本停运，一年后破产解散，酒厂复名为"常德市武陵酒厂"。

1996年，"常德市武陵酒厂"又改组为"湖南武陵酒业有限公司"；1999年被湖南湘泉集团收购，成立"湖南湘泉集团武陵酒业有限公司"；2003年又被再度易手给泸州老窖。泸州老窖控股武陵酒厂之后，历经三年，打造出了"独具特色"的"幽雅酱香"系列产品——"武陵牌"上酱、中酱、少酱。

从2008年开始，泸州老窖便不断降低在武陵的持股比例。2011年，联想开始入主武陵，武陵酒进入丰联时代。2017年，武陵被再度易手，并入衡水老白干麾下。据公开报道，2017年，武陵酒业实现47%的增长；2018年，营收增速升至60%，利润增长114%，年营收达到3.3亿左右，利润在3000万左右；2019年，武陵的好势头还在延续。

四、武陵酒有限公司的发展战略

(一) 合作共赢做大做强

武陵酒是我国十七大名酒、酱香型三大名酒之一。2011年6月，联想控股以1.3亿元入主武陵酒，并投资6.5亿元，建设占地1000亩的武陵酒业酱酒生态工业园。工程建成后，武陵酒将实现年产优质酱酒10000吨，储存能力、仓储物流能力和灌装能力均达到50000吨，包装制曲45000吨，成为国内最大的酱酒生产基地之一。这也标志着武陵酒在做大做强的道路上已经奠定了坚实的基础。在提升产能的同时，加强品牌建设、提升武陵品牌影响力,也是联想酒业控股推动武陵做大做强的重要措施之一。

(二)文化联动产业拓展

2012年9月17日,武陵酒有限公司总经理宋冠毅介绍了企业近年来的发展情况和规划,武陵酒销售公司总经理曹晏和湖南日报副总编辑王志红代表双方签约。据了解,湖南日报报业集团与武陵酒业建立战略合作伙伴关系后,双方将在新闻宣传报道、文化建设联动、广告资源合作、文化产业拓展等多方面展开长期、全方位、战略性的多元化合作,共同致力于将武陵酒打造成为湖南的名片。

(三)振兴模式变革之路

在2015年,浦文立从联想主动请缨担任武陵酒有限公司董事长,带着一支20多人的工厂团队,从北京到了常德。武陵酒有限公司开始了跨界经营和变革之路。

2018年9月13日,当"砥砺前行40年湘酒企业行"调研组来到常德武陵酒厂,全新的精神面貌、全新的营销模式,当这支跨界团队3年努力的心血呈现在调研组的面前时,大家收获的不仅是惊喜,更是看到了振兴湘酒的希望、力量和新模式。

(四)确立自信走向辉煌

浦文立,这个跨界的商界潮人,像电脑存储字节一样,将武陵酒曾经的荣誉辉煌悉数存储脑中,并一次一次地做数据分析。也就是从这些分析结果里,他为武陵酒找到一条新的发展战略。他说,3年白酒行业的实践,武陵积累起来的是支撑武陵未来发展的三个自信:模式自信、体系自信、路径自信。

浦文立表示,未来,他和他的团队会继续将互联网思维、工具和实体经济的执着结合起来,把梦想和脚踏实地结合起来,全身心倾注到白酒行业,武陵必定在新的白酒周期里散发出醇和、醉人的酒香,不断走向辉煌。

网页参考文献

本书编写过程中参考了以下网页信息，在此一并致谢：

[1] http：//baike.baidu.com/view/523609.html

[2] http：//www.docin.com/p－1489017862.html

[3] http：//www.wuliangye.com.cn/zh/main/main.html#/g=BRAND&id=12

[4] https：//wenku.baidu.com/view/7d09aec0482fb4daa48d4b33.html?from=search

[5] http：//www.lzlj.com/index.html

[6] https：//wenku.baidu.com/view/734ed7e505a1b0717fd5360cba1aa81144318fef.html

[7] https：//baike.so.com/doc/484121－512694.html

[8] http：//www.jnc.com.cn/cn/pages/

[9] https：//baike.so.com/doc/6977051－7199740.html

[10] https：//baike.so.com/doc/6435180－6648858.html

[11] https：//baike.sogou.com/v281495.htm?fromTitle

[12] https：//baike.sogou.com/v525258.htm?fromTitle

[13] http：//ljc.langjiu.cn/factory/index.html

[14] http：//baike.sogou.com/v64984891.htm

[15] http：//zhidao.baidu.com/question/986254958662585019.html

[16] https：//baike.baidu.com/item/%E6%96%87%E5%90%9B%E9%85%92/5829579?fr=aladdin

[17] http：//www.cnjiuzhi.com/brand/224/

[18] http：//blog.sina.com.cn/s/blog_489e75510101djp7.html

[19] http：//yjxls.zupu.cn/lishi/20180326/100050.html

[20] http：//blog.sina.com.cn/s/blog_59ebe53e0100w8fl.html

[21] http：//www.swellfun.com/main.php

[22] https：//baijiahao.baidu.com/s?id=1574148951333070&wfr=spider&for=pc

[23] https：//baike.baidu.com/item/%E8%8C%85%E5%8F%B0%E9%85%92/198987?fr=aladdin

[24] http：//www.360doc.com/content/17/0228/17/38243381_632742839.shtml

[25] https://baike.baidu.com/item/％E8％91％A3％E9％85％92/1000362
[26] http://www.chinadongjiu.com/
[27] http://www.niulanshan.com.cn/china/about.asp
[28] https://wenku.baidu.com/view/b937491fa76e58fafab003d5.html
[29] http://www.docin.com/p-2066443852.html
[30] http://www.laobaigan-hs.com/
[31] http://m.7999.tv/company/cxueq/
[32] http://n.hnta.cn/details_5009.html
[33] https://zhidao.baidu.com/question/548264745.html
[34] http://jmhw.org.cn/zixun.php?id=2686
[35] http://www.9928.tv/news/hangqing-hangqingdongtai/293543.html
[36] http://www.dhx.net.cn/about.html
[37] http://www.hhljy.com.cn/
[38] https://baike.so.com/doc/3447680-3628006.html
[39] http://www.dqyjy.com/default.html
[40] http://www.jxduihua.cn/index.asp
[41] http://www.chinayanghe.com/article/type/70-1.html
[42] https://wenku.baidu.com/view/216f010e783e0912a2162ab5.html
[43] http://www.kouzi.com/?qyz/
[44] http://www.js118.com.cn/company/9361/news.html
[45] http://bdjjy.js118.com.cn/
[46] http://baijiahao.baidu.com/s?id=1605529115655314744&wfr=spider&for=pc
[47] http://china.findlaw.cn/jingjifa/fldf/jz/al/4569_3.html
[48] http://www.shiwanwine.com/museum/chateau.aspx?node=101031001004
[49] http://blog.sina.com.cn/s/blog_75884b950100tfqn.html
[50] http://www.sxxfj.com/
[51] http://www.du-kang.cn/index.html
[52] http://www.jjjcjt.com/Home/Develop
[53] http://www.002646.com/
[54] http://www.qingkejiu.net/member/index.php?uid=qinghai
[55] http://hetaojiu.js118.com.cn/
[56] http://jiaju.sina.com.cn/news/20161115/6204118071142318080.shtml
[57] http://nmbnjy.js118.com.cn/about.html
[58] http://sh.henanrexian.cn/about/2.html
[59] https://baike.so.com/doc/6924902-7147012.html
[60] http://blog.sina.com.cn/s/blog_5023fe5a01010hnr.html
[61] http://www.wulingjiu.com/
[62] http://xueqiu.com/8168987159/116075745